東亞民俗學稀見文獻彙編
第二輯

民俗學

第二卷第一～六號

第二冊

民俗學

第貳卷　第壹號

昭和五年一月

民俗學

民俗學會發行

民俗學會會則

第一條　本會を民俗學會と名づく

第二條　本會は民俗學に關する知識の普及並に研究者の交詢を目的とす

第三條　本會の目的を達成する爲めに左の事業を行ふ

イ　毎月一回雜誌「民俗學」を發行す

ロ　毎月一回例會として民俗學談話會を開催す

但春秋二回を例會とす

ハ　隨時講演會を開催することあるべし

第四條　本會の會員は本會の趣旨目的を贊成し會費（半年分參圓　壹年分六圓）を前納するものとす

第五條　本會會員は雜誌「民俗學」の配布を受け例會並に大會に出席することを得るものとす　講演會に就いても亦同じ

第六條　本會の會務を遂行する爲めに會員中より委員若干名を互選す

第七條　委員中より常務委員三名を互選し編輯庶務會計の事務を負擔せしむ

第八條　本會の事務所を東京市神田區北甲賀町四番地に置く

附則

第一條　大會の決議によりて本會則を變更することを得

私達が集つて此度上記のやうな趣意で民俗學會を起すことになりました。

考へて見ますと學問が大學とか研究室とかに閉ぢこめられてゐた時代は何時まで何時までつゞくものではないといふことが云はれますが、然し大學とか研究室とかいふものを必要としなければならない學問のあることも確かに事實です。然し民俗學といふやうな民間傳承を研究の對象とする學問こそは眞に大學も研究室も之を獨占することの出來ない學問であります。然しされ ばといつてそれは又一人一人の篤志家や學究が個々別々にやつてゐたのでは決してものになる學問ではありません。出來るだけ多くの、出來るだけ廣い範圍の協力に待つしかないものと思ひます。日本に於て決して民間傳承の資料の蒐集なり研究なりが閑却されてゐたとはいへません。然しそれがまだ眞にまとまるところにまとまつてゐるとはいはれないのが事實であります。かう云ふ事情の下にある民俗學の現狀をもつと開拓發展せしめたいがために、民俗學會といふものを發起することになつた次第です。そして同様の趣旨のもとに民間傳承の研究解説及び資料の蒐集を目的として、會員を募集し、會員諸君の御助力を待つてこれらを發表する機關として「民俗學」と題する雜誌を發行することになりました。どうかこの一般國民生活の中に深く生きてゐる事實の意義及び傳承を生かす爲めに、そして民間の學問としての學的性質を達成せしむる爲に、本會の趣旨を御諒解の上御入會御援助を賜りたく御願ひ申します。

委員

會津八一	秋葉隆	有賀喜左衛門
伊波普猷	石田幹之助	移川子之藏
宇野圓空	岡正雄	折口信夫
金田一京助	小泉鐵	今和次郎
中山太郎	西田直二郎	早川孝太郎
松村武雄	松本信廣	宮本勢助

昭和五年一月發行

民俗學

第貳卷　第壹號

目次

資料・報告

子の日の遊び考（一）

南方熊楠

予七八歳の時、自分の生所和歌山の町々に餅屋多く、大抵新年をあて込みの看板に、緋袴をはいた嬋娟たる官女が、旭日に對して小松を挽く體を書き、朝日餅抔と書付け有た。追ひ〳〵文字を解するに隨がひ、是は子の日の遊びを現はした者と知たが、何の事か判らず。廿歳で海外に趣むき、かの國々の人々から屢ば子の日の遊びとは何事ぞと問るゝ毎に、少しも解答し能はずに十四年を過し、故鄕へ舞戻つた。其から諸友へ聞合せしも自分同然、何とも釋き能はざる樣子に業腹をにやし、平生多忙中に少暇を偸み此考を作り上げた。決して全璧とは自ら思はねど、丸で無きに優ると信ずるものから、今迄出來た丈けを書並べて同好諸彥の參考に供へる。

大正十一年板、永尾龍造君の支那民俗誌上に、一月七日支那人が鼠の嫁入りを祝ふ事を載す。直隷の吳縣では鼠娶婦、山東の臨邑縣では鼠忌と云ふ。江南の懷寧縣では豆粟粳米等を炒て室隅に擲ち鼠に食はしめ、炒雜蟲乃ち虫燒きといひ、此晩は鼠の事を一切口外せず。直隷永平府地方では、此夜鼠が集まり宴會するから、燈火をつけて邪魔しては、鼠怒つて年中祟りをなすといひ、直隷の元氏縣より陝西の高州邊へ掛ては、婦女が鼠の妨げをなさゞる爲め、皆な家を空しうして門の方に出づ。家に居て邪魔をすれば、仇討ちに衣類を嚙ると恐れ入る。その嫁入りの日取は所に依て同じからず。山西の平遙縣では十日に輿入れあり。其夜麵製の餅を垣根に置て祝ひをす
1 る。陝西の岐山縣では、卅日の夜燈火言語を禁じ、鼠を自在ならしむといふ事だ。日本には鼠の嫁入の噺し有れ

ど、こんな新年行事ありと聞かぬ。嬉遊笑覽一二上に『又鼠の嫁入といふ事、藥師通夜物語（寛永廿年）古へは鼠の嫁入とて、果報の物と世に云れ云々、狂歌咄、古き歌に「嫁の子のこねらはいかに成ぬらん、あなうるはしとをもほゆる哉」、物類稱呼に鼠、關東にてヨメ又嫁が君、上野にて夜の物、又ヨメ又ムスメ抔いふ、東國にもヨメとよぶ所多し、遠江國には、年始に斗りヨメとよぶ、其角が句に「明る夜もほのかに嬉し嫁が君」、去來が云く除夜より元朝懸て鼠が事を嫁が君と云にや、本說は知ずとぞ、今按ずるに、年の始めには萬事祝詞を述べ侍る物にし有ば、寢起きと云る詞を忌憚りてイネツム、イネアクル抔唱ふる類數多あり、鼠も寢のひゞき侍れば、嫁が君と呼ぶにてや有んと云り、此名あるより、鼠の嫁入といふ諺は出來しなるべし、又鼠を夜の物、狐を夜の殿といふ、似たる名也、思ふに狐の嫁入は鼠の後なるべしと記す』。

抱朴子内篇四に、山中寅日、自ら虞吏と稱するは虎、當路君と稱するは狼、卯日史人と稱するは兎、西王母と稱するは鹿、子の日社君と稱するは鼠、神人と稱するは蝙蝠抔、多例を擧げ、孰れも其物の名を知た人を害し能はずと出づ。是れ十二支の異る日毎に當日の十二禽の屬たる卅六禽が人に化て自ら種々の名を稱へ歩く僞號だ。之に反し、瑞典の牧女輩の言傳へに、昔し畜生みな言語した時、狼が「吾輩を狼とよぶな仇するぞ、汝の寶と呼ば仇せじ」と說たとかで、今に其實名を呼ず、默つた者、鼠色の足、金齒抔唱え、熊を老人、祖父、十二人力、金足抔稱ふ。又受苦週（耶蘇復活祭の前週）の間だ、鼠蛇等有害植物の名を言ず。之を言ば、年中其家にそんな物が群集すると傳ふ（一八七〇年板、ロイドの瑞典小農生活二三〇頁、二五一頁）一方に名をら知れた者が知た者を害し能はずといひ、他の一方には名を知られた者が名を知た者に仇するといふは辻褄の合ぬ樣だが、其根底は一で、名を知られた以上は知た者を害し能はぬ處ろから、燒け糞に成てうるさく恨みを晴し復讐せんと覘ふたり、群集したりする者もあるのだ。喩へば女に夜這して熊公ぢやないかえ、よい年をしてと本名を指るゝと褌を捨てゝ敗亡し了る弱蟲も有ば、同情の乏しい女、そう大聲で、本名迄露はさずともと、一心不亂に返報を圖る執念深い者もある如く、鼠や蛇や狼は、その執念深い連中だから、名を呼で惡意を起さしむるよりは、名を呼ぶを愼み控えて穩便を計るべしと云ふのだ。（續南方隨筆二八〇―二八七頁參照）

動物が自分の名や人の言動を人同様に解すると信ずるは、何處の俗間にも普通で、サラワクやマレイ半島には動物が可笑き態をするを見ても笑ふては成ぬ、笑へば天氣荒出し大災禍到ると信ずる者あり。本邦でも鼠落しを掛るに、小聲で其事を話し、鼠に聞えたと氣付ば、今日はやめだ抔大音で言ふ。昔し江戸の御瓜畠の瓜を狐が盜み食ふに役人困つて吉川惟足に祈禱を賴むと、それにも及ばじとて「己が名の作りを食ふ狐かな」と書て吳た。其畠に立置くと其夜より取なんだ。鄭弘は母に孝養せん爲め魚を釣ると、魚が同情して其の笳角の聲を聞て自ら躍り出たそうだ（一九一三年板、デ、キントのサラワク住記、二七四頁。一九二三年板、エヴアンスの英領北ボルニオ及びマレイ半島宗教俚傳及風習の研究、二七一頁。鄕土研究、一卷、六六八頁。閑田次筆四。廣博物志四九）扨一年の計は新年に在りで、鼠害を減ずる爲め、支那で七日とか十日とかの夜、鼠の名を呼ず、之を馳走し、日本でも貴族の奧向き抔で年始三ヶ日間ネズミと呼ず、ヨメと替名したのだ。明暦二年板、貞室の玉海集に「よめを取ぬる宿の賑はひ」小鼠をくわへた小猫ほゆ立て、貞德」。加藤雀庵の囀り草、蟲の夢の卷に、鼠をヨメといふは、其角の句にみえたヨメが君の略で、定賴卿家集に尼上の蓮の數珠を鼠の食たりけるをみて「よめのこの蓮の玉を食けるは、罪失なはむとや思ふらむ」、このヨメノコよりヨメが出たゞろう、ヨメは夜目なるべしと說た。マアそんな事かいな。かく當夜謹愼して鼠を饗するは年中鼠害を成べく御手柔らかに願ふ心から出た物を、兒女は察せず、「御國の爲だと思ふてすれば、天井で鼠が忠となく」。丁度年始頃鼠が戀ひ交はるより、鼠の婚儀を人が祝ふてする事と心得るに及び、和漢共に鼠の嫁入と稱ふるに至つたのだ。

今村鞆君の朝鮮風俗集に云く、正月の一番初めの子の日、農民爭つて田野に出で野原を燃す、之を鼠火戯といふ、如此すれば此歳野草繁茂すると云ふと。佛國ユーレロアール邊では十二月に毎村舊慣により野を燒く、其體頗ふる奇觀たり。農家先づ日を定めて之を行ふに、毎家松明をよく乾かして家内で尤も幼なき兒に渡し、又燒き草を貯はへおく、無邪氣な幼兒に非んば之を行ふも無効といふから、幼兒なき家は隣家から之を借るに十二歲以上の者を採らず。それより枯草を束ね到處に撒き、藁の上に樹枝を積だ間だを群兒走り廻つて火を放ち、間斷なく唱ふる詞に「鼠よ虫よムグラモチよ、俺が畑から逐ふてくりよ、大きな木も小さい木も、リンゴ一ミリオなつてくれ」。嘗て此行事を止めた農家が少なく無つた處ろ、矢張り之をやり續けた農家よりも鼠虫の害を多く受たといふ。田邊近處高原王子社のあたりでは古來冬初に野山を燒た。それが鳥類保護を妨ぐるとて禁止と成てより、鈴蟲松蟲夥く生じ大根の苗を損ずる事甚しく弱つて居た。野鼠が牧畜に緊要な草や、人間大事の穀物を損ずるは其實驚くべきあり。歐洲の尾の短い鼠ハムスターと云は、秋に入ると穀豆を掠めて兩頰に含み、兩手で固く押付ては又含み込み、扨巢に還つて吐出し、冬蟄の備へに積でおく。此鼠一疋で穀六十磅甚しきは一ハンドレッド、エートの豆を貯へたもあり。蘇格蘭のロナ島え、どこよりと知れず、群鼠來り、島内の穀を食盡した上、水夫上陸して島に唯一匹の牛を掠め去た。誠に泣面に蜂の至りで、島民全く食ふ物を失ひしに、一年の間だ一艘の糧船も著せず、悉く餓死し了つた。又ローヂル村に鼠夥しくなり、穀物牛乳牛酪乾酪、口當り次第に平らげたので、住民途方にくれ、猫を多く育てたけれど、猫一疋に鼠廿といふ多數の敵を持ちあぐんで、氣絕せん斗りに弱つた。

或人有り丈の智慧を榨り、猫が一疋の鼠と鬪かふ毎に、牛乳を暖ためて飲した。猫大に力附き、遂に一疋餘さず誅夷し了つたといふ。本邦にも、永正元年武州に鼠多く出て白晝奶婦を食殺し「其處の時の食物を食ひ、猫を鼠皆々食殺す」。（一八六四年板、ホーンの歳書、七一六頁。無年記、ウッドの新動物圖譜一五三頁。一八〇九年板、ピンカートンの海陸紀行全集、三卷五八二頁、五八六頁。甲斐國妙法寺記）猫の草紙に「其中に分別顏する鼠云々、屹と案じ出したる事あり、此程聞及びしは、近江國御檢地有しかば、免合《めんあい》に付て百姓稻をからぬ由、慥かに聞屆くる也、先づ〳〵冬中は罷り越し、稻の下に女子供を屈ませ」云々とある丈では、野鼠は冬中苅り殘しの稻のみ害する樣だが、鄉土研究二卷八號、矢野宗幹氏の說抔みれば、中々それに止まらず、伊豆國抔每度之が爲に草山は禿に成り、春夏も冬に同じく、村々では茅で屋根をふく事成らず、牛の飼草もなく、草を食盡した後は林木を荒し、人民をして造林は不安心な業てふ念を抱かしめ、其害いふ可らず、近頃毛皮の爲に、鼬を盛んに買入れ殺すより斯迄野鼠が殖たろうと言れた。同誌二卷九號亦三宅島に犬を多く飼出した爲め山猫減じ、野鼠の害多く成たと記す。古くは續日本紀三三に、寶龜六年四月、河內攝津兩國に鼠あり、五穀及び草木を食ふ、使を遣はし諸國群神に奉幣すと見え。甲子夜話三四にも伊豆山權現緣起、孝德帝の白雉五年正月諸州妖鼠生じ、五穀を耗盡饑害す、乃ち緋田烏丸を勅使として、當神に弓箭甲冑莊園等を寄られ、禳災の祈りをなし給ひしかば、日有ず群鼠伏匿す、其神德に賽して、正一位勳二等の爵位を贈らるとあり。同書二一には寬政三年辛亥六月美濃の戶田家より差出した報告を載す。云く美濃國大垣領之內去る戊八月頃より、家鼠多く、百姓共貯へ置候雜穀等食ひ申候、勿論當春より田鼠夥しく相渡り、諸作食ひ荒し申候、別して麥作之儀、實生の節食ひ切り、植置候場所も有之候、尤も植付候所ろ食荒し、就中大豆多分食荒し候、此上田畑えも相移り可申も難計御座候、此段御屆申達候、以上、家も田畑も別ちなく侵掠されたのだ。

之をその儘に放置すると由々しき大事で、昔しテッサリアの一城は鼠に掘り倒され、グアルスの住民は鼠の爲に出奔したといふ。（プリニウスの博物志八卷四三章）去ば朝鮮でも野鼠殖て草穀を荒すを防がんとて、正月上子の日、其蟄伏した處を燒き田野の豐穰を謀つたので、支那で一月七日に、家鼠を饗應するを虫燒きと呼ぶのも、本と此日野鼠を燒き立る行事が有た遺風だろう。蝙蝠は獸だが翼ある故、古支那人が虫篇に書き、本草には鳥類に入れてある。それと等しく歐洲の古書、例せばエールスの舊傳マビノギヨン抔に鼠を爬蟲と呼たが多い。脚矮く尾を曳づり、潛み走る狀が牛馬犬狼よりも、トカゲ、ヤモリ等に類するからで、支那には、古く爾雅にその毛を被つた點より鼠を獸としあれど、歷代の本草多く之を虫魚の部に入れた。本草綱目に至り、始めて獸部に收めた。本邦でも足利氏の中世の編、下學集には鼠は虫の總名と錄しある。故に支那の虫燒きてふ名は、冬蟄する一切の蟲や、其卵を燒盡したよりの名だらうが、朝鮮同樣、必ず鼠をも燒く積りだつたに論無し。（一）終り

（追記）本文に述た通り、支那の本草に多く鼠を虫魚部に入れた。鼠を魚と同部に入れたは、何れも禽獸に比べると些細な物ゆえ、年末の剩餘金を、どうなりと使ひ果せばよいといふ樣な考えで、同一の部にぶち込だ樣に思ふ人も有んが、そんなチャラボコな事でない。凡て哺乳動物は必ず多少の毛を具ふる。隨つて支那で毛蟲、日本でケモノとはよく云た。とは云ふ物の臺灣等に產する穿山甲は殆んど全身に、若干の嚙齒獸や食蟲獸や袋獸類は尾に鱗を被る。（一九二〇年板、劍橋動物學十卷一八八－一八九頁）狐も至つて幼き內は尾に鱗ある由、十年程前のネーチュールに出居た。鼠族は取分け、著しく尾に鱗を被るから、古支那人之を魚に近い者と考へたとみえる。

外者欵待と民譚

松村武雄

この稿は、民俗學會大會に『自然民族の欵待に就いて』と題して試みた小生の講演の筆錄であります。今『外者欵待と民譚』と改題したのは、その方が內容にしつくりしてゐるからです。民譚の意味を解くために持ち出した自然民族の外者欵待の習俗の資料は、多くはウェスターマルク氏（E. Westermarck）の『道德觀念の起原及び發達』（The Origin and Development of the Moral Ideas）に據つたものであります。最後に擧げた引用書目のうちで同氏の著書から採つた分には、○印をつけて置きました。

『常陸風土記』に載せた一個の民譚に、昔者祖神尊が、諸〻の神のところを巡行して、駿河國福慈岳で日が暮れたので、福慈神に宿を乞うと、新粟之初嘗して、家內が物忌してゐるからと云つて、之を斷つた。祖神尊は恨み罵つて、『汝所㆑居山。生涯之極。冬夏雪霜。……人民不㆑登。飲食勿㆓奠者㆒。』と云ひ、去つて常陸國筑波岳に登つて宿を乞うと、筑波神は快く飲食を設けて欵待したので、祖神尊は歡然として、『人民集賀。飲食富豐。代〻不㆑絕』と云つた。かくて『福慈岳常雪。不㆑得㆓登臨㆒』に反して、『筑波岳往集歌舞飲喫、至㆓于今㆒不㆑絕也』とある。(1)

また『釋日本紀』引くところの『備後國風土記』に、北海にゐます武塔神が、南海の女子に婚ひに出かけて、途中で巨旦將來といふ富人に一夜の宿を賴んで拒絕せられ、更にその兄の蘇民將來といふ貧者を訪ふと、粟飯を供して親切に欵待した。後に武塔神が再び現れて、巨旦將來の一族を滅したが、蘇民將來の一族には、豫め茅輪

を腰に着けることを敎へて置いたので、みな命を全うした。武塔神は卽ち速須佐能雄能神であつたとある。(2)

この民譚、後に佛敎臭くなつて、須彌山の半腹にある豐饒國の王武荅大王の物語となつたり、(3) 摩訶陀國王舍城の主商貴帝（牛頭大王）の物語となつたりしてゐるが、(4) 一人の男が宿を拒んで罰を蒙り、他の男が粟の飯を供して賞を受ける契機《モーチフ》は、依然として保留せられてゐる。

我が國神話學界の恩人で、先年物故された高木敏雄氏は、その著『比較神話學』の第一章總說に於て、これ等の說話の本義を解して、

『前者（常陸風土記に出た說話）は、その目的に於て、純粹なる一個の說明神話にして、富士と筑波との相違を說明するを目的とす。……然れども或國の風土記の一節としては、一個の說明神話に過ぎざる此說話も、比較說話學上より觀察するときは、決して一個の說明神話なりと云ふのみにて解釋し盡すを得ず。此神話中より福慈、筑波の山名を除くも、尙一個の神話として理解し得可ければなり。或時神地上を巡行し給ふ。日暮れて宿を求め給ふに、請はれし兩人の中、一人は情なく之を拒絕し、一人は快よく之を許す。拒みし者はその罰として禍を招き、許せしものは、その賞として福を受く。說話の骨子は實にかくの如し。卽ち此說話は、其根本に於て、山岳說話にも非ず、說明說話にもあらずして、一種の道德說話なり。唯偶然にそれが富士、筑波の現象の說明に利用せられし結果として、一個の說明說話の外觀を取るに至りしのみ。第二の說話（釋日本紀に出た說話）も、茅輪の神事の起原を說明するを目的とする點より觀察するときは、等しく一個の說明說話たる可きも、其骨子に於ては、第一のものと全く同じく、その根本に於ては全く同一の道德說話にして、偶然の事情によりて、速須佐能雄神に就て物語らるゝに至りしに過ぎず。』(5)

となし、またこの型の民譚が、太だ廣く世界の諸地方に見出さるゝ事實に觸れて、

『此道德說話は、所謂世界大擴布說話の一つにして、既に古代の歐羅巴文學に見え、今日に於ては、凡ての基督敎國民の間に傳唱せらる。その根元地に就ては、もとより斷案を下し難しと雖も、恐らく印度、波斯の中なる可く、日本に傳播せしは、印度よりなること疑ふ可からず。』(5)

となしてゐる。

氏の見るところは正しい。福慈、筑波の氣象的差違や茅輪の起原を說明する役割を引き受けさせられたのは、說話の形成によくある一の手段に過ぎない。本來は一個の道德說話として產れ出たに違ひない。しかし自分としては、たゞそれが一個の道德說話であると說き棄てただけでは、どうも氣が濟まぬ。何故氣が濟まぬかは、もう一二個同型の說話を擧げて見ると、朧ろげにわかつて來ると思ふ。獨逸の一民譚に、

天使が人間界を巡行してゐた。一日暮れ方に、富者と貧者とがさし向ひに住んでゐるところに來た。富者の家で一夜の宿を求めると、汚ない姿をした見慣れぬ男と知つて、すげなく斷つた。貧者の家の戶を叩くと、快く迎へ入れて、馬鈴薯と山羊の乳とを供し、自分たち夫婦は藁の上に寐て、客人を寢臺に眠らせた。天使は去るに臨んで三つの望みを叶へてやることを約した。そのため幸福な身分となつたので、富者は之を羨んで、天使のあとを追うて、無理に三つの望を獲たが、つまらぬことでそれ等の望を失つてしまつた。(7)

更に希臘の一說話によると、

昔者ゼウスとヘルメスとの二神が、人間の姿を採つて、フリギアの或る町を訪うた。日が暮れかゝつたので家ごとに宿と食とを請うたが、みなこれを拒んだ。そのうちに一軒の賤が伏屋に近づくと、そこにはフィレ

モンにバウキスといふ老夫婦が住んでゐた。彼等は乏しい飲食の料をすゝめて、心から二人を欵待した。二人は老夫婦に告げて、心なき者共の住地なるこの町を滅すゆゑ、近くの丘に難を避けるがよいと云つた。老夫婦はその言葉に從つたが、丘の中腹で後をふり向くと、町のあつたところは、いつの間にか一面の湖となつてしまつてゐた。

といふ。(8)

トーマス・ケートレイ氏は、その著『古典神話學』(Classical Mythology) に於て、

『昔の人の考では、神々が人間の形を採つて、人々の行爲を見るために、人間世界を歩き廻るのが常であつたと思つたらしい。』(9)

といふ解釋で、フィレモンとバウキスとの説話を片づけてゐる。なるほどホメロスは、詩篇オデイッセイの中で、

『神々は、遙けき國からの外者を裝ひ、市々を渡り歩きて、人々の暴惡と正義とを視たまふ。』(10)

と記してゐる。『伯來書』は、

『遠人をもてなすことを忘るゝ勿れ。或る人かく爲すことによつて天使をもてなせばなり。』(11)

と戒めてゐる。かうした觀念信仰は、古くは多くの民族の心に抱かれてゐたであらう。しかし自分が當面の問題としてゐる一群の説話圈――旅人を欵待したものは賞せられ、然らざるものは罰せられることを説くことを主眼とする説話圈(フィレモンとバウキスとの物語も當然この範疇に屬する。)は、果してケートレイ氏がなしたやうに簡單に無雜作に解し去つていゝものであらうか。

なるほど神々は、人界を歴遊して、善き者に報賞を與へ、惡しき者に責罰を下してゐる。アルカディアの王リ

カロンは、旅人として現れたゼウスに人肉を啖はしめるの不敬を敢てしたゝめに、ひどい目にあつた。その時ヒリエウスだけは敬虔であつたので、オリオンの誕生に惠まれた。かうした物語は、いくらでも數へ立てることが出來る。しかし見知らぬ外者《よそもの》に一夜の宿を斷ることは、誰しもありがちのことである、それがために一家族が、いな一部落が盡く滅ぼされるとしたら、何かそこに隱れたる理由がなくては、收まりがつきかねるではなからうか。はた一飯の情をかけたことが、大した幸福を摑む緣となるのも、仔細に考へると、少し大袈裟過ぎるやうな氣がする。

二

自分が考察しようとしてゐる說話圈にあつては、いつも食物が問題になつてゐる。賞罰のわかるゝところは、常にかかつて旅人に食物を與へるか否かに存してゐる。粟の飯ぐらゐを供したことが、死を免れて長壽を得る機緣となるとしたら、こんなぼろい儲けは無いであらう。ぼろいと思はれるものが、實は決してぼろいもので無いといふことにならなくては、かうした說話の成立と存續とが危なかしくなる。

かうして自分たちは、多くの民族の旅人、外者《よそもの》に對する御馳走が、どんな心持から行はれてゐたか、またゐるかに眼を向けることを餘儀なくされて來る。

ラファルグ氏(Paul Lafargue)は、その著『財産の進化』(The Evolution of Property)に於て、低い文化階層に於ける民衆の土地共有を否定したハックスレイ敎授を揶揄したあとで、自然民族の間に『原始的共産主義』が行はれた諸事實を擧げてゐるが、その中で食物共有の事例に觸れ、自然民族が、通りすがりの見知らぬ外者《よそもの》を迎へ

て、快くこれを欵待するのも、這般の共産主義の現れの一つであると斷じてゐる。(12)

なるほど、見知らぬ外者を欵待する習俗は、多くの民族に於て見受けられる。イロコワ族の間では、もし人が或る家に入つて來れば、それが村の者であらうと、同一部族の者であらうと、はた全く見知らぬ外者《そともの》であらうと若くは入つて來た時間がどんな折であらうと、すぐにその前に食物を供するのが、家婦の務めであつた。これをしないといふことは、對者を侮辱したと同じくらゐく非禮とされた。これはレウィス・モルガン氏の云ふところであるが、氏と相並んで、亞米利加印度人の原始的風習の熱心な研究者であるジェームズ・アデール氏（James Adair）も、その著『亞米利加印度人の歴史』（History of the American Indians）の中で、略〻同じやうなことを指摘してゐる。

かうした習俗の自然民族の間に行はれた事例は、エドワルド・ウェスターマルク氏の『道德觀念の起原及び發達』（Edward Westermarck, The Origin and Development of the Moral Ideas）卷一に數多く見えてゐるから、ここには之を繰り返すことを避けて、文化民族から一二の實例を引くことに留めて置かう。

タキッス（Tacitus）が、ゲルマニア（Germania）に記するところに從へば、蠻民としてのゲルマン人の間では對手がどんな者であらうと、これを自分の屋根の下に入れることを拒むのは、大きな罪であると考へられた。誰でも自分の能力に從つて外來者を饗應しなくてはならぬ。自分の家の食料が盡きてしまふと、客人を連れて、隣りの家に案內する。と、隣家の者は、彼等を同じやうに欵待した。外者と知人との間に於て、欵待を受ける權利の差別は少しも存してゐなかつた。

プルタルコスの書に記すところに從へば、スパルタ人が持つたあらゆる制度の創始者とせられた、半ば神話的な人物であるリクルグスは、民衆に命じて家の戸を閉づることを禁じた。いつ何時、人が入つて來て食を求めるかも知れず、そしてその欲求を充してやらぬといふことは非行であると考へられたからである。

それならかうした習俗を生起させた心理は何であつたか。

『偉大な精靈が、大地とそれが含むあらゆるものとを、人類のすべてのために造つた。……地に棲むもの、地から生ひ出るものは皆、すべての人に與へられてゐる。誰でもそれに與かる權利がある。亞米利加印度人にとつては、款待は德ではなくて、嚴しい義務である。彼等は、見知らぬ人、病める人、困つてゐる人の要求を滿足させぬことによつて、自分たちの義務を怠るよりは、寧ろ喜んで自分たちの胃の腑を空にして寢込む。穀物その他の食物は、すべての人に共有な土から、人の力によつてゞはなくて、偉大な精靈の力によつて生え出たものである。』

宣教師として、一千七百七十一年から一千七百八十六年まで、十五年の間亞米利加印度人と共棲し、彼等の言語で親しく彼等と交つたヘッケウェルダー氏(Heckewelder)は、『インディアン族の歷史及び風習』(History, Manners, and Customs of Indian Nations who once inhabited Pennsylvania and the Neighbouring States)の中でかう言つてゐる。そしてラファルグ氏は、かうした自然民族の心理が、食物に關する共產主義的觀念を生み、而してその觀念が彼等をして見知らぬ外者を氣持よく款待させるのであると解してゐる。(13)

ラファルグ氏は、外者款待の習俗を經濟的に見ることに急にして、他の方面からの觀察を閑却してゐる。外者款待は、一面に於て自然民族の食物に對する觀念の問題であると共に、他の一面に於ては、彼等の外者それ自身に對する觀念の問題であることを忘れてはならぬ。もし自然民族が外者に對して、之を大切にすることが幸福の基となり、之を疎かにすることが災厄の緣となると信じてゐたとしたら、外者欵待の心的動機は、共產主義といふやうな生温いものではなくなるではなからうか。全く無くならないまでも、直接切實な原因は、他に存するといふことになるではなからうか。

三

ラファルグ氏は、また外者欵待と『會食』(Common meal)の民俗とを結びつけて、前者を目して、後者を裏づけてゐる精神の現れの一つとなしてゐる。

氏族が、その發生の初期にあつて、その成員を一つの共同棲屋のうちに起居させ、從つてまた食事を共にしたといふことは、社會學的に一つの問題であらうが、ラファルグ氏は、この現象の存在を肯定して、這般の習俗が、外者欵待と少なからぬ關係を有してゐるとなしてゐる。正面的に云へば、氏族の全成員による會食には、折から訪ねて來る氏族以外の人々も、快く招待せられてゐたものであると主張するのである。いな氏は一歩を進めて、氏族の成員が增加して、この習俗を守りつゞけることが困難になつた文化期に入つても、その餘勢が猶も外者欵待の風を維持させると主張してゐる。

氏族が、その成素としての人員を增大し、また一面に於て家族の觀念が强健になりかけると、甞ては全成員を包容した共同棲屋が、幾つかの私的な家屋に『復分け』(sub-divide)せられるやうになる。そして個々の私的家屋の發生は、食事が個分的に行はれることを意味し、從つてそれ以前の文化生活期に於て行はれた『會食』の習俗の廢絕を結果する。

しかし久しく續いた習俗は、それを發生せしめ持續せしめた社會的條件が無くなり、そしてそれと共に習俗そのものを論滅させても、若干の期間は、どうしてもそれに對する情感若くはそれへの回想を、民衆の心から剜却し去ることが出來ないのが常である。かくて民衆は、會食文化期が過ぎ去つたあとでも、その餘勢としての『或るもの』を迫出させる。

その一つの現れは、折々の宗教的な集會若くは祭儀の日に限つて、會食が行はれるといふことである。古代希臘に見出さるシシチア（Syssitia）の如きは、その好適例である。シシチアは、主としてクレタ島民及びスパルタのドリア人の間に行はれた會食であり、且つ政治的軍事的色調を帶びて、族人の愛國心、軍力、軍律を鼓舞振作するための催しであるかのやうに見えるが、その本然の姿は、氏族會食の名殘りであり、從つてクレタ島民やスパルタ人の間に限られたものではなかつたことを信ずべき多くの理由が存してゐる。(14)

その第二の現れは、種々の食料が、各々の家族に個分的に所有せられるやうになつた後でも、實際的には何人でも勝手にこれに口をつけることが出來たといふことである。

カロリン諸島に於ては、土人は旅に出かける時、少しの食料も身につけぬ。飢を感ずると、何等の作法も無しに見當り次第の家に入り、許諾を待つでもなく、いきなりポポイ（パンの樹の實から拵へた食物）を入れた桶に手を差し込んで、之を食べる。そして腹がとゝなふと、兎角の挨拶もせずに出て行く。家の者も怪しまねば、當人も平氣である。彼は當然の權利を行使したに過ぎないのである。(15) カトリン氏の云ふところに從へば、亞米利加印度人の社會集團に於ては、あらゆる男、女、子供は、空腹になつた場合に、誰の家にでも入り込んで（酋長の家にでも）、ものを食ふことが許されてゐる。性來餘りに懶惰で、自分で自分の口を糊することの出來ないものでも、勝手に他の家に入つて行くことが出來る。そしてその家の者は、何によらず食物の存する間は、これを彼と共に口にする。但し這般の性根無しは、『腰拔け』とか『乞食』とか蔑まれるだけの覺悟がなくてはならぬ。[16]

ラファルグ氏は、かうした『會長』の民俗に外者歎待の生因の一つを見ようとしてゐる。然し這般の見方も亦自分の考からすると、頗る問題の中核を逸してゐるやうな氣がする。『會食』の習俗の核心をなすものは、食を共にすることによつて、氏族の全成員の心を一つに結びつけようとする思想である。更に深く立ち入れば、それ等の成員と彼等を支配すると信ぜられた神とを結びつけようとする思想である。低い文化階層にある民族の心では、食を共にするといふことは、唾液や血液を嘗め合ふことと同じやうに、共食者の間に於ける不可分離な親密關係の生起を意味した。神にささげたものを共食することは、神と共に食ふこと、若くは更に本原的には神を食ふことであり、從つて這般の行爲は、人と人とを結びつけると同時に人と神とを結びつける。かくて會食は、本來の性質上、同一氏族から成る社會集團の間に行はるべきことを豫定するものであつて、見知らぬ通りがかりの外者と食を共にするとは、自ら意味合が違つてゐる。かくて一般的な外者歎待と『會食』とを結びつけて考へようとするラファルグ氏の行方には、大きな無理があると言はなくてはならぬ。

四

かう考へて來ると蠻族の習俗に無知であるとして、ハックスレイ教授を嗤つたラファルグ氏自身が、他の意味で、同じ嗤笑を受けることに甘んじなくてはならぬ運命の下にあるやうに思へる。なぜなら氏が『原始的共產主義』の重要な一發露として擧げた『外者』に對する自然民族の歎待は、その根本義に於て、氏が考へたところとは、頗る異つた心づかひかに因してゐるやうであるからである。

自然民族が、見知らぬ外者に對して惜しみなく食物を與へてこれを款待するのは、拒むべからざる事實である。しかしこの事實を解して、直ちに彼等の間に於ける共産的觀念の一發露であるとか『會食』の習俗に基づいてゐるとか見るのは、太だ危い。いくら自然民族の心といつたところで、さう一本調子である筈がない。いな自然民族であるが故に、よくよく氣をつけないと、文化人の眼から逸し易い、ものの考方が、何事にも絡りついてゐるのである。見知らぬ者に惜氣なく馳走をする心根も、よく洗つて見なくてはならぬ。經濟學者だからこれを經濟的な行爲と解するといふだけでは、とんだ認識の錯誤とならぬとも限るまい。

低い文化階層にある民族は、自己の社會集團に屬してゐる成員以外のものに對して、太だ強い疑惑と恐怖とを持つてゐる。外者は邪眼の持主として、黑呪術《ブラツクマジツク》に長けた人間として、若くは異なる社會集團の成員に災を與へる神を背後に負うものとして、ひどく恐れ憚られるのが常である。外者がおのれの住域に入らうとするとき、その境の地でこれに對して嚴しい禊祓を行ふ事實は、明かにさうした心持を表してゐる。

單にこの事實から考へて見ても、突然わが家に入つて來た外者を、食物を與へて款待するといふことが、食物は人類に共有さるべきものであるといふ觀念から來てゐるとか、『會食』の習俗から來てゐるとか解釋し去らるべきものではないといふことを示唆するではないか。一事が萬事である。この習俗を深く堀り下げて行つたら、案外いろんな心持がもつれ合つてゐるかも知れない。

自分たちは、どこまでも事實に卽しなくてはならぬ。自然民族の外者款待といふ問題も、豫め『原始的共産主義』とか、『會食』とかいふやうな a priori に凭れかかることをしないで、事實そのものに充分口をきかせるのが、安全でもあり、利口でもあらう。

ウィンターボットム氏（T. Winterbottom）が言つたやうに、旅人にとつての公衆的設備が何一つ存してゐない野蠻未開の地にあつては、款待はお互ひが生きて行く上に缺くことの出來ぬものであるに違ひない。[17] 見知らぬ人々の饗應は、さうした時代と土地とにあつては、確かに一のオアシスである。今日は他人《ひと》の身の上であつたことが、明日はわが身のこととなる。旅人をもてなすことは、やがていつかは旅人となるべきわが身をもてなすことになる。かうしたおのが蒔いた種からの收獲を望む心持も款待の中に籠つてゐる場合があらう。

『レッド・インディアンたちが、人々を款待するとしたら、彼等も亦おのが盡した款待が同じやうな尊敬と考慮とのしるしで報いられることを期待してゐる。』[18]

と云つたドメネック氏（Domenech）の言説は、或る程度に首肯せられるであらう。

更に外者はさまざまのニュースと便りとの持主である。相異る社會集團の間の交通が、困難で、緩漫で、そして稀少である文化期にあつては、旅人としての外者の出現は、ニュースを聞きたがる心持では廿世紀の人々とさのみ變つたところもなかつた筈の自然民族にとつて、太だ有難いことであるに違ひない。この點からも、外者は款待を享くべき可能性を可なりの程度に具へてゐるであらう。ウェスターマルク氏が、

『北部フィンランドの人里離れた森林地帯を放浪した間、自分はいつも「どんなニュースが？」といふ文句で喜び迎へられた。』[19]

と云つてゐるのは、這般の消息を傳へてゐる。

更にまた旅人、外者の哀れな、たよりない様子が、見るものの心を動かして、款待への路に辿りつくこともあ

るであらう。たとひ狹く淺いにしろ、愛他的な感情が、低い文化階層にゐる人間たちの胸に潜んでゐることは、拒み難い事實である。

兎に角、他の多くの現象がさうである通りに、外者款待といふ現象も、それを產み出す心理的動因は、さまざまであり、そしてそのさまざまのものが、それぞれの强弱濃淡の差異を以て混融し結合してゐるであらう。

しかし大體から云へば、若くは最も調子の高い動因から云へば、外者款待の掟は、どうしても自我の考慮にその基礎を置いてゐると見なくてはならぬらしい。なぜなら外者款待の實際について見ると、款待者の心持は、最も强く、

(1)外者を媒體として天福を享受したいといふ希求

(2)外者に內存すると考へられた災禍から厭離したいといふ希求

に支配せられてゐるからである。

この二つの點を考へて見る。

マオリ族の間では、見知らぬ人の姿が遠くに現れると、屢〻多くの土人たちが駈け寄つて來て、こちらからもあちらからも、『私のところへ』『いや私のところへ』といふ叫聲を浴せかける。そして直ちにその地が許す限りの食物を供する。(20) シナイの亞拉比亞人の間では、見知らぬ外者が、自分たちのキャンプの方に步み寄つて來ると、それを見つけた最初の者が、自分の家の客人とする。それが彼の權利である。かくて外者が現れると、それが大人であらうと子供であらうと、之を自分の家に迎へようとして、時〻住民の間に眞面目な爭奪騷ぎが起る。『わしは妻の離婚をかけて、この客人をもてなすことを誓ふ』など言ひ出す者さへある。(21)

一面識もない外者が、どうして這般の熱心な競爭的歡迎を受けるであらうか。これは、單に愛他心の發露や、ニュースの欲求や、他日の旅行の便宜の考慮や、若くは共產的觀念や『會食』の習俗などでは、どうしても解き難い謎でなくてはならぬ。外者に何等かの大きな『善きもの』『欲するもの』が絡りついてでもゐなくては、さうした歡迎熱が醸成せられさうにもない。そして理屈がさうであるばかりではない。事實が明かにその然ることを示してゐる。確かに多くの民族は、旅人、外者を幸運、天福の保持者若くは齎《もたら》し人と考へた。かくて彼等を款待することは、彼等によつて、若くは彼等を通して、おのれの上に祝福を降らす大切な機緣を作ることを意味する。

印度のマヌの法典には、

『客人を厚くもてなせば、富と名聲と長壽と天福とを獲べし。』(22)

とある。希臘の大詩人イースキルスは、その戲曲の一つで、合唱隊をして、

Let us utter for the Argives blessings in requital of their blessings. And may Zeus of Strangers watch to their fulfilment the rewards that issue from a stranger's tongue, that they reach their perfect goal.

と歌はしめてゐる。(23) ダルヴィユー氏（D'Arvieux）の記するところに從へば、見知らぬ人ゝが亞拉比亞人の村落にやつて來ると、『ようこそ。御身の到着によつて、天福が私達の上に降りまする』と云つて、心から款待する。(24) モロッコ北部アンジラ山族の間では、外者を神聖なものの保持人として、大いにもてなし、グレート・アトラスのデムナットの住民も、旅人を雨の齎し人、食物の增進者として、喜んで款待する。(25)

ところで變なことには、一方で外者は天福の保持者若くは齎し人と考へられると共に、他方に於ては、疾病、不幸、その他よろづの災禍の原因と考へられてゐる。殆んどすべての民族が、外者を目して呪術に長けた恐るべ

き存在となし、その眼から放射せられる邪視、その口から迸る邪惡な呪言、その體との接觸から來る災に、縮み上つてゐる。

外者がかうした potential witch 若くは potential sorcerer と觀ぜられたとすれば、自分たちは、ウェスターマルク氏に同じて、

『客人に對して示される極端な顧慮好意及びあらゆることについて客人に與へられる優先的特別取扱は、大きな程度に於て、その怒に對する恐怖に負うてゐるに違ひない。』(26)

ことを認容しないわけには行かぬ。そして事實も亦その然ることを證示してゐる。阿弗利加のヘロロ族の間にあつては、いかなる呪咀といへども、すげなく取扱れた外者が、おのれを火爐から追ひ立てた人々に投げかける呪咀以上に重いものはないと考へられてゐる。(27)『アーパスタムバの箴言』(Âpastamba's Aphorisms) に、客人を馳走することは絕對に必要である。なぜなら客人の氣を惡くすれば、憤怒の焰で家を燒くからであると云ひ、(28)『ヴイシュヌの法典』(Institutes of Vishnu) に、

『客人として到來して、おのれの期待を裏切られて歸り去ることを餘儀なくされる者は、その家の人からその宗敎的功德を取り去りて、おのれ自身の罪惡をその上に投げかける。』(29)

とあるのを見ると、古の印度人が、どんな心持で外者をもてなしたかがよくわかる。かうした事實は、古代希臘の宗敎及び神話に於ける復讐の女神エリニエス (Erinnyes) を想ひ出させる、ヘシオドスのテオグニス (Theognis) に從へば、クロノス神が、母なるガイアにそそのかされて、大鎌で父なるウラノスを傷けたとき、大地に迸つた血潮から生れ出たものの一人がエリニエスである。(30)この神話は、エリニエスが子としての務めを破つた者への

復讐神であることを示してゐる。そしてホメロスの二つの詩篇に於ても、同じ職能の神として屢ゝ呼びかけられてゐる。[31] また時としては虚言、僞誓の責罰者として呼びかけられてゐる。[32] 更に後世になると、この神を目して大地女神、農耕主宰神としてのデメテル（Demeter）やコレ（Kore）の一形相となし、大地が人類に對して不機嫌で不生產的になる場合の表現をそこに認めようとした。イースキルスの戯曲『エウメニデス』に於ける合唱隊の或る唱歌の如きは、その一例證である。[33] しかしエリニエスに關する這般の觀念は、みな本來の觀念からの後代的變容である。一體この神の名は、エリニュス（erinus）といふ希臘語から抽き出されたものであり、そしてこの語辭は、ミュラー氏（Müller）が定義したやうに、

"feeling of deep offence, of bitter displeasure at the impious violation of our sacred rights by those most bound to respect them".

を意味した。[34] 古き代の希臘人の間にあつては、外者は『もてなさるべき權利』を持つた。その權利を踏みにじられ、入らんとする家から拒まれるとき、深い怨恨と苦い不快とを感ぜざるを得ない。その感じの具象化、若くはその感じが產み出す呪の人格化として、復讐の女神エリニエスがある。この神は、發生の本義から云へば、『子としての務めを破つた者』に對する、若くは虚言者、僞誓者に對する復讐責罪の神ではなくて、款待を拒まれた者の復讐的呪咀の形態化である。希臘人の觀想に從へば、他人の家を訪ふもの——客人、哀願者などは、みなおのれのエリニエスを持つてゐた。いな乞食さへも、一人前にエリニエスを持つてゐて、食を拒まれると、それがすぐに復讐の手を伸ばすと信ぜられた。[35]

希臘人のエリニエス女神に對する心からの恐怖は、古典的に有名である。自分たちはそこにすげなく扱れた外

客の呪に對する彼等の恐怖を見る。

希臘のエリニエスに對する興味ある對比として、羅馬の宗教に『款待神《もてなしがみ》』(dii hospitales) がある。この神は、外客が、その訪れた家に於ていかに取扱はれるかを監視する神であり、そしてまた外客に對してなされた不法の復讐を掌る神である。自分たちは、ここにもまた款待を拒まれた外者の呪に對する民衆の恐怖を跡づけることが出來る。

外者の款待が、少くともその一部に於て、外者から放射される災や呪を避けようとする意圖から出てゐることは、更にまた款待者の客人に對する異樣な心づかひの種〻相に目をつけると、容易に肯かれる。馬來半島のメンタウェイ諸島に於ては、見知らぬ者が家に入つて來ると、これをもてなすに先つて、家族の一員がすぐに子供たちの頭髮につけてゐる裝飾品を取りはずして、來訪者の手に渡す。客は暫くの間それを眺めたあとで家人に返す。外者の邪視を裝飾品にそらして、子供たちに災のふりかかるのを禦ぐための心づかひである。[36] モロッコの土人が外者を手厚くもてなすことは先に云つた通りであるが、それでもシェリーフたちが、一般に外者がおのれの手に吻をつけることを忌み嫌ふのは、外者が彼等からバラカ (baraka——シェリーフたちに內存すると信ぜられた神聖力) を引きぬいてしまふことを恐れるからである。[37] 布哇の土人たちの間に於ては、通りすがりの外者でも食物を出して馳走するが、その家の主人や家族たちは、決して客人に出した食物に手をつけぬ。外者から出る邪惡な力が自分たちに禍を及ぼすことを懼るるからである。[38]

款待行爲は、無制限な行爲ではない。それには時間的な制限があることに氣をつけなくてはならぬ。

ドール氏や、バルトラム氏や、モルガン氏などは、若干の土族の間にあつては、外者が自分の欲するままにいつまでも客人となつてゐることの出來る由を述べてゐる。ラファルグ氏自身も、主人側が食物の盡きるまで外者をもてなした土族の實例を擧げてゐる。しかしそれは法外の沙汰であつて、常則ではない。一般的には、客人の口腹滿足は、『時』に拘制せられてゐる。ジャヴァ人の間にあつては、外者の款待期間は一日一夜である。それ以上滯留すると、無作法な取扱を受ける。[39] ムーア人は三日を以て饗應を切り上げる。彼等の豫言者モハメッドは、『神と復活の日とを信ずる者は、おのれの客人を尊敬せざるべからず。…客人を款待する期間は三日なり。』と敎へたといふのである。[40] ベヅーイン族の間では、外者は到着の時から三日と四時間以上に滯在を長めたいと思ふなら、主人を助けて家庭の用事に働かなくてはならぬ。働かないで居座りすると、すべての人々から指彈きせられる。[41] 獨逸人の諺に、

Den ersten Tag ein Gast, den zweiten eine Last, den dritten stinkt er fast.

とあり、[42] 南部スラブ人は、『客人と魚とは、三日目には、嫌な臭がする』と云ひ、[43] アングロ・サクソン人の間では、

Two nights a guest, the third night one of the household (a slave.)

と稱せられるところを見ると、[44] これ等の民族の間にあつても、客人がなうなうとしてゐられるのは、三日に限られたといふことが知られる。

外者に對する款待が、共產的觀念、自身が旅するときの顧慮、ニュースの聞きたさ等からのみ出たものであるとするなら、その款待が僅かの日數に限られ、しかもその後は出て行けかしに取扱はれるのは、全く聞えぬ話である。これに反して、外者に對する呪術宗敎的《マジコレリジアス》な恐怖を考慮のうちに入れると、かうした習俗が、はつきりと『當

然』の範疇にはひり込んで來る。ウェスターマルク氏が、いみじくも道破したやうに。

『外者と相馴れて來るといふことが、外者が最初そそり立てた迷信的な恐怖を散消させる傾向を有することは、尤より自然である。そしてこの傾向は、必要以上に永く主人《あるじ》の費用で暮らしてゐるのは外者の不埒であるといふ感情と結びついて、款待に對する外者の權利享受期間の短かいことを說明してくれる。』(4)

からである。

かうして自分たちは、外者款待の習俗に於て最も大きな役割をつとめてゐる心理は、外者に對する民衆の『或る勢能』の存在の信仰に因する感情の動きであることを知つた。ところで同じくこれ外者である。然るに外者に對する民衆のいかんによつて、更に時として同一の民衆によつて、一方ではこれを幸福の齎し人として心から喜び迎へ、他方では、これを災禍の保持者として秘かに恐れ憚るのは、一寸考へると腑に落ちぬ現象のやうに思はれるが、さう思はれるのは、外者に對する自然民族の宗敎的心理の認識不足から起る幻影に過ぎない。

自然民族は、すべて『知られざるもの』『慣れないもの』『驚異すべきもの』に對して一種の神秘的な勢能を感知する。這般の事物若くは現象は、自然民族にとつて一の『神聖』である。ところで『神聖』といふ觀念は、自然民族の心理に關する限りでは、頗る複雜な成素を持つてゐる。そこでは聖淨と不淨との兩性質が密接に相契合してゐる。希はしきものと呪はしきもの、接近したいものと厭離したいものとが、『神聖』の中に含意せられてゐる。羅馬語の sacer が『聖淨』と共に『呪はれたること』を意味し、希臘語の hagos が、『聖淨』と『不淨』とを一語の中に結合させてゐるといふ事實は、低い文化階層に於ける民衆の神聖觀念が、近代人のそれといかに異つた內容を持つかの言語學的證示でなくてはならぬ。はた自然民族に於けるタブーそのものが、ゼーデルブロム氏が指摘したやうに、聖淨と不淨との何れを意味するかを決定し難い場合が多々存してゐるといふ事實も、同一方向を指してゐる。(46)

『知られざるもの』『慣れないもの』『驚異すべきもの』は、一種の神秘的な勢能若くは力を內存させてゐる——これが自然民族の心持である。そしてその勢能若くは力は、とりとめのない、非人格的な、漠然としたものであり、且つ自然民族の心意性そのものが、レヴィ・ブリュール氏（Lévy-Bruhl）が、『下層社會の心理的機能』（Fonctions Mentales dans les Sociétés Inférieures）に於て指斥したやうに、differenciation の機能に乏しいものである以上、その勢能若くは力の含意するところが非差別的であつて、人類に對してよく働くこともあれば、惡しく働くこともあり、これ等二つの働きが、何等の矛盾感なくして、一つのものに契合してゐると考へられるのも尤も千萬でなくてはならぬ。かくてこの神秘的な勢能若くは力の觀念の背後には、ユーベル氏やモース氏が『宗教史雜纂』（Hubert et Mauss, Mélanges d'Histoire des Religions）の中で高調したやうに、尊敬、愛着、恐怖、嫌惡等の種〻の一見矛盾したやうな情緒が强度に、そして密接に抱合して存在してゐる。(47)

ところで、當面の問題である『外者』は、突然の來訪を受けた人〻にとつては、『知られざるもの』『慣れざるもの』の最も大きな、最も直接的な一つである。自然民族にとつては、それは一の『神聖』である。sacré である。sacre pur ともなり、sacre impur ともなり得る勢能を持つた漠然たる存在である。これに對するものの心に尊敬、愛着が起るかも知れず、また恐怖、嫌惡が起るかも知れぬ一體にして兩面的な存在である。之に接するものの心持や、その場合の事情によつて、或は、ヒトパデサ（Hitopadesa）に、

『客人は神より成る。』(48)

とあり、まな希臘や羅馬のさまざまの古文獻に、客人は神に次いで尊敬すべしとあるやうな存在とされることがあり、(49) 或は災禍、不淨の權化とされることがあるのは、まことに自然の心理的歸趨でなくてはならぬ。

五

これだけのことを胸臆に藏めて、この考察の出發點であるさまざまの說話に再吟味を加へて見る。さうすると少くとも自分だけには、次のやうなことが言はれ得るやうな氣がする。

(1) 問題の諸說話は、現在の形では、一個の道德說話である。人類の行爲を見るべく巡行する神によつて善惡二樣の行爲が正しく裁かれ、よき行をなしたものは報賞せられ、惡しき行をなしたものは責罰せられることを契機《モーチフ》とした說話の範疇に組み入れらるべき形態を採つてゐる。

(2) しかし本原的、發生的に云へば、道德的な意味は、最初は內存したものではなく、款待をすると否とは、本人の性質の善惡から出るのではなくて、訪づれた外者の力をいかに見たかによつて、或ひは款待となり或ひは追ひ退けとなつた。

(3) これ等の說話に現るる神もまた本原的には、既成の或る倫理神であつたといふわけではなかつた。それ自身に於て、ある神秘的勢能を持ち、從つて祭饗時の賓客となり得る外者であり、『まれびと』であつた。之を款待したために幸福を得、之を款待せぬために罰を受けるといふことの原義は、善行惡行に對する賞罰ではなくて、一は外者に內存する惠みの力を引き出したものであり、他は同じく外者に內存する呪の力を引き出したものであるに過ぎぬ。

（4）さうした二面的な力は、人間としての外者、その者に內存してゐると信ぜられたのが、後には、(A)その力が人間としての外者から引き離されて、一の神格となつた。希臘の宗敎に於けるエリニエスや、羅馬の宗敎に於ける『款待神』の如きはそれである。若くは(B)外者に超自然的な勢能が內存してゐるとせられたために、彼等自身が昇華作用を受けて、一種の超人間的な靈物となつた。我が國に於ける『まれびと神』の如きはこれであらう。

（5）かくして問題の說話が、本來から行爲の善惡によつて、或る倫理神の報賞責罰を受けることを契機とする說話と合流するやうになつた。

この型の說話に關しては、まだ多くの問題が考へ殘されてゐる。卽ち

（1）この型の說話は、或る一個の地域に發生して、諸民族の間に擴布したか、若くは各々獨立に生れ出たか、若くはまた若干の中心地があつて、それから末梢地に流布したかといふ問題。（高木敏雄氏は、印度若くは波斯が根元地であらうと推してゐられる。）(50)

（2）我が國に於けるこの型の說話は、他からの傳來であるか、はた自生的なものであるかといふ問題。（高木氏は印度からの傳來なること疑ふ可らずとしてゐられる。）(51)

（3）我が國に於けるこの型の說話の主人公である祖神尊、武塔神（速須佐能雄能神、牛頭天王）が、いかにして這般の物語に持ち込まれたかといふ問題――これ等の人物と『まれびと神』との關係の有無はいかにといふ問題。（折口信夫氏の如きは、自分の解するところが正しいなら、日本書紀一書に、素戔鳴尊結二束青草一。以爲二蓑笠一。而乞二宿於衆神一。とあり、而して『まれびと神』がよくかうした姿で現れるところから、

兩者の間に若干の關係を認容してゐられるやうである。）

などがこれである。しかしかうした問題は、現在の自分の知識では、どうにも手におへぬ問題である。博學達識の士の敎示を俟つほかはない。

註

（1）『常陸風土記』筑波郡の條
（2）栗田寛氏『風土記逸文』
（3）祇園牛頭天王緣起（續群書類從第三輯第五十五）
（4）簠簋內傳諺解第一卷
（5）高木敏雄氏『比較神話學』第四九、五〇頁
（6）高木敏雄氏同書第五〇、五一頁
（7）Grimm, Kinder=und Haus Märchen, No. 87.
（8）Ovidius, Metamorphosis, VIII. 620 ff.
（9）T. Keightley, Classical Mythology, p. 73.
（10）Homeros, Odyssia, XVII. 485 ff.
（11）Hebrews, XIII. 2.
（12）P. Lafargue, The Evolution of Property, p. 25—30.
（13）Lafargue, Op. Cit., pp. 29, 30.
（14）Daremberg et Saglio, Dictionnaire des Antiquités Grecques et Romaines, 4; O. Seyffert, Dictionary of Classical Antiquities 等參照
（15）Lafargue, Op. Cit., pp. 28, 29.
（16）Lafargue, Op. Cit., p. 28.
○（17）T. Winterbottom, An Account of the Native Africans in the Neighbourhood of Sierra Leone, I. 214.
○（18）Domenech, Seven Years' Residence in the Great Deserts of North America, II. 319.
（19）E. Westermarck, The Origin and Development of the Moral Ideas, I. 581.
○（20）W. Yate, An Account of New Zealand, p. 100.
○（21）J. L. Burckhardt, Notes on the Bedouins and Wahábys, p. 198.

外者款待と民譚　松村

(22) Laws of Manu, III. 106.
(23) Aeschylus, Supplices, 632 ff.
○(24) D'Ardieux, Travels in Arabia the Desert, p. 131 ff.
(25) Westermark, Op. Cit., p. 582.
(26) Westermarck, Op. Cit., pp. 592, 593.
(27) F. Ratzel, The History of Mankind, II. 480.
○(28) Âpastamba, II. 3. 6. 3.
○(29) Institutes of Vishnu. IXVII. 33.
(30) Hesiodos, Theognis.
(31) Homeros, Ilias, IX. 454, 568 ff; Od II. 135.
(32) Hom., Od., XIX. 258.
(33) Aeschylus, Eumenides.
(34) Müller, Eumenides, p. 186.
(35) Platon, Epistolæ, VIII. 357 ; Apollodorus Rhodius, Argonautika, IV. 1042 ff ; Hom., Od., XVII. 475.
○(36) H. von Rosenberg, Der malayische Archipel, p. 198.
(37) Westermarck, Op. Cit., p. 586.
○(38) William Ellis, Narrative of a Tour through Hawaii, p. 347.
○(39) B. Bergmann, Nomadische Streifereien unter den Kalmücken, II. 285.
(40) E. W. Lane, Arabian Society in the Middle Age, p. 142.
(41) Burckhardt, Op. Cit., p. 101 ff.
(42)(43)(44) Westermarck, Op. Cit., p. 595.
(45) Westermarck, Op. Cit., pp. 595. 596.
(46) Söderblom, Holiness (General and Primitive)
(47) Hubert et Mauss, Mélanges d'Histoire des Religions.
(48) Hitopadesa, Mitralâbhâ, 65.
○(49) Gellius Noctes Atticae, V. 13. 5 ; Aeschylus, Eumenides, 270 ff.
(50)(51) 高木敏雄氏前掲書第五一頁

古代に於ける言語傳承の推移

折口信夫

所謂民間傳承といふ言葉を、はじめて公に使はれたのは、確か松村武雄さんであつたと思ふ。そしてそれを現在、柳田國男先生はじめ、我々も使うて居るのである。こゝではこの民間傳承のうちの言語傳承の移り變りについて述べる筈である。

言語傳承には、言語の形式と、言語そのものと、二つの方面があるが、こゝでは只今殘つて居るものではなく、大分以前に、固定したものに就て話して見たい。實は言語の問題は、一々、例について論議せねばならぬのであるが、時間の都合上、それは止めて、大よその處に就いて、述べることにする。

元來民間傳承は、言葉の外は何も傳へるものが無かつたわけであるから、言語傳承は、傳へるものゝ總てだと考へてよい筈である。而も言語といふものは、直ぐに消えてしまうて、そこにはたゞ信仰的なものゝみが殘る。それで、呪詞・唱詞系統のものが、永遠の生命を保つことになるのである。そして、記錄が出來ると、傳承の爲事は、それに任されるやうになる。今日の文章は、言文一致といふことになつてゐるが、昔はさうではなかつた。ずつと大昔には、言葉と文章との區別が無かつた、といふのが定說だが、よく考へて見ると、さうは思へない。我が國には、言文一致の時代は、無かつたと思ふ。概念的に、大ざつぱに、奈良・平安時代のものを讀むと、言文一致のやうにも見えるが、細かく啄くと、さうではないのである。

口頭傳承と言語とは別のものである。そして後者は、段々時代の經るに從うて變化していくもので、民族が古ければ古い程、多く變化する。が、口頭傳承の方は、一部分は、時代と調和するが、段々時代の經過するにつれて其處に、變な鵺のやうな文章が出來上る。これの一番發達したものが、平安朝の女官の書いた所謂女房の文學で、一見、口語の表し方と同じやうに見えながら、その變なところがあり〳〵と見える。一體口頭傳承と言語とに、文體の分化したのは、どういふ譯かといふと、畢竟は、口頭傳承を尊敬する考への出て來るところに、原因してゐるとおもふ。今私は、文語は口の上に記錄し、頭に記憶する責任を感じてゐる文章だと云うて置きたい。文語には、尊敬に伴うて固定がある。此に反して、言語は段々發達して行く。こゝに分化が生じるのであつて、それが愈、紙の上の記錄にうつると、そこに截然と區別が立つて來る。

尙、文語に關しては、もつと立ち入つた考へを述べねばならないが、それに一番適切なのは、呪詞・唱詞である。これは、永遠に繰り返さねばならぬものと信じられて居たが、段々脫落變化して、そのうち、最大切なものだけが、最後に殘つて、歌と諺とになつた。諺は、私の考へでは、神の言葉の中にあつた命令の言葉だと思ふ。卽、神の言葉にも、次第に、會話と地との部分が出來て、その中の端的な命令の言葉が、諺であつたとおもふ。之に對して、神から命令をうける者（すぴりつとのやうなもの）の應へる言葉、それの一番大事な部分が、歌であつた。それ故歌には、表情を訴へるものがあるわけである。此應への言葉が、段々發達した。記錄を調べても、神の命令の言葉は短く、それに應へる言葉は、長くなつて行つてゐる傾向が窺はれる。諺は、その形を變へまい〳〵としたために、意味の不明になつてしまうたものがかなりにある。かの「いろはがるた」なども、それだと考へられる。之に反して歌は絶えず變化し進んで行つて、今度は歌が、世の中の文章を起す心持ちを刺激した。

さうして奈良朝時代になつて出來上つたものが、宣命であり、祝詞である。これらの文章には、或極まつた形があつた。ところが現存してゐる祝詞は、皆平安朝の息がかゝつてゐると思はれるから、かの歌に刺激されて起り、且紙の上に書かれた文章としては、今のところ、第一に宣命を考へるより外はない。此宣命は、既にそれ以前から固定し、生命を失つてゐた神の言葉を、その頃の言葉と、妥協させた。それ故宣命は、奈良朝の文章と、さうでない部分とが含れてゐる。何故かといふと、新しく考へた語法があるからである。宣命の言葉は、かなり古いものだと信ぜられてゐるのであるが、それを作つた者は學者であつて、その學者達が、古い歌を省みて、言葉を作り出してゐるのであるから、宣命には非常に造語が多いのである。萬葉集でも、學者達の作つた長歌には澤山の造語があつた。そして、口頭傳承には、かういふ言葉があるから、かういふ使ひ方をすれば新しい言葉が出來ると考へてゐた跡が窺はれる。わりあひに理くつの少い歌でさへさうであるから、宣命だとて、一々信用は出來ないのである。其時代の言葉と古語とを調和させた鵺のやうな言葉が、多いのである。一例をあげると延言の（奈良朝以前から、ずつと後まであつた。）非常に多いといふことが、これを證據だてゝゐる。この事は、宣命或は、作者名の明らかな長歌類を見るとよく訣る。が實は此延言には間違ひが多かつた。殊に僧侶の作者のものには、此事が云へるのである。ところがこれらの造語は、造語なるが故に既に、自由に使用の出來ない幾多の運命を持つてゐるのである。それで宣命を他の文章と較べて見ると、浮き上つて異つてゐることが訣る。これを、古い言葉を繼いでゐるからだと簡單に云うてしまふことは出來ない。言葉に生き〳〵した處と、死んだやうな處との混つてゐるのは、それ以外に、目を向けて見ねば訣らぬと思ふ。

右に述べた樣な、宣命の形を取り込んで、平安朝になつて、古く固定した祝詞や唱詞を改作したものが、延喜式の祝詞である。古い學者は、宣命は、奈良朝の祝詞を模倣したといふてゐるが、さうではない。延喜式祝詞は奈良朝の祝詞の言葉を取り込んで、それに古い言葉を配當したものと見られる。かうして出來上つた文章は、變なものであつた。そしてそれが昔の人に、訣つてゐたといふことは、甚不思議である。我々が祝詞を講義をするにも、不明で解けない個處がある。が、これが解けるといふのは、我々がそれを合理化して考へるからである。實際をいふと、祝詞は訣らぬものである。訣らぬものとして扱ふと、訣らない理由が、わかつて來る。と訣らぬものが訣るわけである。訣るものとして扱ふと、合理化にひきつけられて、結局、訣つて、訣らないことになる。

こんなことをいふと、蓜蒻問答のやうに變なものであるが、併し、これが實際である。

昔から唱へ傳へてゐる古い文章は、それを扱ふ人に、はつきり訣つてゐなかつた。處がそれを何遍でも扱はなければならない。そこでその訣らぬ所は、自分の解釋をあてはめて扱うた。その爲に、其處に段々、合理化が行はれて行くわけである。かうした言葉が、言語以外に、口頭詞章として傳へられる場合には、單なる傳承者と新しく創作しようとする者との相違によつて、非常な隔りが生じる。傳承の變化は、變化が自然であるが、作らうとする場合には、學者が、意識的に自分の勝手に解釋して用ゐて行くから、其處に不自然なものが出來て來る。從つて、古くから傳承せられた言葉の中にも、造語が多いわけである。かう考へると、語源を討ねるといふことは難しい事である。古い言葉を調べて見ると、語源の先に、まだその語源のある事が訣る。さうなると全く見當がつかない。日本の辭書も、只あゝいふ風に常識的に、語を陳列してゐるだけであつて、もつとつきつめた事になると何もわかつて居ないのである。悲しいことではあるが、併しこれが新しい研究の刺戟にならねばならないとおもふ。今迄の用語例といふものが既に固定してしまうてゐて、我々の拓かねばならぬ所が多いから、張り合ひがあるわけである。

次に、口頭傳承の言葉で、段々、口語の中に織り込まれたものがある。それは貴族のしたことであつて、古語をその生活の上に活かして用ゐたので、古い言葉が生きて來るやうになつた。それで、奈良朝に無かつた言葉が平安朝になつて出て來るといふことになるのである。併しこれは、平安朝以前に、さういふ言葉が無かつたといふことにはならない。かうした現象は、平安朝に到つて書物が多くなり、從つて記錄される機會が多かつた爲に、現はれて來たとも考へられるが、又一方貴族の言葉を模倣した女房の言葉が、記錄せられるやうになつたといふ時代の變遷にも依るのである。かうしたわけで、何處かに傳つてゐる古い言葉とか、又は記錄の文とかで、何かの場合にしか使はれないやうな言語が、生きて來るのである。譬へば上達部といふ言葉は、平安朝になつて出て來るが、考へて見ると決して平安朝に出來た言葉ではなく、宮廷と神社とを同じに考へてゐた、ずつと昔の言葉である。

こんな風にして、死んだ言葉が生きて來、又文語とそれと調和した樣な言葉が出來て來た。それで、長い時代の間には、傳へられた言葉が、すつかり誤解を重ねて來ることになるのである。これは、口頭傳承を書き傳へた書き物に對する誤解や、又誤つた直感が働くことに依るのである。が此事は、表面の事實であつて、實はかうならねばならぬ、昔からの根があつた。それは、言葉の意味をわからなくする神のあつたことである。此神は、八心思兼神と云はれる唱詞の神である。中臣氏の祖先だとも云はれてゐるが、誤りかと思ふ。此神は、色々な意味を兼ねた言葉を、唱へ出した神であつた。思ふといふ言葉を、我々は內的な意味に考へてゐるが、昔は唱へごとをするといふ意味があつたとおもはれる。かけまくもかしこきといふ言葉には、發言と思考といふ意味がある。

これと同じく、思ふにも、それが唱へごとをすることを意味した用例があつたらしい。思兼といふのは、色々な意味を兼ねて考へる、さういふ言葉を拵へた神の名であつた。かういふわけで、日本の言葉は、何うにでも解ける。之を又、尊いとも考へて居た。が始めからではなく、段々かういふ風に、兼ね思ふ樣になつて來たものである。之を同音異義などゝいふことでは説明出來ない。病氣の禱りが、同時に、田畑の禱りや、惡魔退散の禱りであつたりする。卽、言語の上に、譬喩的な効果を、出來るだけ豐かに考へてゐた時代が古くからあつたのである。結局は、これを唱へるのに、効果ある口頭傳承が少いため、それをいろ〳〵に融通することになるので、どうしても、八心思兼でなければならなくなる。卽、一つの文章や單語が、いろ〳〵の意味に考へられるのである。此處に、日本の言語傳承が、推移せねばならぬ理由があつた。此推移の中、一番、目につくのは、文法意識の變化であるが、餘り興味のあることではないから、こゝでは省略しておく。ところが我々の使用してゐる文法は、誰でも、平安朝の文法だといふが、此平安朝のでさへも、まだ〳〵確りした研究には、達してゐない。只單に、抽象的な文章論はあるが、單語の方は、一向に發展してゐない。これは、文法を發生的に考へないからである。これからも段々、時代々々の文法の書物が出てくると思ふが、時代に添うて自然に意義が發生展開して來る點を見るやうにならねば、無意義なことゝ思ふ。平安朝の文法で、古事記なども讀んでゐる。古訓古事記でさへも、さうであつて、決して、それ以前のものではないのである。今の神職などの祝詞も、平安朝の調子である。この平安朝に、みやすどころといふ言葉が、忽然と出てくる。之は後に意味が段々變化したが、普通、天子の御子を產んだ人が、みやすどころといふ名を得た。これなど訣らない語である。やすみしゝといふ言葉でも、普通には訣つてゐると思うてゐるが、萬葉には八隅知之、安見、或は萬葉假名で書いてあつて、その頃にも、既にいろ〳〵

違うた考へで、その言葉を使うてゐたことが知れる。するとこれは、もつと考へて見ねばならぬ事なのだ。安見といふのも、何だか支那臭いが、併し、安らかに治めるといふことに基づいてゐるのかどうかを考へて見る必要はある。天皇の始終お出でになるところを安殿と書いて、やすみどのと讀ませてゐる。大安殿・小安殿と分れてゐるが、元は一つであつた。やすみどのの書物に於ける用語例をだん／＼調べて見ると、祭りの晩に、尊い方が添ひ寢のものとやすまれる處が、やすみどのであつたらしい。すると、我々の休むといふ語と、非常に近くなるが、併しさう簡單に、今の語と昔の語とを、妥協させる事は出來ない。も一つ考へて見ると、昔は非常に尊い人が、女と一しよにやすむ處が、それであつたらしい。それから引いて、尊い人の胤を宿した人を、やすみどころ・みやすどころなどと呼ぶ平安朝の語が、出來て來たのだと思ふ。かう考へて見ると、その言葉が、段々訣つて來るやうに思へる。やすみしゝも、何か祭りの時の印象ある言葉かと考へる。その時天皇は、遠い處から來たやうな、變つた風をして、常は會はぬ正殿で、改つて人に會ふ、といふやうなことがあつたかも知れぬ。とにかくはつきりはせぬがその輪廓だけはわかる。かうした言葉の數を集めて行くと、微かながらも、そのほんとうの姿が訣つて來る。

八十國八十島といふ、數で表れてゐる語も、普通は安らかといふ風に考へてゐるが、何か、前述のやうな意味に、關係があるかと思ふ。國といふ言葉は、我々は馴れてしまつて、顧みないのであるが、昔は、明らかに、島と對立した言葉であつた。「明石の海峽より大和島見ゆ」といふ歌の、一番進歩した説明では、大和の國を島と稱したと云つてゐるが、秋津島、其他が、水で取り圍まれてゐるからだと云ふのは、逆の考へ方である。島は自分が持つてゐる國、治めてゐる國といふ意味だつたのが、段々普通に使はれるやうになつたものであらう。これに對して、國は、天皇に半分服從し、半分、獨立してゐる處であつた。絶對に服從してゐるといふのは、神世からの極少數で、他は皆、天子の國と、卽かず離れずの關係にあつた。「おしてるや、難波の崎よ、出で立ちて、わが國見れば」といふ仁德天皇の御歌の國も、うつかりすると、大和と見えるが、此は、部下の國を見、部下の國を褒める言葉である。自分の國をいふ島なる語が、段々變化して、普通に用ゐられなくなり、且宮廷に屬してゐる地方が皆、國だから、宮廷のある所迄、國といふやうになつたのである。かうなると、我々は、正當に使つた島といふ言葉があると、何か異樣に感じて、水を廻らした島といふ古い言葉が轉じて、國の一區劃をも云ふやうになつたと云はねば、收らなくなる。これは、口頭傳承の國語に移つてゆくにつれて起る變化がある。

古事記のにゝぎの命天降りの段に、うきじまりそりたゝしてといふ言葉があるが、これは何の意味か訣らない。日本紀には、浮島なる處にとし、又その一書には、浮島なる平にとなつてゐる。そんな變なことは無い筈だが、口頭傳承は、このやうに、まち〳〵に傳はつてゐるのである。日本の古書には、古い程、神聖な程、かうしたものが多い。大切だと思ふ處は、一生懸命に守つてゐるが、其處に、意志を加へないから、益々變化してしまふ。

あまつゝみ、くにつゝみといふ言葉がある。之については、既に書いたこともあるが、あまつゝみは、くにつゝみに對してゐるとされてゐるが、さうではなさゝうである。すさのをの命が、天上で犯した罪の償ひに、其時期になると、天上のことを地上にうつして、我々がせねばならぬ愼しみ、卽ち日の神、日の作物に對する物忌みがあまつゝみである。くにつゝみは、更に不思議であるが、これは、我々の考へてゐる程古いものでないらしい。つまり、つみの意味には、穢れ・物忌みに於ける又神が欲しいと思ふと、神にあげるための、愼しみをいふ意味もある。あまつゝみは、すさのをの命が天上の田を荒した爲、其時期になると神に假裝して、田作を助けに來る。卽ち償ふのである。畢竟つゝじみとつみとは、さう意味は變らぬのである。かうしてあまつゝみを考へて見ると、實は變なものである。昔の人の考へ方がよいか、自分の考へ方が惡いかといふと、それは、語自身の罪であつて、八心思兼命が惡いのである。端的に云ふならば、あまつゝみは、あめつつしみ、言ひ換へれば、ながめいみといふことだと思ふ。この言葉は、萬葉にもあつて、雨づつみとも云つてゐる。物忌みは、五月と九月との二度あつて、其内五月のが主である。それはちようど、霖雨の時だから、これをながめをするといひ、更に略して、ながむといふた。この愼しみの期間は、禁慾生活をせねばならぬのである。これが平安朝の物語の、ながむといふ言葉の原であつて、つまり長い間の禁慾生活をして、ぼんやりしてゐる。それがながめであつた。このながめいみ卽、雨づゝみを、どうして今迄、天つ罪と、關係して考へなかつたのであらうか。違ひは單に濁りだけのことである。昔の人には、つゝみでも、づつみでも同じことであつた。これが、田植や、田に關した物忌みで、霖雨の頃にすることで、これが、すさのをの命の話と結びついたのである。あまつゝみは實は、何でもない事なのである。此について、昔の人は、さうも思つたかも知らぬが、天つ罪といふことが、ほんとうだと云ふ人があつても、日本の傳承の素質では、何方にでも云ひ得るものを持つてゐるので、それを違ふとも云ひ切れない。

以上甚纒らぬことを述べたが、たゞ日本の語源說とか、文法とかでは、もつとやり直してもらはねばならぬものが澤山あるといふことだけを考へて頂ければ、此話の目的は、達せられたわけである。

岩出町(紀州)の醫療と禁厭

◇醫　療

○タニシ　此れを醬油にて煮れば脚氣の藥となる。
○血止草　道端に在る小さな圓き葉を有する草は血止となる。
○虫クソ　古き竹の中に在る粉末で、此れは指々の間がたゞれる時に藥となる。
○幼兒の出來物を防ぐにはヨモギの葉三枚と井戸バスの葉一枚とを鹽でもみて子供に飲ます。

◇禁　厭

○家の中に長物(へびの類)は入らない法。
正月十五日の朝正月に飾りし、カザリ、門松等を全部一まとめにして、村の一定の場所へ集りて、一度に燒き、其灰を一合或は一升マスにて取り歸りて自分の家の周圍に播けばよし。
○字の上手となる法。正月十五日の朝、正月に飾りし、カザリ、門松等を全部一まとめにして村の一定の場所にて燒く時に自分の書いたものを一緒に火に投げ入れて其の灰を天高く上げればよし。
○齒痛の止る法。一、村の北方サンマイ(人を葬る所―方言)に在る六子童へ夜の子の刻に、人に見られない樣にして行く、其時に、いり豆を供へて「此の豆のはえるまで齒痛を止めよ、アビラウンケンソワカ」と三唱す。二、おきの國アゴナシ子童、齒の痛をなをしてくれ御願ほどきをいたします。と唱ふ。
○まむしに喰れた時の法。カンピヨーで其の喰はれた前後をしばりておく。
○出來物(方言でデボ)の法。鯉といふ字を逆にかき其れをはりて、アビラウンケンソワカと三唱す。
○乳のこりを治する法。鯉のあまはらを、乳の上にはるとすぐなほる。
○足の痛みを突然感じた時。井戸神(女美人)とチヨズ(便所の事)の神(男神にして不美なり)と夫婦でござい。それやだれやいふたらと、井戸の神はいふた、アビラウンケンソワカと三唱す。
○子供の夜泣する時。男兒に鶏の形を書きて、かまどの裏に其の書きたものを逆にはればよし。(高橋博)

七種の菜粥

南方熊楠

貝原好古の日本歳時記一、正月七日の條に、今日七種の菜粥を製し食ふ、七種菜と云は歌に、「芹なづな五形はこべら佛の座、すゞなすゞしろこれぞ七くさ」、正月上の子の日、若菜七種を奉つる事、宇多天皇の御宇より始まるにや、又延喜十一年正月七日に、後院より七種の若菜を供すともみえたり、荊楚歳時記にも、正月七日、七種菜を以て羹とし、之を食ふと云り（立春の日食ニ生菜ニ不レ可レ過、取ニ迎新之意ニ而已と、四民月令にみえたり、本朝に此日の若菜も此意なるべし）とある。それより二年早く貞享二年刻に係る黑川道祐の日次紀事正月七日の條には、今日を人日と謂ひ、良賤互ひに相賀す、昨日より今朝に至り、家々ゆでたる蕪菁、薺等を砧几に載せて、杖を以て之を敲き、七種菜に代て之を用ひ、今日之を敲き、七草をはやすといふ、今朝是を以て菜粥といひ、各之を食ふ、俗間七草をゆでたる湯を以て、爪を漬し之を剪る、中華亦今日、七種の菜を以て羹、こして之を食へば、則ち萬病なしといふと出す。七種菜の歌によんだ草の內にしかと別らぬ者もあり。貞享の初め、既に其代りにカブラ、ナヅナ等を用ひたと知る。荊楚歳時記は晉の宗懍著、西暦六世紀の人といふ（一八八一年上海刊、ブレットシュナイデルの支那植物編一の一六一頁）漢魏叢書に之を收めたのをみるに、たゞ正月七日爲ニ人日一、以ニ七種菜ニ爲レ羹と短かく記したのみで、何に〳〵を七種の菜と名ざしおらぬ。随つて芹なづな等の名は、日本で推測もて押し當てたらしい。和漢三才圖會一〇五にも、此七種未レ詳、異說多とあり。其內佛の座てふ草の事一切見えず、本と支那で用ひた七種の菜の名が傳はり居たら、ホトケノザの支那名は早く判つた筈だが、久しく分らずに有たのだ。小原良直の桃洞遺筆二輯六に、其師小野蘭山は本草從新の元寶草を佛の座に宛た、元寶は淸朝通用の銀で、寶曆中支那商人が將來せるをみるに、佛の座の葉に似ておると言た。然るに小野職慤の重修植物名實圖考二五下には元寶草をツキヌキオトギリとし、其圖も之によく似居る。兎に角オトギリソウ屬の者で、決して佛の座でない。去ば詰る所ろ、ホトケノザの支那名は分らず仕舞ひで、假令元寶草で有たつて、此名は淸朝に始

七種の菜粥（南方）

まつた物ゆゑ、此名が六朝の梁朝の七種菜の內に具はつた筈なし。上に引た日本歳時記、七種菜の歌は始めて兼良公の公事根源に出で、其隨一たる佛の座の漢名知れずと有る上は、この七種菜は日本人の手製で、梁朝の舊例を襲ふた者とみえぬ。

七種菜の粥は和漢の外にもある。 Ramusio, 'Navigationi et Viaggi,' Venetia, 1588, vol. i. p. 38. に出た Giovan. Leone Africano, 'Descriptione dell'Africa' にモロッコの首都フェズの風俗を叙て、基督誕生祭前晩に、常例として甘藍、蕪菁、胡蘿蔔等七種の菜で調へた粥を食ふ。又此夜諸種の豆と穀を煮て果子の代りに食ふとある。

（昭和四年十一月廿七日夜稿成）

本文認ため終りて後ち、祇園執行日記、文和元年正月六日の條をみるに、堀川神人役ニ七種菜一沙汰人行心法師持參、ナヅナ、ク丶タチ、牛房、ヒジキ、芹、大根、アラメ、各方五寸折敷ヽ次各入也下署とみゆ。公事根源より前にこの樣な物を七種菜とする一風も有たので、其頃既に一定し無つたのだ。（完）

荷い初めと紡ぎ初め

西三下市場地方で正月の仕事の仕方です。

此地方の樣に農業本位の所では一般の人々が其業を休む日は遊び日と云ひ、其日は午前十時頃まで平素の通り夫れ〲仕事をして、朝飯（早朝の食事を茶の子と呼び）后から遊ぶが正月の二日と三日の兩日は普通では十時頃迄の仕事を夜の明けぬ前に仕遂げると云ふ習慣です、尤も元日だけは更に仕事を離れて仕舞ひます。

荷い初めは男、夫れも主として若い者に依つて行はれる、二日三日の兩日は朝の三時位いに床を出るが、其時間も全然競爭で一軒何所か戶を明けた音でもすると汽車時間に遲れたと云つた樣な風で其所でも此所でも戶を開く音が響く、起き上ると其のまゝで仕事着に着換へて麥畑に肥料を施したり打ち返しの樣な仕事にかゝります。

紡き初めは若い女の仕事で前日中に大勢が申合はして一軒の宿を定め、男の方と同時刻に其宿へ集まつて綿糸を紡ぐとか又足袋底を刺す（今日では在りませぬ）位の簡單な仕事に掛ります。

荷い初めも紡ぎ初めも日の出る迄と云ふ事に成つて居ます、此の日の出前に少しでも澤山の仕事を他人より美しく仕上げるのを得意として居ます。

（矢頭和一）

「越後傳吉」の種本

宮本勢助

大岡さばきの一つの越後傳吉の話が、いつ頃現はれたか、どういふ風に發達して來たか、是まで一向氣を注けなかつたが、先年ふと魏書の李崇傳から傳吉話の重要な部分とよく似た話を見出したので、それを雜誌風俗研究へ書いて置いた。併しそれには其後半部の重要な點となつてゐる不思議な夢知らせや、夢解きのことが現はれて居らぬが、どうも日月の夢の話が支那くさく感ぜられ、其種子が支那にあるのではないかと、氣にかけてゐるうち、ふと星野博士の史學叢說(第一集一〇一頁)所引晋書苻融傳の一節を見て、それには省略せられた夢の部分の記事が、あの夢と符合するのではないかと、改めて晋書に就いてしらべると、果してそれが二つの日の夢なのであつた。そこで改めて傳吉關係のものを讀直してみた結果傳吉の話が晋書苻融傳及び魏書李崇傳に現はれた二つの話によつて創作されたものだと云ふことを略確め得た。

傳吉關係のもので自分が見たのは次の如きものである。

邯鄲(常磐津淨瑠璃、櫻田左交作、弘化三年板)

青砥稿(あをとさうし)及び邯鄲、(續歌舞伎年代記二十弘化三年條)

越後傳吉一件(帝國文庫第十六編大岡政談所收)

越後傳吉物語(明治初年板、草双紙大西庄之助編)

孝子越後傳吉(明治三十七年板、神田伯龍講演)

以上の他に青砥稿によつて作られた藤本吐蚊の勸善青砥劇譚(弘化四年板)があるが是はまだ見てゐない。青砥稿及び邯鄲は續歌舞伎年代記に僅に配役が記されてあるだけに過ぎぬが傳吉のことを仕組んだものであることは其後々の名及び夢の內容によつて考へられる。其夢を見る鹽屋善吉は勿論傳吉である。青砥稿の上演は弘化三年であるが其以前に「越後傳吉」があつたか無かつたか自分はまだ知らない。

傳吉の話は前後二つの部分から成つてゐるが、其前半は周知の如く津村淙庵の譚海卷三七「武州熊谷農夫妻の事」と題した話と全く其內容を同じうするものでもと傳吉の話の後半部とは關係無しにそれだけで單獨に話されたものである。其後半部の一半は苻秦―西紀四世紀―の苻融の事蹟として傳えられた次の董豐の話と著しく符合する點がある。

越後傳吉の種本 （宮本）

京兆人董豐游學三年而返過宿妻家是夜妻爲賊所殺妻兄疑豐殺之送豐有司豐不堪楚掠誣引殺妻融察而疑之問曰汝行往還頗有怪異及卜筮以不豐曰初將發夜夢乘馬南渡水返而北渡復自北而南馬停水中鞭策不去俯而視之見兩日在於水下馬左白而濕右黑而燥寤而心悸竊以爲不祥還之夜復夢如初問之筮者筮者云憂獄訟遠三枕避三沐既至妻爲具沐夜授豐枕豐記筮者之言皆不從之妻乃自沐枕枕而寢融曰吾知之矣周易坎爲水馬爲離夢乘馬南渡旋北而南者從坎之離三爻同變變而成離離爲中女坎爲中男兩日二夫之象坎爲執法吏吏詰其夫婦人被流血而死坎二陰一陽離二陽一陰離下坎上既濟文王遇之囚牖里有禮而生無禮而死馬左而濕濕水也左水右馬馮字也兩日昌也其馮昌殺之乎於是推檢獲昌而詰之昌具首服曰本與其妻謀殺董豐期以新沐枕枕爲驗是以誤中婦人〔晉書百十四、載記第十四、苻融〕

傳吉の身の上は全く右の董豐と異なるところがない、のみならず傳吉を陥れた上臺親子の父馮司及び悴昌次郎（越後傳吉一件）——馮司は亦馮二（青砥稿）馮左衞門（越後傳吉物語）とも書かれてゐる——の名の馮（憑）と昌とは董豐の妻の密夫馮昌の二分されたものに他ならない。次に傳吉が寃罪を蒙る直前に見た大難を豫示する不思議な夢の內容は次の如きものであつた。

廣野の眞中に大きな川があつて氷がはりつめ、川端には枕川と書いた棒杭が立つてゐる。傳吉が馬上で之れを渡ると日月が一時に上つて氷が解け傳吉は馬上乍らに水底へ沈んでゆく。（孝子越後傳吉）

青砥稿の六幕目の淨瑠璃邯鄲は「蠶屋善吉夢の處」（續歌舞伎年代記）とあつて右の夢の條を所作にしたものである。夢の內容は常磐津の「邯鄲」に次の如く見えてゐる。

此所は江州野路の玉川につゞく枕川にて候……ふしぎや一天はれわたりあらはれ出し二ツの日輪昇ると見れば忽に落て氷とくだんの人馬ともに行衞は白鷺の羽音にゆめはさめにけり。

此夢のところは越後傳吉物語の表紙繪になつてゐる。其書面は、烏帽子狩衣の傳吉が馬上で女仕丁二人を從へて川中に立ちまくら川とした棒杭があり、背後には二つの日輪が赤く描かれてゐる。此夢は兩日其他の點に於て董豐の見たものと略異なるところがない。

越後傳吉物語には夢の條が表紙繪にはあり乍ら本文には全く省かれてゐる。又越後傳吉一件にも

所謂物の前兆ならんとお專が見たる夢の惡しければ夫傳吉に此事を語り其吉凶を猿島川の向ひなる卜ひ者へ出向はれ身の上を占ひ貰ひ給はれとお專が勸むるにぞ。

とあるきりで夢の內容は後にも前に記されなかつたのに全く省

略されたのであらう。

併し右の董豐の話よりも傳吉の話の後半部の構成に一層重要な關係を有つのは、北魏――西紀四―六世紀―の李崇の事蹟に現はれた次の解慶賓兄弟の話だと思ふ。

定州流人解慶賓兄弟坐事俱徙揚州弟思安背後亡歸慶賓懼役後追責規絕名貫乃認城外死尸詐稱其弟爲人所殺迎歸殯葬頗類思安見者莫辨又有女巫陽氏自云見鬼說思安被害之苦飢渴之意慶賓又誣疑同軍兵蘇顯甫李蓋等所殺經州訟之二人不勝楚毒各自款引獄將決竟崇疑而停之密遣二人非州內所識者僞從外來詣慶賓告曰僕住在此州去此三百比有一人見過寄宿夜中共語疑其有異便卽詰問迹其由緒乃云是流兵背役逃走姓解字思安時欲送官苦見求及稱有兄慶賓今住楊州相國城內嫂姓徐君脫矜愍爲往報告見申委曲家兄聞此必重相報所有資財當不愛惜今但見質若往不獲送官何晩是故相造指申此意君欲見雇幾何當放賢弟若其不信可見隨看之慶賓悵然失色求其少停當備財物此人具以報崇攝慶賓問曰爾弟逃亡何故妄認他尸慶賓伏引更問蓋等乃云自誣數日之間思安亦爲人縛送崇召女巫視之鞭笞一百崇斷獄精審皆此類也〔書卷六十六、列傳第五十四李崇〕

解慶賓思安兄弟は傳吉の話の上臺憑司昌次郎で其行爲は全く異なるところがない。煩はしいから一々の比較は省くが、傳吉の話の骨子となつたものが解慶賓兄弟の話であるべきことは其一半が晋書の董豐の話を種としてゐることによつて推定せられるように思ふ。とにかく「越後傳吉」が以上の二つの話を錯綜して創作されたものであることは略疑ひがあるまい。

（昭和四、十一、卅）

狐の嫁入

第一卷第六號所載の南方先生の「狐と雨」に於て、先生は禪刹の椽下を吹火筒で覗くと云ふ事が、三州豐川よりの傳來ではあるまいかと述べて居られますが、筆者（豐川の隣村の生れです）の知る限りでは、東三地方に於ては右の樣な傳說は行はれて居ない樣です。

東三地方では、日當り雨の時、指を組んだ間から、氏神の境內の井戶を覗くと、狐の嫁入が見られると云ふ傳說が一般に行はれて居る樣です。その指の組み方は圖の通りです。

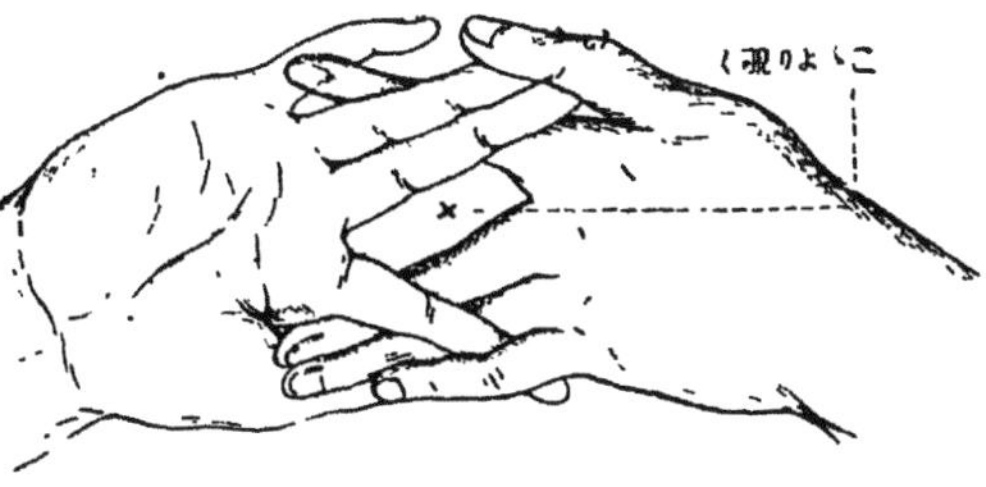

（細井一六）

（僕の子供の時の記憶では右の樣にしてのぞくと狐にばかされたのならば、その正體が見えると聞かされてゐた。然しそれが仙臺地方であつたか、會津地方であつたかはわすれた。小泉）

ヤガマヤよりモーアソド

伊波普猷

沖縄の農村の男女關係について一寸述べてみたい。昔はヤガマヤ(ヤガマーヤーともいふ)といふものが各部落に少くとも一ケ所はあつた。十二三歳頃から嫁入する迄の乙女等が毎晩寢宿りする所で、多くは後家などの家を擇んで、其處の離座敷を借りてをなべ(よなべの義)をするのであつた。同じ年頃の若者等もやつて來て、話をしたり、歌を歌つたりして、遂には雜魚寢までしたといふから、內地の或地方などに遺つてゐる寢部屋のやうなものと思つたら間違ひがない。ヤガマヤはヤガマーともいふが、ヤガマーは屋小の義らしく、複合語となつて、原義が忘れられた頃に、更に屋がついて、ヤガマヤが出來たのであらう。今では中頭郡の與勝半島附近の島々に行かなければ見られないが、七八十年前迄は沖縄本島にもあつた。當時はヤガマヤだけでは滿足しない男女の幾組かゞ、人里を離れた杜《もり》又は野原《モー》などにいつて、躍り興じたのであるが、これが所謂モーアソビで、野で演ずる歌舞の義であることは言ふまでもない。ヤガマヤとモーアソビとの關係については、これ以上說明するよりも之を歌つた當時の民謠を紹介した方がわかり易く、興味も亦多いやうな氣がする。嘉永二年に編纂された恒齊主人小橋川朝昇氏の『琉球大歌集』中に越來節《ごえくぶし》といふのがある。

越來《ごえく》間切《まぎれ》に有《お》たる事《こと》
文子《てこぐ》富里《ふさと》がしやる事の
をなべやがまやとん廻《めぐ》て
宮童《みやらべ》一人《いちにんよ》呼び出《い》ぢやち
「できや〳〵宮童《みやらべ》遊びかへ
山內《やまち》二《に》才《せ》等《た》と約束よ」
「我身《わみ》も遊びや數奇やすが
着《き》ゆる衣裳《きはだ》や親《おや》の格護《かくご》」
富《ふ》里《さと》がわた衣《ちん》うらはづて
單衣《ちいちん》ごゝろにうち着《く》せて
「如何《きや》が〳〵宮童《みやらべ》落着《おてつ》きやめ」
「かほし富里よにや落着《おてつ》きやん」
それからやういい〳〵はち來《きや》れば

山内前《やまちめ》の坂《ひら》はいかゝて
「坂《ひら》の高さや歩《あゆ》まらぬ
賴《たん》で富里《ふさと》やおうはッし呉《くゐ》れ」
「我《わぬ》も腰痛《こしや》でおうはならぬ
たんで宮童にやいいひ氣張れ」（一）
言《いゅ》るうちしゆるうちはち來《きや》れば
山内前《やまちめ》の野《も》によすかけて（二）
手ふひふひふひ吹立てゝ（三）
山内《やまち》二才《にせ》等《た》もはい揃《そろ》て
德利古酒《とつくりふるさけ》持寄《もちよ》せて
昔百合《ゆり》の花の盃廻《めぐ》らす（四）
匂《にゐ》のしほらしや
小弓や三味線彈《ひ》きたてゝ
宮童歌聲《みやらべうたぐゐ》の戀しさや
二才《にせ》等《た》が舞ひ方面白や
今日《けふ》の遊びや出來たすが
鳥《とり》や謡《うた》たいにやよしまらぬ
別る道歌《みちうた》きやがなさや
明日《あるや》や俤立たぬかや

（一）異本、腰押し取らさば氣張て歩め、（二）異本、とん登て、（三）人差指を曲げて 口中に 入れ 勢よく口笛を吹くこと、（四）異本

ヤガマヤよりモーアソビへ （伊波）

花の下ののなく、盃の下ににがある。一寸飜譯して見るとかうだ。近頃越來間切にあつた事で、若い吏員の富里がやつた話だが、よなべをしてゐるヤガマヤに一寸立寄つて、乙女《めやらべ》を一人さそひ出し、「ざア〳〵、めやらべ、これからモーアソビに行かう。山内村の二才達と約束したから」といふと、「あたしもモーアソビは數奇だが、餘所行はお母さんがしまひ込んであるから」と躊躇するので、富里は早速自分の上着を拔いで、晴れ着の積りで女に着せ、「どうだい、これで滿足したかい」ときくと、女は「有難う、富里さん、これで結構だわ」と答へる。それから連れたつて出かけると、間も無く山内の前の坂の所までやつて來た。「坂が險しくて歩けない。後生だから、富里さん、おんぶして頂戴」といつてあまへるので、「私も腰が痛くておんぶは出來ない。どうぞ、今暫く辛棒しておくれ」とすかす。さうかうしてゐる中に、目的地についたので、富里は山内前《メー》の野《モー》迄寄せかけて、勢よく口笛を吹いて相圖をする。と、待ちかねてゐた山内の二才達は、德利に古酒を詰めて、持寄つた。其昔あつたといふ「百合の花」といふ盃のやうなので汲みかはす古酒の匂もしほらしく、小弓や三味線の調べにのせて歌ふ乙女の聲もかはゆく、それにつれて舞ふ二才達の舞ひも面白い。今宵のモーアソビは申分はないが、鷄も鳴いたし、もうこれ以上留るわけにもいくまい。別れる時に道々歌ふ歌の調べが身にしみて、明日

は名殘が立たないだらうか。――モーアソビの有様がかなりよく描寫されてゐる。

この民謠には、反歌として「あしやげ蹈石《くだみし》や朽《く》ちるともかなしい言葉の何時《いつ》し朽《く》ちゆが」が添へてあるが、これがとりも直さず別れる時の道歌であつた。だが、今時はかうした場合には「でかよ天川《てんがら》や島横《しまよこ》に爲《な》たい今宵《けふ》や立ち別《わか》て明晩《あちや》も遊ば」といふ歌がよく歌はる。かうして、モーアソビは農村ではなくてならぬ青年男女の娯樂機關であり、配偶選擇の機關でもあつたが、行政官や教育家のいらぬおせつかいで、一時代前に禁ぜられて了つた。さらぬだに娯樂の乏しい農村は、其他の娯樂も大方禁ぜられた爲に、住み心地が一層悪くなり、それに經濟上の窮乏などが伴つて、青年男女の海外に移住する者が夥しく、おまけに沿道村落などには、小料理屋が出來たりなどして、風俗は却つて悪くなつた。

勿論、モーアソビにも弊害はあつた。嫁入前に私生兒を生んだめやらべもあるにはあつたが、かはゆい子を山産子《やまなしんぐわ》又は垣《かち》間子《ぬみいんぐわ》と輕蔑させるつらさに、自然許嫁以外の者には許さないといふ制節も行はれてゐた。相手の男も亦之を格護すると稱して、夜毎に女の家に通つて行き、アシヤゲ其の他の離座敷で同衾するが、女の兩親は、やかましく言はないのみか、却つて安心して、之を大目で見、やがては農事の手傳などさせ、遂には娘の保護者として世間にも發表する。一二名子供が出來た頃に、女は始めて男の家に引取られるが、其の時にニービチといふ式が行はれる。これは根引《ねびき》から轉訛した語で、嫁入に關係した語らしいが、今では聟入と嫁入とをひつくるめて、さういつてゐる。即ち結婚式の義に用ゐられてゐる。因にいふ、かつて次子相續の風があつたといふことも、モーアソビと關聯して考ふ可き問題である。

農村の結婚式は概して簡單なものだが、其中でも最も簡單と思はれるのは、沖繩島の北端の國頭村字奥のそれである。これは十年前同字に講演に行つた時、其處の區長から直接聞いた話だから、信用して聞いて貰つても差支ないと思つてゐる。この部落でもモーアソビはとうに禁止されたが、自由結婚だけはどんなやかましい校長でも破壊することが出來ずに、依然として行はれてゐる。そして父兄たちも二人が勝手にきめるのが自然で、首里那覇などに御本人たちの重大事件を兩親が勝手にきめる形式のあることをいぶかしく思つてゐる。許嫁同志が二人で男の家の畑にいつて、男が掘つた芋《いも》を女がバケに入れて頭に載せ、二人で男の家に這入つて行くと、父母兄弟がいよ〳〵ニービチだといふことを知つて、大喜びで、早速之を親戚中に通知する。すると親戚の者は酒肴を持寄つて、俄にお祝が始まる。區長はかう話した後で、結婚式が簡單すぎるせいか、離婚が多い、儀式を複雑なものにしたら、それが防げるやうな氣がするがどうだらう、と私の意見を求めた。その離婚に就いて今少しく聞いて見たら、若いうちは一二年位で妻を取替へるが、二三回もそんなことをすると、もう落着いて大抵一生涯續き、家庭も至つて平和だとのことであつたから、なまじつか都會の眞似などしないで成行きにまかせる方がいゝやうな氣がすると答へたのであつた。この話を聞かれる諸君は、奥が沖繩縣の中でも一番未開の部落だらうと想像されるかも知れないが、この字がかつて優良字として内務省から表彰されたことを知つて貰ひたい。三方山に圍まれて、北に良港を有する部落で、字民は至つて勤勉で、協同一致の精神に富み、林業や農業や漁業で生活しておまけに大島諸島と貿易してゐるので、生活にもゆとりがある。購買組合などもあつて、二隻の山原船が、絶えず那覇に航して品物を安く仕入れて字民に供給してゐるので、長い間暴利を貪つてゐた首里那覇の商賣人等も、やり切れないで引上げた位である。字は五區に區別されて、區毎に共同風呂があり、青年達が一ケ月の中一日の勞力を寄附して其の費用にあてゝゐる。其の他神社があり學校があり小圖書館があり、千五百人位を容れる露天の講演場まである。税なども字民の積立金の利子で支拂つてゐると聞いた。私の講演のあつた日は、未明に青年達が法螺を吹鳴らした後で、大聲で今晩幾時から講演があるから集まるやうにと觸れまわつてゐたが、定刻少し前に會場にいつて見ると、千二三百人の老若男女がもう芝草の上に居並んでゐた。私の講演を能く了解したと見えて、肝心な所では盛んに拍手などしてゐたので、これは私の用語が方言である爲ではないかと區長にきいたら、標準語でやつても同樣だとのことだつた。縣内を廻つて青年會や婦女會で四百回以上も通俗講演を試みたが、これ程氣持のいゝ所は未だかつて見たことがない。

少々横道に這入つたが、話は伊江島の男女關係のことに移る。私の友人に安村守恒といふ人がゐる。國頭郡本部村の人で、日本大學を出て、縣會議員などしてゐた人であるが、この人が鄕里の師範學校を出て間もなく、伊江島の教員をしてゐた頃見聞した面白い話がある。他の地方の農家もさうだが、伊江島でも門を入ると、右の方に一番座といふ客間があり、其の左の方に二番座があり、客間の後には第一の裏座があり、その隣りには二番座の後にあたる所に第二の裏座がある。そしてその母屋の左に茶の間や臺所がつゞいてゐる。通常、二番座が主人夫婦の寢部屋、第一の裏座が長男夫婦の寢部屋、第二の裏座が次女或は其他の者の部屋といつた具合になつてゐるが、年頃の長女のある場合には、客間が彼女の寢部屋にあてられる。これは村の二才等が自由によばひし得る爲だといはれてゐる。かうして長女が適當な配偶を選擇して嫁入りして了ふと、今度は次女が其處に寢て、また同様なことが繰返へされる。伊江島最後の地頭代の某氏は、若い時分首里の總地頭家で永年奉公して、儒教の感化を受けた人であつたが、之を恥づべき陋習だとさとつて、寢る時に內から鍵をかけてよはびの出來ないやうにして了つた。するとそれが忽ち島の若者達の問題になり、若者達は其の晩の中に某氏の畑の芋蔓を悉く刈取つて、それを主人夫婦の寢部屋の前にうづたかく積んだ。主人は翌朝目が覺めて戶を開けると若者達のこの復讐を見てむつとしたが、じつとこらへて、その晩も不相變鍵をかけて寢た。其の明くる日も早く起きて見ると屋敷內の水甕といふ水甕には、人糞の肥料が一杯入れてあつたので、少からず驚かされたが、其の晩もやはり鍵をかけるのを止めなかつた。翌朝は恐る〱戶をあけると、すぐ目の前に鷄の置いてあるのを見て、がつかりした。その晩はもう鍵をかける勇氣も無く、一番座を解放して傳統の支持者なる若者の爲すがまゝに委せた。この話は十數年前本部村に遊んだ時、安村氏から聞いたまゝを手帖に書取つて置いたものであるが、安村氏は至つて眞面目な人で、この事件が起つてから十數年後、(多分彼の最後の地頭代の存命中に、)聞いたのだから、作り話でないことは、十分保證することが出來る。

かういふ話は他の地方にもあるに違ひないが、其の採集にはいつも農村の有志家の自尊心を傷ける危險が伴ふから、厄介である。とにかく右に述べたやうな葛藤が、所謂「首里親國《しよりおやぐに》」文化の波が地方に打寄する都度、起つたことは言ふまでもない。首里人は明初以來儒教の感化を受けたに拘らず、神事は一切無學な婦女子に委ねられた爲に、今に至る迄神代のまゝの狀態であるところから、この點では格別地方に影響を及ぼさなかつただらうと思ふ人があるかも知れないが、元來性は宗教につきものだから、政治家が之を宗教から除去するに努力した痕跡が、文獻や民謠などにいくらか遺つてゐる。四百年前に八重山島の淫祠を禁じた爲に、赤蜂の反亂の起つたことが球陽に見えて居り、二百年前にしのぐ(豐年祭と性に關する祭)を禁じた時、農村民の不平をこぼしたことが、當時の女詩人ウンナ・ナビーの歌に見えてゐる。が、それは漸次驅逐されて、僅に本部村の伊野波のムックジャに痕跡を留めるのみである。しかしかなり儒教臭くなつた首里人は、その性道德を農村民に無理强ひに强ひたが、これぱかりは一向効を奏しなかつたらしい。例の女詩人の歌に、

恩納《うんな》松下に禁止《ちぢ》の牌《へ》の立ちゆす戀忍ぶ迄の禁止《ちぢ》や無《ね》さめ

とあるのが、能く之を證明してゐる。役場前のあの大きな松の木の下に、禁令が物々しく張出されたことよ。だけど世に戀を禁ずる國法といつては無い筈だが、といふことである。これは琉球の文藝復興期の英主尙敬の冊封のあつた時、式が終つて副

使徐葆光が北琉球巡遊に出かけるといふので、沿道の村落に、モーアソビ禁止の令達が觸れ出された時に歌つたもので、農村の青年男女の聲を代表したものと見ていゝ。かうした令達は其後も屢々出たが、其の都度空文に終つて、現今に及んでゐる。農村民が神代以來の傳統を忠實にうけ繼いで、支配階級と異つた結婚の形式を保存してゐるのは、興味ある問題でなければならぬ。

なるほど、首里那覇の結婚形式は、農村のとは全く異なつたものになつてはゐるが、それも能く觀察して見ると、其の儀式中にかつて農村同樣な形式で行はれてゐた痕跡が遺つてゐる。其處でも結婚式のことはやはりニービチといつてゐるが、聟入の式が其の日の朝行れて、嫁入の式が其の晩遲く行はれることは注意すべきことである。たゞし、ムコイリといふ語があつてヨメイリといふ語がないのは、一寸不思議であるが、それにも亦何等かの理由がなければならぬ。もと嫁入を意味したニービチといふ語が、結婚式の義に使はれるやうになつたことは、前に述べて置いた。

以上は柳田先生の「聟入考」にヒントを得て述べたのであるが、この次には首里那覇のニービチについて話してみようと思つてゐる。

うばすて山のこと

——武藏國東村山の話——

うばすて山といふ所がある。そこには五十くらゐになつた年寄を捨てるのである。身所のない家のものは山へ小屋をたてて木の實などを喰べて身を終ふるのである。小母さんが十歳ぐらゐの頃、そこへ行つたことがあるといふてゐた。その頃には、この風習は、かうした人たちが惡事を働くのでやめられてゐたのであるさうだが、小母さんがその山へ行くと丸太の柱で屋根や壁をかやで葺いた小屋があつて、その中にあら神さまを祀り五六人の老人がむしろを敷いてれてゐたといふことである。

身所のある家の老人はその年配になると一旦山へ捨てられてからまた家へ歸つて來るのである。その時は、山へ捨てられても身所がないため歸へれないでゐるものが、送つて來るのである。そしてその家で御馳走になつてまた山へ歸るのである。山から送られて歸つた人は、新しい命を得て生きかへつたことになり、子供が一人殖えたと云つて祝はれる。

小母さんが幼い頃、泣いたりなどすると、「うばすて山からふろぢゞふろばゞが來るぞ」と云っておどかされたと云ふことである。今は、うばすて山は貯水池の底になつてゐるさうだ。小母さんとは東村山で生れた今四十歳頃の人である。

（竹内長雄）

寄合咄

舊年中の民俗學徒の爲事

明ければ、もう去年のことだ。が、これを書いてゐるのは、まだ舊年のうちの事だ。今年の民俗學界に現れた樣子を、世間でもする樣な概觀にして見ようと思ふ。

昭和四年は、方言研究が盛んになる口火をきつた年である。第一に、柳田先生の研究やその情熱の中心が今、こゝに集注してゐる樣に見えた。それで、いろんな形式で發表せられた先生の方言論は、嵐となつて、われ〳〵の心を捲きこんでゆく。その廣い觸面は、あらゆる學者を呼びさましてよいと思ふ。事實われ〳〵は、その暗示と示唆とに打たれて、ほうとため息をさへつく程である。直接に此方面に關係深い大家たちが、この力ある論議に直面しても、六十ぢの髯を撫して目を瞑つてゐる事の出來る無感激な不思議に思ふ。此方面では、今の處、先生に對して誰一人、口はさむ者がない事を示してゐるのではなからうか。此意味において、舊年の民俗學界は、記念すべきものを持つたわけである。其勢ひが持ちこして、此昭和五年も、祝福せられるに違ひない。

かうした先生獨歩の運動に促されて、方言研究の盛んになつたこと、其を機緣として、方言中心に地方の民俗研究や採訪の行はれ出した事である。太田榮太郎さん・桂又三郎さん・高橋勝利さんらの爲事は、此方面につけて見てもよいと思ふ。かうした研究家が、新しい採訪態度を整へる準備に向うてゐられることを感じる。

だが、其に隨伴して、此まで以上に出て來たのは、舊來の好事態度に止るを屑しとせぬ處から、何らかの組織を欲する心が盛んになつて來たことだ。「民俗學」は勿論、「民俗藝術」・「旅と傳説」などの誌面や、又其の投稿を見ても、さうした傾向が、殊に甚しく見える。概論は、各論の緻密な堆積の上に、自ら現れる筈の成迹であつて、さう〳〵易々と出來る筈のものではない。うつかりすると、單なる外國學者の說の解釋か、さうでなければ、とほり一遍の常識論に過ぎないのである。地方を紹介しよう、地方學を興さうとする人々が、此態度に這入つて來るのは、どう思うても、いけない事である。此がかうじると、採訪を忽にして、概括論が横行することになる。既に考古學・人類學徒の末流には、其弊が多すぎるのを、御同樣に見て來てゐるのである。質實な態度を築いて頂いた柳田先生以來の學問に對して、尠くとも、私はすまないと思ふ。(折口信夫)

早川さんの「花祭り」の本

さういふ人々に學んで頂きたいのは、同人早川孝太郎さんの態度だ。はじめてもうやがて、七年になる。其間、年に十數度も、三河の山間に入つてゐられる。初めから通算して見ると、百度以上山蹈みをしてゐられるわけである。さうして、其採訪錄が愈明春出るが、見つもりによると、菊判にして千頁を踰える相である。

會員諸方に對しては、是非とも一肌ぬいで頂きたい、と緣の下から思うてゐるのであるが、第一この本で見て頂きたいのは、あれほど長く民俗學に沒頭してゐながら、一行も概論を述べてゐられない事である。さうして安んじて、採訪其物に、學者として生きがひを覺えてゐられる。此が、採集者卽學者である考古學や人類學なら、疾くに第一流の學者である。唯、柳田先生系統の民間傳承學・民俗學の方で、準備作業と言ふ形をとつて來たのは、學問の爲、幸福であり、早川さんの爲には、不幸であつた。いづれ、初春早々「花祭り」の本が出る事だらうが、世間の論文書き—我々をもこめて—の爲事よりも、もつと大きな意味のある事が、明らかになること、思ふ。

さうして概論を書かれば、生きがひの感じられないといふ地方民俗採訪家の爲に、よい先達の存在を示す事になるだらうと思うて居る。（折口信夫）

無有談會のこと

小泉さんから何か寄合咄の原稿をとのことでしたが、別に取り立て、御耳に入れる様な咄を持合せませんので、當地の無有談會《ムウダンカイ》といふ民俗談話會のことを報告かた〴〵書かせて頂きます。

昨年の六月五日に同好四五の人が朝鮮ホテルに集つて、何か民俗に關する話をし合ふ集りをやらうぢやないかといふことになり、同月の二十三日に、倭城臺倶樂部にその第一回を開きました。丁度舊暦の五月六日の夜で、端午の話、幟の話から、朝鮮の巫覡談に飛火して、盛に巫《ムー》黨《ダン》のことが出たので、とう〴〵之から此會を無有談會としようぢやないかといふことになつたのです。

その後暫らくなまけて居りましたが、今年の三月一日になつて、漸く第二回を京城驛の食堂で開くことになり、丁度會員村山智順氏が「朝鮮の鬼神」を出されたので、その出版祝賀の意味も兼ねて、同君から朝鮮の炙點・鍼療・代身などの話を聞き、加藤灌覺氏の全羅道旅行談、正月行事の話などがあつて、面白い一夜を過しました。

第三回は五月一日、倭城臺倶樂部で、手島文倉氏が北京の話をして下さいました。御土産の蓮子糖を茶うけにして、儒・道・佛・ラマ・回教の諸方面に亘る御話でした。その後で加藤氏が朝鮮の民間信仰の資料としての、色々な造花をお持ちになつて話してくれました。例へば壽八蓮・牡丹花・一枝花・三枝花・帝釋花などといふのがあります。尙その後で大内武次氏が朝鮮の村落を見ての感想談をされました。

第四回は大學の民俗參考品室でやりました。六月二十二日の午後で、丁度濟州島旅行から歸られた、赤松教授、加藤囑託の兩氏に同島民俗視察談をやつて頂き、蒐集品を陳列して興味を引きましたが、兩氏の撮影された民俗寫眞にも可なり面白いものがありました。

最近—新嘗祭の日に第五回を開いて、午後から京城内外の巫堂巡りをやり、夜は内藤吉之助氏渡歐送別の會を雅叙園に催し、巫歌をきいて盃をあげ、文字通り巫談續出でしたが、晝間の巫堂巡りの方は、巫覡的凶日であつたらしく、同樂亭・使臣城隍・老姑堂・鷺梁津靈漢堂・龍宮堂何れも巫女の片影だになく、たゞ巫堂・神壇・巫木の見物、撮影に止つたことは聊か物淋しい感がありました。何れ年末にもう一度集らうぢやないかといふことになつて居ます。朝鮮へ御出での節はどうか御土産話をどつさり持つて來て頂きたいと存じます。

常連とでもいふべき連中は、今西、小倉、赤松、手島、村山、内藤、大内、速水、安倍、加藤、横山、秋葉といふやからです。（京城にて、秋葉生）

民族的舞踊の性質について

ヤツプ島の踊については、ファーネスが目擊の實況を說いてゐるし、松岡氏もその多くの種類を擧げられたが、概してそれは娛樂が主となつて、宗教的な意味があまりあらはれてゐないことは、私の見た一二の例についても否まれない。しかしこれをミクロネシアの他の諸島に於けるものと比較してみると、そこに收穫の謝祭のやうなものがあるのは別としても、棒踊といはれる戰爭に關聯したものなどは、かつては宗教的な踊であつたが、少くとも時々そんな轉價をしめすものと考へられる。東南ボルネオで見たブキト族の收穫の踊は、もちろん感謝の儀禮ではあつたが、前後のやうすと土人の說明によつても、感謝の對象としてははつきりした神靈の觀念もなく、さらに豐年の豐作をいのるといふやうな意圖もないので、單なる娯樂ではないけれども、たゞ習慣的な行事といふにすぎないやうに思はれた。こんな類例をいくつか對照してみると、宗教的な踊とそうでないものとは、普通に考へられてゐるほどそんなに明確な區別はないので、同じ行事が時によつて宗教的になつたりならなかつたり、その限界がたえず出入動搖してゐる事實をみとめざるを得ない。けだし神助をもとめ神意を慰めるための踊や、神話の表現であつたり神々への喜びをあらはす表現儀禮としてのそれは、たれにもその宗教性が明かにみとめられるが、戰勝や豐作の呪術的効果を目的とするやうな踊は、多少理論的な說明を加へてゞなければ、その宗教性が見失はれやすい。しかしこんな踊が宗教的なものとなるのは、多くの人がいふやうにその呪術宗教的な効果の觀念によるのではなくて、むしろその行事に於ける人々の緊張した態度から來るので、結局それは程度の問題ではなからうか。踊にかぎらず、すべての行事が宗教的なものになるのは、多くそれが習慣による社會的權威のために、神聖視され、當事者も傍觀者も一種の宗教的な緊張をもつてこれに臨むからだといふキングの發生論には、種々の點で傾聽すべき教訓をふくんでゐる。

踊や歌謠その他の祭事が、神を慰めるとか神命にもとづくとか、あるひはこれに神秘的な効果があるといふ觀念は、行事そのものに於ける宗教的態度から派生するので、發生的には第二次的な動機である。實際これらの行事の多くは、神靈の觀念や神秘的な目的をもたなくても、習慣による權威や價値意識の緊張によつて、屢々つよい宗教性をもつた儀禮となつてゐるので、客觀的に見たその對象や目的觀念の形式によつて、簡單にそれを宗教的とか非宗教的とか斷定することは、觀察者として精々ひかえたいものである。（宇野）

甕と壺

『播磨風土記』多可郡法太里の條に、

一家《アルヒト》云、昔丹波與ニ播磨一堺レ國之時、大甕掘ニ埋於此上一以爲ニ國境一。故曰ニ甕坂《ミカサカ》一。

とあります。古い時代には、定住地の境界がよほど人々の關心事であつたことは、疑もない事實であるのは、誰でも知つてゐるところでせう。そこでいろんな方法で住地境が設定せられてゐます。『出逢ひ裁面』の民譚がわが國の所々に存してゐるのも、それがためであること、柳田國男氏の申される通りであります。ところで上に引いた風土記に、甕を埋めて國境のしろしとしたといふ意味は、どう解すべきでせうか。間違つてゐるかも知れませんが、卑見によると、甕を目して、或る精靈若くは神の栖所若くは依所となす信仰から出てゐるのではなからうかと思ふのです。ヘンリィ・ホワイトヘッド師（Rev. Henry Whitehead）の『南印度の村落神』（The Village Gods of South India）や、ウィリアム・クルック氏（William Crooke）の『北印度の宗教及び民俗』（Religion and Folklore of Northern India）などを見ますと、甕や壺が、精靈若くは神そのものとして、またはその棲處や依代として崇敬せらるる習俗が、よほど廣く南北の印度にひろがつてゐます。そればかりでなくさうした甕や壺が、境界祭儀になくてはならぬものとして、屢々重要な役目をつとめてゐます。印度がさうであるから、日本もさうでなくてはならぬと云ふ道理もありますまいが、しかし國境の設定に特に甕を持ち出したのを、單なる方便とだけ解し去るのもいかがと思ひます。世阿彌の『花傳書』に、大和國初瀬の河に、洪水の折一つの壺が流れて來て、その中から降人《フリビト》としての秦河勝（大荒大明神）が現れたといふことが載つてゐますが、桃太郎や、瓜姫の說話と照し合せて、この場合の壺が、靈魂の憑所《ヨリド》と考へられたとは、どうやら云ひ得るやうです。それから『松屋筆記』『松の落葉』『好色盛衰記』『嬉遊笑覧』などの記述によると、『つぼつぼ』と通稱せられてゐた壺も、神や神祭と深い交渉があるらしく思はれます。そこで博識の方々に御示教を願ひたいことは、

（1）日本の民俗で、甕や壺が精靈や神と何等かの關係があるとせられたか否か。

（2）堺定めに甕や壺が持ち出された事例が存してゐるか否か。

（3）『播磨風土記』の記述の意味は、どう解すべきか。

といふことです。かうした方面の知識に疎い小生への報告が澤山來るやうにと、蟲のよいことを申して、この問題をうち切ることにします。

（松村武雄）

感想の一二

民俗學は、未だこれからの學問である。そしてこれから開いて行くべき世界は廣大である。此學問が材料蒐集に主なる興味を置いてゐるのは無理もない。その材料をいかに採集し、いかに整理なすべきか。此學問をもし科學的に組織なさんとすれば此點に注意なす必要がある。ヴン・ゲネプ氏は、地圖に習俗の存否を書入れ、一見して或民俗の地理的分布を知らうと勉めてゐる。ジリエロンの方言研究法に眞似たものではあるが、材料の整理の一手段として興味ある。

採集の方法として採集者が、その民謠なり民話なりをつとめて音韻、音調をそのまゝに書きとつたならば、非常に學界を益するだらう。フランスその他の國で言語學者が民俗學を愛好すること甚しきは、民俗學者の採集物が多くの場合言語方言の好資料となるからである。日本でも民俗學者と方言學者が相結んで地方調査をしたら一擧兩得だと思ふ。

民俗學の樣な學問は地方の學者の手にまつところが多い。然して現在までの日本の學界はあまり地方の學界を尊重しなかつたやうである。フランスでは中央に學士院あつて天下の碩學を集めると共に地方にもそれぞれの學士院があつてその會員がその土地の歷史、金石、考古、民俗その他を研究し、新しい發見はその集會で發表し、その土地土地で研究を纏めてゐるやうである。日本でも中央にばかり氣をとられず、地方に於ける文化の研究機關を育成する必要がある。地方の學者優待といふことをつれに心がくべきであらう。

協力が民俗學の研究に極めて必要なること他の學問と異ならぬ。文獻の上から材料をあつめるにしても博覧を競はずに、各自が分擔して一書一書を研究してゆき、その結果を漸次綜合してゆく傾向をつくりたいと思ふ。精密な索引が各書につくられることが望ましい。

世の中には史學が民俗學と相背馳するやうに考ふる人があるが大變な間違ひである。民俗學の發達は古代の研究に資すること多大である。日本の古史には外來思想や特權階級のゆがめられた記述が多い。眞正な姿に日本國民のたどつた道程はかへつて民俗の研究で闡明せられる點が多い。日本の古神道の研究は民俗學の講座の一部門につれてもよいと思ふ。（松本信廣）

北魏の力士舞

我が國の伎樂は呉即ち南朝の樂であらうと是迄云はれてゐたが、實は北朝に行はれた樂であつたらしい。即ち我國伎樂の曲目中にある力士舞が北魏に行はれたことは次の記事によつて徵せられる。

奚康生……與元乂同謀廢靈太后……康生性麤武言氣高下乂稍憚之見于顏色康生亦微懼不安正光二年三月肅宗朝靈太后于西林園文武侍坐酒酣迭舞次至康生康生乃爲力士舞及於折旋每顧視太后擧手蹈足瞋目頷首爲殺縛之勢太后解其意而不敢言（魏書七十三、六十一奚康生傳）

此力士舞の動作は教訓抄の記載とは甚しく畢

れるもの、様に解される。北朝の文化は百濟・高句麗を通じて我國に影響を與へてゐるが、以上によると伎樂も又其一つであつたらう。

なほ伎樂の曲目中の金剛舞・獅子舞等の名は唐・張鷟の耳目記に見えてゐる。(昭和四、十二、十一、宮本勢助)

編輯委員として

最初に私達がこの雜誌を編輯してゆく上に就いての懸念は、果して毎月々々の雜誌を出してゆくだけの研究なり資料なりが續くであらうかといふことであつた。殊に編輯といふ責任を受持つた私はそのことを可成り氣にしてゐた。然しそれはまるで杞憂であつた。

或る友人達からは無論冗談ではあつたが、先づ三號までかれとからかはれたこともあつた。私はその友達と一緒に笑つた。然し眞底では笑へなかつた。だが毎月號を重ねてくるに從つて其の心配は段々にうすらいで來た。そして今では大丈夫だといふ見境がついた。最早研究なり資料なりでさうやす〳〵と行きつまりはしないといふことがはつきりして來た。

然し編輯責任者として甚だ心苦しい立場があらはれて來た。それは研究並に資料の報告者に對してのことであるが、其等の報告を全部報告者の心を滿足さすやうな時期に掲載出來ないといふことである。殊に研究論文のあるものは可成り程度の強い無理強ひを私がおかすことがあるのであるが、それが折角送りこされた時に、それを最も近い號に掲載出來ないといふ場合が度々起つてくることである。然かも私は相もかはらず無理強ひをなし、強制を敢てしてゐるのである。又今後も編輯を受持つてゐる限りそれを繰返すだらうと思はれるのである。承知の上でするとは甚だ怪しからんことだと不愉快を感ぜられるであらうが、一言お斷りをして置いてお諒解を願つて置きたい。

資料の報告に就いては今の處さうした心苦しさを味はずにゐるが、然し又別箇の心苦しさがある。それは矢張りせんじつめれば同じことになるのだが、報告者の或る方達からは一日も早くのせてほしいといふ御希望もあり、又さう希望されて來ないまでも、折角報告して下すつたものであれば、一日も早く御自身のものが多くの同學の眼に觸れてほしいと望まれることは當然のことである。私はそのことを充分に承知してゐながら、そのお望みを滿足させることの出來ないことの方が多いのである。然かも或る場合には僅に其の一部分だけを資料として報告させていたゞくだけで他の大部分を割愛するやうなことさへもあるのである。恐らく御當人にとつては甚だ不愉快に感ぜられるであらうことは私には解つてゐるのである。然かもそれを私は敢てするのである。

然しこのことに就いては一應お斷りして置かねばならないのであるが、資料としての報告は何處までも民俗學として取扱ひ得る資料でなければならないといふことである。それが單に珍らしいとか不思議だとかいふことや、又反對に分布がひろいとか共通だとかいふことだけではこの學會の資料として不向きだといふことである。又材料そのものは非常に結構でも採集の方法並に記載が學的資料として不充分だといふ場合もあるにはある。甚だ僭越な言分ですが、其の點御諒解を願ひます。

愼しんではゐるつもりですが、編輯委員として可成りの獨斷專行をやつてゐる場合もあるかも知れません。おゆるしを願ひます。(小泉鐵)

資料・報告

入來の正月

鮫島盛一郎

鹿兒島縣薩摩郡入來《いりき》村浦之名《うらのみやう》は、所謂、麓部落で、封建時代は、入來院《いりきゐん》と稱する鄕士に依て、可成古くから支配せられてゐたといふ土地ですが、此處では、西洋のクリスマスのサンタクロースのプレゼントに、よく似た行事が傳へられてゐます。それは、三四歲から十歲位迄の子供を相手にした行事で、正月の七日の朝、この子供達に、鬼が贈物をして吳れるといふ傳承です。この鬼は何處から來るといふことは、子供達は知らないのですが、七日の朝、子供達は夜明と共に起出て、庭中の庭樹の木の股、蘇鐵の葉の上、石燈籠の中、築山の芝生の陰などを殘る隈なく捜しますと、それ等の場所に、昨夜の中に鬼が持つて來て置いて吳れたといふ紙包の菓子、氷砂糖、吊柿、蜜柑、文旦、鏡餅、齒固め、黑砂糖など、多く子供の好む喰物を見出すことになります。玩具なども、この鬼の贈物になることがないではありませんが、殆ど喰物に限られて居ります。この子供達への鬼の賜物は、六日の夜の深更、多く、子供達の祖母、又は母親など、かねてその家の子供達を可愛がつてゐる女の手に依てなるべく、明朝、子供達に容易に見附からないやうに、隱所を工夫されて、隱されてあつた物で、七日の朝、子供達が庭の彼方此方を捜し廻る時は、祖母などは、屹度庭に出て、隱されてあつた物全《すべ》てが見出されないと『昨夜の鬼は、大分澤山背負つて來たやうだぞ。跫音が、ずしん〱と響いたし、長いこと居た樣で、何でも其處の躑躅の籔の處も、かさ〱言はせてゐた樣だが、もつと捜して御覽な』と、子供達を嬉しがらせて、全てが見附かる迄、捜させる譯です。

鬼が持つて來て吳れる物だといふことが、子供達には、少しも畏怖の感じはなくて、唯無上に珍しく、嬉しいのですが、六歲の正月の六日の夜、ふと眼醒めると、何時も添寢をして吳れてゐる筈の祖母が、傍に寢てゐないことが、矢鱈に寂しく恐しくて、と云つて、頓には聲を出して呼ぶ勇氣もなく、恐々夜着の衿から顏を出して、不用意に明けた儘になつてゐる隣室との仕切の襖の隙を覗いた時、祖母が提灯を持ち、ますといふ女中が、叺入りの所謂鬼の贈物を提げて、恰度內玄關の障子を明けた處を認め、急に元氣が出て、『おばつさん!!』と叫んで跳起き、二人をどぎまぎさせ、それと解つて幻滅を感じた記憶が、懷しく思出されます。この行事は男の子達相手に行はれたと記憶してゐます。

おんび焚き

入來村浦之名の正月の樂しい子供達の行事の一つに、また「おんび焚き」(鬼火焚き)があります。これも正月七日の朝に行はれるのですが、七八歳から十四五歲迄の、男の子達に依つて行はれます。「どんど」「さぎちやう」に類するものと思ひますが、「おんび焚き」以外に別の名稱はありません。

この土地では、門松の根元には白砂(方言、白洲《しらす》)を盛り、薪(方言、割木《わりき》)を三角錐形に、三本宛立て掛けますが、正月三日を過ぎると、男の子達は、この割木を、戸毎に『おんび焚きに貰ひます』と斷つて、貰ひ集めます。このことは、字《あざ》毎に行はれます。一方、年の中から、毎日、子供達は、群を成して杉山に、杉の枯葉取りに出掛けます。かうして、六日の晝過ぎから、最寄りの磧に勢揃ひして、其處に根元から切つた、梢笹《うらざさ》を落さない、成るべく長い孟宗竹を、一尺二三寸の間隔を取つて四角形に立てます。そして、かねて集めて置いた割木を、その孟宗竹の根元から、井桁に組んで高く積み上げます。他の家と互に高さを競つて積み上げます。これが終ると、かねて幾日もかゝつて拾ひ集めて置いた杉の枯葉を、この根元の處に山に盛り掛けると、準備がすつかり整つたことになり、子供達は滿足に明朝の樂しみを語り合ひ乍ら、薄暮に家に歸つて行きます。

七日は、夜の引明けに、法螺貝を吹立てゝこの磧に集り、頃を見計らつて、焚附けの杉の葉に火を點け、火勢が勢附く樣に、思ひ／＼に囃立て、喝采します。割木が半分以上燃上ると、孟宗竹が素晴らしい音を立てゝ爆裂し、やがて燃折れると、上層の割木が雪折れ落ちて、火の子が天に沖するのを仰ぎ乍ら、子供達は一齊に歡呼の聲を擧げ、それから用意して置いた青竹の、金竹《きんちく》を、煥の山に差込み、その金竹が燻された頃合ひを見計らつて引出し、磧の平たい石に當てゝ、力一杯に敲きつけ、小銃の音程の爆音を喜び乍ら、一しきりこれを續けます。これを終へると、今度はその煥の山を圍み乍ら、用意の餅を燒いて喰べます。この火で燒いた餅を喰べると、その年中病氣に罹らないといふのが、子供達の信仰になつてゐます。かうして、やがて「なんかんずし」(七日の雜炊、七草を焚き籠めた餅粥)を樂しみに、朝飯時に歸つて行くのです。

動物の話その他

天野義郎

かはうそに聽いた藥の話

山形縣鶴岡市に江口某なる武人ありき。ある日はゞかりに行きしにきんをとらへし者あり。驚きて捕へて見ればカハウソなり。帶びたる刀を以て切らんとせしに、カハウソしきりにわびて曰く、我名藥を知れり。御身にその製法を傳ふべければ命ばかりは御たすけ下されよ、と言ふ。よりてゆるしてはなちやれり。カハウソの言のまゝにその藥を調合して、試みに之を傷口につくるにその効顯著なり。今に江口の膏藥とて殘れり。

狐の祟つた話

同じく鶴岡市に加藤某と言ふ武士があつた。勤番で詰めると、いつも〳〵その城の隅にある稻荷の近くに住んでゐる狐が出て來てうるさいので、或る晩又勤番であつたが例の通り狐が出て來たので用意してあつたマンヂユウを刀の先にさして狐にたべさした。狐が喰べやうとする所を突きさしてやつたらキヤツと叫んで逃げて行つた。その事あつてから狐は來なくなつたが、その次の勤番の夜に例の樣に詰めてゐると城の近くで終夜三味線や太鼓の音が若い女の歌ふ聲に合せてきこえた。不思議に思つてその夜をすごした。當時城下の廓にその廓第一と言はれた某子と言ふ藝妓があつた。翌日になつてその藝妓を勤番の夜に加藤某が呼び出して城內で終夜遊びたはむれたと言ふうはさが立つてその事が殿樣のきく所となつた。そしてその事の有無を尋ねたら加藤某は否定するのにその藝妓は城に行つたことを肯定するのでその武士は知行を取り上げられ何人扶知とかをいただき細々にくらしてゐた。あまり不思議なのでその武士は一日樓主に會つてその日城から呼び出しがあつたか、と聞くとそんなことはなかつたと言ふのでその藝妓にきいて見るとそんなことは無かつたと言ふ。愈々不思議に思ひミコに行つてきいて見たら狐がミコをかりてあらはれて言ふに、「先日突き刺されたことが殘念だから祟つてやるのだ、これから七代たゝつてやる」と言つたさうである。それから間もなく夫人は難產で死に加藤某は病死し、生れた子は不具者であつた。三代目は低能兒であつた。さうして明治のはじめまでその家の血筋の人があつたがその女の人が死んでその家は絕えた。そしてその人で丁度七代目であると。

梵字川

戰國時代のことである。ある大將が戰にやぶれて、今の赤川(最上川の支流)川岸まで只一人のがれて來て、水を呑んでゐると、大きな梵字が流れて來た。その大將は、不思議に思つて、それも呑んでやつた。そしたら非常に元氣が出て、それから連戰連勝して遂にあの地方を征服するに至つた。

それ以來その川を梵字川と言ひ、城を築いて大梵字城と命名した。今に赤川を一名梵字川と言ひ、鶴岡城を前には大梵字城と言つたさうである。

土崎のやま

本郷清

秋田縣南秋田郡土崎町は、雄物川の川口に臨んで發達して居る港町で、背後の陸地を走る汽車の出來ぬ昔は、雄鹿《をが》半島の船川港と姉妹の間にあつた此の地方での船着場である。約二里も東南に行けば、佐竹樣のお城下久保田(今日の秋田市)を控へて居るので、その門戸にも當るわけで、可なりの盛り場であつた。汽車が出來てからは、昔の賑さはなく、僅かに瀨戸內海から來る鹽の荷揚地、魚の集散地と云つただけで、僅かに御藏《オクラ》町、穀保町、新城町と云つた町名に、昔の俤を偲ばせて居るに過ぎない。

此土崎には、おしんめさまと呼んで居る神明社があつて、町全體の信仰を受けて居る。祭禮は、八月中旬頃に行はれる。其祭禮と云ふのも、自分が小學校の頃見たので、十年も以前のことで、記憶も薄くなつてはゐるが、其後山形の各地の祭禮も見たが、酒田町の山王祭には似て居るが他のとは異る特殊なもので、面白く、華やかなものと云ふ記憶が強く殘つて居る。

祭日が近づくと土崎の町でも主に富裕な町だけの樣ではあるが、七个町か八个町位、各自に出しものゝやまの準備にとりかかる。其準備の模樣は、どう云ふ風に行はれるかはわからないが、學校で子供達の間に專らその噂で持ち切つて居る。今度俺の町ではかう云ふ風にするのだ。とか、何處町のやまは、一番良く出來るとか。云ふ會話に子供心にも、その祭日を指折り乍ら待つて居る。ましてや、自分の町內のやまを引く子供等は非常な誇りと、悅びとをもつて、待つて居るのであつた。さう云ふ空氣によつて、どの位今年のやまが すばらしいかを豫想するのであつた。

出來上つたやまを見ると、直徑三尺位もの厚い木車を、太い角材でし組まれた臺に付ける。臺の大きさは、橫巾一間半位、縱の長さ三間位で、四坪半の廣さがある。背後の一坪半は囃し方の席となる。これは大きいものであるが、小さいのと云つても、これより半坪位、狹くなる程度である。その臺の上に山の形を造るが、その外觀は高低二つの黑い峯で、峯の間から銀の瀧が落下する。このやまの形狀は一定して居てどの町のも皆同じである。違ふのはその山に配置する人形である。

人形は見物が京人形だなどと話して居るのを記憶して居る。專門の人形師の作つたもので、目鼻口から衣裳まで整つて立派なものである。博物館あたりにでもありさうな武者人形で、必ず何か歷史上傳說上に、有名な場面を表現する。人形の丈は普通大人位である。

そして此人形の配置は正面の平舞臺（舞臺と云ふ名が適してゐるかどうかわからぬが）と各峯の中腹に具合よく配置する。此配置の仕方も皆同じ方式である。

やまの後ろの方には簀の子の屋根の庇を切り紙の花などで飾つて囃し方の席とする。樂器は大太鼓、小太鼓、笛、三味線の樣に記憶する。他にも何かあつたかどうか。そして山の背面には又時世を諷したものか、或はひよつとことかおかめとか、そんな輕い滑稽を加味した人形を一對位飾る。或る町のに、若い女の尻に男がタガを打ち込んで居るところがあつた。

何でも昔はやまもずつと高かつたが、電線が引かれてから低くなつたと云はれて居るが、それでも町を横切つて居る電線の下をくゞる時には長い竿で押上げて、からうじてくゞり抜ける位である。

かうしてやまが出來上ると引き出すばかりであるが、各町毎に揃の浴衣、帶、はちまき、手ぬぐひ、白足袋、花笠と云ふ姿に年寄連から若衆、子供まで一樣にその出立をする。そして神輿の後にやまを引いて從つて行く。

やまを引く時には前の兩端の棒はなに太綱を附けて、その綱には、若衆やら子供やらが、つかれるだけつく。その綱の輪の中に四五人が扇を持つて音頭を取る。外には七八人の世話方がついて行く。

引く時には唄をうたふ樣であつたかと思ふが、それとも唄のやうな節の掛け聲であつたか、その邊記憶が薄くて明瞭を欠いて殘念である。

引き出せば、木の車のキイ〳〵軋る音と囃の音と雜踏とで浮き立つた胸のとゞろく思で見物は後にぞろ〳〵ついて行く。

かうして表通りを引いて、穀保町、俗にしんまちと云ふ町まで練つて行く。

此しんまちと云ふ處は舊街道になつて居て町端からは晝も小暗い程な松並木で、その並木と町端との境目に東屋があつて、神輿の假置場となつて居る。そして神輿がそこに止まり、それに續いてやまも順次にしんまちいつぱいに列ぶ。そして兩側の主だつた家を宿として晝食をとり、お神酒を飲み、うたい騷ぐ。此宿となる家は、何町は、何處の家と毎年定まつて居て決して替へることはない。で土崎全體のやまが集るのであるから、この時のしんまちの賑ひたらないのである。

此やまの費用が大がかりなものだけに、貧弱な町内では出來兼ねるのであるか、それとも外の理由があるのかどうか、兎に角やまを出す町は毎年大抵きまつてゐる樣である。又年によつては色々な都合でやまを出せぬ時もある。その時はおきやまを設ける。

これは其名の示す通り、引き出さずに固定したやまであるに過ぎない。町内の空地にやまを作つて人形を飾る。やまの形も人形の配置もすべて、前のやまと同じであるが、たゞ背後の方はない。

此祭は土崎での最も盛大なもので、其時には近郷近在の親類縁者を招待する。又かすべ祭とも云ふが、それは、鱏《エヒ》魚の乾したものを俗にかすべと云ひ、これを煮て御馳走する處から出た名である。これは土地の人に聞いたことである。

甚だ外觀だけの徹底せぬものであるが、子供の時、ぼんやり見て居た僅かな記憶を辿るのみで心もとないのである。

其後土崎の町は二度も大火に燒き拂はれてゐることとて、昔の樣にこの祭も盛んにやつてゐるかどうか、もう一度見たいと思つて居る。

能登灘五郷地方採訪（二）

――主として鹿島郡南北大呑村――

中村浩

◇字境ひの協定

南大呑村黒崎の百姓頭野中介と、同村東濱の大畠エンドと云ふものとが兩字を代表して村の境界を決めた。其時の約束に、各自自分の家にある乘物に乘つて、あくる朝の一番雞を合圖に歩るき出し、出會つた處を境にしようと云ふことにした。エンドは馬に乘り、野中介は牛に乘つて夫れ〲一番雞を合圖に出かけたが、エンドは馬だといふので油斷した爲に、野中介と東濱の社の前で出會つた。それではこれまでよりもずつと少くなるので、エンドは村の人に對して申譯がないから、もう少し讓つてくれる樣にと頼んで、其の附近のサンゴ塚の處まで讓つて貰つたのであるが、その爲に今でも東濱は土地が狹いのである。

◇天　狗

同村字大泊の通稱毘沙門と云ふ處に、天狗が夜砂を撒いて人を驚かす。此の天狗は白い素袍を着、白髯をはやしてゐると云ふ。此處に天狗を祀つた小さな社があつて齡の病をよく癒すと云ふ。又村に凶事がある時には一本太鼓と云ふ御神樂を始めると云ふ。

◇お　關

同村字山崎に中川長吉と云ふ家があつた。（現在前田侯爵家の財政顧問をしてゐる中川氏の家）其家に密藏する南京の皿があつたが、それをお關と云ふ女中が過つてこわした爲に、彼女は花園の崖から海に飛込んで死んだ。其後東濱花園邊では子供たちは「山崎花園のかひない處、なんでお關を死なかした」と云ふ歌を唄つてゐる。

◇孫渡し

鹿島郡全體の風であるが、初孫が生れた時には、「がごめ」といふことをする。初孫は必ず嫁の生家で産み、暫くたつと、子供の父親の家からは紋付きをもち、親類一同からは布をもつて各々家の主婦が嫁の生家へお祝に行く。然し生れた子供の父親に當るものは決して行かない。此の日の第一の客は産婆で、向ふの「嫁」の母親（編者はいふ生家の母親のことか）と共に主座に坐り、又生れた赤ん坊の膳部も主客の席に据えられる。そして皆は酒をのんで大騒ぎをする。三月程たつて初めて孫渡しといふことをする。其時は母方の祖母が多くの人夫たちをひきつれて來て、父方の祖母に手渡し、更めてお芽出度う、お渡ししましたといふことを云ふ。嫁も其時初めて家へ歸つて來る。

◇新　嫁

此の地方では婚禮は必ず冬に行はれる。嫁取りがあつて其の行列が來ると村の子供たちは嫁に向つて雪を投げつける。新嫁は婚禮後一週間位のうちは、必ず其家に出入する人又は子分のものに手工品（主としてキンチヤクの類）を與へる。又一年以內に檀那寺の僧の處に行つて師匠取りと云ふことをする。盆の交換である。

◇大泊の左義長

子供たちは左義長の前日から、家々を廻り、竹を貰ひあつめる。其の竹はたとへ小さくとも繩をつけてひき運ぶ。集めた竹のうち大きなものを親竹とし、それを中心に立てゝ其の先端には嫁取りのあつた家から貰つて來た半紙を常に切つてつけ（他の竹はこれにたてかけて繩で縛る。若し嫁さんから貰つた紙が餘つてゐれば、それを繼ぎ合せてくゝりもする。左義長は村の社の下の濱で行ひ、大抵は夕食（八時過ぎ）頃から燃やす。火を付けるものは若者の中の頭だつたものである。此の火で餅を煮て喰べると、一年中の凶事を除くと云ふ。火が燃える時、子供たちは「長や〳〵長の嬶、目むいて、氣のむいて、今日むいてあしたむきや、三日や〳〵」と囃したて、書始めを長い竹の先きに付けてなるべく長く燒けぬ樣にする。さうして火の上にかざしても永く保つたものを手柄にして手があがると云ふ。

◇御佛供米

人が死ぬと直ぐに御佛供米と云ふものを寺へもつて行く。布袋に米一升乃至二升五合を入れ、其口をしめずに持つて行く。村の人は死人の魂が其袋の中に入つて行くのだと云つてゐる。

◇雨降し地藏

越中の氷見郡女良村脇の濱の神社の鳥居の根本に地藏が埋めてある。この地藏を掘りだして洗へば、どんな旱魃の時でも必ず雨が降ると云ふ。そのかはり洗つた人は一週間以內にきつと死ぬのである。一說によると、洗ふのではなくつて小便をかけるのだとも云ふ。

◇三昧太郎

能登灘五鄕地方採訪（中村）

火葬場《やきば》で死屍を千以上も燒くと、三昧太郎と云ふものが出る樣になる。之は死靈が集つて出來た人間の樣なもので、人間と角力をとつたり、死人があると前の晩に三昧に杙を打つたり、拍子木をたゝいたりするといふ。

◇死人の寺詣り

寺へ泊つて本堂の本尊佛の前で寢ると、必ず翌朝横の方へずらしてある。之れは死人が詣るのに邪魔になるので、ずらして行くのだと云ふ。

◇盆のキリコ

此の地方では寺・在家を問はず、盆の時には、必ずキリコをともすが、之れは其の下へ死人がくるのである。

寺方では正月には鏡餅を切り、盆には精靈團子を十箇なり乃は十五箇なりを必ず檀家へ配るが、是等の餅團子は惡疾を拂ひ、または不平を除くものだと信じ切つてゐる。

◇キシュー

舊曆正月十一日には船持ち定つて船を洗ひ、きよめ、之れに酒を流し、一日中仕事を休んでキシューと稱へて楫子等を招き、酒宴を張るが、又新しく網を下す時にも、之れを行はないやうなことはないのである。

◇山　祭

十二月九日と三日月日とには山持ちや木挽き連中は山祭を行ふ。此の時は一日仕事を休んで神棚に赤飯、酒等を供へ、各自も酒を祝ふ。三月のを山始めの祭、十二月のを山納めの祭と云ふ。

◇大晦日の夜

大晦日の夜には子分は親分の家に集り、酒を呑んだり、餅を食つたりなどして夜を徹して寢ない、眠れば額に皺がよると云ふ。そして明け方の三時頃になると、如來さん詣りと云つて寺へ挨拶にゆき、其時「年內中は難有うござんした、またあとから改めて參ります」と云ひ、一度家に歸つてまた出直すのである。此の時には「明けましてお芽出度う」と云ふ。親分の家から別れて、歸る時には、お互に「いとしとつてくさんへ」と云つて別れるのである

◇元　服

男女共十九才になれば、元服を行ふ、但女は既婚者ならば、元服とはいはず、おはぐろ親を決めると云ふ。

元服をしようと云ふ男は親類の者につれられ、酒肴を持參して元服親になる人の家へ行く。親方は元結にて子になる者の頭の中程の毛を少しく結び、切りはなす。之れを子は紙に包んで佛壇又は簞笥等に大切に保存して置く。式後親方の家にて子は持參した酒肴にて身內のもの及び其の同輩である子分の全部を招いで祝宴をする。此時主客は自分がつれて來られた親類の者

である。次に新く子になつた者が座を占め、主人は親方がつとめる。此處で子から始めて三三九度のかための酒がすむと、親方は當日の引出物として上下又は紋付羽織に袴、中折一策を與へ、宴終つて歸る時には酒一樽を與ふる。之れは持歸つて近隣及び身内のものに分けるのである。

女の場合には引出物として與ふるものはおはぐろ箱、吐き手洗ひ、羽毛、黒豆をいれたみたま、反物等である。

勿論親方の家の財産によつて先きに擧げたものの中の何か一種類だけを與ふる場合も多いのである。

◇カッパ

バク坂にカッパ（カワソ又はカブソ）が住んでゐて、此奴は十八九歳の美女に化けて人をだまして物を取り、又は石、木の根などと人に角力をとらせたり、又は下へ行く人を崖の上からオーイ／＼と呼んだり、大聲でいきなり「待て」などと云つて、人を驚かす。殺された人がある話は聞かぬ。

カワソと云ふものは小猫程の大きさのもので、黒くつて前足の方が後脚より短く、尾の末の方が段々太くなつてゐるもので、夜九時頃から出て歩るき、前に書いた様に人を呼んだり、人の行く後から旅人でもついてくる様に何か話聲をさせて歩いたり、又折々提灯の火を消したりする。弱い奴は時々人にやつつけられたりする。

◇神の場所

南大呑の庵に去年地滑りがあつたが、其處の山に神さんと呼ぶ小高い處があつて、其の頂の松には何神かわからぬが、神さんが住んでゐる。そして村に不幸がある時にはきつとお知らせがあつた。去年の地滑りの時にも、其の二三日前から火の玉が飛び、地滑りの晩はまるで火事の様に明くなつてゐた。勿論其の小高い處は滑つた區域の中心であるが、島の様になつて其處だけ少しもずらないで、現在でもなほ殘つてゐると云ふ。

◇おへつついさん

おへつついさんの前で、火を焚きながら、女が前を露出すると、釜がうなり出す。此のうなりを止めるには、一度も用ひたことのない腰卷を釜にかぶせるとよいと云ふ。

◇網曳きの掛聲

大敷の網を曳く時には「ヤーシンヨイサ」と、かな網の時、網を上るには「ヤリモツト」と二人で網の手綱をあげるまで掛聲する。網をあげるものは「エーアンサンエー」と掛聲する。

紅頭嶼民俗資料（三）

淺井惠倫

一六　經財生活、漁團

彼等の經財に於る共產的現象のみについて逃べやう。粟の耕作はしばしば數人の共同でなされる。而して收穫物は平均に分配せられるのである。彼等には共有財產〔kaʎəbutan〕の組織がある。對照物は舟及び豚であつて、若干名の者が共有するのである。舟の共有は彼等の生活にとつて極めて重大なものである。一つの舟を共有する仲間を〔kakavaŋ〕と稱する、〔avaŋ〕は舟の義にて、「船組合」とでも譯すべきものであらう。舟は十人乘りのボートであるから、組合は十人の男を以て成立する。組合員は主として親戚關係のものであるが、人員不足の時は親戚外のものも參加せしめる。

組合の組織は造船から始まる。彼等は天才的造船匠であつて大小種々の美しい小舟を造る。

一人乘〔pikatanjjan〕
二人乘〔pikavagan〕　總稱して〔tatala ?〕
十人乘〔tsiinadkuʎan〕

の三型があつて、「十人乘」は「船組合」の組織を以て共有されるものである。

イモルツド社には現在四つの「船組合」が存在する。組合にはそれぞれ名稱がある。

1. siʎa nu wavək　（中の組）
2. siʎa nu wapat　（四の組）
3. siʎa nu lima　（五の組）
4. siʎa・nu rawan　（磯邊組）

組合員ば村材の採取、製作に共同從事する。海は紅頭嶼土人の畑である。彼等は日々の糧を得んがために漁獵に出る。こゝに於て「船組合」は「漁團」の働きに變轉する。出漁にも漁獲物の分配にも十人の組合員は平等の義務と權利を有するのである。山の民族に狩獵團の存在するが如く、海の彼等には漁獵團が發生するのである。

一七　進水式

造船に闘して注意すべき掟は、舟の組立が完了して接合部のキワダの充塡は〔mawaswas〕（月の第六日）の日に限ることである。

進水の儀式は二部に分れる。第一部は饗宴で、第二部は進水である。饗宴の祭歌は〔anuwud〕と名けられる形式のものであつて、石及び竹より生れ來りし祖先の活動はこの形式の歌の主なるモーチフである。

「石の人」　パプトックを出で
平地に下り　デマラマイにて
魚呼びの　祭をなせり
石多き　磯より舟にて
「竹の地」に　すなどりに出づ
松明は　魚を眩ます
大魚は　力強く引く

chromatic scale と特殊の melody を有する紅頭嶼音樂は、研究者を驚歎せしめる。特に、〔anuwud〕の旋律は神秘幽玄なるものである。紅頭嶼音樂の音程、旋律に關して他日詳細に報告したいと思ふ。

饗宴の翌日は進水式である。その光景をテキストから要說しやう。「銀帽を被つて集まる。造船小屋の處で兩側に分れる。子供も一群をなしてゐる、見物人も一杯だ。〔anuwud〕が歌はれる。それから力の強い人達が、前部に二列になり、後部に三列になつて並ぶ。一人の指揮者は屋根の上に立つて指圖する。舟のそばで〔ʔawud〕の歌が歌はれる。歌が終つた。手を振つて騷ぎだした。銀帽を脫ぎすてた。舟を擔ぎ上げ上に胴上する。丸で玩具のやうに。それから海岸に運ぶ。子供は櫂を持つて行く。海岸でも胴上げをする。綱で櫂を附けて海に下す。海でいろいろと動してみる。平らに行く、旨く行くぞ。前後にも傾かない。舟を陸に上げる。豚の喉を突き毛を燒き、その血を舟に塗りつける。

舟に血をつける事〔tad-tad〕と、テキストには出ないが、槍を以つて舟のまわりにて、〔manurunuruwau〕を行ふ事と、小屋から海岸に運ぶ時に、村の長老を舟の上に乘せておく事は留意すべきことであらう。

一八　飛魚漁

魚介は彼等の主なる副食物である。而して飛魚〔alibaŋbaŋ〕は最も好まれる。飛魚漁に關して多くの法律が存在する。普通の魚介は、いつ採つても構はないが、飛魚だけは一定の期間とそれに應じた漁法がきめられてある。

	月（紅頭嶼暦）	使用船	乘組員	漁法
第一回	panonəb, pikau-kaud 二ケ月間	十人乘	組合員ノミ	夜間、玉網
第二回	papatau 一ケ月間	二人乘	個人	晝間、釣
第三回	pipilapila 一ケ月間	十人乘	組合員以外ノ者モ加入	晝間、夜間 網、釣

第一回の開始〔panonəb〕月の朔の夜（イモルッド社）或は望の夜（イモルッド社以外）に開始する。イモルッド社は、駐

紅頭嶼民俗資料（淺井）

在所の報告によれば、昨年は三月二十二日に、本年は三月十二日に開始した。開始に當つて、魚呼びの式〔mivanua?〕の式を行はねばならぬ。豚、鷄を犧牲として殺し、舟に供へ、その血を竹筒に入れる。銀帽を被り、長衣をつけ、腕輪を嵌め、〔uvai?〕を掛けて正裝した長老が其の血を海岸の小石に塗附け、魚寄せの呪文を唱へる。犧牲の肉は食べる。

漁の占　犧牲の鷄の肝が大きければ、大漁がある。

出漁　「船組合」の一組のみが最初の晩に出る。その舟を〔makagawud〕と稱し、每年交代である。

出漁の呪　漁に出る時に鷄の毛で體をさする。

初漁　初漁の夜歸つても、飛魚を舟の兩端の魚入に入れたまゝにしておき、石をのせ、松明で隱し、魂に見られないやうにしておいて、歸宅する。翌日、舟から飛魚を取出す。魚を下すと共に、組合員各自が持參せし豚の半分を舟に積み、沖に漕ぎ出し、その肉を少量切取つて海のなかに捨てる。この行事を〔vagun〕と名ける。魚を舟からおろす時に、海水で一度洗はねばならぬ。魚を漁宿に運び、魚に魚呼びの式に用ひた血を塗り半分に割り、內臟を捨て、料理して一部を漁宿の屋外の魚干棚に掛けておく、この行事を〔pallagan〕と名づける。殘りを組合員に分配する。分配を受けた魚を食ふ時には、初魚喰ひの呪文を唱へねばならぬ。分配をうけるまで絕對に飛魚を食つてはならない。

漁宿　「船組合」の一員の家が、每年交代で、漁宿となり、その家に於て獲た飛魚の分配、其他の必要な事務を行ふのである。漁宿には垣をして組合員以外の者を絕對に入れない。初漁の月を〔panoab〕＝戶ヲ閉ヌ　と名ける理由は、これに起因すると考へる。

以上述べた飛魚漁に關する多くの慣習法に違反すれば、以後飛魚はやつて來ないと信じてゐる。又、法に違反して飛魚を食へば必ず腹痛すると信じてゐる。その外に、小石を海　投入したり、飛魚の鱗を石の間で叩いたりすれば飛魚は逃げ去ると考へてゐる。

かゝる彼等の法律に違反があつて、飛魚が來なくなつた時には、〔mivanua?〕の式を行へば再び來るものと信じてゐる。

第二回　第一回の初漁と同樣に、初漁の飛魚には、犧牲の血を塗る必要がある。この〔papatau〕の釣漁に出掛ける時には、小石を網袋に入れて携帶する、この小石のやうに澤山魚が取れるやうにと願ふ意味だと彼等は說明してゐる。此の期間に於て海上で他人に呪はれると、其の呪は恐しき力を有する。解除するには、海より歸つて粟飯を食はねばならぬ。粟と神との關係を前に述べたが、彼等にとつて粟は神の mana の medium である。大漁のあつた際には、粟が食はれることも考察せねばならない。

一九　食物の禁忌

すべての鳥類は成人は食つてよいが、子供の食つてならない種類がある。女の食べてならない魚が可なり數多い。保存せられた飛魚は〔kaliman〕の月の中に食ひ終らねばならぬ。

二〇　〔Makannjau〕

彼等の生活には、廣い意味の tabu――お好みならば adat-law と名づけてもよい――の存在を吾等は知つた。例へば、第一回飛魚漁の期間中に、他の「船組合」の漁宿に入つたり、親戚以外の者が埋葬に行つたり、畠で交接したり、生人を死んだと云つたりすることは堅く禁ぜられてゐる。かゝる禁忌は、彼等の言葉に於て、〔makannjau〕と名けられるのである。

〔makannjau〕を犯したる罰は、神の懲罰となつて現れる。臺灣本島の蕃族に於て屡々見られる豚其他の財貨を以て社に贖罪する風習は紅頭嶼に於て存在しないやうである。

紅頭嶼民俗資料（淺井）

にんぼう

第一卷第六號、早川孝太郎氏の「あみだ屋敷」に、にんぼうといはれる物を拜見いたしました。このやうな杖を「休憩する爲の」道具として、山稼ぎの人の持つてゐるといふ報告は、わたくしも屡々伺つてをりました。

併し、「あみだ屋敷」のおんぼうが、この表徴をすることを承つて、ふと思ひ合せましたのは「今昔物語」卷廿九の
阿彌陀聖《ノ》云《トフ》事 行《ヲシテク》法師有《ケリ》鹿角《ノ》付《ヲタル》杖《ヲ》尻《ニハ》金《ヲ》朳《ニシタル》突《ヲテ》 金鼓《ヲ》扣《テ》
萬所《ノニ》阿彌陀佛勸《ヲ》行《メケルニ》 云々
の條です。これは皆樣すでにお氣づきの事かもしれません。右の所謂カセ杖は、極樂院の空也僧も持つて歩行き、現在、龜戶天神で行はれる追儺の鬼も持つてをります。極樂院の傳に依りますと、鉢敲のカセ杖も平定盛といふ獵師と關係があるやうでございます。

折口先生にくわしく伺つたら、もうつとよくわからうかと思ひますが、山人の杖、ひいては杵とも考へ合され、遠くべありん・ぐるとの「まじかる・うつど」をも聯想いたされます。「まじかる・うつど」に就いては、餘程以前、日夏耿之介氏の紹介されたことがございます。カセ杖との類似は折口先生の嘗ておもらし下すつたところでした。」（高田進）

紙上問答

○たとへ一言一句でもお思ひよりの事は、直に答をしたためて頂きたい。
○一度出した問題は、永久に答へを歡んでお受けする。
○どの問題の組みにも、もあひの番號をつけておくことにする。

問（一七）　病氣殊に風邪を風の神（風の神と云つても或地方では春になつて子供が凧あげの時に大聲で呼ぶものと全然違つて疫病神の意味）の仕業であると云ふ風習は隨分廣く――寧ろ全國的に認められ、又此の風の神は一家内全部の者に禍するもので早く追ひ出さぬと病人許りに成ると云ふ樣な考も同時に一般人に認められ居る樣ですが、此風の神を追ひ出すのには各地方でどんな方法をとつて居ますか。私の只今住んでゐる名古屋市西部の農村地帶では火鉢で唐辛と鰯を黑燻にすると風の神が逃げ出すと云ひ、中には此の外更に泥鰌の頭と蜜柑の皮とを混ぜる人もあります。又私の故里西三地方では唯ナンバ（唐辛）を燻します。唐辛の煙を風の神が嫌ふと云ふ事も各地方で認められてゐる樣です。其所で唐辛と風の神との間にも何か關係がありませうか。（矢頭和一）

答（五）　飛驒の高山では、枇杷の木は病人の聲を聞かれば實らぬと云ふ――尤も當地方の氣候の關係から實らぬのが當然でせう。（平田誠二）

答（六）　山口縣阿武郡萩町の內、玉江地方の漁民は頭にものをのせることをカネルと申します。尙この頭載の風は同地方特に六島村見島村等の各島々の風習です。國大の多田義男君は見島出身ですから見島でも之をカネルといふか否かは同氏におきゝになつたら判ると思ひます。（小川五郎）

答（一三）　がは師は私の村（三河本鄕町三ツ瀨）にも居たことがある。其小屋の跡もあります。木曾から來たと云ふ話です。檜や椹の樹を買つて篩《ふるゐ》や杓子《ひしやく》やメンパ（山へ行く時辨當を入れるもの）またはオンケ（麻をうむ時麻糸を入れる道具）其外凡て樹を薄くはがしてまげ物を工作する職業の人々で山から山へ檜椹の適材を買ひ求めて渡つて歩いたもので四五十年前までは私の近村にまだ居たといふことです。私の村に今でもがは屋と云ふ屋號の農家があります。先祖が多分がわ師であつて定住して農に從事する樣になつても矢張その呼び習はしが續いてゐるのでせうと思ひます。（原田清）

答（一三）　河田楨氏著「一日二日山の旅」一四二頁に「小屋は側《ガワ》師の小屋と呼ぶ。側師といふのは篩や曲物のワクを造る工人の事で、十數年前まではそれこそとても大仕掛に盜伐をやつてゐたものださうだ。」とあります。此小舍は奥秩父の甲武信ケ岳の眞の澤側、又は千曲川の源流附近にあるのですから嚴密に云へば信州と云ふことになりますが果して信州側からやつたものか甲州側からやつたものか、その所ははつきりしません。又信州の他の地方に就いても側師のことは聞いたことがありません。

尙參考までに申し上げますが側師との異同は存じませんが自分の知つてゐるので山師と云ふのがあります。南アルプスの鳳凰山附近の澤で思ひがけなく小舍を見付けて獵師である案內人に訊ねますと、これは山師の小舍で矢張り十數年前まで大仕掛な盜伐をやつてゐたのだと云ふことがわかりました。小舍は所謂ロッグ・キャビン式の丸太小舍で此の小舍から下は急峻な傾斜を斜めに、縱にならべた四五寸徑の丸太の三尺ばかりの幅の棧道がずつと野呂川（大井川の最上流）の岸まで走つてゐました。これが山師が木を降ろす道ださうです。（小島公一郞）

學會消息

○國學院大學鄕土研究會　會員は十二月十四日に埼玉縣蕨、大宮方面に旅行し、歸途大宮町西角井正慶氏方にて南埼玉郡綾瀨村潤戸愛宕神社の翁と、大宮在の万作芝居を見學する。

○國學院大學國史學會　は十二月七日同大學講堂に於て開催され、山本信哉氏、辻善之助氏、三上參次氏の講演があつた。

○國學院大學上代文化研究會例會　は十二月七日同校十七教室に於て催され、會員福岡耕二郎氏の「上野國群馬郡式內三神社に就て」成瀨賢氏の「原始分業發達過程に於ける石器製造遺蹟の發見」雨宮祐政氏の「史蹟と傳說に就て」と題して各研究發表があつた。

○音聲學會例會　は十二月十三日帝大山上會議所に於て開かれる。

○瓜哇操人形展覽會　は十一月十九日より二三日まで銀座資生堂に於て開催された。

○東京人類學會例會　は十一月卅日に開催され松本信廣氏の「オーストラジア語族に就て」及び小山榮三氏の「所謂文化史學派の方法論に就て」と題する講演があつた。

○伊波普猷氏　新光社日本地理風俗大系の琉球土俗の部に琉球の墳墓と入墨に關して執筆する。

○折口信夫氏　早川孝太郎氏　は一月三河の花祭を見に出かける。

○金田一京助氏　新光社日本地理風俗大系にアイヌに就て執筆する。

○早川孝太郎氏　「旅と傳說」に「神樂村の傳說について」を寄稿した。

○白鳥庫吉氏　十一月卅日帝大山上會議所に於て開かれたる史學會に於て「支那古代史に就て」と題する講演をした。

○松村武雄氏　十二月廿一日に帝大史學會に於て「民族の接觸と文化形相」と題する講演をする。尙氏は目下 Boundary Rites に就て調査して居る。

○松本信廣氏　史學八卷四號に「歐洲人の極東研究、其二、リヴエ氏の南海語とアメリカ大陸語との關係」を寄稿した。

○宮本延人氏　台灣花蓮港に赴き、十一月七日より約一週間附近の土器出土地の調査をなした。

○マスペロ氏　十一月廿四日橫濱出帆、印度支那を經て、歸國の途についた。同氏の日本に於ける講演集は日佛會館より日佛兩語にて出版される。

○印度支那考古學の泰斗セデス氏(M. Coedes)は河內の極東佛蘭西學園の院長に內定した。

○アグノーエル氏　は日佛會館にて十二月十日午後五時より「臺灣タヤル生蕃語の研究」を講じた。

○フランス學會及びフランス社會學會の主催で十二月十四日帝大山上御殿で「デュルケムの夕」を開き左の講演があつた。

一、デュルケム社會學と心理學との交涉　牧野巽君

一、ソシオロジスム宗教學說の發展　古野淸人君

一、デュルケム學派の犯罪學說　風早八十二君

一、支那學に與へたるデュルケミスムの影響　松本信廣君

海外學界消息

Maurice Besson—Le Totémisme. Paris, Rieder. 1929.

Bibliothèque générale illustrée の第十卷。本文七五頁、寫眞版六十頁。地平社の民俗藝術叢書のやうに簡單な、だがかなり手際よい一般入門書的概說。一、トーテミズムとは何か。原始的諸種族社會組織に於いてそれの占むる勢力作用、及びトーテミズム問題研究の小史。二、オウストラリア　三、アメリカ　四、マダガスカル　五、マレイ・ポリネシアに於けるトーテミズム、及びアジアのそれの痕跡。六、古代社會に於けるトーテミズム。七、トーテミズムの問題、及びそれの說明的諸理論。それは比較的公平に而も新しい諸說を忘れずに取扱つてゐる點に喜びを與へる。それの特に法律的意味を重んずる一つの新しい傾向が立場的にそこにとられてゐる。またマクレナン初め、フレザ、デユルケム、ラング、シユミツト、テユルンワルト、サンテイヴ、ロアジー、ヴント、フロイド、ヴン・ゲネプ、ゴールデンワイザーに至るまで一應顧みられて居る（それはゲネプの「トーテミズム問題の現狀」に主として負ふのであらうが）。

W. G. Ivens.—Melanesians of the South-east Solomon Islands. pp. xiv—529. London, Kegan Paul. 1927.

ドクトル・リヴアーズの指示に依つて研究され、後にエリオツト・スミスの序を附して The History of Civilisation 叢書（佛の L'Evolution de l'Humanité 叢書によるもの）の中に收められたC. E. Fox のソロモン群島中サン・クリストヴル島民の社會組織、呪術、宗教等に關する "The Threashold of the Pacific" (pp. xvi-379 Kegan Paul) の世に出たのは一九二四年であつた。いま、その北方に隣りする Ulawa 島の、及び Little Male の一村落 Sa'a の土俗に關して上記の書を得たことを記さう。著者は曾て十數年をこの地方のミツシヨン・ウオークに從事せるもの、新たにまたメルボルン大學踏査員として一九二四年十一月より翌九月に至る間を再びそこに過して本書をなした。從つてその地方の言語のくわしい知識を有ち、且つコドリントンやフオツクス、更にはリヴアーズの諸著等の充分な理解の上になされたものとして、幾多の興味深い叙述と示唆訂正とを含んでゐる。章目をあぐれば、

一、序論。諸種族の島の住處、諸種族。二、研究の地域、サアとウラワ。三、社會組織、親緣關係語。四、婚約、結婚、その他。五、首長。六、マラオフ少年、ボニト、カヌー、カヌー叫聲。七、祭宴、舞踏、銅鑼、笛。八、幽魂(Ghosts)と精靈 (Spirit)。九、葬禮、死者祭宴 (Death-Feasts)。一〇、鮫。一一、供犧、儀式的汚穢。一二、タブ、呪咀、禁忌。一三、黑呪術、檳榔實、Dracaena, Vele はじかみ。一四、爭鬪。一五、儀禮。一六、呪ひ、犯罪、占卜、兆示。一七、Yam と Taro の栽園、コ、椰子。一八、技術及び手藝。一九、雜。天體、月次、月の形、計算、諺風の言辭、犬、鳥、豚。二〇、Rere ni mesi（原人の群人《むれびと》）、Muumu（食人鬼）の話。二一、フオークロア。二二、サア及びウラワの文化に關する二三の摘記。文化的遺風、Malaohu 制度、等。附註及び索引。

P. W. Schmidt—Der Ursprung der Gottesidee. Eine historisch-kritische und positive Studie. Bd. I, Historisch-kritischer Teil. Münster in Westfuhen. 1918. Zweite, stark vermehrte Auflage, 1926.

ブリタニカの新しい Volumes の Social Anthropology の記述のうちで、ロウイーは二つの diffusionist として、英のエリオツト・スミス、ペリー、リヴアーズら、かの文化傳播說によつて evolutionism に對抗するマンチエスター學派と

及び獨の「民族學方法論」の著者グレブナー、アントロポスの將師シユミット、即ち一般に所謂文化史學派、文化圏説と名づけらるゝものの唱導者たちの一團とを擧げてゐる。そのシユミット神父のかつてアントロポスに "Origine de l'Idée de Dieu" (Bde. III—V, 1908—1910) として揭げたものの獨逸語改訂版の再版。一九二四年までの重要なる諸文獻の批判考察をも加へて堂々八七二頁の新裝は、著者の倦むことなき精進のさながらを示すものであらう。いまこの派の輓近宗教學民族學社會學上に占めつゝある獨自な光彩にみてる步武を云意することを要すまい。彼等がピグメーの人類史上に於ける地位の解釋、文化及び社會圏の諸形態の看取、言語及び神話の重要性の把握、原始一神教の主張等に於ける果敢な態度は、ひとらにあたかも聖杯騎手の風貌を想起せしめることであらう。宗教的情熱は屢々ひとに新しい襟度をもたらす、よしそれがひとらの全き首肯をかち得ないとしても。尊敬の念を持ちつゝわたしたちはそれ故彼等に聽くべきであらう。だがそれには先づ次の如きいくつかの流れの意識的關聯の下に於ける理解が必要であらう。文化の埃及單元論に對比さるゝ彼等、彼等と人文地理學(ラッツエル一派)との連がり、人文地理學に對する佛蘭西學派の社會形態學説、後者と彼等との論爭點、これらの諸潮流とマリノフスキーの如き Enviro-ment Theory との聯關など、など。更には新アストラルミトロギー學派や汎バビロニズムなどの背景を考へてよいであらう。

方法論的回顧、ラングの單一神教的プレアニミズム及びその批判、南東オーストラリアの最高の實在 (Bundjil, Mungan ngaua, Nulalie, Nurrundere, Daramulum, Baiame)、プレアニミズム的呪術論考その他、最高の實在に關する諸學者の見解、社會主義的學説、文化史的方法。

第二部も最近(一九二九)出版せられ、原始民族の諸宗教として、中央カルホルニヤインディアン、北西部インディアン諸部族、アルゴンキン諸部族、南アメリカインディアンについて、それぞれの宗教態の根本的事象を究明するものである。

日本の學界に於いてより多くの注意と批判とが此の派に正しく向けられる日の近いことを希ほう。

Marcel Granet—La civilisation chinoise. La vie publique et la vie privée. Paris, La Renaissance du Livre. 1929. 35 fr.

アンリ・ベルの統率するかの人類進化叢書の廿五卷の上。序論。第一部、政治史。第一章、傳説期。一、五帝。二、三王朝。三、覇者時代と群雄の割據。四、皇帝期。第二章、古代史の大資材。一、クロノロジーなき時代。二、封建期。三、帝權。第二部、支那の社會。第一章、田野の民衆。一、田園の生活。二、野人の風習。第二章、首長權の設定。一、聖地と都市。二、錯雜せる諸力と個人の權威。三、神々と男性諸首長。四、諸團體の競覇。五、父系諸王朝。六、威光の增大。七、封册の諸起因。第三章、領侯の町。一、町。二、領侯。三、公生活。四、私生活。第四章、帝王期當初の社會。一、皇帝。二、社會の變革。結論。

下半は La pensée chinoise として出さるゝ筈。

〇第一卷十一月號報エルツの遺著は一九二八年の發刊につき、訂正を乞ふ。尙ほその「原始社會に於ける罪と贖罪」のノートも、やがてモースの手に依つて纒められて世に出る筈であり、またその未完結の序論は既に一九二一年の宗教史論叢に發表せられてゐる。(v. Essertier, Psychologie et Sociologie, p. 204)(以上中村康隆)

〇英文萬葉集の刊行　和蘭留學中に知合になつ

海外學界消息

たピエソン君 Gan Lodewijk Pierson gr. はかれてライデン大學に萬葉集の研究で學位を請求してゐると聞いてゐたが、去る一九二九年十月二十五日めでたく文學及哲學のドクトルの學位をかち得たさうで、その論文、The Manyôśû. Book I. (E. G. Brill, Leiden 發行) を遙々贈つてくれた。專門的な批評はいづれその道の人にお願ひすることにして取り敢へず簡單な紹介をしておく。氏はライデン大學で日本學を Prof. Dr. de Visser 氏に、支那學を Dr. Duijvendak 氏について學ばれ、未だ三十をやつと越した位の少壯學者であるが既に同じくブリルから Dictionary of 10.000 Chin. Jap. Char. の大著を出してゐる篤學の士である。その日本を理解し、愛好することのあついことはこの萬葉集を Aan mjju Vrouw としてゐるその令夫人を菊子さんと呼び、そのヴイラを Mukashi と稱してゐるのを以つても知れよう。然し氏の萬葉研究は從來西洋人の日本ものの著作に少なからず見受けられたやうな單なる好奇心や趣味から出發したものとは斷然類を異にしてゐることは私が受け合つて申せる。

「予が萬葉集の全譯を企てるのは古代日本人の生活及び四面環海の美はしい島々の記述のチャームの故ではない、linguist の見地からである。それ故飜譯は先づ出來るだけ原義をつかむために正確でなければならぬ」と序言の冒頭に斷つてゐるのは氏の抱負と用意とを示すものである。氏はリングヰイストである。本書の特色も從つてこの點になければならぬ。その言語學上の造詣の深いことと、一字一句もゆるがせにしない凝性とが外國人の手に成つたものとしてはすばらしい成功を收めてゐる。

序論に萬葉集の書名の語義、編纂年代、各卷の內容、主要歌人、主要なる註釋書（彼は鹿持雅澄の萬葉集古義を最も參考してゐる）を揭げ、更に日本歷史の梗概を年表式に述べて奈良朝の時代意義を示し、進んで萬葉集に於ける支那の影響を論じ萬葉集の編輯は文選の例に倣ふたものであるとしてゐる。その次に揭げてゐる on the transliteration and transcription of the Japanese Kana, archaic, ancient and modern 及び archaic, ancient and modern sound-table of Japanese Kana は本文につけてゐる發音表示法の根據を明かにするもので、蓋し並々ならぬ苦心をされたことであらう。「と音」については松本信廣氏の論著を引用して琉球諸島の發音の差異についても言及してゐる。

本文は第一卷雜歌（くさぐさのうた）八十二首を全譯してゐる。萬葉假名の本文に忠實な言語學的發音を附し、Translation, General Remarks, Grammar, Script, Different Readings に分けて註譯論評に力めてゐる。第一の英譯は平明ではあるが、我々には萬葉歌の氣分のうつりがぴんと來ない憾みがあるが、無理な注文であらう。要するに氏がリングウストであることを讀者も批評する者も最初に心得て本書を見るべきであらう。私はこの第一卷の刊行を祝し全二十册の大著の前途に多大の期待をかけてこの紹介の文を閉ぢる。

（板澤武雄）

京都民俗談話會記事

第十二回例會　昭和四年十一月廿二日

一　火葬の話　　長部和雄君

東洋民族の火葬に就て話す。火葬はまた闍毘、荼毗、Thapita Ksapita 等呼ばれ原始民族の他界思想に關係がある。ギリヤークでは死者に新しい着物を着せ、顔を西に向け三角の木を左右から立て四人の男子が四隅に立つて火葬にふし、チュクチは屍體を馴鹿の橇にのせ、橇と共に燒き、又近親者は死者の臟器を食するとも云はれてゐる。

火葬は我國に於ても古く奈良朝前後より行はれ種々文獻にも見られる。支那に於ては既に南宋時代に江南の地方に行はれた。火葬場は火人亭(化人亭、焚人亭)と呼ばれて居た。主として貧民階級が當時の經濟的立場により止むなく火葬したらしい。塞外種族にあつても儀渠、氐羌等が早く火葬を行つてゐた事が列氏湯同篇に見られる外、六朝頃には北史、南史、晉書、魏書、周書等を通じて多く見られるが、大別して南方系、北方系に分ける。南方系としては印度支那半嶋の林邑、眞臘、扶南、赤土、冉駹等に行はれた。眞臘では香木を以て屍を燒き、林邑では火葬後の骨灰を王は金の壺、有官者は銅の壺に入れて海に沈め、庶民は瓦の壺に入れて江に沈めた。扶南では火葬の外、水葬、土葬、風葬も併行され、赤土では水上に柵を作り薪をつめ屍をのせ香をたいて屍を燒き、燒けると水中に落ちる。冉駹では女人が死すれば燒く。これ等の諸國を通じて火葬の行はれたのは多くは佛教の影響によると考へられる。

北方系では焉耆の他、突厥に見られた。突厥では死者は天幕内に置き、羊を殺して供へ、死者の日常の用具、乘馬等を共に燒き、日を改め灰をとつて葬つた。北方系の特徴は死者の日常關係物を共に燒く事である。支那の火葬はこれ等南北兩系の影響によるものではあるが、進んで行はれたものではなかつた。

一　支那の民俗學現況　　森鹿三君

北平に留學中の本會員水野清一君の通信及書物により支那に於ける民俗學の現況を紹介する。近時進興の民俗學的研究は長足の發展をして、在來の諸學よりも力強い研究が續けられてゐる。國立中山大學から出てゐる民俗學叢書の一冊として揚成志の「民俗學問題格」が發行され、又斯界の權威者顧頡剛、容肇和等が中心になつて出してゐる雜誌「民俗」の如きは實に週刊であつて每號新進の諸論文をのせてゐる。北平大學發行の國學季刊、及歌謠週刊、中山大學語言歷史研究所發行の週刊にも多くの民俗學關係論文が揭載されてゐる他、顧頡剛の支那古代史の民俗學的研究に對する錢玄同の論戰が「古史辨」なる單行本となつて出て居る。燕京大學では許地山が民俗學を研究し次の如き題目に研究を進めてゐる。

1社會原始、社會演化、2原始文化　3原始社會　4原始道德、5原始宗教　6種族關係　7社會人類學方法論

以上の如く隣邦支那の民俗學は豫想外の發展をなし、將來の發達は我國民俗學の研究にも多大なる刺戟と材料とを與へるであらう。

一　粥占之神事　　岸本準二君

粥占は筒粥、管粥とも呼ばれ各地で行はれてゐる。大阪府中河内郡官幣大社枚岡神社(祭神―天兒屋根命、比賣神、建雷神、經津主)でも以前から行はれて正月十四、十五日の神事の日には參詣者は三万から五万に達する程で、一年の穀物の豐凶、晴雨を占ふので主に百姓、米屋等が參詣する。

正月十四日正午に氏子總代神社に集り、粥占に用ふる道具を揃へ、參與する人四人が籤できめ、午后五時に粥を煮る火(古式による燧火を用ふ)を作り、釜には小豆三升、米五升を入れ

その中に女竹五十三本(長五寸、直徑七、八分)を九本づゝくぎりつないで巻き、縦に入れる。この竹を占竹《ウラダケ》と云ひ、約二時間たくと占竹を出して第一の正殿(天児屋根命)に祭り、午后す二時に宮司以下神前で祈禱を上げ、終ると占竹を下げ、占竹を割つて中に小豆、米の入つてゐる量により豐凶を占ふ。占竹五十三本は穀物五十三種類を意味し、昔とは種類も異つてゐる。占には下はなく上、中ばかりである。又晴雨占も同時に行はれ、十二本の若樫(長四寸直徑約六分)を忌火の中に入れ相當の時間の後取出し、その燒け具合により晴雨を占ふ。燃えた部は晴、燃えぬ部は雨、火を吹くのは風を表はし十二本で十二ケ月の晴雨を決める。これ等の結果は十五日の早朝に發表される。枚岡神社にいつから粥占之神事が起つたかは古文書等が全くないので不明であるが、正月十五日に餅粥節句、小豆粥節句として粥を食し一年の禍を免れる古い風習が變化し、更に同神社の祭神と結びついて粥占之神事が起つたのであらう。

一　舟型石棺の一型式　西田直二郎君

最近丹後國與謝郡桑飼村で發掘した舟型石棺は二つ境を接して出土したが、その兩者の型式は非常に異つてゐる。殊に一石棺は舟型としては特異にして、これ等を考古學を離れて論じられはしないかと思ふ。

桑飼村は加悦谷の北、以前附近からは二、三銅鐸の出土もあつた。過ぐる丹後の震災當時桑飼村の地割れした所から土器を出し、ついで今回同所を發掘して舟型石棺二個に掘りあてた。一は在來の刳拔式で、他の一は一見組合石棺とも見られるもので扁平な割石で作られ長八尺五寸、幅は一方が狹く二尺二寸三分、他方は二尺五寸五分で兩端とも凹み更に内部は一石で大小二室に分れ、大室からは人骨と曲玉、管玉、釧、等の裝飾品及漢式鏡を出し、小室からは上層で刀三本が斜に、次の層から劍、鎗、下の層から小刀子、最下層からは斧頭等以上武器のみ十九點が發見された事は非常に興味深い。元來舟型石棺は古代葬法の一型式であつて海濱住民から起つた。古代の舟の如き近海航行の小舟にあつては舳先は重要な部分であり神聖視され、古代人に特殊な場所とされてゐたと思はれる。この石棺の武器のみを出せる部は幅の狹くなつた舟で云へば舳先にあたる部であつて、特殊な場所と武器の持つ靈威(マナ)との宗教信仰が結びつき、この舟型石棺に見るが如き特異な遺物埋葬となつたのではなからうか。

むすめかつぎのこと

―― 武藏國東村山の話 ――

小母さんの思ひ出話である。

小母さんが十歳ぐらゐの頃、地藏様や觀音さまのよまち(御緣日)の晩などにはきまつて二つ三つづゝ、娘かつぎがあつた。好きな娘にいくら頼んでもきかれない男が、友だちを頼んでよまちの歸りの娘をかついで無理に連れて行つてかこつて(かくして)置くのである。そして娘の親の家へ行つて、娘をかついだから嫁にくれと云へば、仕方がないからといふので、娘はその男の妻になるのである。この娘かつぎは何時でも行はれたらしいが大抵は夜、それも娘たちが外出《そとで》する夜のやうである。こんな話もある。小母さんの親類の娘が、自分の家の風呂(田舍では風呂を屋敷の入口に据ゑてゐる)から出て母屋へ歸へらうとするのを、はだかのまゝの娘を若者がかついだこともあるさうだ。

「おつかなくて夜は出あるけなかつた。」といつて小母さんは肩をすぼめた。

小母さんは四十歳くらゐである。

(竹内長雄)

民俗學談話會記事

第八回民俗學談話會は、十二月十三日午後六時半より、本鄕お茶の水文化アパアトメントの社交室に於て開く。會するもの

大西伍一、吉本一郎、藤井春洋、小谷恒、高崎英雄、小池元男、青池竹次、靑柳秀夫、阪本一郎、孫晋泰、田中市郎衞門、小林高四郎、柴三九男、中村浩太郎、有賀喜左衞門、松村武雄、折口信夫、伊波普猷、石田幹之助、早川孝太郎、今和次郎、岡栢千秋、戸澤英一、山本靖民、宇野圓空、金城朝永、大藤時彦、和田數雄、相澤節、喜多義次、小泉鐵、木下利次、加藤章一、田中たま子、池上隆祐、岡村千馬太、高田進、宮本進、村上清文、中村康隆、金田一京助、坂口保治袖山富吉、の諸氏。

講演　民家の間取の型の分布に就て

今　和次郎氏

氏は、日本の民家の四隅の間取については、大體、その系統を支那の宋時代の民家の形式迄遡り得るとする説と、平安朝の寢殿造りの後たる武家造りから來たとする説とあるが、之等の批判から出發して、日本に於ける四隅の間取の分布、それと寢部屋、茶の間など〻の關係、其他豐富な資料から考證し、此問題の、尚一歩突き詰め得べきところを指摘して、話を終られたが、その特殊なる問題と、卓拔なる見解とは、參會者一同に多大の滿足を與へた。次いで同人及會員諸氏の質疑應答あり、十時散會した。

會員名簿（四）

土屋敏明　下川浩造　本田安次　白根喜四郎　檜木範行　本鄕小學校讀書會　木下利次　平松朝夫　峯元　川野正雄　上田美紀　武田政子

永原壽子　齋藤信雄　飯島孝夫　大正大學宗教研究室　臼井書店　小田喜禎　中西定雄　來馬輝雄　佐藤信彦　増田德二　遠水滉　大西伍一

今井邦子　鈴木睿順　太田武次　靑野三郎　鈴木太良　田中きみ子　西穂高小學校購讀會　長沼二三夫　柳澤勝之助　東海林悌三　朝日圖書館　高木菊松　中華民國 國立北平圖書館　土橋里木　國學院大學鄕土會會員 武田愼三郎

風間利吉　大島辰雄　鈴木實　島田金作　戸津高之　三・木一男　屋ヶ田隆司　東宮豐洪　織田重慶　勝俣久作　新木正雄　長谷川富士雄　野上勝彦　櫻木幹雄　伯左門　坪田滿壽雄

◎民俗藝術 正月特輯◎

獅子舞號

或地方では「獅子舞」と言ひ、或地方では「鹿踊」と言ひ、また或地方では「代神樂」と云ふ、此、ほゞ同一と見られるものに對して、これだけ違つた名前があるといふ事實に徴したゞけでも、「獅子舞」なるものに、如何に多くの考究すべき問題があるかを考へて見る事が出來る。既に學界に於ても、此頭に就いては、或は「支那傳來の獅子」と言ふものがあり、或は「鹿」といふものがあり、或はまた「龍頭」といふもの等もあつて、相當に論議考証せられて來たのではあつたが、而も今日までは、信ずべき確たる說が殆ど見られず、たゞ人々の勝手な想像に任せておくと言つた狀態であつた。

本號は、全國の知己一千六百餘名に依賴して漸くに得た尊い資料を滿載したもので、全國殆ど各地に亘つて、それの調査が遂げられて居る。これに纒はる傳說を尋ね、舞踊の型を記錄し、また行事に與る人々の傳統を糺し、變化の跡を究め、更に、考証としては、その頭、その舞踊の、果して何れに由因するやを、極めて纖細なる視察と、周到なる用意とのもとに論斷し、而して、これが演劇史上・舞踊史上、如何なる價値を有するやの、此大なる問題にも說及ぼして居るのである。殊に誇りとしたいは、本誌の獨特な編輯法が既に世人にも知られて、これらの調査には、一々寫眞と見取圖が附せられてゐる爲に、曾て一度も實見した事のない遠陬の地の珍らしき舞踊の模樣も、容易にこれを知ることが出來、またそれを比較する事も出來る便宜のある事。蓋、本年初頭の出版界を驚倒せしむるに足るものとして敢て江湖に薦めたいのである。

挿入圖版百數拾面
定價壹圓五拾錢
送料貳錢五厘

東京市神田區
南神保町一四
地平社書房
振替東京六六一九四
電話九段二六〇二

東京帝國大學助教授文學士 宇野圓空著

宗教民族學

菊判六一四頁
定價五圓五拾錢
送料内地三十六錢 其他六十五錢
（最新刊）

信仰の本質を、其の發生的舞臺の社會狀態に於て見る事は今日の宗教學の一任務である。其社會狀態とは卽ち民族的集團生活の舞臺である。一切の宗教的觀念と儀式とは取りもなほさず人類の民族生活の表徵であつたのである。宗教民族學は卽ち此處に學としての成立の基礎を有するのである。

本書は、文明宗教の體驗を有し然かも身親しく原始人の間に入り彼等の信仰をも直接に調査研究を積まれたる斯學界の權威宇野助教授が公平なる科學者の立場を嚴守して成せるもの、斯學界の隨一書として敢へて江湖に捧ぐる所以である。

要目

東京神田區北甲賀町四
岡書院
電話神田二七七五番
振替東京六七六一九番

◇前號目次

民俗學談話會

一月十八日（第三土曜）例月通り本鄕區御茶之水、文化アパートメント談話室に於て第九回例會を開き、午後六時半より左の講演があります。

臺灣蕃族の成年式に就いて　小泉鐵氏

△原稿、寄贈及交換雜誌類の御送附、入會退會の御申込、會費の御拂込等は總て左記學會宛に御願ひしたし。
△會費の御拂込には振替口座を御利用せられたし。
△會員御轉居の節は新舊御住所を御通知相成たし。
△御照會は通信料御添付ありたし。
△領收證の御請求に對しても同樣の事。

昭和五年一月一日印刷
昭和五年一月十日發行

定價金一圓

編輯兼發行者　岡村千秋
東京市神田區表猿樂町二番地

印刷者　中村修二
東京市神田區表猿樂町二番地

印刷所　株式會社　開明堂支店

東京市神田區北甲賀町四番地
發行所　民俗學會
振替東京七二九九〇番
電話神田二七七五番

東京市神田區北甲賀町四番地
取扱所　岡書院
振替東京六七六一九番

MINZOKUGAKU

THE JAPANESE JOURNAL OF FOLKLORE

Published by the

MINZOKU-GAKKAI

Volume II January 1930 Number 1

Page

Articles:

Short Notes:

Folkloristic Notices:

MINZOKU-GAKKAI

4, Kita-Kôga-chô, Kanda, Tokyo, Japan.

民俗學

第貳卷　第貳號

昭和五年二月

民俗學會發行

民俗學會會則

第一條　本會を民俗學會と名づく

第二條　本會は民俗學に關する知識の普及並に研究者の交詢を目的とす

第三條　本會の目的を達成する爲めに左の事業を行ふ

イ　毎月一回雜誌「民俗學」を發行す

ロ　毎月一回例會として民俗學談話會を開催す

但春秋二回を例會とす

ハ　隨時講演會を開催することあるべし

第四條　本會の會員は本會の趣旨目的を贊成し會費（半年分參圓　壹年分六圓）を前納するものとす

第五條　本會會員は雜誌「民俗學」の配布を受け例會並に大會に出席することを得るものとす　講演會に就いても亦同じ

第六條　本會の會務を遂行する爲めに會員中より委員若干名を互選す

第七條　委員中より常務委員三名を互選し編輯庶務會計の事務を負擔せしむ

第八條　本會の事務所を東京市神田區北甲賀町四番地に置く

附則

第一條　大會の決議によりて本會則を變更することを得

私達が集つて此度上記のやうな趣意で民俗學會を起すことになりました。

考へて見ますと學問が大學とか研究室とかに閉ぢこめられてゐた時代は何時まで何時までつゞくものではないといふことが云はれますが、然し大學とか研究室とかいふものゝ必要としなければならない學問のあることも確かに事實です。然し民俗學といふやうな民間傳承を研究の對象とする學問こそは眞に大學も研究室も之を獨占することの出來ない學問であります。然しされぱといつてそれは又一人一人の篤志家や學究が個々別々にやつてゐたのでは決してものになる學問ではありません。出來るだけ多くの、出來るだけ廣い範圍の協力に待つしかないものと思ひます。日本に於て決して民間傳承の資料の蒐集なり研究なりが閑却されてゐたとはいへません。然しそれがまだ眞にまとまるところにまとまつてゐるとはいはれないのが事實であります。

かう云ふ事情の下にある民俗學の現狀をもつと開拓發展せしめたいがために、民俗學會といふものを發起することになつた次第です。そして同樣の趣旨のもとに民間傳承の研究解說及び資料の蒐集を目的として、會員を募集し、會員諸君の御助力を待つてこれらを發表する機關として「民俗學」と題する雜誌を發行することになりました。

どうかこの一般國民生活の中に深く生きてゐる事實の意義及び傳承を生かす爲めに、そして民間の學問としての學的性質を達成せしむる爲に、本會の趣旨を御諒解の上御入會御援助を賜りたく御願ひ申します。

委員

會津八一　秋葉隆　有賀喜左衛門

伊波普猷　石田幹之助　移川子之藏

宇野圓空　岡正雄　折口信夫

金田一京助　小泉鐵　今和次郎

中山太郎　西田直二郎　早川孝太郎

松村武雄　松本信廣　宮本勢助

昭和五年二月發行

民俗學

第貳卷　第貳號

目次

古代人の思考の基礎（三）

折口信夫

六、數種の例（承前）

日本の國では、年の考へがまち〳〵であつた。其は、暦が幾度も變つた爲である。天皇は、日置暦《ヒオキゴヨミ》といふものを持つてゐられたが、後に、それが度々變化してゐる。

其昔の暦を考へて見ると、天皇が高處に登られて、祝詞を唱へられると、春になる。初春に祝詞が下されると言ふのと、反對であつて、天皇が祝詞をお下しになると春になる、と考へてゐた。

。商返《アキカヘシ》しろす　とのみのりあらばこそ。わが下衣　かへしたばらめ

商返を天皇が、お認めになると言ふ祝詞が下つたら、私の下衣を返して貰ひませうが、お生憎さま。商返の祝詞がございませんから、返して頂くわけにはゆきません、と言ふのである。

商返は、日本の歴史の上では、長い間隱れてゐた。歴史の上に見えないと言ふ理由で、事實が無かつたと思ふのは、早計にすぎる。室町時代以後になつて、德政と言ふ不思議なことが、突然記録に現れて來たが、此は今まで、記録にも歴史にも現れずに、長い間、民間に行はれてゐたのが、時代の變化に伴うて、民衆の力が強くなつて來

1 たので、歴史の表面に出たのである。

2

商返と言ふのは、社會經濟狀態を整へる爲、或は一種の商業政策の上から、消極的な商行爲、賣買した品物を、ある期間內ならば、各元の持ち主方にとり戻し、契約をとり消すことを得しめた、一種の德政と見るべきもので、此があようど、夫婦約束の變更、とりかはした記念品のとり戻しなどに似てゐるので、一種の皮肉な心持ちを寓して、用ゐたのである。

かうした習慣の元をなしたのは、天皇は一年限りの曆を持つて居られ、一年每に、總てのものが、元に戾り、復活すると言ふ信仰である。此信仰は、續いてゐたが、事實を見ると、人間は生きてゐて變らない。其處に、信仰と現實との矛盾を感じて來た。其でも地方では、賣買貸借で苦しめられてやりきれないので、十年目とか、二十三年目とかに一度、と言ふ風に、近年までやつてゐた。土地をきりかへて、班田法のやうな方法によつて、分けてやるのである。江戶時代の末まで行はれてゐたが、明治になつては絕えて了うた。萬葉時代に、事實行はれてゐたのか、其とも、傳說となつてゐたのか、不明ではあるが、商返と言へば、皆に意味が訣つたのである。

男女契りを結ぶと、下の衣を取りかへて著た。著物は、魂の著き場所で、著物を換へて身に著ける、と言ふことは、魂を半分づゝ交換して、著けてゐることである。魂を著物につけて、相手に預けてあるので、衣服を返すと絕緣したことになる。此處に引いた歌は、輕い洒落で、半分嫉妬し、半分笑うてゐるおどけた、つまらない歌である。併し此歌で見ても、德政の起原の古いことが知れる。

明治初年まで、年が惡くて、稻虫がついたとか、惡疫が流行したとかすると、盆に、二度目の正月をしてゐる。暑いのに門松を立て、おめでたうを交してゐる。すると、氣持ちがよくなると共に、總てが新しくなる、と考へてゐる。正月について考へて見ても、正月の中に、正月を重ねてゐる。元日に續いて六日正月を迎へ、更に十五日を、小正月と言うてゐる。古來の暦法と、其後に這入つて來た暦との矛盾が、其處に現れた爲である。十五日は、支那の暦法でも上元の日で、重く見られてゐる。其印象が、人の頭を支配してゐた。古い時代の暦に較べて、新しい暦法では、正月を早くしてゐる。けれども、昔の正月として、上元の日を定めて、農村では守つてゐた。地方によると、立春の日を正月と考へ、又七日も正月としてゐる。信州の南の方では、正月元日から十五日までの間に、正月を四五回繰り返してゐる。從つて、歳暮・大晦日・節分等も度々やつてゐる。此考へ方は、近世から起つたことではなく、大昔からあつた。暦が、幾度にも渡來したばかりでなく、日本人は、何度も繰り返さなければ、氣が濟まなかつたのである。

初春には、常世國から、神が渡つて來た。春のはじめに行はれる春田うちは、信州にもあるが、此時は、爺婆の姿か、普通の男女の形かで出て來て、田を耕し、畔を塗り、苗を植ゑる形をして、雪中に松を刺して、稻が出來たなど言うて喜ぶ。一年中の事を、とり越してやつて見せると、土地の魂が、其樣にしなければならないと感じて、春田うちにやつたとほりに、農作の上に實現して呉れると考へた。初春は、一度すればよい訣であるのに、氣がすまないので、田植ゑにやり、更に二百十日・二百二十日前後にやつてゐる。其頃になると、神嘗祭りに近づいて來る。

天皇が初春の祝詞を下される時には、必復活の形をとつて、高御座にのぼり給うた。實際は、お生れになつた形を、とらなければならなかつたのである。

昔の考へ方は、堂々めぐりをしてゐて、一つ事をするのには、其に關聯したいろんなことをせねばならなかつた。天皇初春の復活に際しても、皇子御降誕の時の形式をとつて、大湯坐《オホユエ》・若湯坐《ワカユエ》・飯嚼《イヒガミ》・乳母《チオモ》がお附きする。此

4

大湯坐は、主として、皇子に産湯をつかはせる役目をするもの、若湯坐も同樣である。飯嚼は、食物を嚼んで口うつしに呉れる者、乳母は、乳をのませる者である。此形を繰り返してせなければ、完全な式ではない。其を後世からは、この形式を、或天皇がお生れになつた時の事を傳へてゐるのだと考へてゐるが、これは或天皇に限つた事ではなく、常に行はれてゐる事であつた。初春ばかりでなく、祭りの時は、何時でも此形式を執つた。

更に不思議なことがある。天皇が高所に登つて、祝詞を下すと、何時でも初春になり、その登られた臺が、高天原になつて了ふ。此信仰が、日本神道の根本をなしてゐる。此を解かないから、神道の説明は、何時でも粗略なものになつてゐる。臺に登つて、ものを言はれると、地上が高天原となる。此時、天皇は天つ神となる。

大和及び伊豫の天香具山《アメノカグヤマ》、同じく大和の天高市《アメノタケチ》、近江のやす川などの名は、皆天にある名を移したのである。後になると忘れられて、天から落ちて來たものだ、と考へるやうになつた。

奈良朝のものゝ断篇だと言はれてゐる、伊豫風土記の逸文に、天香具山は伊豫にもあると記して、天上のものが二分して、大和と伊豫とに落ちて來た、と考へてゐるが、此は、後代の説明である。

宮廷の祭りの時に、天上と地上とを同じものと感じ、天上の香具山と見做されたところが、大和・伊豫にある香具山である。天の何々と呼ばれてゐるところは、天上と地上とを同じものと見た時に、移し呼ばれた、天上の名前である。

天子は常に、祭りをなさつてゐる爲に、神か人か訣らなくなつてゐる位、天上の分子の多い方である。後世――と言うても、奈良朝頃――は、常識的に現神と言うてゐるが、古代にあつては神であり、神の續きと見てゐる。

此處で、天子の意味を考へて見たい。

5

天皇は天つ神の御言を、此土地にもつて來られた方である。昔は、言葉によつて、物事が變化する、と言ふ言靈《コトダマ》の信仰をもつてゐた。言靈は單語又は一音にあるやうに、古く神道家は解いてゐたが、文章或はその固定した句においてはじめてある事實である。文章に、靈妙不可思議な力がある、と言ふ意味からして、其が作用すると考へ、更に、神の言葉に力があるとし、今度は語の中に、威力が、內在してゐると考へた。其を言靈と言ひ、其威力の發揚することを言靈のさきはふ(又は、さちはふ)と言うたのである。

天皇は、天上の神の御言詔を傳達して、此土地の人及び、魂に命令される。其間は、天神と同じになられる。上使が「上意なれば座に直る」等と言ふのも、此と同じことである。天皇には、神聖な瞬間が續いてゐるので神であるが、もとは、御言詔持《ミコトモチ》であらせられた。天神の御言詔どほり、此土地に實現なさるのである。其が後には、天皇の爲に、更に御言詔《ミコトモチ》傳達を考へて來た。かうして、實權は次第に、低い位の者の手に下つて行き、武家時代に所謂、下剋上—易經の語を借りて—、と言ふことが現れて來る。此は、上位の人と、下の者とが、同格になる時があつたのである。天皇は、天つ神とは、別なお方であるが、同格になられる事があるので、我々の信仰では、天皇と、天つ神とを分つことが出來なくなつてゐる。ところが、天皇と神との間に、仲だちといふものを考へて來た。信仰上の儀禮で、介添への女がゐる。天皇は、瞬間々々に神となられるが、其より更に、神の近くに生活し、直接に、神の意志を聽くものである。

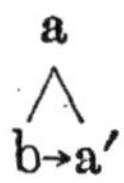

aは天つ神。a′は其御言詔持たる地上の神。bは介添への女性。a′に仕へねばならない尊貴族、最高位にいらつしやる方、に當るb′と言ふものは、信仰的には、aの妻であるが、現實的には、a′の妻の形をとる。祭りの時に

も此形式をとるものである。

宮廷で神を祭るのは天皇で、神來臨は、信仰の上のことであつて、神主が卽神であつた。今の神主は、昔の齋主《イハヒヌシ》に當るものである。神其ものが神主で、神職は齋主の地位に下つたのである。神祭りの時には、主上は神主であると同時に、まれびとである。非常に神祕なことである。だから結果、自問自答の形式もおありになることゝ察せられる。今日の我々の窺ふことの出來ない、不思議なことであるが、此が當然の事と考へられてゐた。只今から考へると、矛盾が澤山あるが、古代生活の感情の上の論理では、差し支へがなかつたのである。比論法の誤りに陷つてゐるが、此が日本の根本の論理である。

天竺の因明《インミヤウ》が、日本に渡り、又支那から、新しい衣を著た因明が、輸入せられて、支那風と、佛敎其まゝの論理學とが、日本古來の論理を訂正して來たが、其處に矛盾を生じて來た。曆法の上でも、新・舊・一月おくれの三通りの曆を、平氣で用ゐて、矛盾したことをしてゐる。最後に這入つて來たのが、西洋の論理學―此とても、天竺の因明が、希臘に這入つて、變化したものに違ひないが―である。因明的の考へ方で言ふと、日本古代の論理は、感情の論理である。外國の論理學が這入つて來なかつたら、別の論理學が成立してゐたかも知れない。前述のことも現代の環境・論理で考へるから、不思議なのである。此は大切な問題だとおもふ。

日本の信仰には女神の信仰があるが、私の考へでは、女神は、皆もとは、巫女であつた。此處に、永久に論斷を下すことの出來ない、假說を申してみると、天照大神も、最高至尊の威嚴と、地位とにあらせられた女神である。此假說への道筋を述べよう。

記・紀を見ると、天照大神の蔭にかくれてゐる神がある。たかみむすびの神（たかぎの神とも）と言ふ神である。

何の爲に、此神が必要なのであらうか。日本の古い神道で、此事を考へなければならない理由がある。此神が何時も、天照大神の相談相手になつてゐられる。天照大神は、日の神ではなく、おほひるめむちの神であつた。此神には、おほひるめの神・わかひるめの神と二種あつて、前者は、御一方、後者は澤山あつた。すさのをの命が、斑馬の皮を齋服殿《イミハタドノ》に投げ込まれた時に、氣絶したのは、わかひるめの神であつた。（日本紀一書）ひるめと言ふのは、日の妻卽、日の神の妻・后と言ふことである。ひるめのるはのである。水の神の后を、みぬめ又はみるめと言ふのと同じである。

出雲國造神賀詞《カンヨゴト》に、

「此方能《コチカタノ》古川岸爾《フルカハギシニ》生立《オヒタテル》若水沼《ワカミヌ》間《マ》能《ノ》……」

と見えてゐる。神賀詞自身「若水沼間」を植物と解してゐ、日本紀の神功皇后の卷には、みづはとあつて、みづみづしい草葉のことになつてゐるが、よく討ねと見ると、水の神に仕へる女の神の名前であつて、同時に、禊ぎの時に、何時も出て來る神であつた。みぬめ又はみるめで水の妻卽、水の神の后である。ひるめは、疑ひもなく、日の神の后の意であらう。其が次第に、信仰が變つて來ると、日の神に仕へてゐる最尊貴な、神聖な神の后を、神と考へるやうになつた。私の考へでは、天照大神も、かうした意味の神である。此點で、社々にある姫神と、同じに考へることが出來ようと思ふ。神典を見ても、大神は、始終たかみむすびの神に御相談なさつてゐられる。此たかぎの神が、日の神かどうかは、此處では觸れないでおく。

七、語原論の改革

今の一例でも訣るやうに、記・紀・萬葉其他の詞の研究は、まう一度、根本からやり直さなければならないと思ふ。訣つてゐると思うてゐる語も、冷やかに考へ直して見ると、訣らないで通つてゐることが多い。此は、語原的の說明が、あやふやだからである。學者がかうだと說明する以前に、學者が疑ふことが出來ない程、昔から、確かに信ぜられて來た傳へがある。こゝで最初から、語原論をやり直す必要がある。今日までの語原論は、奈良朝を出發點として、其以後の言葉で調べてゐるが、日本の言葉には、もつと古い歷史が見られる。何と言うても、古代研究には、材料が乏しい。諸外國の民俗と比較し、日本の書物に殘つてゐる古語・死語の解剖、——尤此には、危險が伴ふが、今一度、新しく通らねばならない、大切な手段である——をして見なくては、日本の語原論は、奈良朝まで行けば、先は闇である。

現在正しいと信ぜられてゐる語原說も、學問の進步によつて、變つて行かなければならない。譬へば、「津」と言ふ語は、船渡り場と考へられてゐるが、古くは津と言はずに、御津《ミツ》と書かれてゐる。これはどうも、神に關係のある語らしい。用語例を集めて見ると、御津は大抵、貴い方の禊ぎをなさる場所を斥してゐる。「津」に「御」と言ふ敬語がついたと考へられ易いが、みつは神聖な水と言ふこと、つまりみつとみづは同じことである。大昔、水は神聖な、常世國から來て、此を使ふ人を若返らせるものであつた。其水の來る場所が、定つてゐた。天皇の禊ぎをなさる場所、又なさつてはならない場所といふものは定つてゐた。神聖な液體がみづであり、其或時期に來る場所をみつと言ふ。みつは大抵海岸で、御津と書かれてゐる。後に、其意味が訣らなくなると、言葉の感じが變つて來て、「御」を敬語と考へ「津《ツ》」を獨立させて了うて、支那の津《シン》の意味に、文字の上から聯想して來たのである。昔の人も、合理的に、よい加減に考へてゐた。合理とは、らあしよなりずむの譯であるが、合理と言ふことはいけないことで、無理に理くつに合せ、都合のよい理くつをつけ、無理に理くつに叶はせると言ふことで、此は合理の意味の用ゐ方が違つてゐる。尤近頃では好ましい用語例を持つて來た樣だが。ともかく、みつも其合理的な考へ方によつて、みは敬語、つは船どまり場だ、と言うてゐるが、其は支那の文字の「津《シン》」の說明にはなつても、日本のつの說明をしたことにはならない。

攝津國をつの國と言うたのは、禊ぎの國として、最大切な國であつた爲である。

仁德天皇の皇后いはのひめの命《ミコト》は、嫉妬深い方で、或時御綱柏《ミツナガシハ》を採りに、紀の國に行かれた間に、天皇がやたのわきいらつめを宮殿に入れられた、とお聽きになり、非常に恨み怒られて、船に積んでゐた御綱柏を、悉く海に投げ込まれたので、其處を御津の崎と言ふ話があるが、この御綱柏と言ふのは、禊ぎに使ふ柏と言ふことである。いはのひめは他氏出の后である。この他氏出の后といふのは、天皇に禊ぎをすゝめる方である。

八、傳襲的學說

このやうに、段々探ると、今迄の語原論・傳襲的學說は、次第に破られてゆく。國學の四大人は、其時代のあらゆる知識を利用して、研究されたのである。我々の時代には、又、我々の時代としての知識によつて、研究して行かなければならない。先輩の研究は、有難いものではあるが、我々は其を越えて、傳襲的學說を改めて行かなければならない。定論と言ふものは、さうあるものではない。正確か不正確かの問題である。

九、神典解釋上の古今

神典の解釋も古來種々行はれてゐるが、信仰といふものは、現實に推移して行く。故に神典の解釋[illegible]つては、古典として固定したものを、理會して行くのであるから、理會の爲方があるのである。其方法及び[illegible]が、時代によつて異つてゐる。古くから、江戸時代に至るまでは、日本紀の研究ばかりで、古事記は顧みられなかつた。日本紀は、平安朝の初めから、漢學者によつて研究された。日本講筵と呼ば[illegible]ゐる。其中に、理解の爲方に違つた要素が這入つて來てゐる。卽、安倍晴明によつて知られた陰陽《オンミヤウ》道を、補助學科としてゐる。陰陽道には、漢學風のものと、佛學風のものとがある。其爲に、日本紀の解釋も、僧の畑に這入つて行はれ、佛敎式の色彩が濃くなる。神佛習合と言ふことは、佛敎派が、日本紀を中心としてやつたことである。其が次第に進んで來る間にも、やはり古代の精神は亡びないで、時々その閃めきを見せてゐる。此が、江戸時代の新しい學者を刺戟して、新しい神道を築かせた所以でもある。其組織の基礎には、陰陽道・儒學・佛敎等の知識が這入つてゐる。純粹の日本の神道だと考へてゐる中にも、存外かうした輸入の知識が這入つてゐるのである。又、古代のよい點のみを採つて、神道だとしてゐるが、かゝる常識を排して、善惡に拘らず日本のことである以上、考へて見なければならない。卽、長所短所を認め總決算をした上で、優れた日本精神が出て來ればよいのである。

神道の研究は、昔に立ち戻つて、始めねばならない。信仰としては、全然別問題であるが、學問としては、寛博士の「神ながらの道」に說かれたところを以て、日本の古代精神であると考へては誤りであると思ふ。世間ではあまりに、今日に都合よいやうに、神道を變へ過ぎてゐる。

十、神道と佛法と

神道と言ふ語自身、神道から出たものではなく、孝徳天皇紀の「佛法を重んじて、神道を輕んず……」とあるところから出てゐる。尤、こゝの神道の語は、今日の神道の意味とは違つて在來の土地の神の信仰を斥してゐる。佛敎の所謂「法」は、絶對の哲理であり、「道」は異端の敎へである。日本に佛敎が這入つて後、佛敎を以て本體と考へ、日本在來の神の道を異端、又は、天部《テンブ》の道或は、佛敎の一分派のやうに感じた。

陰陽道・佛敎が榮えるやうになつて、神道は、佛敎から離れて來た。而も尚、佛敎家が佛敎を説く方便として、何處の神は、何佛の一分派であるとか、佛法を擁護する爲に、此土地にゐた精靈であるとか言うてゐる。此考へを示してゐるのが、安居院《アグヰ》神道集である。

神道の語は、實は神道にとつて、不詮索な語であつた。命名當時に遡つて見れば、迷惑を感ずるものである。神ながらの道などと言ふ方が、まだよい。併し語は同じでも、意味は、時代によつて變化するものであるから、「神道」と言ふ語の出所も意味も忘れられてゐる。故に神道と言うてゐて、何等さし支へないわけである。

十一、神道と民俗學と

今後の神道は、如何にして行けばよいか。今までは、民間の神道を輕んじて、俗神道と稱して省みなかつた。此は江戸時代の學者が驕つて、俗神道は陰陽道・佛敎等の影響を受けすぎてゐる。自分等の考へてゐるのが、古代の神道である、と自惚れた結果である。ところが彼等の考への基礎は、漢學や佛敎であつて、却つて俗神道の中に、昔から亡びずに傳つてゐる、純粹な古代精神が、閃めいてゐるのである。

其純粹な古代精神を見出すのが、民俗學である。今まで述べて來た中に、若し多少でも、先輩の説より正しいものがあつたとすれば、其は民俗學の賜である。俗神道中から、もつと古い神道を、民俗學によつて照し出したお蔭である。かうして行けば、新しい組織が出來、而も其は、從來の神道を破るものではないと思ふ。

今の神道は、餘りに急拵へに過ぎる。江戸時代に、急に組織したものを、明治政府が方便的に利用したもので、半熟である。今の中に、まう一度、訂正することなしに捨て置いたならば、古代精神を閃かしてゐる國中の古い民俗が、次第に亡びて行つて了ふに違ひない。幸ひに日本は、他の國に較べて、確かに、非常に古い精神を遺してゐる。物忘れをしないのか、頑固なのか、古い生活を、近代風に飜譯しながら、元の形を遺してゐる。陰陽道にも、佛敎・儒敎にも、妥協しながら、新しい形の中に、古いものを遺してゐる。

譬へば、盆の精靈棚は、佛敎のものではなく、神道固有のものに、佛敎を多少取り入れたものである。又七夕も、奈良朝以前に、支那の陰陽道の乞巧奠の信仰、卽、星まつりの形式が、這入つたものと思はれてゐるが、ほんとうは日本固有のものである。其が後にまで傳つたのは、陰陽道の星まつりの形式と、合體した爲である。表面だけを見て、俗神道だ、佛敎的だなど言うてゐてはならない。

神道家の中には、陰陽師・法印・山伏等で、明治に這入つて神官となつたものがある。三四十年の間に、神道の形が出來たのであつて、其處には、陰陽道・佛敎・儒敎等への變な妥協や、缺陷があるに違ひない。それを指摘し、更に今までの法印や、陰陽師等のやつてゐた事の中にも、神道の古代精神を見出さなければならない。此は神道そのもの丶爲ばかりではなく、日本人の生活に、まう一度、新しい興奮を持ち來す爲でもある。

今の世がよくないとは思はないが、糜爛し切つてゐる事は、事實である。其には、文藝復興によつて、清新な氣持ちを吹き込まなければならない、十年前に、萬葉熱の起つたのは、その先觸れと見る事が出來る。今ば、萬葉ぶりを標榜しながら、新しい精神のない時代に這入つてゐる。此處に、おぞんが必要となる。海の彼方常世國から、遠く高天原から、青い〳〵空氣を吸ひ込まなければならない。

十二、國民性の基礎

明治以後安直な學問が榮えたが、もつと本式に腰を据ゑて、根本的に、古代精神の起つて來るところを、研究して、古代の論理を尋ねて來る必要がある。其が、日本の國民性の起りである。芳賀先生の「國民性十論」以來、日本の國民性と言へば、よいところ許り竝べてゐるが、事實はよい事のみではない。もつと根本に遡つて、國民性の起つて來る周圍の法則・民族性の論理卽、古代論理の立て方を究めなければならない。此處から、國民性も起つて來るのである。何の爲に、忠君愛國の精神があり乍ら、下剋上の考へが起つて來たのであらうか。どうしても、古代論理にまで遡つて考へて見なければならないのである。かう言つた種々の問題は、まう一度、ほんとうに情熱をもつて、祖先の生活を考へ、古代論理を研究しなければならないと思ふ。

或時、私の父が畠中の道を行くと、向ふから一人の男が來た。そのすれ違ひざまに、その人は急に前にのめつて片膝をついて倒れた。つまづく所でもない、平らで藁一本しかなかつたさうである。すると其人の地についた方の膝頭の下が鎌形に切れて割つた樣であつたといふ。これは山道とか山神の前などで度々起ることださうで、かまいたちにやられたと云ふてゐる。其は傷の形が鎌に似てゐるからだらうといふ事であつた。これにあつたら、伊勢暦を燒いてつけると治るさうで、或老人の膝下にはへ字形に刺青の樣に跡がついてゐた。

民間療法　――越後北魚沼小千谷――

○

思はぬ急病にかゝつた時には、それが六三であるかどうかをしらべて、其にあたつて居ると、紙で人形を作り、其を妙見樣として、御あかり（小《お》さい蠟燭である、とぼつてゐる間に少しでも早く治るようにとてする）をあげ、線香を九本立てゝ六三にあたる所を言ふて後で御禮にあがりますから早く治して下さいと祈ると、必ず治る、之をしないで醫者にかゝれば、どうしても治らず、六三をしてからかゝれば治りが早いといふ事である。

六三にあたつてゐるかどうかをみるには次の樣にする。

九は首から上、五七は兩肩から胸、六四二は臑兩脇腹、三は腰から下、三一は脚にあたる。其で急病にかゝつた人の年齢を九で割り殘りの數を人形でしらべて、數通り身にあたつてゐるかどうかみるのである。一歳なら十の位に直し二以上九までは、それぞれに九を加へて九で割る。若し九で割切れる時は一つ少く割る。例へば三十六で四で割切れる時には三九、廿七として九を除すのである。

年齢で當つてゐない時には、舊暦で其病にかゝつた月齢を九で割り、尙當つてゐない時は病にかゝつた日を同樣九で割るのである。かうして當つてゐれば、すぐに人形をつくり妙見樣をまつる。御禮にあがるといふ妙見樣は、古志郡六日市村にある妙見神社（北斗七星を祀るといふ）である。

この六三は上州の方でもやつてゐたさうである。（青池竹次）

烏の金玉

南方熊楠

安政文久間の出板、梅亭金鵞の妙竹林話七偏人三編中は、下太郎と跂助が麥湯店のお麥とお白湯をぞつとさせようと思ひ付き、門附けに裝ふて通り掛る。其心當ては豫て賴み置た通り、店先に居合せた喜次郎等に呼込で貰ひ、二人得意の藝當を演じ、件の二女に屬魂惚られようといふのだ。所ろが喜次郎二人がまだ來ぬ内に枝豆賣りの耄碌老爺を傭いおき、二人到るを俟て突然呼かけ、約束以外の唄を注文せしめたので、下太郎跂助大に面を喰ひ迯走る次第を述た物だ。其内に下太「エ、モシ旦那、わつち等のやるのは、葉唄と云ので、一寸々々とした、小意氣な短けへ事斗り唄ふのでムへやす、爺「そんだらばハア、おやぢきんだまアをとんびがさアらひといふのがよかんべい、と言れて、辟易の體を記しある。そんな俗謠が實際有たか否を知ねど、親爺の金玉と同義の詞は、意外に古くより本邦に在て、蟷蜋の子房を指す名で有た。兼好法師の口調で言ば、聞苦しき親爺の金玉もヲホヂガフグリと云ば優しくなりぬだ。

昌泰年中僧昌住撰、新撰字鏡は和漢對譯字書の始めといふ（白井博士の增訂日本博物學年表、二〇頁）其虫部六十九に、螵蛸云々、蟯蜋之子、アシマキ、又アシカラメ、又ヲホヂフグリ。蟯蜋は蟷蜋の誤寫たる事疑ひなし。カマキリの事。但し蟷蜋の字此書に見えず。同じ醍醐天皇の時、深江輔仁が勅を奉じて撰んだ本草和名一六に、螵蛸、和名ヲ

16、ホヂガフグリ。同帝の延長年中、源順が撰んだ和名類聚抄、蟲名百十二に、蟷蜋、イボムシリ。狩谷掖齋の箋注巻八に、新撰字鏡、蛣をイヒボムシリと訓す、今俗カマキリと呼ぶ、相摸で之をイボシリといひ、或はイボクヒといひ、陸奧で之をイボサシといひ、或はイボムシといふと述べ、イボムシリなる和名は支那の食肬と合ふと說た。次に螵蛸、ヲホヂガフグリ。蟷蜋子也。圓融天皇の永觀二年丹波康頼が撰んだ康頼本草に桑螵蛸、味鹹甘平無毒、ヲヲヂガフグリ、又云イボシリ也、二月三月採レ之蒸レ之。爰には螵蛸の和名と蟷蜋の和名を混同しある。和名類聚抄父母類八に、祖父、爾雅云、父之考爲二王父一、九族圖云、祖父、和名オホヂ。掖齋の箋注一に、「按するに、ヲホヂは大父の急呼、祖父は父の父、故に大父といふ也云々、今俗にヂヾと呼ぶ」と、自分の發明らしく述べあるが、實は白石先生が既に「倭名鈔にみえし所の親戚の稱に、祖父をヲホヂと云しは、大父と云が如く、祖母をヲホバと云しは、大母といひ、又阿婆と云が如し」と說た（東雅五）。

熊楠按ずるに、本草綱目三九、蟷蜋一名蝕肬。重訂本草啓蒙三五に事物紺珠を引て、蟷蜋一名齕疣。この方が食疣よりもイボムシリの義によく合ふ。新撰字鏡に螵蛸を蟷蜋の子としたはよいが、アシマキ、又アシカラメ又ヲホヂフグリとは蟷蜋と螵蛸の和名を混じた物だ。ヲホヂフグリが螵蛸乃ち蟷蜋の子房たるは論なし。アシマキ又アシカラメは螵蛸の事でない。大和本草一四に、「足マトヒ、水中にあり、水中を泳ぐ、大さ燈心草の如く、其長き事六尺餘、或は丈餘、其首魚の如く、又蛇に似て小也、堅し、人の足を纏へば皮肉切るゝと云」又「シマキ蟲、水中に生す、長一二尺、色黑し、絲の如し、其大さ髻《もこゆひ》の如し、頭尾辨じ難し」。このシマキ蟲は溜水や、山村の筧を受る手水鉢中に往々見る。新撰字鏡のアシマキをシマキと約したのだ。紀州でヲマキ蟲と呼ぶ。秋日蟷蜋の腹脹れたのを採て頸を引拔くと腸が出て、其中から此蟲が動き出す。明治十二年博物局より出した博物雜誌に、誰かゞ蟷蜋に幾回も尻を水に浸す內、此蟲が其肛門より出で游ぎ去るを見た記事を載せ有たと記憶する。其狀は日本動物圖鑑一六五九頁にゴルデウス、アクヮチクス、ハリガネ蟲の名でよく畫きある。昔しフリギアのゴルヂオス農作して貧苦した。一旦鷲が飛降つて其犂牛の軛《よこぎ》に留まり夕迄去らず。ゴルヂオス怪しんで高名の占者に問んとテル、ミッソスに往くと、城門の傍で占を能する少女に逢ひ、之に子細を語る。然らばテルミッソスのゼウス軍神に牲を供えよとの事で、其作法を敎えらるゝまゝに少女と共に往て之を供え、洵とによい事を敎えくれた返しに、吾も和女のまだ知ぬ中々よい事を敎えやらうと、其少女を妻としミダスを生だ。ミダス人と成た時、フリギアに內亂起る。神託住民に告て、一の車がこの騷ぎを鎭むべき王者を載せ來るべしと言た。一同評議最中に、ゴルヂオス妻子と伴に車に乘てきたので、忽ち一決してゴを王と立た。ゴルチオス即位して、其車と轡の犂牛の軛とをゼウス軍神に捧げた。其時又神託あり。この軛を車の轅桿に結付た皮紐を解く者は全亞細亞を統御すべしと言た。後年歷山王ゴルヂウムに到著して此事を聞き、そのこんがらがつた結び目を視るに及ばず、寶刀一揮忽ち之を切り解て、自分が全亞に君臨すべきを證した。それから七六かしい難題を快く決斷するをゴルヂオスの結びを解くといふ。其事宛かも、秦の昭王が齊の君王后に玉連環を遺り、齊に智者多し、能くこの環を解んやと曰しめたるに、齊の群臣解く法を知ず。君王后自ら鐵椎で之を打破り、秦の使に向ひ謹んで解りと謝せしに似たり。扨シマキ蟲、時として多數結びもつれて水中にある狀、ゴルヂオスの結び紐も斯や有つらめと思はるゝより、此蟲の屬名をゴルヂウスと附たのだ。シマキとは何の義か知ず。紀州名ヲマキ蟲のヲマキは緒卷きの意で紡錘《つむ》をいふ。ハリガネ蟲てふ名と齊しく其細さを形容したゞらう。英語でヘヤー、ヲーム（毛蟲）、ヘヤー、イール（毛鰻）、ヘヤー、スネイク（毛蛇）、此物に馬の尾毛が化るてふ俗信より出た名といふ。時として多數が忽然水中に現ずるより蟲の雨が降たといふ由。紀州で是迄見たは大抵五寸程長いが、實際三尺近いのもあるらしい。貝原先生の所謂足マトヒ、長六尺餘或は丈餘といふも、シマキ蟲の大きな者らしいが、或はウハゞミや鯨と同例で、あはてた觀者の誇張談を筆したで無らうか。此屬の種の數百に餘ると云ば、そんな偉大な物があるかも知れず。兎に角其記載はゴルヂウス屬の者に外ならぬ。本文に引た新撰字鏡に螵蛸をアシマキ、又アシカラメ、又ヲホヂガフグリと訓せある、ヲホヂガフグりは螵蛸乃ち螳螂の子房。アシマキとアシカラメ（足カラミ）乃ち足マトヒで、本とシマキ蟲の事。それが螳螂の體內に寄生し、水中に出去るをみて、螳螂の幼子と思ひ、ヲホヂガフグリと混同して、螵蛸の下に是等三名を列ねたと見ゆ。虫歌合四番に、左螳螂右足まとひと對はせ「其上父子の御中なれば云々」と評せるは、足マトヒを螳螂の子と認めた證だ。曾て人の氣付なんだ事らしいから、此序でに記しおく。（一八四六年板、スミスの希羅人傳神誌辭彙、二卷二八二頁。戰國策六。一九一〇年三板、劍橋動物學、一六五頁。エブスターの大辭書、ゴルヂアン及ゴルヂウスの條）。

重訂本草啓蒙三五に云く、螳螂秋深き時は、雌なる者、樹枝上に於て巢「子房」を作る、初は唾を吐かけたるが如し、日を經て堅凝し、古紙塊の如し、長さ一寸許、淺黑色、或は黴褐を帶ぶ、是れ螵蛸也、桑には他木上の者を用ひず、只桑枝上の者を採る、故に桑螵蛸といふ、此巢を破れば、海螵蛸《いかのかう》の狀の如くにして、內に小卵多し、本草徵要に一生九十九子といふ、夏になれば皆化して、小螳螂數なく出づ、物類相感志に、芒種日(五月節)螳螂一齊に出づといふ、故に螵蛸を貯ふるには蒸過すべしと。重訂本草綱目圖卷下。和漢三才圖會五二。增補頭書訓蒙圖彙大成一五等に其圖あり。劍橋動物學、五卷二四七頁には、螵蛸より螳螂の幼兒が脫出るを畫く。重訂本草啓蒙三五に桑螵蛸邦名カマキリノス、ヲ、ヂノフグリ（京、同名あり）是は新撰字鏡のヲホヂフグリ。本草和名や和名類聚抄のヲホヂガフグリ。康頼本草のヲ、チガフグリを殆んど其儘傳えたのだ。本誌一卷四號二九〇頁に、阿波の國府町邊で、蟷螂の卵をオジイノ金ダマと稱ふとあるも、古名の意義を保存する。其から啓蒙に、ウシノフグリ（佐州）と出す。本誌一卷六號四二八頁、肥後の鹿本郡でウシノアメガタといふとあるにやゝ近い。黄牛をアメウシといふたり（和名類聚抄、牛馬毛百五）牛が涎を垂る狀飴を嘗る小兒に似たより聯想しての名か。只今拙宅にある下女名は直枝で三重縣生れ、幼にして生母に別れ、武州秩父に育ち、和歌山縣えきて爰に奉公する。曾我物語祐成の辭に、人生れて三ヶ國にて果るとは理り也と云た如し。小學校にさえ通はねば敎育のヶの字も知ず。然るに何と讀むか知ずによく多畫の漢字を認め識る。恰かも數を算へ能はざる歐洲山野の牧童が、多くの羊を一瞥して、その牛あの羊がみえぬと忽ち知るが如し。熊楠比年災難打續き、氣力衰へた故か頻りに物忘れする。由て彼女に今朝差出した郵書はどんな物だつたかと問ふと、封狀一つに此通りの字を書き有たと、大阪毎日紙の題號を指さし、葉書一つに自分の郵便貯金帳の表の四字の下の二字と異らぬを書き有たといふ。因て考へると、大阪毎日社なる友人と、小石川植物園の松崎直枝君へ差出したと判るので奇妙だ。又菌と粘菌は間違ひ易い。それを彼女はいつ見覺えたとなしによく識別し、近日發表すべき邦産粘菌總覽中のヂヾミユム、スクアムロスム、クラヸフォルメの本邦での創見者たり。曾て眼を病むから廿圓近く出し、久々醫者に通はせ、藥を貰ひ塗せると晝は殊勝らしく之を用ひ、夜間竊かに陋巷の觀音様に詣り、漁婦が手を洗ふた手水鉢の汚水をしたゝか眼に塗て歸る。何と諭しても止めず。其內全快したので藥よりも信心がきくと大得意だつた。或る富家の女子が、門邊を通る女工を惡口すると、女工が藝妓だつた者の腹から出た奴が、吾等に口をきくとは身分知ずと罵る、所を通り

烏の金玉（南方）

懸り聞返つて數時間泣きやまず。吾姉も藝妓揚りで人に嫁し子を生みあるから、彼の女工は吾姉妹をも詐つた者で聞捨てならずとは妙な論法だ。殊に希有なるは、此女十五にして月信初めて到つた時、聞き覺えの儘、針をどうかして厠神に禱り、禁厭して今二十二歲迄更に再び到らず。他の女子の樣に容飾する事更になく、爭鬪口論を好む事男子に勝る。去ば何たる科學用意もなく、氣まぐれ半分に書た古い隨筆共を涉獵して、山男の山女のと口頭で論ずるよりも、此下女抔を觀察すると、心理學上、俚俗學上勿外の掘出し智識を得る事と珍重がりおる。至たく不文の者故、間違ふた事多からんも、其と同時に牽强虛構の言なきが收益だ。十一歲より十六歲迄秩父の蓼沼に在た間に見聞した事共を話す內に此邊と異つた者が頗る多い。其一に云く、彼地では蟷螂の巢（子房乃ち螵蛸）をアメンボウと稱え、何の味ひもない物乍ら、小兒輩が旨い／＼と云て舐り慰さみとす。又彼輩蟷螂を見ると、土を敲き、「ばか／＼達磨、飴買ひに遣たれば、飴買てこずに、牛の糞買てきてカンなめる」と囃し立て怒らせる。時としてはかく唱へて他の小兒を立腹せしめ娛樂とした由。其起りは螵蛸を小兒が飴の如く舐る習はしあり、又螵蛸の形色が飴にも牛糞にも似るに因たらしい。蟷螂の眼は鷙鳥の如く銳どく物を睨み、怒れば兩手を拱起する、所ろを達磨と見立たで有う。本誌一卷六號四二九頁、肥後の鹿本郡で螵蛸をウシノアメガタと云と有たは秩父のアメンボウと殆んど同名だ。或は昔し飴に螵蛸樣の線を印する型を用ひた遺意で無らうか。五雜俎に、韓信が市人を驅て兵卒とし、大に趙軍を破つたのをほめ立てある如く、些さかでも注意して持ち前の能力を發揮せしむるが當世と、今一人の下女、この田邊町と川一つ隔てた糸田てふ小村、是は戶數僅々十七だが、明治四十年、予が當時唯一の綠色の粘菌、アルクリア、グラウカを發見して天下に名を馳た所ろの生れ、其者に螵蛸を示し其方言を尋ると、カラスノキンダマと稱え、何かの藥になると聞たとの答え、一卷三號二二〇及二九〇頁に出た、下野と佐渡の或處での稱えとソックリ合ひおる。

そこで熊楠自分の能率を發揮すべき御順と、左思右考するに、少時和歌山で聞たは—又現時拙宅の長屋にすむ那賀郡生れの若い婦人が言ふには—烏の鳴聲をまねる兒は、アクチが切れる相だ。醫家で口角糜爛てふ奴で、之に罹ると涎を流すのが多い。竈に木を焚く時、燃え居らぬ一端より涌出る汁を塗ば癒る抔いふ。螵蛸を舐れば流涎が止むといふに付て、自然アクチ經由で烏と螵蛸に想及し、ヲホヂガフグリ、オジイノキンダマ、ウシノフグリからカラスノキンダマと轉じた者だらう。本草綱目三九、桑螵蛸の條に、流涎や口角糜爛にきくと記さす。五〇下には、小兒流涎に、東に行く牛の涎沫を口中と顋上にぬり、又牛噍草（一旦嚥で又出して食ふた草）の絞り汁を少し飮ませと出づ。孰れも牛は涎を垂す者故、似た物が似た症を治すてふ考えに出た療方だ。酉陽雜爼に、螵蛸を野狐鼻涕と謂るは、形に象どれる也と、本綱三九にみえるが、鼻たらし小僧の妙藥とは書きおらぬ。

大英百科全書一一板、一七卷、六〇六頁に。蟲類中蟷螂程、口碑や迷信が多くて弘まつた者はない樣だとある。ルマニアで傳ふるは、昔し彼得尊者諸賢女を基督徒輩の家に遣はし敎ゆる所有た。途中で見知ぬ男に逢ふも顧る勿れと命じたに、若い尼有て其訓に負き、美男に言寄るゝ儘に、自から面紗を脫し、尊者の敎えを洩し告た。彼得天使より彼尼が天魔の悴の爲に破戒せるを聞知り、追ひ及ぶと、尼愕いて面を覆はんとしても成らず。神罰で綠色の小蟲と化し、今に至る迄每に兩臂を擧て面を覆はんとする。是が尼蟲乃ち蟷螂だ相な。其から不貞の若妻を悔過せしむるに、三夜續けて蟷螂を咒し、その枕の下におく法あり。一說には、天魔の娘以ての外不良で、父も持餘し、竊かに入寮せしめて尼となしたが、更に悛めず、上帝嗔つて之を蟷螂に化したといふ。歐洲諸邦で蟷螂を尼と呼ぶが此名の緣起を傳ふるは、ルマニアのみの由。其他說敎師、托鉢僧、卜者、上人等の稱あり。プロヴアンスで神拜者といふは、紀州でヲガメトウロウ、肥前でカマキリテウライ抔いふに同じく、アラビア人トルコ人は、此蟲每時メッカに向つて祈るといひ、歐洲の舊說に、童子道を問ば此蟲一臂を伸して指ざすと言た。李時珍曰く、蟷蜋兩臂斧の如く、轍に當つて避ず、故に當郎の名を得、尭人之を拒斧といひ、又不過と呼ぶ、代人之を天馬といふ、其首驤馬の如きに因ると。齊莊公が乘た車を、一疋の蟷蜋が通過せしめじと打てかゝつたのを公がこれ天下の勇蟲たりと褒たと云ふ。其意で不過と名けたのだ。之に反し熊野の或地では、小兒が蟷蜋を見付け次第、ヲガミ拜まにや山道通さぬと囃し苦しましむ。代人之を天馬と謂ふの裏行きで、中古の邦文には馬を蟷蜋と唱へある。蟷蜋の形色外物に紛れ易きが生活上の大便宜となるは、近世科學者の齊しく說く所だが、八百年餘前の支那人はや此事に氣付き、蟷蜋執る所の翳以て形を蔽ふべし、蓋し其執る所の葉、既に蟬を得れば則ち之を棄つ、而して俗に、人之を得て以て形を隱すべしと謂ふ也と書たは、チト法螺乍らゑらい／＼。蟷蜋が一枚の葉を執て自身を隱し、今一つの手で蟬を捉へ、扨葉を捨て了り、バア、と言て蟬を賞味すると信じたのだ。其蟬も亦葉で身を隱すと信ぜられたわ。晉書に、顧愷之尤も小術を信じ、之を求むれば必ず得と惟ふた。桓靈寶嘗て一柳葉もて、此は蟬が形を隱すに用ひた葉だ。取て以て自ら蔽へば人見るを得ずと言た。愷之喜んで自ら蔽ふと、靈寶驛鈴の樣な太い奴を出して尿を仕掛た。愷之扨は咫尺の間に在乍ら、俺が見えないのだと、大に悅んで其葉を珍重したと出づ。西洋にも隱形術有て、蝙蝠や烏骨鷄の心臟や、死人の眼鼻耳口に入れ土に埋めた黑豆抔を用ふ。ボカッチオの小說に、畫工カランドリノ、智人マソに紿むかれ、佩れば形を隱すエリトロピアてふ黑石を搜し步く。伴て行た二友ブルノとブッフアマルコ忽ち、今迄有たカランドリノが見えないと騷ぐをみて、扨は我れ已に其石を得たりと悅び、多く拾ふた石を佩て歸るを怪しみ、妻が其譯を尋ねると、女は不淨ゆゑ、吾が術を破り吾を見顯はしたと怒り、打擲したとあるは、顧愷之と一對の痴漢とするに足る。プリニウス說に、件の石とヘリオトロピウムてふ草を合せ、咒を誦すれば、之を佩る人の形が見えなくなると。此草今日何物やら確かに知れぬらしい。（一九一五年板、ガスターのルマニア鳥獸譚、一三二—一三四頁。大英百科全書、一一板、一七卷、六〇六頁、劍橋動物學、五卷二四九頁。本草綱目三九。韓詩外傳八。南方隨筆三九五頁。尺素往來、祇園御靈會の條。淵鑑類函四四六。一八四五年ブルッセル四板、コラン、ド、プランシーの妖怪辭彙二六一頁。十日譚、八日三語。プリニウス博物志、三七卷、六十章。一八八四年板、フォーカードの植物傳說、三六七頁）。

藤原明衡の雲州消息上末に、下官先朝御時、久在二近仗之職一、相撲人等事、多以所二見給一也、彼此如二巨無霸一之者、左右有二其數一、角レ力之間、其念甚深、勝負之處、其興不レ少、近代白丁等、不レ異二蟷螂之體一、還有二嗚呼之氣一、何足レ爲二見物一乎。瘦せ細つた男を蟷螂に比べたので、今も紀州で蟷螂何某抔いふ。其から玉蟲草紙に蟷螂をイボムシノヘボ入道と唱へある。イボムシリなる蟷螂の古名からイボムシ又イボシリが出たので、ヘボは今も下劣の意に用ゆる語だ。是も蟷螂が臂をあげて拜む狀を、佛前の入道の所爲に較べたのだ。幼時見た繪本清正公一代記とかに、淸正少年の時はやつたとやら、イボシリ舞とて、法師が眼を瞋らせ肩ぬぎ、蟷螂をまねる圖を出し有た。サー、トマス、ブラウンはペングイン鳥と蟷螂を、動物中其姿勢尤も人の直立するに近い者とした。蟷螂の姿勢人に似た上に、啞者が女を口說く樣に、指さしたり拜んだりするから、古希臘で之をマンチス（占者）と名け、ヅスン人は、女が之に向つて問ふと、偕老すべき男を指示すと信じ、ホッテントット人は蟷螂が留つた人を聖人又福人と尊とび、肥牛を殺して恩を謝す。蟷螂住舍に入ば、神が降つた如く慶賀群集し、大幸福大繁昌の徵し、一切罪障滅盡さると心得、羊を一二頭牲して之に捧ぐ。ブッシュメン人の話蟷螂に係る事多く、月本と蟷螂の履たり、蟷蜋嘗て象の喉に飛入て之を殺した。又死んだ獸に化て身を小兒共の割くに任せ、割れた諸部分が復た合て、今度は人と化け、彼等を追懸け脅した抔いふのみか、蟷螂を創世主とし、彼れ嘗て蛇を杖で打て人となしたといふに至る。所詮蟷螂大もての地は南アフリカに極まる。ヌビアでも此蟲敬重さるゝ由。（一六四六年初出、ブラウンの俗說辯惑、四卷一章。一九二三年板、エヴァンズの英領北婆羅及巫來半島宗敎民俗習慣之研究、一六頁。大英百科全書、上に引た卷頁。一七四六年板、アストレイの水陸記行新全集、三卷三六六頁。大英百科全書、一一板一九卷、一三五頁。一九一一年板、ブリーク及ロイドのブシュメン民譚集例、二一一—一六頁）。

之に反し、印度や支那では蟷螂を神靈視したと聞ず。本邦の神誌にもみえねば、之を使ひ物とする神もない樣だ。但し支那人が古く蟷螂に注意したは、其聖賢の書に書入れ、時候を判じたり事變を察したりに供用したので知れる。例せば、周公が作つたてふ爾雅旣に、不過は蟷螂也、其子は蟷蛸と出し、禮記月令と呂覽の五月紀に、小暑至りて蟷螂生ずと記し、周書時訓五二に芒種の日蟷螂生ず、生ぜずんば、是を陰息と謂ふと載せ、漢の焦氏易林四、震の第五十一には晉、牙蘖生レ齒、蟷螂啓レ戶、幽人利貞、鼓翼起舞とある。晉の孫炎の爾雅正義に云く、蟷螂深秋子を乳し、夏初に至つて乃ち生ると。蟷螂種別多く、卅餘年前凡そ六百種知れ居た。隨つて同じ支那でも、觀察した土地と蟷螂種の異なるにより、その生るゝに芒種と小暑と一月程差へた兩說が出來たとみえる。歐洲の蟷螂も秋卵を下し翌夏に至り孵り生るゝ事、日本支那と大同だが、印度の或る種は卵を下して約廿日後はや孵り出る由。扨斯樣に古くより支那人が蟷螂を識り居たのに之を藥用し初めたはそう古くない。李時珍說に、蟷螂古方に用る者をみず、惟だ普濟方に、その粉末を鼻に吹込で驚風を治する方あり、又醫林集要に、巴豆と一所に研て、矢創につけ鏃を拔く法を載せあると。兩書共に明朝の物だから餘り古からぬ。たゞ生た蟷螂に食せて疣を除くのみは大分古く、晉の時江東人は此蟲を齕肬と呼び、後漢の鄭玄の禮記注には、燕趙の際之を食肬と謂ふと載す。當時既に支那に行はれた俗醫方だ。この田邊町の神《み》子《この》濱では之を煎じ若くは燒て服すれば、脚氣を治すといふ。多紀元悳は、人身に鍼を立て拔ねば、蟷蜋の頭を研り、糊におしまぜ、それを錢の大さに切た紙に擴げて傷處に付よと云た。又昔し此蟲を鷹の病を療するに用ひた。是等は本邦の俗醫方らしい。（劍橋博物學、五卷二五八及二四六頁。本草綱目三九。本草從新一七。增訂漢魏叢書所收、方言一一。淵鑑類函四四六。南方隨筆三九五頁。廣惠濟急方下。續群書類從五四五所收、養鷹秘抄）。

支那で蟷蜋を藥用した例少なく、且つ（生た者に疣を吃ひ去しめた外は）晚出せるに反し、桑螵蛸、乃ち雌蟷蜋が桑の木に生み附た子房は、最も早く爾雅に錄され、海螵蛸と倶に、漢代に成たらしい神農本草經に載せられた。海螵蛸は海に產するイカの甲で、形狀藥效併びに蟷蜋の子房に似たに由ての名だ。神農本草經に桑螵蛸、主治二傷中疝瘕陰痿一、益レ精生レ子、女子血閉腰痛、通二五淋一利二小便小道一。名醫別錄に、療二男子虛損、五臟氣微、夢寐失精遺溺一、久服益レ氣養レ神。藥性本草には炮熟空心食レ之、止二小便利一。予紀州西牟婁郡二川村兵生で聞たは、蜂蜜を暖ためて服すれば大便を柔らげ、溫ためずに用ゆれば之を固くすと。螵蛸も用ひ樣で、小便を利し若くは留めるので有う。本草衍義に、特に桑の木に著た螵蛸を用るは、桑の性よく水を引て腎に達せしむるからと說き、桑螵蛸は、男女虛損、腎衰陰痿、夢中失精、遺溺白濁、疝瘕不レ可レ闕也、隣家一男子、小便日數十次、如二稠米泔一、心神恍惚、瘦瘁食減、得二之女勞一、令レ服二桑螵蛸散一、藥才終二一劑一而癒、其藥安二神魂一、定二心志一、治二健忘一、補二心氣一、止二小便數一と矢鱈にほめ立て、其調製法を述ある。要するに古支那人は、男女彼の一儀を行なひ過て、でかした百般の病症を治するに最上の藥は桑螵蛸と信じたのだ。

此信念の起因を尋ぬるに、唐の段成式の酉陽雜爼一七に、螵蛸を俗に野狐鼻涕（狐のハナシル）と呼ぶとみえ、日本百科大辭典二卷には、螵蛸にヲホヂガフグリ、烏ノヨド、又ヨドズリ等の名ありと書し、本誌一卷六號四二九頁に村田氏武州元八王子邊で之を烏の雫といふと報ぜられた。最近宮武省三君の來示に、豐前小倉市上富野でヂイノヘンズリ（爺の手淫）といふ由。上にも引た通り、重訂本草綱目啓蒙三五に云く、蟷螂秋深き時は、雌なる者樹上に於て巢を作る。初めは唾を吐懸たるが如し、日を經て堅凝し古紙塊の如し、長さ一寸許、淺黑色或は微褐を帶ぶ、是れ螵蛸也と。劍橋動物學五卷二四六頁に云く、蟷螂卵を下す樣奇態で、雌が尻を小枝や石に押付け泡沫體の物を出す、其内に卵あり、この泡沫如き物が乾いて子房となる、其物十分濃く成る內、尻と前翅の端で螵蛸に仕上げらる、卵は無茶苦茶に居並ぶでなく、整然たる房室中に安排さる、どうしてそう手輕くこんなこみ入た物ができるかは不可解だと。初め螵蛸未だ成らぬ內、所謂唾又泡沫如きを狐の鼻涕や何物かの淫液に比したから種々の名あり。烏ノヨドは涎の事らしいが、ヨドズリはヘンズリに近いからヨドも淫液の事かも知れない。佛家が八位の胎臟を說く其一羯羅藍、言二凝滑一、謂初受胎七日、父母二氣凝聚、（熊楠謂く、邦俗精液をキと呼ぶは爰にみえた氣だ）狀如二凝酥一、故名二羯羅藍一。父と母の二つの氣が、母の體內で凝聚する事をヨドムといふ。「お賤が閨の〇〇、度重なりて枕の數、讀み盡されぬ文の數々、いやましの思ひ草、葉末の露の一と雫、落てこぼれて水の月、淀み〳〵て影も早、丸で四月はある物も［月事］なき身の果はいかならんと、心苦しさおとましさ」抔とあるから推すと烏ノヨドは彌よ淫液の事と思はる。狐や烏は好んで蟲を食ふ物ゆえ、蟷螂が卵を生む所を食ひ、其跡に未成の螵蛸が殘るを狐の鼻涕、烏の淫液抔誤信したのだ。其から右の文中の「葉末の露の一と雫」。糸風の句に「葛水はたか〳〵指の雫かも」。西鶴が國上臈の記述に、「世に又望みはなき榮花なりしに、女は淺ましく其事を忘れ難くされ共武士は掟正しく、奥なる女中は男みるさへ稀なれば云々、菱川が書し小氣味のよき云々、手の高々指を引離け」云々。是等をみても烏の雫とは淫液の事と判る。去ば嫖蛸を古來ヲホチガフグリ、オジイノキンダマと沿革して稱へたに隨つて、その未成の者をヂイノヘンズリと唱ふる地方もあるのだ。倭名類聚抄に精液俗云淫。掖齋の說に、童子敎云、赤肉者母淫、白骨者父淫、卽謂二精液一爲レ淫也、今昔物語亦同。トロブリアンド島人如き劣等種さえ、固有のモヽナてふ稱呼あるに、本邦蚤く其固有稱呼無つた筈なし。それが後世に傳はらず。以前は淫、昨今は氣でのみ通稱さるゝは、追ひ〳〵支那を崇むるに及び、當時の上流開進した輩が力めて之を邦語で呼ず、支那名で稱へしに由る。固有の自國語を失ふたは不本意乍ら、斯る物を專ら凡衆の解せざる異國詞で話したは、耻を隱し言を愼しむ、よい心懸けと云ふべし。其と等しく、支那人いと早くより、未成の嫖蛸が酷く人間の精液吐淫に似るを看取し、似た物が似た物の病を治すとの見解から、專ら桑嫖蛸を、男女一儀をやり過して生じた諸病の最上藥と貴とんだが、未成の嫖蛸が淫液に似るてふ一事は、愼しんで文獻に遺さなんだと愚考す。（大明三藏法數三二。熊谷女編笠四の一。元祿十六年板、青簾。一代女一の三。箋注和名類聚抄二。一九二九年板、マリノウスキーの西北メラネシア蠻人之性生活、二八五頁）。

終りに臨み一言するは、本誌一卷四號二七八頁に、楢木君は、蟷螂を貧乏の神とする地方も割合に多い樣であると說れた。予が本篇に述た如く、昔しも今も邦俗瘦せ男を蟷螂に比ぶる。貧人多く瘦る所から之を貧乏神とするか。紀州には更にそんな事を聞ず。至つて初耳ゆえ、楢木君が知た丈の、蟷螂を貧神とする地方の名を敎えられたい。

27 又本篇を過半認めた處え、宮武省三君より手書著し、多く未聞を聞き得た。參照の爲め左に寫出す。

28

烏の金玉（南方）

扨御照會の蟷蜋の子房の事、當地方（福岡縣小倉市、上富野）にてはヂイ（爺）ノヘンヅリ（手淫）といひ、企救郡内にても、吉田にてはヂヂノキンダマ、曾根にてはヂートバー（爺と婆）と申し、孰れも之を舐れば、涎くる癖治まると申傳へ候。ヂヾノキンダマと云ふは、其恰好の似たるより申す者に候が、筑後住吉地方にては、烏のキンダマと申し、矢張涎くる者又は吃りの者之を食ば癒るといひ、山口縣舟木（神功皇后征韓の時、此地の楠を船材とす。因て舟木の名あり。其餘材を以て、皇后櫛を造らせ玉ふ。故に舟木櫛迚今に所の名物として世間に知らる）にても同樣の申し傳へありて、此子房をネブリコと呼び候。然し物は見樣一つにて、東都に近き沼津地方にては、木兎にみへる迚、此子房をミヽヅクと云由に候。

大體日本にては御說の如く、昆蟲に關する譚至つて乏しく候へども、俚諺抔には相當引合に出されおり、例へば瘠た者を「蟷蜋の樣ぢや」と云如く、又前記舟木にては、ゲッソリきは立て瘠るを「蟷蜋のセンショふるう」と云ふが如きは、中々奇拔な喩えと存じ候。此センショの義確かならず候も、子房乃ち此郷にてネブリコといふ者の別名かと推測致居候。喩への意味は、蟷蜋が子房を肚に持て、人間で言ば、大皷腹して居たが、之をふるひ落して、一時に肚が小さく成たるを、人間の急にやせたる形容に旨く宛はめたる者に候。蟷蜋が肚は誰の眼にも附易き者故南畫の手ほどき、蘭のかき方にも、葉に膨らみを持す所を蟷蜋肚と稱へ、此肚の心持にて筆を運ぶ事と相成居候。

御尋ね申上度は、蟷蜋の尻より黑き虫を出す事あり、是は寄生虫に候や、又貴地にて何と呼候や、筑前今宿地方にてはスバコといひ、前掲舟木にてはスンバクといひ、是に小便し掛る時は、蚯蚓に仕掛たと同樣、局部はれるといひ、今一つ、此郷にては、茶色の蟷蜋をすり潰し、脚につけば脚病癒ゆと申し候、「熊楠上に載たる、紀州神子濱の俚醫方參照すべし」鹿兒島にては、カマキリを一名オンガマッショと呼び、子供之をみる時は、其前方に竹の棒抔突付て、オガマナコロス〳〵と申候〔熊楠幼時和歌山市でも同様にした〕下畧。〔熊楠謂く、スンバクは寸白也。今昔物語、本草綱目等にみえ、人體内に寄生する虫の名だ〕

最後に又述るは、日本百科大辭典、一卷七一七頁に、イボムシリ、イボクヒ、イボジリムシをイボタラフノムシ（水蠟樹蟲白蠟蟲）の一名とし、二卷蟷螂の條、更にイボムシリ等の三名が蟷螂の稱へなるを言ず。重訂本草啓蒙三五に、イボタ蠟よく疣を治すといふ。其効蟷螂に同じき故、本と蟷螂の稱呼だつた此等諸名を押取た者と思ふ。（昭和四年十二月廿九日午下稿成）。

（再追記）本稿發送後、貞徳の油粕に「いかにへのこの悲しかるらん」てふ宗鑑の句に「蟷螂の家ある柴を折燒て」と附けたるを見出した。其頃螵蛸（蟷螂の子房）を蟷螂の家と心得たのか。若くは家あるは住むの義で、ヲホヂガフグリ乃ち陰嚢が燒るゝ熱さが逼つて、いかにぢき隣りの陰莖が悲しかるらんといふ意か。大分の敎えを冀ふ。（一月三日早朝）

又一九〇四年板バッヂの埃及諸神譜二の三七八頁に、死人經の七六及び百四章に、アービト又ベバイトてふ蟲が死者を「王の家」に案內し、又延て地下界にある諸大神に謁見せしむとある、この蟲は多分蟷螂で有らうと述ぶ。一八九八年板、バッヂ英譯死人經一三二と一六五頁なる件の二章にはアービトをアーバイトに作り、ベバイトと倶に斷然蟷螂と譯しある。死人經は何時作られたと確かに知れぬ相だが、果して蟷螂が件の二名に當るなら、死人經は蓋し、蟷螂を載せた現存諸文獻中、最古の者で有う。（一月四日午後三時）

百合若大臣の子孫

本誌第一卷第三號所載折口先生の壹岐民間傳承採訪記中の、百合若大臣の記事を拜讀して思ひ出した事がある。靜岡縣磐田郡龍山村安藏《アンノ》と云ふ土地に百合若大臣の子孫と云ふ一族がある。自分が直接調査した事でない故正確な報告は出來ないが、同族出の青山茂保氏の語る所を左に摘記する。

その同族は今約三十軒程あつて皆一ヶ所に住んでゐる。姓は昔は眞盛《サネモリ》と云つたものだが後に實森《サネモリ》と文字を換へ、更に之を實森《ジツモリ》と呼ぶやうになつた。この族の先祖は百合若大臣の子孫で、この地へは九州から移住したと傳へられてゐる。そしてこの時百合若大臣の木像を背負つて來てそれを氏神と祀つた。今の山住神社がそれである。山住神社には八幡大菩薩をまつり件の百合若の木像も安置してある。像は立像で、百合の花を持つてゐる佛像樣の像であると云ふ。社は無論無格社である。

實森家の總本家は代々この神社の禰宜をしてゐたので、彌宜左衞門と云ふ通稱があつた。神社の祭典は九月十三日に行はれて、煙火、芝居の餘興があり、ことに弓は盛であつたが、近年何れも衰微した。

この神社の奉納物には、鐵の弓矢及び鷹を描いた繪馬が行はれる。

結婚は同族間で行はれる。

この一門は、百合若大臣がむくりと大海戰の後無人島で餘り長く眠つたが爲めに置去りにされたと云ふので、今でも如何に熟睡しても必ず片方の眼は開いてゐると云はれてゐる。(飯尾哲爾)

西藏の鳥卜

――第九世紀の西藏文獻に見ゆる印度傳來の鳥卜に就いて――

石田幹之助

○

民俗學會の第一回大會(昭和三年十月)の節、新村博士の「鳥占に就いて」(一)といふ講演を拜聽した後で、同人の間に昭和五年の一月號に博士の手稿を載せて頂くと共に鳥卜に關する資料や研究を少しとり集めて出して見ようといふ話が出た。その話はどういふ風に、又どの程度までに實現されるのか私はよく承知しなかつたが、兎に角何かこの問題に關して一文を寄せよといふ命令を誰かから聞いたやうに覺える。それで仕方なしにかやうな題の下に一つ短い資料を紹介してとりあへずその責を塞ぐことゝしたい。全くの紹介であつて何等私の研究はない。たゞ興味ある資料であると共に未だ餘り廣く知られてゐないやうに思はれるし、更に亦この資料を載せたラウファー博士の「西藏鳥卜考」といふ重要な論文、――これは獨り鳥卜のことに就いて重要なばかりでなく、寧ろそれと共に論じてある中世西藏語の Phonetik や、それを研究する材料として持ち出された「蕃唐會盟碑」中の西藏語の研究などで一層重要なものかと考へるが――この論文そのものが多くの人に讀まれてゐないらしいので、之を契機としてこの西藏學への有力なラ氏の貢獻がもう少し一般の注意を惹いてくれゝばいゝがといふ願から、この小篇を草して見たまでに過ぎない。これは豫め讀者に十分の諒恕を請うておき度いところである。

○

ラ氏(Berthold Laufer)の論文は "Bird Divination among the Tibetans" と題し、「通報」(T'oung Pao)の一九一四年分(第二輯第十五卷)の卷頭に收められ、pp. 1—110 に亘つてゐる雄篇である。その內容を今一々紹介することは姑く措くが、その第二段に西藏々經のうち丹珠爾(Tanjur)(二)中に存する鳥卜に關する一書が譯出註解されてゐる。これは本來印度のものでサンスクリツトの原文から第九世紀の初頭に西藏語に譯されたものであるが、當時西藏に存した類似の鳥卜書、――例へばこのラ氏論文の第一段に批評されてゐる、佛のバコー(J. Bacot)氏譯註「ペリオ蒐集」中の鳥卜書の如き[三]――の思想の源流を知るに貴重なる一のドキュメントである。その梵文の原典はラウフアー氏の云ふ所に据れば第六、七世紀より古いものではないらしいが、またそれを甚しく降るものとも思はれない。要するに烏の鳴き聲、その鳴く時刻、鳴く方位等に依つて種々なる吉凶を豫卜する考のあつたことを物語るもので、獨り西藏中古の世俗を徵する人にばかりでなく、廣く一般の土俗を稽へる人々にも何等かの意味に於いて參考になるものと思はれる。

この鳥卜書は實はラ氏よりも前に、既にロシヤの東洋學者シーフナー（Anton Schiefner）が一八六三年に、その學士院の學報に譯註を發表してゐるが[四]、ラ氏に從へば誤讀・誤解もかなりあるらしい。依つて今專らラ氏の譯文に基いて之を重譯し、ラ氏の註釋を附記して博雅の叱正を請ふことゝする。

○

先づ本文の譯を揭出する。

〔題名〕 梵、*Kakajariti*（「烏の鳴き聲に就いて」）。藏、*Bya-rog-gi skad brtag-par bya-ba*（「烏の鳴き聲の檢討」）。

このこと次の如し。烏は四種姓（Castes）に分る[五]。即ち

波羅門《ブラーフマナ》・刹帝利《クシヤトリヤ》・吠舍《ヴアイシヤ》・首陀羅《シユードラ》これなり。心ばえ慧敏なる烏は波羅門種に屬し、眼赤きものは刹帝利種に屬し、羽ばたきするものは吠舍種に屬し、魚の如き形せるものは首陀羅種に屬す。不淨なる餌を喰ひて生くるもの、及び切に肉を欲りするもの亦然り。

以下記す所は烏によりて發せらるゝ如何なる鳴き聲にも適用するを得。俗人は今その眞否を確めんと欲することがらを、「烏の飛ぶのと同時に」口誦するを要す。

I

第一刻に〔晝間を約三時間づゝの五刻に分ちたるその第一刻、以下之に準ず〕、東の方で烏が鳴けば、人々の望み叶ふ。

東南の方で鳴く時は敵が近づく[六]。

南の方で鳴く時は友來る。

西南の方で鳴く時は思ひがけない利得が生ずる。

西の方で鳴く時は大風起る。

西北の方で鳴く時はまれびと來る[七]。

北の方で鳴く時はあちこちと散在せる財產見付かる。

東北の方で鳴く時は女來る。

梵天の宮居〔天頂のこと〕に方つて鳴く時は魔來る。

第一刻の一とめぐり終り。

II

第二刻に、東の方で烏が鳴けば、近い血緣の者至る。
〔東南の方で鳴く時は――この項原文闕〕
南の方で鳴く時は花と檳榔の實とを得ん。
西南の方で鳴く時は、子孫多かるべし。
西の方で鳴く時は遠き旅路に上らねばならぬ。
西北の方で鳴く時は、王が他の王の爲に位を奪はるゝ前兆である。
北の方で鳴く時は吉報手に入るべし。
東北の方で鳴く時は亂起る。
天頂に方つて鳴く時は望みごと叶ふ。
第二刻の一とめぐり終り。

III

第三刻に、東の方で烏が鳴けば財產を得。

東南の方で烏が鳴けば、戰ひ起る。

南の方で鳴く時はあらしが來る。

西南の方で鳴く時は敵至る。

西の方で鳴く時は女來る。

西北の方で鳴く時は血緣の者來る。

北の方で鳴く時は善き友來る。

東北の方で鳴く時は火事起る。

天頂に方つて鳴く時は王の思召を以て利得する所あらん。


第三刻の一とめぐり終り。

IV

第四刻に、東の方で烏が鳴けば、大いなる心配ごとのしるしとす。

東南の方で烏が鳴けば、大いなる利得の兆《しるし》である。

南の方で鳴く時はまれびと來る。

西南の方で鳴く時は七日のあらし起るべし。

西の方で鳴く時は雨と風と至るべし（八）。

西北の方で鳴く時はあちこちと散在せる財產を見出すべし。

北の方で鳴く時は王現はれ給ふ。

東北の方で鳴く時は顯貴の位に昇るべし。

天頂に方つて鳴く時は飢うるしるしとす。

三刻半の一とめぐり終り。〔この一刻は獨立の一刻とならぬと見え、前からの例によれば第四刻の云々と記すべき所を（さうして現に旣にこの節の冒頭に「第四刻」と書いてあるにも拘はらず）、斯く記してある。依つて第五刻に相當すべき次の一刻を終末に「第四刻」の云々と表出してあること後に記す通りである〕。

V

日沒の刻限に、東の方で烏が鳴けば、敵が路上に現はれる。

東南の方で烏が鳴けば、寶物汝の有に歸す。

南の方で鳴く時は、病氣で死ぬといふ知らせ。(九)
西南の方で鳴く時は、こゝろ（heart）の望み叶ふべし。
西の方で鳴く時は、血緣のもの來るべし。
西北の方で鳴く時は、財産を獲る兆とす。
北の方で鳴く時は、王に服從するものあるべし。
〔東北の方で鳴く時は――この項原文闕〕
天頂に方つて鳴く時は、望みごとに對し有利となる。

第四刻の一とめぐり終り。

叙上の如き烏の鳴き聲の説明終り。

次に、人、旅路にある際に於ける烏の鳴き聲の意義を論ずべし。堤（dam）又は河岸に沿うてか、木の上でか、谷あひに於いてか、乃至は十字路に於いてか、かゝる處で右側に方つて烏が鳴いたら、この旅、幸《さち》ありと知るべし。路上をさまよふ時、烏が背の方で鳴いたらば siddhi〔悉底、三昧に入つて得る呪力〕を得べし。旅中、烏が羽ばたきをし乍ら鳴いたなら、(一〇)重大なる事故が降りかゝる。旅中、烏が人の髪の毛を嘴で引張り乍ら鳴く時は、たちどころに死ぬ兆と知るべし。旅中、もし烏が不淨なるもの喰ひつゝ鳴く時は、食物・飲料遠からず致すべき兆なり。

旅中に於いて、荊棘の上に烏が下りて鳴く時は、敵に驚く

時ありと知るべし。旅中に於いて、乳汁を出す樹の上に烏が下りて鳴く時は、その時 milk-rice を得る定めあり。烏が枯木の上に下りて鳴く時は、その時食物・飲料缺乏の前兆とす。烏が宮殿の上に下りて鳴く時は、上等なる休み處を見出すべし。烏が法庭の上に下りて鳴く時は敵來る。烏、戸ぐちに向つて鳴く時は、國境警を侮ふ。烏、その嘴にて衣類を引張りつゝ鳴く時は、衣類を見出すべし。烏、死屍の頭蓋の上に下りて鳴く時は、死の前兆と知るべし。烏が赤き絲を摑み、屋蓋の上に下りて鳴く時は、この家火に燒くべし。朝、多くの烏が群《む》れ集へば、大暴風雨起る。(一一)

旅にある時、烏がその嘴に木片を咬へて鳴く時は、何か幸運がめぐつてくる。旅にある時、日の出の頃、烏が鳴く時は財産を得る。旅にある時、烏が〔――こゝに原文に闕漏あるが如く、烏がどういふ風にしてか明瞭でないが〕鳴く時は望みごとが叶ふ。

旅の前兆の終り。

烏の巣の作りやうに就ての兆《きざし》は次の如し。烏がその巣を木の東側の枝に作つた時は、幸《さち》多き年及び雨の徴《しるし》と知るべし。木南側の枝にその巣を作つた時は穀物の稔り惡しかるべし。木の中央の枝にその巣を作つた時は、大いなる怖れが起る。そ

の巣を低く作る時は、敵方の軍隊の〔攻めてくる〕懼れがある。その巣を壁上に、若くは地上に、又若しくは河畔に作る時は、王の〔御惱み〕平癒あるべし。

なほ、記し置くべき說明あり。次の如し。烏が ka-ka と鳴く時は財產を得べし。烏が da-da と鳴く時は災禍が起る。烏が ta-ta と鳴く時は、衣類を見出すべし。烏が gha-gha と鳴く時は、幸福な有様に至るを得る。烏が gha-ga と鳴く時は、ものごと失敗に歸す。

憂ひを惹き起すべき兆ある時は、烏に供へ物を撒き與へねばならぬ。烏は蛙の肉を喜ぶが故に、(三)蛙の肉を供へる時は如何なる事故も起ることとなし。

Om mi-ri mi-ri vajra tudaṭe gilaṁ grihṇa gi svāhā!〔眞言〕。

叙上の如き烏のふるまひの說明終り。

大班彌達（Mahāpandita）怛那尸羅（Dānaçīla）dBus 州〔「衞」部のこと〕Yar-kluṅs の T'ail-po-c'e 僧院に於いて之を譯す。

○

附註。

（一）本誌本年四月號に登載の豫定

（二）丹珠爾、經藏、一二三函、二二一葉以下（ナルタン版）。

（三）Manuscrit de Touen-houang（Mission Pelliot), No. 3530. これはバコー氏により *La table des présages signifiés par l'éclair* と題し、*Journal Asiatique*, 1912, pp. 1—78. に西藏原文と共に佛譯文が發表されてゐる。ラ氏は之をここに紹介する論文の第一段に於いて激賞してゐるが、なほその意見を異にする部分をその段の末並に第三段に於いて詳論してゐる。

（四）Schiefner, *Ueber ein indisches Krähenorakel*（Mélanges asiatiques=Aziatsk. Sbornik, IV, St. Pet, 1863, pp. 1—14.）

（五）動物をもカーストに分つことは龍（Nāga）の場合にもある。Schiefner, *Ueber das Bonpo-Sūtra*（Mémoire Acad. Sc. de St. Pét, XXVIII, No. 1, 1880), pp. 3, 26 等及びなほ二三の論文にこのことが見える。（L）

（六）烏が戰を豫言するといふことは、烏が好戰的な鳥であること緣がある。アッシュリアの碑銘などに既にこの思想上の連絡が見える。（セナチェリブ Sennacherib の碑には敵の寄せてくることを鳥の大群が襲ひかかつてくるのに比してゐる）。（Delitzsch, *Assyrische Tiernamen*, 1874, s. 102; Houghton, *The Birds of the Assyian Monuments*. Transact. Soc. Bibl. Archaeol, VIII, 1889, p. 80.）チュートン民族の間には烏の特に豫知する出來事は格別戰ひに緣あることと信ぜられてゐる。（Hasting's *ERE*, IV, p. 827）（L）

（七）わが國のまれびとと同樣 stranger と guest との兩義を含む。

（八）烏に降雨を豫知する力ありと信ぜられたことは、この鳥をして特に卜鳥として重からしめたものである。歐西古代人のこのことに關する考へは O. Keller, *Die antike Tierwelt*, Bd. II, Leipzig, 1913, s. 98 を參照のこと。（L）。

西藏の鳥卜（石田）

（九） 烏が死を豫告するといふことは歐洲の古代並に中世にも行はれた考へで（O. Keller, *op. cit.*, II, s. 97.）Tiberius, Cicero, Gracchus, Sejan 等か近く死ぬといふことは烏が之を告げたと傳へられてゐる。（L）

（一〇） ラ氏の譯文に a crow flapping its wings sounds its voice, ...とあり、直譯すれば「羽ばたきをする烏が鳴けば......」といふことになるが、ラ氏はその意味に於いて之に註して「序言に所謂刹帝利種に屬するものと記してゐるが、これは序言に「吠舍種に屬す」と云つてあるのを誤記したものかと考へる。

（一一） O. Keller (*Op. cit.*, II, 109) はそれは事實に基くものであると云つてゐる。(L)。

（一二） 烏が蛙を好むといふことは西藏の俗信である。W. F. O'Connor, *Folk Tales from Tibet*, London, 19.. p. 48 に見える「蛙と烏」の話を參照のこと。（L）

上記の附註のうち(L)を記したのはラ氏の加へたものを抄譯したものであるが、なほラ氏は種々の資料から關係のある俗信を多く擧げてゐる。いづれも興味あり又有益のものであるが今は省くことゝした。又ラ氏はシーフナー氏の舊譯を批評しつゝ飜譯上の新見解を豐富に示してゐるが、これも今はすべて割愛することゝした。（こゝに譯出した如き鳥卜書關係以外の註は勿論今紹介しない）。

なほ附記したいことは、ラ氏の指摘されたやうに、この印度の烏卜――(烏の鳴き聲やその方位、時刻による)――がいつの世にか支那にも入つてゐることで、ドレー師が「世事通考」なる書から引用した text は明かに之を物語るものである。(H. Doré, *Recherches sur les superstitions en Chine*, Ière Partie, Vol. II, 1912, pp. 257–8. これは少くとも、この稿に譯出した text と對照研究を要するものと思ふ。

ゴゴ

女の呼び方について、九月號には南方氏の「ゴッサン」の考證があり、十一月號には石田憲吉氏の廣島地方の「オゴウサン」の報告があつた。而して廣島では下層階級特に農家の妻女に對する呼方とのことである。今余の知り得てゐる九州地方では、柳河のオンゴ、或はゴンシャン、鹿兒島のオゴッヨ、長崎、島原、天草地方のゴゴサン、而してこれらは皆良家の娘の呼び方でお孃さんの意である。又天草では、下島東北部地方では、女の階級をつけて、上をお花さんの如く呼び、中をお松ゴゴの如く呼び、下をお竹ジョの如く呼ぶ。卽ちこの場合のゴゴは廣島の場合に相當するわけである。（濱田隆一）

狐と雨（追加）

南方熊楠

一卷六號三七七頁に、日當り雨と狐の嫁入りに關する維新前の文獻としては、壇浦兜軍記の一條しか知らぬと書いた。其後見當つたのが二項ある。先づ怪談老の杖三に、上州の烟草商高田某其仲間と某村へゆき、日暮て歸ると「逈か向ふに三百張許り提燈の來る體也、三人乍ら怪しき事哉、海道にても無れば、大名衆の通り云ふべき樣もなし、樣有んと思ひて、高き處へ上りてみてゐければ、通りより少し下に田の有ける中を、彼提燈通りけるが、徒の者、駕脇、中間、押へ、六尺、何一つでも欠たる事なし、提燈には紋所なく、明りも常の提燈とは變りて、只明るくみゆる許り也、田の中をま一文字に通りて、向ふの林の中へ入りぬ、扨こそ狐の嫁入と云物なるべしと云あへり、此村の近處には、狐の嫁入と云事、度々みたる人ありと云り」と出て、どうも眉唾な噺し、其村名さえ原本脫字とある。此書は平秩東作編とか、序文に寶曆丙戌春とある樣、新燕石十種三にみえるが、寶曆中に丙戌の歲なし。旁た黑助稻荷にでも抓まれた感なきに非ずさ。次に江戸塵拾は、文政六年種彥の跋をよむと、其より六十餘年前（寶曆十三年前）既に成り在たのを種彥が其頃校補したらしい。然るに種彥は天明三年生れ故、そんな事のできる筈がない。こいつも怪しい。閑話休題、此書卷五に「寶曆三年秋八月の末、八丁堀、本多家の屋敷にて狐の嫁入有り、近き屋敷々々にては誰言となく、今夜本多家の家中へ婚禮のある由風說あり、日暮よりも諸道具を持運ぶ事夥し、上下の人幾人と云事なく、行違ひ行違ひ賑ひしが、其夜九つ前と思ふ頃、提燈數十許りに、鋲打の女乘物、前後に數十人守護して、いかにも靜かに本多家の門に入る、隣家よりみる所ろ、其體五六千石の婚禮の體なりし、本多家中より斯る婚禮取結ぶは、誰人にやと怪しみしが、後々聞ば、狐の嫁入にて是あるとや、此事本多家の屋敷にては、更に知人無りしもふしぎの事共なりし」とは彌よ怪しい。それからかの「狐の嫁入お荷物を、かつぐは剛力稻荷さん」とある、紀伊の國の唄は、維新の頃高野山で姣童だつた人が、僧徒の宴席で之を舞た由自ら予に語つたが、いつ頃どこから流行りだした物か、識者の教えを俟つ。それから三州奇談後編五には、狐の嫁入は雨の催ほす夜を時とすと出づ。支那には、太平廣記四四八に、唐の兗洲の李參軍、逆旅で逢た

狐 と 雨 （南方）

老人の勸めにより、門地高き蕭公なる者の娘を妻らんと請ひに往く、蕭便はち數十句語を叙るに、深く士風あり、書を作りて縣官に與え、卜人を請て日を尅せしむ、卜人須臾にして至り、云く此宵こそ吉けれと、蕭又書を作り縣官に與へ、頭花叙絹、兼手力等を借るに、尋で皆至る、其夕亦縣官あり、來りて儐相たり、歡樂の事世と殊ならず、靑廬に入るに至り、婦人又姝美、李生愈よ悅ぶ、明るに及び蕭公乃ち言く、李郎上に赴く期あり、久しく住まる可らずと、便はち女子をして隨ひ去しむ、寳鈿ある犢車五乘、奴婢人馬三十疋、其他服玩勝て數ふ可らず、見る者是れ王妃公主の流と謂ひ、健羨せざるなしとある。是は狐女が人に嫁したので、狐同士の婚娶と差ふが、人にさえ嫁する程なら、狐が狐に嫁入りは尋常事で、唐代の狐の嫁入の概況は之に準じて知るべし。同書四四九には狐が人の娘を貰ひ受けにきた記事あり。及レ至車騎輝赫、儐從風流、三十餘人、至二韋氏一送二雜綵五十匹紅羅五十匹一、他物稱レ是と見ゆ。ずつと後世の物乍ら聊齋志異一には、明の殷士儋が若くて貧しかつた時、諸生と賭して獨り化物屋敷に宿り、狐の婚席に列なり、金の盃を袖にして歸り、證據として諸生に示した話を載す。其事較や英國のダツファス卿が、精魅にさらわれて行く佛皇の窖中に飲み、銀盃を手にして醉臥した話、同國デイリの小農が精魅の夜宴に往會せて異樣の盃を盜み歸つた話杯に似る（一八九〇年五板、オープレイの雜記、一四九頁。一八八四年板、ケートレイの精魅誌、二八三頁）是等に由て攷ふると、本邦狐の嫁入の譚は、丸で支那傳來でなくとも、彼國より影響された點が多からう。

爰許迄書た處え宮武省三君より來書あり。本題に就て予が未聞を聞さるゝ事頗ぶる多く、自分一人で仕舞ひおくは惜しいから、左に寫し出し附錄とする。本狀は昭和四年十二月八日附けである。

〔前文畧〕 扨狐の嫁入の事、讃州でも九州でも、日の照りつつ雨のふる場合と、今一つは、夜分無數の所謂狐火をみる場合とに申し居り候。後者の方も他國にもいふ事にて、大正十四年一月廿八日、大阪朝日新聞記事にも、「狐の嫁入」といふ見出しにて「大和國耳成山の狐の嫁入は、古來有名だが、正體を見露はしやらう迚、結婚日と定つて居る舊曆大晦日、卽ち去る〔一月〕廿三日の夜耳成山に至り、他の見物人等と倶に待てゐると翌曉午前一時廿分、突然三四十の怪火が、香久山麓に現はれ、明滅し乍ら東へ向つた、是には驚いたと、八木署北村巡査の話」とみえ候。肥前佐賀にては、此狐火の事を野狐《やこ》の御前のお迎へといひ、火の如くみゆるは、狐の涎也と申し候。學生時代或教師より耳にせしは、狐が墓場にて、古骨に尿し掛ると燐を發す。是を口に銜へて走るを、人見て俗に狐の嫁入と云ふ也と語られしも、果して然るや否や判じ兼ね候。

（中畧）昔の書に、狐が大晦日に嫁入したる記事あるをみし事あるも、今見出しかぬ候。序でに申上候。當地方（豐前國小倉市、上富野）にて、「狐秋鳴ば村騒動」と申し、狐秋鳴く事宜しからずと申居り候。面白き詞は熊本健車《たけしや》地方にて、謂れ不明なるも、祭日後の慰勞宴を狐咄しと申し候。今は祭後に限らず、慰勞宴は總て狐咄しといふ。

熊楠注す。狐が古骨に尿して燐光を發すと云しは、支那の舊說に野狐夜尾を擊ば火出づ、怪を爲んとするに、必ず髑髏を戴いて北斗を拜す、髑髏墜ずんば則ち化て人となるとあるから思ひ付た「創作」だらう。印度では虎に啖れた人の魂が其虎に付て其頭に乘る。其重量で人を啖ふ虎の頭はいつも俯し下りおり、頭に乘た人魂が、朦朧乍ら其虎の形がみえる程光るといふ。支那でも虎の一日夜分光を放つと信じ、米國の黑人は米獅（ピューマ）も鬼火を出すと說く。印度で野干（英名ジヤツカル）を墓神カリ后の侍者とするは、此獸好んで人屍を食ふからで、虎に隨行して其殘食を喫ふに出て、虎を本名で呼ず、野干と呼ぶ事多し。確かに書た物を只今擧げ得ぬが、是も燐光を發すと言ると記臆する。狐と狼の中間性如き者で狡黠拔群だ。隨つて經文既に狐狼野干と列ね、明らかに其別物たるを示しあるに、古來邦人野干を狐と心得た者多し。素より系統も性質も近い者ゆえ日本の狐と印度の野干が、期せずして同樣の俚傳を生じた事も少なからぬと同時に、自他移授融通したのも多かるべく、之を一々判別は六かしい。例せば狐を日本で稻荷神てふ穀精とすれば、印度で野干を穀精とし、何時でもだが、朝之をみるを殊に吉祥として、壁に其假面を揭ぐとあるは、初午に狐の假面を買て歸るに甚だ近く、印度で穀類の收獲時に升で之を量る際、野干鳴くを聽くを吉兆とすると、宮武君の狀に出た「秋狐鳴ば村騒動」ちふのは、正反對の樣だが、印度で凶兆とするは野干が快く鳴くので、小倉邊で村騒動の凶兆と云のは、凶作の稻秋に悲しく鳴くのを指たので有う。だから兩乍ら、收獲に關係厚きに於ては徑庭なし。又印度や錫蘭で、野干時として頭の毛の內に、長さ半吋程な小角を藏し、人獲て之を持ば百事意の如しといふは、本邦で狐の頭や口や尾端に寶珠ありとし、支那で、狐の口中の媚珠を得ば、天下に愛せらると言たに通ふ。斯く相似た事が一にして止まらぬに由て、印度で日當り雨を野干の嫁入と呼ぶは、邦俗之を狐の嫁入と呼ぶと、全く無交涉に各自特生したとは思はれない。（酉陽雜俎一五。一八九六年板、クルックの北印度之俗敎俚俗二卷二一一―二一二頁。一八九四年十二月のフォークロール、二九六頁。大正三年五月、七月の「太陽」に出た拙文「虎に關する信念と民俗」。淵鑑類函、四二九。一八九三年板、オエンの老兎呪師篇、一八章。一九一三年三板、キルキンスの印度鬼神誌、三二〇頁圖。一八七〇年板、バートンのギクラム及吸血鬼、三一二頁。一九二四年板、エントホヴエンの孟買民俗記、二一七頁。一八八五年三板、バルフォールの印度事彙、二巻三〇四頁。太平廣記、四五一。クルック、上引、一巻二九二頁）。

宮武君の狀に出た狐咄しの意義は分らぬ。華實年浪草一上に、日次紀事から、正月二日京の愛宕寺に行はれた天狗の酒盛の條を引き、雜談抄云、天狗酒盛は、東西に坐を設けて、互ひに脊の高き人を出して勝負を爭ふ事と云々、事繁ければ畧レ之と引た。高慢連が鼻の高さを誇り比べたといふ義で、天狗酒盛と云た物か。それと同格で、本と祭後に祭禮中の事を語るに、多くは啌で、相誑らかすを惟れ勖めたので、狐咄しと稱へた位いの落ちでも有うか。紀州では曾て聞ぬ詞だ。（昭和四年十二月十四日、朝四時）

（熊楠謂く、是に似た事は、禮記月令曰、腐草爲レ螢云々、又蠎の字を螢とよむ、此を釋するに、馬の血爲レ螢と云り、去ば馬の血の螢になると云は出有事也、又狐火を蠎火（クツネヒ）と云事あり、此蠎の字に馬の血の心あり、此を以て世俗に、狐火とは、馬の骨を燃すなんと申すにやと、壒添埃囊鈔八に出づ。」

七種の菜粥（二巻一號四一頁）

南方熊楠

吾輩八九歲の頃文部省發行の小學讀本に「スヾナ、スヾシロ、芹、ナヅナ、五形、ハコベラ、佛ノ座」と七種を列擧し有て、兒童みな暗記し居たが、五形や佛の座、スヾナ、スヾシロと七種の內、四種といふ過半數を何物とも知らなかつた。今日は彌よ左樣と想ふ。扨明日早朝に囃す用意に今日田邊町の菜店で賣り、又農家の子女が賣り步く七種を手に取てみると、芹、ナヅナ（但し本當の物、ペンノヘ草でなくて、イヌガラシの事）艾、ハコベ、水菜、タンポ、ヨメナで有つた。前回に祇園執行日記から引た文と合せ攷ふるに、古來七種の菜は一定せず、手近く食ひ得る者を採用したらしい。（一月六日）

以上書き了つて壒添埃囊鈔一に『七種と云は異說あるか、一准ならず、或歌には「芹、なづな、五行、たごらく、佛の座、あしな、耳なし、是や七くさ」「芹、五行、なづな、はこべら、佛の座、すゞな、耳なし、是や七くさ」又或日記には、なづな、はこべら、五行、すゝしろ、佛の座、たびらこ是等也と云々』と有て正月七日七草を献ずと云事、更になし、十五日にこそ此儀ある由を論じある。是をみて益す七種の菜の名は一定せなんだと知る。

（一月七日）

寄合咄

僧徒の文身

幕末には、背中に右揭の樣に黒いところへ白くお題目な御名號の現はれた子供の見世物があつた。〔伊藤靜雨氏江戸と東京風俗野史〕其挿繪を見ると相當お賽錢の上げ手があつたのである。僧形の男が勿體らしく御利益の來歷をくつつけて說明したものだと云ふが、其種にごくつみの無いもので豫め名號などの文字を墨で背中に書き散々日に燒けさせたあとで墨を落したのに過ぎない。

地獄極樂をまのあたり見て娑婆へ歸つて來たと世間へ披露し人に信を興させ財寶を貪らうとして失敗した讃岐國の寶僧の話が、惻硯〔貞享四〕卷之四第五「見て歸る地獄極樂」の條に書かれてゐる。其證據としたのは其僧の背中へ閻魔大王が書いた王の字と判とであつて。「是見玉へと背中を脱げば、七の椎《ズ》に、王といふ文字の下に大きなる判据りたるを皆拜みて」と其一節に記されてゐる。併し糺問の結果これが誰のほりものだつたことが分つた。卽ち「又然らば其王の判は如何なる事だといへば、三年以前背中にほらせ入墨させたり。」と白狀したと記されてゐる。是に反してほりものを種にした詐術で成功したものが溯つた時代には隨分あつたのであらう。讃岐の僧の話に比較されるのは播磨書寫山の性空上人が胸に阿彌陀佛の像を彫つてゐた話である。「寬弘四年三月十三日、誦法華而寂、年八十、然身無幾虱、胸間彫彌陀像、能知佗心、所止之處、緇白成市、施利如雲、見形聞聲之輩、皆作遭佛想」「元享釋書十一、性空傳」又「凡性空胸ノ間ニ阿彌陀像ヲ彫而能他心ヲ知」〔神皇正統錄〕と云はれてゐる。彫ると云ふからにはこれに入墨したもので文身だつたに違ひない。櫻井秀博士の談によると同樣の事實は中世の僧徒に往々あつて往生傳の類に散見するとのことである。文身が人爲のものであると知られ乍らなほ聖者の一資格などの樣に世人から考へられてゐたもとは注意に値ひすることゝ思ふ。唐・中宗景龍中、肌に浮圖塔廟諸佛像が盛り上がつて現はれた婦人の尊崇せられた次の如き例がある。

景龍中瀛州進一婦人身上隱起浮圖塔廟諸佛形像按察使進之授五品共女留内道逆韋死後不知去處〔唐張鷟朝所載〕

當時不可思議な事象として考へられたのであるが是等も恐らく人爲のものであつたと思はれる。上古から一足飛びに近世に直接する我國の文身史に、其中繼ぎとなる中世僧徒の文身に注意を要すべきものであらう。

いれぼくろの語によると文身はもと自然のほくろを模したものではなかつたか。いたづらほりには點を入墨した三星の類があり、朝鮮には六つの點から構成された梅鉢なりのものもある。それらに類した七星の黒子が中世には靈異あるものとされてゐた。保元の亂に惡左府賴長を射とめた古兵の腕には其七星の黒子があつたと云ふことが「筑後の前司シゲサダト云シ武士ハ土佐源太シゲザネガ子也、入道シテ八十ニナリシニアイテ侍シカバ、我ガ射テ候シ矢ノマサシクアタリ申テ候シトテ、カイナヲカキ出シテ七星のハ、クロノカク候テ、弓矢ノ冥加一度モフカク候ハズトゾ申シ」〔愚管抄曰〕と記されてゐる。此七星も「內田に劍菱七つ梅」の七つ梅の樣な形なのでなかつたかと思ふ。

關東潔競傳、關東血氣物語）は「おしき血氣のいたづら者也」など、記した風であるが文身のことは見えぬようである。併し血氣の若者にはかなり盛んに行はれた樣で、黄門光國（寬永五―元祿十三）も「俗人身にいれふくろすること、すましき事也、若き時血氣の作す處にして、老迄身に留めて、人の嘲を得る、苦々しき事に非ずや……此等の類皆可禁止」〔西山公隨筆〕と云はれてゐる。血氣物語に酒輿の上で額にほりものなして後悔した武士の話があるとの話を耳にしたが同書には見えぬようであつた。先年何處であつたか、とある村落を通つた折、額の眞中に拳大の一團の花薬らしいものを細かくほりものした男に出くはしたことがあつたが、それは如何にもつまらなそうな表情の土方などらしい印半天の中年男であつた。是も先年のこと、汽車が南千住へ着いた時であつた車中の聲々に氣が注いて人々と共に車窓から見下ろしたら、それは一人の大師參りらしい白い行衣姿の男で、其横額もえりくびも眞黒にほりものをしてゐた。內地人で臺灣の生番に捕虜になつて酒に醉された擧句全身隈なくほりものをされた男が新橋の博品館とかに居たと云ふ話を其時直ぐ思出したのであつた。其人が同じ車に居るのを知らなかつたのは惜かつた。

〔昭和四、十二、十四、宮本〕

齋瓮につきて

前號の『寄合咄』に、播磨と丹波との國境を構へるとき、甕を掘り埋めたといふ『播磨風土記』の記述を擧げて、これは單に境のしるしにしたのではなからう。何か宗教的の意味があるのではなからうかと云つて置いたが、それについて想ひ出されるのは、古代日本人が、伊波比《イハヒ》の祭儀の中心として、伊波比倍《イハヒベ》を掘り据ゑた習俗である。仙覺抄に『イハヒヘチイハヒホリスエトハ御酒チ醸瓶也』とある。ところで萬葉集には『いはひべ』と訓んでゐる例が九つあるが、齋瓮の字を用ひた例は一つもない。且つその前後の文句から推して、『いはひべ』を齋瓮と解しては落ちつきが惡いところもあると云はれてゐるが、しかし『いはひべ』がいかなる祭儀的形式內容を持つてゐるとしても、少くとも或る場合には、瓮が實際に用ひられたことは、日本書紀の神武天皇及び崇神天皇の條の記事から推して、疑ひがたいことであると思はれる。

ところで伊波比は意味の複雜な語辭であり、伊波比の祭儀の中心として伊波比倍を据ゑる心持も、なかなか複雜であつた。靈魂を鎭める願ひ、靈魂を招き返す祈り、旅の平安を欲する望みなどさまざまの心持が含まれてゐるが、邪氣の襲ひ來るのを拂ひ、惡靈の災を除かんとする心持から、伊波比倍が掘り据ゑられることも、屢々であつたらしい。

萬葉集に、

　菅の根のねもころごろに、わが思へる妹によりては、言の禁もなくありこそと、いはひべをいはひほり据ゑ、竹珠をまなくぬき垂れ、天地の神をぞわが祈る。いたもすべなみ。

とあり、また

　大船の思ひたのみて、木始巳、いやとほながくわが思へる君によりては、言の故もなくありこそと、木綿手次肩にとりかけ、いはひべをいはひほり据ゑ、天地の神をぞわが祈る、いたもすべなみ。

と歌つた人の心は、明かに妖言の災を攘ひ除かうとしてゐる。

そこで問題は、齋瓮を二つの國境若くは二つの社會集團の住域の境に掘りすゑて、異國若くは異なる社會集團に低迷する邪氣邪靈を退散させようとする努力が、古代日本人によつてなされたか否かといふことになるが、この問題に對して、自分たちは、どうやら然りと答へることが出來るらしい。『古事記』孝靈天皇の條に、

　大倭根子日子國玖琉《オホヤマトネコヒコクニクル》命者。治天下也。大吉備津日子命與若建吉備津日子命。二柱相副而。於針間《ハリマ》氷河之前。居忌瓮而。針間爲道口以。言向和吉備也。

とある。針間《ハリマ》から吉備に攻め込むとき、その入口で忌瓮を据ゑて祭事をなしたのである。また『日本書紀』崇神天皇の條にも、

　復遣三大彥與二和珥臣《ワニノオミ》遠祖彥國葺《ヒコクニブク》一。勾二山背一擊二埴安彥《ハニヤスヒコ》一。爰二以忌瓮《イハヒヘ》一鎭二坐於和珥武鐰《タケスキ》坂上一。則率二精兵一。進登二那羅山一而軍之。

とあり、『古事記』には、この出來事を記して、山城國なる建波邇安《タケハニヤス》王を討伐すべく、大和朝廷から派遣せられた大毘古《オホヒコ》命が、丸邇臣《ワニノオミ》の祖日子國夫玖《ヒコクニブク》命と共に、丸邇坂《ワニザカ》に忌瓮を据ゑて進んだとある。而して丸邇坂は、大和國添上郡和爾村にある坂で、大和から山城へ越ゆる道である故、これもまた異郷へ入るに際して、その入口で豫め齋瓮を据ゑ祭事を行つたことを意味してゐる。それならかうした祭事の目的は何であつたらうか。宣長翁は、これを、『材《キ》を伐《キリ》に入むとする時に山口祭を行ふが如し』と云つて、山口祭に比擬し、而して、その目的を推じて、

『凡て國言向《クニコトムケ》に出立《イデタツ》道口《ミチノクチ》にして必爲る行事にて、ゆくさき平安《マサキク》て、言向竟《コトムケヲヘ》むことを鎭《イハ》ひ祈るなるべし』（古事記傳二十一）

となしてゐる。當つてゐないとは云はぬが、少し物足りなく感ぜられる。何故に異境に入る口、異國堺で、かうした祭事を行はればならなかつたか。それは忌瓮を据ゑ、神を祭り祈ることによつて、一面にはわが身の護りを固くし、他面には外國神若くは外國精靈の災を禳ひたいと願つたからであらう。異國境でさうした祭儀を行ふことは、（たとひ瓮は持ち出されなくても）多くの民族によくあることである。

かう考へて來ると、國境を定めるときに、甕を掘り埋めたといふ『播磨風土記』の記述の意味がどうやら訣るやうな氣がする。地堺を越えて、異郷の邪靈が自國に入つて來ないやうに、また一面には地堺のしるしとして、石を立てたり、柱をたてたりすることは、ありがちのことである。石や柱の代りに甕を持ち出す場合も少くない。南印度のタミル族の間に於ても、さうであり、阿弗利加のコンゴーの土人の間に於ても、さうである。丹波、播磨の國境をきめるとき甕を掘り埋めたといふことも、或ひはこれ等の心持と相通ふ心持でなされたのではあるまいか。切に達識の士の教示を乞ひたい。（松村）

再び屋敷名のこと

いつもいつも村の細かい小さな事實ばかり問題にするやうで、斯うした場所では殊に氣遣ひであるが、前號（十二月號）に言うた屋敷名の續きをもう少し言はせて頂く。

天龍川奥地の村々（殊に三河北設樂郡を中心）に行はれて居た屋敷名に就いて、「にうや」「いち屋敷」「あみだ屋敷」等のことは前に言うたが、その他で、自分には殊に氣になるのは「しもや」又は「しも」と言ふ屋敷名である。この「しもや」又は「しも」と云ふ名には、假に地理的の意義から來たとしても、その一段奥に、別により深くより適切な意義の影響、卽ち印象を遺して居たものでなかつたかである。

理窟を言ふより前に、村々の言傳へを聞いて見ると、次のやうな事を言ふ。

「しもや」のある村にはねぎ（禰宜）屋はない之はかうち（河内）といふ地名は水が北に向つて流れる、ゑび（海老等）は川が三ッ集る處とする風な謦へ話を同一とすれば敢て問題とはならぬが、一方村々の實際の例を見てゆくと、言傳へを無下に退けて了ふだけの根據はない。そこで第一に先づこの稱呼を持つ屋敷を、北設樂郡内の一部、自分の手帳にあるものから抽出して見る。

豐根村大字坂宇場		しもや
同	下黑川	しも
同	三澤字山内	しもや
振草村大字古戸		しも
同	大字平山	しもや
本鄕町大字三ッ瀨		しもや

以上の他にも、未だ尋ねたら澤山あると思ふが、試みに之等の屋敷のその地理的狀況に就いて見ると、村として何れも上に對する下に當る位置である。さうして最後の本鄕町三ッ瀨の例を除いては、悉く禰宜屋又は嘗て禰宜屋敷だつたものである。之を簡單に附合としてしまへば

問題とはならぬが、然しその前に「しも」即ち「かみ」に對する意を表はすのに、どうしてこの語を用ひたかを考へて見る事も必要と思ふ。事實は偶合とするには餘りに不思議である。「しも」は更に霜の語にも根が續いて居るのでないが、さうして又市(いち)に對した意も浮んで來る。この事は嘗て折口さんにも御願ひした事があつたが、この「しも」の語原が判れば、尙いろ〳〵の事實が自分としては明かになるやうに思ふのである。全然宛もない夢を掴むやうな話であるが、斯うした例も尙各所の事實を蒐めて見る必要があると思ふ。

「しもや」のことに續いて、未だ譯の判らぬ名がある。それを三四擧げて見ると

あれ
いたや
まんば
もりや

等がある。「あれ」といふ屋敷は、自分の手帳に控へてあるのは今の處二軒しかない。一は御殿村中設樂、一は同じく平山であるが、之が何れも舊家である。「あれ」といふ言葉は、此地方では、山野の荒蕪地即ち荒地を言ふか、又は山などの、水無川、又は材木や薪草などを出す急坂に一種の溝をなした荒地を言ふが、勿論さうした地形に在る屋敷ではない。

次は「いたや」で、之は現今板屋等の文字を充てゝ屋號として居るが、材木の板を商ふ家でも又現在では板葺から言うたものでもない。之も舊家が多く、何れかと言ふと、嘗ては禰宜などを勤めた由緒ある家である。之などは元板葺屋根の印象から來たとも考へられるが、次の「まんば」といふ名などは、明かに地名から言うたものゝやうである。之は單純に「ゆんば」と稱する屋敷が元弓場であつた事から、馬場等の意が考へられぬでもないが、意味は他にあつたと考へられる。さうして村々の言傳へでは次のやうな事もいふ。「しろやま」の下には必ず「まんば」又は「ゆんば」といふ屋敷があると。「しろやま」は何れも山であつた處から、現今では城山等の文字を充てゝ、多く墓地らしい跡があつたり、石の五輪等が遺つて居る處から、昔某の城跡とか、城を築きかけた跡などと言はれて居るが、不思議な事には、中に「しらやま」と言うて居る場合もある。「しらやま」は白山の文字も考へられる。それで現在各所に「しろやま」即ち城山として、單に城跡屋敷跡と決めて居るものゝ中には、斯の「しらやま」と言うたものもあつたのでなかつたかと思ふ。若しさうすると之弘とは別な意味からは入つて見ればならぬ譯である。

もう一ツは「もりや」である。之も森屋又は守屋等の字か充てゝあるが、之が命名の動機も決して宜い加減なものではないと思ふ。(早川孝太郎)

資料・報告

鬼界島の折目

岩倉市郎

本誌十二月號に掲載された、伊波先生の「鬼界雜記」の中に節折目のことが詳しく出てゐますが、最近島から送つて來た、或る部落の多少變つた形式の儀や、其前後の折目やを思ひ出されることなどを附記してみます。

舊暦七月最終の壬《みづのえ》の日に、ミヤクチーといふ折目があります。これは八月以降の連續してゐる諸折目を迎へる折目だともいはれてゐます。此日朝食に必ず粥を食ふことになつてゐるので、阿傳では近時カイグンミといふやうになつてゐるが、あまり取立てられないので、忘れて行はないことが多いやうです。古くはかなり賑やかな折目で、小野津では若い者が道行く人に容赦なく泥を塗つて廻る奇習などもあつたといふことです。

節折目は小野津でシチといつて、男の子は五歳迄女は七歳迄其年の數に合せて薄の枝を持たせ、裏の山麓に湧いてゐるウッカーとハイマタ――ハイマタは爲朝が雁股の矢を射込んだ處から水が湧いたといふ言ひ傳へがある――の二つの泉のうち最寄の泉へ連れていき、御飯を撮んで二三度水の中に投げ入れ、その水で子供の顔を洗つて、薄は再び持ち歸つて翌年のシチ迄保存します。

阿傳では此日の曉方東の空にタカタローといつて、七つ笄《ギーハー》、木履下駄《ブックリギタ》、長袖飜へした美しい小女の姿の雲が現はれるといふので、子供たちは暗いうちから待ち佗びます。日の上る頃家々では前日坂《ヒラ》の上の高臺から取つて來た彼岸花を床に生け、七歳迄の子供のある家ではシチャミを行ひます。こゝのも「鬼界雜記」中の儀に比して大分簡略され―多くの人はかつてあんな形式の儀があつたといふことすら忘れて、今ではたゞ井戸から初水を汲み上げ、釣瓶の中に御飯を撮んで入れ、その水を薄で子供の頭に灌ぐだけです。

節折目から五日後に行ふシバサシーは、阿傳では祖靈を祭ることなく、滿潮の時機を計つて家屋の四隅に薄の葉を挿し、ハサー・ムッチー――柏餅の義か――を造ります。夜になると子供等は假裝して歌舞しながら餅を貰つて廻ります。上嘉鐵ではその前の夜、運命の豫告を偸みようといふので、坂《ヒラ》に登つて夜通し銘々の家の上を見守る風習があります。闇夜のことであり、がぢまる(榕樹)が黒く村を包んでゐるので、各自の家の見當を付けるため宵の口に家々では提燈を竿に掛けて振り廻します。

それから人々は運命の神に氣付かれないやうにと息を潜めて、家の上を凝視します。夜が深くなる頃、何處かで馬の聲高に嘶くのを合圖に、村の上を青白い火玉が飛び上ると、その上つた家には翌年のシバサシー迄に運命の異變が決定されるといふのです。

鬼界島の折目（岩倉）

シバサシーから三日經てナンカビーの折目があります。此日はシバサシーに挿した薄を集めて二つか三つに揃へ、先を女の髮のやうな形に束ね、その頂に粥を注ぎ、門前に灰を敷いていつ迄も立てゝ置きます。

阿傳のホース・マツリは小野津邊のシバサシーに相當する祖靈を祭る大きな行事の一つです（鬼界雜記參照）。何處の家でも丹念に料理を拵へて一族の墓に供へ、日の傾く頃から一つの墓地を中心に、酒食を運んで露天で會食します。

それから三日目の子の日にドゥンガー――大島でドンガといふ――の折目があります。今では廢れてゐますが、古くは鼠を見ると運が切れるといつて、百姓は一日野良へ出なかつたといひます。

ホース・マツリから九日目――九月以後の庚午《かのえうま》の日――を冬《フユ》折目《ウンミ》といひます。ホース・マツリで祖靈を祭るに對し、此の日は生きてゐる人自身の生命安全を祈る折目のやうに思はれます。此の日は竈の後に祠つてあるショーンニャラシ――火食の

神か――に供物として蜜柑の葉、野葡萄《カネイバー》シブッサー（ちからしば）の三つを供へます。そしてハサー・ムッチーを造りますが、此餅は命餅といつて他人に食はれることを恐れ、決して近所や親族へ配りません。

其外八月から九月にかけて村々一定はしてゐないが、八月アスビがあります。折目のうちで最も大きな行事で、その頃になると人々は歌や踊りに心を浮かせます。これを二日遊びといひ二日に亘つて、相撲やイッソー――所謂八月踊――があり、一村擧つて露天の會食があります。

神樣のお米

――靜岡縣濱名郡曳馬村――

飯尾哲爾

私の家では年中行事の神祭用として、特に保存する米があつた。每年稻の取入れにこれだけは別に調べて別口に俵に入れるのである。米の種類も他の日用の米とは異なつてゐて、福德と稱するものを作つた。近年は大てい二俵見當でつくりそれで一ケ年の用を足してゐた。何か特別の神まつりのある時は、必ずこの米を使用して、飯なり餅なりをつくるのである。以下その米が使はれる行事の主なものを擧げる。但しこの行事はこの十

五六年この方多少略されてゐる。記述は約二十年前を標準としたことを豫め御承知置下さい。

日待　大てい十月二十八日頃、豫め田に立つてゐる稲を十把位刈取つて、土ぼし（地上にひろげて干す）にしてこばしでこき臼でつく。この米で餅もつき飯も炊き、餅取粉もつくる。（これには朝日と稱する種類の米を使用した時代もあつた。）飯は前夜から炊いて神へあげる、當日の朝日の出を拜み、前庭に涼臺を直してその上に莫蓙を敷き、机を出してその上にその年の月の數だけ餅をならべる。なほ汁粉をつくつて親類は互に招き合ふ。別に餅を親類と旦那寺へ配る。昔は親類のみならず出入の古着屋ボテフリ等にまで配つたので、その家數も二十軒を越え、餅を二俵から舂いて荷車で配つて歩いたと聞いた。

八日餅　十二月八日（及び二月八日）所謂八日餅をついて神へ獻上する。小さな四角な鉢に餅を二個づゝ入れて上げる。別に大きな折敷の中へその年の月數だけ入れて上げる。

この八日餅をつく時、仲餅を一臼別に取置いて次の大掃除用に供する。

大掃除（煤朔）　十二月十三日。（現今は清潔法施行日割の爲ﾒ取は一定せぬが、私の家だけはなるべくこの十三日に行つてゐる。）座敷だけは主人が一人で掃き他の者の手をつけさせぬ。掃除が一通り濟むと、床に敷物を敷かぬうちに雜煮をつくり柳の小枝を箸にしてたべる。（この箸は正月まで保存して、年の夜から新年の雜煮、つゞいて節分まで使ふ。節分にはこの箸を二つに折つて柊の葉、鰯の頭等をさして門口に挿す）夜は新米の飯に數の子、鮭、鬼齒（野菜、こんにやく等を鬼の齒の如く楔形に切つて煮たもの）等の馳走をする。煤を拂つた竹は全部釜の所へ持つて行き立ならべて、これに同様の馳走を上げ、なほ地の神様へも上げる。

三十日團子　十一月三十日。團子と萩の餅をつくり、田刈稲こきに手傳つた人へ配る。團子は米の粉でつくるが、粒《ツボ》團子と云つて、こぼれた米を拾上げたものを交ぜ、片手で握つて作る、即ち握りあとのついた團子である。神様へはこれを鉢に二つづつ入れて上げ、他家へ配るものは萩の餅重箱詰一箱に團子を二三個添へて持つて行く。

荒神休み　十一月又は十二月、日取不定。

先づ新藁を一束用意する。これを神前へ持つて行くので念入にはかまをとる。（この藁は使用後保存して置いて、來年の苗取りに苗じ（苗をしばる藁）に使用する、さうすると稲に虫がつかぬと云ふ。）やがて法印様が巡つて來て、この藁を机の上にのせて神棚の前に供へる。そして人形や護符や幣などを竹と紙でつくつてこの藁へ挿して立ならべる。お經を上げる。つゞいて赤飯を握つてつもぬき（圓錐形）を月の數程二組つくる。握る間も常に經文を唱へてゐる。かくて祈禱がすむと法師は歸つて行

「さへの神のまつり」について（國分）

く。翌日その護符は歳神樣へ上げ、人形は荒神樣と大黑柱へ納め、幣は地の神樣、稻荷樣（共に屋敷の西北隅にまつつてある。）門、便所、井戸へ立てる。つもぬきは神棚へ一組、地の神樣へ一組を上げ、下りは近所の子供等に與へる。

こきあげ　稻を全部こき上げた時强飯をふかし、こゝばしと鎌を座敷へ上げてまつる。

もちつき　十二月二十八九日頃、正月の餅つき。

大三十日　端升は炊くものではないと云つて、升へ山盛にはかつて飯を炊く、之を皆で喰ふ、馳走鬼齒數の子鮭等。

札はり　一月二十日　神樣の御飯を炊き、その飯粒でお札を貼る。鐘馗、ゑびす、大黑、其他各種のお札を入口、柱等に貼る。

農休み　田植を終りて、苗取り、こでぎり、田植をした人達へ赤飯をくばる、約一斗五升。

神樣のおたち　舊九月三十日夜、おはぎをつくり鉢へ入れて上げる。辨當としては之を重箱につめる。翌日は强飯とおはぎを二重あげる。（つとへ入れる家もある）

同おかへり　十一月一日朝、芋を煮て上げ次に御飯をあげる。

「さへの神のまつり」（第一巻第四號）の記事に就て

國分剛二

民俗學第一卷第四號に御揭載の「さへの神のまつり」に就て一筆申上たいと思ひます。先づ筆者の天野義郎氏は鶴岡市の仁かと存じますが、地名の山形縣西田川郡念珠關《ネズガセキ》村大字鼠ケ關《ネズガセキ》を、鼠ケ關村と書き、同縣同郡豐浦《トヨウラ》村大字小波渡《コハト》を「はと」と書き、同縣同郡念珠關村の大字には大岩川と小岩川とがあるのに、單に「岩川村」と書き、同縣同郡温海《アツミ》村の大字には、温海と湯温海《ユアツミ》とあるのに、之も單に「温海村」と書てあるのは、地理を知らぬ人々を謬らせる恐れが無いでせうか？地名は正確に記すものかと思ひます。

又、鶴岡市の「サェの神祭《ガミマツリ》」は正月であつたやうに記憶して居りますが、氏は二月十四日と記いて居ります、之は、氏の御記憶違ひではありませんか？

又、「サェの神祭」の日は何日（或は十一日？）から始つてあつたか忘れましたが、最も盛な夜は五日の夕方から十六日の早朝までかと記憶して居ります。此夜の祭事を「御日祭《おひまつり》」と申してあつたやうに記憶して居ります。

又、鶴岡市の「サェの神祭」は士族屋敷にはなく、商人階級の、所謂「町方」の各町にはよくあつたやうに記憶して居ります。殊に遊廓のある七日町の「サェの神」の「サェド」(祭堂?・サェの神宿)は大きく盛んであつたさうだ。

又、「太鼓あはせで、まけた方で太鼓の皮をはがれる」とありますが、之も、負けた方で太鼓の皮を剝がれるのでなく、負けまいとするので敵の太鼓の皮を破るのでありましたやうに記憶し居ります。尙私の少年時代に、此んな事がありました。友人が「サェ神」に供へてあつた蠟燭臺を持出して行く所でありますから、それは何にするのであるかと問うたら、曰く「某町の太鼓の音が高いので僕の方が負けさうだから、負けると口惜しいから其太鼓の皮を破る爲めに此の釘(蠟燭臺の蠟燭を差す鐵製の釘狀のもの)を知らんふりして太鼓の皮に刺して穴をあけるのだ」と答へてあつた。尤もはぐと云ふのが、皮を剝ぐから來たので、破ると云ふのを言葉の慣しからはぐと云つたのかも知れないが。尙又、負けた時は太鼓を分捕られてあつたさうだ。さうすると、翌朝、負けた方では、勝つた方に酒(一升?)を持つて若者頭《わかぜがしら》が貰ひ受に行くのであるといふ話しを聞いたのです。尤も此話は眞實かどうかは保證致しません。尙又々、右樣の次第であつたから、負けまいとする努力と、若し負けさうになると太鼓を擔ついで逃げ歸らなければ分捕にされる恐れがあるから、其處に爭ひが生じて、よく喧嘩をしたさうです。負傷者の出るのも此時であつたさうです。

又、「その日、町内のわかて連中は家々に餅をもらつてあるいた。」とありますが、餅を貰ひに歩むのは、毎日のやうでありました。尙、餅を與へるのが正式でありませうが餅のみではありません。酒でも大根漬や菜漬のやうな副食物や、醬油・砂糖・黃粉《きなに》(豆粉)薪・炭・油・蠟燭等をも貰つたやうに記憶して居ります。此等の物品の代りにお金を貰つて來る事もあつたやうでありました。尙、其前年に婚禮のあつた家では必ず酒(一升?)を神へ供へる爲め寄附する事になつて居つたやうにも記憶して居ります。

又、「わかて連中」の事。元(舊藩時代)は其樣に呼んで居つたかも知れませんが、私の少年時代は——寡聞の私ですから——聞いた事がありません。勿論、私の幼年時代のサェドに集るのは尋常小學校の男生徒位でありましたが。元は青年期に達しなければ、其連中に加る事が出來ぬものであつたらしい。卽ち男が十五六歲(滿十五歲?)位になると、酒(一升?)と餅とを持て來て連中に加盟し、其初めて加盟した者共が、「サェの神勸進」又は「サェの神」はんから來たから餅下《もちく》なェはェん」と云つて物を貰ひに走つたものであつたさうだ。而して此連中は自宅に歸らず、サェドに日夜宿泊して居るやうに記憶して居ります。尙、此の勸進は初めて加盟した連中のみでなく其他數人連れだつて步いたものかと思はれます。因に此のサェドに加盟せぬ十五六歲以下の幼少年が居るとすれば、夫れは正會員といふのでなく、一寸遊びに來て居るのであつたらうと思ひます。妄言多謝。昭和四年慶早第一會戰の日

「さへの神のまつり」について　(國分)

年中行事

秋田縣鹿角郡宮川村地方

內田武志

一月

暮の二十五日頃、煤掃きをして豆撒きをする。その豆を平年は十二、閏年は十三を爐に燒いて一年中の晴雨を占ふ。此日、爐の灰に粢餅を轉して燒き、家內中で食ふ家もある。

三十一日　晩には佛檀に月の數だけみたまの飯を上げ、家の者が一人一人それに箸を立てる。

お供餅は三つ重ねで上をおぼこ、中のを中の臺、下のを下臺《シモダイ》と云ふ。三寶に載せて床の間に供へる鏡餅の外に、家で拜むでゐる神樣に小さいお供餅を作る。此等の外に、折敷に入れて松の枝を餅の眞中に突きさした一組のお供餅を、床の間に上げて置く。

尾去澤村では以前井戸の神に供へると云つて、大晦日に各自、圓餅を一つづゝ、共同の井戸に投入れ、元日、若水を汲む時、その餅を多く拾つた人程、運がよいと云つて、棹などを持出して我れ勝ちに拾つたさうである。

元日　朝はお供餅の上つてゐる神樣を一々拜んでから、家內一同床の間の前に集り、折敷に入れてあるお供餅を、一人一人手に捧げて拜む。小さい子には大人が手を持添へてさせる。これをお供廻しと云ふ。

此日は御馳走として白米飯に魚を添へる。雜煮はお供へ開きの日まで喰べない。

お供開き　日は定つてゐないが、大抵五日か七日である。折敷に入れたお供餅で雜煮を拵へる。みたまの飯は干飯にして置いて腹痛なぞの時にいたゞく。

十二日　山の神の分として神棚に供へた鏡餅を下げて男だけが喰べる。又此餅の一部を燒いて包み入れ、家の前の木にかけて置き、ボーボーと烏を呼んで食はせる。烏は山の神の使であると云ふ。

小正月　十五日は女の年取りと云つて餅を搗く。其餅をみつ木や藁につけて繭玉を拵へ、大黑柱に懸けて置く。其繭玉は三月の節供の時、あらね(あられ)にして食ふ。

つけ揚(米の粉をあきび油(あけびの種から採つた油)等で揚げたもの)を佛樣に供へる。

此日、殘つてゐるお供餅を干餅にする。

夜は綱引の行事があり、又此夜、爺婆達は腰が惡くならぬ禁胀とて檯すべりをする。

十六日　粥の餅（粥の中に餅を入れたも）のを拵へる。これを喰べると雪崩《ナデア》に壓されぬと云ひ、又此餅は翌年の此日まで體内に留まつてゐるものと云ふ。又此日、拵へるお汁を粥の汁と云つて、人參、大根、牛蒡、大角豆、蕨、蕗、獨活、油揚、凍豆腐で作る。此朝は土龍追ひとて木槌で土間を打つ。

苧籠《オボケ》の餅　十九日に若い女達が毎年順番に宿を決めて其處に集り、餅を搗いて、前年嫁に行つた者を中心にして飲食する。

鉈の餅　二十日に若者達が宿に當つた家に集り、餅を搗いて飲食する。

二　月

一日　厄年の人の有る家では、其人數分だけお供餅をつくり、も一度年をとる。

春祈禱　二月中に神官に祈禱をして貰ふ。そしてお札を貰ひ、入口、便所、窓、倉、馬屋等に貼る。前年の古い札は燒くか、村のはづれに捨てゝ來る。

佐渡小木港附近

靑　柳　秀　夫

小比叡村では正月の門松を、七草すぎるととりはづしてたばねて置いて、田植の時の御飯焚きに用ゐる。

小木町では濱へ持ちよつて燒く、其時一緒に淸書を燒くと、字が上手になると云ひ、其火で竹の棒に餅をつきさして燒いて喰べる事にしてゐる。

昔(明治二十二三年頃迄やつたと云ふ)の小比叡山蓮華峯寺の節分の式と云ふは、豆蒔の太夫、提灯持の供、擂子木持、杓子持、各一人で、太夫が最初「福は内」と大聲に唱へると、杓子持が「おさへました」と云ふ。又太夫が「鬼は外」と大聲にて蒔くと擂子木持が「出てうせろ」と擂子木をふりまはす。また太夫が「まんじげろう(魔人下郎の意)出てはしれ」と蒔く時、「どもつともでござる」と云ふ。これを幾回もくりかへす。

二月一日を小木港附近で「買初」と云ひ、當日はまだ暗い内に竹の皮に流した一つ二錢五厘の飴を賣りに來る。どこの家でもこれは買ふ事にしてゐる。夜が明けると、どこの店屋も滿員で、今日買ふ人達にはどこの店でも景品を出すことになつてゐる。

十五日の涅槃會に供へた團子をいたゞいて漁師達は歸り、海でおそろしいものに出逢つた時、それを投げるといいと云はれてゐる。

肥前國西彼杵郡茂木町飯香浦

木下利次

一　月

四日　仕事始め。

七日　まぜではん或はなゝくさずしを作る。

十四日　オネフ（鬼火）　正月の飾りを燒く。

松の木を四本組んで立て、飾りを燒き、燃え殘りの枝をおんのほねといつて、持ち歸つて戸口に挿す。又この火で餅をやき、わかもちといつて家内中の者が喰べる。

モグラウチ　この日子供達は青竹の先を割り、藁をはさんだものを持つて、各家の前で「ほるみやあじよ、ほるみやあじよ、わかむすこをもちなされ」と、歌つて歩くと、その家では、わかもちをくれてやる。若し、くれないと、「もぐらうち、もちくれんひとは、おんで（鬼子）もてじやごもて、つののはえたまごをもて」と惡口する。

十五日　あずきの粥をつくる。

二月の節分には豆はまかない。

沖縄の年中行事

牛島軍平

お斷り、次に述べようとするのは、首里・那覇を中心とした行事であつて、中には親しく、自分の經驗した部分もあつたが、大體に於いて、泊《トマリ》（首里と那覇との間にあつて、只今では、那覇市に編入せられてゐる）の浦崎君と、首里山川の糸洲君とから聞いた處を書いた。そして月日はすべて、舊曆であつて、且順序は、便宜上、十二月からはじめる。

十二月

○八日　ムーチー。折目《ウイミ》。

ムーチーと言つて、この日、子どものある家では、米の粉を練つて、クバの葉に包んで、蒸したものを拵へて喰べる。又子どものない家には、それを持つて行く。自分なども、あちらこちらから澤山貰つた。

尚この日は、折目の日である。赤飯（赤く色づけたもので、小豆飯とは限らぬ）を炊いて、豚を大切りにした汁に、大根と昆布とを入れたものを喰べる。そして、竈には、お茶飲み茶椀に、赤飯を盛つて三つ、佛壇には、赤飯と折目とを各二つづゝ、お供へする。以下いつの折目の時にも、かういふ風にする。而して此は又、折目には限らないが、すべてお供へものは、竈には三つ、佛前には二つ、といふ習慣になつてゐる。

〔ムーチーの由來〕首里金城《カナグスク》に、兄妹があつた。十二月八日に、二人は山へ行つた處が、道を間違へて、二人はとうとう、捜し合ふことが出來なかつた。すると妹は、鬼に出會した。女は、かの處をあけて、石に据り込んで、クバで包んだ餅を喰べてゐた。鬼は近よつて來て、その餅をくれと言つて手を出したので、やつた。そのうちにどうかして鬼は、かの處を見たと見えて、指して、これは何だ、と訊いた。女は、物の物を喰ふのは口で、これは鬼を喰ふ口だ、と應へたので、鬼は驚いて、二間ほど飛び退つた。と同時に、後にあつた深い井戸に陷つて死んだ。その後毎年、この日に鬼餅と稱して、かの餅を作る。ムーチー(餅)と言ふのが此である。（久米島、上江洲仁清君の話）

〔折目の由來〕　大昔はどんな人でも、大抵は、經濟的なことばかり考へて、身體の强健といふことは、考へなかつたさうである。その爲に身體に滋養になる物は、よしそれを買ふ金があつても、高價な爲に、それを喰べるよりも、まだ安いものを買つて、その殘りのお金は、商賣の方に使つて――たゞ金が澤山あればいゝ、身體は弱くつてもいゝといふやうに考へて――あまり喰べなかつた。その爲にだん／＼、弱い人が殖えて來たので、蔡溫といふ政治家が、世間に、「金があつても身體が弱くてはどうにもならぬ」といふ意味のことを發表した。併し貧乏なものは、その高價な滋養分を攝ることは出來ない爲に考へ出したのが折目である。つまり折目は、何月何日と期日を定めて、金持ちも貧乏人も同じく、滋養になる食物を喰べることが出來るやうにしたのである。（川俣　和君の採集のおと）

〇十五日から二十四日まで　ウガンブトチ。

屋敷內のウガンを淸め拜む。これは、十五日から二十四日までの間なら、いつでも差し支へない。

〇二十五日　この日、上天と言つて、竈の神、その一家の一年間の樣子を報告のため、天に上られる。それで竈を淸めて、十二本づゝ、線香を七へん乃至、五へん燃す。

〇三十日　年の晩、上天の神歸られる。これを下天といふ。線香を燃すこと同然であるが、尙この日は、竈の棚に、白(上)・黃(中)・赤(下)の順序に、紙を重ねて、その上に、蜜柑と、餅と、炭を昆布に卷いたのとを各、三つづゝ供へる。佛壇には、各二つづゝを飾る。これは、二十日正月まで、置く。尙、正月前には、ナントンス(納豆味噌)といふのを作つて喰べる。又、折目がある。小豆飯をたく。

〔クガニーの由來〕　昔、二人の兄弟があつた。兄はけちんぼうで、慾が深く、且、不孝者で、弟は此とすつかり反對の善人で、孝行者であつた。親が臨終の頃には、貧乏になつてしまつてゐた。親はこれを可哀相に思つて、弟を呼んで遺言して言ふのには「お前は私の爲に、そんなに貧乏になつた。だから私の死後は、たゞ線香一本と、酒一合とを私にくれゝばそれで澤山だ」親は間もなく死んだので、弟は親の遺言通りにした。四十九日目に弟は、いつものやうに墓前に參つて歸らうとすると、墓の袖口から、一匹の犬が飛び出した。一時は驚いたが、やがて父の靈かも知れない、と思ひ返して、家に連れて歸つた。そして毎日一合づゝの御飯を與へてゐると、不思議にも、黃金の糞をする。それ以來、弟は金持ちになつた。兄はそれを聞いて、犬を借りに來た。弟はすぐに貸した。慾ばりの兄は、一度に澤山の金を得たい爲に、澤山の御飯を喰べさせたので、犬は死んでしまつた。弟は犬を悲んで、屋敷の中に、丁寧に埋めて、その上に一本の木を植ゑた。すると次第に大きくなつて、花が咲き、やがて實が成つた。それが蜜柑である。弟はこれを佛壇に手向けた。それから今の正月に、蜜柑を竈や佛壇や机・棚などの上におくやうになつたのである。（玉城千藏君の話）

一　月

○一日　折目。

○三日　折目。

○七日　折目。又、七ぐさのズースィー（雜炊）を拵へる。それを竈に三つ、佛壇に二つ、茶椀に入れて供へる。

○十五日　お粥・にしめを作る。佛壇には、御飯の外、にしめも供へるが、竈は御飯だけ。

○十六日　ジフルクニチーと言つて、何處の家でも墓參をする。特に二年以内に死者があつた場合は、走馬燈を墓前に持つて行つて燒く。輪線香を供へる。後、御馳走を拵へて、再墓前に持つて行つて、親戚一門それを喰べて、そこで遊ぶ。

○二十日　折目。佛壇には、お膳で二組にしてあげる。竈には、ターンムニーと言つて、里芋と、薩摩芋と一處に煮て、つきまぜたものを、茶椀に入れて、竈と佛壇に供へる。御飯を茶わんに盛つて供へる。

この日、辻遊廓に尾類馬《ズリンマ》がある。

この外、正月二日から十三日まで、年日《トシビ》と言つて、生れた年の十二支と同じ十二支に相當する日に、御馳走を拵へて、客をよんで酒宴を張る。又、竈・佛壇には、作つたところの御馳走をあげる。入れ物を三つ二つにすることは同前である。支那では、誕生日は親の苦んだ日だといふ考へがあつて、やはり誕生祝ひといふものはやらないで、この年日といふのがあるさうだが、沖繩の年日もこれだ、と首里の新崎盛珍君が話してくれた。

二　月

○ひがん　ひがんの入りを入り日、三日目つまり、翌々日を中日、最終の日をサミといふ。入り日に墓參をする。そしてこの三日のうちの一日を擇んで、佛前に、一組又は半組のお膳を供へる。この場合のお膳は、お重になつてゐて、四枚が一組になつてゐる。その一枚の大きさは、凡三種類あるが、卽、八寸四方の深さ一寸五分・七寸四方の深さ一寸三分・六寸四方の深さ一寸である。尤、一組といふのは、同じ大きさのが四枚であつて、二枚に餅・二枚におかずを入れる。ンチャビーをする。

〔ンチャビー〕チャーカビ（茶紙）と言つて、沖繩出來の少し黃味を帶びた粗惡な紙があるが、その一枚を四つに折つて、その上に一文錢を置いて、上からたゝいて、型をつける。そんな型を二十五つけるので、一枚の紙に百個出來るわけである。それを一組ならば五枚、半組ならば三枚を、金屬製の長方形の水を入れる祭器があるが、それに水を入れ且網が張つてあるから、その上に之もやはり祭器についてゐる箸を持つて、置いて燃す。そして佛棚に供へてある盃の酒をそれに落して拜む。これをンチャビーといふ。秋のひがん・盆にも行はれる。祭器のない家では、鉢や洗面器などに水を入れて、それに箸を二條に渡してその上で例の紙を燃してゐる。お重に詰める御馳走といふものは、大體に於いて同じやうなものであるから、簡單に述べると、かまぼこ・卵・天ぷら・アンダギー（油揚げ）・サーターアンダギー（砂糖油あげ）・チキアギー（つけあげ）・豆腐のあぶらげなどが主なものである。天ぷらは、內地と同じく、魚・芋・にんじん・牛蒡などをあげる。アンダギーは、めりけん粉を水に溶して、それをあげる。サーターアンダギーは、めりけん粉を溶したものに、黑砂糖或は、白砂糖を入れて、甘味を出したもの。ツィキアギーは、魚肉と、にんじんを細く切つて入れて、一處に、油であげたものだ。油は豚の油である。

〇十六日　ウマツィー（お祭り）と言つて、一般に遊ぶ。ウマツィーと言ふのは、神々と稱する男女二神の農の神樣をまつる日である。神々は、本家にだけしかないので、その一門はその日、本家に行つて、神々を拜む。

肥前の婚禮

——西彼杵郡茂木町飯香浦にて——

木下利次

今でも多くは許婚で小さい時に親同士で定める。

一　結納は、婿方よりは、

(一)、鯛二匹（五、六斤のもの）

(二)、酒五升（二つ德利に入れ雄蝶、雌蝶をつける）

(三)、上茶（紙に包む）

(四)、餅（婿、嫁の年齡を合せた數だけ

(五)、赤飯（重箱につめて）

肥前の婚禮（木下）

（但四、餅の代りに白飯を用ゐることもある）

これに對して、嫁方よりは、

(一)、鯛二匹（四斤位のもの）
(二)、酒（婿方の半分）
(三)、上茶（婿方の半分）
(四)、餅（婿方の半分）（白飯代用のこともある）
(五)、赤飯（婿方の半分）

を、持つて行く。婿方からきた餅は、嫁方にて、吸物に用ゐ。

二　式の次第、仲人は、一同座に着いた時に、次の歌をうたふ。（うたいと稱してゐる）

(一)、長《ナガ》き命《イノチ》

（歌詞）長き命は、クニで知る。心の底も曇り無き、朝《アサ》夕《ユウ》なる、玉のえの深き契《チギリ》をたのもしき）（又、つづいて）めれたやひとふしに千代《チヨ》こめたる竹《タケ》ならば末たのしむしくおぼしめし。

(二)、ところ高砂《タカサゴ》

（歌詞）ところは、高砂《タカサゴ》、おのえの松《マツ》も、としふりて、おいえ（老）のなみも、としふりて、この下蔭《シタカゲ》の落葉《オチバ》かく、なろまでも、命長《イノチナガ》らえて、なを、何《イ》時迄《ツマデ》かいての松《マツ》、これも（或、それも）久《ヒサ》しきめえしよかな、これも（或それも）久しきめえしよかな。（間をおいて）しかい浪靜《ナミシヅカ》にて、國《クニ》も、治《オサ》まろ、ときつかせ、いざ（或いさ）もならさの御《ミ》代なれや、いに（或げに）あえおえの松《マツ》こそめれたかりきや、君のみぐみぞありがたき。

(三)、鉢《ハチ》の木《キ》

（歌詞）いでその時の鉢の木は梅《ウノ》松櫻にて、有りしよの、そのへんぽうに、かじし、うめえだ、えつちゆうさくらい、こうつけにまつえだ、あわせてさんがのじよう子々孫々《ソンソン》に至る迄《マデ》そうえ、あらざのじせつのじようあんのんに、とりそえ、給《タマワ》つてそううろ。

(四)、まだら（まだらとまを强くゆふ）

（歌詞）いわい、めれたの若松《ワカマツ》さまよ、枝《エダ》も榮《サカ》えて葉《ハ》も茂《シゲ》る。とどけ、とどけ末《スエ》までとどけ、末《スエ》は、つる、かめ五葉《ゴヨウ》の松《マツ》。

これが終ると一同膝をくずしてもよい、次に料理が出る。

(1) おちやがし（鶴龜の形に、細く作られてある菓子）
(2) えびがね（海老の肉をとり去つた、殼を木炭の上に炭を抱えてゐるようにのせ、高足の膳の上に置く。肉はなますにして別の小皿に取つて置き主人側の者が少しづつとつて廻る。この海老《エビ》を出す時に、次の歌をうたふ。この海老と申するは、ようしゆうよりもひげ長《ナガ》く、腰には、あづさの弓を張る。おけがらどうのよろいには、めされ、めれとうそうろう。

(3) ひらのすいもん(鯛のおろし身と餅)

(4) みそずいもん(ぼら(魚)を切つて味噌汁の中に入れたもの)

(5) つぼ(だいだい、かまぼこ=だいだいの形に作つたかまぼこを油にてあげ柚《ユズ》の葉をさす)

(6) さらびき(皿の上にかり(ひらめをいふ)の刺身を、七切か九切のせ、すしようゆをそへたもの)

(7) じゆんびき(巻壽司を二切のせたもの)

(8) ほんぜん(料理數は五品位、品名不明、御飯も出す)

(9) おうひら(つるかめの形の菓子、かすてら、まんじゆう、ちよむすび=8形に作られた菓子)

(10) こひら(やはり菓子)

註(9)(10)は一つにして略すことが多い。この時はたゞひらといふ。

以上の途中に、土産としてはちもりと、いつて鉢に入た料理を何にも包まずにそのまゝを客に渡す。

(1)より(7)迄は、一度ずつ出してはさげてゆく、時には、しつぼくを、(3)から(8)迄の代りに出すことがある。このしつぼくには、七品か、九品か十一品を出す。なます。鯛のいつつけ(一匹で七斤位ある鯛をエビスダイといふがこれを煮付けたもの)まはやさ。(前のやうな鯛をやいたもの)さしみ。ゆびき(フカ(何ないみするか不明)ノウソ(不明)のゆでいがいたもの)、すいもん(ヒレ(不明)みそ。スメ(烏賊を酢にしたの))等である。今は、はまやきを作るものは少い。これ等がしつぼくの主なる品々である。

三、日取り。

第一日。式をする日でほんきやく(主人方の客)をよぶ。

第二日。おなごきやく。親類知人中の女達を招く。

第三日。さんちもどりといつて嫁は、里に禮に戻る。酒と魚を持つてゆく。

第四日。嫁の里にて、婿方の者をよぶ。

(但、今では、第二日に第三、第四日の行事をなすます。)

四、男子は十五、六歳になると嫁をもらふ迄は、毎晩、飯をますと、青年宿といつて、一軒の家をきめて、そこに寢泊りする。

五、末の男子が、親の家屋を譲受けることになつて居るので、兄弟は、結婚後二三年の内に、母屋とは別に新築をしてもらつて親達と別居するので、新築の爲めの費用の出來る迄婚禮を延ばす者が多いといふ。嫁に行くとき、異説は手織の紺絣のヘコ(腰巻)をもたしてやる。

下野國逆川村雜信（二）

高橋勝利

一　オセキ

毎年舊暦の三月になると早々に用水堀の水上げをする。この時に夕方になり仕事終へたる後に、セキオヤの家に集り、少しばかりオミキを上げ、うどん振舞をする。會費二十錢位持ち寄るのである。

去年の水上げのオミキアゲの時に、村の古老から聞いた話である。

芳賀郡眞岡町の式内社大崎神社の側の五行川の川水關は、眞岡町はじめ山前村・久下田町・物部村の四ケ町村の田に水を引いてゐる大事なせきであるが、昔これを作る時に、何度作つても流れて終つてどうしても出來なかつた。その時にオセキと云ふ女があつて、人柱に立つた爲によくをさまつて、今に何事もなく、あんなよく出來たせきは外には見られないさうである。それで人柱のオセキを祭つたのが大崎神社なので、今大崎と云つてゐるのはオセキの間違ひだとの事である。

大崎神社の神主や眞岡町附近の人に聞いたが、こゝの御祭神は大國主命だとばかり、オセキと云ふ女の話はさつぱり訣らぬ。

小生考へるに、この大崎神社は式内社ではあるが、平地の川のふちに在り、外の神社などゝ異り境内甚しく神地らしくない。どうしてもこの川水關の爲に出來たに相違ない。氏子もこの川水堀の水を使うてゐる區域の人ばかりだと云ふ事から見ても。

そこでこのオセキと云ふ女の名前であるが、何處か外の地方にも農業神に祭られてゐる同じ名の女の話を讀んだ事があつたが、つひ思ひ出せない。

二　鷄のとき

逆川村あたりには、まだ鷄を飼つて置くのに、卵などは産んでも産まなくてもよい、時間がわかつてよいから置くのだと云つてゐる人が多い。

三　二荒山冬渡祭

十二月十五日は宇都宮二荒山神社の冬祭である。芳賀郡地方の俗この日には縫ひ物の針をとらない。この日は神の淨衣を縫ふ日である故、普通の人の衣を縫ふのはもつたいないからだと云ふ。但し、足袋などの袋物はさしつかへないとの事である。

またこの日据風呂をたかぬ家が多い。

四　五合ベッコ

逆川村下飯の愛宕さまのお祭り（舊暦十月十五日）は、俗に五合ベッコと云ふ。氏子各自白米五合づゝ持寄り、櫻飯（醬油を入れてたいた飯）を作り食ふ。この時聟に來た者には特に山盛に盛りつけてやり、それが食い終らなければお祭りが終らない。聟の受難日である。

五　オミヅニオリル

隣村小貝村大字田野邊附近にては、男の子五歳より七歳の間に、舊暦の六月十三日より一週間、全然女をさけて奥座敷に居間を作り、男の手にて煮たきをしてもらひ、食事其の他萬端女をわずらはさず、川に淨める場所を作り、靑竹にて仕切りをして淨衣をかけ、沐浴し、毎日祖父等につれられて、草鞋ばきにて附近の神社を參拜しながら、サンゲ、サンゲと云つて歩き、最後の日には鎭守さまに參拜して、はいて歩いた草鞋を上げて歸る。之にて行が終るのであるが、この事をオミヅニオリルと云ふ。これをすると子供に丈夫に育つのだとの事である。

この事、昔しは逆川村にても行はれしと云ふけれど詳かならず。

六　ニハヨセ

秋の收穫がすむと、ニハヨセと云つて、つぼ餅（粳米粉餅）をつく。これは大抵舊暦の十一月の末頃であり、新暦の正月頃である。

ニハヨセと云ふのは、庭のはきよせの意味で、秋まで（收穫）中に庭に散れた米を掃き寄せて置いたくず米を經濟に食ふ爲に餅をつくものだと云ふ。

七　カピタレモチ

舊暦十二月一日の朝早く、餅にて腫物のできてゐた所や、耳などをなでて、その餅を川に投げて捨てる。耳をなでる時に、「よい耳きけ、惡い耳きくな」と言ひながらする人もある。この餅をカ（川）ピタレモチと云ひ、これを拾つて來て食ふと虫齒の藥だと云ふ。

八　セッチガミ

前年十二月號の本誌に便場の神の名の事を書いたが、逆川村大字木幡では糞場神の事をセッチガミと云ふ。同地の俗信に、糞場をきたなくするとセッチガミにばち當てられるから糞場はきれいにしろと云ふ。

九　選擧餘聞

隣り町茂木の在の鮎田の山中の炭燒きが、普通選擧で有權者になつた。町會議員の候補者の山田七三が立つて、その事務員が炭燒きに山田七三と云ふ字が書ければ酒一升買つてやるが書けるかと聞くと、炭燒きは喜んで書けるともそなつくらいの字と云ふ。事務員みすみす一升買はされるのも殘念で、書けるもんか、そんなら書いて見ろと云ふと、山田と間違ひなく書くから、七の字の所で、お前七の字は中の棒を左へ曲ちや違ふぞとおだてると、何のだまされるもんかと、七の字を逆に書いて終つた。

　この話、鮎川での實話として同地の人から聞いたが、後で調べて見るに同地に山田七三と云ふ人がないばかりか、この種の話は外の地方にもあるのを知つた。

十　金でなく品でまける

　同じ樣に實話でないのに、その土地では實話だと信じて話してゐるものに次の樣な話がある。やはり茂木町のこと、考古學などに趣味をもつてゐるので懇意にしてゐる、葬式具商の某氏は、客が來て葬式具を購ひまけてもらひたいと云ふと、「おまけしませう。但し金でなく品でおまけしませう。」ときまつて云ふさうだと、世間で噂してゐる。棺箱をまけて二つもらつても仕方がないから、誰もまけろとは云はないのだと。

　この話など初めは、考古學に趣味ある某氏のこと、多少は奇癖はあるから、實話かと思つて聞いてゐたが、他の地方でも、棺箱屋は金でなく品でまけると云ふ話を聞き、話の傳り方に非常な興味をよせた。

「土用の丑の日にを讀んで」を讀んで

　河本正義氏の「土用の丑の日にを讀んで」（第一卷三一八頁）と題する文章中に、全國的に行はれてゐるのではないかと思ひます、と書かれてありましたが、阿波國撫養地方に於ても、又、淡路國に於ても、この風習が盛んに行はれてゐる事を、御報告申上げます。鰻を喰べることも行はれてゐます。

　眞言宗のものが、葬式から家に歸つた時、門前で鹽をふりかけさせてからでないと、家にはいりませんことも、阿波、淡路の兩國に於て廣く行はれてゐます。これは會葬の時でありまして、自家の葬式から歸つた時は、盥に水を容れ鹽をいれて溶かしてあるので手足を洗ひます。

　それから、盆のお團子ですが、それは、十三日に迎へ團子、十四日に馳走團子、十五日に送り團子をこしらへて供へます。

（徳島　堀井一平氏）

壹岐民間傳承採訪記 その四

折口信夫

◇おたつちよ

壹州中に、七たつちよと言うて、おたつちよと言ふ場處が、七つある。但必しも七つに限らず、名數癖から出たもの〻樣である。

まづ、故後藤正足氏と瀧川敏氏との報告から、紹介して行かう。瀧川獸醫は、下の七つを調査して下された。

1 香椎村可須 西戸觸 殿《トン》の墓
2 箱崎村 中山觸 おたつちよう
3 那賀村湯岳 興觸 おたつちよう
4 那賀村國分 國分寺趾 おたつちよう
5 石田村池田 東觸 おたつちよう
6 田河村、二亦觸 高丘《タカテ》 おたつちよう
7 志原村 南觸 余石原 おたつちよう

後藤氏は更に、

8 志原村 平人觸 勿躰山 おたつちよう

を補はれた。或は此外に、尚あるのではなからうかと思ふ。瀧川氏は、壹州二十四个村の中におたつちよ樣を持たぬ處は、渡良村麥谷《ムギヤ》まで行つて、念佛を奉納したものであつた、其を麥谷念佛《ネブツ》と言ふ、と聞き書きしてゐられる。御一新前までは、盆・正月に、觸中の者が集つて念佛をあげ、處によつては、祭禮のをりに、芝居を奉納する樣な事もあつた樣である。石の祠の樣な物を立て〻あるのが普通で、中には、墓とも思はれる樣に、壹州の豪族の名をほりつけたのもある。

今でも、村人のあたまに印象のはつきりしてゐるのは、西戸觸の殿《トン》の墓《バカ》(1)であらう。お聖母《ショオモン》樣の祭禮には、今でも芝居・手踊りなどを、こ〻で興行する。盛り土らしいものが殘つてゐて、殿の靈は、御前神社に合祀せられたと言ふ。元は、こ〻に老い松があつて、ちようど鄕ノ浦勝本間の縣道の上の北側の丘にある。御一新後も暫らくは、お聖母樣の祭禮の時、殿の墓と、本宮八幡宮とに、狂言・手踊を奉納した。

中山觸(2)のは、觸の一番高みにあるので、玄海灘が見渡される。盛り土があつて、石の祠や、五輪がある。瀧川氏は、舟匿《ガクヒ》城主日高大膳の墓と推定し、後藤氏は、或は大膳追慕の爲のものかと言はれてゐる。

興觸の分(3)は、今小倉市助役を勤めてゐる末永長吉氏の屋敷である。後藤氏は、日高可俊の墓が近くにあるから、右入道追慕の爲に立てたのであらうとしてゐる。此墓には、寶篋印塔がある。槍や刀類の模形を奉納して、願ひ事をする、と瀧川氏の報告である。

國分(4)のおたつちょ様は、國分寺趾の後に、大きな屋敷趾があつて、其西の丘の上の盛り土の上に、石の祠のある、其處である。更に其奥に、たち大明神が祀つてある。其屋敷趾の上の家を、今もたちのうへと言ふ。こゝには、今の諸吉村長長島氏の祖先が、諸吉に移る前に住んでゐたと瀧川獣醫は書いて居られる。後藤氏は、此報告によつて、長島家の祖先を祀つた祠であらう、と想像せられてゐる。

池田東觸(5)浦山城趾の 牧山家屋敷地の後の丘の 志佐安藝守の墓と言ふ自然石が、やはりおたつちょうと呼ばれてゐる。瀧川氏より。

高丘(6)は、海を見はらす高みで、昔の高丘城の趾である。伊賀神社とほつた新しい石の祠があつて、牧山伊賀守なる人の墓だ、と傳へてゐる相である。芦邊牧山家から今も祀つてゐるとある。

余石原(7)のおたつちょうは、 後藤氏之を日高信助夫妻の墓と斷定してゐる。

勿體山の分(8)は、十間程の高みになつた木立ちの中に、「伊勢《イセ》石《イシ》源太郎友久靈位」と刻した、明治出來の石の祠があり、古い石の塔婆がある。今も、盆・彼岸には、米・團子をあげ水をたむけ樒の葉を供へる。殊に盆は、燈籠を灯し、懈怠なく六齋念佛を唱へる。個人としての祈願には、昔は、刀・槍・長刀の武器類の模造品を供へて、立身出世・學問上達などを願うた、と後藤氏の來旨である。塔婆の形が、室町末期を下らぬ様だから、と言ふ立場から、おたつちょうの年代も、ほゞ察せられると言うてゐる。

雨の一日、香椎・鯨伏の田圃路をあるきながら、壹州史の權威と、まじめな好古家の獣醫とが、互に劣らず辯論を上下して居られた様子の憶ひ出される様な、兩氏の報告に接して、ほゝ笑まずに居られなかつた。後藤翁はたつちょうは塔頭《タッチウ》である。大寺の中の支院の用語例をおし擴げて命けた名で、其下に亡骸を葬つた訣ではなからう。謂はゞ一種のお拜塔《ヘタフ》である。祖先の高徳を追慕して、設けたものであらう。其祖先の中のづぬけた人を神に祀つたものか、遙拜所と言ふ様な意味あひから、かう言ふ名稱で呼ぶ様になつたものか、と言ひ更に、末裔の誰かゞ、靈感・夢想などから、之を生み出したのであらうとの推測をつけ加へて居る。瀧川氏の考へは、おたつちょう即御館所《オタチジョ》で、土豪の住宅で同時に、敵を禦ぐ居城なる館の趾で、お館所の義であらう。さうして、おたつちょ様と言ふのは、其館のある代の主の墓であらうとして、武生水の城代の居た大山を、おたち山と言ふのを旁證としてゐる。更に、4の小名たちの上・たち大明神皆、館・おたつちょうの關係を示してゐる、と言ふのである。後藤翁は之に對して、たち大明神は昔からの 神社で、おたつちょうとは、關係がない、と駁して居るが、全體の立論の形から言ふと、老人聯か力負けの觀がある。塔頭說はさすがと思はせるが、意義分化の徑路に、若干の疑ひがある。易よりも難を嗜む學者かたぎからの弱點であらう。

ところが、今までに知れてゐる處で、唯一つのおたつちようが、海山隔てた三河にある。北設樂郡杉山出の今泉忠義君の話では、其村に、昔、おたつ・おてふと言ふ二人の女、そこで殺されてゐたのを葬つた場處で、乃、おたつてふだと言うてゐる相である。此は元より、村人がさう類推した語原說に過ぎないのである。地形も山に據つて、道に遠くない處で、ともかくも若干の信仰を繋いでゐる點は、似てゐる。

◇とまり宿

又、若手宿と言ふ。若手の毎晩とまりに行く家である。觸々の子どもは、十五から若手入りをする。五軒なり、十軒なりの若手を一組にして、其をたばねる組頭と言ふものがある。若手の公共の爲事と言へば、まづ産神《ウウシン》樣の神輿を舁いたり、色色な神事に與る事である。

若手に限らず、女房持たずに死んだ者には、はなつみ袋と言ふものを、首にかけて墓場へやる事になつてゐる。併し、大抵はとまり宿に出かけて、はなつみ袋をかけない樣になる。

又、若手宿とも言うてゐる。多くは、新婚の夫婦の家を宿として集る。心易いからである。一觸に必しも一軒でなく、二軒・三軒もある事がある。若手宿に行くより前から、ちやんと話の出來てゐる者が多いが、はんちや(半端)者も行く。以前は、小學生徒で出入りした者もあつて、もう、宿へ行く樣になつたか、と親に叱られたと言ふ樣な話もある。

とまり宿に出入りする男女は、朝頗早起きをして、家に戻つて、朝爲事をする。此が出來ない樣では、恥なのである。主人持ちの男女は、とまり宿に行かれぬので、非常に苦しむ。でも盆・正月・臨時の休みの外は、出入りは許さない。

四十年も前には、男も女も夜なべ爲事を持つて出掛けた。女は針爲事、男は藁うちなどして宵を過して、寢る段になると、蒲團も着ずに、ごろ寢をしたものである。だから、家に居てうたゝ寢して、蒲團をかけてくれ、と言ふと、下女などが、若手宿の事を思へと言うた位である。とまり宿のない處では、男が、娘のある家へ忍びこむ風がある。I村のF觸などが其である。

必しも、一人の男と女とが、守りあふ訣ではないので、悋氣喧嘩や、藥のみが出來る。花柳病に罹つてゐる者を、藥飲みと言ふ。娘などがぶら〱して居るのを、他人に問はれると、あれも此頃は藥飲みで御座います、と平氣で答へる。

約束した女が、ほかの男にかたづいたを憤つて、刺し殺した男もあつて、死罪になつた其墓が現に、長者原の芝生の南の松山の陰に、まだ苔も被らないで立つて居た。

とまり宿に出掛けぬ様な息子・娘を持つ事は、寧ろ恥なので、自由に出入りはさせてゐるが、いざ、婚禮となると、なか〳〵やかましい。親が不同意を唱へて、家に引きとらぬ事も多い。現に、今さうしたもめの口が一つあつて、仲介を賴まれて弱つて居ると、案内して下さつた某氏は澁面を作つた。併しどの觸も皆さうだと言ふ訣ではない。子どうしの仲がなり立てば、親に異存のない處も多い。殊にやかましいのは、士族と百姓との間である。士分の娘は、とり締りが嚴重であるが、息子は、何とか言ふ口實で、とまりに出かける。其爲に、問題がこぢれて、士分でありながら、百姓の娘に通じたと言ふので、廢嫡になつたT村のN神官などがある。

私生兒がむやみに多くて、父親の方へ引きとられるのも、身よりの家で、大きくなる事もある。

けれどもよしわるしで、とまり宿の風の表面にはともかくも現れない柳田村の様な處では、人口が殖えない傾きが見えてゐる相である。私生兒で、他家の養子になるのもある。中には、其父と共に養子に入る事がある。元、縣下の民營の何々所と言ふ神事に關係のある處の所長になつて居た、此島出の某氏の如きが其である。養子には是非あれをと望まれて、とまり宿の女に生した女の子を連れて壻入りした。が、其に何ヶ月か先つて、娘だけを養女として入れた後で、父が迎へられて行つた。とりも直さず、親子で、同時に兄妹と言ふ訣である。其後家つきの女房の腹に、本の子が二人まで生れたので、繼子いぢめがはじまつた。其ばかりか、父親が早世した爲に、此娘は頭をわるくするまで、壹州にも傳つて居る紅皿の苦しみを嘗めたのであつた。

若手宿の風は、本州の中にだつて、いまだに絶えない處もある。島々には、どこでもかしこでも聞く話である。壹州のも、其一つに過ぎない。我々の様な旅行者には、なか〳〵うちあけ話も聞して貰へなかつた。だから必しも、一村一觸に限つて存して居るとも言はれまい。だが、東海岸のT村のM觸・Y觸などは、盛んな處であるとの噂であつた。Sヶ崎などは、警察署・郵便局などの文化施設に三町と離れぬ處なのに、やつぱりそんな評判がある。そばに暮して居て、つひ此頃はじめて知つた、と敎へてくれた人が言うた。

若手宿に對しては、時々出しあひで禮をする相である。宿になつた家では、夫婦ともよそにとまりに行つて、夜は、家を若手に任せて置くのもある。

◇はなつみ袋

女房をとらないで死んだ者は、年に限りなく、首に、頭陀袋の様な物をさげさせて、棺に入れる。花つみ袋と聞くと、あはれな字面である。が、其理由も、其名義も知れない。

◇班田

壹岐には、惣わりと言ふことが、明治七八年頃まで行はれてゐた。田地は、國中二十三年目毎に、わりと言ふ事をして、すつかり元通りに割り直して了ふと言ふ方法であつた。

島中に、めえ田《デン》（又、みよお田とも）は、一切なかつた。併し中には、先祖の代から、わりの外に、特別の事情で、田地を持つたものもないではなかつた。小作などは、勿論なかつた訣であるが、手の足らぬ家では、おんまいをとつて、下作《ヒタサク》させたものである。

惣わりは、村でした處もあるが、大抵は觸《フレ》でするのであつた。二十三年目が來ると、前畠（家の前の當用の野菜など作つて置く處）は据ゑおきであるが、其外は、野山でも變つて了ふ。誰が誰の物をとるとも訣らなかつた。望みての多い地・少い地があつて、不服も多かつたので、あちこちど、とび〳〵に、田地がわかれる事になつた。飛び地が澤山出來た次第である。中には、あまり遠くて不便な地をわりあてられなどして、其近所の田地を持つた家に、下作をさせたのもある。

わりに、一樣割りと同割りとがあつた。あがり高に關係なく、同じ間數をわりあてるのと、あがりを見こしてのわり方との違ひである。武生水などは、同わりでやつてゐたが、よその村は大抵、一樣わりであつたらしい。今日でも、町方《マチカタ》を除いた壹州の觸々・小名々々が、散居《サンヤ》のよりあひの樣になつて、一ところに集つてゐないのは、惣わりにあてられた田地に家を作つた爲である。

山はわり以外であつたが、山は多くもないので、あまり持つてゐるものはなかつた。山を持つた家では、山構へをして、其外の落ち松葉などは、掻いて行くに任せたものだ。

ごくりゆう地（今も官地である）でなくても、濫りに木を伐る事は許してなかつた。自分の持ち山でも、さうである。其うち、三木と言うて、松・杉・樟は、大事にしたものである。郡代に、作事願ひをした上で、伐るなら伐らねばならなかつた。松の伐り株を見つけられて、山目附に叱られた樣な人も段々ある。

官地をごくりゆう地と言うた。大抵往還の横何尺ごくりゆう地と言ふきめで、松並み木などを育てた。勝本線・今の芦邊線などの官道沿ひにある松並み木が其で、木を伐る事は、一切許してなかつた。さう言ふ處に、屋敷をとつて、家をこしらへて行く事も、段々許される樣になつた。散屋式の家が、往還沿ひに、幾分立ち續いて見えるのは、其爲である。

惣わりのある前には、別家の爲の屋敷願ひが澤山出た。屋敷地としては、日あたりのよい、水の手の都合よい、隣家のない場所を望むのであるが、田地のよしあしとは一致しにくい。耕地かとびになり、飛屋になる理由は、こゝにもあつたのである。

土地を賣ることは、勿論出來ぬ。併し、百姓頭即札頭《サスガシラ》の聞き置き位の處で、抵當に入れる事は、默許せられてゐた。が、事實は、賣買の形をとつてゐたのである。唯、永代賣りきりはならなかつたが、實際、札頭が請け判で、賣つてゐたものである。わりが來ると、皆帳消しになつた訣であるが、賣り主と買ひての行きがゝりで、前の買ひうけ錢のわり戻しをさせる事もあつた。ともかくもさう言ふ場合には、雙方合意の上で、わる事になつてゐた。

五十戸なら五十戸の村がある。その中に、家を出るとか、退轉した屋敷があるとする。すると、其一戸分はういて來る。之をわり當てる事が即、うきわりである。此あがり地のうき割りは、二三男別家のをりにさしたものである。

かけ屋敷のうきわりは、二人目までは、二割をわけてやつたが、八分しかやらなかつた事もある。

惣わりまでの間に別家する場合には、其屋敷を獲る爲に、前作者の養子と言ふ形になる。これが即、屋敷養子である。後つぎのない家でも、屋敷養子を迎へる事があつた。

さうする外には、自分の家のわり中《ナカ》から、新地をわけるか、年限うりの田地でも買ふより、方法がなかつたのである。

夫婦の揃つた別家では、うきわりとは別に、五分だけはくれ、其中一人が死ぬと、男なら三分、女なら二分をひき上げて、觸に預つて置くのであると言うた人もある。日高眞次郎翁の如きは其である。

わり以外の田地を持つた家も、あるにはあつた。先祖以來の特別の事情で、持ち傳へた地所である。さう言ふ土地を、自分の居る觸以外の處に持つてゐるのもあつた。

明治七八年の頃、田地定めのわりがあつて、地券がはじまつた。これで永代、惣わりがなくなつたのである。此時、畝杭を立てた。稅は二分五朱であつた。初年は、三分であつたので、其だけ割り戻しがあつた。

惣わりは、近世からの事だとする說がある。後藤正足氏所藏の壹岐國郡庄邑浦來歷（寶曆・明和）には、永祿の時分に、田・畑・山等を、其處の民家に同樣に割り分けたのだ。此がわりのはじめだ、とある。併し、此說はまだ不足な根據から出發してゐる。應永十九年の土地屋敷の讓狀二通（山本氏の先祖で、箱崎江角の坂五郎と言ふ人の書いた物）があるから、貴賤共に重代相傳の田畑山があつたのだ、と言ふのである。併し、惣わりの制度が、正しく行はれてゐる間にも、相傳の地と言ふものを認めてゐた事實から見ると、證據は弱くなる。

百姓のわり高は、一體二斗四升蒔き位の田地を割られたものである。

紙上問答

○たとへ一言一句でもお思ひよりの事は、直に答をしたためて頂きたい。

○一度出した問題は、永久に答へを歡んでお受けする。

○どの問題の組みにも、もあひの番號をつけておくことにする。

問(一八)　明治二十九年予大英博物館に在て讀書の暇に屢ば孫文氏とバビロニアの古物展覽室に往き閑談した。そこで或時逸仙予に語つたは、古支那人が厤を記すに、大歲甲にあるを閼逢、乙にあるを旃蒙、丙にあるを柔地等、又大歲子にあるを困敦、丑にあるを赤奮若、寅にあるを攝提格抔と書た。是等の號何れも支那語でなく、全たく外國語を音譯したとみえると。因て予手の及ぶ丈け支那學者共に聞合せたが明答し得る人は無つた。今日は最早定說もある事と察するから、大抵右の諸號は何國に起つたといふ事を、例の西說受け賣りで宜しく御敎示を望む。(南方熊楠)

問(一九)「民俗學」二號の金田一先生の「話」のうちに熊祭りの祭宴に於いて、アイヌはそのやうにして人間の家つととなつた熊は天上に昇つてより盛大な祝宴を催し得ると考へてゐるとありました。のみならず偶然先頃の會で、食物などに對しても同樣だと承はることを得ました。ところが、同じやうなことがアメリカのZuñiインディアンにあり(エベル・モース「宗敎史雜纂」序一〇頁)、一般に東北部亞細亞地帶にその傾向が多く認められるやうで、それはモースがその贈與論に於いて「神と人との間の相互的契約」と呼んだものに入れられますが、これらは更に死者の招靈や、祖先の慰靈、神前の舞踏、祭宴、共食、供犧等とひとつのつながつた關聯を持つて居り、從來私は「天の饗宴と地上の饗宴」(Repas celeste et repas terrestre)としてフォミユライズして居ますが、かうした關聯形式に入るべき諸事實の悉しい民族誌的記述をテキストなり、御報告なりで、御知らせ願へますれば本當に幸せに存じます。(中村康隆)

問(二〇)　東京近在では葬儀の際に火葬場なり菩提寺なりへ死者を送るのに送葬者の人數に關してひどく嚴格に云ひ立てる人たちがゐる。翌日骨揚げに行くときまたは新《ニヒ》墓參りのときには前日の人數と異へて偶數とか奇數とかせれば惡い事があるといふ。こんな事を守つてゐる地方と數の丁半を知らせて下さい。(松下勝太郎)

問(二一)　葬儀のことを關東地方でジャンボンと子供達が云ひますが(鄕土硏究に柳田國男氏の毛坊主考にある)他に何か特異な方言がありますか。例へば秋田青森方面でダミと云ふ樣に。(松下勝太郎)

答(五)　紀州田邊町等でも、枇杷の木はニアヒ聲(病人が呻る聲)を好むといひ庭に植るを忌む。予の宅に多く此木あり、五年來病人だらけで困り居る。又ホウヅキを植ると病人其家に絕すといふ。こんな事を足利氏の世既に言たとみえ、塵添埃嚢鈔二に、柑類、梧桐、芭蕉、紫荊、款冬等を俗家に植ぬ由と、其理由說を載す。歐洲でも、夾竹桃を不面目と不幸を招く不吉の木と忌む由、一八八四年板フォーカードの植物俚傳口碑及唄謠四七三頁に記す。(南方熊楠)

答(五)　群馬縣勢多郡桂萱村東片見にては柚子の木は植ゑた者が死亡いたさない內は實らぬと云つて居ります。又枇杷の木は病人の呻聲を好むと云うて屋敷內には植ゑません。(長沼二三夫)

答(九)　第一卷第五號に載せられた福紙のことは駿河國沼津附近でも申します。私共幼少の頃斯く敎へられて、今でも餘剩の折込を喜ぶ心持があります。(後藤圭司)

答(一二)　八王子市附近には特に植木の支柱に對する名稱は無いやうであるが、支柱の事を「ッッパリ」又はッッカエ棒」といひ、支柱を建てるを「突張をする」「突張をかふ」「突かえ棒をかふ」などと總ての支柱に對して斯く謂ふを聞く。(村田鈴城)

答(一五)　問の意に副はぬか知らぬが約廿年前頃迄、小生の村に「おびー」と呼ばれた尼(?)三人位ゐた。剃髮し白の下着に黑衣を纏うた姿から、尼さんと云ふものだと思つてゐたが「りよー」と呼ばれたその住家は寺院と異り俗風の家で、然かも半ば寺院がかつた感を持つて見られてゐた。三つの中の壹ケ所の「りよー」には確かに相當大きな佛間があつた樣に思ふが判然としない。何か佛事樣の事に携つて口を糊してゐたかと思ふが實際を見た經驗を有たないので、何とも云へない。約廿年前頃より之等の「りよー」が何れも無住となつたのは仕事が無くなつたからのことだらう。

然るに此の地方でビービー泣くことを「びーたれ」と云ひ、あの子は「おびー」だと嘲る。此の泣く子を「おびー」と云ふのは、どうも「びーたれ」から直接に來た變化ではなくて、「おびー」と云ふ女が良く泣いたからではないかと思はれる。「おびー」と云ふのは「びーたれ」と云ふよりも柔かいけれども嘲笑をより多分に持つてゐる言葉である。その女を「おびー」と云つたのは「御びー樣」と云ふ意で、その特異の地位に對して敬語(?)を用ひたものかと思ふ。村人は、「おびーさま」「おびーさん」等と敬語(?)を以て呼んでゐた。

尙、此の地方では河蜷《かわにな》のことをも「おびー」と云つたのはその黑い殼に包まれてる形が、此の女に似てゐたからのことで、子供等はこの貝を手に持つて、「おびーちやつくり茶を沸かせ」と囃しながら蜷が徐《おもむろ》にその殼の中から頭を突き出す狀《さま》を面白がつたものである。此の遊戲から思ふと「おびー」は普通《ふだん》は、「りよー」に閉ぢ籠つてゐて、僅かに炊事の時位ひにその黑衣の姿を見せたのだらふか。

只今、聞き得た談によると、宮崎縣延岡地方で蛇のことを「おびき」と云ふ由、然かも夫れは主として青大將など害のない蛇を呼んでゐた樣に感ずると云ふことである。「おびー」と或は關係のあることかと思ひ記す。尙、此の談話者は尼さんは見たことはあるも、何も詳しいことを知らぬ由。(伊藤靖―「おびー」の話・山口縣都濃郡戸田村)

答(一六)　之は問の趣旨とは懸離れてゐるか知らないが、小生の祖母の談に、八十八夜には月が山の端を上るに必す三ッ見ゆるは不思議だと言つた。(伊藤靖―山口縣都濃郡夜市村字畑。)

答(一六)　正月十四日の月が、西の山に入るあんばいによつて、その年の作物の豐凶を占つたことは、信州上伊那郡伊那富村神戸の古老から聞いた。月の入り場所が上りすぎたとか、下りすぎたとか、夜明けが早かつたとか、おそかつたとか言つて、今年は稻の苗のおきが良いとか、早生稻はいけないとか、晩生は不作だとか占つた。(小松三郎)

答(一七)　風の神を追ひ出すのには、私の村(群馬縣勢多郡桂萱村東片貝)では豆を煎りまして熱い内に白紙に包み家族の數だけ拵へ其の包を以てめい／＼頭から足の先まで摩り摩り終れば、集めし家より下に當る三ッ辻(或は四ッ辻)に捨てて後を振返らぬやうにいたして戻るのです。斯くいたせば家内より風の神が追ひ出せたと信じ安心いたすのです。(長沼二三夫)

學界消息

○民俗藝術の會一月例會　は東京朝日新聞社に於て一月二十一日午後六時より開かれ、玉川村の神樂囃子與の手・獅子舞の實演と、山本靖民氏の解說があつた。

○國學院大學鄉土研究會　の今期の講義は一月二十三日より開始されるが、尙同會の次の大會には三河國本鄉町中在家の花祭が實演される筈である。

○東京人類學會一月例會　は一月十八日午後一時半より東京帝國大學人類學教室に於て開催され、長谷部言人氏の「我が南洋群島の人種相」八幡一郎氏の「ミクロネジアの考古學的調査概要」と題する講演があつた。

○早稻田大學演劇博物館　は一月七日より開館し、諸國民俗藝術の寫眞百餘枚及其他を陳列する。

○會津八一氏　「東洋美術」一卷第四號に「南都七大寺日記述作年代を論じて法隆寺金堂四天王の移入に及ぶ」を發表し、又一月十八日早稻田東洋美術史學會の一月例會に於て「法隆寺六躰佛の傳來を論じて再び金堂四天王の移入に及ぶ」を講演した。因に同大學東洋美術史學會は會津八一氏及文學部・理工學部建築科の學生有志を中心として昨年末に創設されたものである。

○早川孝太郎氏　折口信夫氏、今和次郎氏、宮本勢助氏は一月四日三河本鄉町足込の花祭を見學した。尙早川、折口の兩氏は「花祭に就て」といふ講演を同所に於てなした。

○折口信夫氏　は一月十、十一、十二の三日間松本市に於て開催されたる伊勢物語講習會にて「伊勢物語につき」といふ講演をなし、信州新野の花祭を見學の後、三河國に採訪旅行を試みて、一月下旬に歸京した。

○小泉鐵氏　朝日新聞學藝欄に「出草判決」を寄稿した。

○松本信廣氏　は佛蘭西學會編纂の「佛蘭西の社會科學」に「現代フランスに於ける東洋學」を執筆した。

○泉井久之助氏　は「藝文」二十ノ十二に「原語と故地」を寄稿した。

○アグノエル氏　は一月二十八日午後五時より日佛會館に於て「古代日本の宗教舞踊」と題する講演をなした。

○安藤正次氏　は「言語と文學」第一輯に「登陀流」「血乖考」わが古代國語におけるアウストロネジヤ語系要素の一例、を執筆した。同誌は臺北大學の國語國文學會の機關雜誌であつて年六回發行されるさうである。

○東北土俗講座　仙臺放送局の同講座は昨夏より開講されて本年一月を以て了つた。その主なる講義を擧ぐれば、佐々木喜善氏の「東北土俗講座開講及閉講の辭」三原良吉氏の「網地島の猫」苅田仁氏の「仙臺の玩具」柳田國男氏の「東北と鄉土研究」中山太郎氏の「東北は土俗學上の寶庫」中道等氏の「南部の恐山」「下北半島の鹿と猿」「平內半島の民俗傳說」森口多里氏の「東北人の民俗藝術」折口信夫氏の「東北文化と東北文學」金田一京助氏の「言語と土俗」「イタコと座頭」等である。尙この講座の講演集は取纏められて三元社より出版される筈である。

○川合勇太郎氏　青森縣三本木町に居住の氏は「三本木平と共開拓以前」を自費出版した。本書は同地方に於ける寬文以來を集錄し、民俗學的資料を豐富に採錄し、開拓以前より現在に至る同地方の變遷を敍して、讀者をしてよく昔此東北の平野に集つて來た人々の心理を了解せしめる。菊判和裝二三五頁、實費三圓にて希望者に頒つ由。

○佛國亞細亞協會（Société Asiatique）の Journal

Asiatique の Tome CCXII Avril-juin 1923 には N. K. Dmitriev 氏の "Chansons populaires tartares." (韃靼民謠集) を收載する。

○さきに "Le Festin d'Immortalité" を著して有名だつたデュメッイル氏 (G. Dumézil) は「人頭馬の研究」(Le problème des Centaures, étude de mythologie comparée indo-européenne, 3pl., VIII 278p.p., in-8, 1929. Annales du Musée Guimet, Bibliothèque d'études, t. XLI.) を出版した。

別所氏の「水占」に就いて

別所梅之助先生(本誌一ノ五)の水占の墨に似た事を私の方(埼玉浦和在)では唾《つばき》でやります。橋の上に立つて流れる水に唾をはきます。嘘《うそ》を云つた者はその唾が開きません。嘘を言はぬ者の唾は水面に廣がります。これで占ふのですが、大人はやらぬらしく、遊びの名稱もありません。川の水のことについて尋いで思ひ出るのは私達の方では子供は川に橋の上から小便をします。その時「川小便ごめんなさい」といひます。言はぬと陰部が腫れるといふのです。勿論これは占ではありません。こんないたづらは女はしません。（増田　徳一）

第九回民俗學談話會

一月十八日午後六時半より本郷區御茶之水、文化アパートメント社交室に於て開催した。左記の出席者があり、左の講演があり、講演後寫眞の展覽と質問あり、九時半散會した。

宮本勢助、道田忠雄、伊波普猷、久保田正孝、野原四郎、岡下一郎、尾原亨、高田進、青池竹次、青柳秀雄、堀内節、鈴木義雄、茅野正吉、須永達、細川昌吉、瀧澤敏雄、金城朝永、大藤時彦、田中市郎衛門、木下利次、岡村綱一郎、伊藤頁吉、田中たま子、松本信廣、村上清文、熊谷辰治郎、小林正熊、岡村千秋、袖山富吉、

講演

臺灣蕃族の成年式に就いて　　小泉鐵氏

臺灣に現存蕃族のうち、其のアミ族の成年式の話をせられたのであるが、先づ其の蕃社組織の根幹をなす年齡別階級制度の大體をのべ、それと統治組織との關係の概略を說き、其の成年式の次第を數個の例を擧げてとかれたのである。

アミ族にあつては成年式を經ない子供はワワと稱せられ、一人前の公人の資格を備へぬのであるが、それが或る年齡に達すると成年式をへて階級(スラル又はカブット)に取入られ、一人前の公人の資格を有つやうになりカッパハと稱せられるに至るのである。そして其の階級は年齡別の列次に從つて數段若くは十數段の階級に分れてゐるのであるが、或る階梯を境として上下に分れ、それまではカッパハであつたものが、マトアサイと稱せられるのである。成年式を行ふ年齡、其の年次、次に階級の數及び上下の分ち方等は蕃社々々によつて異なり、一樣ではない。

又階級の列次にはそれに附帶した職分があり列次による作法があり、蕃社統治機關の役員制度と關係を有するのである。

成年式も亦各蕃社によつて甚だしき差異がみとめられ一樣ではないが、概して古く且つ大きい蕃社にあつては其の式も複雜であるが、新しく且つ小社は簡單である。

其の異れる數個の例を薄々社、太巴塱社、馬太鞍社、ハラワン社、奇密社について擧げた。

是等については更めて同氏によつて本誌に執筆せられる豫定である。

東京考古學會 會員募集

私達は、現在考古學が轉形期に立つてゐることを痛感します。その過去を清算し、前途を開拓することは多難でもありますが、一方冀望に滿ちてゐるとも思はれます。この時代では出來るだけ多人數の出來るだけ廣範圍の共同研究を必要として居ります。

今回「考古學」を發刊しましたのは斯學の發表機關を增加して、直接研究者の交詢に資し、間接には斯學研究の風潮を一層誘起したい念願からであります。趣旨御諒解の上御入會願上げます。

同人（五十音順）

石野瑛　上原準一　大場磐雄　坪井良平
德富武雄　中谷治宇二郎　三輪善之助　森本六爾
谷木光之助　八幡一郎

東京考古學會々則抄

第三條　本會はその目的を達する爲に左記の事業を行ふ。

イ、隔月一回雜誌「考古學」を發刊する。
ロ、隔月一回談話會を開き、年一回總會を催す。
ハ、臨時研究旅行を催す。
ニ、考古學關係の圖錄パンフレット類を刊行することがある。

第四條　本會の會員は本會趣旨に贊し會費（半年分參圓　壹年分六圓）を前納するものとする。特別號發行の際の超過會費は別にこれを定む。

第六條　本會會員は雜誌「考古學」の配布を受け、研究會並に研究旅行に出席參加し、本會發行の圖書類に就ては便宜をうける。

「考古學」第一卷第一號一月號要目

四六倍判　定價壹圓貳拾錢　送料六錢（會員無代配布）

東京考古學會

編輯　東京市小石川區原町一二五
庶務會計　東京市神田區北甲賀町四岡書院內
振替東京三八四七二番

英國民俗學協會公刊　バーン編著　岡正雄譯

民俗學概論

菊判約五百頁

普及版

定價二圓

送料内地二十七錢　其他五十五錢

曩に雜誌「民族」あり、次いで「民俗藝術」生れ、更に「民俗學」發刊せられ、民俗學的研究は益々世の注目の的となり、其の研究に志し、其の採集に努力せらるる篤志家の數は愈々多きを加へつゝある今日、民俗學とは何か、其の問題並に方法はどうかに就てバーンの本著は最も懇切にして良き嚮導者であります。

されば小院は先きに刊行せる本著の普及をはかり、學界今日の要望に應へたく、普及版を刊行することに致しました。

附記　本書は民俗學の概念・目的・方法等を組織的に且便覽的に論述したものであります。

◇前號目次

民俗學談話會

二月十五日(第三土曜)例月通り本郷區御茶之水、文化アパートメント談話室に於て第十回例會を開き、午後六時半より左の講演と共に活動寫眞の映寫があります。

三河の花祭について
折口信夫氏 今和次郎氏 早川孝太郎氏 宮本勢助氏

△原稿、寄贈及交換雜誌類の御送附、入會退會の御申込、會費の御拂込等は總て左記學會宛に御願ひしたし。
△會費の御拂込には振替口座を御利用ありたし。
△會員御轉居の節は新舊御住所を御通知相成たし。
△御照會は通信料御添付ありたし。
△領收證の御請求に對しても同樣の事。

昭和五年二月一日印刷
昭和五年二月十日發行

定價金八拾錢

編輯兼發行者 岡村千秋 東京市神田區表猿樂町二番地
印刷者 中村修二 東京市神田區表猿樂町二番地
印刷所 株式會社 開明堂支店 東京市神田區表猿樂町二番地
發行所 民俗學會 東京市神田區北甲賀町四番地 振替東京七二九九〇番 電話神田二七七五番
取扱所 岡書院 東京市神田區北甲賀町四番地 振替東京六七六一九番

MINZOKUGAKU

THE JAPANESE JOURNAL OF FOLKLORE

Published by the

MINZOKU-GAKKAI

Volume II February 1930 Number 2

Page

Articles:

Short Notes:

Folkloristic Notices:

MINZOKU-GAKKAI
4, Kita-Kôga-chô, Kanda, Tokyo, Japan.

民俗學

第貳卷　第參號

昭和五年三月

民俗學會發行

民俗學會會則

第一條　本會を民俗學會と名づく

第二條　本會は民俗學に關する知識の普及並に研究者の交詢を目的とす

第三條　本會の目的を達成する爲めに左の事業を行ふ

イ　毎月一回雜誌「民俗學」を發行す

ロ　毎月一回例會として民俗學談話會を開催す

但春秋二回を例會とす

ハ　臨時講演會を開催することあるべし

第四條　本會の會員は本會の趣旨目的を贊成し會費（半年分參圓　壹年分六圓）を前納するものとす

第五條　本會會員は雜誌「民俗學」の配布を受け例會並に大會に出席することを得るものとす　講演會に就いても亦同じ

第六條　本會の會務を遂行する爲めに會員中より委員若干名を互選す

第七條　委員中より常務委員三名を互選し編輯庶務會計の事務を負擔せしむ

第八條　本會の事務所を東京市神田區北甲賀町四番地に置く

附　則

第一條　大會の決議によりて本會則を變更することを得

私達が集つて此度上記のやうな趣意で民俗學會を起すことになりました。

考へて見ますと學問が大學とか研究室とかに閉ぢこめられてゐた時代は何時まで何時までつゞくものではないといふことが云はれますが、然し大學とか研究室とかいふものを必要としなければならない學問のあることも確かに事實です。然し民俗學といふやうな民間傳承を研究の對象とする學問こそは眞に大學も研究室も之を獨占することの出來ない學問であります。然しされぱといつてそれは又一人一人の篤志家や學究が個々別々にやつてゐたのでは決してものになる學問ではありません。出來るだけ多くの、出來るだけ廣い範圍の協力に待つしかないものと思ひます。日本に於て決して民間傳承の資料の蒐集なり研究なりが閑却されてゐたとはいへません。然しそれがまだ眞にまとまるところにまとまつてゐるとはいはれないのが事實であります。

かう云ふ事情の下にある民俗學の現狀をもつと開拓發展せしめたいがために、民俗學會といふものを發起することになつた次第です。そして同樣の趣旨のもとに民間傳承の研究解說及び資料の蒐集を目的として、會員を募集し、會員諸君の御助力を待つてこれらを發表する機關として「民俗學」と題する雜誌を發行することになりました。

どうかこの一般國民生活の中に深く生きてゐる事實の意義及び傳承を生かす爲めに、そして民間の學問としての學的性質を達成せしむる爲に、本會の趣旨を御諒解の上御入會御援助を賜りたく御願ひ申します。

委　員

會津八一　秋葉隆　有賀喜左衛門
伊波普猷　石田幹之助　移川子之藏
宇野圓空　岡正雄　折口信夫
金田一京助　小泉鐵　今和次郎
中山太郎　西田直二郎　早川孝太郎
松村武雄　松本信廣　宮本勢助

昭和五年三月發行

民俗學

第貳卷 第參號

目次

資料・報告

臺灣東部阿眉族の稱呼パンツァー(Pangzah)に關する二三の考察

移川子之藏

阿眉族は臺灣蕃族の一にして其數四万千二百十一人（昭和二年十二月末現在）、北緯二十四度以南、同二十二度以北、卽ち花蓮港及臺東兩廳下の平地及沿海に分布し、大別して南勢阿眉、海岸阿眉、秀姑巒阿眉、卑南阿眉と稱するのであるが、殆んど全部平地占據の種族なるを以て高山蕃に對して平地蕃の通稱がある。

明治卅八年參謀本部出版にかゝる『臺灣誌』によれば『アミヤス族ハ蕃地の中央部ニ住居スルモノニシテ元來支那人モ外國人モ共ニ彼等ヲ「サウエジス」卽チ生蕃ト呼ビ來ルト雖モ他ノ二蕃族（パイワン、デボン兩種族を指す）ヨリシテハ此種族ヲ以テ外國人ナリト爲スト云ヘリ初メ此種族ハ卑南ニ接スルコワーサント云ヘル地方ニ一ツノ殖民地ヲ開キ漸次ニ中央部ニ擴リタルモノナリシヲ以テ今日ニ至リ猶ホ彼等ハコワーサンヲ以テ其故鄕ト思ヒ居ルト云フ又一說ニ此ノアミヤス族ハ昔時臺灣島ノ東海岸ヘ一隻ノ大船ニテ漂流シ其乘組人員ハ悉ク陸地ニ登リテ土人ノ救助ヲ受ケシカ其時土人等ハ此ノ遭難者ヲ救フテ其同族ノ婦女子ト結婚ヲ許シタリ然レトモ此ノ漂着者及ヒ其子孫ハ後年ニ至ルモ一ツノ外國人トシテ他蕃人ノ爲メニ忠實ヲ盡シ且ツ如何ナル事ニモ服從セザル可カラストノ條件ヲ約シタル事アリシカ尙ホ今日ニ至ルモ此アミヤス蕃ハ他種族酋長等ノ命令ニハ抵抗スル事能ハスト云フ故ニ一般ノ社交上ヨリシテモ他ノ蕃族ト對等ノ交際ヲ爲ス能ハス例ヘハ若シ此ニ各蕃族ノ大集合アル時ハ他族

ハ悉ク坐ヲ定メ酒杯ヲ把ルマテハ必ス差シ控ヘ居ラサル可ラサルカ如シ
此ノ種族ハ身體ノ骨骼モ他族ト稍々異ナリ全身多毛ニシテ且ツ筋骨皮肉頗ル發達シ居レリ其風俗習慣モ亦タ異ナル所多シ元來他ノ蕃族中ニハ新年卽チ正月ト云ヘルモノナシ獨リ此ノアミヤス族ハ毎秋收穫ノ期ヲ以テ新年ト爲シ種々ノ祭ヲ爲セリ又往昔ハ文學モアリシト云フ此ノアミヤスナル語ハ未ダ何國ノ語ナルヲ知ルニ由ナシト雖モ決シテ臺灣ノ土語ニハアラス又支那語ニモアラサルカ如シ外國語ノ如クニ思考セラル、ノミ』（批點は加へたり）とありて此種族を呼ぶにアミヤスなる名稱を以てして居る、光緒庚辰開刷の臺灣地輿圖說の中に成廣澳南阿眉とあるから、それ以前からも阿眉なる稱呼は有つた事が推察出來る。一體臺灣に關する古文獻中、記載の東部沿海地方に及ぶものは稀であつて殆んど無いと云ふも過言でない。從て何時頃より阿眉なる稱呼が有りしものか古く遡つて探究するに甚だ困難を感ずる。茲に極めて有益なる東部臺灣に關する參考資料として、備中の人秦貞廉が、享和二年戌年東蝦夷地箱館奧山の商賈角屋吉右衞門なる者の船師文助、及び船子其他併せて九名、東部四日市より奧州南部の港に赴く途中、烈風に遇ひ臺灣チヨプラン島へ漂流せる顚末を記せる享和三年癸亥漂流臺灣チヨプラン島之記、文化五年外國漂流日本人申口書拔及同六年順吉丸漂流記等がある。此チヨプランなる音が誰の頭にも直ぐ秀姑巒を聯想せしめずには置かぬのであるが、今に蕃人は秀姑巒溪の河口なる大港口(Ranou)の東北三町斗りの所にチヨワラン（Chowaran）と呼ぶ小河の邊に、今日のムクタ社（Mukuta）の舊蕃社があり、其處にはチヨプラン蕃人も住みツッポオ（t'Chuppoō 又 Tsuppoō, Chippor）と呼んだのであるが、明治十一年頃通事タガイ殺害事件に絡んだ蕃人對淸兵の大動亂の爲め附近一帶の蕃人がチラガサンに立籠る事二ヶ年。夫れ以來蕃社の狀況は頓に混亂して了つたと云つて居る、されど此處にはチラガサンとムナレの兩系統の蕃人がありムナレ系統が更に分岐してパチダルとチポランの二ッに分れる。其チポランなる名稱が恐らく地名より由來せしものらしく、大港口の南、加走灣大字馬稼海字石抗阿眉の説明に據れば彼等は先代ツッポオ（大港口）より移住せる由にして、元來ツッポオ（t'Chuppoō, Tsuppoō, Chippor）とは大河口の意にして花蓮口木瓜溪の河口もツッポオと呼び又臺東を流るゝ卑南溪口も同樣なり、故に t'Cuppoō no Parimunn（Parimunn は卑南溪を指す）と云へ、接尾語 an を附して場所を意味する事、加走灣（Katzaoan）馬太鞍（Mataan）等の如しと、畢竟チョプランもツッポマンの轉訛なるべき乎。

臺灣地輿圖說にも『大巴籠、周塱社而至水尾得所謂秀孤巒者又名泗波瀾』とあり、漂流記中の地形、位置、地名、土俗、言語等より考案して前記松前箱館順吉丸の船頭文助の漂流地は正に阿眉族の地たるべき事疑無き處である。文化四年薩摩國永柳丸の漂着せる『シホウタン』も同一の地點であつたのである。然るに『此所村落三集あり一をチョプランと云、一をアシサンといふ一をチカシエヲワンといへども東南の邊地にして里程凡貳百餘里（臺灣よりの意）を隔たれば知附知縣とてもなく君長と稱すべき者又なく文學は商價の徒のみ』云々とのみにて阿眉の名稱を見出さず。

阿眉なる名稱は蕃語アミス（amis）にして北を意味し、南方の蕃人が北方の蕃人を指して呼びたるより轉じて族名と成つたものと蕃人自らは說てゐる。『北』は奇密社、太巴塱社、馬太鞍社にて amis と云ひ、加走灣にて ka-ami と云ひ、馬蘭社にて kamis と云ふ。遙南方の異族パイワンも阿眉族をカミカミと呼び、又西方隣接のブヌン族も同じくカミカミ、モカミ、シバニバ、バンタウラン等と呼んで居る。阿眉語の『南』はテモール（tinore）なれども、臺灣の文化は南方北漸の爲めか、南阿眉をばテモールとは呼ばない。

斯くして彼等阿眉族は阿眉族と呼ばるゝに至つたものであるらしいが、南も北も總括する阿眉族の稱呼は他にあるのであつて、卽ち彼等はパンツァ (Pangzah, Panzah, Pangzar) であると云ふ。其語の意味を問ひ質せども只阿眉族の自稱にして、蕃人と云ふ以外其語義を知らずと云ふ。

○

此稱呼が所謂『慶長十三年十二月家康バンチャァ國人ヲ見ル』(大日本史料第十二編之五) とあるより其バンチャァ國をば臺灣東部に擬しバンチャァ國人は阿眉族に非ずやとの説をも産んだのである、極めて興味ある説である。成程家康の命を奉じ有馬晴信が千々石采女をしてタカサグン國(臺灣)を經略せんとし捕虜を獲て還つたのは其翌年であつた。又康熙三十六年に出來た『裨海紀遊』にも凡蕃人一粒一毫皆有籍稽之射得麋鹿盡取其肉爲脯幷收其皮日本人甚需鹿皮有賈脯以鬻漳郡人輸賦有餘云々の辭句も見える。

併ながら『裨海紀遊』の記載其ものが臺灣西部に就てゞある如く、史上に關聯を有つ臺灣は西部臺灣であつて、東部臺灣は所謂『後山』にして交涉は殆んど無かつたと思はれる。

慶長十三年は前記順吉丸漂流の百九十三年前である、而して順吉丸船頭の見たる東部の蕃人は男は主として狩獵漁撈を事とし、弓矢鋏鉋も所持し居たれども鋏鉋其他針金に至る迄凡そ金屬類は悉く一歲に幾度か來る支那商人の手より、猪の皮は一番皮にて斧一挺、二番皮にて鉈一挺と云へる工合に物々交換にて得たるものであり、農耕も行はれ畑もありしが、田はなく皆岡畑にして、耕耘の態、畠中に蹲居し柄の長さ僅一尺四五寸の鍬を用ひて、是をなす、農耕の業と云ひし處にて女の手一ツにて爲す程のものであつたらしく、又歩くにも傘履物等を用ひず『雨天の節もむぶしにて歩行、其儘上ね揚り、あらひも不致、自然とかわき候迄夫成に差置申候年中湯を遣ひ候と申儀も無之夏に成候得ば川ゟ參り水にてあせをおとし候迄に御座候　尤商人ども朝に顔を洗ひ候得共百姓者其儀無之夜分迚も燈火無之焚火いたし居申候　頭立候もの迚奉公人遣ひ候ども中に而無之相應に暮し候者ども何人而自分の家に女差置前に申候通女房同樣にいたし置申候都て男より女多く有之候金銀鐵者一向無之從而買物は品替にい爲し申候船ども一村ゟ小船壹艘宛有之形は唐船の小船之樣成形にて日本の高脊船と申船え形に似寄申候　又竹に而組合長の三間程も有之候筏ども家毎に所持仕居、向の村に參り候節ども右の筏に乘り棹をさし渡申候』云々とあり、食事は里芋、粟を一日三度食するので、文助のみは幸ひ商價の家に寄寓せし爲め存命なりしが、他の八人の漂流日本人は總て體痺れ相果てたる由を傳ふ。

四年も居つた文助の話より徵するに大酋長若くは頭目と呼べき程の者も無かつたらしく蕃人は誰に年貢を納むると云ふのでもなく、彼の寄寓せし家の主はツーレンと呼んで『此地の首長の如くなる者にして商價を業とする者、商價の夷は大抵此地に生れたる者にあらず蓋し臺灣枋寮の地を遁逃して此地に來る者ならんか、故に商價の家のみ其俗を異にし剃頭の狀衣服の裁縫惣じて今の唐山人の如しといふ。文字も此等商價の者の間には有つたが蕃人は文字を知らず、自分の歳だに知らぬ有樣であつた。

さればチヨプラン島又シポラン島は阿眉族占據の地であり、パンツァの地であるに相異無いけれども、此漂流の時より更に遡る事、百九十三年、即ち慶長の十三年に果して使者を家康へ遣したであらうか。

當代記には慶長十三年『十二月バンチヤア國（バンチヤア國或ハモロツカ群島中 Batchian Island チ指スカ）ヨリ以使者駿府大御所ゟ令音信、大御所、シヤウキニ腰ヲ掛、彼使者有對面、是ハ船著島商船往來地也（大日本史料第十二編之五）』とあり、文助在留四年、偶々漂流の日本船あるに會し、初めて連合ひ歸國が出來た程の邊鄙なる東部臺灣にして、爰に云ふ船著島、商船往來の地たり得るだらうか、又以使者駿府大御所へ音信せしむる程の事が而も其又二百年程も以前にあつたと想へるだらうか、肯綮に當らないと思ふ。

然らばバンチャァ國は何處に求むべきか、又バンチャァの稱呼を有せる國、若しくは民族は他に有るであらうか。此問題は本論の埒外に在り、今遽に推定し決定するの必要はない、玆には單に阿眉族の稱呼に直接關係をもつものを論ずれば足るのであるが、バンツァと云ひバンチャァと云へる稱呼の如何にも相酷似するものあり一脈の干繋を想はせるものあるが故に、其二三に就て述べて置くも徒爾ではあるまい。

バンチャァ國はモロッカ群島中のバチャン島を指すに非らずやとの說に就て考ふるに、此バチャン島はモロッカ群島中ギロ、の西南に在り、八百乃至九百方哩の一小嶋にして、西歐人の Batchian, Batjan, 'MBatjang なぞと云ふはこれである。初め Valentyne の Ombatjan と呼べるものゝ轉訛なる由であるが、乾隆五十一年出版にかゝる海島逸志中に猫章と(Bâ-cheang)と記してあるのも此島の事である。香料島の一にしてテルナテ嶋(Ternate)に屬し同々敎の君主が居る、モロッカ群島は夙に西歐に知られ、Fernando de Magalhanes の航海記に西紀一五二一年十二月モロッカに於て香料其他を積み出帆に望み、バチアンの王が他島二三王侯と共に西班牙の皇帝へ献上品、並に書狀奉呈の趣を記し、献納品の中には香料、モロッカの若人數名、其他方物なぞ有しと云ひ、バチアン王は特に綺麗なる極樂鳥(土名 Bolondinata)を二羽献納せりとあり。極樂鳥は支那人の霧鳥などゝ書き、霧鳥產萬瀾《バンダ》、安汶《アンボン》間狀類錦雞棲雲霄飲霧餐霞未嘗至地死乃墜落其羽輕鬆柔媚兩翅有修翕長尺餘其尾如燕搖曳輕盈若欲乘風飄玄然(海島逸志)なぞと書れてあるが、後年(一八五八)英國の博物學者 Alfred Wallace がバチャン島に於て極樂鳥を採集してゐる。バチャン島はテナルテ島所屬なる事、既に述べた通りであるが此附邊からは海參、玳瑁、沙金、珍珠の如きも産するのである。

此島の住民としては（一）バチャン馬來人最も古く（二）葡萄牙人の混血 Orang Sirani（三）北ギロ、島より移住せるGalela 人（四）東部セレベス島トモーレよりの移住者此外に諸國の人が居り、支那商の如きも居るらしい、何んとなれば Wallace の離島の折にも一名の支那商人が同船せる事が見えるからである。

圖南の意氣旺盛であつた天正、文祿、乃至は慶長元和の頃、遠く此島々迄、日本人の足跡の及ばなかつた筈は無い筈で、朱印船渡航地を撿するに果して摩利加（Malacca）も摩陸（Moluccas）もある、元和九年には三十餘名の日本人がアンボンに於て蘭人の爲めに虐殺されたる事實もある。隨て南蠻關係の繁かつた德川の初に萬一バンチャア人が來朝したとしても强ち無謀の推定ではあるまい。

慶長十二年頃大阪末吉孫左衞門が南洋航海の節携帶したるものと傳へらるゝ古地圖を覧るに丁子山（Molucca）の西北、サンギン(Sagin)シャウ(Siao)嶋の南、マカサル（Celebes 全體を指す）の北にバンギサル（むんぎさる）と記入しあり、後年其上に貼紙羅馬字にて Pangicaz と書き入れてゐる。

されどバンチァの音に最も類似せるはバンヂャルマシン（Banjarmasin）のバンチアル（Banjar）である、バンヂャルマシンはボルネオ島東南部バンヂャルマシン大河の河口に在り、十二世紀の末葉、既に王國を形成し、爪哇マヂァパヘツト王朝の頃、年貢を斷たざりしが、十六世紀の初頭回々教を奉するに至つて止んだのであるが、建國以來一八四六年迄、寔に君王の連綿たる事廿二代と云はれるのである。

明の外史に左の如きバンヂャルマシン（文郎馬神）の土俗に關する記載あり。

文郎馬神以木爲城其半倚山酋蓄繡女數百人出乘象則繡女執衣履刀劍及檳榔盤以從或泛舟則酋跌坐牀上繡女列坐其下與相向或用

以刺舟威依其都民多縛木水上築室以居如三佛齊男女用五色布纏頭腹背多袒或著小袖衣蒙頭而入下體圍以縵初用蕉葉爲食器後與華人市漸用磁器尤好磁甕甆瓏其外死則貯甕中以葬其俗惡淫奸者論死華人與女通輒削其髮以女配之永不聽婦女若髮短問華人何以致長紿之日我用華水沐之故長耳其女信之競市船中水以沐華人故靳之以爲笑端女或悅華人持香蕉甘蔗茉莉相贈遺多多之調笑然憚其法嚴無敢私通者其深山中有村名烏籠里憚其人盡生尾見人輒掩面走避然地饒沙金商人持貨往市者擊小銅鼓爲號置貨地上卽引退丈許其人乃前視當意者置金于傍主者遂詣欲售則持貨去否則懷金以歸不交言也所產有犀牛孔雀鸚鵡沙金鶴頂降香蠟藤蓆斛藤蓽撥血竭肉荳蔻猿及諸物。

バンヂアルマシンは時に馬辰と略し、バンヂアルと云ふ事がある。比律賓ズルー群島(Sulu)は一名 Banjar-kulam とも云ふ、小 Banjar の義なる由である。

更に猶ほ考究の要あるはマルコボロ(Marco Polo 一二九二)及イブン、バッゥタ(Ibn Batuta 一三四五)の所謂 Fanfur である。此王國はスマトラの一部にて樟腦を產する由であるが、恐らくは今日のパンチョール島(Panchor)でないかとの說がある。パンチョール島の原始的な馬來土人は Panchor とは水の湧出迸る意の語に使用し居る樣なれども、亞剌亞人などの呼べるスマトラ西海岸の Kanfur にして又の名を Kampar, Kamper に非ずとの說もあり、元來此地名は樟腦の產地の意にして印度人の Pansur, Pāiisuh, Pānśuh, Pāṇsu にして梵語の樟腦であらうと云ふ、随て支那の班卒(Pan-tsuh)若くは班卒兒(Pan-tsu-érh, Pan-tsu-'rh)は此地方を指すのではあるまいか。

例へば明の成祖永樂三年乙酉古里班卒遣使朝貢按明外史古里班卒傳古班卒永樂中嘗入貢其國土瘠穀少物產亦薄氣候不齊夏多雨卽寒、按明一統志古里班前代無考本朝永樂三年國王遣其臣馬的等來朝幷貢物田瘠穀不登氣候不齊則多雨多寒風俗質男女被短髮假錦纏頭紅油布繫身(方輿彙編邊裔典第百五卷)

其俗如何にもスマトラ又は爪哇地方の俤がある。采覽異言には古里國は卽ち臥亞にして海に瀕める地名であり、而して其註に『古里一作二古俚一。又云二西洋古里一。蓋與二古里班卒。古里牙。等國一相別耳とある（白石全集第四、八三五）。臥亞に就ては只幾多の說がある事を言ひ加へて置く。

此外、猶ほ爪哇レンバンク(Rembang)の附近に Bantjar と呼べる地あり、造船などを爲すに適せる所と覺ゆるのである、嘗て馬來半嶋ジョホールに於て私記せる手帳の中に爪哇人、バンチァル（Banjar）人等を見たる事を確に記しあり、當時 Banjarnasin より渡來せるにやと問ひ質せる事は、今に記憶すれども或ひは此爪哇の Bantjar 人なりしや手帳に其記載なく甚だ遺憾であるが、記して確證を後日に俟つ事にしやう。

以上述ぶる處、慶長十三年來朝のバンチア國人と云ふは臺灣東部阿眉族蕃人に非ず、バンチァ國に擬すべき地は單に臺灣東部に限らず、南海諸國の中に更に適切なるものゝ在る事を明にすれば足るのである。而して其何れかに決定するには單に音の類似に基ける思付では無く、來朝バンチャア人に關する參考資料を餘薀なく蒐集して後にすべきが當然であると思ふ。

○

阿眉族のパンツァ（Panzah, Pangzah）なる語は馬來語バンサ（Bangsa）にして種族の意だと思ふ。馬來語の Bangsa は人種、血統、家族、同族、民族、なぞの意味を有し、Berbangsa と云へば高貴の生れを云ひ、Bangsa baik と云へば育ちのよい事、家柄、生れのよい事の義となる。馬來語系のチャム語（Čam）にしても Baiṅçā 又は Baiṅsā なる語は人種、民族、種族の意味を有するのである。（同じくチャム語の Ban は人種、家族、血統、遺傳、傳統の意である、此語が萬一支那の蕃又は熟蕃の姓に多い潘なぞと關係を有するかも知れないし、又支那四川、貴州、雲南の玀々や玀猓の異族を支那人が Mánza, Manzi, Mantse, Mantzu, Man-chia なぞと呼び蠻子、蠻家等と書てるが、元來支那語であるか、それとも Manza, Mantse は Bangsa と關係あるか、遽に決し兼ぬるが疑問を挾む餘地はあるかと思ふ)

阿眉語の Pangzah 馬來語の Bangsa チャム語の Baiiça, Baiisā 皆同一語系と思はるゝが、此語は共に梵語 Vamça (人種、種族)より出たものゝ樣に信ぜられるのである。梵語が遠くポリネシャ、メラネシャにも發見せられ、東印度諸島特に沿海は無論の事。比律賓沿海、平地、又北部呂宋山地の蕃俗の間にも幾分古代印度の影響を偲ぶものがある、苟も土俗の研究を志すものは、一應は古代文化の流を辨へ置く必要があると思ふのであるが、今ゆくりなくも阿眉語の Pangzah に古代印度を發見したのである。

此 Pangzah なる語より推して、阿眉語は最も馬來に近く、臺灣へ渡來の年代は少くとも馬來語が古代印度の影響を感受せる以後の事なりしを察知する事が出來ると思ふのである。但し言語と人種とは必ずしも一致するものでない事は云ふ迄もない。(終)

姙娠に關する習俗

——朝鮮慶山地方——

朴文圭

一

知識階級に屬し、しかも比較的富裕な人々によつて行はれるものに「墳墓の移葬」、「移居」、「佛貢」、などがある。これは何れも生兒の祈願に限つたことではないが、しかしこのために行はれることが最も普通ではある。

一、墳墓の移葬。これは祖先の靈魂に對する信仰と「山水の理」(註)に對する信仰とが相結附いて出來た習俗であつて、「どこそこの何某の第何代祖の墓地は名山ださうな!」とか、「どこそこの地勢はかく/\であつて、何某道僧がその地に墓地を卜する時、かく/\のことを豫言した」とか、「何某の一家が今日のやうに榮えたのはその第何代祖をどこそこの山に葬つてから以後のことだ」とか、聞くことは極めて屢々である。これは知識の有無を問はず一般に眞面目に信ぜられてゐることであつて、今日でも相當の身分と富とを有する人は墓地は必ず之を卜してゐる。だから子供のない人がこれは祖先の墓地がわるく、從つてその靈が安らかにおさまれず、その子孫に祟つて來たからだと

姙娠を結果せしむる行爲

一般に姙娠を結果せしむる行爲といつても父權制の嚴しい朝鮮に於ては、それは凡て男兒の懷姙を祈願する諸々の行事となつて現はれる。「子供は二十前、財産は三十前」といふ諺がある位、朝鮮では從來早婚の廣く行はれてゐた關係上、二十前後には子供をもつことが寧ろ當然だとされてゐる。それであるから既に結婚した夫婦であつて、しかも二十五六になるまで子供がないことは一つの大きな心配事である。この頃から漸く姙娠を祈願する諸々の行事は行はれ始める。初めのうちは「いづれその中には」といふ希望もあつて比較的費用のかゝらぬ行事が行はれる。しかしそれも三十歳を越えて四十の坂(殊に女)も束の間となると一家の破産をもかへりみないことがたまにはあると聞く。男で經濟の許すものならその間幾人かの妾を蓄へたことは勿論である。從つて祈願は少くとも妻自身(この方が最も多い)若しくは夫妻兩人、又は屢々家族員の多數によつて、行事の種類にしたがひ或は隱然或は公然に行はれる。

考へるやうになるのは極めて自然であると言はねばならぬ。

註　「山水之理」に對する信仰は獨り祖先の靈に對する信仰と結びついて、一家の興亡を左右するものだと信ぜられてゐるばかりではない。それは亦實に一國の興亡をも左右するものだと信ぜられてゐる。李太祖都を漢陽の地に定むる時、『僧無學の賢を聞き、之を三南高達山の草庵より召す。太祖之を見るに師禮を以てし、仍つて定都の地を問ふ。無學乃ち漢陽に至りて曰く、「仁王山を以て鎭となし、而して白岳南山を以て左右の龍虎となさん」と。鄭道傳之を難じて曰く、「古より帝王は南面して治す。未だ東西を向かざるなり」と。無學曰く、「吾が言に從はずんば二百年に垂んとして當に吾が言を思ふべし。」云々』と。この話は文献上明かなるのみならず、今でも老人達のよく口にするところである。

二、移　居。　家を建てる場合にも地勢は常に考慮に入つて來る。若しも地勢がわるいか、家の向きが戸主の四柱（生年月日時）（註）とよく配合してゐないやうな場合には、その一家には常に災害が絶へないものだと信ぜられてゐる。だから子供がないやうな時には、よい地を選んで新らたに居を構へたり、或は家の向きを更へたりすることが往々にして見受られる。

註　誕生の時はその人の運命に重大なる影響をもつものゝ如く考へられてゐる。普通四柱といふのは生年生月生日生時をいふのであつて、これに水火金木土などを配し、相生が多ければ幸多く、相殺が多ければ不幸だなどゝ人々によつて色々運命の解き方が違ふやうである。生時に關するかゝる考へ方が亦居所についての考へ方にも結びついて來たのであらう。

三、佛　貢。　これは佛に生兒を祈願する行事であつて、普通米何石を佛に献納し、僧侶に祈つて貰ふか、或は自ら祈る。これは佛の功德を感じうる人々の間には寧ろ當然かも知れない。

二

上に述べたやうな習俗が多くは知識階級の比較的富裕な人々によつて公然と行はれるのを特徴とするに反し、最も無知な、貧しき人々によつて祕密に行はれる一群の習俗がある。それは何れも盜むといふ形で行はれ、他人に知られると効果は全くなくなると信ぜられてゐる。

一、「サモ」を三たび冠つた人の家に忍び入つて「ジョーレ」を盜み歸り、それの煮た汁を飮むと願は成就されると信ぜられてゐる。

（「サモ」といふのは婚禮の式場で新郎の冠ぶる禮帽。これを三たび冠ぶるとは三たび娶つたことを意味する。「ジョーレ」は竹を細く割つてあんだもので飯を炊ぐ際に米から砂などを撰りのける道具である。）

二、一棟の建物ではあるがしかも一つの部屋しかなく、その部屋といふのも又一つの窓（ボンチャン）一つの戸しかない、そういふ家に忍び入つて戸の蝶つがひを盜みとり、之の煮た汁を飮むと子供が得られるといふのである。ボンチャンとは人の出入するためのものではなく、唯風通しをよくするために、壁の上部に穴をあけて紙をはつたものである。蝶つがひは朝鮮語で「トルチャク」といつて雌雄兩トルチャクよりなる。突き出た方を雄のトルチャクといひ、くぼんだ方を雌のトルチャクといふ。それは男女の生殖器を表象するものだと考へることが出來る。

三、舊曆の正月から二月にかけて索引大會といつて各地に大規模な綱引が行はれる。その綱引には軍勢を一にするために哄聲と共に、これをリードする布地の旗を振る。この旗には龍とか虎とかの繪が畫かれてあるが、この旗には勝敗を左右する或る一種の力があると信ぜられてゐる。でこの旗を盜み、その布地で懷姙を希望する婦女が肌着のヅボンを作つて着るといふ習俗がある。惟ふにこれは龍に關する考へ方がその旗に龍の繪が畫かれてゐることゝ、又月經と女の肌着のヅボンに關する考へ方とが相結びついて出來たものであらう。

四、今一つは他の婦女が分娩の際排出したところの胎盤を盜むことによつて願がかなふものだとする習俗である。これは胎盤が生命の基だと考へられたからであらう。

上に述べた四つの習俗はいづれも全然盲目的に行はれてゐる。かゝる習俗が抑ゝ起つたときにはあつた筈の合理的な說明は今は完全に忘られて、單に一つの傳統の轍を踏んで行はれてゐるに過ぎない。

三

だが次に述べるやうな習俗は神祕な力に對する尊敬と畏懼の念とを現實に感じつゝ、それに依賴するといふ信仰の度を濃厚にあらはしてゐる。

それは「萬物に神宿る」となす極めて原始的な、粗朴な汎神觀の名殘りとも見られるものであつて、泉、水、石、木、岩、崖等に對してなされる生兒祈願の習俗はすなはちこれを示してゐる。

私はこゝに最近行はれた一つの實際談を書かう。それは今年（一九二九）二歲になる男の子（それは祈願の結果生れたものとその父母は信じてゐる）を持つた信心深い一對の夫婦から直接聞いた話である。この幸福な夫婦には結婚してから十數年をたつても、共に三十を越えるまで子供がなかつた。そこで種々な姙娠を確かにする行事を行つても遂に効がなかつたが、たまたまとある有名な神女を聞き知つて、それに生兒の道を尋ねた。これからがその神女の敎へた通りの實行談である。秋のとある十二時過ぎの夜、この夫婦は先づ身潔めをした後色々な供物を準備して、無神方位(註二)にあたる東方の烏沐川のほとりに出た。そこは人家もなく、ひつそりとした川へりの斷崖の下である。そこへ行つて夫婦は神女の敎へた通りに先づ神飯を炊ぎ、わかめの汁を作り、次いで豫め準備して行つた白餅、栗、棗、及びカモジを婦人の新しくこさへた肌着のズボンの上に陳設して、そして祈願を始めた。祈願に際しては先づ東西南北の海の神—龍王が呼び集められ、それから山の神、木の神等々が呼び集められる。そして夫婦はその罪の大なることを謝して、神の寬恕を希願し、共に子の賜はれんことを祈る。それがすむと米を一杯に入れた盆を水に浮べ、その米の中に半ば埋めてある七つの卵の殻の中に燈心を入れて火を點ずる。そして祈の言葉を口ごもりつゝ、水の流れに任せてこれをおし流す。（註二）それから歸るときには、さきに山神、木神等に供へた御飯はこれを東西南北に散じて諸々の雜神に與へ、龍王に供へた御飯は婦人がその場でひと匙食べて。それは家まで持ち歸つて婦人ひとりで皆食ふたのである。果せるかなこのことあつて數ケ月の後この婦人は懷姙し、十ケ月後には一人の玉童子を生んだ。この話はこれで終るがこれに類した話は少くない。

註一、無神方位は通俗には又「ソンなき方」とも謂はれる。「ソン」とは日遊神ともいはれる神であつて、暦日に從つてその所在をかへるとされてゐる。卽ち一日二日は東にあり、三四日は南にあり、五六日は西にあり、七八日は北にあり、九十日は中央にあるといはれる。でこの日遊神のある暦日にはその方向にあたるところではかゝる行事は行つてはいけないのである。例へば一日二日は東方にあたる場所でかゝる行事は行はれない譯である。だが九十日には日遊神は中央にあつて身かくれをする日であるから東西南北いづれの方向に行つて行事をなしても差支ない。

註二、かういふのに普通「七星プル」を點ずる儀式だといはれる。「プル」は「火」の朝鮮語であつてこれから推して見ると火を點じた七つの卵は天上の星を表徵するものゝようである。子供達が良夜青天を仰いで「星一つ吾一人、星二つ吾二人」などゝ星を數へてゐるのを吾々はよく見る。星の數と人間の數とが同數だともいはれ、或は又星の落ちるのを見て人間が一人死んだなどゝ笑ひ半分にいはれることもある。古い小說には山神に生兒を祈つたが丁度天の玉皇上帝の第何番目の子「何々星」が上帝に對して罪を犯し、地上に逐はれてその人の子になつて生れたとか云ふのが澤山ある。これらのことから推して見ると天上の星と地上の人間とを關連させて考へてゐたことが分る。

この實際談から吾々は龍王、山神、木神、斷崖、天上の星、或は亦先にもふれたことのある婦女の肌着のヅボン等にからまる習俗の一聯を見ることが出來る。でこの祈願が主として夜に行はれるといふ理由の中には年頃の女に見られまいとする祈願者の意圖も含まれてゐる。私はこれに關連したモ一つの實際談を書かう。

今を去る三四十年前中方洞といふところに徐姓の一夫婦がゐた。この話は今生きてゐるその人の姪に當る人から聞いた話である。この夫婦にもまた子供がなかつたので、その住む部落の東にある樹木の茂つた岩崖の下で彼等は夜お祈をした。でかゝる祈の際にはさきにのべたやうに年頃の女に見られることは禁物である。といふのは折角お祈をしても、そのお祈をした本人に授かるべき子供がお祈の場を見せられた他女に授かると信ぜられてゐるからである。だからお祈は夜に行はれることが多い。で話はもどつてこの夫婦はお祈に餘り夢中であつたので時の經つのも知らずにゐた。だが家の方に殘つて二人の歸りを待つてゐた母にはどうしても歸へりがおそ過ぎるやうに考へられて仕方がなかつた。お祈場の斷崖は村落からは離れて人家もなく樹木のこんもりと茂つたところ、それにこの斷崖を中心に虎の出沒の噂もあるのに、時は眞暗い夜のことである。母の懸念はひと通りでない。とう〳〵待ち切れなくなつた母は次男の若い夫婦に燈火をもたせて樣子のみとどけに送つた。この若い夫婦は何に心なく唯遠方から樣子だけをみとどけて歸る積りで出掛けたのであつた　だが不幸にも或路の曲り角で歸へりの兄の夫妻と出遇はしてしまつたのである。それから數月の後のことであるが運命は悲劇にも兄の妻には子供の樣子もなく、弟の妻の身がめき〳〵ふとつて來た。このことあつてからといふものは兄は弟に對して常に妬みを感じてゐたといふことである。この話はこれで終るがお祈の歸りに小さな男の子に出遇ふことは非常によいシルシだと考へられてゐる。さういふときには必ず男の子が出來ると信ぜられてゐる。これとは反對に女の子に出遇へば女の子が生れるといふので餘り好ましくは思はない。

四

姙娠を結果せしむる行爲には上に書いたやうなもの丶外に、今一つ面白いものがある。それは女の子を犧牲にして男の子を求むる習俗である。子供にはその牲別を問はず各々一人づ丶、産神があつて常にこれを護つてゐるものと信ぜられてゐるが女の子ばかり澤山あつて男の子は一人もないといつた人が、どんなことをしても男の子が生めないといふ場合に、女の子の護り神である産神を逐ひ出す行事をする。するとそれから以後は女の子を授ける産神は皆自分も亦虐待されることを豫期してその家には決して寄りつかない、その代り寄りつくとすれば男の子を授ける産神のみが寄りつくといふのである。だが産神の放逐は殆んど行はれない。何故ならその産神を逐ひ出すことによつて、護り神をなくした女の子には最早や身を護つて下されるものはない譯であつて、それは恰も女の子を殺すも同然だと考へられてゐるからである。

姙娠を回避する行爲

姙娠を希求する習俗に一つの社會的根據があると同じやうに、姙娠を回避する習俗にもそこには又一つの社會的根據がある。

男の女に對する支配の徹底さを示すものであつて、妻は夫の生前に於てその貞操を守らねばならないばかりでなく、夫の死後に於ても亦一人の男の爲に捧げられた貞操はこれを他の男に許してはならないのである。女はどんなに若い時夫と死別れても、再び嫁せずひとり淋しい空閨を守ることが女の最大の美德とされてゐる。か丶る社會道德にそむく女は惡悚な道德上の審判の前に立たねばならぬ。これが從來剩すところなく朝鮮の社會を支配した思想である。とはいへ年若い女にとつてこれは大なる桎梏の苦しみでなければならぬ。流石に抑へきれぬ春情を如何ともし難いときもあらう。かくて吾々は寡婦をめぐつて數多く噂される秘かな情事を聞く。だがその情事は秘かなだけに、姙娠を回避する行事も亦秘かである。だから私はこの寡婦のする姙娠回避の習俗に關しては少しも材料が得られなかつた。

今一つは主に經濟的理由から姙娠回避の行事が行はれる。昔から貧乏人には子供が多い、と謂はれてゐるが、貧乏人にとつて子供を多くもつことは大なる負擔でなければならぬ。生活に窮すれば子供も可愛くなくなる。こゝに集つた材料はかゝる人人から得たもので四つばかりある。いづれも全然理窟なしに單に以前からのし來りとして行はれてゐる習俗である。

一、分娩が終ると早速産神に供へる神飯を炊ぐ。この御飯が出來た際、もうこれ以上子供があつては、とても困るといふ人はその御飯を炊いた釜の蓋をもつて火口を蔽ふといふ單純なことをする。惟ふに神聖な御飯をたいた釜の蓋をもつて火口を蔽ふことは男女の情交か或は懷姙かを遮ぎることを意味する一種のまじなひであらう。

二、朝鮮の部屋には戸のへりに風紙といふのが張られる。これは戸の縮目から屋内に風が入らないやうにするためである。普通の部屋には正面に戸が一つ、後に戸が一つあるが、分娩があつてから産室の正面の戸の風紙を剝ぎとつてこれを後の戸に張りかへるとそれから後は懷姙しないといふのである。實際その効があつてかどうかは知らないがそのことあつてからモウ姙娠しなかつたと一老婆は語つてゐた。

三、今でも田舍で多く使はれてゐる舊式の機織機械にはその重要な一構成部をなすものにオサがある。でこのオサを分娩が始つた際に、産婦には知らさぬやうにして、産婦の坐るところに置く。すると産婦は知らずにその上に坐つてしまふ。するとそれから以後は姙娠しないといふのである。

四、同じく機織に關連した今一つの習俗がある。機織道具にはまた「ベプテ」といふものがあるがそれは二尺足らずの細い棒(直徑五分ばかり)である。オサの穴に通された絲はこれを巻き道具に巻きつけるのであるがこの際糊のために絲が粘着するといふ憂ひがあるので間々にこのベプテを挾む。でこのベプテを既存の子供の數だけを束にして、産神に供へる神飯を炊ぐ際に薪木にするとそれから以後は懷姙せぬといふのである。

三、四の場合は共に機織に關連した習俗であるがそれが生兒と如何なる關係をもつものであるかは機織に關する習俗をより多く調べてからでないと解き難い。以前にはあつた機織に關する習俗も今は段々その機織機械と共に消えうせつゝあるためか今のところ誰に聞いて見てもそれらしき習俗は見出せない

姙娠中の行爲と不行爲

姙娠の行爲、不行爲といつても、不行爲の方、すなはち、してはならぬと禁止する方が多い。例へば生水を飲んではならな

いとか、腹を抑へてはならないとか、冷いところに坐つてはならないとか。だが特に習俗とも稱せらるべきものには次のやうなものがある。

一、今はあまり實行されてはゐないが懐胎した婦女は坐するときは必ず正坐しなければならぬとか、ゆがんだ席には坐つてはならぬとか、正しく切られた漬物でなければ食べてはならぬとか、等々がいはれる。これは烈女傳中にある敎であつて、若しもこれらのことに注意を怠るならば胎兒の心がまがつて來るものといはれてゐる。しかしこれは以前の上流家庭の知識ある婦人の間に於ては相當實行されてゐたもの丶やうであるが今日では唯言ひ傳へとして語られてゐるばかりで實行は殆んどなされてゐない。

二、今最も廣く行はれてゐる習俗は喪に關したものである。例へば喪中の人から送られて來た食物は姙婦は食べない。これは子供に對しても同じであるが、凡そ人間の死はある惡靈につかれたためだとするのが古今東西を問はず無知な人々の考へ方である。人間が死ぬのは閻魔大王の使者がその人の靈をつれ歸るからだとか、知人の死神が現はれて靈を伴ひ去るとか、などはよくいはれることである。このやうに人間の死がある惡靈につかれるためだと信ぜられる以上死人の體にふれることは、とりも直さずケガレにふれることである。そこでケガレは喪中の人の身邊には常につきまとつてゐると信ぜられる。だからその送つて來たものにもケガレがついてゐて、これを食べることは姙婦や子供には好ましからぬとされる。

これが分娩の月になると更にやかましい。姙婦ばかりでなく一家のものは悉くケガレにふれてはならないのである。喪中の人を訪問することは勿論、一切のケガラはしい所へ近か寄つてはならぬ。さういふところから送つて來た一切のものはこれを受けつけない。買物をする場合でも賣主が喪に服してゐるかどうかをよく調べた上で買ひ、買物は亦ケガレにふれてゐる人には決して持たせない。

三、この外分娩の月には一切の刄物の修繕がひかへられる。鍛冶仕事は勿論、小刀を磨くことさへしてはならぬ。若しもこれを犯せば胎兒の皮膚がはがれてしまふか、産婦の乳房がとれてしまふといはれてゐる。もし不注意からこれを犯した場合は直ちにマヂナヒをせねばならぬ。御飯とわかめ汁とを供へて産神に罪を謝し、ケガレを追ひ拂つて貰ふのである。

以上のようなものが朝鮮慶山地方の姙娠に關する習俗の大體である。だがこれらの習俗も急激に忍び寄りつ丶ある新たな考へ方に影響されて、或は消滅し、或は消滅しつ丶あり、或は同じ形式に他の內容を盛り始めてゐることを一言しておく。

宮古群島のクイチャー踊

與儀達敏

宮古島の與儀達敏君からの私信の一部であるが、宮古群島の男女關係を瞥見すべき好資料であるから、紹介することにした。與儀君は昨年東洋大學を出た青年で、目下郷里で方言の研究に從事してゐるかたはら、民間傳承の採集などもしてゐる眞面目な學徒である。

同君は見聞したまゝ報告してゐるが、それに附記した私見にはどうかと思はれる點があるので、私は特に「クイチャーを歌つたアヤゴ」の一篇を草して、蛇足を加へることにした。(伊波)

一　行はれる場所と時

一、家葺の時、その新築の家の庭に於て

現時の最も多く演ぜられて居るものでありまして、新築改築は勿論、屋根だけ葺換へる際にでも、その落成した日の夕方から、新家の庭で實演されます。殊にそれが月明の夜であつたら近接の邑々からも馳せ參じて、賑やかなクイチャーとなり、夜半までも踊り狂ふのであります。

近頃瓦葺が多くなりましたので、棟上の時にも行はれるのが少くはありません。さて家葺の時のクイチャーの歌詞は、家の緣起を歌つたやうなものではない。そのアヤグは何でもよい。根間の主、東川根、ムザゾネでもいゝのです。その事は別項で申しませう。

尙現時は家葺の時は必ずクイチャーをするのでありますが、習慣は七十五歳の老人の話しに、自分等の幼少の時は、家葺のクイチャーの時、家の主人が酒を踊つて居る男達に饗するとの事を話して居りましたし、又私の家を幼少の折新築した事を記憶して居ますが、その時も父が圓陣の前に出て、茶碗で男達に飲まして居た事を今でも思ひ出す事が出來ますから、必ず相當古い前から行はれて居たと思はれます。

それで、論者は古くからこの習慣があります故に、クイチャーに必ず表祝的祈願的な意義があるのではないかと疑ふ人も居りますが、しかしそれは誤つて居ると考へます。

目出度い時だから皆が踊る、野外で働いた故、座敷で行儀正しく踊るよりは、自分らが作つた家の前で踊るのが適して、又彼等は座敷用の手舞は下手でもあるから、踊つた迄でもと〳〵新築の家の嘉例をつけるために、仕入れ織込まれたものでないことは明らかであります。尙この點は別項でまうしませう。

二、青年男女の娛樂として

　島の青年達は無味乾燥な暮しをして居る。耳を喜ばしめ目を喜ばしむる高尚な娛樂がないし、心を慰むる趣味に乏しい。從つて彼等は月を友とし異性を戀ふて彷ふ事に專心せざるを得ません。然し彼等の周圍には老人や先輩が鹿爪らしい見張を自分等の幼時を忘れて間斷なくつづけて行くのですから、青年達は人氣の少い磯や田園の片隅に三々五々集つて行く。四人五人七人八人男は女を交へて明月を浴びつゝ、彼等の純情に醉ふて行きます。そこにそうした空氣と血潮に適しくあるべき何物かが生れねばなりません。幸に彼等は、先祖から傳へられた藝術を知つて居る。その藝術は彼等の感情にピタリと合つたものである。彼等は、早速天を仰いで歌ひ、半裸體になつて踊り出すのです。その藝術がクイチャーはこの種の青春の感情にふさわしい民衆踊りです。その歌詞は戀となる春情であり、その曲は彼等の血を躍らすに十分であるし、側には戀人の聲が聞える。異性の芳香が流れて來る。彼等が全く自分を忘れて熱狂するのも無理はないですから、一時風紀紊亂の廉を以て、村の幹部が禁じた事がありましたが、その戒律をさへ冒して遠い濱邊で踊り出して居たといふ程なのです。

三、雨乞の時

　島は旱魃が續き勝ちです。昨年も長い間降りませんでしたために、すぐ甘藷の缺乏を告げ、蘇鐵を食ふのも多く出ました。暴風と旱魃、それは正しく脅威です。そして單純な彼等はそれを神の制裁だと信じて、雨乞を大げさに營みます。

　この神事の時、それに伴つて青年男女が、邑々の辻で、或は邑の廣場で、或は御嶽の前で、クイチャーが演ぜられます。綱引が行はれます。この場合も歌詞も家葺の際や戀愛的娛樂の時のものと同一です。

四、盆祭りの時に

　この習慣は島の方々でやられて居るのでなく、私が實見したのは下地の宮國字に於いてでありますが、狩俣にもあるとかいふ話しです。この宮國は比較的開化せぬ部落で、言語も面白いのが殘つて居ります。

　この宮國で盆の第一日目（七月十三日）を迎日（mkaibï）第二日目を央日（mnakabï）第三日目を送日（ukulbï）と言つて、（伊波生曰く、ïはiとuとの中間音で、ロシヤ語又は東北方言にある母音と殆ど同樣なものである。）この三日間綱を引き、第三日目に決勝を決し、東が勝てば豐年としますが、この綱引が終つたならすぐ三日間毎晩午前二三時迄クイチャーをやり、三日目の時は祖先の靈を送るのだといつて、午前一時頃巡々に盆送りをやつてから、綱を引きすぐ大クイチャーをやり、東の白む頃迄つづける有樣です。このクイチャーはその實演に於て他のそれと大差はありませんが、只女の方が四つ竹（utsudaki）をもつことが特異です。四ツ竹は沖繩のユツダキと同じ製法で、房をつけることも同樣ですが、クイチャーにそれを用ひるのは他の部落ではもう消滅して容易に見られません。この點で幾等か古典的だといへませう。若しクイチャーを研究するなら誰でも池間伊良部狩俣とこの宮國を相當重視せねばなりません。さて、彼等がいふ如く、祖先の御靈を送るといふやふな神に關係した要素があるかといふに全く皆無であります。これも家葺の時と同樣後世神に關係せしめたものであります。

五、兵隊の送迎の時

　以上が現時行はれる普通なものですが、近來新兵の送別の時や滿期兵の歸鄕の時歡迎會の折等に、在鄕軍人の會で或は字の青年會場で、或はその兵隊の家で行はれる風習が起りつつあります。下地の與那覇字では、盛んに致す風習です。勿論その歌詞は、どれでもいゝので、淫猥なのが多いのです。

六、國體勞作の時

　これも稀ですが、國體で公共の仕事をして終つた時（道修繕の如き）に實演するのがあります。歌詞も他の場合と同樣です。

七、公會の祝日の時

　村の原勝負差別式とか何か祝ふべき所には實演されますが、これは只それに景氣をつけるといふ餘興的なものであります。

先づクイチャーが行はれる場合と時は以上の通りで、この外にやつて居るものを未だ見た事がありません。只こゝに興味ある古老の言を申しませう。それは

海クイチャーを自分等の若い時はやつたとの事で、この老人は與那覇の人ですが、自分等字中の若者は海に出る時必ず一緒に濱でクイチャーをしてそれから海に漁りに入つたのであつたと語つて居りますが、別に多く漁れるやうにと祈るためにやつて居たのかと問ふたらいや潮の加減をまつ爲めでしたと答へて居ました。それでこれは現時濱や野原でやる青年の娛樂としてやつて居るものと同一のものと思はれます。但し海クイチャーの時は、狩俣のイサメガ（日本文學講座中伊波普猷氏稿「琉球文學」參照）を必らず歌ひ出してから別のアヤグを歌つたとの事ですが、その事に特別な意思があつたのだとは思はれません。「海クイチャー」は今ではもうありません。

　尙古老の話しでは、野良仕事を終へて歸る時も、辻や畠の片隅で隣同志集る時はクイチャーをやつたとの事であるが、一寸本土に於ける田樂の起源を想起せしめる、事柄の如く思はれます。がしかしそれは若い者の戲れ半分に古代人に見ゆるが如き素朴な戀愛行事をやつたので、決して田樂の如き出發點を有せぬことゝ思ひます。

二　實演の形式

人數十名以上――三四十名、圓陣を作り一側男一側女、内側に向つて立つ。年齡は多く二十歲前後獨身が多い。戀愛的娛樂的のクイチャーは、未婚の男女に限られて居る。家葺き雨乞兵の送迎團體作業の時は、男は三四十歲の者の加はるものあり、女も踊り好きなものは參加するものもある。しかしそれは特殊で、通常青年達が、やるものとされて居る。廢藩の前は村事務所に貢布を織る若い娘達（この女を Sidu といふ）が居た。それらの娘がクイチャーの妙手であつたとの事である。

服裝は男女共に跣足、男は襯衣一枚に或は腰を拔いで半裸體となり、時に鉢卷をする。女は平常衣より上等の着物、晴衣ではないが決して下等のものではない、立派な細帶をして香油をつけ、艶な姿とする、近頃は白粉等つけるものを見るに至つた。

實演の順序は、男の方に音頭取が居て歌ふべき「アヤグ」の第一段例へば、イサメガで云ふなら「狩俣のイサメガンナグズのミーアラビ、アガソウミヤョー」といふ第一段の初句狩俣のイサメガと謠ひ出すと、ンナグズの以下男一齊に和して歌ふ。動作は歌に合して足を前後に歩むが如く運び（從つて一歩前一歩後に進退した事になり、遠くから見れば、合つては別れ別れては合ふが如き有樣を取る）同時に兩手を前後に歌と和して振り、拍手を中に繰込み歌ひつゞける。歌を（第一段）歌ひ終ると、すぐ右へ向ひて約七八歩の間を兩手を高くあげたり頭上で舞つたり跳ねたりして進む。踊り終れば第二段の歌を歌ひ、女の舞を囃す。女は男の方がアヤグの第一段を歌ふ間、足踏みして兩手を振りつゝ、男の側に動作を合して居る。男の方がアヤグ第一段を終つて踊りに移るや、すぐ男の歌つた第一段を復唱して、男の踊りを囃す。第一段の歌終れば、すぐその位置で（右へ向かない）足踏をし、體を搖りながら胸の前で兩手をあげて舞ふ。この手舞には、オガミ手あり、押ス手、コネリ手が見られる。舞終れば右へ轉位しつつ男の第二段の復習をなす。そして男の踊りを囃す。以下順次これを繰返して行く。

三　その内容としての歌詞

第一に於て申ました種々の場合を通じて、皆戀愛詩淫猥なのが多い事は既に申しました。

實際クイチャーの歌詞は實演の時と場合とに依つて選擇されぬものである。選擇して居らぬのである。換言せば、内容と目的とは合致せぬのであります。この點はクイチャーの重大な觀察を要する點であります。

雨乞の時、家葺の時、兵隊の送迎の時、盆踊りの時、それが行はれる場所柄といひ時といい何か目的をもつて居るものの如く見えても、その實は相異らす淫猥なもの戀愛のものをやつて居るのであります。例へば最も多く演ぜられるのは、「東川根」

「内向根のヤナガマ」「ムザゾネ」等でありまして、全く一驚に値するものであります。のみならず、アヤグに祈願のもの豐饒のもの等のクイチャーに歌はれていゝのがあるに拘らず、却つてそれらは座敷で歌はれ、笠踊りで演じられて居るといふ事實はどうしてもクイチャーが元來只若い男女間の慰み物として生れて來たものであつた事を雄辯に物語つて居るものではないでせうかと思はれます。

四　形式の發生的考察（私見）

先生が明正塾での御講義の中に琉球踊りの基本手として、オガミ手、押ス手、コネリ手が有ると申されましたのを記憶して居ります。歸郷しましてからクイチャーにこの三手が織込まれては居ないかとよく注意して見て來ましたが、男の方にはコネリ手が全くなく、その他もありません。只押す手が頭の上で少々見られます。これも手の甲を上にして前に出すといふ風にハツキリはしませんが、前に婉曲に出すだけであります。女の方には拜み手、押す手、コネリ手も織込まれて居ります。これは多分女の男のやうに跳ねて手を高く振り上げることが出來ない故に、手舞の形式をとつたのだろうと思ひます。それで沖繩本島の踊りとも系脈はあることばわかりました。ところが同時に又面白い事を聞いた事があります。學術的に引證することは出來ませんが、書いて見ます。それは私の居村の下地村の醫者をして居る西原といふ人ですが、その人伊良部佐良濱の出身で、その親類にあたる佐良濱出身の人が臺灣に二十歳餘りの時渡つて、今尚製糖會社の農場に勤めて居る四十歳餘りの男が居るそうです。その男が去年久し振りに歸郷しての話として次の事を教へて吳れました。

或正月の宴會の餘興に各自の隱藝を出す事になつたので、その男の生蕃踊りをやつて大變な喝采を博したとの事。所がそれは或時生蕃踊りを見たら全く自分が青年の頃佐良濱でやつたクイチャーと一分一厘も違はぬ、只歌だけが自分にはわからなかつたので、一ツ生蕃踊りをやつて（歌はアヤグ）皆を吃驚せしめようと思つてやつたそうです。果して皆は不思議がつて居た。君は生蕃語も知つて居るのかとさへいつて居たとの事です。この話を聞いて私は、生蕃踊りを一度見て見たいと憧れて居ます。私は或は生蕃踊りから脱化したのではないかと興味をもつて居ます。今日沖繩と生蕃との關係が云々されつゝある時、特にこの感が深いのであります。そして私は宮古舊記や球陽にある根間伊加利の鼓練踊の傳說や、多良間の神名遊びの記錄を、何だかそれを暗示して居るものではないかと思つて居ます。さて、その起源はどこで發生したであらうと、現在殘つて居る島の野外での踊り、それは全部神前歌舞でありますが、それらのもつて居る踊りの形式とクイチャーとの關係を見て行きませう。

前記鼓練踊や神名遊は既に消滅して居ますが、それらの形式で共通なのは、

一、圓陣であること、

二、必ず一方が唱へ他これを復唱する、

の二つであります。この二ツは本島の踊りに共通な點であつたのであります。現在殘つて居るのも皆この兩點を具備して居ります。

現時最も多く神前で行はれるものの中で殘つて居るのはンナフカ(nnafuka)といふ祭りです。これは八月九月の內乙卯の日から三日間毎年行はれ、牛馬も田畑に出さず神事を精進するのがあるが、字與那覇の川根割御嶽でのものを見まするに、神司(女)一人が先頭に或は中央に立ち殘りの神司(女)數名は圓陣を作り先頭の神司に從ふ。先頭の神司は木の技を持ち、アヤグを歌ふ。その間他の神司は拍手してこれを囃し、先の神司が一句終ればこれを復唱する。これを漸次繰返すのである。一つのアヤグ終れば共に舞ふ。男は絕對にこれを見ることは出來ぬとされて居る。久松は前泊御嶽川滿は大川御嶽宮國はンナフヤ根所シカホヤにて嚴肅に行つて居る。このシナフカの三日間は、各邑宵の中から燈を消して寢靜り他家で泊らない風習を今尙田舍では保持してゐる。騷いだり外出したりすると、神が五穀の種子を蒔き給せずに歸られるといふのである。

島尻邑では、今尙最終の日には、衣を脫ぎ裸體となつて神前で踊り、神人共悅の狀態に入ると聞かされて居る。皆各邑のンナフカの神前の踊りは、與那覇の川根割御嶽のそれの如しといふ。故に圓陣と唱和は同一の形式といつてよいのであります。以上文獻に見ゆる鼓練踊りも、神名遊びも、又現時のンナフカも、皆圓陣で一方唱和他復唱の形式を取つて居る。

この共通的形式はそも〳〵島の踊りの形式でなかつたのであらうか、島の人が喜んで用ひた形式であつたではなからうか。これらを見て　クイチャーを見る時、クイチャーの圓陣、唱和復唱が肯られるのであります。即ちこの圓陣唱和の形式に（それは古くから島の人々が用ひたものであつた）原始的な跳躍（彼等にはそれ以外は工夫されなかつたであらうし殊に野外でのもの故それが却つて適したであらう）を加へて、クイチャーの形式が出來、それに彼等の戀愛詩がくつついて、それを野外で演じたのが、即ち所謂クイチャーであるのであると言はれるのであります。

クイチャーは必ず野外で行はれる、島の踊りは皆野外でやるのが多い。島の人は屋內での技巧を凝すやうなのは巧みでないらしいのです。

五　本質的要素

さて然らばクイチャーはどういふ意味をもつものかといふ事を考へる必要があります。

宮古群島のクイチャー踊（與儀）

島の研究者達は、家葺や祝日や祈願や送迎等に演ぜられるのを以て、根本的要素を感謝祈願にありといふ、それが後世性的色彩をとつて來たのであるまいかと言つて居ますが、私は既にその然らざることを申して來た。なぜなら所謂祈願感謝の性質があるとせば、その歌詞も神頌歌や豐饒歌であるべきものである。少くともそれが雨乞や家葺には歌はれねばならぬ筈です。

よく始めはあつたが消滅したであらうとしても、それらの中の一や二は殘つて居らねばならぬし、殊にアヤグに於てはかゝるものが殘つて居るのに、何故にそれを知りつゝクイチャーに歌はぬのであらうか。故に私はクイチャーは、そんな本質をもつて生れたものではないと思ふのであります。宮古に於ける神頌歌として、祝詞式のが殘つて居ります。

年のはんじうだめ

(雨《あめ》びつさ　强《ちう》びつさ　旱魃ヤ暴風ヲ
(Amibissa　chûbissa
(ふいさ　まだな　下サラナイヤウニ
(fisa madana,
(助《たす》け　さまち　オ助ケ下サイ
(tasuki samachi.
(めァだどゥうのお風の主《ぬす》　遠ク遙カニ吹ク風ノ主ヨ
(Myâdadú nu ukaje nu nus!
(海《いむ》なだら風《かぜ》なだら　海ヲ平ケク風ヲ和ヤカニ
(im nadara kaje nadara
(ふいさまいのおだめ　シテ下サル爲ノオ願ヒデス
(fisamai nu udami.

芋の世祭りの神歌

(にツヤ世《よ》吹上《ふきあ》げ世《よ》　夜見ノ國モ現ツノ國モ
(Nillayu fukiagigu
(雨《あめ》びッさ　强《ちう》びッさ　旱魃ヤ暴風ガ
(amibissa chûbissa
(にャ　さまだな　無イヤウニ
(nya samadana,
(五日越《いつかくす》七日越《なんかくす》　五日オキニ七日オキニ
(itsukagus nankagus
(こやきさまい　雨ヲ下サルヤウニシテ
(koyaki samai
(ふいさまち　下サイマセ
(fisamachi.

(伊波生曰く、lはロシヤ語で Tolostoy 等の場合のl又は語尾に來る時のlである。一寸聞いてはz又はuのやうに聞える流音で語腹にあるrは大方この音に變ずる。序でにいふが宮古島の離島には、純粹のlがある。)

故に私はクイチャーは古代人が異性との享樂のため演ぜられた、野外の舞踊で、その本質は只戀愛性的感情享樂のみであると申したいのであります。

アヤゴ等に現れたクイキャー踊

伊波普猷

大淸乾隆六十年乙卯正月十日撰寫の「琉歌百控乾柔節流《ふしながれ》」は、琉球短歌集古寫本中の一番古いもので、沖繩諸島のは勿論、奄美大島諸島のものまで收めてあるが、其中に宮古群島のクイキャー踊を歌つた越喜屋節といふのが、一首出てゐる。

越喜屋《くいきや》躍の始《はじまり》や、今年《こんど》の世《よウン》も果報《かほう》、明年《やアん》の世《よう》や増《まさ》て、よぐの世果報《よがほう》。

詞書《はしがき》に「聲喜屋節とも云」と書いてあるが、いづれも當字であることは言ふまでもない。上句の終りの果報は、口調の爲に、世果報の世を略したもので、世果報には、穀果報《よがほう》即ち豐年の義がある。一首の意は、クイキャー踊の起りが、例年の如く、今年も豐年を、そして來年は、より以上の豐年を下さい、との祈願であることを詠んだのである。詞使ひや何かが、琉歌に似通つてゐるのを見ると、沖繩から派遣された在番などが、クイキャー踊を見て詠んだ歌であらう。

與儀達敏君の報告中に、或老人の若い時分には、漁りに行く時にも、一同海岸でクイキャーを踊つてから、濱に下りたといふことがあるが、古くは漁りの時ばかりでなく、團體的作業をやる前後には、かうして神に祈願をかけたのであらう。老人はたゞ娯樂の爲に踊つたに過ぎないといつたといふが、それが祭式舞踊のなごりであることはいふまでもない。なるほど、現今はさうした場合に、祈願のアヤゴは謠はれないで、戀愛のそれが謠れてゐても、クイキャーの起源を性的の娯樂に求めるのはどうかと思ふ。これは宗教的意義が薄ぐにつれて、漸次戀愛のアヤゴにすげかへられた迄のことで、いまだに伊良部に遺つてゐる「妻求《とうまぎ》」のクイキャーでさへ、古くはやはり宗教的のものであつたに違ひない。又祭式の場合のクイキャーに、裸踊の痕跡があるからといつて、「妻求《とうまぎ》」のクイキャーが影響を及ぼしたものとは考へられない。沖繩本島の豐年祭《しのぐ》の時にも、さうしたことがあつたのを見たら、思半ばに過ぐるものがあらう（拙著「琉球古今記」中のうちはれの遊び參照）。

クイキャーの語原については、未だ考へたことがないが、そのクイは恐らく「乞《クイ》」で、祈願の義であらう。前にも述べた如く、宗教的の意義が薄らぐにつれて、「妻求」のクイキャーがその本體であるかの如くに考へられ、しかもクイが「戀《クイ》」と同音である爲に、いよ／＼さう考へられるに至つたのではあるまいか。して見ると、クイキャーは、おもりくわいにやと等しくもと祭式舞踊の義を有してゐたと見なければなるまい。

此頃臺灣から歸省した人が、生蕃踊りを踊つて見せたので、宮古の人達がクイキャーそつくりだと言つたといふことから、與儀君は「遺老說傳」や「宮古島舊記」後篇に、根間《ねま》の伊嘉利がニライ・カナイ（常世の國）から神遊《こねり》を學んで歸つたといふのは、伊嘉利がクイキャーを生蕃から學んで來たことを意味するのではないかと疑つたが、たとひ双方に著しい類似があるとしても、之を以て直ちにかうした傳播說をなすのは、早まつてゐないだらうか。

思ふに、クイキャーは沖繩本島のシノグ又はコネリと同一系統のもので、南島人が南島に定住する以前から行はれてゐたものであらう。そして其の特徴は、輪になつて踊ることである（クイキャーの同義語のユニユーが、輪になつて踊るの義を有することは、後に紹介するアヤゴの註を見たらわかる）が、一體輪になつて踊るといふことは、取りもなほさず祭壇を中心として

踊ることで、伊嘉利がコネリを傳授する記事にも、白衣を着た伊嘉利外二十四人の神人が、鷺又は庭鳥の羽で作つたかざなをり（あやざばねともいつて、一つ物のこと）を頭に翳し、祭壇に立つて神歌を唱へると、老弱男女はその周圍をまわりながら、之に和して謠つてゐるのである。（「民族」三卷四號拙稿「かざなをり考」參照。）兎に角、こねり傳授の傳說は、この祭式舞踊の起原に關して、ずつと後に發生した單なる傳說に過ぎないといふことを知らなければならぬ。

「宮古島舊記」後篇（清の雍正五年編纂）に、今一つ「神名遊びの事」といふのが見えてゐるが、內容は前のと大同小異で、「遺老說傳」は材料をこれらの記事に取つたものである。名稱はともあれ、いづれもクイキャーのことで、この傳說が採錄されたのは、比較的新しい時代に屬する。クイキャーに關することが最古く現はれたのは、今から四百五十年前（ことによつたら、もつと溯るかも知れぬ）の「東川根《あがりがね》森川《もりか》背《にす》」（Agaligauimuli-kagusu）といふ狩俣《かりまた》のアヤゴである。少々長いけれども、紹介することにしよう。しかし在來の寫語法は至つて不完全なものだから、ローマナイズした上に、逐語譯を附けることにする。

原　文

Takaara nu Mïagibusa nu upu-azu (1)

譯　文

タカアラのミアゲブサの大守は、

Yukalï munu ïmsu munu yari ba,(二)
Sutumutin pyâshi uki,(三)
Akisharun pyâshi uki,(四)
"Mïzzu turyari, sashi turyari, yarabi!"(五)
"Mïzzu nô sashi ikya samadi ga?"(六)
"Tisimi sôdi ikara sôdi, yarabi."(七)
Tisimi dyân ikyara dyân samataryâ,(八)
Narya myali ba unsaku ba nkyagi,(九)
Nkyagi dyân myali dyân samataryâ,(一〇)
Nara kin ba uishô ba turikaki,(一一)
Upu-supugï mai nisubi samai,(一二)
Nara nu 'mma kukurugya idashi,(一三)
Kugani vura nanza vura usui,(一四)
Kusu vura nu katanna tsuki nu kata tirashi,(一五)
Mai vura nu katanna tida nu kata tirashi,(一六)
Zugaki dyâba nunu-zugaki kakiti,(一七)
Parubi dyâba itsu-parubi shimiti,(一八)
Kugani futtsa nanza futtsa kamashi,(一九)
Andaki dyâna kurifudu dyâna samataryâ,(二〇)
Nuyuri tarashi ukari pyarashi ba du,(二一)
Ntsunaka ikï pyalu naka pyali banna:(二二)

仕合者で偉い人であれば、
朝早く起き、
未明に起き、
「水を持つて來い、柄杓を取つて來い、小姓」
「水を何《どう》柄杓をどうなさいます」
「手水を使ひ化粧をせうとするのだ、小姓」
手水や化粧などをお濟ましになつたれば、
朝餉を召上り、御酒をきこし召し、
召上つたりきこし召したりされたので、
御召をば御衣裳をば着け、
大帶をも結ばせ給ひ、
お馬の赤毛を引出し、
金《こがね》の鞍を銀《しろがね》の鞍を置き、
後輪《しつわ》には、月の形《かた》を照らし、
前輪《まへわ》には、日輪の形を照らし、
鞦《しりがい》はといへば、布の鞦をかけて、
腹帶《はるび》はといへば、絹の腹帶をしめて、
金の轡を銀の轡を銜へさせ、
かばかりの事をこれ程の事をなされてから、
駒に打乘つて走らすと、
ひた走りに走つて、途中迄やつて來た。

アヤゴ等に現れたクイキャー踊（伊波）

Uruka Buna kïkui miyarabyâ(二三)
Tavukyâ shiya tummi daki ikai,(二四)
Pituli shiya yammi daki tubyai,(二五)
Ikôtam tubyôtam yataryâ,(二六)
"Iza 'mmya ma? zuma 'mmyama? upu-azu!(二七)"
"Sabaki kïka nituri nami umummu?(二八)
Sabaki kika nituri nami yati kâ,(二九)
Bakanatsu nu yunaka mâlï kazu daki,(三〇)
Uruzumi nu sanaka mâlï ami daki,(三一)
Saramikashi fuzumikashi kïkasa di,(三二)
Sundati nu paizuni nu suma iki,(三三)
Yunyû midi surukyô midi, miyarabi.(三四)"
"Yûnyâ mmya nnya namari, upu-azu;(三五)
Surukyâ nnya yudumi, upu-azu.(三六)"
"Nnya namari nnya yudum yatikâ,(三七)
Nnya mudura, nnya kaira, miyarabi.(三八)"

と、砂川のブナといふ名高い乙女は(今日《けふ》といふ今日)、
一人で(一度にの義)十人からの人に行逢ひ、
一度に八人からの人に出つくはし、
かうして、(騎馬武者の盛な行列に)出つくはしたので、
「どちらへお越しですか、大守樣」ときいた。
「何處へ何しに行くかつて、
それが知りたければ、どりや、
初夏の眞夜中に吹過ぎる疾風《はやて》のやうに、
晩春の小夜中をおとなふ驟雨のやうに、
さら〳〵とさつぱりと言つて聞かさうかね。
下の郷へ南の村へ行き、
ユニユー踊りをスルキヨー踊りを見ようといふのだよ、乙女」
「ユニユー蛹りはマア、とうに濟みましたよ、太守樣。
スルキヨー踊は、もう御座いませんよ、太守樣」
「とうに濟んで、もう無いといふことであれば、
さあ、もう引返さうよ、乙女」

このアヤゴの意味は、譯文と對照したら、大方わかると思ふが、方言を研究する人の爲に、註をつけることにしよう。

（一） upu-azu は大按司、太守の義。オモロには、あんじともあぢとも書いてある。あるじと同語根の語であらう。「宮古島旧記」前篇（淸の康熙四十六年編纂）に、仲宗根の豐見親空廣が、宮古群島を統一したことを謳つたアヤゴが載つてゐて、そのはしがきに「弘治年間仲宗根豐見親嶋の主成候付あやご」と書いてあるから、宮古群島の統一は、今から四百四五十年前であつたことがわかる。宮古島の各地方及び離島に、按司等が割據して、相爭つてゐたのは、其

の以前のことだから、Agaligaumulikagusu の創作された時代は、それよりももつと溯らなければなるまい。

（二） yukalimunu は幸福者。二百年前の沖縄の女歌人ウンナ・ナヒーの歌にも、「よかてさめ姉べ云々」（幸福なるかな、姉さんたちの義）とある。yukayun（豐作する）といふ動詞から來た語であらう。が、現今の沖縄方言では、yukari yukayi はかなりといふ義にも使はれ yukayi mun は、かなり偉い者の義になつてゐる。yukali munu は、その對句の imusu munu に偉い者の義があるところから見ると、古くはやはり偉い者の意に用ゐられてゐたのかも知れぬ。

（三） Sutumutin は、夙に。つとめてに にがついて、後でその母音が脱落したもの、Pyáshi は早く。

（四） Akisharu は、あけがた又は未明。

（五） yarabi はわらべ即ち童子。

（六） Nô は何。nawu ともいふ。ikya は其の同義語。samadiga はなさいますか。

（七） tisimi は手洗、ti は手、simi は濕《しめ》す、濕《しめ》るのしめ。ikura はその同義語で、今は死語となつて、その代りに、minadi（身撫で）といつてゐる所がある。sôdi はせんとて。

（八） dyân は でも、なども。ikyara は ikara の轉訛した形。samataryâ は、し給ひたれば。

（九） narya は己が、自分の。沖縄語では、各といふことは、nâ といひ、おのづからといふことは、nan-kuru といふ。mali は飯、單に li ともいふ。unsaku は御酒、unsagu ともいふ。沖縄では、unshagu は口で釀して造つた酒のことであるが、この時代には、宮古でもさうであつたに違ひない。nkyagi は召上り、ikyagi ともいふ。その終止形は nkyagilum である。國頭郡の方言にもある。」

効驗集」に、「にきやげれ、食などあがれと云事」又は「あげれ、食などくふな云」と見えてゐるから、二百五十年前には、首里でも使はれたことがわかる。明末に出來た華夷譯語中の琉球館譯語にも、喫を昂乞《アギリ》と譯してある。agiyun は食ふといふとで、nkyagiyun はその敬語であつたことが知れる。

（一〇） myali は召上り、nkyagi の同義語。

（一一） nara は narya と同語で、己がの義。kin はきぬ即ち衣。

（一二） upu-supugi は大帶。mai 已爾波も。nisubi は結び。samai は、なされ。第二句からこの句に至る迄の十一行は、「むざそれ」といふアヤゴにも取入れられて、序歌にされてゐる。

（一三） kukurugya は、赤毛《あかげ》即ち騂。田島利三郎先生は、或宮古人の說に據つて、黑色《くろげ》即ち驪の義に解されたが、これは kukuru の音が黑《クロ》に似たところから類推した說で、賛成しにくい。例の乾柔節流に、「尾持《やも》ち赤鳥毛《くかるげ》に、我無藏《わんぞ》打乗《うちの》せて、通水《かいみづ》の山や夜ど越ゆる」といふ伊平屋島の歌が出てゐるが、この赤鳥毛《くかるげ》は kukuru-gya と同語で、赤毛即ち騂のことである。「くかる」は、琉球赤しようびんといふ、赤くて黄を帶びた鳥のことである。因にいふ、南島語では、赤色、褐色、黄色などひつくるめて、アカといふ場合がある。ククルギヤ（即ちクカルゲ）が、宮古方言の言ひあらはしのみでないことは、明かである。

（一四） kugani-vura は金鞍。vura は gura の轉訛、宮古語では、ロシャ語などにあるやうに、g が v に變ることが屢々ある。nanza は銀。沖縄語では、nanja 南鐐から來た語だといふ。usui は覆ひ。馬の背に置くの義。

（一五） kusu-vura は後鞍《こしぐら》即ち後輪《しづわ》。tsuki nu kata は月の繪。tirashi は照らし。

（一六） mai-vura は前鞍《まへぐら》即ち前輪《まへわ》。tida は太陽の義。第十三句からこゝまでの文句に類似したのが「おもろさすし」の十四卷五章の終りにある。時代が同時代だけに、比較すると面白いのである。

（一七） zugaki は尾掛《やがけ》即ち鞦《しりがい》。dyân は、といへば。

（一八） Parubi は 腹帶《はるび》。itsu は絹。沖繩語では、fchu で、fchû といつたやうに、語尾の母音を長く引張ると、絲の義になる。

（一九） futtsa は轡《くつは》、宮古語では、k は屢々齒脣音の f に變ずる。沖繩語では、kutsiba といふ。kamashi は銜へさせ。

（二〇） andaki は、あれだけ。kurifudu は、これほど。dyâna は、ばかり。

（二一） nuyuri は乘り。tarashi は跨り。ukari はのつかり、その終止形は ukalum。机などに寄りかゝることを、ukari kakalum といふ。沖繩語では、ukayun は、獸類の交合することで、特に雄の動作にいふ。pyarashi は走らせ。沖繩語では、harashi は舟を帆走らせの義で、終止形は harashun、自動詞は hayun、又行くの義もある。金澤博士は、この語を國語マカルのカルと同語根のものとされたが、宮古語で p 音になつてゐるのを見ると、さうでないことがわかる。

ba du は、ばぞ。むしろばこそに近い。

（二二） ntsu-naka は途中。pyalu は走る。pyalum の連體形。naka はほど。pyali は走り、pyalum の連用形。banna の義は不明。

（二三） kikui は聞こえ、即ち評判の。miyarabyâ は、miyarabi に主格をあらはす形式語 ya が融合したの。miyarabi はめやらべ（女童）即ち年頃の女の義。

（二四） tavukyâ は一人。其の語原は不明。轉じて、戀人の義にも用ゐられてゐる。shiya は、して、又はにて。tummi は十人。daki はだけ、位。ikai は行遭ひ。

（二五） pïtuli はひとり。yamni は八人。tubyai は飛遭即ち出くはし、おもはず行きあふといふ程の義がある。

（二六） ikôtam は ikai の終止形。tubyôtam は tubyai の終止形。yataryâ は、のであれば。この乙女がクイキャー踊を見ての歸りであることは、終りの文句でわかる。

（二七） iza は何處。'mnya は行かれる。ma は疑問辭。zuma は iza の同義語。何の恐るゝけはひもなく、なれ〳〵しくきいてゐる所は、氣輕な先島乙女の氣質を描寫して妙である。南島の採訪者は、今でも、かうした乙女に呼びとめられることがよくある、

（二八） sabaki-kika は捌聞かむ即ち尋ね聞かうの義。沖繩語にも、chichisabakiyun（聞捌）といふ言ひあらはし方がある。nituri-nami は根取り聞かう即ち理由原因を承らうの義。沖繩語にも、nifusu-tadashun（根臍《ねほそ》を質《ただ》すの義で、國語の根掘り葉掘りきくと能く似てゐる）といふ言廻しがある。

（二九） yatikâ は、であれば。

（三〇） bakanatsu は若夏即初夏。沖繩語では、wakanatsi。混効驗集に、「わかなつ、四五月穗出る比を云」とある。百姓などは、natsi-guchi（夏口）といつてゐる。yunaku は夜中。mâli は廻りで、やつて來るの義。

（三一） uruzumya は若夏《はかなつ》の同義語。沖繩語では、urizin 混効驗集に、「わかおれづみ、二三月麥の穗出る比を云」とある。俗に三月に urizin といつてゐる。「おれづみ」「わかなつ」の二語は、オモロやおたかべの詞、その他の文語に見出されて、今では殆ど使はれなくなつてゐるが、三月頃に吹く南風には、urizim-bê といつてゐる。sanaka は小夜中。沖繩語では、この語は今日單獨には使はれてゐないが、yunakâ-sanakâ といふ疊語法となつて遺り、時もあらうに

こんな眞夜中にの意に用ゐられてゐる。

（三二） saramikashi は、さら〳〵と又はすら〳〵との義。疾風の音を形容する動詞の連用形である。butsumikashi は、驟雨の音を形容した動詞の連用形で、滂沱として又ははら〳〵と、といふ程の意。kikasadi は聞かさう。

（三三） sundati は下里即ち下鄉。paizuni は南方。suma は村又は田舍。沖繩では、南を。imu（下）ともいつてゐる。第二十八句以下の五六行は、大按司が暫く馬をとゞめて、無雜作に乙女の問ひに答へてゐる所を描寫したもので、五百年前の素朴な南島貴族の面影がまのあたり見える心地がする。

（三四） yunyâ はクイキャー踊の時、圓陣を作つて踊ることをいひ、こゝではクイキャーの同義語として用ゐられてゐる。surukyô は、suraki 卽ち開きの義、クイキャー踊の時、圓陣を開いて、縱隊になることで、クイキャーの同義語として使はれてゐる。開き卽ち開演の義に解する人もある。

（三五） yûnyâ は yunyâ には卽ちクイキャーにはの義。nmya はまあ。nnya は、もう、旣に。namari（名詞形か）は、止んで無いこと。訛りや鈍りと關係があるかも知れぬ。

（三六） surukyâ は surukyô には、卽ちクイキャーにはの義。yudumi（名詞形か）は、無いこと。淀みの義か。

（三七） yudum は、yudumi の i の脫落した形。

（三八） mudura は、戻らむ。kaira は、歸らむ。この時のクイキャーが、晝行はれたのを見ると、所謂「妻求《とづまぎ》」のそれではなく、祭式のそれであつたことが知れる。又朝飯を濟してすぐ見物に出かけたことから考へると、其の午前中に終つたことがわかる。

このアヤゴは、直接クイキャー踊を歌つたのではないとしても、一地方の領主が、片田舍でクイキャー踊が演ぜられると聞き、郞黨を引具して、見物に出掛けたいきさつを歌つたのだから、五百年前の宮古島の祭政一致時代に、この祭式舞踊が盛に行はれてゐたことを知る材料にはならう。

附記、與儀君の報告には見えてゐないが、伊良部島の佐良濱のクイキャー踊を見た人の話では、この踊は大概八月頃に演ぜられるが、闇夜に部落內の廣場で、未通女《みやらび》等が大勢輪になつて、アヤゴを歌ひながら踊ると、若者等は周圍に人垣を造つて、三味線其の他の樂器を奏して囃し立てる。かうして幾番かのクイキャーが演ぜられるが、みやらび等は踊り拔いた後で、散り〴〵ばら〴〵になつて、逃げて了ふ。と、そいつを若者等が追懸け廻して、大騷ぎをするとのことである。

クイキャーは、實に佐良濱に於ける青年男女の娛樂機關であり、また「妻求《とづまぎ》」の機關でもあるが、これあるが爲に、その男女關係が調子よく運んで、部落の發達も、國頭郡の奧に劣らないとのことである。しかも、其處には、古來花柳病が無い爲めに、靑年の體格が非常に立派で、徵兵檢査の時の壯丁の成績がいつも良好だといはれてゐる。この「妻求《とづまぎ》」のクイキャーに就いての與儀君のくはしい報告が見たいものである。

「やせつぼ」と「おやしない」

長野縣小縣地方。門松に「やせつぼ」又は「椀注連」と稱するものをつけて飾る。勿論對の松に一箇づゝである。これに三ケ日毎朝洗米又は飯或は餅を供へる（壺の中に入れる）。これを「おやしなひ」といふ。六日の朝も供へる。七日に取出して粥の中に入れて調理し、神棚に供へ且つ一家の者粥としていたゞく、供饌は主人がこれに當るを本則とする。この行事は、柳田先生、折口先生などの仰せられる靈祭りの心をよく示してくれるものではあるまいか。

「やせつぼ」は普通のノレン注連又は蓆注連といつてゐるものの兩端を結付け更に下方を括つて壺形にしたもので、徑五寸位から一尺位に至る大小種々あり。これに把手をつけたりする家もある。二年參りで雜閙する別所の北向觀世音の門にしつらへてあつたものは、更に一進化（退化？）したもので、宛然編笠形をしたものとなつて、裝飾一點張になつてゐた。

寫眞　上・「やせつぼ」（信州小縣郡地方）

下、別所觀音堂前の飾（上を極端に美化？せるもの）

寄合咄

神像

羽後の飛島の飛島神社の神像三十三體は、平家の落人の姿を刻んで祀つたとの傳説があり、その形式は男女子供等雜多で、然も同一時代の製作とは信じ難い程技巧も區々である。言ひ傳へに據ると年に依つて一二體は增減があり、祭の日に別當が開扉して見て、多いと思ふ年は先づ平穩無事の兆で、然もそんな年に限つて、村に出產が多いと言ふ。之に反して疾病災危のある年は、悉くの表情が何となく苦悶の狀を現はして居ると、嘗て同社の祠官を勤めて居る人から聞いた事があつた。この種形式の木像は尙各所に祀られてある事と思ふが、之と殆ど形式が同じと思はれるものを、昭和二年の夏遠江磐田郡龍山村戶倉の氏神で見た。此處では役の行者の作と謂うて居る。昔は三十三體あつたのが、村が分れる時半分は新開の土地へ持つてゆかれて、今其處の氏神に祀つてあるといふ。戶倉は秋葉山の西麓の村で、天龍川に臨んだ地である。對岸にある鮎釣(あゆつり)の村は、以前は戶倉の飛地であつたが、段々家が殖えるに隨つて、本村の戶倉との間に氏神爭ひが出來た。その結果兩方へ半分宛祀る事になつたが、三十三體では何れか一方が少くなる。それで双方合議の上で、日を定めて氏神の社殿へ早く足を入れた方が一體多く取る事に決めたが、その日の朝戶倉の村の庄屋は、鮎釣の者は川を越して來るから急ぐにも當るまいと氣を弛したため、十七體は鮎釣の方へ持つてゆかれたと謂ふ。

同樣の神像は、神社とか佛堂ばかりでなく、唯の家にも祀られてある。それが神道の家なら格別問題にもならぬが、佛壇に祀つてあるだけ注意を惹く。三河の北設樂郡本鄕町字三ツ瀨の原田淸さんの家は、過去帳や系圖で見るとざつと三百年來の屋敷で、宗旨は曹洞宗であるが、今も御先祖樣と言うて佛壇に位牌とならべて祀つてあるのは眞黑く煤けた男女二體の木像である。(圖版參照)

此種の木像を祀る事は、此地方山村の風と見えて、同じ郡の園村大入(おほにふ)の花川宇吉方にも、之と殆ど同じ形式のものがある。最も之は男像一體だけで形も稍大きい。久しく佛壇に祀つてあつたのを、明治三十年頃學習院の敎授と稱する萩野重石なる人が遍歷して來て、之こそ紛ふ方なき花山天皇御自作の像だと鑑定書迄渡して去つた。それで今では花山天皇の像になつて居る。因に大入は花山天皇遁世の傳說があり、村の名を王入などとも書く土地である。

斯うした佛壇の神像から、考へられるのは現在の位牌である。同じ郡下津具村字柿の澤は、山中にたつた二戶の部落であるが、その中の一戶は相當舊家であるが、此處五十年前迄、佛壇に祀つてあつた位牌は、白木を三四分の厚さに割つて、それへ改名を記いた極く粗末なもので、その恰好から言うて、此地方で正月門飾りに立てる「にう木」と似た處があるものであつた。之を悉く取片附けて、世間一般の位牌に改めたとの事である。(早川)

寄合咄

福引

暮の三十一日の晩に、家の小をんなが、つまらぬ買ひ物をして、福引にキッコー萬の二斗樽を引きあてた。その場の話に、みんなが小をんなを圍んで、『やあ來年はよい事があるぜ』『きつと好い所からお嫁の口がかゝらあ！』と口々にそんこと云はれて眞赤になつて歸つて來た。

私などは、今迄、商家の客呼びぐらゐにしか考へてゐなかつた歳暮の福引にも、民衆の氣持は、やはり來ん年の福を引きあてようとする氣持、卽ち、やつぱり年占の氣持があるのであつたことを、偶然に引きあてたことが、二斗樽よりも私にうれしかつた。（金田一）

注文書

物の學び方はどうしても事實から入つて行かなくては駄目だ。所が實際にはこれが中々むづかしいので困る。近頃流行のイデオロギーと同じことで、例へば古典に斯々の事があつたとか云ふことであれば、斯々の事實は他にはないものかと注文が早速出て來る。注文通りの事實が無ければどうしやうもないが、あつたら事だ。鬼の首でも取つたやうになつて論文が早速出來上る。かう云ふ事が一度あると、二度三度……九十九度までの注文書が早速に續々として出て來る。注文もかう澤山になると、丁度に當るのもあれば當らぬのもある。事實といふものも澤山あるから必ずしも明瞭な事柄許りでなく、見解次第で注文に合はす可く強ひられるのだつて無いと保證はされない。かうなつて來ると當るも八卦當らぬも八卦といふ具合になつて來る。當つたものは論文となつて生き殘るが、當らなかつた他の事實は暗から暗に追ひやられてしまふ。さう云ふ事實はなかつた如くにだ。注文の見本を外國の書物から借りて來るのだつて同じで、いや、注文しやうとしまいと私風情が止め立てするのが抑々餘計な事ではあらうが、それでもこんな事が流行するとしたら、どうなるのだらう。

こんな注文書きを出すのは選擧に立候補するより金がかゝらぬものだから手輕で、而も衆議院議員候補者の如く頭を下げずとも學者の威厳を保つことが出來る上に、馬鹿な地方民が足を摺木（スリコギ）にして採り集めたものを勞なくして掌上の玉と嘉納することが出來るので、この誠に良い境遇に生れねはさんものと、誰れしも考へたくなる。かうして青二才共が大學者の眞似をして注文書製造人に走つて行くといふのが近頃の流行である。流行は結構であるが、注文に外れた事實はどうして與れるのだらう。當る八卦許り追ひ廻したつて、當らぬ八卦も浮世の事だ。

私から考へると、こんな注文といふものは結局事實を枉げ易いものである。それは何事でも假定から推して行くからである。初めから注文にあてはめやうと探すのと、事實を良く見やうとするのとでは、その心意に著しい差がある。

或る特種の事柄のみには注文を持つて行くのも時には差支へなくても、かうした習癖をいつまでも持ち續けることは結局人をして邪道に陷らしめるものである。しかし學問も結局人柄である。奇警なる論文を物して人目を聳動せんと欲するものは常に注文書を製作することを止めないであらうし、東西古今萬卷の書籍のイントロダクションを渉獵して助平なる博學の應用に生涯を費す者もあらう。夫々旨く說明した積りになつてゐるのも悲しき遊戲である。事實以外の凡ての事はいくら積み重ねても時が來れば崩れてしまふ。事實のみが殘るとすれば我々に殘された道は事實を良く見ることである。少くとも民俗學は事實を無視する時に終りを告げる。

（有賀）

資料・報告

伊豆道祖神雜藁

積穗忠

一、伊豆に於ては普通塞の神《シヤアノカミ》さんとよぶ。
二、又はまれに道陸《どうろく》神とも云ふ。
三、一月十四日又は十五日の塞の神祭をドンドン燒とよぶ。

伊豆田方郡上大見村冷川のもの二體、

少さいものが古くからあるもので、大きいものは明治初年に作りしものなる由、手にもてるは、桃又は寶珠の玉ならん。又賀茂郡字宇久順《うぐす》にかゝる形のものをもちたる像あり土地の人結飯《むすび》なりと云へり。

同、下大見村白岩のもの四體、

新二體、舊二體、古きものは二體とも頭を缺く。新のみを寫す。

これは明らかに男女の形を表してゐる。すなはち桃をもてるものが女神で笏をもてるものが男神である。これより案ずるに、冷川《ひえかは》のものも古くは二體あつたのであらう。

伊豆道祖神雜藁（穗積）

下大見村八幡

大塞ノ神高さ四尺ばかりの石像、この像のあぐらのかきかた普通と異れりと

是についての口碑は別稿參照

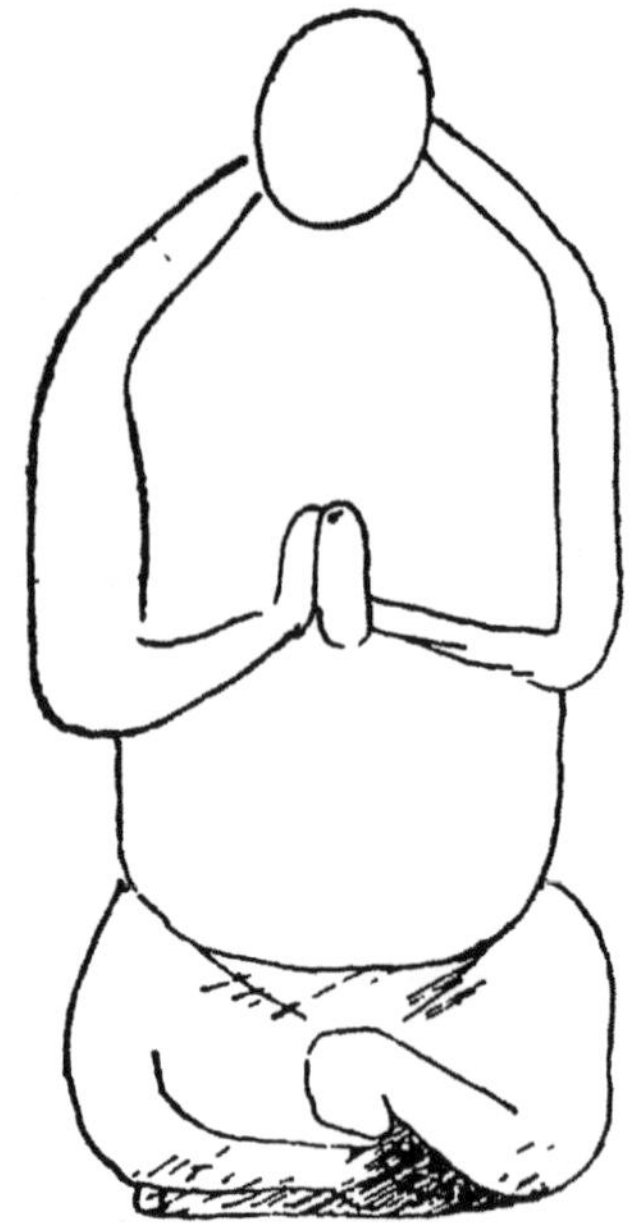

この外この像より二町ほどへだたりたるところに古へ小塞神と云はれたる塞の神三體ありその形は田中村、及び上狩野村等のものと同様なり。

田中村三福一體、

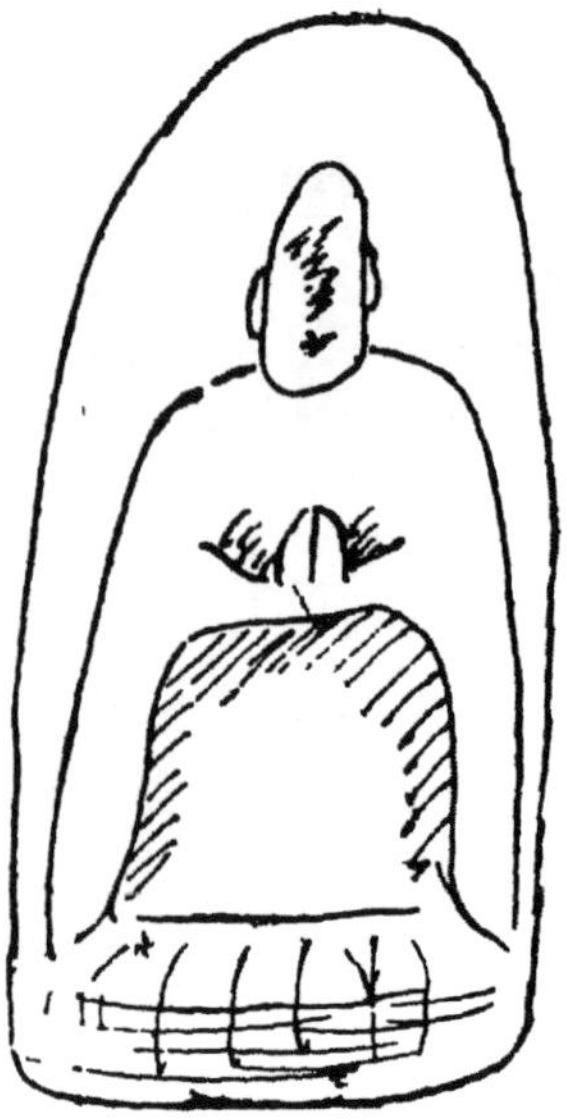

古く塞の神堂と云へる家名の家の前にありたるを明治になりてより今の神社の側に奉りたりと云ふ。この塞の神堂又は單に塞の神と家名されたる家はこの三福にかぎらず、大見村八幡、伊東町等にもあり注意すべきである。

北狩野村牧の郷

介の見たるもの丶うち立像は田方郡に於てはこの一像也

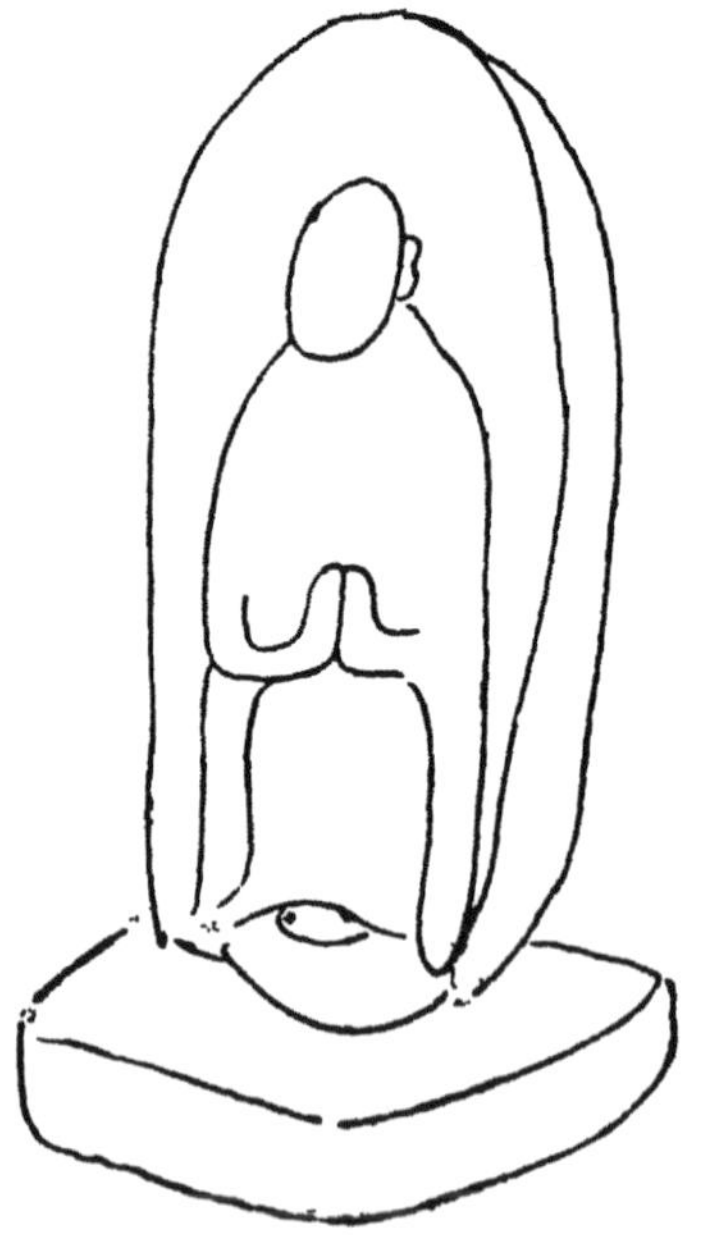

次に示せる駿東郡清水村伏見のものも又注意すべきである。

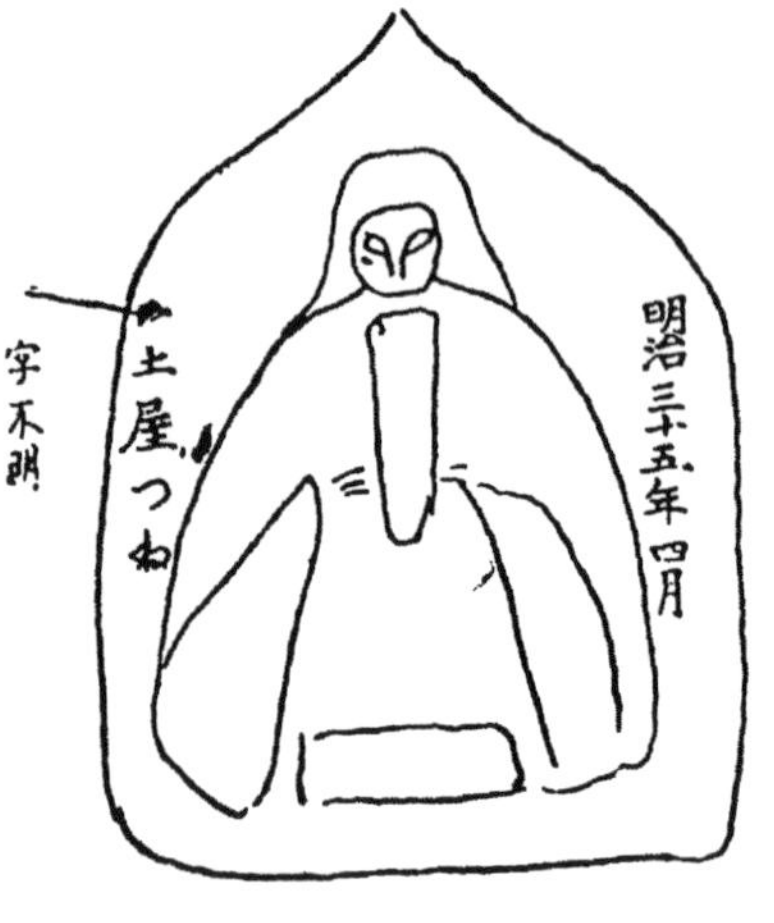

駿東郡清水村伏見人家より二三町へだたりたる川の側

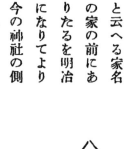

田方郡田中村神島道ばた三體、

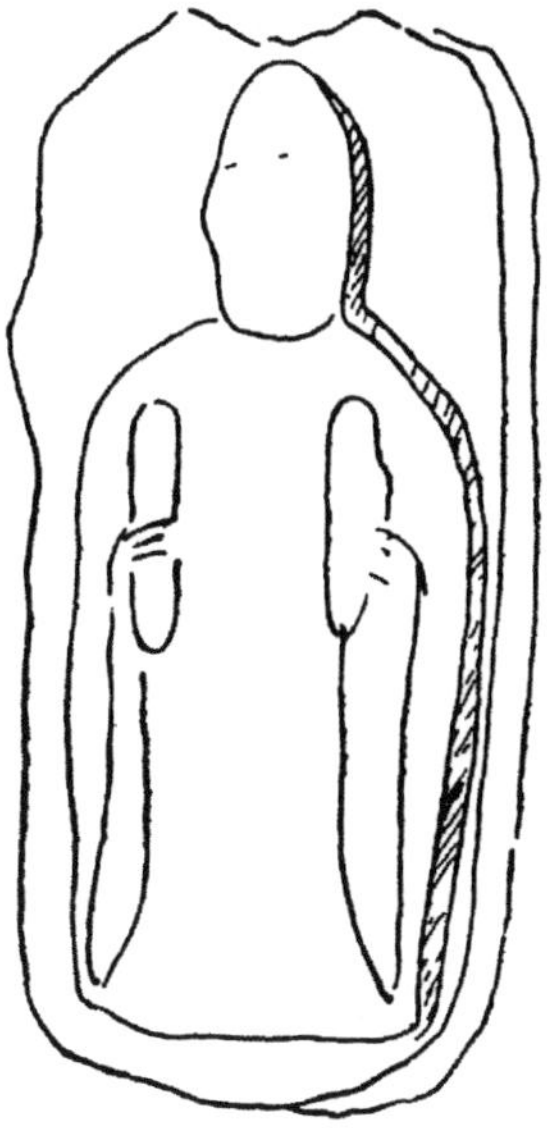

手にもてるは笏の如きものなるも、中にみぞあり先き尖りて劍の如し。
また頭の形頭布をかぶりたる如くまた男根の形にも似たり。

伊豆道祖神雜纂（穗積）

田方郡田中村吉田、二體、

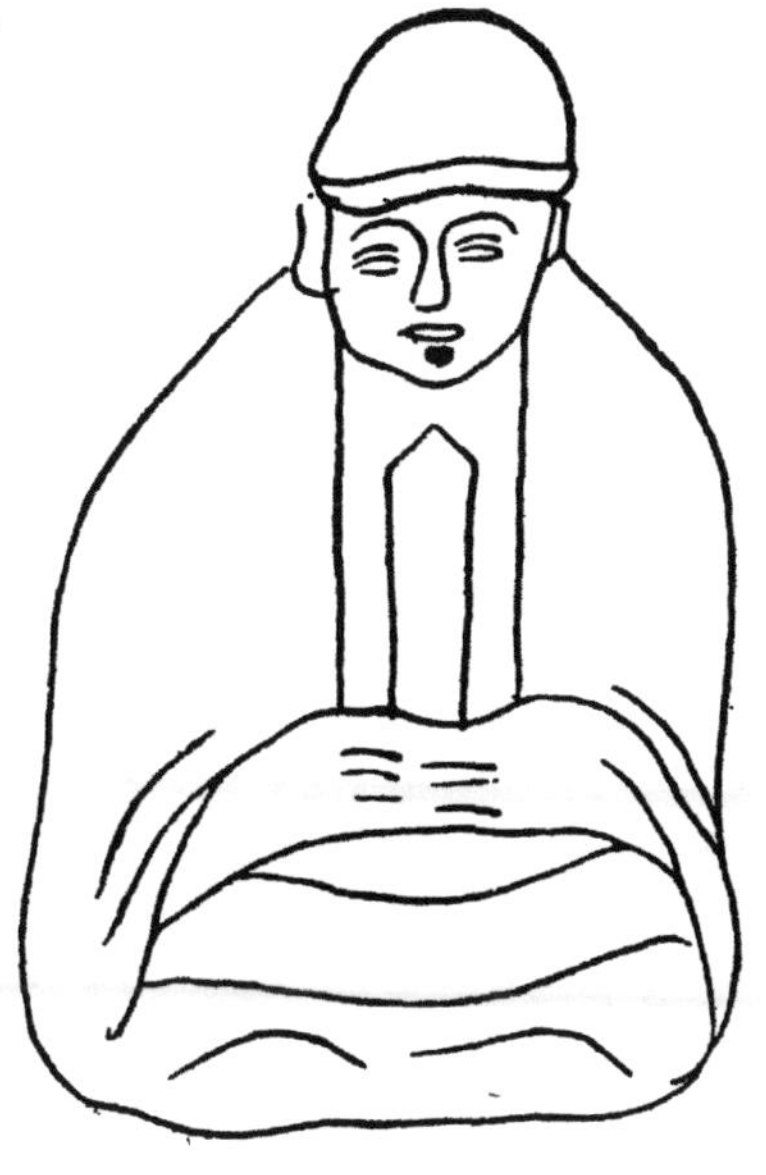

伊豆道祖神雜藁（穗積）

田方郡中狩野村閼野橋のそば四體
外三體首を缺く

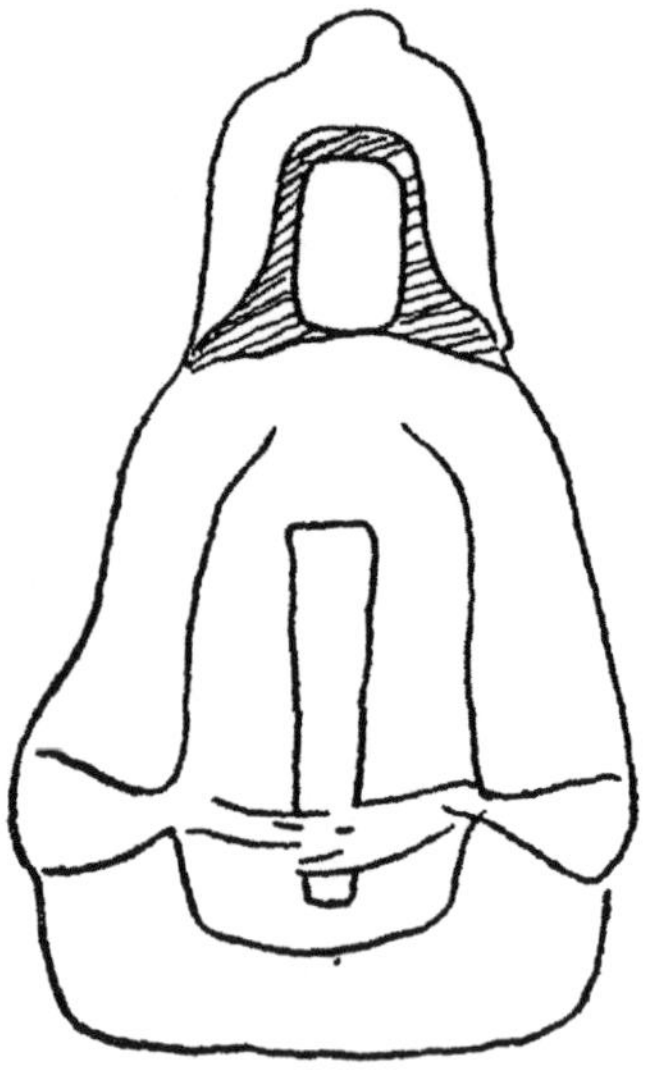

田方郡田中村宗光寺道ばた

田方郡川西村古奈溫泉場田の側
古く上町と下町とに二體ありしと云ふも、いまは上町に
一體外存せず

田中村田京
字堂の前一像。字泉《いづみ》一像各同形

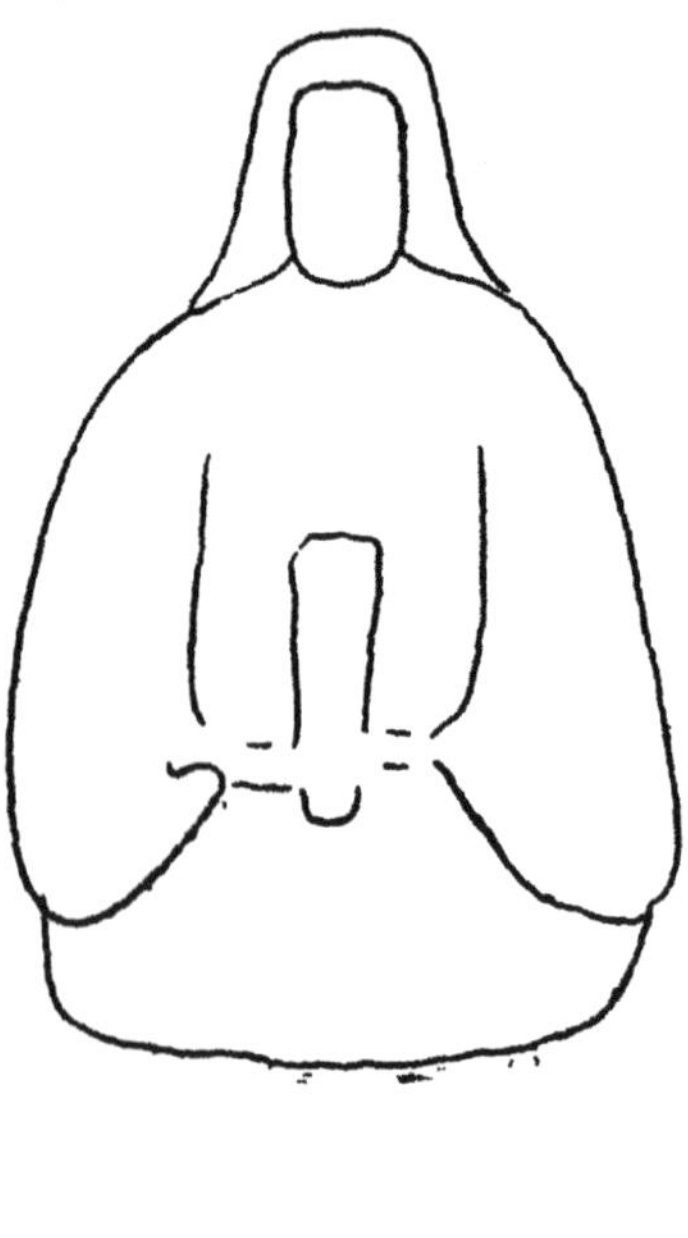

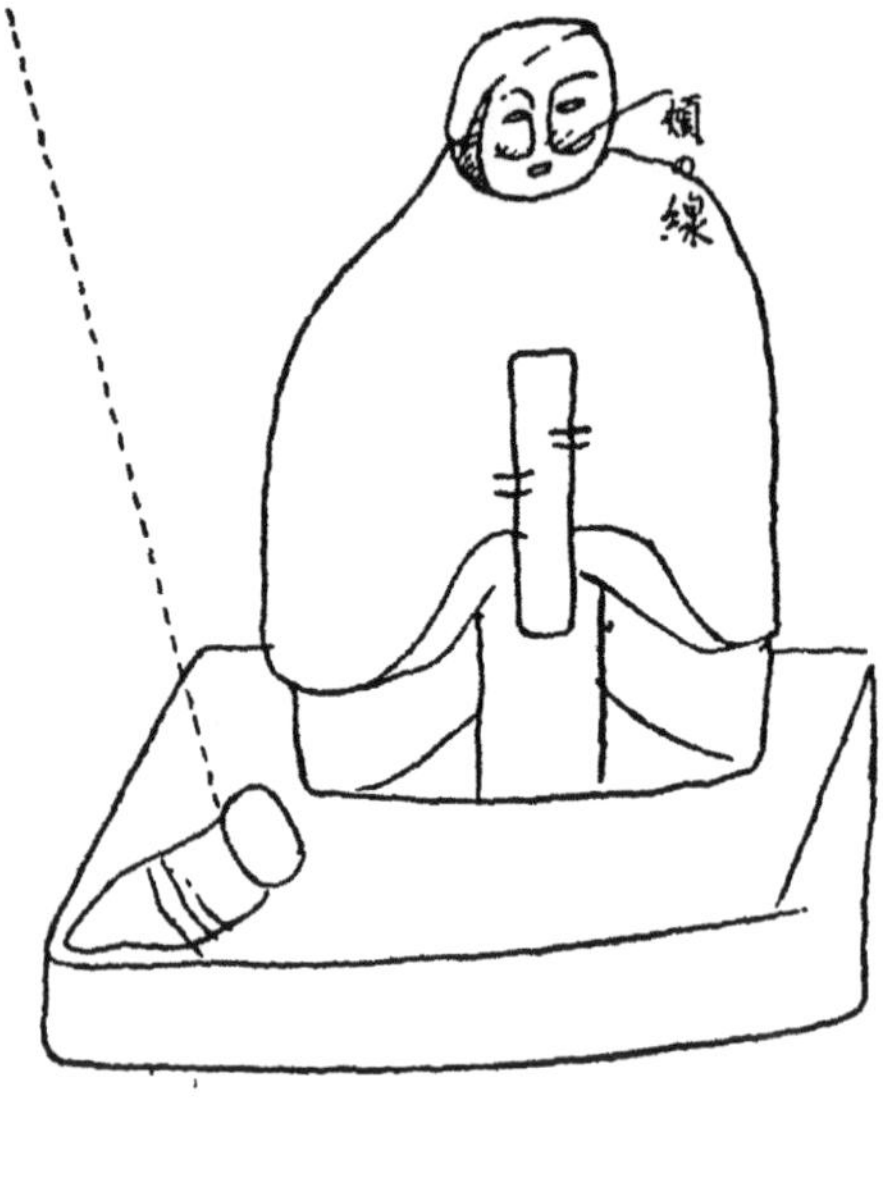

字泉にある一像の側に石棒に似たるか丶る形あり此の土

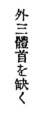

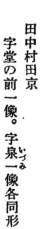

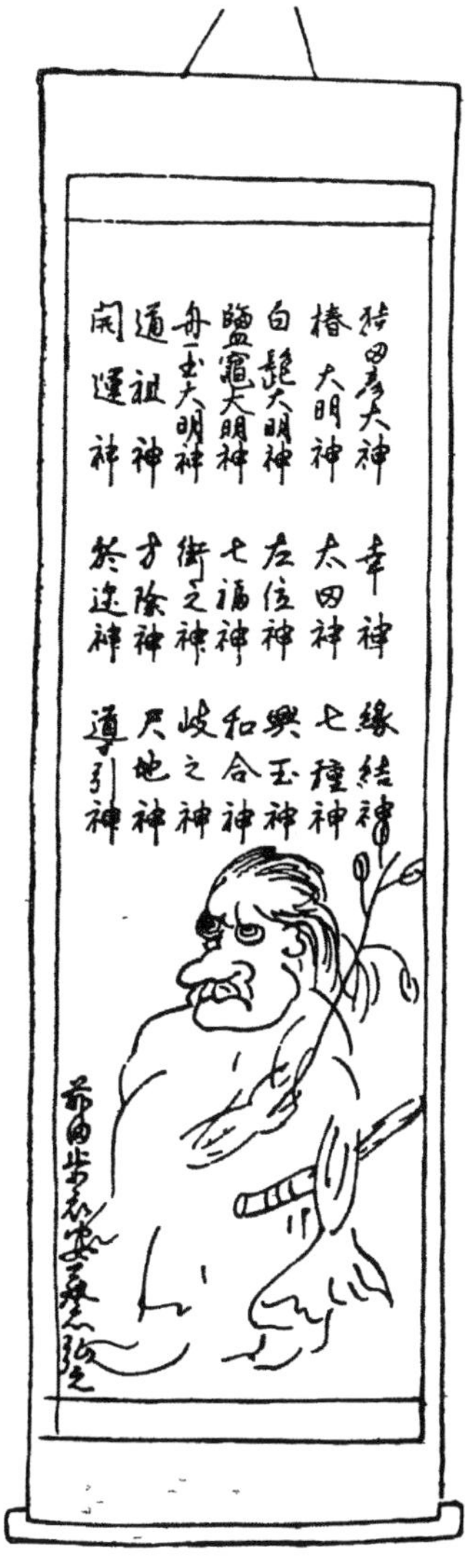

伊豆道祖神雜藁（穗積）

地に男根の如き形を（リンガ）なせるものを捧げる風習なけれど、石神問答の中にある圖及び甲州等にてはリンガを道祖神の祭具として用ゐられをるはよく知らるゝところなる故、特に寫したり長サ一尺ほどの石なり。あまり古きものにてはなし。

田方郡韮山村南條區線路の側

その形あたかもスフインクスの如し。

一、この圖に表れたる以外伊豆にてはほとんど各區に二體あるもの丶如し。

狩野（上、中、下）村にあるものは全部笏をもちたり、韮山村北條にある二體も又等し。

二、その二體の一と所にあるもの、二ケ所にわかれゐるものあり。

三、男女のわかれをるものは白岩より外に見當らず。駿東郡御殿場方面にては、長野縣松本にあるもの丶如く、一つの石に男女二體を刻めり。

四、石像の外石の祠なるものあり。田中村大仁、修善寺町字熊坂、函南村大場等

五、田中村御門《ミカド》にては稲荷堂の如き祠に幣を入れまつり、正月は道祖三柱神と書きたるのぼりを立てたりと。三柱神と書けるは注意すべきで、他には發見せず。上の圖の如き掛物を駿東郡清水村贄川他石（邦作）氏方に藏せり。合せ考ふべし。（道祖神の軸なりと云へりと）

伊豆道祖神雜葉（穗積）

六、賀茂郡稻取にては石像二體を堂に入れて祭れり。今昔物語等にみゆるものもかゝるなるべし。

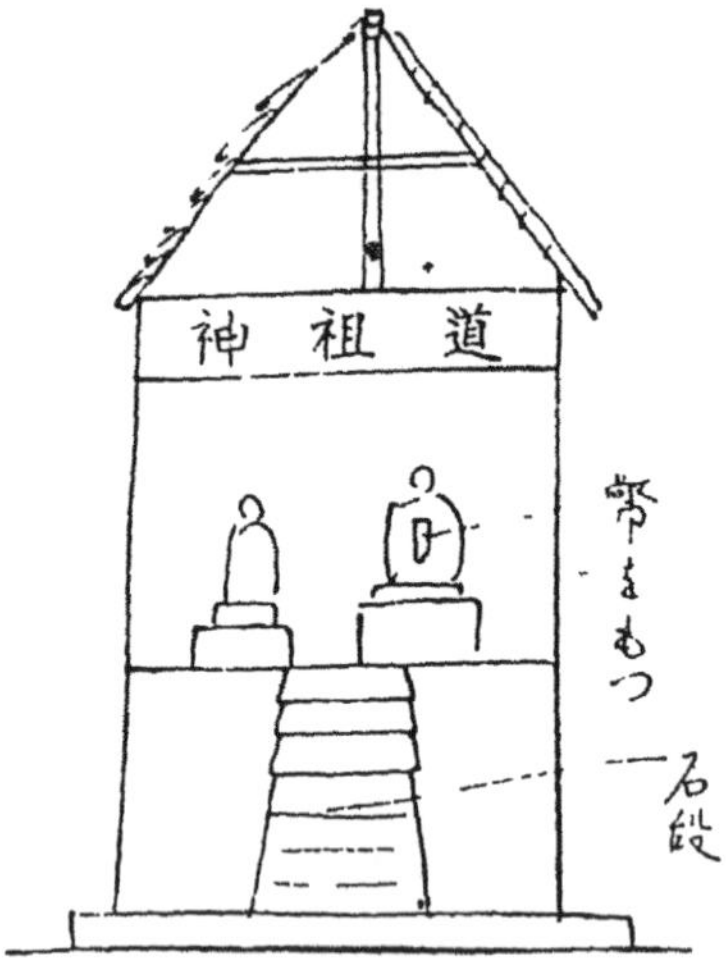

七、賀茂郡稻取に於て次の寫眞の如き手に帳面をもてる石像

あり。別記民譚のひろく行はれたるを知るべし。

八、函南村肥田及び駿東郡清水村伏見にては、正月十五日の祭以外、十月十五日又は十四日に道祖神を祭れり。即ち肥田にては十月十五日道祖神の前に次の如き竹をたてしめをはり團

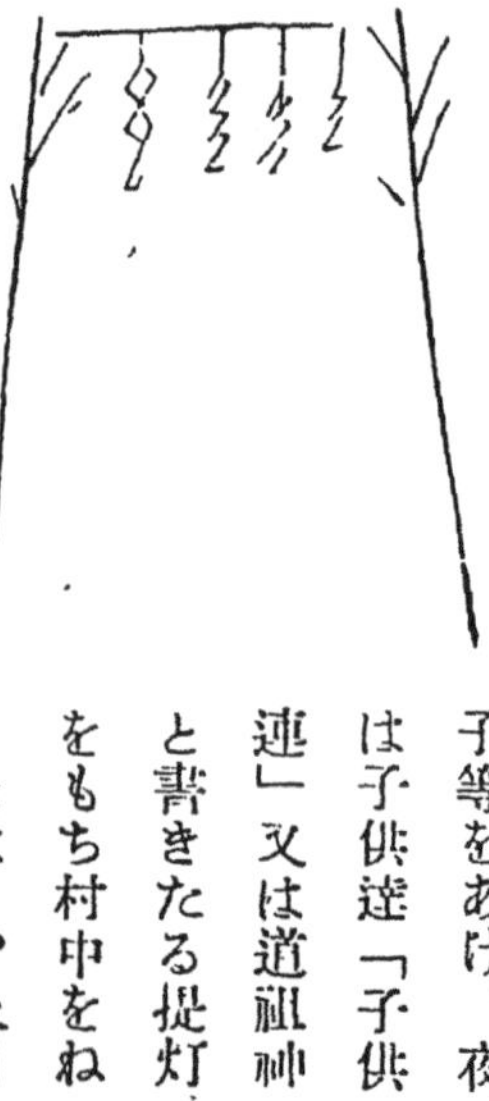

子等をあげ、夜は子供達「子供連」又は道祖神と書きたる提灯をもち村中をねりまはり、上町

下町にわかれて喧嘩す。清水村伏見に於ては十月十四日柿、蜜柑等を苞にしてあげると。この事すでに風俗畫報にて知られたる事なれど、この二區以外全くこの事を發見せず。別記道祖神は、神無月の留守神也との民譚によれるものか又は白河燕談に載せたる事文前集四十八の京師百司胥史、至秋必醵錢爲寒神會とある漢土の塞神會の附會せるものか考ふべし。

九、伊豆地方に於ては、道祖神は子供の神也と云はれ、子供の悪戯をよろこぶと信ず。道祖神に形の滿足なるもの少くして、多く頭、首等を缺くはこのためなり。

○伊東町に於ては、魚漁少なきときは、道祖神を海の中にたゝき込む。かくすれば漁多しと信ず。(これは道祖神の例にはあらざるも三島町の遊女屋に於て古く客少なき時は神棚に祭れる金勢明神と云ふ木にて作りしりんがをもちいだし、小濱《コバマ》の池に行き洗ひ清めたりと云ふ（贄川他石氏談）

○對島村八幡野に於ては、子供病氣になりたるときは村の子供道祖神を打ちたたき、その病氣の子供の名を呼び打ちたたくと云ふ。かくすれば、子供の病氣の癒ゆと信ずる也。

○上大見村八幡にある大塞の神は、産の神なりと信じられ、産の近づきたるときは、近所の子供をたのみこの神の前にてさかだち(又は、とりかぐら)と云ふでんどう返りをしてもらふ。かくすれば、子返《こがへ》りがして安産なりと信ぜられ、各地より參詣に來たりと。特に正月は參詣人多く、それがため、子供のもらひ多かりしと云へり。現今にてもこの風ある由也。

○田中村吉田、特に我が家に於ては、暮の二十九日につく正月の餅は必ず道祖神にそなふ。余も幼時よく母より「塞の神さんは子供の神さんでお前たちをまもつてくださるのだから、お前上げておいで」と云はれては、上げに行つたものなり。又疱瘡のつきたるとき作る疱瘡團子も、よくこの道祖神にあげられ居り。

○伊豆一體、正月三日前は子供達村境に繩をはり、その繩に泥をつけ、また竹をもち、その笹の葉に泥水をふくませなどし、道を通る人より金錢又は紙をせがみたりと云ふ。もし金錢か紙をおいて行かねば、通行せしめず泥水をかけたりと。父の話によれば「塞の神を祝つしやい」と、子供口々に云ひ隨分うるさかりしと。

○前記の事を「塞の神の勸進」とも云ひ、濱の方(熱海等)にては、暮のうちより戸ごとをまはり歩きて金錢をもらひたりと。北越雪譜にみゆる勸進の如き樣子はなし。

○吾が田中村吉田に於ては、四日松飾等をとる。その時子供達その飾をあつめ、下道と云ふ吾が家の側の椋の木の下に

伊豆道祖神雜藁（穂積）

小屋を作り、それに皆その飾を入れる。それが了りたる後、十四歳の子供を頭に村中を戸ごとにまはり金錢、棚紙（神棚にあげたる紙）、だるま、おかめの面等をもらひ歩く。その時その家の格によりあまり金錢を少なくくれたる時は、十六日（我が區にては十六日にはどんどん燒をなす。理由は、ある時このどんどん燒の火より村中火事になりたりとの事より）に飾を燒かせぬぞ返して來い。なぞ云ひておどしたるものなり。而してそのあつまりたる金にて太き竹を買ひ、おかめの面、だるま、色紙等をかひ、一軒塞の神の宿をさだめそこに子供皆集り、十四歳のおやかたの命令により、それ〲はたらく。先づ竹の葉を適當にむしり、赤青黃等の紙にてきんちやくをぬひ、中に籾殼を入れ、だるまやおかめには絲をつける。すなはち右の圖の如し。又色紙にて注連を作る。

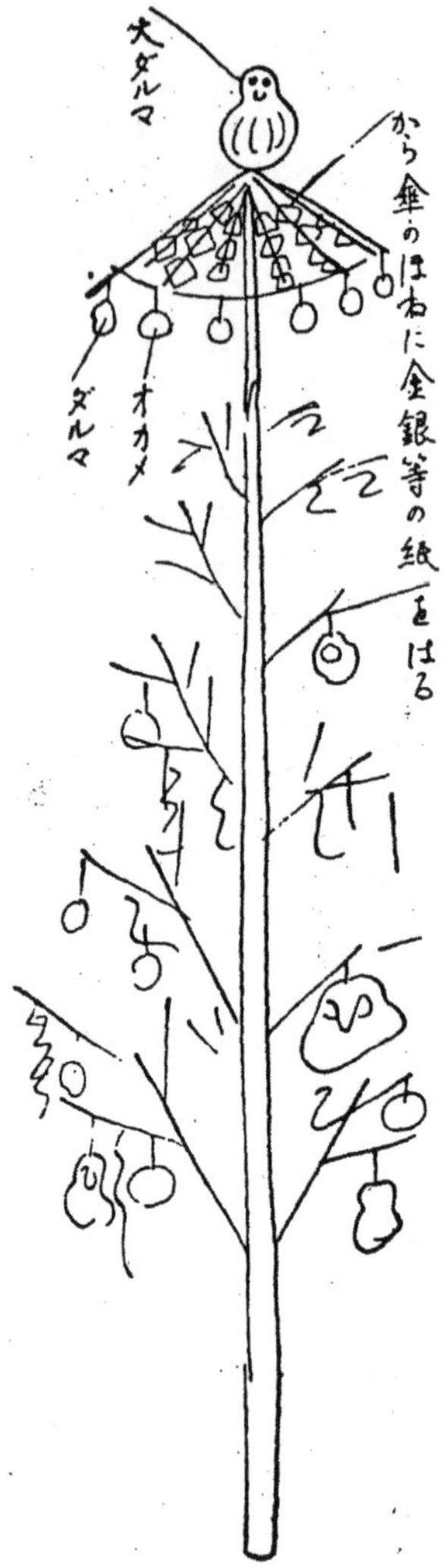

而して七日までにすべてを用意し、七日にこれを道の傍に立つ。その竹の太き事その美くしき事等を他の村とくらべて、その時のおやかた（十四歳）のてがらとす。その形上の如し。

さて十五日（他の村にては十三日）この竹（これをおんべ竹と云ふ）を田にはこび、次の如くたておかざりをその下につむ。十六日曉火をつける村中の子供及び大人集まり、子供は書初を燒く。大人も竹にさしたる團子を燒き、家に持ちかへる。この團子を食へば、虫齒にならぬと信ず、又この火をもらひ家にもちゆくもの、又その場にて煙草をつけてのむものあり。

その火にて煙草をつけのめば、齒をやまぬとか、その火で物を煮て食すれば、夏やみをせぬとか云ふなり。

○八幡野に於ては、十三才の童子を世話人と云ひ、十五才の子供をおやかたと云ふ。而してどん〱燒をなしたる後、十四五の童子すしをつけて下の童子と共に食す。勞をねぎらふ意味ならん。道祖神の祭のすみしあと、十五の童子は青年のなかま入りをなす。この酒宴の時、なかま入りのしるしにすりこぎを男根になぞらへて、次の如き唄を唄ひつゝ舞ひ、すりこぎをおやかたの前にさし出すと云ふ。割禮の遺風ならん。また元服の儀式か？

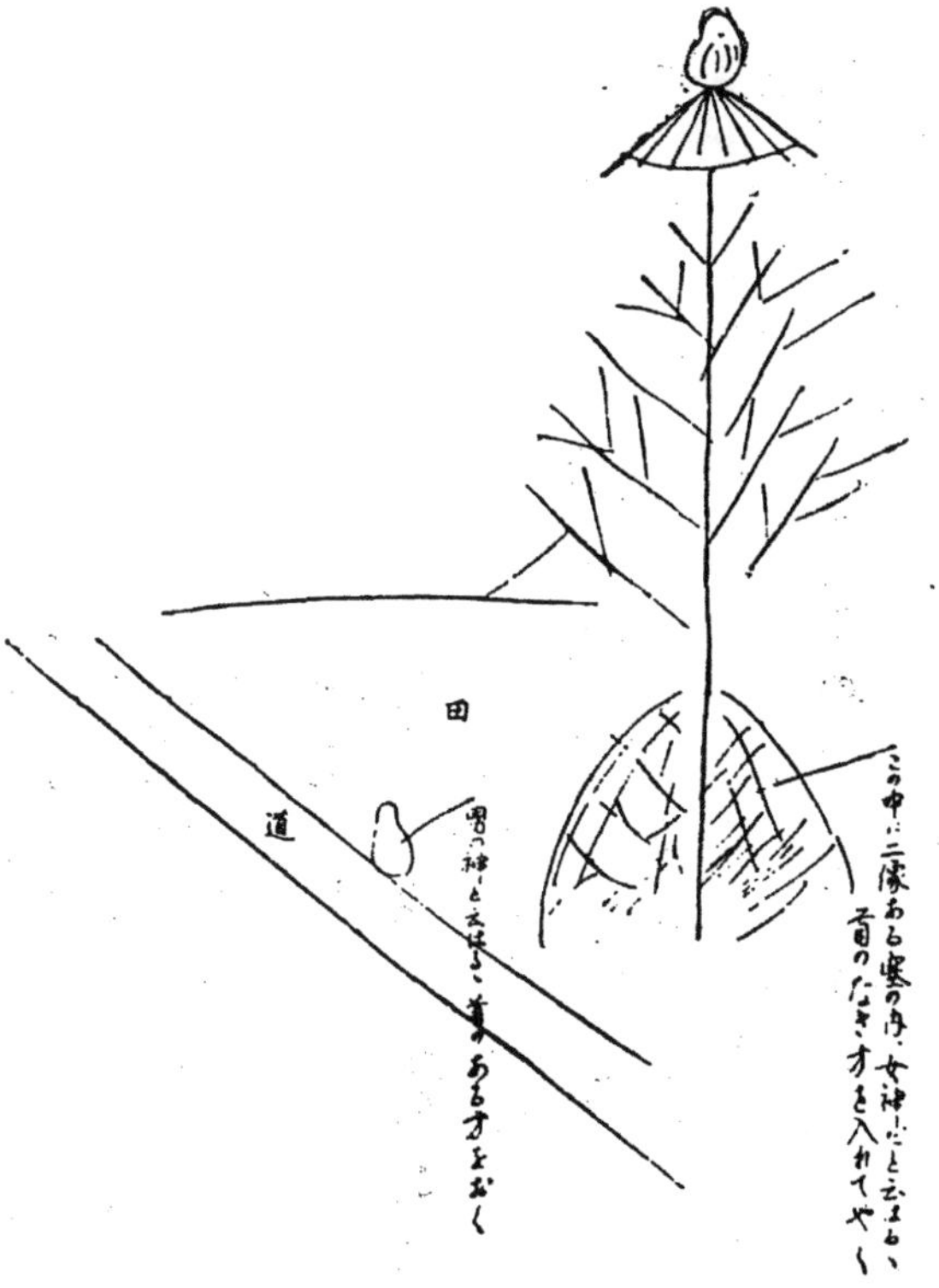

おやかたな、おやかたな、奴のやうなすりこぎを……云々

又これよりはどんなに身體が弱小なりとも、村の役にいでて一人前として通りしなりと。

○八幡《はつま》に於には、正月になると、塞の神と云ふ家名の家は皆、家を子供にあけ渡し、子供の宿として、家人は他に寄寓せしなりと。

一〇、駿東郡北部に於ては、どんど〳〵燒を柴燈燒《さいとうやき》と云ふと（賛川氏談）

一一、清水村堂庭に於ては、古風多く存せり。どんど〳〵燒の如きもおんべ竹を三つに切り下の圖の如く立て、それにお飾を積みて燒く、古書のさぎつちよはこの形を云ひしものならん

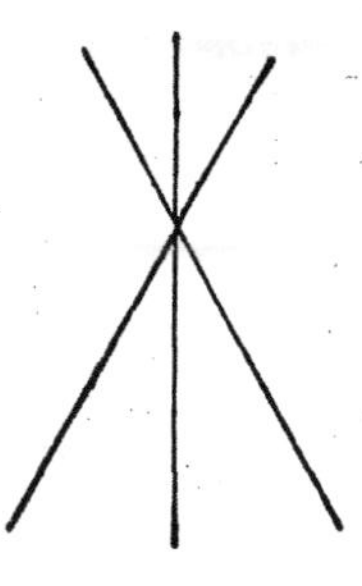

一二、塞の神は多く村境、及び山の口等及び橋のたもと等にある事が普通也。三島千貫樋の側にありたる塞の神を、誰云ふとなく鵜の神なりと云ひしと。（賛川氏談）

一三、田中村吉田はじめ、道祖神をお飾の中に入れて燒く風習あり。大仁の如き祠のところにては、その火をもち來りてその祠の中に入れ、又燒かぬところにては、その灰を石像になする。何故に道祖神を燒かねばならぬかにつき一二の話傳承さる。次の如し。

○田方郡田中村吉田　暮の八日節供の夜は、目一つ小僧がやつて來る。そして一軒一軒その一つ目でのぞいて歩く。そして、この家の誰は來年病氣にする。この家のあれは一

伊豆道祖神雜藁（穗積）

年中に死なせる。この家の誰とあの家の誰と結婚させると云ふやうな事を、ちやんともつてゐる帳面につけてしまふ。そしてそれを村はづれの道の神である道陸《ろく》神へ、來年の二月節分の時來るから、それまできつと失さぬやうにしまつておけと、くれ〴〵も念をおしてあづけておく。だから、正月十四日に道祖神をお飾の中に入れて燒いて了ふのだと云ふ。二月目一つ小僧が來て、去年あづけた帳面をどうしたと聞くと、正月十四日に子供が燒いて了つた。子供の惡戲だからしかたがない、と云ひ分けをするのだと云ふ。もし正月道祖神を燒かぬと、死ぬものや病氣をするものなどが、ちやんと定まつてしまつてこまる。

○この話は、伊東町在の吉田に於ても傳承されてゐる。

○道祖神は、通行人の心を帳面に書きしるしてゐる、だから正月燒くのだと云ふ。この話は、まだ子供の時聞いた話で、誰れから聞いたのだつたかはつきり考へ出せない。折口先生によつて發見された稻取の道祖神の帳面をひろげてをられるのは、多分この話によるものだと思はれる。

○田中村大仁でもこの話が傳つてゐる。大仁の道祖神は、石の祠である故に、とんど燒の火をもつて來て、石の祠の中に入れて掻きまはす。

○こゝで道祖神に關係のある目一つ小僧の事を書きしるし

て置く。（今昔物語に）天王寺僧道公誦法花救道祖語第卅四なぞの說話により行疫神と道祖神との關係が朧げながらわかる）十二月八日の夜は目一つ小僧の來る夜であるから、下駄を戶外に置いてはいけぬ。もし下駄を置くと、炙又は燒印をおされる。目一つ小僧は、自分より目の多いものを怖れるからと云うて、戶口に目籠をつるし、それの映るように下に白水《しろみづ》(米とぎ水)を盥に入れて置く。又柊の枝をも戶口にさす。夜になつて赤飯をたき、それを結びにして八人の家族なら八つ作り、各一つづゝうん〳〵うなりながら食す。これはもし、目一つ小僧が家の中をのぞいた時、家人の皆丈夫だと云ふ事を知らすためだと云ふ。柊を戶にさす理由は、昔ある男が外で風呂に入つてゐると、目一つ小僧が來て、風呂桶のまゝかついでぐん〳〵山に入つた。その男は、怖しさにふと手をのばすと、木の枝にさはつたので、無我夢中でその木にのぼつた。目一つ小僧は男がにげたも知らぬで、ぐん〳〵山へ登つて行つた。その男のつかまつた木が柊だつたので、それで戶口にさすのだと云ふ。又一說に、柊の葉はとげがあるので、目一つ小僧の家をのぞく時、その一つほかない目の玉をつゝくためだとも云ふ。又結飯をうなりて食する理由。一說にうなる聲をきゝ、この家に病人ありとして帳面につけてゆく。それを一月燒くので病氣にかゝらぬ。

○函南村肥田の傳承。塞の神は、神無月の留守神である。すべての神さんは、來年の相談に皆出雲の大社に出かけるが、この神ばかりは殘つて村をまもつてゐて下さる。神々は出雲で來年の緣結びを定めて、あの家の娘とこの家の息子と結婚せしめるなどを、ちやんと帳面へ書き止めて來る。そしてその帳面を、塞の神にあづけておく。だから正月塞の神を燒く。もし燒かぬとあまりちやんと緣が定まつてしまつてつりあはぬ緣が出來たりしてこまる。あとで神々が怒ると子供の惡戲だからしかたなしと答へるのだと。

一四、上大見村八幡の大塞の神は、圖に書き止めた如く外の塞の神とあまりにちがふし又不細工である。その理由は。この塞の神を作りしは、旅の石屋なりと。あまりその出來惡き故、八右衛門《はちゑもん》と云ふ人の藪に捨てゝ行つた。するとそれから、その八ゑもんに、三日ほど夢枕に立つたので、藪からひろひあげて祀つた。だから子供の病氣及び、お産に願をかけるときく。

一說に、昔弘法大師が諸國を行脚して、この八幡に來られた。そしてこの塞の神を造られたが、あまり身體のわりに手足が小さく拙く出來たので、新家と云ふ家の藪に捨ててゆかれたものだと云ふ。それが夢枕にたつたので、祀るやうになつたのだと云ふ。

一五、昔々あるところに、ぢゞとばゞがゐた。二人は非常に正直者だつた。毎日々々笠を作つてそれをときどき町へもつて出ては賣つてゐた。ある日やはりぢゞは町へ笠を賣りに出たがだいぶ殘つた。それでしかたないので、町からとぼ〳〵と歸つて來ると、道で夕立にあつた。見ると道ばたの道陸神が、皆つぼぬれになつてゐた。そこでぢゞは、どうせ家に持つて歸つてもしかたない。それよりもこの神樣にお着せしよう、と皆着せて歸つた。家へ歸つてばゞに話すと、ばゞも大變嬉んだ。さてその夜、眠ると、眞夜中近くになんだか遠くの方から、じやんじやら〳〵と金棒をついて來る音がする。お祭もないのになんだらうと思つてゐると、段々と自分の家に近づいてくるらしい。近づくにしたがつて、あたりが晝のやうに明るくなつた。見ると、ひるま笠をかぶせてあげた道ばたの道ろく神が、皆ちやんじやら〳〵と金棒をついてやつて來た。そして家に入ると、口々に、

　道のはあたの道ろくじん　笠の禮にごうざつた　ぢやんじやら〳〵

と云うて、ばさんとなんだか投げて、またじやんじやら〳〵と行つてしまつた。不思議な事があるものだと、朝になつ

て見ると、それは金銀のいつぱい入つた袋をおいて行かれたのだつた。

一六、以上の說話でもわかるやうに、伊豆の道祖神にはほとんど生殖神としての崇拜は現れてゐない。かへつて幸の神としての信仰、子供の神としての地藏尊風の信仰が多い。

一七、道祖神の祭が、男子の元服と關係があると同樣、女子にもまた盆がまと云ふ行事が、七月十四日又は十五日に行はれる事が注意される。

甲斐の道祖神

中川　公

一、道祖神の形

甲州で田舍にゆくと、よく村々の岐れ道の所で、眞丸な石が四角の臺石の上に乘つてゐるのを見受ける。これが甲州の道祖神の比較的古いものである。又この丸い石が二つ載せてあるのもあり、又多く小さいのや大きいのを載せたのもあります。外に極く大きい丸い石に道祖神と彫りつけたもの、小判形の石に矢張り道祖神ときざんだのもあります。私の見たところでは概してこの字のほつてあるものは新しいものゝやうに思はれます。兎に角この唯丸い石の道祖神の形は、一寸他國と違つてゐるやうです。

第一圖　A

で甲州で一番有名な東八代郡の中尾《ナカオ》の道祖神に行つて見ると、この道祖神は延喜式の中尾神社の境內の一隅に、末社のやうにあるもので、木で作つた小さい祠の內にある。中尾神社の神主さんに聞いたところ、御神體は矢張り丸い石ださうである。甲府の町で猿田彥命とか、道祖神とか云つてまつゝてゐるものをみたが、多く今は町の相當の家の屋敷神となつてゐる。私の見た二三のものは、皆小

B

さい木のほこらで、彫り物などで手のこんだものもあるが、そのほこらの中の神體は矢張り小さい丸い石であるらしい。又この丸い石をのせる臺石も、四角な石で三重になつてゐるのもあるし、又お城の石垣のやうに、下をひろく上に行くにしたがつてせまく、四角に長く石を積んだものもある。次にその神についての甲州人のもつ信仰にうつらう。

第二圖

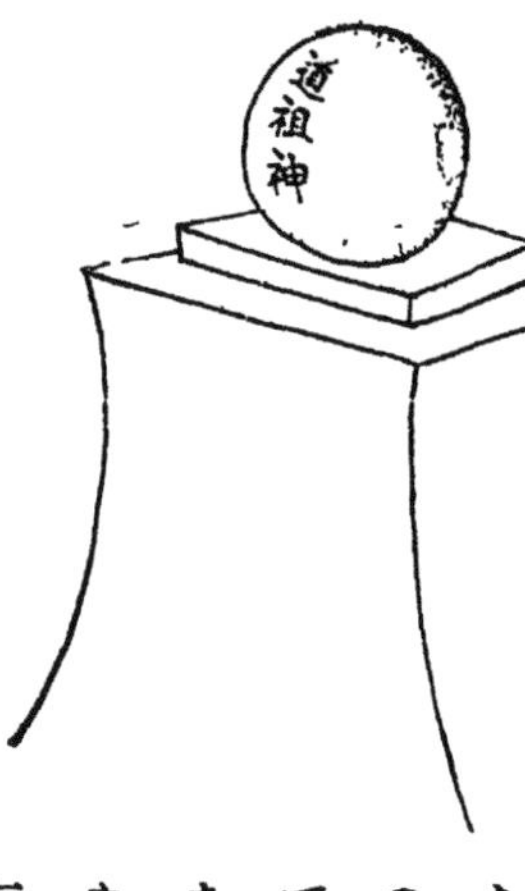

二、道祖神についての信仰

道祖神についての信仰は、先きにのべた中尾の道祖神について聞いて見ると、すぐそばにすんでゐる百姓の老人の話だが、この中尾の道祖神はもと同郡の米倉村にあつたものだが、それは米倉村の某といふ人の屋敷神樣であつたが、恐れ多いことゝした幾代かまへの人が、この中尾神社の一隅にうつしたのださうである。この丸い石を道祖神の神體とするかといふに、甲州はもと湖水であつてその湖水巡視のため、猿田彦命の子孫にあたるところの某といふ命《ミコト》が、甲州へお出になつてこの米倉村に御休息なすつた時、お腰掛けになつたすぐそばに、丸い石があつた。それを命は御覽になつて、これは我が祖先の猿田彦命の顔に似てゐるとおつしやつたので、その石を道祖神としてまつゝたと云ひます。なぜ道祖神に猿田彦命をまつるかといふに、太古天孫降臨のみぎり、天《アメ》のやちまたにお出になると、こわい顔をしたひげのはえた目のするどい人がたつてゐる。それで天孫は天のうずめの命をして何人なるやを問はしめたところ、某《それがし》は猿田彦命と申すもの、天孫降臨あそばすを知つて道案内のためにまいつたものと申した。そこでこれを復命すると、天孫は大いにこれをよみしたまひ、このはじめて口をきいたのがきつかけで、猿田彦命と天のうづめの命とは御夫婦になつたといひつたえられてゐて、その道案内の神であるから道をまもる神であり、したがつて村又は區などその道にそつたところを守る神となり、甲州のやうな養蠶が農家の主な副業である國では、蠶神ともなつたのである。後にのべる祭禮のところに云ふべきであるが、正月十五日の夜、この道祖神の周圍を藁やまきで道祖神を覆つて作つてある小屋を燒きます。それは道祖神は道の傍にあつてその村の人を監督してゐて、村の誰が何處のものを盗んだとか、誰が何處の娘をひつかけたとか、一々帳面につけておいて、十六日には地獄のえんま所へもつて行つてこれを見せ、この惡人が將來地獄に來たならばこらしてくれるようにすると云ひ付けるので、この帳面を猿田彦が持つて地獄に行かぬさきに、即ち十五日の夜道祖神の前で火をたき太鼓を打ち皆々打集つてさわぐので、あまりの面白さについ道祖神が例の悪人連名帳をうつかりおいたまゝ外に出て見るその拍子に、火をかけてその帳面を焼いてしまふために小屋に火をつけて焼くのださうです。この焼のこりの火をまたぐと下の病にかからぬとか、またこの灰をもつて歸つて家におくと靈があたり、長蟲などがこないさうです。これがまあ大體の信仰ですが、道祖神についてもう少し深く知りたいと思つてゐると、丁度一宮村文教史といふ本が目にふれたので、一宮村の舊本都塚村々社熊野神社のところをみると「この祭神は伊弉諾命伊弉冊命なり云々とありこの境内社殿の東北隅に道祖神祠あり」として峰城希眞といふ人の作つた由緒書が書いてある。

壽福寺護道祖神緣記

抑々當所道祖神の濫觴と申すは昔人皇百有餘代の帝御陽成院第八之宮二品良純法親王と申し奉るは寛永廿年に當國に御左遷の御身とならせられ積翠寺村に御座し給ふ。折節は所々御遊覽被レ爲レ在或時竊に一之宮明神御參詣あらせられ候御通行の砌當邑の名御尋有レ之候得は都塚と申上候へば其時に塚にても有レ之哉と御尋につき當村氏神の社地則塚の由奉申上候へば立寄可ニ休息一旨被仰則當氏神の社地にて石に御腰を被レ爲レ懸御休息之節宮様御腰をかけさせ候石其後此石に腰掛或は上り候もの必ず煩ひ又怪我いたすもの有レ之に付隣家のもの此石貰ひ受け屋敷の鎭守として祭り候由申し傳へ今に有レ之側にかく石の出たるを御高覽有レ之此石常の石にはあらじ掘りて見よと居合せ候郷民に被仰付候につき則掘候所二つの石掘出し高覽に備つければ是は稀有なる石是は大田神《オホタジミ》なるべし大田神とは道祖神なりこの神は福壽をあたゆる神なり此神出現せるは正しく郷中繁榮の基なるべし是尊崇して祈願せしむるに利益あらずといふことなし必ず必ず心正しく直にして祈る時は壽福を得ること疑ひあるべからずと宣し候より以來福の神の道祖と申し傳へ侍りき。

扨此道祖神と申奉る御神は猿田彦の命と申て千早振神代のむかし天照大神の御孫天津彦火瓊々杵尊天降らせ給ふ時天の八街に待請奉りて道ひらきし給ひて日向の萬千穗の槵觸《クシツル》の嶽に御案內申夫より自分は伊勢の狹長田五十鈴の川上に鎭り給ふ其時皇孫勅にて天鈿女命《アメノウズメノミコト》と御夫婦にならせ給ふ御神なり依て始めて道啓きし給ふによりてみちのおやのかみとは奉レ申なり道は暫くもはなるべからずはなるべきは道なり世界の道も人間一生の道もはなれてはならぬものなり此道能く守るものをば深く神も悅び給ひて自然と福德を與へ給ふ。此御神も日の神の道を愼敬ひ地君となり給ひ候國底立命《クニソコタテノミコト》と名のり給ふ不レ視不レ聞不レ言の混沌のはじめを守り給ふが故に世間の道祖神に圓き石はその混沌を守護し給ふ故なるべし當村道祖神の御形は大小の二つは陰陽を表し石の堅きは神州の道を堅く守り給ふ事を表して神體とす石の圓きは人の心とかく角なく圓きがよけれども然し圓くとも一角はあれ人心といふ如く角ありて上の平なるはたゞ圓きばかりにては家內も治らざる事有故に角ありて平かに治る事を表し下の平かに石の重きは其心動かずと所にすはりよき事を表したるものなるべし殊に此尊石神體の輕重座す事御神德の炳然燈顯まことに恭恐すべきの至り然れば敬信禮拜懇祈誠なる時は感應利益あらずといふことなし依て此度清淨地に御殿を建遷座し奉り諸人令レ拜所なり此神影瞻仰するに付ては衆人能く／＼道を守ること家內の和合專一に心懸別て夫婦の陰陽和合を悅び給ふ然る時は良子を產み子孫相續繁榮の基惣じて道を守り給ふの神故に道祖神と書てみちのおやのかみと讀むことなり將又人々先天地の恩德を存知し天地の恩を報ずべし天地の恩を報ぜんと思はゞ父母に孝行をつくすべし又此世を去る父母ならば跡ねんごろにとむらふべし父母は則ち天地なれば父母に孝行なる人をば別て道祖神御心に叶ひふかく悅び給ひて福德を與へ自然と外より來る災難をのぞき家內よりおこる騷擾なく幸ひし給ふ邪曲なる心おこらば神直日大直日守らせ給ひ正しく直なる身になし幸ひあらせ給へと祈念せしめん人々においては必ず／＼其等に幸ひを得別ては養蠶を守り給ひ滿作せしめ子孫に於ては無病長久奴婢牛馬に至る迄息災にして五穀は豐滿せしむること疑ひあるべからず依て衆人ふかく尊信し奉るべきもの也。

嘉永三庚戌年(峰城先生八十六才の時作りしものなり)

この道祖神緣起で見ると、兎も角も陰陽二物を表徵した形の道祖神もあり、生殖に關聯した思想を持つてゐたらしい。又甲州のある地方貢川といふ村では、今でも米の粉で大きな陽物を作つて道祖神にあげたり、家の神棚にあげたりするといふ。それから去年の道祖神祭から今年の祭りまで一年の間に結婚した男に、籠で大きな陽物の形を作つて道祖神まつりの夜、背負はして村中を步るかしたりするところを見ると、どうも生殖器をあげるといふ考へも持つてゐたらしい。甲州の道祖神は楕圓形のものもあるが、概して丸いのである。この形についてもつと深く聞いたならば、何か未だこれに關する傳說があらうと思ふ。

三、道祖神の祭

甲州の道祖神は大體十四、十五、十六日にわたつて行はれる。この祭禮中は村の若い衆の天下である。村の若い衆は非常な權限を有する。この若い衆(今の青年にあたる人達)は道祖神祭りの準備のため、道祖神のところにあつまり、まづ左義長、卽ちとんどを作る。そのとんどは三圖に示す如く竹で作つて隨分高いものである。それを立てゝそのとんどの上方に繩を幾本も長くつけてそれを去年の祭りから今年の祭りまで一年の間に結婚した家の軒や家の中に、自在鍵などに長くひつぱつていつてゆ

わえるのである。そして若い衆はこの祭禮の準備中の色々の食

第三圖　とんど

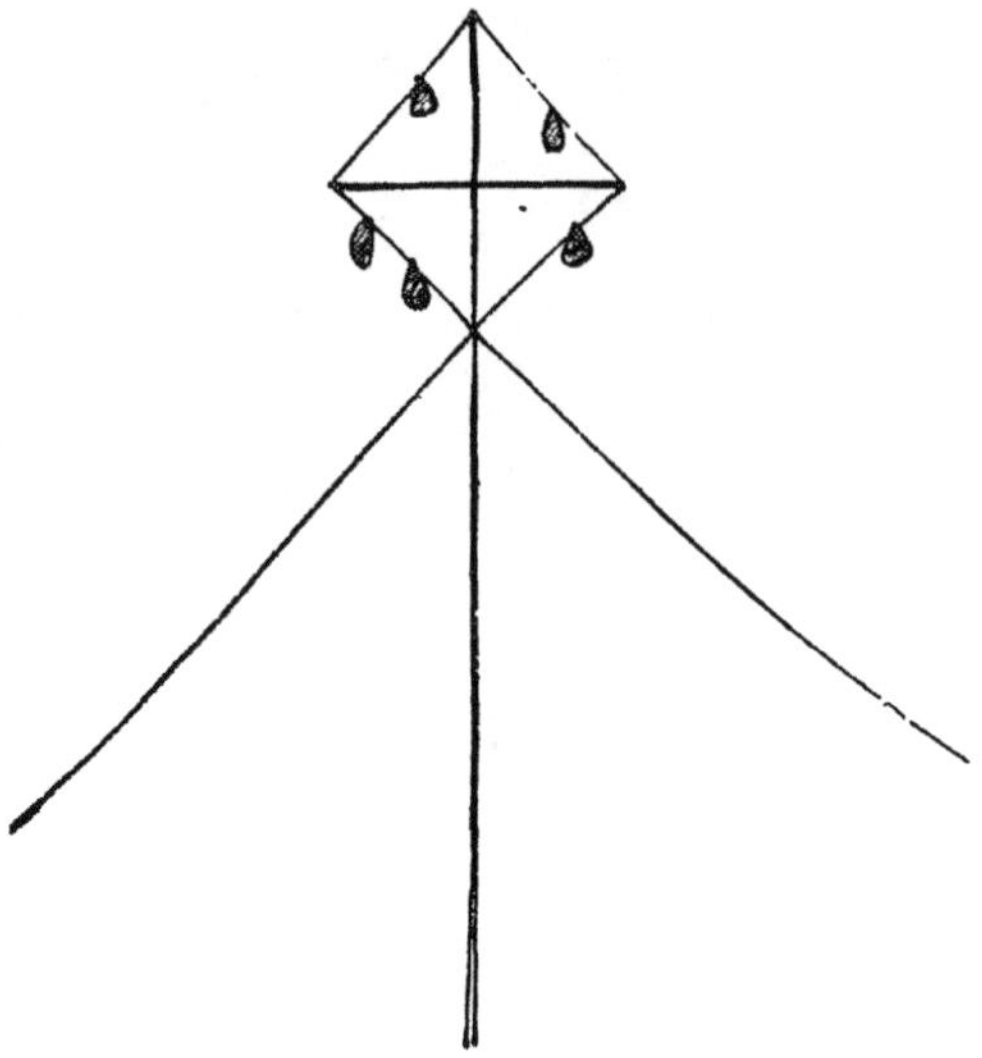

この繩を例の家にひつぱつて行つてむすびつけます。紙で作つた、巾着のやうなものを娘達がつるす。これは高い所につるくるだけその娘の裁縫の手があがるのださうです。

物たとへば米飯とか菓子豆腐のやうなものを、例の繩を引いてはその家の主人を呼んでは取寄せ、又この引かれた方の側もこれを絶對にこばむことは出來ないのである。かくして若い衆の手によつて道祖神の祭禮の仕度はとゝのえられてゆくのである。いよいよ祭日の當日となると、若い衆の一人が猿田彦命となつて恐しいお面をかむり手には劍を以て仲間を從へて去年の道祖祭より今年の道祖祭までに結婚した家に巡次に乘込む。其家では御馳走を作つて待つてゐる。そこえ道祖神の一行はやつて來て座敷に通り、御馳走の數や種類を見てその家が不斷にくまれてゐる家だと何かかやと注文を出して種々困まらせる。それでもそむくわけにゆかず、注文の料理などをとゝのへなくてはならないのである。この難關もどうかかうか通りぬけると今度はお禮の金子を出さなくてはならない。これが又難關である。道祖神はその差出された金子を見て、すぐ彼の頭をたてにふらず、段々その金高をせりあげてゆく。そこでその村の口きゝとか年寄といふものが、中にはいつて仲介して適當の金高で道祖神の青年に承知させる。かく家々をまわりあるいて集めた金を道祖神祭の費用や青年達の酒食に供するのである。各戸ではこの祭の最中は米の粉で「おめい玉」といふものをこしらへて、木の枝にさして家にかざつたり、又これを燒いてたべたり、道祖神にそなえたりする。青年や子供達は道祖神の前に集つてお囃をしたり先きに述べたとんど燒をする。又例の結婚

第四圖　比較的新しい物

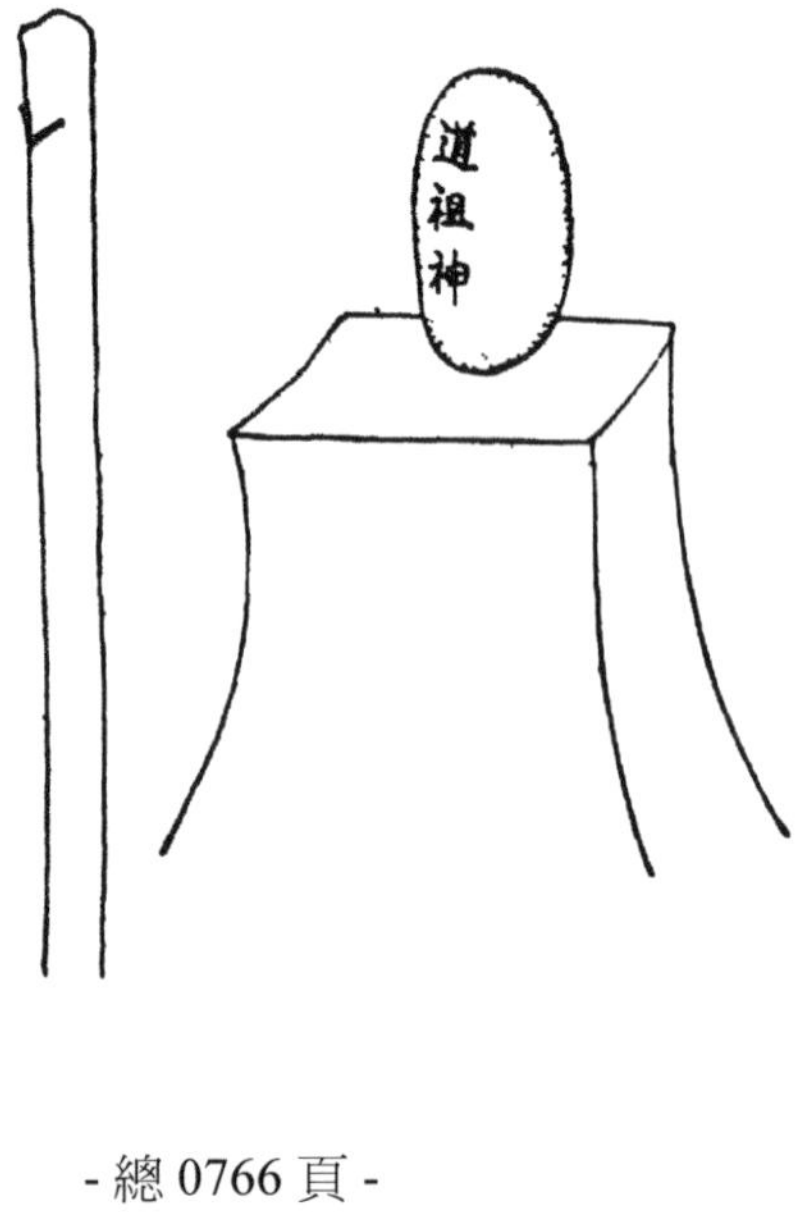

をした青年は篠で作つた大きな陽物の形を背負つて村中をあるいたり、又大きな太鼓を背負はせて村中をも一人の青年がたゝきながら歩かせたり、種々の苦行が行はれる。この結婚した家へ若い衆達が泥、或は薪の棒又は小石などをたずさえて「お祝ひ申す、お祝ひ申す」と云ひながら、これをその家になげつける。するとその家の親類の者達が應戰したりする。これも平常憎まれてゐる家はひどくやられるのである。この時も幾何かの金を若い衆に出して許して貰ふのである。町では青年即ち若い衆が恐しい道祖神の服裝をして、各區をまわり祭の費用を集める。矢張恐しい面と劍を持つてゐる。又子供達はとんどを高く立てゝ、そのまわりに四方に低く繩を引張り、通行人がそれをまたいで通る時、子供が幾何かの金を貰ふことゝなつてゐる。これは甲府の町で行はれてゐたのである。

甲斐の道祖神　（中川）

方言と土俗

鍋の飯が足りなくなった事を、盛岡で「へら　かついだ」と言ひます。その理由は、飯がたりなくなれば、給仕する人が、へらをかついで、踊ををどらなければならないといふタトへがあるからです。私が子供の時分には、御飯がたりなくなると、別に深い意味はなく、たゞ面白半分に、姉に向つて「そら、へらかつげ、へらかつげ」と言つた樣におぼえてゐます。むろん、實際、へらをかついで踊る人はありませんから、こんなタトへは遠からず、忘れられる事でせう。しかし、さうなつたら、ヘラカツグといふ言葉について、色々な語原說が、起こるかもしれません。熟語研究の面白味もまた、そこにあるわけです。

それから、ある家では、先に飯を食ひ終ッた子供は、後に殘ッた者の左右の耳を、代る代る引ッぱりながら、「大阪見えるか、東京ア見えるか」と言ふさうです。私の小さい時は、先に飯を食ひ終ると、立ちあがつて、兩手を高くあげて、「ドーヤサノドー」と言つた事をおぼえてゐます。ドヤサといふのは、角力でも、ハセクラゴ(駈けくら)でも、力持ちでも、何でも、勝負事に勝つたものが、負けたものに向つて、言ふことばなさうです。

又、「皿なめると、うたぐり食ふ」といふタトへが盛岡にあります。それで、うたぐりをくつた(嫌疑を受けた)事を「さらなめた」と言ひます。かういふ所を見ると、昔の人は非常に、タトへと親しい生活をしてをつた事が伺はれます。それにつけても、方言研究と土俗研究とは、手を引き合つて進まなければならない事を痛感します。

又、「肴食ッた犬ァはたかれなエで、笊ねぶッた犬ァはたかれる」といふタトへがあります。それで、無實の罪をきた事を、「ざる　ねぶつた」と言ひます。「ねぶる」といふ言葉は盛岡にないのに、かういふ所に使はれてゐるのも妙です。

以上たびたび使ッたタトへといふ言葉は俗信とかコトワザとかの事です。

ついでにもう一つ、旅に立つ事を、文語でカシマダチといひますが、これはカシマダテの自動詞化されたものではないかと思ひます。「土のいろ」一巻六號に、靜岡縣磐田郡山香村西渡の佐野一丸さんが「遠方の神參りする出掛に、座敷の出入の都合よき所の兩側の柱に笹を立て、御七五三を張り、近隣の人を招待して、少しの馳走をして、而して出立す」と報告してゐます。この笹をカシマと言はないかと思つて、問ひ合せましたけれども、わかりませんでした。どなたか御存じの方は敎へてください。

（昭・五・二・一七　橘正一）

年中行事

上州綿打村地方

▽綿打村は群馬縣新田郡に有つて、上田中・下田中・六供《ロツク》・花香塚《ハナカヅカ》・大根《オヽネ》・上江田・大《オヽ》・金井・權右衞門・溜池・上中《カミナカ》の各字から成つて居る。

綿打村字上田中某家宅地圖並に門松位置（×印門松）

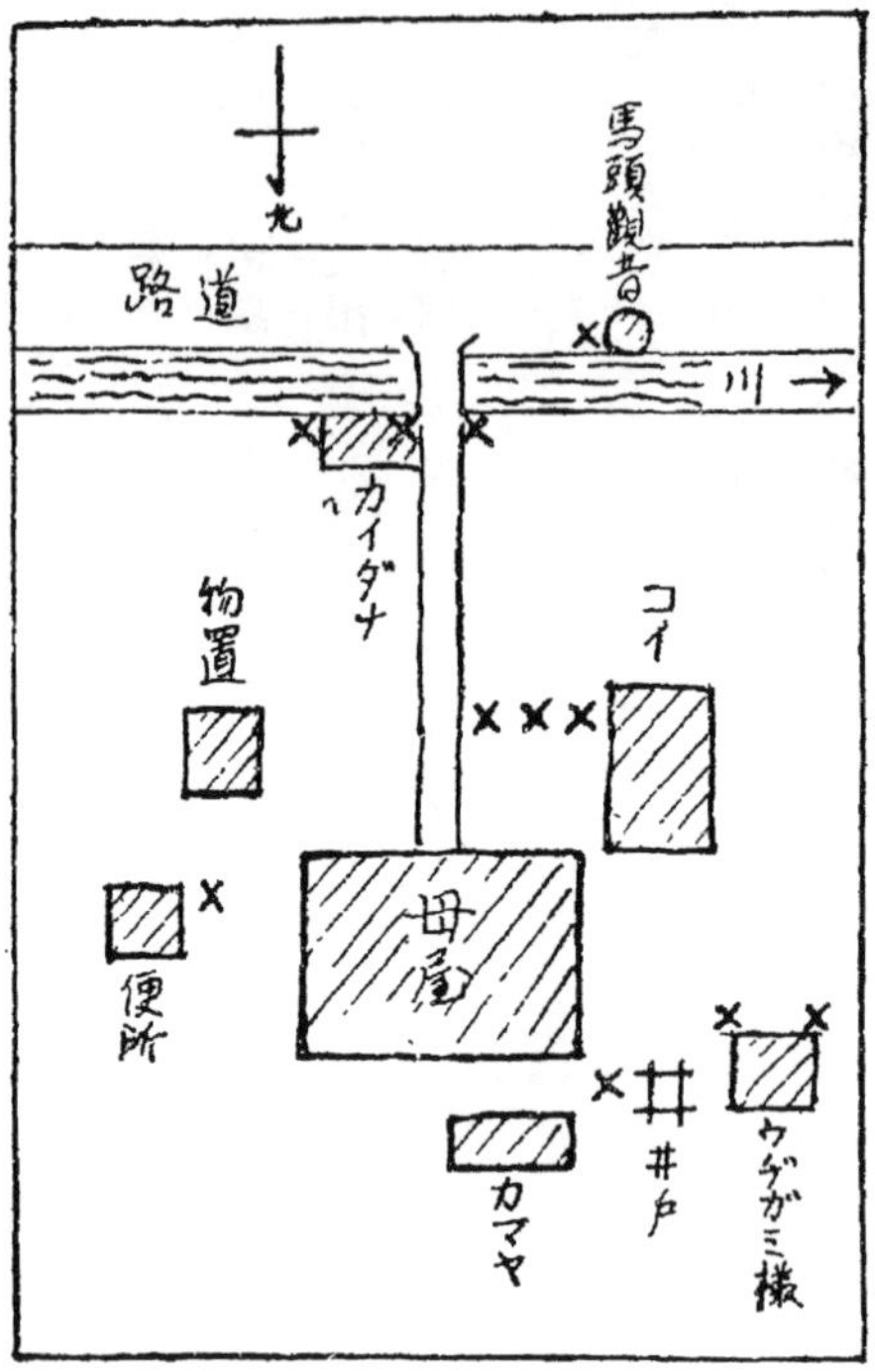

▽此の地方は平地で有る。養蠶が盛で桑畑が多い。畠には重に麥・陸稻を作つて居る。水田もある。即ち主要産物は繭・米・麥で有る。

▽此の記事は字上田中を中心として綿打村地方の年中行事を採錄したものである。

▽採錄に就いては同村字上田中出生の荻原瀧次郎（廿一才）から聞き乍ら書いた。

▽ウヂガミ樣のお宮の圖は、實物を作つて貰つて寫生した。

（昭和四年十二月廿八日）

△コイ………此の建物の內は半分土間になつてゐて、農具を仕舞ひ入れたり、降雨の時には莚・繩・蠶網・草履作り等の仕事をする場所になつてゐる。そして床上は寢られる樣になつてゐる。

△物置………此の建物の內は米俵・衣服・大切な什器等を、仕舞つて置く場所になつてゐる。

△カマヤ………此の建物は竈の有る所で、漬物の置場所にもなつてゐる。

△カイダナ……此處は川で物を洗ふ爲流迄降りる樣に段になつてゐる場所である。

△ウヂガミ樣…此の神樣は各家毎に祀つてあつて、御神體は御幣で、お宮は新藁と篠竹で造るのである。そして東南に向けてある。

△馬頭觀音樣…これは各家一立宛有つて、馬の病氣の時など祈願する。

一　月

門松　門松は楢の木などの杙を地に打ち、其れに松を繩で縛つて樹て、松には大根注連及び幣・蜜柑・豆殼を附ける。松の幹の長さは六尺位で、枝は三階である。豐作の時には、竹を一本此

上州綿打村地方

の松に添へる。又薪（用材楢・栗・椋等）を大きく束にまるいて之を臺とし、上に門松を樹てるものもある。門松は暮の三十日に樹てゝ置くのである。江田家では大晦日に門松を樹てゝ一月三日に之を解し、七日より新規のを樹て直す。

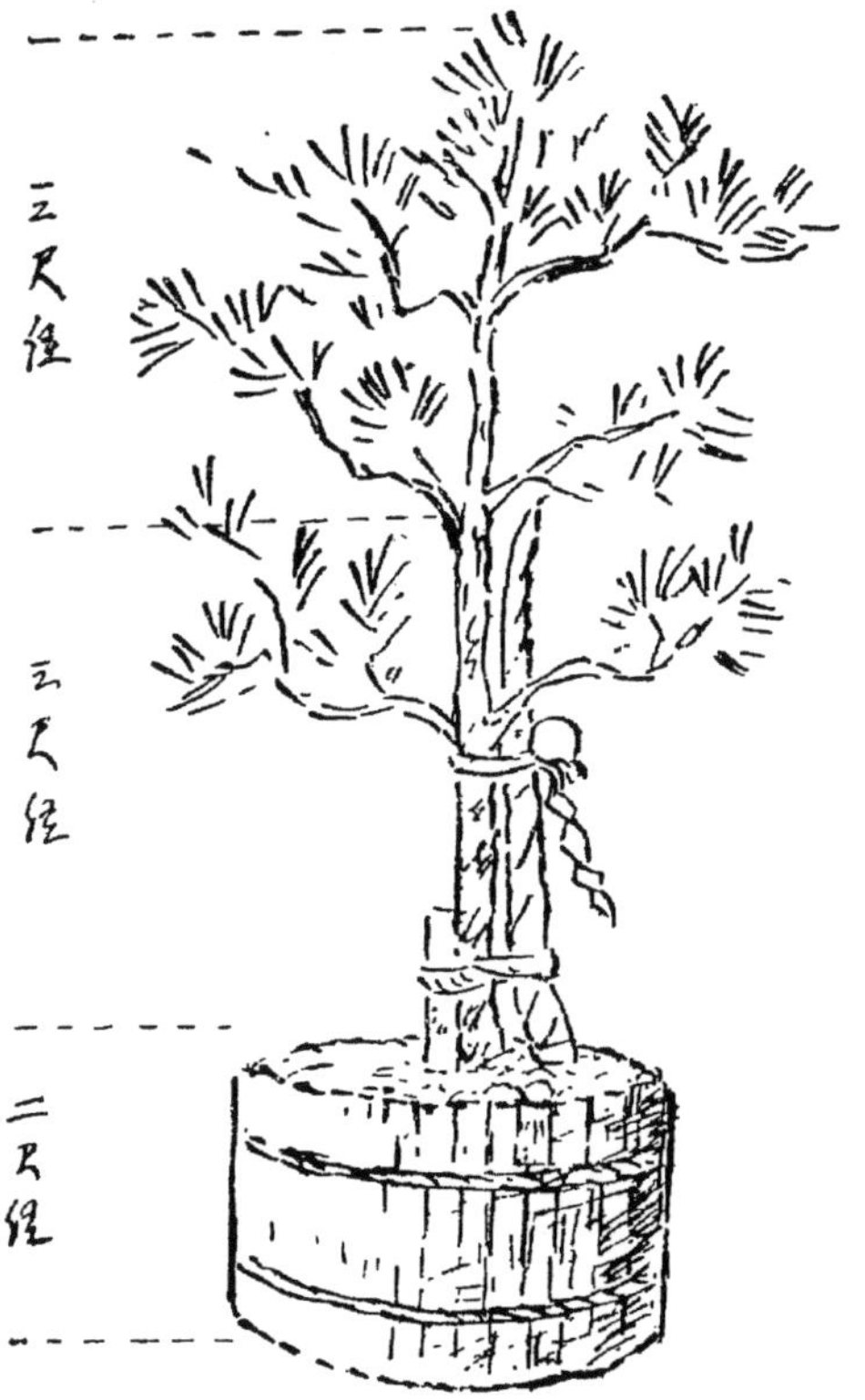

歳棚　暮の內に歳棚を座敷の眞中にあきの方へ向けて、天井より釣り下げて作る。棚の中央に鏡餅を供へ、尚之れに蜜柑・串柿・昆布・田作・大豆の豆殼を供へる。

朝湯　元日より松の內一ぱい、村の各家毎日順番を決めて、午前三時頃に朝湯をたて、湯が沸けば拍子木を打ち鳴らし之を報せれば、近所の者が大勢入浴に來る。入浴して體を清め、各自の神前へミアカシ〔燈火のこと〕を點じお供への餅を上げる。尚一尺五寸位に切つた木の枝の先々に小さな鏡餅を數個刺して、之を川のふちのカイダナの上流に突き差す。

緣起　此の村に限らず新田郡地方では、初春三ケ日間各家どこでも朝食だけは雜煮を喰べずに、他の食物を喰べる。之をインギと云ふ。芋インギの家では芋ばかりを喰べ、麵インギの家では蕎麥又は饂飩を喰べる。但し雜煮インギの家のみ雜煮を喰べる。そして各家インギの食物を其の食前に門松の上に供へる。小黑家では大晦日に雜煮を拵へて置いて、元日より三日間朝食に冷へた儘之を喰べる。卽ち冷雜煮インギである。又加藤家は芋インギで十一日迄之を行ふ。そして麵類は廿日迄喰べない。若し之を冒せば禍が來ると言はれて居る。

インギの例

麵インギ――萩原・萩野・大島・荒巻・關根・北爪・岩崎
芋インギ――大澤・柳澤・田中・窪田・加藤
白めしインギ――堀越・柿沼
冷めしインギ――龜井・長山・深須・坂庭
油揚めしインギ―高柳・大川
とろめしインギ《とろ、めしのインギ》―笠原・太田・小島・福島
おじやインギ――石倉・境野
汁粉インギ――荒船・田村・小野里
雜煮インギ――鎌塚・荒木・高木
冷雜煮インギ――小黑
冷すましインギ―新井・櫻井

上州綿打村地方

セチ　セチと云つて初春日を定め、親類知己を招待して年始祝を行ふ。(以上一日)

棚探し　自家の神棚に上げてある錢を集めて、其の錢を遣ふ。此の錢を遣ふと福神が家に這入つて來ると言はれて居る。之を棚探しと云ふ。(四日)

鍬だて　鍬だてと云つて作物が良く出來る樣に田畠や桑畑へ幣束・御飯を上げる。そして東方を向いて田畠を鍬で三作《ミサク》切る〔三度鍬を入れること〕。之が濟めば此の後何時田畠で仕事をしても宜しい。(五日)

山入り　此の日山刈りをする。卽ち茅を刈り落葉を掃き集めるのである。そして裏山へ松を樹てゝ、御幣・御飯を上げる。果實の良く實る樣に、御幣を各果樹に上げる。(六日)

七草粥　元日より神前へ供へた物は六日迄下げず、各家七日の朝之を下げて七草粥の中に混ぜて喰べる。(七日)

▽此の日お供飾りを下げる。

▽「元日から七日迄働くものでない」と言慣されて居る。

藏開き　オサゴ〔御供米のこと〕を藏の入口に振り撒いて藏の戸を開く。(十一日)

▽餅を搗く。神前のお供への餅は新しく上げ直す。朝注連繩をとり各家に有るウヂガミ樣へ納める。柳の枝に餅の繭玉及び小判を附けて神前へ上げる。又ハナカキ〔削掛の一種〕を二本宛上げる。ハナカキは長さ三尺位で、削りは三ケ所である。其の用材は接骨木の木である。(十四日)

▽此の日門松を取り除く。そして門松は三階の枝の有るのを用ゆる故、上一段の枝を折り取つて、門松を取り除いた跡へ之を挿す。其時ハナカキも共に挿す。門松の注連繩は六月の田植の時迄保存して置き、田植の苗を束ねるのに使用すると、稻が良く豐熟すると言はれて居る。(十四日)

小豆粥　此の朝粥の中へ小豆と餅を入れて、小豆粥を拵へて喰べる。そして熱くとも之を吹いて喰べてはいけない。其れは苗代を作る時、大風が吹くと言はれて居るからである。小豆粥を果樹の枝の叉に上げ「どうぞ澤山實が結ぶ樣に」と唱へる。そして接骨木の木を切つて來て、上方縱二個所切り込み、小豆粥を上げた果樹の木の叉に之を挿して、五月十日頃モミフリ〔稻の種蒔のこと〕の時、水口《ミナクチ》へ之を三本挿せば〔二個所の切り込みへ附木を挾む〕稻が良く豐熟すると言はれて居る。(十五日)

▽夕食に五目飯を喰べる。五目飯は人參・牛蒡・蒟蒻・干瓢・油揚等の五種のものを飯に混ぜて拵へるのである。之れは東京の如く酢は使用せぬ。(十六日)

△歲棚を解す。お供餅・繭玉・幣束・ハナカキ・門松の枝等の正月飾りは全部除去する。(二十日)

夷講　戎神を祀り、錢を其の神前へ澤山並べて「どうぞお金が殖えます様に」と祈願をする。夜はケンチョン汁〔巻繊汁のこと〕で夕飯を喰べる。

▽朝飯前に寒の水を飲むと、其の年中病氣に罹らぬと言はれて居る。(寒の内)

二　月

鰯　各家神棚へ鰯を供へる。そして又二叉の木の枝（楢・栗等）に鰯の頭を二個挿し、之に唾吐をかけながら火に炙つて燒き、家の入口に差す。(節分)

豆撒き　大豆を煎る時「四十二いろの耕作の虫の口を燒き申す」と數度繰返し唱へながらする。四十二種とは作物の種類が四十二種有ると言はれて居るので、耕作物の害虫を驅除する禁厭で有る。夕食後煎豆を撒く。「福は内鬼は外」と唱へつゝ、あきの方より戎様・太神宮様・井戸神様・便所神様の順に撒く。撒いた豆を一家の者が自分の歳の數だけ喰べる。此の日の豆は保存して置いて、雷鳴の時喰べると落雷の災を免れると言はれて居る。(節分)

事始め　此の日は事始めでメケイ出シと云つて、各戸で夜に竿の先にメケイ〔目籠の一種〕を釣るし、之を軒先高く出して置く。メケイの中には柊の葉を入れて置くので有る。翌朝早く起きて見ると、此のメケイの中に錢が這入つて居ると言はれて居る。メケイは深さ二尺位、直徑一尺五寸位で竹で編み、平常は洗つた野菜を入れる容器で有る。柊は鬼除けの禁厭で有る。尚多に各所の入口の柱に柊を挿して置く。(八日)

△赤飯を拵へ稲荷様へ上げる。此の日は仕事を休んで遊ぶ。(初午)

三　月

雛祭り　此の日は雛祭で有るがお雛様は一日の日に飾つて置く。海苔巻鮨・稲荷鮨・おぼろ鮨及び蓬を入れて搗いた餅と白い餅との菱形に作つた物を供へる。金魚をガラスの容器の中に泳がして上げる。又桃の花も上げる。東京の如く白酒は上げない。(三日)

迎ひ彼岸　彼岸の入りを迎ひ彼岸と言ふ。

彼岸中日　彼岸の中日は仕事を休み、牡丹餅を拵へ佛前へ供へる。

送り彼岸　彼岸の終りの日を送り彼岸と云ふ。此の日道路普請堀浚ひを行ふ。尚ジンジン講と云つてカマ番が、一軒五合宛の米を集め五目めしとケンチョン汁（芋・牛蒡・大根・人參・油揚を入れる）を拵へ、夕方よりカマ番の家に附近の者が寄集り大食會を催す。(以上彼岸)

△上田中より四里位離れて居る邑樂郡小泉町の某神社の祭禮で參詣に行く。そして此の神社から、土を貰つて來れば、耕作物が良く出來ると言はれて居る。尚九月の時も同じで有る。(社日)

地藏尊緣日　お地藏樣の緣日で、カックルミ團子を拵へる。カックルミ團子は、お團子を小豆餡に混ぜ込んだもので有る。(二十三日)

大食會　春三月或は四月の庚申の日に宿を定めて大食會を催す。食事は五目めしか稲荷鮨で有る。そして各家米五合と錢廿錢宛出してやるので有る。(庚申)　福島憲太郎

秋田縣鹿角郡宮川村地方

(1) 三月三日　一般にお雛樣は飾らないが、菱餅をつくり神棚に供へる。

(2) 彼岸　入の日と中の日と終の日との三回、夕方、墓場に各戶から集めた藁や苧稈を積んで焚く。此時子供達は手に手に火の付いた苧稈を振廻して、

お爺ナ　お婆ナ
明《アカ》りの宵に
團子背負つて
行とれア　來とれア

と唄ひながら、その周圍を跳り廻る。

佛樣にはこちこち(猫柳)を立て、白粉團子《シロコダンゴ》を成るべく大きく拵へて供へる。中日にはだんす(平たく丸い餡付餅)をつくり寺に持つて行く。

(3) まんど火　字小豆澤では彼岸の終の日に小若者(十二三歲から十五六歲)達が各戶から茅や苧稈を集めて、ごし樏《カンヂキ》を穿き雪を踏んで藥師嶽に登り、平年は十二、閏年は十三の堆積を藥師の峯に並べて火をつける。麓では大人達が拍手を打つてそれを拜む。

(4) 東山を拜む　四月一日に附近の山に行き一日遊ぶ。男は男女は女に、年齡の同じ頃の者が組に分れて石で竈を作り、附近から蒜《ヒロ》を採つてきて鰊等と共にかやき(鉉のつかない淺い鍋に味噌を入れて煮、互につゝき合つて食ふ)をし、一日遊樂する。これを東山を拜むと云ふ。　內田武志

沖繩地方

三月

○清明祭　二月の末頃から清明に入る。曆の二十四氣の清明の日から、終る迄の間に、家々では隨意に日を選んで清明祭をする。家によつては、何かの都合で、清明が終つてからする家もある。その日は、朝、墓參に行つて、墓を掃除する。それから後に、祖先に供へるいろ〳〵の菓子や、その他の食物を持つて、墓に行く。その時は家族は勿論、親類緣故のものも行く。そこ

で持つて來た菓子や御馳走を墓前に供へ、いろ〳〵なものを喰べ、飲んで、夕方迄遊び歸る。

清明は、草木の暢び茂る時だから、墓の草を拂ひに行くとの意から、終にかくの如き祭りとはなつたといふ說明も聞いた。

〔墓〕 沖縄の墓は、どんなに貧しい家でも持つてゐる。墓の形は女陰に象つてあつて、兩側の袖は足で、つまり死んでから生れた元にかへるといふ考へで（佐喜眞興英氏「シマの話」）あつてこれは、首里・那覇でも言つてゐることである。墓の中は、非常に廣い。さて人が死ぬと、こゝに入れて、外から密閉して、二三年すると、死骸は殆、骨ばかりになる。すると洗骨といつて、骨を洗ふ儀があつて、骨を奇麗にして、甕に入れる。夫婦の骨は、同じ甕に入れる。他は別々である。そんな甕が、祖先からのものを、墓の中の一方に並べて藏つてある。もし二三年内に不幸が續いた場合は、以前のがまだ洗骨出來ないから、別に墓を貰ふか借りるかする。そして必要がなくなると、持つてゐるなり、賣るなり、返すなりする。

〇三日　節供。竈・佛壇に、この日は特に、御飯の外に、海産物をあげる。男は家で、酒を飲んで遊ぶ。女は、重箱に御馳走を作つて、入れて、海岸に持つて行つて遊ぶ。只今では、翌日の四日或は五日に遊びに出るやうである。かまぼことか、卵とかすべて赤くする。

〔三輪山式傳說〕 或芭蕉布を織る女の許へ毎夜の如く通つて來る男があつた。やがて女は、妊娠した。或夜女が、もう男の來る時刻なので待つてゐると、家の外で、アカマター（蛇の一種）と、ハブとの對談する聲が聞える。アカマターの聲で「俺は人間の女と通じて妊娠させたのだ」「併し人間はかしこいから海へ行つたら、皆そのまゝ出てしまふぢやないか」とハブの聲。暫くすると、いつもの如く男が來た。女はこの話を聞いてゐるものだから、試しに、男の頭に、絲のついた針をさした。翌日絲を辿つて行つて見ると、附近のウガンに續いてゐる。女は早速海へ行つて浸つたら、アカマターの子が澤山生れて　命は助かつた。それが三月三日である。だから今でも、三月三日には女は海岸に出て遊ぶ。又以前は、女は常に、頭に針をさしてゐたといふ。（首里、糸洲君の話）　牛島軍平

肥前國西彼杵郡茂木町飯香浦にて

木下利次

ビワガサキ　昔一人の琵琶ひきのめくらざとうが、この海岸を歩いて居ると、うのとり（鵜）の鳴き聲が「よーい」と聞えたので、ざとうは誰かゞ呼んで居るのだと思つてその方に歩いて行つた所、崖から落ちて死んでしまつた。そのところをビワ

肥前國西彼杵郡茂木町飯香浦にて　（木下）

ガサキと云ふ。（果物の枇杷はヒワ、樂器の琵琶はビワといつて區別してゐる。

ノジエ　昔島原のあるま(有馬)のあるま人がこの邊の稻が熟すると、盜みに來たものであつた。そこで見張りを置いた所をノジエ（のぞいて見る）歩哨を立てたところを、

タテガイ(たてると云ふこと)　鐵砲をうちかけた邊を、

ウチタビノモリ　と云ふ。

イカノウラ

コシキイワ　昔神功皇后様が三韓征伐のお歸りに、茂木に御上陸になり、今のコシキイワのところで御飯を焚かれた。その飯の香がこのあたりにしたので、イカノウラ（飯香浦）と云ふ。コシキイワ(甑飯岩)には、今三社大權現が祀られてあるが、この岩の上には、昔は池があつて、海の潮の干滿と同時刻に池の水が干滿を示してゐた。又この池中には、金のさゞえと、金のあわびとがあつたが、或時だんじんもの(氣狂い)の女がこの池で、よまき(腰卷)を洗つたところこの後は、池の水も、さゞえもあわびも、無くなつてしまつた。明治卅七八年の役には、この邊の男は、この神に、戰勝を祈り「裸參りの御願《ゴガン》」を掛けた。目出度く、勝つたので、滿願の御禮に寒中海に入つて、身體を清め、褌一つに、刀を差し、コシキイワの上に登り、御禮をした。その節見ると、人の背だけよりも深い空池があつたと云ふ。コシキサン(神社)は、氣狂に効がある神様と云ふ。

トジヤクイワ　岩に、見通しの出來る穴があいて居る。昔鬼がこの穴に捧を通してかついで行く途中落したのだ。（鬼の名前がトジヤクと云ふのかは不明である）

カンボクワイワ(マライワ)　コシキ岩の下、林の中にある。陽物に似てゐるので、かう呼ぶ。高さ約十五米。根元に土地の人の云ふキンタマの岩が二つある。一つは、大きく、一つは小さい。（この不釣合に對しても、云ひ傳えがあるさうだが聞き得なかつた。）

丸尾《マルオ》地藏

鳴《ナル》尾地藏　二つの地藏は、丘を對して、まつられてある。兄弟の地藏で、丸尾が兄鳴尾が弟と云ふ。祭日《オクンチ》は共に、舊六月貳拾參日の晩から貳拾四日に掛けて行はれる。おつやといつて貳拾參日の夜、兩地藏のお堂におこもりをして經をあげる。村の人は參詣の人々の世話をする。漁師の內には、せつたい船の願掛けといつてこの兩日、茂木―飯香浦間を無料で參詣客を運ぶ。往復三度の願掛けならば、例え客は、一人きりでも、必ず、三度は通ふと云ふ。兩地藏とも主としてコレラの豫防及治療に効がある。今だに裸參りの願及跣足參りの願をかける人もある。

三十三體の石地藏　鳴尾樣の隣地に石の地藏が三十三體ある。盆の十五日(舊曆)の精靈《ショウロウ》流しはこゝに集つてから濱に行く。

日吉神社(山王權現)　祭日《オクンチ》は舊八月十九日、その時に張つたしめ繩は翌年の正月十九日に燒く。特にホウソウにきく神として名高く、祠には澤山の古賀燒の猿、クヽリ猿、長崎にて作る御幣をかついでゐる猿が、あげてある。こゝに御願を掛ける人は御猿樣を借りて來て、叶へば、之れにもう一匹を添えてお返しする。土地の人は、この御猿樣の殘つてゐる數によつて、疫病の流行して居るか、ゐないかを知ると云ふ。

但馬高橋村採訪錄(一)

鷲尾三郎

以下の記錄は昨夏丹後加悦より但馬高橋村方面へ旅行の際、採集したものである。

牛小屋の護符

丹後與謝郡與謝村二ツ岩の一民家のマヤ(牛小屋の事ウマヤの意)の片隅に竹の筒に入れた猿の頭骨が置いてあつた。長さ五寸ノ幅三寸位ですゝけて黑くなつてゐた。尙この牛小屋の門には

今日四ツ時より大風あり

と書かれた紙が倒に貼つてあつた。牛の惡病を防ぐ符であると云ふ。この村には二つの大きな石があつて、〆繩がかけて祭られてゐる。二つ岩と云ふ部落の名はこれから起つたのだと聞いた。

牛頭天王の杉

但馬出石郡高橋村藥王寺、牛頭天王の境內に一本の老杉がある。毎年十月から冬になる頃まで晴天の夜には時あつて梢に太鼓の音を聞く事がある。丁度芝居の櫓太鼓の樣な音だと云ふ。又時々眞夜中大木の折れる物凄い音を聞く事もあるが、翌朝別に變つた事もないと云ふ。

舊十一月三日の夜は、如何な物靜な夜でも丑滿ツ頃になると突然風が吹いて天王の森の樹々が騒ぐ。神が出雲から歸られるしらせだと云ふ。

ひだる神

出石郡高橋村より天田郡小野原(佐々木村)へ越ゆる道に登尾《ノボリチ》峠と云ふ峠がある。この峠をやゝ小野原の方へ下つた處にひだる神のつく處がある。大河內の平左衞門と云ふ吳服を商ふ人が二三年前に晝食をすまして直ぐにこゝを通つた處、俄に空腹を感じてどうしても歩く事が出來ない。止む得ず背負つてゐた反物をそこへおいてフラ〳〵になつて麓まで行き、そこから使ひの男をしてその反物をとりにやつた事があつたさうだ。藥王寺

のものでもこゝでとりつかれて戸板をもつて迎へに來てもらつた人もあつたさうだ。

但馬高橋村探訪錄（鷲尾）

蛇の話

一昨年高橋村藥王寺天王社の裏山で、村人が栗を拾つてゐた時、四間程もある蛇が、一間程首をもたげてゐるのを見た。胴周りの徑も七八寸はあつたと云ふ。

高橋村より鬼子母神のある太田へ越える峠を赤花峠《アカバナ》と云ふ。眺のさわやかな氣持のよい峠であるのに、この峠でわざわいを受けるものは非常に多い。二三年前に高橋村の人が峠の頂上のモミの木の下で煙草を吸うてゐて、ふと上を見ると大きな蛇がブラ下つてゐたので驚いてにげ歸つた。この男は五日程ね込んだそうだ。

八年程前高橋村から雲原へ越す峠にて炭燒が三人、二間程の川を横に渡つて尙鎌首をもたげてゐる大蛇を見付けた。怪物だと云ふので寄つてたかつて、捧が折れる程なぐつたが仲々勢よくむかつて來た。その中一人が石をとつて投げつけた處それが首にあたつて遂に息が絕えたが長さ二間半程あつて三人の力では仲々上げる事も出來なかつた。それからひきづつて村へ持ち歸つた處、炭燒たちは耳が聞えなくなつてしまつた。其の後殺した者の妻は山で仕事をしてゐる時怪俄をして死んだと云ふ。蛇のたゝりだとさすが屈强な男達も恐れたさうだ。

雲原村佛谷の男が佛谷山へ牛《べコ》を放して置いて自分もやゝ離れて草を刈つてゐた。すると牛が妙に暴れるので、よく見ると大きな蛇がやつて來て牛を尾でビシリ〳〵とたゝいてゐた。男は驚いて氏神の權現樣を念じて、持つてゐた鎌を牛がしばられてゐる繩にめがけて投げつけた。繩は幸ひ切れて牛も男も一目散に我家へにげ歸つたが、後しばらくその男も牛も寢ついたさうだ。この蛇には耳がはえてゐた由、男が後に語つたと云ふ。これは七〇年程前の話。

アワラ（山野のじめ〳〵した處）などで、蛇の通つたあとは、草が伏して青蠅が多くたかつてゐるさうだ。

狐と狸の話

狐の火は今でも時々出るが廿年程前までは殊によく出た。色は青や赤もあつたが光りがなくどことなくぼんやりしてゐた。それが山の向ふの方にチラ〳〵見えてゐるかと思ふと、又此方にチラ〳〵見えると云ふ樣に始終動いてゐた。明治維新前の話であるが高橋村の南の丸山に丸山狐と云ふ狐がゐた。この狐は晝でもよく子供を二三四つれて遊んでゐるのを見付けた事もあつたさうだ。これが人について困ると云ふので庄屋が領主に願つて逐ひ拂ふ事になつた。出石藩から士が領主の命をうけてやつて來て登尾の向ふへぼつた。それから狐のつく事もなくなり姿も眼につかなくなつた。しばらくしてから村の者が小野原の川原を歩いてゐると、やせ衰へた狐がヒョロ〱と歩いてゐるのを見た。それが丸山狐のなれの果だつたと云ふ噂であつた。

高橋村藥王寺の大月藤太郎氏はその幼少の頃を隣村小谷で送つた。或る夜父が村人の葬式を送つて歸つて來た時に、迎えに出てふと向ふの谷を見ると提灯を澤山ともし、坊主も美しいけさをつけた葬列がメウハチをトンチンチャランとならして山へ上つて行く。又葬式が行くといふので父も出て見ると今しがたあつた葬式と一つもちがわなかつたと云ふ。

高橋村に覺太郎と云ふ、卅年も郵便持をした身の丈四尺程の小男が、或る時赤花峠を通つてゐると急に着てゐた菅笠が前にコロ〱と轉り追つて行つて捕へかけると、又向ふへ轉りして難儀をしたさうだ。又或る村人はこの峠で美しい娘が二人谷の方へ下りて行くのを見て不思議だと思つてしばらく立ちどまつてゐると今度はきれいな坊主が二人けさをかけて出て來たと云ふ。この峠では怪異な事が多いが村人は一向秘して語らない。

むじなは大工とも云ふ。穴を掘る事が巧みだから手が太い。むじなの掘つた穴にまだのきが住んでゐる。

神がくし

三岳《ミタケ》山麓の野條（天田郡金山村）にて數年前六七才の男子が行方不明となつた。探したが一向手がかりがない、處が炭焼が山へ入つて笹の中で何かゴリ〱動いてゐるものがあるので見ると探してゐる子供が這ひ廻つてゐた。驚いて早速村へ連れ歸つたが、この時子供はひげの生えた人にきれいな花の咲いた所へ連れて行かれて、仲々うまいものも食せてもらつた由語つたと云ふ。

三岳山は何處ともなしににぎやかな音がする時がある。大月藤太郎氏いつか鐵砲を打ちに此山へ行つたが、夜盛んに石をなげつけられる樣な音がして、獵をせずににげ歸つたと云ふ。

逆さ杉

天田郡三岳村佐々木の逆さ杉は非常な古樹で、枝が悉く下に垂れ下つてゐる。これは鬼がさしたとも又ミタケサンがさゝれたとも云ふ。ミタケサンとは三岳山に祀つてある神で、御神體は長物（蛇）であると云ふ。

壹岐民間傳承採訪記 其の五

折口信夫

◇しめぶし

持ち分の土地の飼ひ葉などには、しめぶし又は、しまいぶしとも言ふものを立てる。大抵、竹の串のさきを割つて、藁を挿んだ物である。他人に、鎌を入れるな、と言ふ標である。濱邊などで、薪を分けた場合にも、めい〳〵、竹・木・柴などで、しめぶしをつけて置く。此薪を人に賣つたとすれば、濱のどこに、どういふ標のあるのが其だ、と教へる。其外、かぢめの刈つたのでも、沖からとつて來た砂などでも、やはり、しめぶしを立てゝ置く。

此語は、しめぶしが一番完全に近い形であると思はれる。しまりぶしは、ら行音をや行音に訛ると言ふ意識がはたらいて、しまいぶしの形を、言ひ換へたものであらう。從うて、しまいぶしも、しめぶしを方言風だとの考へのはたらいた痕が見える。思ふに、何時の頃か、しめぐし(標の串)からしめぐし＞しめぶしと言ふ道筋を經て固定したのを、色々にくづして發音するものであらう。

柴を立てゝ置く場合は、しめしば・しまりしばと呼び、竹などのくひである時には、しめぐいと言ふ名まへを使ふと教へた老人もある。此で見れば、前に述べた想像は、すつかり事實の裏うちをせられる事になる。

◇靈の稻蟲

熊沼右衞門が獄門になつて後、其の怨靈がいなごになつて、田を荒した。この男は、壹州生れの盜賊で、平戸でうち首になつて戻つたのであつた。

◇實盛人形

鯨伏の××では、六月廿九日に蟲送りをする。此日、鎭守の天神樣に集つて、終日囃し立てた後で、豫めこしらへてある男女二體の人形を立てゝおし出す。此人形には、それ〳〵男精、女精の形がつけてある。觸と村との境を、兩方に岐れて、囃しながら進んでゆく。海岸のとやの鼻まで蟲を追ひつめて行つて、そこで薄い燒酎を呑みあふ。此は二三錢づゝ出しあうて用意して置くのである。三盃乃至五盃位呑んで後、燈のあかりで其邊の野芝の中を探すと、色々の蟲が居る。其を捉へて海に流す。人形はその儘そこに置いて、立ち朽りにならせる。此行事をとんがんがんともいふ。囃し立てる音から出た名であらう。此行事の頭を勸めるのは、神主か房さんである。年によつて、どちらかを頼むのである。

◇草と木と

ひわ（檜葉）の木は、飯のたぎる音の聞える處には栽ゑぬ。柊や、とべらは、門口に栽ゑて置く。魔厭《マエン》よけである。

大正九年は、疱瘡がはやつたので、軒毎に、鮑貝に柊（ありどほしの事を、壹州で柊と言ふ）を添へて出したとて、十年の夏には、まだ郷野浦一帶に殘つてゐた。芦邊では、とべらと萱の葉とを出した。其に鮑貝を添へた家もあつた。

いおづらは、花の咲くかづらである。とべらは神職の家などには、大きなのがよく栽ゑてある。臭い匂をとべらの如あると言ふ。魔厭《マエン》よけである。牛屋厩にさして置く。神功皇后御津から住吉の社地に御移りの時、靡かぬもの〻なかつた草の中で、たつた一つ靡かなかつたのは、此かづらであつた。其故、草刈りを許さぬ事になつてゐる忌みの間でも、いおづらだけは、切つてもよいのである。但、此草は、牛馬も喰べない。

草が靡いたので、草刈りはせぬのだとも言ふ。又、神功皇后の御馬の飼ひ葉がなかつたので、和布を馬が喰べたら、七日の間草は刈らぬことにするとおしやつたところが、和布を喰べたので、なごしから七日は、草は刈らない。

箱崎邊では、よその畑の生薑を盜むと、かつたい、になると言つてゐる。

◇狸

狸は、太か山などにゐる。人をえらかし、怪我させ、よそへ連れて行く。今では、犬や鐵砲で狸とりをして、殆、姿も見えぬまでに退轉して了うた。

片原觸の境久作などは、子持ち狸をきめた爲に、家の中でわるさをする、息子が氣が違ふして、孽をとられた事であつた。

狸が、何か人間に挑みかけた時、人間の方で、其しかけた事より上に爲勝つと、死んで了ふものである、と言ふ。石などでも、投げつけられた時に、投げ返して投げ勝つと、狸は斃れるのである。

があたろの話にも出た、武生水三本松の安兵衞爺《ヂイ》は、毎晩郷ノ浦の居酒に下《クダ》つた。ある時、今病院のある大山即御館《オタチ》山から、狸が喚《ヲラ》んだ。「安兵衞ぢいは、うんぽんぽん。安兵衞ぢいは、うんぽんぽん」。うんぽんと言ふのは、馬鹿と言ふ位の内容を持つた語である。安兵衞ぢいは、狸のわざだと知つたので、「さう言ふ狸も、うんぽんぽん。うんぽこすんぽこ、すこぽこぽん」とやり返した。明けの日行つて見ると、果して、古狸が死んでゐた。

印通寺の妻ケ島に、鼠が澤山出たので、猫を多く飼うた處、鼠が却て猫を喰うて了うた。其で、狸を入れたら、鼠が恐れて島から逃げて行つた。其狸の一類が、今も居る。

◇猫

猫は、をつと(牡)猫が、七斤の重さになると化けると言ふ。併し、此島に化け猫のあつた話は聞かぬ、と誰もかれも言ふ。

猫と言ふ語は、海で言ふ事を嫌ふ。

◇鼠

島へは、時々海を越へて鼠が移つて來るらしい。以前、嶽ノ辻の番所の邊に、鼠神の立て石が在つたと言ふ。此は、寛文年間、初山村に鼠が聚つて來て、田畑をすつかり荒した事がある。其時、鼠神をこゝに祀つたら、皆失せて了うた。鼠神は、どこから勸請したのか訣らぬ。

◇牛

長者原には、牛の放ち飼ひがしてある。勝本の若宮島にも、以前試みた。今も十五六疋は居るであらう。

牛屋に張る札には、「たかきありまのうし」と言ふ文句を書く。牛屋の壁・柱には、赤土を塗る。とりわけ、牛疫流行の時には、角にまで赤土を塗つて置く。

◇鳩

壹州には、鳩が居ぬ。從うて、八幡様はあちこちにあるが、鳩をつかはしめとする考へはない。

◇狐

狐では、箱崎の男嶽山《ヲンタケサン》に澤山住んで居たのが、お產をした話がある。其頃、渡良村に名高い產婆があつた。其を、人に化けて迎へに行つた。三里半からの道を連れて戻つて、無事に產をすました。產婆は、そこで夕飯も喰ひ、夜も更けたので、一晩泊つて歸りに、お禮の包み金を貰うた。其日、近所に、お伊勢參りのどうぶれえがあつた。その膳・椀・料理を盜んで來たので、包み金も、其家に置いて在つたものである。

併し實際は古くから、島に狸は多いが、狐は居なかつたのである。狐火とうんめと別に考へてゐる。狐火は、うんめの樣に飛びあるかぬと思ふのらしい。志原村長の話では、嶽ノ辻には、以前出たが、近頃では、年に一度位、久喜の上の四《ヨ》つ頭《ガシラ》に出る。

◇釜祓ひ

御一新以前は、年四度に釜祓ひをした。此は師のん房もするが、神主の方でもやつたのである。二三月頃・五六月頃・稻の穗の出る時分、其に年末である。お初《ハツ》穗としては、米・麥などを出した。こんなに頻々とやつたのは、理由がある。きりすたんを探つてあるく意味をも含めて居たものだと言はれてゐる。手長男神社の社司松本翁の談。

◇棟上げ

棟上げには、お粥をたいて祝ふ。梁の上に鞍をあげ、棟に水をかける。さうして、かう言ふ文句を唱へる。

かひの國のかい太郎樣に、かい(粥?)を一獻たてまつる。すする汁すゝればせばし又せばし。今一軒たてゝくらんせう。

甲斐の國のかい太郎は訣らぬ名だが、其拍子にのつて、粥を出して來て、かうして粥をお供へします。お啜りになりますか。

お供へ物をお納めになりましたら、こちらの願ひもお聞き下され。今度の家は手狹で困ります。どうぞ近い中に、まう一軒たてゝ下さいませ。かふ言ふ意味と思はれる。

夜は酒盛りをする。其時は、鍋墨を手にとつて置いて「お祝ひ」と言つて、滿座のゐる人々の顔に塗る。

◇幸木－年木

せえゐえ木は、正月に大切な役をするものである。へんぶりに對うたはりあげ（土間の積み俵を置く處）の前に、兩端を吊した太い一尺餘の棒に、色々なものを掛ける。その中、大事なのはてえのいを（鯛の魚）である。又、大きなまんびき（又、まびき）大きな鰤・昆布・鯣（三尺からに重ね合せた物）二枚・大根二本・蕪二本を掛けるのが普通である。此幸木は、用がない時でも、年中空《カラ》の儘で吊つてある。

年木《トシギ》は、かどロの左右の柱に三本づゝ竪てる。太い丸太を二つ割りしたものも、十二に割つて居るのもある。此を括つて、年《トシ》繩《ノオ》を結びつけ、まん中に、小松の心《シン》を立てる。正月の餅を湯にひたして、其上にあげる。又、ほろんかし（榁）を火の上でぱちぱち言はせた上、お守り（寺から出すお札）と一處に、幸木と年木とにあげる。此等は皆、神樣にあげるつもりなのである。

◇疫病よけ

疱瘡が流行すると、佐賀邊からすぐ、さゝのさいざうのお札を持つて配りに來る。さゝのさいざうには、お札と、人形のとがある。人形を持つて居る家は、時々ある。上下つけて笹をかたげた人が、前に猿をかゝへた姿である。お札のは、猿を引いて居る。今もこんな唄が殘つて居る。「さゝのさいざう猿ひきつれて、疱疽たやすく伽なさる」。

蜷《メイクコ》・鼠の糞などを湯にまぜて入れ、此湯を笹でかけてまじなふと癒る。

疱瘡子は睡らせてはならぬ。狐がかさを舐るからと言ふ。座敷に萱を敷いて置くと、狐が這入れぬと言うて居るが、人を集めて騷いで、一週間以上も、一睡もさせぬ。だから費用がかさむ。疱瘡が一人出ると、身代に拘るという位である。

疱瘡に罹つた者があると、既にわづらうて居る疱瘡子のある家から、疱瘡神を迎へて來る。棚は竹から作る。麻の苧を貫いて綴つて、此に茜のきれをかけ、二文を供へて幣を截つて貰ふ。神棚に張るしめのあしも、茜木綿でこしらへる。さゝのさいざうは、どう言ふ人か訣らぬが、一般に、猿を飼ふ人だと考へて居る樣だ。

又笹良三八郎御宿と書いた札をはつた家もある。

いゝらの枝と、萱の葉を出し、鮑貝に鎭西八郎御宿と書いて出したのも見うける。

赤土は魔よけになると信じて居る。牛屋の壁や柱に塗る。（牛參照）

學界消息

○琉球展覽會　は一月廿一日より廿八日まで三越に於て開催され、餘興として琉球の音樂と舞踊が紹介された。

○帝大史學會　の一月講演會は一月廿五日に開催され、羽仁五郎氏の「歴史哲學の諸問題」と云ふ講演があつた。

○日希協會講演會　は二月八日午後六時より朝日講堂に於て開催され、村川堅固氏の「希臘の史蹟」國伊能氏の「希臘文明の東方傳播」田中館愛橘氏の「文明發生地としての希臘の自然」と題する講演があつた。

○文化科學研究所　の講演は十四日午後五時半より駿河臺文化學院に於て催され、服部之總氏の「史學」三枝博音氏の「ヘーゲル辯證法」があつた。

○早稻田東洋美術史學會　第二回例會は二月十五日午後一時より早大、建築科會議室に於て開催され、田邊泰氏の「春日㭼現靈驗記に表はれた住宅」安藤更正氏の「正倉院中倉の問題」と題する講演がゐつた。

○柳田國男氏　一月廿四日、芝口「ふもとや」に開かれたる童話作家協會主催の「桃太郎の會」に於て、「桃太郎の話の起原と發達」といふ講演をなした。

○出石誠彦氏　一月廿五日、立敎大學史學會講演會に於て「天馬考」を、又二月三日、東洋史學會に於て同じ題目に依る講演をなした。

○杉山壽榮男氏　二月一日、早稻田大學大隈小講堂に於ける同大第一高等學院史學部主催の講演會にて「日本原始時代の工藝」と題する講演をなした。

○折口信夫、小寺融吉、北野博美、西角井正慶氏等は二月十四日より三日間、三州西浦の田樂を見學に赴いた。

○アグノエル氏　「古代日本の宗敎舞踊」を二月十八日、廿五日の兩日、日佛會館に於て續講した。

○ラットレイ氏(R. S. Rattray)は英領西アフリカ西海岸のアシャンテイ(Ashanti)の人類學調査所の所長であつて、主として將に消えなんとして居る同地方土人の民俗學的、人類學的資料を蒐集し、學術上多大なる貢獻をなし、ひいて其研究の結果は統治上にも非常に好影響を及ぼして居るのであるが、今般「アシヤンテイの法律と制度」(Ashanti Law and Constitution, Oxford at the Clarendon Press, 1929)を出版した。該者は氏族制度の研究に於て卓越し、敢て同方面の研究者には1讀を奬む可き好著である。尙同氏の既刊の著を擧ぐれば左の如くである。

"Hausa Folk-Lore", 1913, "Ashanti Proverbs" 1916, "Ashanti." 1923, "Religion and Art in Ashanti", 1927.

○ジ・マスペロ氏監修の「印度支那」第1卷「國土、住民、歴史と社會生活」(L'indochine, ouvrage publié sous la direction de M. G. Maspéro, tome 1. Le pays et ses habitants, l'histoire, la vie sociale.)が近刊された。三三章、三五七頁、挿圖も非常に豐富である。其主要論文を擧ぐれば、ジェ・ブルエンヌ氏の「人文地理學」(J. Brunhes. Géographie humaine.)アッシユ・マスペロ氏の「言語、歴史」(H. Maspero, Langues, L'histoire.)アッシユ・マンシユイ氏の「史前學」(H. Mansuy, Préhistoire et protohistoire.)ジェ・プシルスキイ氏の「古代安南の風俗と習慣」(J. Przyluski, Moeurs et Contumes de l'ancien An-nam.)アッシユ・マスペロ氏の「土民の風俗と習慣」(Moeurs et coutumes des populations sauvages.)ジ・セセデス氏の「印度敎」(G. Coedes, Religions hindous.)等である。

第十回民俗學談話會

二月十五日午後六時半より本鄕區元町文化アパートメント社交室に於て開催した。當夜は宮本馨太郎氏（宮本勢助氏令息）が、撮影した三河北設樂郡園村の花祭の映畫を觀賞し、更に早川孝太郎氏が、右の映畫について花祭の如何なるものであるかを説明して下さつた。會員の質問應答あつて午後九時散會した出席者左の如し。

有賀喜左衛門、伊波普猷、小泉鐵、池上隆祐、赤堀英三、大島昭義、尾原亨、勝俣久作、金城朝永、大藤時彦、矢島嘉六、阪丈緒、中島逸美、山本靖民、津田敬武、宮本馨太郎、細井一六、木下利次、市瀨源一、喜多義次、青池竹次、高崎英雄、岡村綱一郎、青柳秀雄、中村浩太郎、倉田一郎、平野亥一、久保田正孝、森口多里、松本信廣、石田幹之助、アグノーエル、高田進、比屋根安定、岡村千秋、村上清文、

三河北設樂郡園村の花祭

早川孝太郎氏

花祭りと申します祭りが行はれて居りますのは、天龍川の流域でありまして、三河と遠江、それに信濃と、この三ケ國の接壤點を中心とした地方で、一方天龍川全流域を通じて申しますと、この地域が最も山深いのであります。此處に私の知つて居ります處では、現在二十三ケ所程行はれて居ります。その中の二十ケ所は三河地内でありまして、天龍川の一支流でありまする大千瀨川、之から更に川が分れまして、一方は大入《おほにふ》川一方を振草川と申します、この谿に大部分あるので、此度映畫に致しましたのはその中の北設樂郡園村字足込《あしこめ》の祭りであります。祭りは總て歌舞が基調となつて居りますので、暮方から翌日にかけて休みなく舞が繰返され、村に據つて十三番乃至十五番あります。村々で幾分異つて居ります。舞は假面を著けたものと素面のものとありますが、只今映畫に致しましたのは、假面の舞の中、「さかき」と申す最重要な神の舞であります。映畫の説明に躰れまして舞の概略を申さうと思ひますが、その前に舞の場所卽ち祭場の概念を申します。之には大體二ツの形式がありまして、唯の人家と神社とあります。今晩のは人家の形式で、屋敷の土間に竈を築き梢を燃して、釜を据へ湯が沸つて居ります。この周圍で行はれるので、この場所を舞戸《まひさ》と申ます。之には豫め東南西北中央の方位が考へられて居ります。さうして東方を正位と定め此處に神座《かんざ》と申しまして樂座が定められます。一般の見物はこの樂座の周圍と、舞戸の周りに居るのであります。

初め神座から呼出しの拍子があります。それを相圖に仕度部屋卽ち一般に神部屋鬼部屋などと申しますが、これから鬼面を被つたものが手に鉞を持つて出て參ります。之が「さかき」であります。出る道を花道と申しますが、舞戸の口卽ち上框迄參りますと此處で一旦立留つて鉞を杖にして見得をします。之を一に舞戸を見ると申しますが、歌舞伎で言ひますれば、花道の出から、舞臺の口で一旦立留つて見得がある、之に近いのであります。それから靜かに舞戸に下りて竈の前に進み、此處で鉞を杖にして又もや見得があります。之を五方を見ると申しまして、五方位に向代ります。次に南方から始めて竈を周ります。これを座敷見と申しまして、以下南西北中央の座に至る度に立留つて前後を見ます。座敷見で竈を周つて來ると、此處で神座の框に片脚かけて覗くやうな所作があります。之を樂を聽くと申して居りまして、面白い言傳へがあります。之は土地に據つて行はぬもあります。之が終ると、竈の前に還つて鉞を執直して舞ひにかゝります、之を五方を切ると申しますが、此時神座から榊の枝を手にした一人が出て、後から「さかき」の肩を打ち問答に入ります。

問答は切口上です。之を「もどき」と申して居ります。「もどき」が終つて反閇にかゝります。映畫にも現はれて居りますが、鉞を杖にして脚を高く上げて踏下ろす所作がありますがそれです。最初左足から始めて右左と各三回宛山形に、之も五方位に行ひます。

反閇が終ると竈を今一回周つて次に釜割りと申す所作があります。竈に片脚掛けて鉞を下す型がある。之が濟んで竈の前に還ると、此處で鉞を取直して五方舞ひ別に五方切りとも謂ふ型がある。之は映畫にも現はれて居りますが、最初鉞を目通りに執つての型を天を切る、次に鉞の刃を下に向けての舞ひを地を切ると申し、中央はその中間に執つて舞ふ型を申ます。之は「さかき」の舞ひを通じて最も壯快な場面であります。

尙この「さかき」の舞ひには、體鬼又は子供ともいふ鬼が澤山出まして、之が滅茶苦茶に舞ふ、その一方「さかき」の前後から、松火振りと申しまして、青年が舞裝束で松火を振るのであります。

「さかき」の舞ひは大體斯樣な次第でありますが、次に「しづめ」と申します舞ひが一部分映つて居ります。之は行事の最後に行ふ事になつて居て、總て奥座敷の行事でありますので、之を映畫に納める等は思ひも寄らぬのでありますが、土地の人々の好意で、不完全ではありますが、特に座敷の端、椽側近くで行つて頂いて、どうやら型だけは納める事が出來ました。何分未だ信仰が生きて居りますので、冒瀆にならぬ程度でその間を旨く取合せて參ります事は、中々困難かと思はれます。尙祭祀の組織を、之に與る神人卽ち一種の祭祀團とも申し「みやうど」なども、いろ〳〵申度い事がありますが之は別の機會に申上げる事と致し度いと考へます。

中道等著（鄉土研究社第二叢書 第九編）

奧隅奇譚

「奧隅奇譚」には、日本でも一番最北端に位する陸奥下北半島の傳説と口碑とを書き蒐めた上に、尙この隔絶した天地に不思議と生れた一大奇書「原始謾筆風土年表」五十四卷の抄錄を附載して居るが、强て言ふなら世人の注意にも上らなかつた土地の愉快な香味が、今まで誰も顧みなかつた間に、かくばかりゆかしい土俗と成つたかと驚嘆するであらう。東北日本の研究の聲の高く揚る時、先づこの奇譚の數々を提供したい。必ず購求せられんことを。

要目

仙人となりし常陸坊
垂跡の主田村麿
鯛島の怪
尼が寄進の如來像
狐、人語を解す
難船を救ひし鮑
巨樹の話
人を戀せし河童
獨浮を忌む藥師
目名流の獅子舞
目名の神力萬歳
南部の恐山
風土年表抄
其他十數件

四六判約三百頁
裝幀高雅函入
下北半島地圖一葉
寫眞版八圖挿入
定價壹圓八拾錢
送料十二錢

（御申越次第弊社出版圖書目錄進呈）

内田邦彦著 津輕口碑集 定價一、五〇 送料一〇
中道等著 津輕舊事談 定價、八〇 送料〇四
佐々木喜善著 老嫗夜譚 定價二、三〇 送料一三
佐々木喜善著 江刺郡昔話 定價、八五 送料〇四
佐々木喜善著 紫波郡昔話 定價一、〇〇 送料〇四
早川孝太郎著 羽後飛島圖誌 定價一、〇〇 送料〇四
伊能嘉矩著 遠野方言誌 定價、八〇 送料〇四
知里幸惠著 アイヌ神謠集 定價、八〇 送料〇四

東京市小石川區茗荷谷町五十二 鄉土研究社 振替口座東京二三九一七番

京都帝國大學教授文學博士　濱田耕作著

東亞考古學研究

（最新刊）

菊判六百六十四頁
三色版八枚
コロタイプ三十六枚
挿畫九十五個
定價八圓八拾錢
送料內地四十五錢
（書留）其他七十五錢

古代研究の視點は今や埃及バビロニアをはなれて東方に移つた。然かも東方に於ける研究の興味は東亞考古學に集中されてゐると云ふも過言ではない。世界の視聽は眞の學的興味を東亞の發掘探檢に多大の期待を繋いでゐる。日本にも既に東亞考古學會の設立せらるゝあつて其研究は萬人の共に聽かんとする處のものである。本書は其中心學者の一人者なる濱田博士の研究的論集にして然かも博士の最初の學術的一大論叢である。苟くも吾が上代を論じ、東亞の古代を知らんとするものにとつては何物にも換へがたき珠玉の如き學的結晶である。弊書院は玆に此の名著を刊行することを誇りとするものである。

目次

特價豫約募集

（內容見本三月十日出來）

早川孝太郎著
柳田國男序
折口信夫跋

花祭り

三百部限定版

定價　二十五圓

特價　二十圓

但　三月三十一日迄の豫約申込者に限る

送料　東京市內　十二錢
（書留）　內地　五十三錢
其他　九十錢

配本　四月十日より申込順によつて配本す

前編　花祭り

後編
- 神樂
- 御神樂
- 田樂
- 地狂言雜記
- 山村記

體裁　菊判兩編を通じて約千六百頁
大地圖、三色石版刷、四色刷、コロタイプ等五十餘枚
挿畫約二百四十個

東京市神田區北甲賀町四　岡書院　電話神田二七七五番　振替東京六七六一九番

◇前號目次

民俗學談話會

三月の民俗學談話會は休會することにしました。そして四月には京都で春の大會をひらきます。四月の大會の準備は多少出來てゐますが、詳くは四月號にて御報告します。今の處四月十九日（第三土曜）のつもりですが、會場は未定です。

五月には東京で民俗學談話會をひらきます。

△原稿、寄贈及交換雜誌類の御送附、入會退會の御申込、會費の御拂込等は總て左記學會宛に御願ひしたし。
△會費の御拂込には振替口座を御利用ありたし。
△會員御轉居の節は新舊御住所を御通知相成たし。
△御照會は通信料御添付ありたし。
△領收證の御請求に對しても同樣の事。

昭和五年三月一日印刷
昭和五年三月十日發行

定價金八拾錢

編輯兼發行者　岡村千秋　東京市神田區表猿樂町二番地
印刷者　中村修二　東京市神田區表猿樂町二番地
印刷所　株式會社　開明堂支店　東京市神田區表猿樂町二番地
發行所　民俗學會　東京市神田區北甲賀町四番地　振替東京七二九九〇番　電話神田二七七五番
取扱所　岡書院　東京市神田區北甲賀町四番地　振替東京六七六一九番

MINZOKUGAKU

THE JAPANESE JOURNAL OF FOLKLORE

Published by the

MINZOKU-GAKKAI

Volume II March 1930 Number 3

Page

Articles:

Short Notes:

Folkloristic Notices:

MINZOKU-GAKKAI

4, Kita-Kôga-chô, Kanda, Tokyo, Japan.

民俗學

第貳卷　第四號

昭和五年四月

民俗學會發行

民俗學會會則

第一條　本會を民俗學會と名づく

第二條　本會は民俗學に關する知識の普及並に研究者の交詢を目的とす

第三條　本會の目的を達成する爲めに左の事業を行ふ

イ　毎月一回雜誌「民俗學」を發行す

ロ　毎月一回例會として民俗學談話會を開催す

但春秋二回を例會とす

ハ　隨時講演會を開催することあるべし

第四條　本會の會員は本會の趣旨目的を贊成し會費（半年分參圓　壹年分六圓）を前納するものとす

第五條　本會會員は雜誌「民俗學」の配布を受け例會並に大會に出席することを得るものとす　講演會に就いても亦同じ

第六條　本會の會務を遂行する爲めに會員中より委員若干名を互選す

第七條　委員中より常務委員三名を互選し編輯庶務會計の事務を負擔せしむ

第八條　本會の事務所を東京市神田區北甲賀町四番地に置く

附　則

第一條　大會の決議によりて本會則を變更することを得

私達が集つて此度上記のやうな趣意で民俗學會を起すことになりました。考へて見ますと學問が大學とか研究室とかに閉ぢこめられてゐた時代は何時まで何時までつゞくものではないといふことが云はれますが、然し大學とか研究室とかいふものを必要としなければならない學問のあることも確かに事實です。然し民俗學といふやうな民間傳承を研究の對象とする學問こそは眞に大學も研究室も之を獨占することの出來ない學問であります。然しさればといつてそれは又一人一人の篤志家や學究が個々別々にやつてゐたのでは決してものになる學問ではありません。出來るだけ多くの、出來るだけ廣い範圍の協力に待つしかないものと思ひます。日本に於て決して民間傳承の資料の蒐集なり研究なりが閑却されてゐたとはいへません。然しそれがまだ眞にまとまるところにまとまつてゐるとはいはれないのが事實であります。かう云ふ事情の下にある民俗學の現狀をもつと開拓發展せしめたいがために、民俗學會といふものを發起することになつた次第です。そして同樣の趣旨のもとに民間傳承の研究解説及び資料の蒐集を目的として、會員を募集し、會員諸君の御助力を待つてこれらを發表する機關として「民俗學」と題する雜誌を發行することになりました。どうかこの一般國民生活の中に深く生きてゐる事實の意義及び傳承を生かす爲めに、そして民間の學問としての學的性質を達成せしむる爲に、本會の趣旨を御諒解の上御入會御援助を賜りたく御願ひ申します。

委　員

會津八一	秋葉隆	有賀喜左衞門
伊波普猷	石田幹之助	移川子之藏
宇野圓空	岡正雄	折口信夫
金田一京助	小泉鐵	今和次郎
中山太郎	西田直二郎	早川孝太郎
松村武雄	松本信廣	宮本勢助

昭和五年四月發行

民俗學

第貳卷 第四號

目次

支那の巫に就いて

——巫病と巫の事神・巫醫・巫の起源に就いて——

孫晋泰

はしがき

支那の巫に就いてはデ・ホロォト博士の詳しき記述がその大著（J. J. M. De Groot, The Religious System of China, 6 Vols. Leyden, 1892—1910）の中の一九〇七年版第五巻三章の内にあり、狩野直喜博士の巫咸その他古代の巫に就いての考證や卓說などは大正五年七月より同七年六月までの間の哲學研究と藝文とに發表され、これらはその論文集なる「支那學文藪」の中に收藏されてゐる。けれども、支那に於ける巫の研究が以上二博士に依つて成し盡された訣でもなければ、二博士の所說の總てが決定的のものであるとも思はれない。それらには社會學的、宗教學的、心理學的、歷史的及び其の他の方面からの研究が殆んど缺けてをり、又たその肯定さるべき說に於いても考證の不正確や取材の不備なるところがあつて、これらの點には大いに補足を必要とするから、二博士の研究は此の方面の先驅として注意に値ひするも、もつと深入つた研究はこれからだと言はなければならぬ。と言つても、私がこの仕事を一手に引受けて能く成し遂げ得るといふのではない。支那の巫に就いて二博士の提出された問題も可なりあるが、それ以外にも種々な複雜した問題があつて、何時になつたらこれらの問題の總てに就いて決定論が得られるだらうかと思はれる位である。私も年來支那の巫に就いて若干調べたところがあるので、體系のない話乍ら、こゝに數三の問題を提出し、若干の私見をも併せ述べたいと思ふ。

一、巫病と巫の事神

1

支那の巫に就いてその正確とすべき記錄を殷周時代に求むることは困難であらう。又た春秋戰國より漢代までの記錄に於いてもその多くを發見することは出來ない。けれども民間信仰の狀態は時代に依つて變遷することもあるけれども亦た大體に於いて上古より今日まで餘り變化のなき場合も鮮からず、巫病の如きはその一例であらう。であるから私は古代より現代までの之に關する記錄を場合に應じて大體同價値に取扱はうと思ふ。

周禮の春官に「凡以神士者無數、以其藝爲之貴賤之等」とあるを鄭玄は「以神士者、男巫之俊有學問才知者、藝謂禮樂射御書數」と注し、史記の西門豹傳に據ると戰國時代に老巫女が十人の女弟子を養つてゐたと云ふから、漢以前に於いても既に傳授的な巫覡があつたものと思はれるが、巫のもつと原始狀態を考ふるに、巫はその精神狀態に於いて普通の人とは或る異常性があつたものと思はれる。後漢の王充の論衡訂鬼篇が「人含氣爲妖、巫之類是也、是以、實巫之辭、無所因據、其吉凶、自從口出、云々」と言つたのはその邊の消息を語るものであらう。更に具體的な例を見ると、史記九二淮陰侯傳には、楚漢時代に蒯通といふ齊の辯士が韓信を說くに沛公を助け天下を三分せんことを以てしたことを記したるのち「韓信猶豫、不忍背漢、又自以爲功多、漢終不奪我齊、遂謝蒯通、蒯通說不聽、已陽狂爲巫」と云ふのがある。若し當時の巫が普通の態の人であつたとすれば、この陽狂爲巫の句は解釋に困難を感じなければならぬ。これは明かに當時の巫の中に狂に類した一種の異常な態をしてゐる者のあつたことを物語るものであらう。然るに史記の武帝本紀は漢の武帝がその初年に鬼神の事を好んだ事實を擧げてある中に「明年、天子病鼎湖甚、巫醫無所不致至、不愈、游水發根乃言曰、上郡有巫、病而鬼下之、上召置祠之甘泉、及病、使人問神君、神君言曰、天子毋憂病、…於是病愈、云々」といひ、所謂る神君に就いては「其音與人言等、時去時來、來則風肅然也」とも云つてゐる。巫が事神を有つことゝ神言を出す術とは原始狀態より一段の進化を經たものであり、神言の點は別の機會に之を詳述する心算りであるが、この文に據ると漢初には或る種の病ひに依り、或はその病ひを經て巫になる所の巫も居たといふことが判る。然らばその病ひは一體如何なる種の病ひであつたか。鬼神が或る人に下るといふことはその人がその鬼神と交通することを意味するものであるから、病ひで鬼神と交通するやうになつたといふのはその人が鬼神と交渉し得る病ひを患つたことを意味するものである。人は夢や熱病・神經病・認識の不明瞭な場所等に於て一時的又は瞬間的に幻覺・妄覺等を起し所謂る鬼神類と接することはあるが、それは永續的でないからこの場合には問題にならぬ。上郡の巫は鬼を事神とし隨時それと交渉したのである。然らば隨時鬼神と交渉し得、しかも身は病床に居ずして能く巫として職業し得られたその病ひは何であつたか。果してそれが今日の蒙古・西伯利亞諸族の巫覡の間に見出されるやうな、一種のヒステリアであつたかどうかは言明し難いが(1)、もしさういふ病氣が果して巫の間にあつたとすれば、或る種の病ひに因つて精神狀態に若干の異狀を來たした者が、自から鬼神と交通し得ると稱して或はさういふ裝ひで、人々の知る能はざることに就いてそれを知ると言ひ出して巫となつた者も楚漢時代には既に相當あつたらうといふ推論が成り立ち得るであらう。而して漢以後に於ける記錄にも精神に異狀を來たして巫となり、又は巫的言行をした者のあつた事實を數多發見することが出來る。例へば南齊書五五華寶傳には「諸曁、東洿里屠氏女、父失明、母痼疾、親戚相棄、鄕里不容、女移父母、遠住紵羅、晝樵採夜紡績、以供養、父母俱卒、親營殯葬、負土成墳、忽聞空中有聲云、汝至性可重山神、欲相驅使、汝可爲人治病、必得大富、女謂是魃魅、弗敢從、遂得病、積時、隣舍人有中溪蜮毒者、女試治之、自覺病便差、遂以巫道、爲人治疾、無不愈、家產日益、鄕里多欲娶之、以無兄弟、誓守墳墓、不肯嫁」云々とある。彼女は非常に心勞をした、病身乍ら唯一の賴りとした父母までが斃れたのでその葬事を終へるや彼女は病ひを得て空中に鬼神の聲を聽いたりした、それが稍々愈つたかと思はれる時に彼女

4

は巫として立つたのである。斯る病ひが何病であつたかは判然しないが、私は便宜上之を巫病と名付けておく。南唐の譚峭は老莊の感化を受けた人であるがその「化書」巻二魍魎 に於いて「魍魎附巫祭、一本作癸 言禍福事、每來、則飲食言語皆神、每去、則飲食言語皆人、云々」と云つてゐる。巫癸が蒙古語の巫を意味する buge と何等の關係のあるものであるかどうかは判らないが、これは明かに一種の巫であつたらう。然らば唐代の巫祭は鬼が必ずそれに憑いてゐると言はれたに相違なく、又た彼等は時々言語飲食に狂態をしたものであるから、彼等はその精神上、明かに病的なところを有つてゐたのである。太平廣記 三一三李玫 は宋の徐鉉の「稽神錄」を引いて「天祐初、舒州有倉官李玫、自言少時因病遂見鬼、爲人言禍福多中、云々」といひ、宋の洪邁の「夷堅志」（薔芬樓板）支庚巻六潘紵制妾 は、或る女が一年の内に三子を出産し「自是、飲食跡數不齊、似有所憑附、預說其家禍福、往々多中、云々」といふ。これは巫ではないが、彼等は何れも巫に類した言行をなした、而してその病氣たるや明かに私の所謂る巫病であつたらうと思はれる。淸代の記錄に就いて見るに、王士禎の「池北偶談」巻二十棃花漁人 には「…里中某氏、有女及笄、一日忽有鬼物憑之、言禍福多奇中、云々」とあり、袁枚の「子不語」（一名新齊諧）十八狐丹 には「常州武進縣、有呂姓者、婦爲狐所憑、化作美男子、戴唐巾、爲人言休咎、有驗有不驗、云々」とあり、同じく袁枚の「續子不語」巻七栢香簪不宜入殮の條には精神に異狀を來たした或る女の話を書いた中に「女遂爲某郎家守節、凡鄉里吉凶事、必先知之、言若巫者、鄉人異之、或曰此妖憑焉、云々」とある。狐や鬼妖の如きに憑かれる事實は有り得ないから、これらも精神に異狀を來した者が妄語にさう主張したことであらう。斯く巫病は漢初にも既に存在し、記錄こそ少いが近世になる程その數は增加したものと思はれ、又支那の巫は巫病に依つて所謂る事神を得たらしいが、その事神は朝鮮や蒙古などに於けるそれとは異つてそれを亡巫といふことは無く、但に鬼・妖又は魍魎ともいひ、或は山神、或は狐とも言つてゐる。又たそれを亡妣、偉人の亡靈、自己の生魂、單に神と言ふ場合もある(下述)。彼等はこの巫病に因つて侍神を有つといふ異常性に依つて社會の信頼を一層博したことであらう。朝鮮に於ても侍神を有する巫は靈なるものとされ、巫病を經て侍神を有つ巫はもつと高く評價されてゐるが、單なる傳授的巫覡は最も輕視されてゐる。

上述の巫病に關聯して更に一つの巫病に就いて述べなければならぬ。前者を狹義の巫病とせば、後者は廣義の巫病ともいふべきものである。それは別に病氣といふ程のものでもないが、病的といはねばならぬものである。國語の楚語が巫覡に就いて「民之精爽不攜貳者」と言つたことや、後漢の王充の「論衡」二二訂鬼篇に「人含氣爲妖、巫之類是也、是以、實巫之辭、無所因據、其吉凶、自從口出、若童之謠矣、童謠口自言、巫辭意自出、云々」といふのや、「抱朴子」内二論仙に「或云、見鬼者、在男爲覡、在女爲巫、當須自然、非可學而得、云々」といへる文句等が示すやうに、巫は恰似も妖氣を含んだ如く或は先天的の如く、何等の據る所なしに鬼神界の事や人の吉凶禍福を口意に任せて喋り出した。これは巫が神を降しエクスタシーの狀態に陷つた際に於てのみ可能なことであり、通常の神經や感情を有つた人には出來得ないことであるから、單純で激し易い一種の病的心情に因るものである。引用した記録は決して古いものではないけれども、斯る廣義の巫病は下に述べる靈の字に依つても能く窺はれるから、狹義の巫病よりは遙かに古く現はれたものであらう。而して病理學的研究は私の手に負へない所であるけれども、廣義の巫病は、これを朝鮮に於ける巫病の事實から推して見るに、感激興奮し易き性質の人(先天的或は後天的に)に多く(別の機會に詳述すべし)、狹義の巫病は實にこの廣義の巫病の濃强な者の犯されるものではあるまいかと思はれ、又この廣義の巫病は最も古く最も普遍的のものであるのみならず、實に巫には不可缺の根本的心的異常性であつたやうである。前引の國語や論衡・抱朴子の文もそれを語るものであらうが、南唐の譚峭の「化書」卷五巫像が「爲巫者、鬼必附之」といへると、宋の洪邁の「夷堅志」甲志五蛇報犬が「世傳、犬能禁蛇、毎見、必周旋鳴躍、類巫覡・禹歩者、人誤逐之、則反爲蛇所齧、云々」といへるも亦た巫の狂的行動を指して言つたことであらうから、唐宋時代の巫も凡て病的心情の所有者であつたことが判るのみならず、實際上この巫病なくしては降神も鬼神に通ずることも出來得ないから從つて巫たる能力を缺くことになる。而してこの病的心情や狂的行動は恰似もそれが鬼類に憑かれたる所爲の如く解されたので譚峭は爲巫者鬼必附之と言つたのであらうが、要するに廣義の巫病とは人をして一種のエクスタシーの狀態に入らしめ能く鬼神と交涉せしめる所のものであると謂ひ得られる。この普遍的巫病は六朝に至つて巫に附きたる鬼の所爲と看做され、その鬼はまた巫の事神とされたのである。又た巫が鬼神界と交涉し得るは自力に非ずして實はその事神の力に依るものとされた。漢初に於いても史記の武帝本紀に見える上引上郡の巫の如きや、それより前の景帝の時の事柄で史記武帝本紀及び封禪書の中に見えるところの「是時上求神君、舍之上林中蹏氏觀、神君者、長陵女子、以子死悲哀、故見神於先後宛若索隱曰、卽今妯娌也宛若祠之其室、民多往祠、平原君往祠、其後子孫以尊顯、及今上卽位、則厚禮置祠之內中、聞其言、不見其人云」といふ一種の女巫の如きは、既に事神を有し、その事神の力に依つて鬼事界と交涉するものとされてゐるが、これらは何れも腹話術（これに就いても他日詳述する心算りである）を能くする者に限られてゐたことゝ思はれ、他の巫に就いては別にそれらしい記錄を見出だし得ない。けれども六朝より以後は、巫は凡てその事神の力にて巫業を爲し得るものと看做されてゐる。狹義の巫病者に就いては前引の諸例で十分それを知り得るが、廣義の巫病者とその事神とに就いては尙ほ少し引證を必要とする、太平廣記二九三蔣子文は搜神記・幽明錄・志怪等書を引いて、漢末の蔣子文といへる者が死後巫祝等に依つて神事され呉の先主は彼を中都侯に封じたことを述べた後「會稽鄮縣東野有女子、姓呉字望子、年十六、姿容可愛、其鄕里有鼓舞解神者、要之便往、緣塘行半路、忽見一貴人、端正非常、貴人乘船、手力十餘整頓、令人問望子欲何之、具以事對、貴人云、我今正往彼、便可入船共去、望子辭不敢、忽然不見、望子既拜神坐、見向船中貴人、儼然端坐、卽將侯像也、問望子來何遲、因擲兩橘與之、數數形見、遂隆情好、心有所欲、輒空中下之、嘗思噉鱠、一雙鮮鯉、隨心而至、望子芳香、流聞數里、頗有神驗、一邑共事奉、經三年、望子忽生外意、神便絕往來」と云ふ。巫とは言つてないが彼女は鄕里の皷舞解神の神事に迎要され神驗ある者として一邑人に奉事されたといふから明かに女巫であつて、話は奇怪であるが要するに彼女は蔣侯といへるを事神としたのである。彼女が忽然外意を生じたので神が便ち往來を絕つたといふから巫病は途中に於て自然に癒ることもあるものと思はれる。更に宋代の記錄に據り數例を擧ぐれば「夷堅志」(丁志六 翁吉師) には「崇安縣有巫翁吉師者、事神著驗、村民趨向籍籍、紹興辛巳九月旦、正爲人祈禱、忽作神言曰、吾當遠出、無得輒與人間事治病、翁家狠訴曰、累世持神力爲生、香火敬事、不敢怠、不知何以見捨、再三致叩、云々」とあつて巫はその事神に香火を以て事へることもあつたらしい。沈括の「夢溪筆談」(二〇 神奇) には「山陽有一女巫、其神極靈、予伯氏嘗召問之、凡人間物、雖在千里之外、問之皆能言、乃至人心中萌一意、己能知之、坐客方奕棊、試數黑白棊握手中、問其數、莫不符合、更漫取一把棊、不數而問之、則亦不能知數、蓋人心所知者、彼則知之、心所無、則莫能知、云々」とあつて、上引二書は巫の事神は決して珍らしきものでは無く普通當然のことであるが如き態度で、事神著驗とか其神極靈などと極めて事なげに云つてゐる。また何遠の「春渚紀聞」(卷一、生魂神) に「余嘗與許師正、同過平江、夜宿村墅、聞村人坎皷群集、爲賽神之會、因往視之、神號陸太保者、實旁村陸氏子、固無恙也、每有所召、則其神往、謂之生魂神、既就亭村人問族、雖數百里、皆能卽至其家、回語患人狀、師正之室余氏、歸雪川省、其母忽得疾、師正憂之、因禱神徃視以驗之、神應禱而去、須臾還曰、我至汝婦家、方潔齋、請僧誦法華經、（一作僧達法華者）施戒、諸神滿前、皆合爪、以致肅敬、我不得入、頃刻、隣人婦來觀、前炳二燭、乃是牛脂所爲、但聞血腥迎鼻、而諸神驚唾而散、我始敢前、病人能啜少粥、自此安矣、余與師正、始未深信、及歸驗之、皆如其言、因相戒以脂爲燭云、」といへるも確かに覡の話であり、この覡は自己の魂神をその侍神としたところが聊か趣きを異にしてゐるが、斯の如く巫覡が彼等の事神を通じて不可知の事柄に就きそれを知ると主張するやうになつた理由は、惟ふに漢初には既に民間の巫覡業者甚だ多くして中には信用し難き輩も簇出し、民衆の巫覡に對する考へも次第に平凡化して來たので、多分に巫的病態を有つ者は、事神を有し事神の力にて鬼神に通じ不可知の事柄をも知り得ると言ひ出し、玆に新らしき彼等の異常性を表明したことであらう。巫の異常性は時代に依り進化したもので、上述の異常性は彼等の心狀態に於ける進化であるが、彼等の行爲と術の上に於いても種々の進化がある。それは次ぎの機會に於いて述べる心算りであるが、彼等の斯の如き異常性の追求が民衆の信頼を得るためにあつたことは言ふまでもない。

而して、巫覡がエクスタシーの狀態に於て彼等の自力で鬼神界と交渉し得た原始形態から固定した事神を有つに至るまでには一つの過程があつたのではあるまいかと思はれる節がある。それはエクスタシーの狀態に限らず、隨時或は場合に依つて種々の鬼神が彼等に事物を敎へるものと言つたのであらうと想像されることで、例へば宋の黄休復が「茅亭客話」卷十（學津討原本）に於いて「孫處士名知微、字太古、眉州彭山人也、…導江縣有一女巫、人皆肅敬、能逆知人事、知微素尙奇異、嘗問其鬼神形狀、欲資其畫、女巫曰、鬼有數等、有福德者、精神俊爽、而自與人交言、若是薄相者、氣劣神悴、假某傳言、皆在乎一時之所遇、非某能知之也」といへるはその邊の消息を語るものではあるまいか。薄相の鬼とは人に善く疾病災禍をなす輩でそれは巫と最も關係の深い者である所から彼女ばそれらの鬼に依つて鬼神界のことを傳言されると言つたのであらう。

さて、論旨を更に巫病のことに戻し、然らば廣義の巫病は果してどの位古いものと言ひ得るかといふことであるが、これは靈の字が、巫が神を降しエクスタシーの狀態になることよりして作られたものであらうと思はれる點から考へて、極めて古きことゝ推測される。靈の字は古來種々の意味に用ゐられてゐるけれども、その本來の義は何であつたかに就いて調べると、楚辭の九歌・東皇太一の歌と王逸の注とを見るに「靈偃蹇兮姣服」靈謂巫也、偃蹇舞貌、姣好也、」とも云ひ、「靈連蜷兮既留靈巫也、楚人名巫爲靈子、連蜷巫迎神導引貌也、既已也、留止也、」ともあり、同じ少司命には「思靈保兮賢姱靈謂巫也、姱好貌、言己思得賢好之巫、」ともある。これらの場合は確かに許愼の說文が「靈巫也」と言つたが如く巫を指して靈と言つたものであらう。又た同じ雲中君に「橫大江兮揚靈」とある靈を王逸は屈原の精誠と注してあるがこれは寧ろ我々の言ふ靈魂と解すべきであらうし、（九歌の中には天神・日神・雲神・山神・河伯などを靈とも言つてゐるが）、離騷の中に見える「欲從靈氛之吉占兮、心猶豫而狐疑」とか、「靈氛既告余以吉占兮歷吉日乎吾將行」と云つたところの靈氛に就いてはこれしき注を發見することは出來ないけれども之は我々の言ふ靈感と解すべきであらうと思ふ。これらのことゝ靈の字が巫に從つてゐることゝを思ひ合はせると、靈の字は本來は全く巫に關する字にして、巫が神を降ろして之と交涉する際一種のエクスタシーに陷り、而して鬼神の言葉を傳へることよりして、楚に於いては巫を靈又は靈子と稱し、靈感を靈氣と言ふやうになつたものであらう。又た引いては段玉裁が說文の靈の注に於いて、靈は巫なることを言つたのち「引伸之義、如論法曰、極知鬼事曰靈、好祭鬼神曰靈、…毛公曰、神之精明者稱靈、皆是也」と言つたが如く次第にその意味が分解擴張されたものと思はれる。果して然らば、巫が降神の際に陥るところのエクスタシー即ち私の所謂る巫病（廣義の）は、巫の始源狀態に於いて最も普遍的であり、且つその最も根本的なる心的要素であつたと推測されるのである。而して、これら廣狭二義の巫病はその程度に於いて强弱の差があるのみで、本質は同一のものであらうと思はれるし、又たこの巫病無くして巫となることは原則として有り得ないと思はれるから、例外はあらうけれども、傳授的な巫覡に於いても亦た巫病は必需の條件であつたらうと臆測される。彼等は只だ巫の技術だけを敎へられたものであらう。巫が降神の際狂態のエクスタシーに陥ることに就いては多くの例を歷朝に亘つて見出すことは困難であるが、前引の楚漢の蒯通の話・論衡・抱朴子・化書・夷堅志・子不語などに見えるところの話等を吟味し、且つ晋書夏統傳の中に見える女巫丹珠に就いて「輕步佪儛、靈談鬼笑」と云つたことや、唐の李建勳の迎神詩中に「陰風窣々吹紙錢、妖巫瞑目傳神言」の句や、唐の張璪の社廟覩巫師降神の詩中に「老巫跳踉作神語」の句などを參酌して考ふれば、昔も今も別に變るところなきことを想像し得られるだらうと思はれる。

二、巫　醫

春秋より漢代までの間に於いて巫醫といふ熟語が屢々現はれ、それ以後の記錄には絕えて之が見えない。論語の子路に「子曰、南人有言曰、人而無恒、不可以作巫醫、善夫」とあるのは巫に就いての最も古き記錄である、と同時に巫醫に就いての最初の記錄である。これに就いては古來諸家の議論互に一致せざるも、代表的な解釋は鄭玄の「言巫醫不能治無恒之人」と言へると、朱熹の「巫所以交鬼神、醫所以寄死生、故雖賤而尤不可以無常」と解せるとの二說であり、朱子以後の諸家は大體朱子の說を取つたやうである。けれども、朱子流の解釋は漢代までにあつた所謂る巫醫のことを知らず、後世巫と醫とが判然區別されてゐた時の事實から推した說明であるから、これは明かに間違ひである。又たこの文の全體の意味に就いても後鄭と朱子流の說との間に非常な相違あり、狩野直喜博士は「諸家の解釋區々なれども、恒なき人は巫醫の如き役すら務むることが出來ぬとの意に解するを至當と思ふ」（支那學文藪六三頁）と言はれた。けれども私は、鄭玄が後漢の人で巫醫のことを善く知つてゐたものと認め、多少の無理の感なきを得ざるも、やはり後鄭の解釋を以て眞に近きものと認めたい。巫醫は樣々なる疾病を治し得るも、人の恒無きは巫醫と雖も之を治し難しと云ふ俚諺であつたらうと思はれる。それは何れにしても、論語にいふ巫醫は果して如何なるものであつたか。鄭玄の注に依るも、彼が果してこれを巫と醫との二者を指したのでは無く、巫醫といふ一種の巫を指したものと解したかどうか、今日の我々に取つてはもはや不明確である。これを始めて明確に一種の巫であると解したのは淸の王子方である。彼は靈樞（古今圖書集成所收）十七賊風の注に於いて「先巫者、言上古之能祝由、而愈病者、謂之巫醫、故古之醫字從巫、非與師巫之賤役比也、南人有言曰、人而無恒、不可以作巫醫、卽上古祝而已病之醫、非醫巫之有二也」と言つてゐる。次ぎに古今圖書集成の編者も理論は不充分乍ら同じことを說破してゐる。卽ちその藝術典五二三巫醫の條に於いて「以巫而替醫、故曰巫醫也、論語曰、人而無恒、不可以作巫醫、孔子歎人不可以無恒、而善其言之有理、朱子註云、巫所以交鬼神、醫所以寄死生、岐而二之、似未當也、夫醫之爲道、始於神農、闡於黃帝、按某病用某藥、著有內經・素問、所謂聖人墳典之書、以拯民命、安可與巫覡之流同日而語耶、但學醫者、有精粗不同、故名因之有異、精於醫者曰明醫、善於醫者曰良醫、壽君保相曰國醫、粗工昧理曰庸醫、擊鼓舞趨祈禳疾病曰巫醫、是則巫覡之徒、不知醫藥之理者也、故南人謂之巫醫者此也、今世謂之端公・太保、又稱爲夜行卜士、北方名之師婆、雖是一切虛誕之輩、則亦不可以無恒也、矧他乎」と言つたのがそれであるが、巫醫の內容と南人の諺に就いての此文の說明に就いてはその批評を省くことにする。更に民國の謝觀氏は稍々考證的にその著「中國醫學大辭典」（補遺一〇七頁）に於いて「論語、人而無恒、不可以作巫醫、說苑修文篇、以巫醫匍匐救之、呂覽盡數篇、巫醫毒藥、逐除治之、按上古民智未啓、以疾病爲鬼神所祟、而巫與醫、遂以一人兼充、而掌療病之事、其術有祈禱禁呪祝由等法」と言つて、巫醫は藥をも用ゐたものと暗示してゐる。この巫醫のことは狩野博士に依つて始めて學問的に研究されてゐるが、私は博士の說に更に少しの補足を加へつゝ論旨を進めたいと思ふ。

漢より以後に於いては醫と巫とを並び稱する場合、それを醫巫とするのが常である。然るに、漢までの事柄に就いての記錄には前述の如く屢々巫醫と稱せるものを發見することが出來る。けれどもそれは多くの場合、巫と醫とのことにも亦た巫醫といふ一者のことにも解される。論語の場合も呂氏春秋の季春紀盡數篇に云ふ「夫以湯止沸、沸愈不止、去其火則止矣、故巫醫毒藥、逐除治之、故古之人賤之也、爲其末也。」の場合もさうであるが、劉向の說苑の場合も亦たさうである。說苑の文をもつと詳しく引くと「古者有菑者、謂之厲、君一時素服、使有司、弔死問疾憂、以巫醫、匍匐救之、湯粥以方之、云々、其有重尸多死者、急則有聚衆、童子擊鼓苣火、入官宮里用之、各擊鼓苣火逐、官宮里家之主人、冠立于阼、事畢、出乎里門、出乎邑門、至野外、此匍匐救厲之道也」と云つて、癘疫の時種々の方法と熱心さを以て急遽それを救ふ際に於て巫醫を用ゐたといふのであるから、何れとも解釋される訣である。又史記の武帝本紀に見える「天子病鼎湖甚、巫醫無所不致至」の場合だけは二者に解した方が穩當だらうとも思はれるけれども、以上他の諸記錄に見える巫醫が王子方や狩野博士や謝觀氏の說く通り、大體醫であり巫であつたところの所謂る巫醫を指す熟語であつたらうことは他の記錄に據つて確證される。

例へば管子の經言權修篇に「上恃龜筮、好用巫醫、則鬼神驟祟」とあるは正しく巫で醫を兼ねたるものと解すべきであらうし、太平御覽七三四に引かれた後漢書に「安丘望之字仲都、京兆長陵人、少持老氏經、恬靜、不求進官、號曰安邱丈人、成帝聞欲見、望之辭不肯見、爲巫醫於人間也」と云つたのも一人に就いてのことであるから確かに巫と醫との二つではない。又た後漢書の卷七六郭鎭傳に「順帝時廷尉河南吳雄季高、以明法律、斷獄平、起自孤宦、致位司徒、雄少時、家貧喪母、營人所不封土者、擇葬其中、喪事趣辦、不問時日、巫醫皆言當族滅、而不顧、及子訢・孫恭、三任廷尉、爲法名家」とあるのも、劉攽が之に注して「案卜葬何關醫事、明衍」と言つたやうに、醫が喪事に關係のあらう筈はないから、この場合の巫醫も亦た巫のことゝ解すべきである。更に後漢書の卷一一二上の許楊傳には「許楊字偉君、汝南平輿人也、少好術數、王莽輔政、召爲郞、稍遷酒泉都尉、及莽簒位、楊乃變姓名、爲巫醫、逃匿他界、莽敗、方還鄕里、云々」とあつて、これも一人に就いてゞあるから巫を言つたものである。然らば漢代までの記錄に見える巫醫は大體これを巫と解すべきであらうと思ふ。而して醫の古文が巫に從つてゐることが、未開時代に於ける醫藥は巫がそれを扱つてゐたことを物語るものであれば實に巫醫は殷周の時代から在つたものではなからうかと推定される。唯だ巫醫と巫との間に如何なる差違があつたか、卽ち漢代までの記錄に見える巫醫は所謂 medicine-man に相違なからうけれども、單に巫と言へるは果して祈禳・厭勝のみを事とし醫藥には關係のないものであつたか、又た巫と巫醫とは果して一般が截然とこれらを區別してゐたものであつたか、といふやうなことに就いては之を明言すべき記錄を見出すことは出來ないが、楚辭天問の「化爲黃熊、巫何活焉」と云へるを王逸が「言鮌死後化爲黃熊、入於羽淵、豈巫醫所能復生活也」と注してあるところを見ると、巫の注に王逸がわざと醫を挿入れる要はなかつたらうから、後漢までも巫と巫醫との間に明瞭な區劃はなかつたのではあるまいかと思はれる。けれども漢代は既に醫藥の相當發達した時代であつたから、巫醫と同時に醫藥に關係のない巫も相當あつて、巫と醫との分化作用が漸次行はれてゐたであらうといふことは大體に於いて想像される。

以上述べたところに依つて、原始狀態に於ける巫の一面を考ふるに、最も原始的の巫は或は醫藥に關係を有たなかつたかも知れないが、可なり古き時代より彼等は祈禳・厭勝と共に藥材をも用ゐて治病に從事してゐたらしい。而して彼等の醫藥の方面が發達するに從つて、その方のみを專業とするものが現はれ今日の醫の始めを成したものであらう。毉の字もそれを物語るものであらうが、支那に於ける多くの傳說も亦たそれに就いての朧げな記憶を我々に語つてくれる。劉向の世本が「巫彭作醫」（說文と山海經の注）と云ひ、又た「巫咸堯臣也、以鴻術爲帝堯之醫」（太平御覽七二一）とも云つたことや、山海經とその郭璞の注といふのが「開明東有巫彭・巫抵・巫陽・巫履・巫凡・巫相皆神醫也夾窫窳之尸、皆操不死之藥、以距之」（海內西經）、又た「大荒之中、有山、名曰豐沮玉門、日月所出入、有靈山、巫咸・巫卽・巫盼・巫彭・巫姑・巫眞・巫禮・巫抵・巫謝・巫羅十巫、從此升降、百藥爰在羣巫上下此山、采藥往來也、」（大荒西經）などと云へる戰國末から漢代にかけて存した傳說と思はれるのがそれである。これに類した他の話は省略するが、唐の孫思邈の撰とされてゐる「千金要方」が「中古有巫妨者、立小兒顱顖經、以占夭壽判疾病死生、世相傳授、始有小兒方焉、」（古今圖書集成藝術典五二四、巫妨）と云ひ、宋史二〇七醫書に師巫顱顖經といへるを載せてあることも參考すべきであらう。さて然らば、巫と醫との分化は何時頃から始まつたであらうかと思ふに、周禮天官には醫師・疾醫・瘍醫の如き職が見え、禮記王制にも、醫あり、同じ曲禮には「醫不三世、不服其藥」といふ句などがあるも、これらは信を置き難く、左傳の成公二年に晉侯が秦に醫を求めたることあり、襄公五年には楚子が醫をして申叔豫の疾を視せしめたることあり、同じく昭公元年には晉侯の疾を秦の醫和が視たる話などが見えるから、春秋の世にも醫といふものはあつたらうと思はれるけれども、その眞價は頗る疑はしきものであつたらう。孟子の公孫丑上には「孟子曰、矢人豈不仁於函人哉、矢人唯恐不傷人、函人唯恐傷人、巫匠亦然、故術不可不愼也」とあつて、人命を救くる者と人の死を喜ぶ柩匠とを對照するに際し、これを醫と言はずして巫と言へるところより推測されると思ふ(2)。果して然らば戰國時代までは巫醫が專ら勢力を有し、醫は微々たるものであつたが、漢代頃になつて始めてその眞價を發し始めたけれども、民間には尙ほ多くの巫醫や巫が存在してゐたであらうと思はれる。

三、巫の起源の問題

支那に於ける巫の起源の問題に就いては之を如何に考ふるべきであらうか。男女何れが先きであつたらうか。この如き問題に就いてはその資料とすべき殆んど何等の手懸りもないが、唯一つ前漢書地理志の齊の條に「桓公兄襄公淫亂、姑姉妹不嫁、於是令國中、民家長女不得嫁、名曰巫兒、爲家主祠、嫁者不利其家、民至今以爲俗、痛乎、道民之道、可不愼哉、」といふ記錄がある。民俗民風や其の他の事物に道德的解釋を與へんと勉めたのは支那學者の通常の態度であつた許りでなく、如何に桓公の兄の權勢とはいへ、その淫行を國民に强要するが如き無法が事實あつたとも思はれず、たとへあつたとしても實際行はれる性質のものでもない。まして襄公の姑姉妹の淫亂と民間に於ける長女不得嫁の慣習とは何等の緣もない筈のものである。然らば齊に於ける巫兒の民俗は明かに襄公に因り始まつたものでは無く、その民俗の普遍的（絕對的のものではなく、多くの家庭にあつた習俗であらう。）であつたところから推せば、その根據は相當根强いものであつたらしいから、これは古い時代からの遺風であつたらうと思はれる。けれども、この巫兒の習俗卽ち家族シャマンの制が民間に於ける巫の家族化されたものであつたかどうかといふことが困難な問題となつて提出される。巫の家庭化には二つの場合が想定される。一つは地理的に遠僻の處で巫を迎ふるに不便である場所に於いて、他の一つは經濟的に又は病氣と祭祀の種類に依つて巫を迎ふるに困難又は不必要を感ずる場合とである。であるから家族的に巫的行爲を行ふは常に臨時的である。例へば朝鮮に於いては、感氣《かぜ》の鬼神を退治する場合、家族中の一人が（男女何れも可なるも唯だ經驗あるを要す）食刀で病人に憑いた所謂客鬼を脅かし乍ら簡單な呪語を唱へる。これは臨時的であり巫の模倣であるに相違ない。けれども齊の國民は相當な程度の集團生活を營んだ筈であるし、巫兒の俗は決して臨時的のものでもなかつた。のみならず巫を模倣して齊の一般に家族巫が流行するやうになつたとも考へられない。家族巫は決して職業巫の如く社會の信賴や價値を得ることは、職業巫の出現以後に於いては、出來ないことであり、且つ又た長女は一生嫁せずして家の神事のためにのみ暮すといふことも有り得ないことゝ考へられるからである。これにはどうしても宗敎的深き信念と慣習とが伴つてゐなければならぬ。然らばこれを巫よりは何等の感化も受けてない一種の根古き存在として認めても別に差支へはないものであらう。唯だその名稱だけは或は後世になつて與へられたものかも知れない。而してその名稱が巫と同一であるといふことは、その行爲が巫的であつたことを示すものであるから、巫兒は巫の如く歌舞降神し以て祈祝禳祓の神事を行つたものと想像出來る。果して然らば、職業巫は忽然として社會の表面に出現したとは考へられず、又た巫は集團生活の相當發達した社會に容れらるべき性質のもので、もつと未開狀態に於ける社會には餘りその存在性を持たぬものであるに反し、巫兒は集團生活の社會には不向きで寧ろ未開生活に發生の可能性を十分に有するから、巫兒卽ち家族巫は、巫卽ち職業巫より古いものであらうと考へられる。而して兩者の機能や行爲に相類似したものがあつたとすれば、是に於て、職業巫は社會生活の發達につれて家族巫より出源發達したものと見て然るべきであらう。而して巫兒が長女に限られてゐたのであるから、巫も最初は矢張り女性であつたらうと考へられる。又たこの男女何れの巫が先きであつたかといふ問題に就いては他の方面からも之を考へることが出來る。第一文字の上からいふと、說文は「覡、能齊肅事神明也、在男曰覡、在女曰巫」と云つてゐるが、これは國語の楚語に見える「在男曰巫、在女曰覡」と云ふのを取つたものかも知れぬ。後世の學者も凡て之に從つてゐる。唯だ太平御覽七三五が淮南子の高誘の注を引いて「在女曰覡、在男曰巫」と云へるは何かの間違ひであらう。果して然らば、覡は巫より後に作られた字で、女巫と區別するためのものであつたらうから、從つて男巫は女巫より後に現はれたものであらうといふ推論も成立ち得ようけれども、實際の用例を見るに、文子の微明篇に「不用巫覡、而鬼神不敢先」と云ひ、後漢書六十下襄楷傳に「太平淸領書、其言以陰陽五行爲家、而多巫覡雜語」などと抽象的に言つた場合の例外はあるけれども、具體的の場合には周禮にも覡と言はずに男巫女巫と言ひ、他の記錄は何れも殆んど兩者を共に巫としたのが常である。のみならず、漢代以後に於ても覡は屢々巫と混用されてゐる。唐の賈公彥が周禮春官神仕の疏に於て「男子陽、有兩稱、名巫名覡、女子陰、不變、直名巫、無覡」といへるはその邊の事實を語るものであらう。であるから、古い記錄ではその記された所謂る巫が果して男女何れであつたか不明瞭なのが普通である。して見ると、支那の上古に於ては男女何れの巫も唯だ巫と稱されてゐたけれど女巫はその數に於て遙かに男巫を凌ぎ從つて巫とは專ら女巫の稱として用ゐられたので別に覡の字を作つたが實際上には餘り用ゐられなかつたものであらうといふ異論も成立ち得ようから、文字に據る解決は困難である。次ぎに生理的に考へるに、所謂る巫病の要素ともいふべき單純で激し易い感情は女性に多分にあるけれどもこれも絕對的ではないから、この場合何等の光明も見出し得ない。第三は服裝に據る考へで、男巫は屢々女性の服裝をすることがある。例へば太平廣記（二八三許至雍）は「靈異記」を引いて「許至雍、云々、後數年、至雍閑遊蘇州、時方春、見少年十餘輩、皆婦人裝、乘畫船、將謁吳太伯廟、許君因問曰、彼何人也、而衣裾若是、人曰、此州有男巫趙十四者、言事多中、爲士人所敬伏、皆趙生之下輩也、云々」とあり、民國の張亮采氏がその「中國風俗史」（三編巫覡）に於いて湖南衡州の巫俗を述べた中に「歲晚用巫者、鳴鑼擊鼓、男作女妝、始則兩人執手而舞、終則數人牽手而舞、云々」といへるが如きはそれで、斯る習俗は、原始時代に於ける巫は女性に限られてゐたので男性の巫はその最初に於いて表面女性を裝ふために服裝を變へてゐたことの遺風ではあるまいかとも考へられる事實である。けれどもこれには反證がある。例へば後漢書（百十二下）に、「徐登者、閩中人也、本女子、化爲丈夫、善爲巫術、云々」といへるも考慮すべきであり、巫のことではないが淸の袁枚の「子不語」（十八狐丹）に「常州武進縣、有呂姓者、婦爲狐所憑、化作美男子、戴唐巾、爲人言休咎、有驗有不驗、云々」といへるも參考とすべきであらう。これらの反證をも併せて考へるに、支那の巫覡は或は好奇的に或は人の注意を惹くために或は又他の必要に依つて時々變裝をしたものとしか考へられない。從つて服裝に據る解決も困難である。然れども、若し果して、職業巫が巫兒の習俗より源を發したものであつたならば、女巫が男巫より先存したであらうことは大體認めて然るべきであらうと思はれる。

(1)、巫病に就いての具體的記述を支那の文献上に見出すことは困難である。私が朝鮮の巫病に就いて調べた結論に據ると、それは明かに一種のヒステリーである。こゝにその資料を全部紹介することは出來ないが、その一例と支那の文献上に見える一資料とを紹介して研究者の參考に供しようと思ふ。大正十三年の夏、私は慶尙南道東萊郡龜浦といふ村で一人の女占者に會つた。彼女は釜山の峨嵋洞に居住し、人の嫁であると言つた。年頃は二十七八に見え、瘠せ衰へた中背の女であつた。彼女は私の叔母の家に於いて占ひを始め十數人の婦人達が一室に彼女を圍うて集つた。彼女は食床上に撒かれた占ひ用の白米をいぢり乍ら、訣の判らない呪文を密かに口ずさみ、暫らくして稍々興奮した表情と口調とでその侍神の教へるところの言葉を相手に喋つて、その吉凶禍福を占ふのであつた。その憑きたる神といふのは九つになる女の兒だとのことで、彼女は子供の如く極めてぞんざいで遠慮のない口調でものを言ふのであつた。それは彼女自身が言ふに非ず、その侍神が言ふのであるから、婦人達もその心算りで別に氣にもしなかつた。私はこれを隣の部屋から熱心に聞き且つ覗いてゐたのである。偶々一人の婦人が「それは當らない」と侍神の言葉に反對すると、彼女は非常に怒つて、己れの頭髪を引つ張つたり自から頰を打つたりし乍ら「さあ歸らう〳〵」と言つて外へ出ようとしたが、婦人達の平謝りに依つてやうやく席に再び就いて占ひを續けた。後で婦人達に聞くと、髪を引張つたのも頰を打つたのも又たその怒つたのも皆その侍神のしたことで、婦人達も侍神に向つて謝つたものであると言つた。占ひを了へたのち彼女が婦人達に語つたところに依ると、彼女は二十のとき東萊郡沙下面槐亭里といふ處の生家より半里許りの峨嵋洞へ出嫁したが、三年許り前から約一年間病氣を患ひ、遂ひにその侍神を得たのであるが、その病氣は別に何等の苦痛も感じないけれども體が衰弱して自由に出歩くことが出來ず、病床に居れば殆んど間斷なく、樣々な空想・幻覺に襲はれ、大富者《かねもち》になつたり、大金を拾つたり、大きな瓦家を有つたりする夢のやうなものを見、遂ひには鬼神類と接するやうになつて、九歲の女兒の魂に憑かれたのであるが、侍神が出來た頃には體も回復し出歩きも自由になるが、唯一つ困ることは、その侍神が始終現はれ來て、占ひに出かけようと誘ふことである。今は侍神が歸つたから何を言つても構はないから斯く話すのであるが、わたしは人の家の若い嫁なので、媤家ではこのやうな賤しき稼ぎを非常に厭つて、決して出すまいとしてゐるけれども、侍神のために迫まれて已むを得ず家を脫出するものである。若し侍神の言ふことを聽かないと、わたしは再び元の病氣を患はなければならぬ。それが苦しい許りにこのやうな占ひをして歩くのであり、かうして歩いてゐる中は少しの苦痛も感じないと言つた。彼女はこの話の中にも、絕えず顏面神經を動かしたり、眼を異樣に光らしたりした。これに類した事柄は所謂る太子ムタンや平安・黃海道のパクサムタン（男巫）などに就いても調べたところがあるけれども、それは別な機會に詳しく發表することゝし、私の考へに據ると、この女占者の病氣も明かに私の所謂る巫病であり、それは一種の强烈なヒステリーである。この事實を考慮中において次ぎの記錄を讀めば兩者の間に若干の類似關係を認めるであらう。宋の洪邁の「夷堅志」丁志二十陳巫女の條に「南城士人于仲德、爲子斲納婦陳氏、陳世爲巫女、在家時嘗許以事神、既嫁、神日日來惑蠱之、每至、必一犬踔躍前導、陳則盛飾入室以須、衆皆見犬不見人、…于氏父子計以婦本巫家、故爲神所擾、不若及其無恙時善遣之、遂令歸父母家、竟復使爲巫」とあるのがそれである。

(2)、史記の扁鵲傳に見える醫の話には神話的分子多く之には信を置き難い。

おがめ(蟷螂)のはらわた

中平悦磨

南方熊楠先生の「鳥の金玉」を拜讀して、土佐國幡多郡の方言並びに土人の觀察に就いて思ひ出した事を報告致します。

蟷螂はおがめといひ、兒童は之を捕へ怒らせて、「おがめおがめ拜まにや打殺す。」と唱へ、その兩方の斧を額の前方に揃へて畏まるやに見える恰好を見て喜びます。

その卵の巣を、おがめのゆうだれ(涎)と呼んでゐるのは、「樹枝上に於て巣(子房)を作る、初は唾を吐かけたるが如し」九六頁といふ本草啓蒙の文と同じ觀察をして名付けたものでせうか。黒燒きにし油で練つて小兒のクチジケを治する藥用とします。

シマキ蟲を、イビマキ(指卷)又はオガメノハラワタと呼んでゐます。前者は足マトヒ、アシカラメなどと同系の命名であり、後者は南方先生が、「秋日蟷螂の腹脹れたるのを採て頸を引拔くと腸が出て、其中から此蟲が動き出す。」と仰せられたのと同じ觀察經驗による命名かと存じます。私達は故郷の田圃で秋は水中にこの蟲を見、また蟷螂を捕へて引裂いて、この蟲を摘出しようともしたものです。

以上思ひ出したまゝを、先生宅の女中と同じ役目も果されゝばと、書きつけて見ました。(二月初旬　若狹にて。)

鮑が難船を救ふた譚—鷸蚌の故事

南方熊楠

朝倉始末記一に、一老人が若者共に朝倉家の祖先に就て語る。「往昔天智天皇の御宇、異國の兵舟吾朝へ攻來り、其時元祖表米の宮

此書初章に、孝徳天皇の御子表米親王、異賊襲來の時、其子荒島王と共に詔を蒙むり、但馬の海に出て、一戰に敵を靡けて歸京の時、叡感殊に甚しく、但馬國朝倉郡大領として、始めて日下部の姓をぞ賜はりけると記す。日下部系圖に、表米は朱雀元年卒す、朝來郡久世田莊賀納岳に、表米大明神と祝ひ奉る。野史一四六には、朝倉家譜に從つて表米を袁采に作り、國史未レ有レ所見と記す。

勅を受て數萬の軍勢を率し、但馬國の海上にて合戰し玉ひし時、俄かに大風吹來り、諸の兵船悉く覆えして、軍兵いくら共なく底の水屑と成てけり、中にも表米の宮の召れたる御舟許りは、恙無しと本の汀に著給ふ、宮奇異の思ひをなして其船を御覽有ければ、舟腹に鮑數多著てあり、宮仰せけるは、多くの船の其中に、吾舟一艘破損せざる事、此鮑の助けに依て也とて、其鮑を一つ取せて能々み玉へば貝の中に彌陀の二尊歷然と顯はれて有けり、宮左もこそと三度頂戴有て、隨喜の涙を流し、寔にこれ佛神の擁護たるべし、自今以後吾子孫たる者は鮑を食ふ可らず迚、卽ち是を錦の袋に納め玉へり、斯て此佛力を信感して、今度の一戰に利有ん事を掌に握り玉ひ、殘卒を集め勇兵を倍して、又大洋をおし渡り、終に夷敵を攻退け玉ひけり、因て玆の鮑貝、當家數代の尊崇を今に相傳し玉ふ也」と言たそうな。

本朝食鑑十や箋注倭名類聚抄八を按ずるに、鮑は本と乾魚を意味した字だが、後に和漢共之をアハビとして了つたので、又蚫と書くは本邦での手製らしい。アハビは石决明、ナガレコ一名トコブシは鰒に相當する樣、重訂本草啓蒙四二にみえる。然し古支那人は此二つを區別し無つた樣だ。予が識た廣東人は皆な鮑又包魚と呼び居た。本文を見て鮑とは何だろうと問ふ人の爲に辨じおく。

右の始末記を讀だ丈では、表米親王は全たく彌陀の二〔三か〕尊の靈驗加護で難船を免かれた斗り、彌陀の威德を表はし示す

方便として鮑が出現したのだが、その鮑が數多船腹に著ては反つて船の操縦を妨たげた嫌なきに非ず。どこかに物足らぬ書き樣と年來怪しみ居た。處が一昨日中道等君より惠贈安著した近著奧隅奇譚六八―七〇頁を讀んでよくその譯が判つた。其は寬政の頃〔陸中下北郡〕大畑村出身の船頭長川仲右衛門が、江戶將軍の御座船政德丸の大船頭となり、房州沖を通る內、船に水が漏入て追々沈沒に瀕した。仲右衛門舷に坐つて著岸迄は事無き樣と諸神を祈念すると、次第に水漏りも止り、間近い或湊に著た。そこで船を陸へ引揚て檢めるにア、ラふしぎ、五寸五分もある大鮑が、其船腹にあけ有た鼠の穴を全たく塞ぎ水の滲入を止め有たので、命の親と伏し拜み、御身は然るべき處に往き、新しい殼を再造して長生されよ、殼は持ち歸つて永く紀念の家寶とすると、彼の鮑に斷はつて身を離し、其殼に大神宮の三字を書き、持歸つて後代に傳えた。先年其家北海道に移住するに臨み、かの鮑殼の保管を村の神官に賴み、神官は之を鄉社八幡宮の神寶として現在すと、譚の概要件の如し。

一寸朝倉始末記と奧隅奇譚をよみ較べると、奇譚の記事は始末記の燒直しの樣に掛付く人もあらう。だが濫漁暴獵の極めて盛んな今日の視聽を以て、人寡なく拔拙なりし昔しの事を判ずべきに非ず。例せばこの田邊灣に予が幼けなかつた五六十年前迄は、水鮫とか呼だ鮫の大きな奴が船の橫側に著て安息しおるを、英人が或地方でトラウト魚を撫で取る如く、徐かに撫で「眠らせ」て取た事往々有た。又日高郡にアシカが所謂おとめ魚（禁獵物）で、後年吾等が桑港の金門公園の濱で每度見た如く、無數一島に聚まつて遊戲優々たる處が有た。或る介族如き、海底に小山の如く群團する由を屢ば聞た。してそんな物は今日夢にも見及ばない。廿五年前知人の子供が池に遊んで、甲の長さ五寸五分ある龜を拾ひ來つた。それを予が貰つて今も自宅に飼ひあり。初め二三年は宅地が狹くて池に畜ふ能はず、庭より椽の下を勝手自在に這せおくと土を掘て潜むから所在を屢ば見失ふ。因て漁婦に賴んで、厚く重き鮑の殼二つを貰ひ、麻緒もて龜の甲に維ぎ置た。龜が步む每に鮑が地を擦て音を出す。龜が土に沒しても鮑は上に留まり居り、以て其所在を標した。其鮑殼が今もあるが、長さ四寸五分ある。當年決して甚だ稀有の品で無つたが、昨今斯る大さの鮑殼は手に入らぬ。由て惟ふに百餘年前の奧隅に偶たま五寸五分の鮑が有たとて怪しむに足ず。況んや筆者自ら「實見すると五寸三分程ある」と明言するに於ておや。扨ヨメガサラ等はいざ知らず。鮑が船腹につくちふ事は此邊で一向聞かぬ事乍ら。昔し殊の外鮑が多かつた所には、そんな例も間ま有たべく、隨つて鼠の穴や綻ろび穴を鮑が塞ぐ程のまぐれ當りも皆無と言ふ可らず。よし皆無で有たにしても、既に鮑が往々船底に著く事ある以上は、それが水の漏れ穴を塞いだ位ゐの話は自づと發生した筈だ。隨つて考ふるに、朝倉始末記に載た話は、初め奥隅奇譚の話と同じく、表米親王の船腹より水漏れ入て難破すべき處を、數多の鮑が其漏れ穴共を塞いで沈沒を免れしめたと述たのを、後ちに介殼に佛像現はるてふ支那譚抔から思ひ付て、鮑殼內に現じた彌陀三尊の加護で助かつたと宣揚し、鮑共が漏れ穴を塞いだ事は拔き去られたのだ。人工で鮑等の介殼に佛像を現ずるは支那で每々見るが、何時頃始つたか知らず。酉陽雜俎續集五に、舊傳に云ふ、隋帝蛤を嗜み數千萬以上を食ふた、忽ち一蛤あり、椎擊すれども破れず、帝之を異しみ、机上におく、一夜光あり、夜明に及び肉自ら脫す、中に二佛と一菩薩の像あり、帝悲しみ悔ひ、誓ふて蛤を食はなんだとゝ出づ。佛像圖彙二に唐の大和五年出現した迚揭げた蛤蜊觀音も此類だろう。初め介殼內に外物が侵入して珠質を被り、朧ろげに佛菩薩等とみえたのを、追々人工で模作して信徒を驚歎させたので、御伽草紙の蛤機織姬もこんな物から生じた物語とみえる。こんな理由で、予は朝倉始末記の譚をも、多少の事實に據て敷衍された者と思ふ。

事態が幾分之に似たのは鷸蚌の故事だ。皆人の知る通り是は戰國策一三に出づ。趙の惠王が燕を伐んとした時、辯士蘇代が燕の爲に惠王に說た。今日爰え參る途上で易水を過ると、蚌が殼より身を出し日に曝す、處を鷸來つて其肉を啄いた。すると忽ち蚌が兩殼を合せて鷸の嘴を挾んだ。鷸曰く、そう挾んだ儘で、今日も明日も雨降ずば、汝は乾いて死んで了ふぞと。蚌曰く、こう挾んだ儘、今日も明日も殼を開かねば、汝は飮食ならず、餓死すべしと、双方意地を張て、現狀維持の最中を、漁夫窺ふて双方共生捕た。今趙と燕とが軍を始め久しく對持せば、强い秦が漁夫同然、燕と趙を兩取りとくるが恐ろしいと。そこで趙王ンナール程と感じ、燕國征伐を止めたと云のだ。鷸は啄が細長くて、餌を水中にあさり、蚌は驚く每に兩殼を緊閉するに基いた戲作談といふのが普通の見解だ。然し蚌や田螺抔が殼を閉るハヅミに鳥獸の羽毛等を緊しくしめ込み、其體に固著して離れず、其鳥獸は之を佩て遠く飛走り、覺えず知ず螺蚌の分布を擴めやる實例は予親ら觀た事あり（十九世紀の末近く、此事を博く調べて、インターナショナル、サイエンチフィク、シリーズ中の一卷を著はした人あり。予の藏書中にあれど、久しく御無沙汰で著者の名も其書の名も憶出し能はぬ）去ば享保二年其碩作、明朝太平記二に、肥前の平戸え乘馬した旅人が來り、其馬子馬に食すべき粥を調べる內、かの旅人只今海中より海士が取てきた大赤貝たみて、よき中食の肴、之を求めて、先の晝休み場で料理して樂しまんと、下人に命じて買求め、こんな大きな赤貝は、長崎にてもみた事なし、どれみせよと馬上より手を伸し、此貝を取てみる拍子に、如何したりけん此貝、馬の下齶に食つき、爰を先途としめ付ければ、馬は首を振て離さんとすれども離れず、赤貝が馬をとるは、今が見初めなるはと、旅人の主從大に笑ふ。二人の家來の內一人、是は旦那大分めでたい、お前は長崎丸山にては、出島屋の万六樣と申して女郎屋の一番、此度宜しき太夫をみたてに、上方へお上り成るゝに就て私を召連られるが、拙者は凡て女郎を目利して、其媒介を仕つる女見の又兵衛とて、丸山での女目きゝ、去に由て大阪新町京島原の仕替物、又は上方の貧家の娘、末々物になり相な者を目利させんと、此度召連れられて罷り上る所に、此赤貝の馬の口に食付たるは、お前の掘出しなさるゝ嘉瑞、先づ馬の口には轡を掛るが定まつたる事なれば、お前は丸山で名高い轡、そのくつわへ新らしい上赤貝の女郎が思ひ付て、招かぬにひとり食ひ付くと申す前表、何といやとは申されますまいが、と云ば万六大に悅び、三人祝ふて三度の手を打つとあり。いと滑稽な趣向だが、赤貝があわてゝ馬の齶に食付くは、鮑が船底の穴を塞ぐと等しく、世に全たく有り得ざる事に非ず。扨次に述るは戲作で無て、西暦九世紀の事實譚だ。云く、世の中には誠とに異態な珍事に遭た斗りに、貧しい人が俄かに暮しよく成た例なきに非ず。と前置して說出す一條の話。曾て沙漠に住む一アラブ人が、一つの眞珠を持てバッソラ市え來り、相識た藥舖主に是は何ぢやと尋ぬると眞珠と答へた。値ひ何程と問ふと百ヂレムと告た。

誰か買て呉るだろうかといふと、舖主輙ち百ヂレムを手渡したので、夢であるなと大に悅び、その百金で豐かに妻子を養ふたと。これ丈では話しが別に面白からぬ。ヂレムは回敎國に行はれた銀貨で、女の味と等しく年代に隨つて種々異つた樣だが、大英百科全書、十一板、十九卷、錢貨學四版七圖に出たのは、現行五十錢の日本銀貨大の物ゆえ、百枚よせたつて餘りな大金でない。宇治拾遺一四の、貞重の舍人が著た水干一つに替た眞珠一つを、博多の唐人が六七千疋の質物の代りに取て滿悅した話の方が、適かに興味多し。と讀者が呟くだろうがマア靜かにしねえ、是から快よくなるんだ。そこで藥舖主其珠をバグダッド大城に持行き、莫大の値に賣り大に其商業を擴げた。舖主が賣手のアラブ人に、どうして之を見出したかと問ふと、次の如く答へた。初め予はバーレイン州のアル、サムマムとて海を僅か距つた地に往た、とみると砂上に狐が一疋死んでおり、口に剪刀の樣な物を附け有た、馬より下つてよくみた處ろ、其が一種の介殼で、內面が白く光り、底に丸い物が有たから採たと。蓋し其介は常習通り、空氣を呼吸せん迚、濱に上つた處え狐が來合せ、口を開いた介の身を食はんと喙を突込だ。其時晚く彼時早く介が兩殼を閉た。女が挾んだのは興過れば縱つが、本當の介が挾んだら、何としても多々益す締めて開かず。狐は喙を挾まれ、頭を左右の地に打付け乍ら走つたれど、介は一向縮りを弛めず。とう〳〵狐も介も死で了つたと判つた。—Reinaud, 'Relation des Voyages faits par les Arabes et les Persans dans l' Inde et à la Chine dans le IXe Siècle de l' ère chrétienne', Paris, 1845. ii, pp. 148—150.

是は西暦八五一年（文德天皇仁壽元年で、小野篁が死だ前の年）波斯人が筆した實譚だ。天地頓に滅びず、歳月悠久と流るる間には、實際鮑が船の漏穴を塞ぎ、鷸蚌併び斃るゝ事も一度ならず、事實として繰返された筈で、傳說故事共に誠から出た多少の啌と知るべし。（二月十九日、朝四時成る）。

追記　享保二年の作てふ和漢遊女客氣二の三に、飴賣り加藤内が、平戸浦邊の漁師町で、大きな鼠が片脚を赤貝にしめられ、脫れんとあせり爭そふ所へ鳶が飛來り二つ乍ら食てしまふを睹る挿話あり。（二月廿三日）

又、今昔物語三七卷三五話は、鎭西の海濱で、猴が手を溝貝に咋れ、折柄潮が滿ち來り、海に沒せんとするを見た女が、木を貝の口に入れ、手を引出し助けやり、後ち其猴が鷲を殺して報恩した話である。（二月廿六日）

百合若大臣の子孫（二卷二號一〇八頁）

明治八年板、淡海子の操草紙は、明和六年五月廿三日、江戸兩國五十嵐てふ髮の油店主人の妻、妬みて夫の愛妾を殺し自分も自殺した次第を綴る。憚る所有て五十嵐を五十屋に作る。其卷一に五十《いが》屋の家譜あり。云く百合若の賴む股肱の郎等には、別府の鄕(?)武者雲足弟雲作、執權府内の太夫秀主が一子崎丸、還城太郎義兼が一子幡丸、百合若別府兄弟を亡ぼし、元の官位に榮えし時、此二人の忠臣に、百合若の百の字の半分宛割き與へ、崎丸は五十崎、幡丸は五十幡と姓を賜ひしと、本草（朝?）苗字始といふ書に出づ、五十屋は五十崎がチクラが沖にて大臣に仕へし折柄、海士乙女に契り、大臣榮えて後ち、又チクラが沖に至り契りて生たる子の後なりと。以上撮要、誤字もあるべし。戯作乍ら、五十嵐方にこんなヤシ的系譜を拵らえ有たかも知れず。百合若大臣の郎等の後裔と名のる者さえ有たと思ふと、昔日百合若は餘程高名な勇士で、實在した人と信ぜられた程が察せらる。

（二月廿三日、南方熊楠）

比岐女射術口授秘事並に比岐女道具圖

比岐女射術口授秘事

夫れ比岐女は陰氣を破り陽氣を起し敵を降伏し妖怪を鎮むるの射術なり其元本神代にをこれり祭る時の神號を以て名けり日杵《き》月鳴鏑《なるかぶら》と云祭る神四座

天忍日命《アマノヲシヒノミコト》　日
天津彥々火瓊々杵尊《アマツヒコヒコホノニニギノミコト》　杵
天槵津大來目命《アマクシツヒ、クメノミコト》　月
鳴鏑神《ナルカブラノシン》

神盾《たて》四枚を以て五十串《いぐし》として安上《あんじよう》に齋《いわ》ひ祭る

比岐女射術次弟　齋三日

兼て清淨の地を撰み東面に神座を設け薦《こも》一枚を敷き案一脚を立て木綿《ゆう》《して》を付案上に五十串を立つ五串の前に短女坏《ひめづき》四口《しこう》居《を》て帛《すこし》の枕《まくら》各一つを置く或は短女坏《ひきなつき》八口案の前に白布を以て幔《まん》を垂れ八字をなす幔の前に八脚の机を立て五穀菓《くつたん》醴酒《さけ》鰹《かつな》鰒《あはひ》等を供（各土器盛り上高塚に居ゆ）　八足の机の左右に灯臺各一本を立つ八足の机の前に葉薦《はこも》一枚を敷き其上に藁《わら》《わらのえんざ》　蓋《ふた》一枚を設て拜の座とす拜の座の前左の方に足長の案を立て案上に張弓一張比岐女一腰を盛る東面（三本は比岐女一本は八目鏑）　足長の南二杖半に折薦《こも》を敷く（弓立の薦と云）　拜の座南一杖に薦一枚を敷く是を式のこもと云、弓立の折薦より南の方五杖半に水色の布皮を張り布皮より北の方半杖に田嵩《たわら》を以て束《つか》ねて廻《めぐ》り六尺餘の津倉三つを竪に立て新き疊を裏を表としてよせ掛け檀帋《だんし》十二枚或八枚たゝみ折五寸四方として一尺三寸の藤の木の串に挾み疊によせ立て指すこと三寸紙を挾むこと二寸口傳

挾物之圖

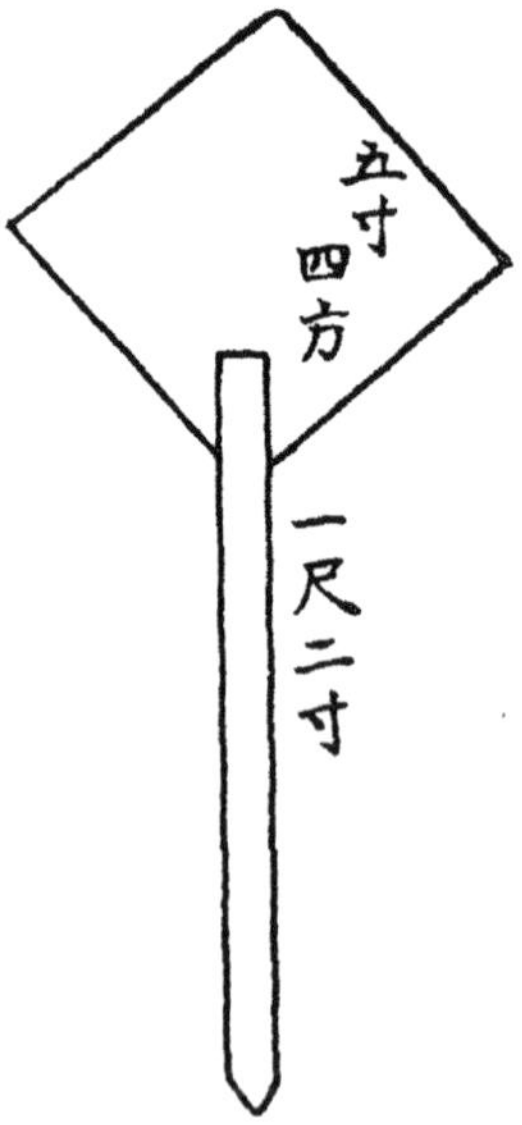

刻限に沐浴し弓弦一筋を左のもとゞりに挾み烏帽子直垂を着し小さかたなを帶ひ紐《ひも》小刀を右の脇に下け帖帋《たゝふかみ》を懷中す庭上の時は鼻高を着く先神前に進み立ちて一揖次藁蓋に進み兩段再拜次讀ニ祝文《のつさ》ニ次拍レ手次兩段再拜次立て一揖す次弓を左に執り矢を右に手挾み式の薦に進み座して矢を弓に持ち副へ帖帋懷中より座前に出し矢を帖帋の上に置き弓を矢上に置く

弓矢置帖帋上之圖

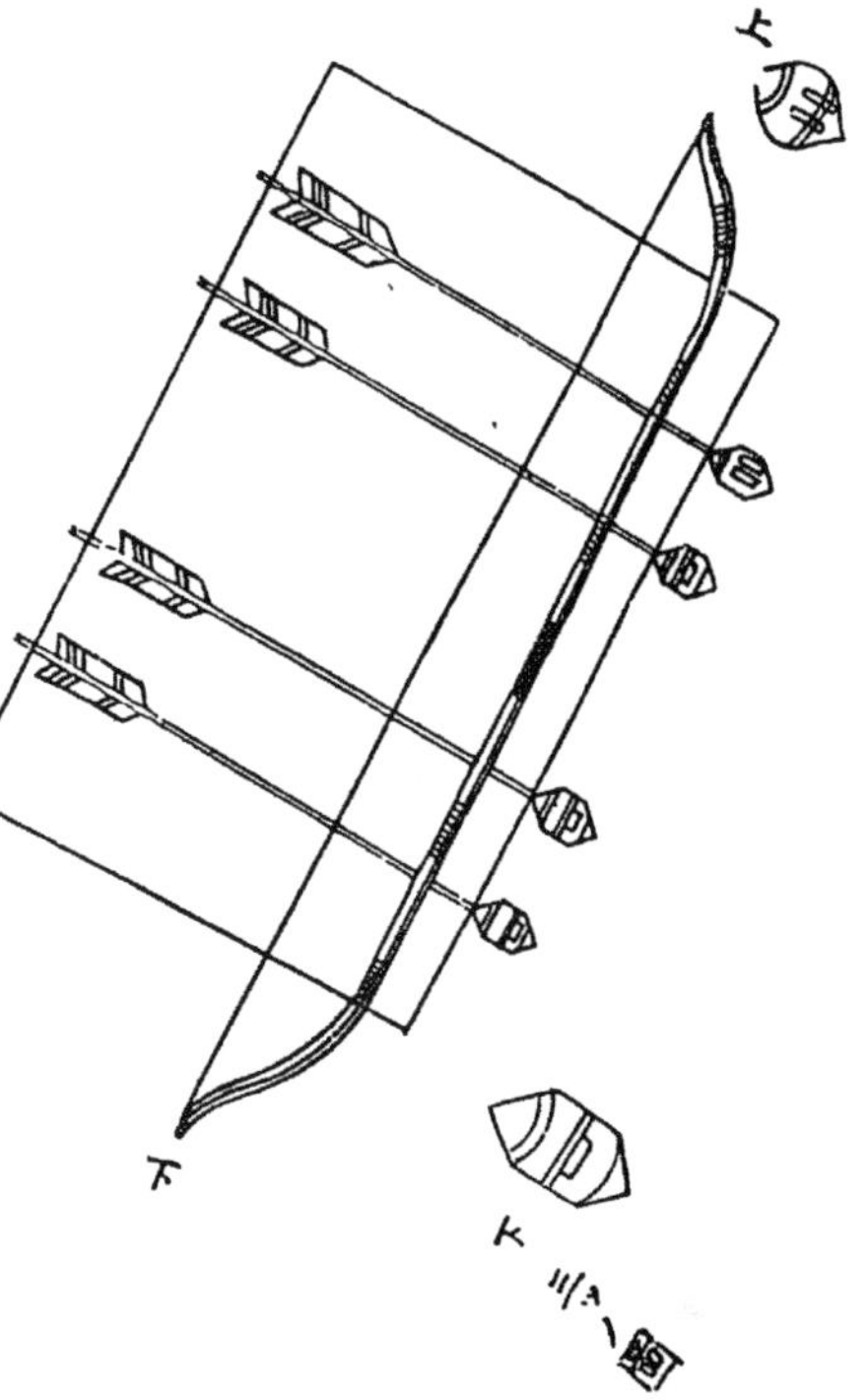

次直垂の露を結ひ肩に掛け次左に弓を執り八目鳴鏑を副へ持ち三本の矢を右に手挾みて内志を正しくして立て弓立の折薦に進み遷りて敬ひて四座の神を觀し奉り活心して先つ比《ひ》の矢を放ち次に岐の矢を放ち次に女の矢を放つ合て三度射放て矢喚《こへ》を發しいえたり烏ふ弓倒《ゆんだをし》をなして末彇《ゆはず》を下して納む八つ目鳴鏑を右に手挾み弓を左に持て東方に向ひ七足踏て左右左右左右左鳴弦を修する叓九反次に南方向て七足踏て七反次に西方に向ひて七足踏て九反次に北に向ひて七足踏て十八反次に本座に歸りて五反或二十反修す次に弓矢を持なから式薦に歸り座して帖紙の上に八つ目鳴鏑を弦に受けて矢筈を下して座の前置く次直垂の露を解き次弓に矢を副へ持て帖帋を懐中す次弓を左に執り持矢を右に手挾みて神前に進み敬て活心を生し次に弓矢を先の如く足長の案上に置き次に兩段再拜次小拜して退下

口傳

凡比岐女の神座幷御燈弓矢は三日三夜動かす叓を忌神饌酒《せんたんさけ》等は撤《てっ》す津藏幷射放の矢挾み物等も撤す津藏次の間に撤し置き挾物は足長の案下に串ともに伏せ置き其の上に三本の放矢を矢尻を立案によせ掛ら置くこと也高津神・高津鳥の災ひ諸の妖怪等の時も前に同じ誕生の比岐女は産婦の枕の傍に矢を立て置く死靈生靈狐狸猫鬼等の時も同く枕の方に立て置朝敵降伏には軍陣矢入れの比岐女鳴鏑を以て射放ち挾物を射貫きなから神前に立置叓一七ケ日にして徹して戊亥の土《つちへ》中に挾物を納め埋む

誕生比岐女之叓

兼て産屋の戸の邊に辟木三束稲二束を積み置く産屋の次の間に神坐を錺り奉る或別に清淨の地を撰み餝也神饌酒御燈等如常別に小案に脚に或は切机葛筥《くづはこ》一合を置き五色の糸二組を取り一組は産婦一組は産生の子料八つ足の机の下に置く祭る神十三座、

第一天忍日命《アマノチシヒノミコト》　天津彦々火瓊々杵尊《アマツヒコヒコホノニニギノミコト》　天來目命《アマノクメノミコト》

第二神皇產靈神《カンムスビノカミ》　高皇產靈神《タカンミムスビノカミ》　魂積產靈神《クマルムスビノカミ》

第三生產靈神《イクムスビノカミ》　足產靈神《タルムスビノカミ》　大宮日女神《チミヤヒメノカミ》

比岐女射術口授秘事並に比岐女道具圖

第四御食津神《ミケツノカミ》 事代主神《コトシロヌシノカミ》 少彦名命《スクナビコナノミコト》
第五鳴鏑神《ナルカブラノシン》

神酒五枚五十串として案上に齋ひ祭短女坏五口枕五つ置之

凡誕生の比岐女は其次第如常三度放ち終て四方からしの鳴弦を修行し産屋の戸内に白米を散す其儀鳴弦の式に同し是を打播と云

比岐女の後は戸外に白米鹽を置き他家の人産屋に出入せば白米を散し鹽水をそゝぎて除祓す

次神前に進み拜揖如常次母子の壽筭を延ふ其儀先二拜次案に座して葛筥の小案を座の前に居ゆ次に十三座の神を招請し奉り毎神手を拍つ十種神寶の御名を唱ふ次小拜次呪文、

呪曰

産婦某乃《サンプソレノ》離遊乃《リユウノ》運魂乎《ウンコンヲ》 招弖《マネキテ》産婦某乃《サンプソレノ》身體乃《シンタイノ》中府仁《チウフニ》鎭《シツ》
女《ノ》賜陪《タマヘ》奥津鏡《ヲキツノカヾミ》一津《ヒトツ》邊津鏡《ヘツノカヾミ》一津《ヒトツ》八握劒《ヤツカノツルキ》一津《ヒトツ》生玉《イクタマ》一《ヒト》
津《ツ》死反玉《マカルカエシノタマ》一津《ヒトツ》足玉《タルタマ》一津《ヒトツ》道反玉《ミチカエシノタマ》一津《ヒトツ》蛇比禮《ヲロチノヒレ》一津《ヒトツ》
蜂比禮《ハチヒレ》一津《ヒトツ》品物比禮《クサグサノモノノヒレ》一津《ヒトツ》

次呪して五色の糸一組を結ひ葛筥に納め動し振る㕝卅反一つ二つ三つ四つ五つ六つ七つ八つ九つ十ふと唱へ振ふ次産生の子の壽筭を延ふ其の儀産婦に同し次二拜次小拜次退下次産婦の糸を以て檀紙にて包み續飯《そくい》を以て堅く封す表に朱を以て奥津姬命

と書き裏に産婦の名を書き産婦の居間に置く北に向ふ㕝を忌又紛失する㕝なかれ平愈の後は筥に入れ土藏に納め置く破損燒失等を敬む産生の子の糸も産婦と又同し次射の鳴鏑を産婦の枕の傍に立て置き挾物を鳴鏑上下に敷次神前に向ひ小拜して退出す

宿直比岐女之㕝

させる儀なし八目鳴鏑を副へ持たす比岐女鳴鏑一腰或一把或一束を警衛の爲殿中に置く若妖怪あらば射放つ㕝征矢の如し口傳

軍中比岐女鳴弦之㕝

軍中夜廻りに比岐女一腰を弓に持ち副一打切つゝ鳴弦す是を鳴弦の一打と云ふ、

變生男子射術之㕝

婦人託胎して二月三月の時に是を射る其次第比岐女に同し矢二腰の中に岐の矢を雛のをんどりの羽を以て三立矯《は》ひて射る自余は如常終て岐の矢二本婦人の寢前枕の方に安産まで立て置き女の 手を觸ることを忌む 弓弦をはづし弦輪《わ》を合て託胎の婦人の腹帶として解㕝を忌む弓にはもとゞりの弦を掛け案上に置く

比岐女調進之事

凡比岐女射術の弓は白木に藤《とふ》を七五三と遣ふ乙握り内に神號を朱を以て書く 天鹿兒弓 安鎭座 如此書き錦を以て包纒ふ凡比岐女矢は

白箆節蔭續筈《しらのふしかげつきはづ》なり羽は鷹の羽を四立に矯《は》ぐ小羽は山鳥なり鏑は桐の木を以て長さ四寸三分周り七寸八分目は五つ或四つ岐の矢は別に鏑を朱にて塗る是を丹塗矢とも云毎矢に神號を中節に書き錦を以て包み纒ふ是を節蔭と云或小節巻と云

凡軍陣矢入の比岐女鏑矢は白箆續筈にして鵄《とび》羽を四立に矯く小羽は山鳥なり鏑は比々羅木を以て長二寸三分に作り目三つ或二つ根は雁股を用ゆ朝敵降伏の時は此矢を用ゆ　口傳

凡誕生比岐女は白箆續筈なり羽は鶴の本白を用ゆ

凡比岐女は一本二本三本と呼ぶ四本を二腰《ふたこし》と呼ひ十本を一束と呼ひ二十一本を一把《は》と呼ふ

比岐女鳴鏑之圖

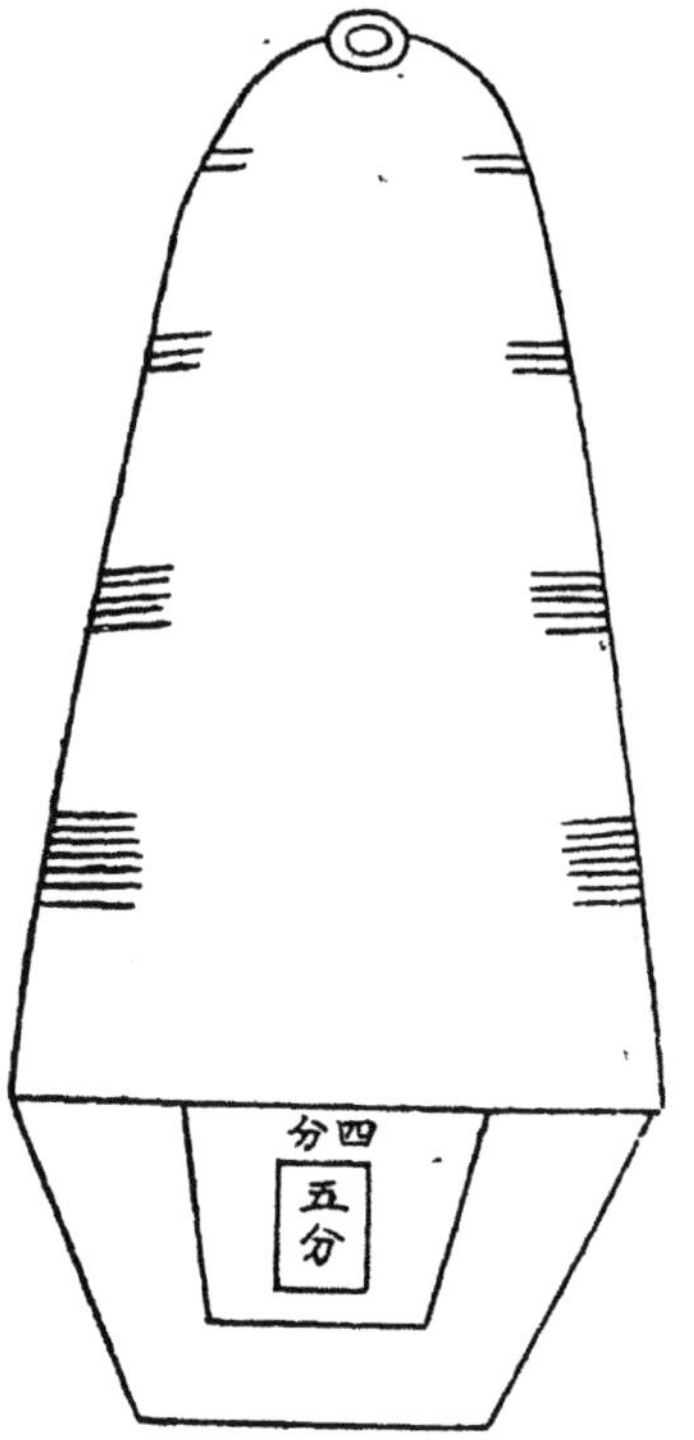

凡津藏は田藁を以て束子繩を以て五取結ひ周り六尺余に作り三つを竪に調進に

凡八目鳴鏑は桐の木を以て長五寸周り八寸目八つ朱を以て塗る目は塗らす箆は皮付薦の羽にて二羽に矯く箭筈なり是を比岐女の體矢と云と比岐女を射る時は必比の矢を副へ持つ射放の矢にあらず比岐女三本に體の矢を加へて此れを二腰と云ふ一束一把といへとも岐の矢を副へ持つ中央の節に神號を書く

天忍日命

天槵大來目命

鳴鏑《ナルカブラ》大山咋神《ヲ、ヤマクヒノカミ》

如是朱にて書き生《すゝし》にて巻き帋捻《こより》にて結ひ堅固ならしむ凡五十串は檜を以て長八寸の神沓を縫ひ沓の面に神號を書き安上に立つ是を比岐女伊久志と云ふ　口傳

神沓之圖

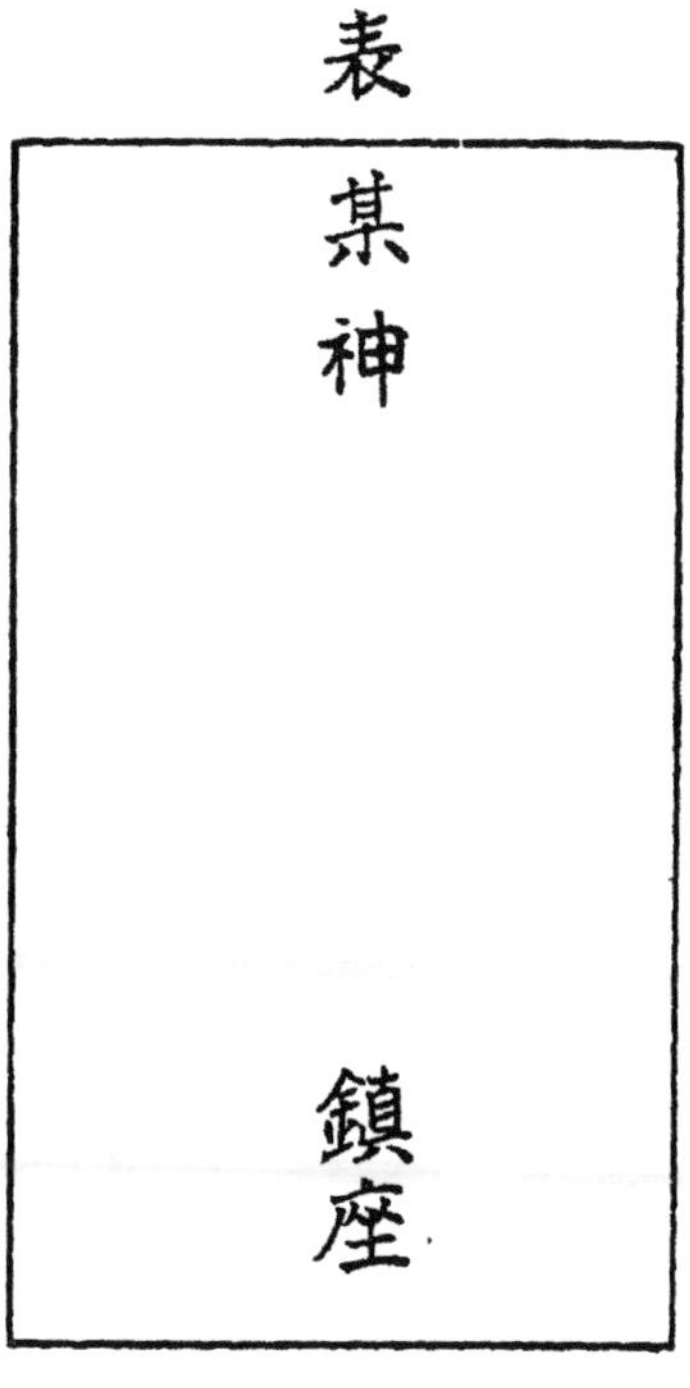

比岐女射術口授秘事並に比岐女道具圖

裏

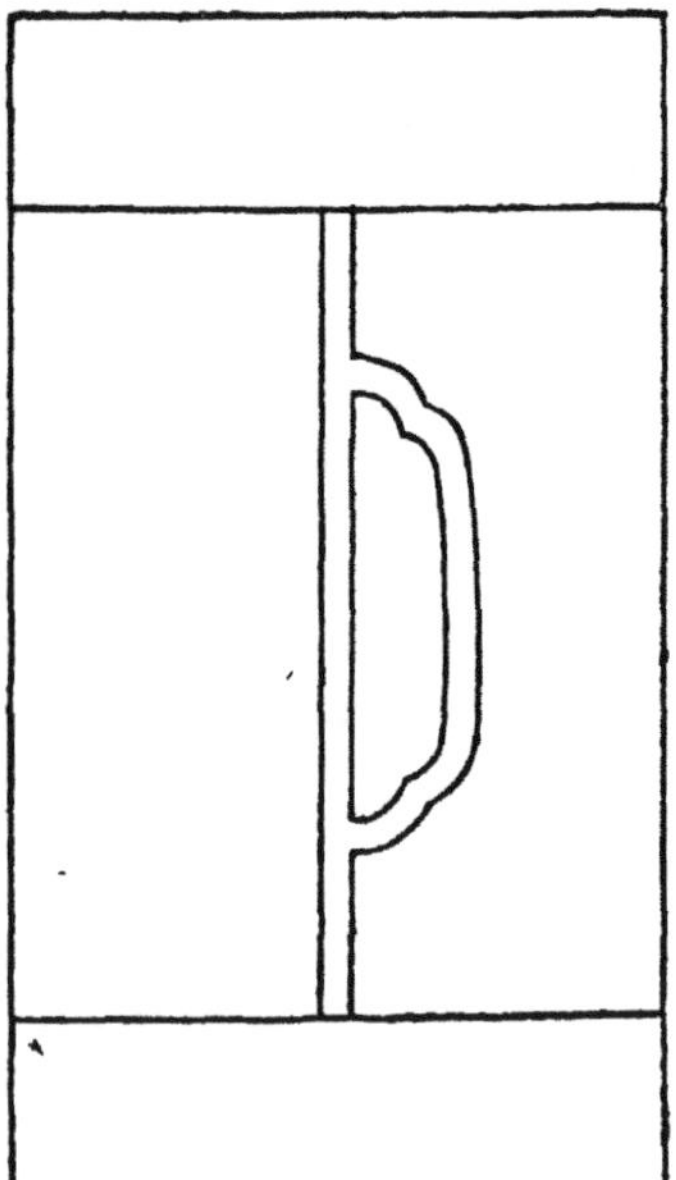

凡蠶白米は各三升を檜の曲物各一つに盛る除祓之料

几狐狸猫鬼死靈生靈等には病人の上射越し中央の鳴弦を病人に向ひて修行す

鳴弦之口事

夫鳴弦修行は一切穢惡を去り齋し心の本末を斷て太手襁を執懸け左の手に弓を執り矢を右に持て寛座す

觀日

日神大日靈貴　月神月弓尊

天覆地載帝道唯一

次左の足より立て左右左右左右左と七足踏み又右左と乙に踏て立て鳴弦すること九聲

呪日

甲弓山鬼神　毎座九返

足姫尊　毎座壹返

八方を順に旋り鳴弦す各九聲終ごとに得射鳥と心上に沔心にて觀し退出す、

几鳴弦には白木の弓に神通鏑矢を乘添て修行す鳴弦の時は矢を弦にかけず右の手に執り持て勸む鳴弦九聲の中に矢を落す支を忌む愼而莫怠

右鳴弦秘事者弓道之秘位也故神祇學頭臼井嚴矛先生傳駒井主殿英興又傳遼依再三懇望傳授者也

安永　平遼判

神祇伯王門人駒井主殿源英興

右源英興者故神祇學頭臼井嚴矛先生門人而遼之妹婿也嘗以神書奥儀井八十二箇條寄于遼以遼之知兵學也今是比岐女又此和軍之重位也以再三懇望書寫以傳授畢遼又嘗親謁　雅富伯王又學臼井嚴矛云爾　與　平光豐

三教學士兼神道正沠柿原遼判

比岐女道具圖

〇八脚

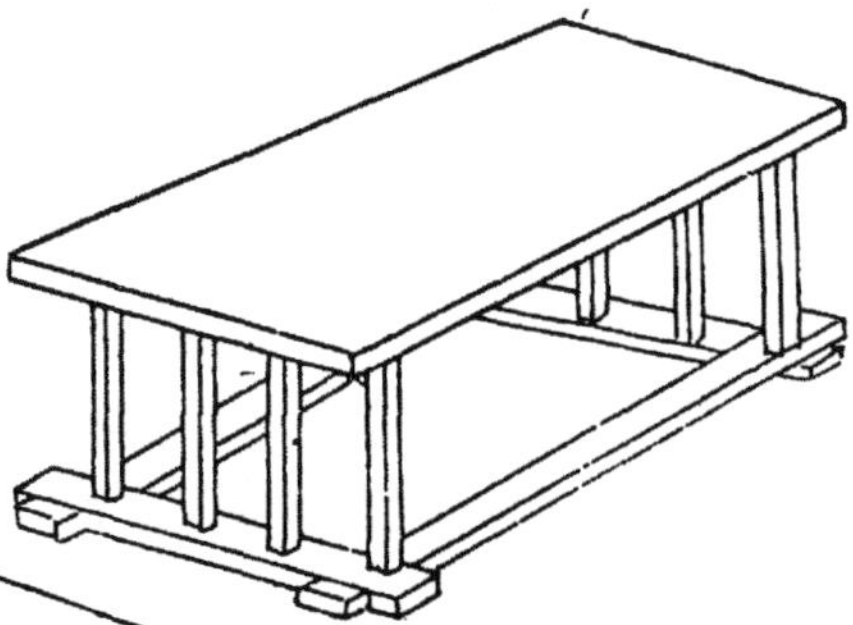

五売五菓酬酒等を供する也
土器　土の高坏に居ゑ
高三尺巾一尺五寸　長三尺五寸　見合

むすび灯臺に本柳を以つて作る
八脚の左右に立つ八脚の前には葉こもをしく
わらふたをしき拜の座とする

〇足長

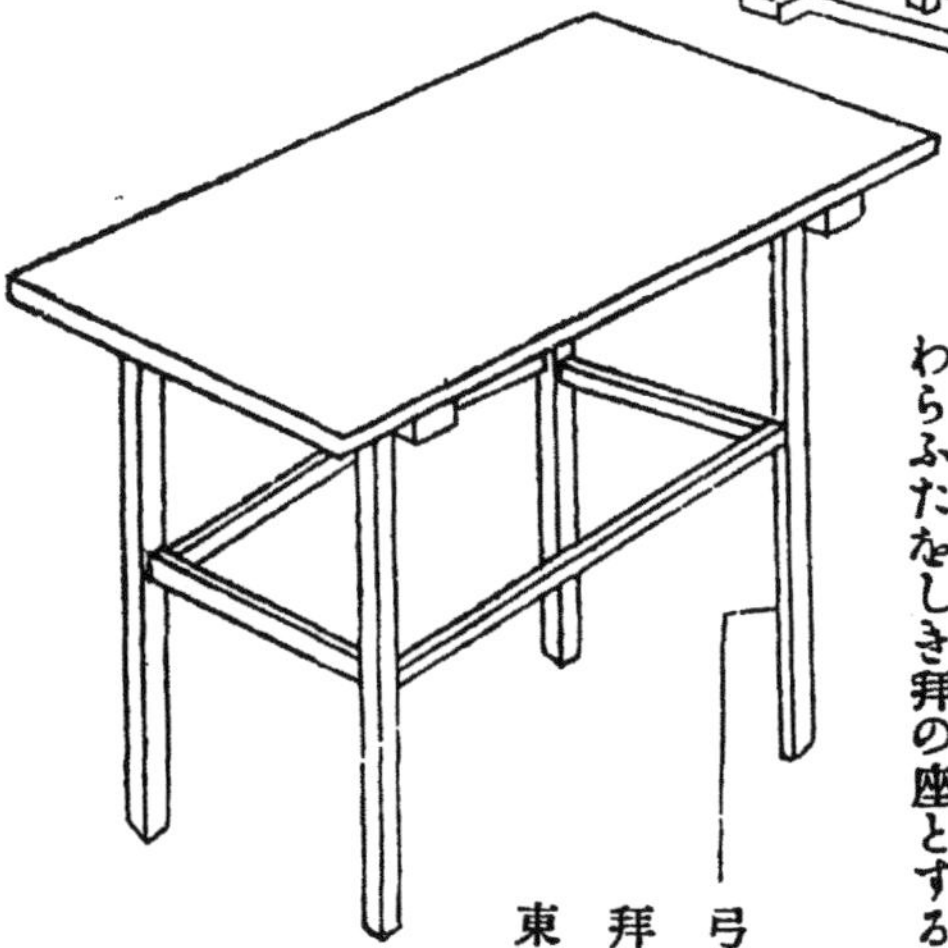

弓箭を置く
拜の座の左の方
東面なり

高さ二尺八寸
長さ三尺
巾　一尺五寸

比岐女射術口授秘事並に比岐女消具圖

小案

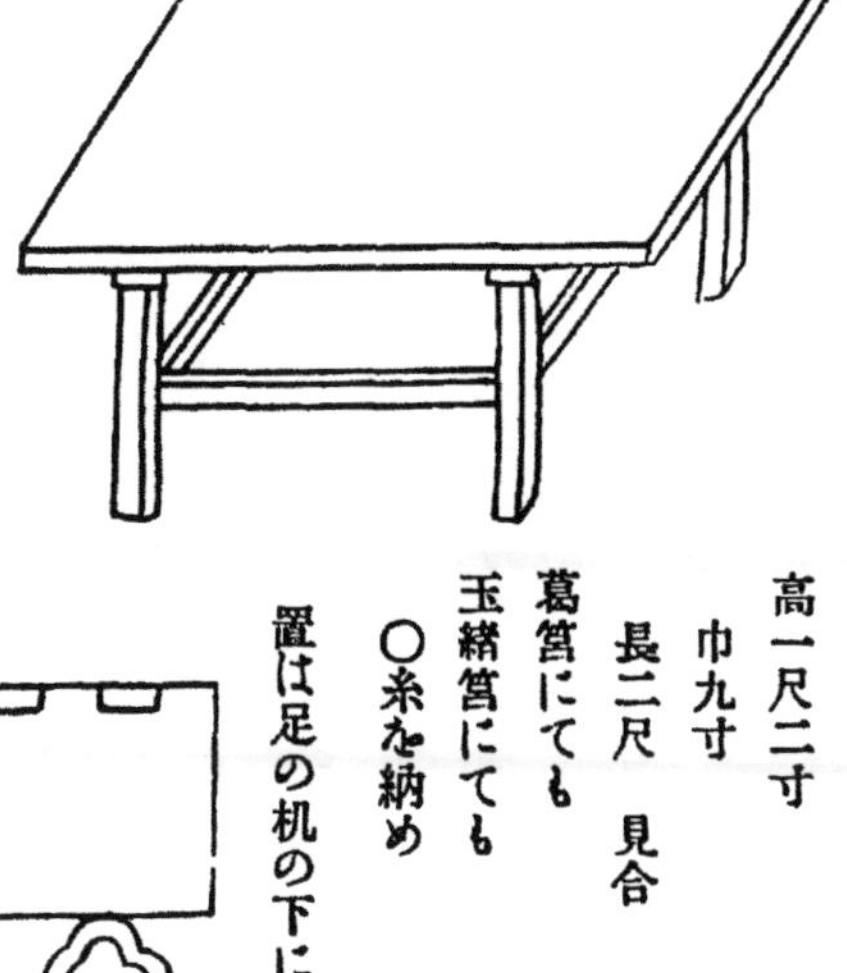

高一尺二寸
巾九寸
長二尺　見合
葛筥にても
玉緒筥にても
〇糸を納め
置は足の机の下になく

坂板

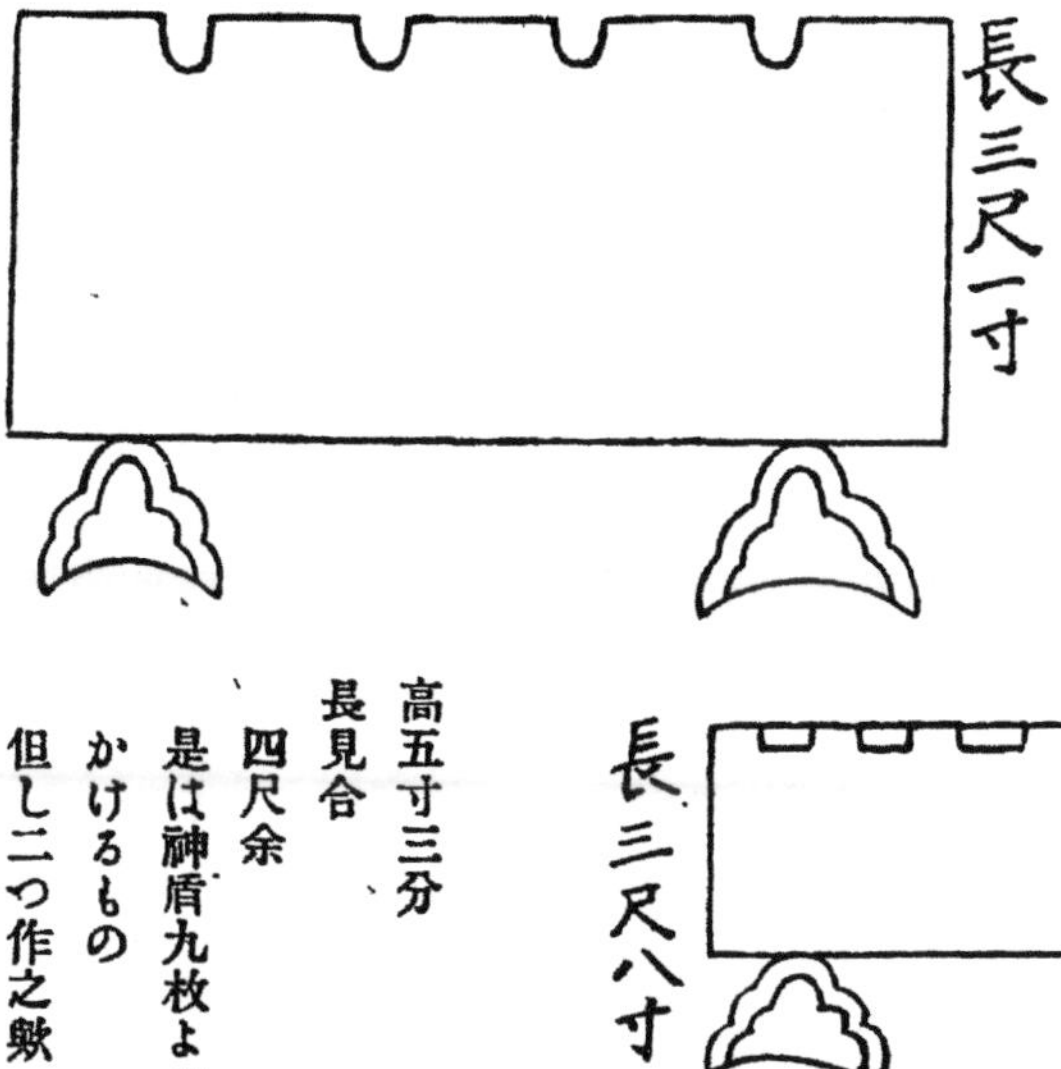

高五寸三分
長見合
四尺余
是は神盾九枚よせ
かけるもの
但し二つ作之歟

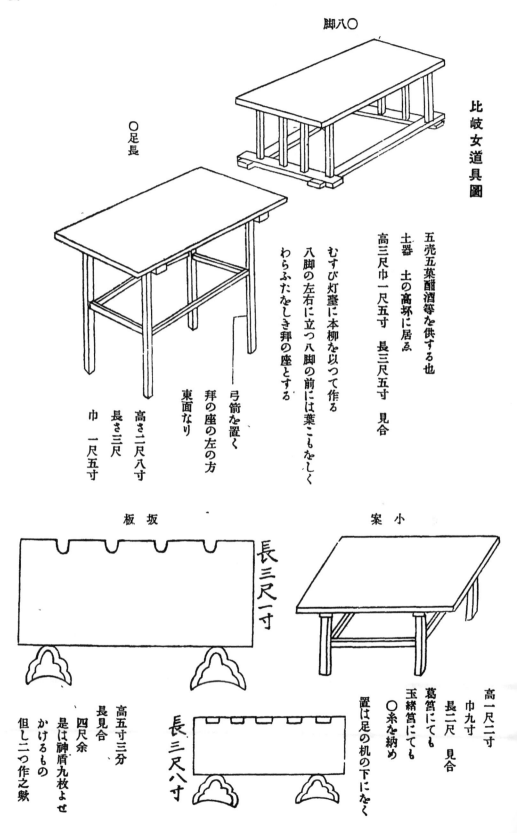

比岐女射術口授秘事並に比岐女道具圖

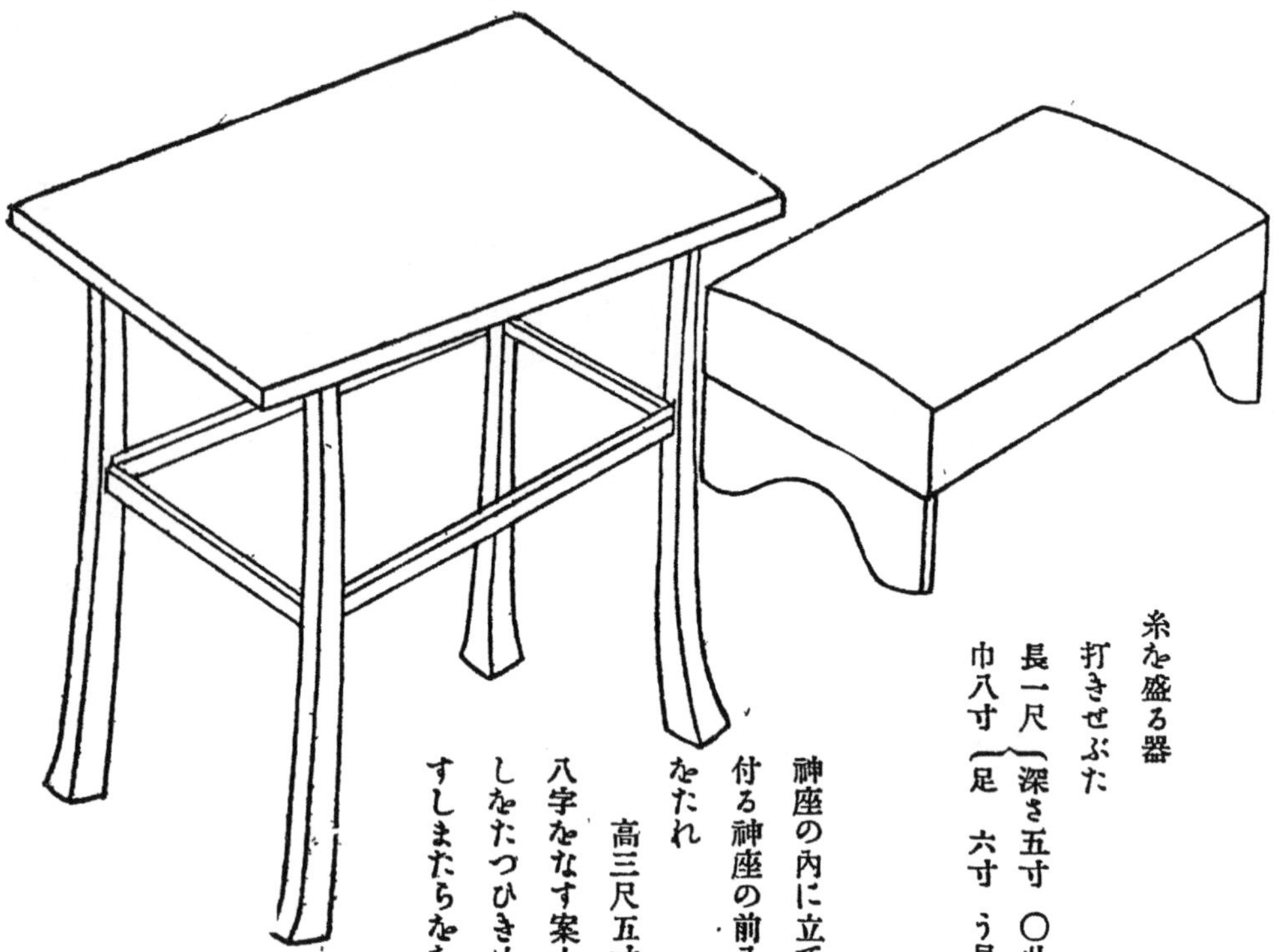

糸を盛る器
打きせぶた
長一尺｛深さ五寸　○此かつこ
巾八寸｛足　六寸　う見合

神座の内に立て木綿を
付る神座の前八巾の幔
をたれ
高三尺五寸
八字をなす案上にいく
しをたつひきめつきす
すしまたらををく

巾一尺五寸
見合
長四尺余二脚か

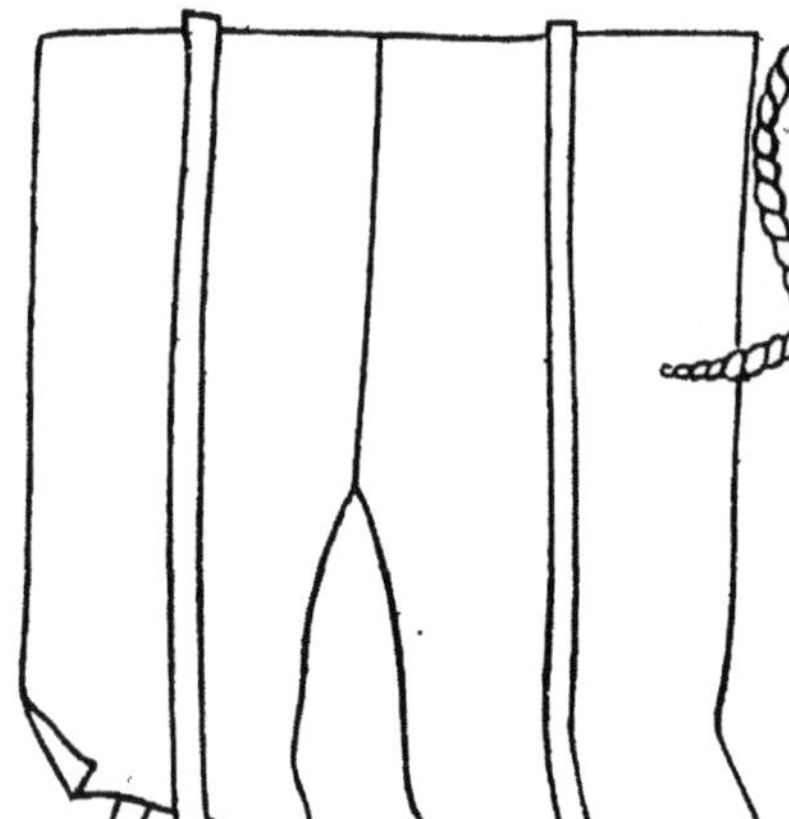

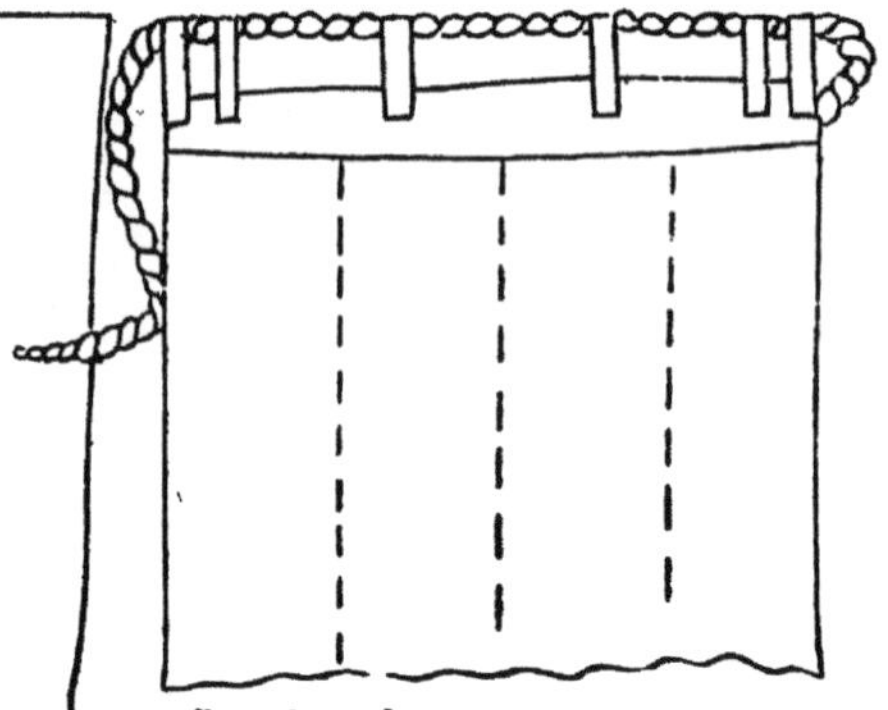

所によりて見合
長さ七尺
巾　一尺八寸余
是六尺廻り津蔵三つ竪
如是立み様考
巾一丈三尺より内にては濟申不
也
尤ひとへやふたへや

八巾
假殿のきより下ま
でのかつこうある
べきことなり
其假殿によるべし
尤もあはせたるべ
きものか

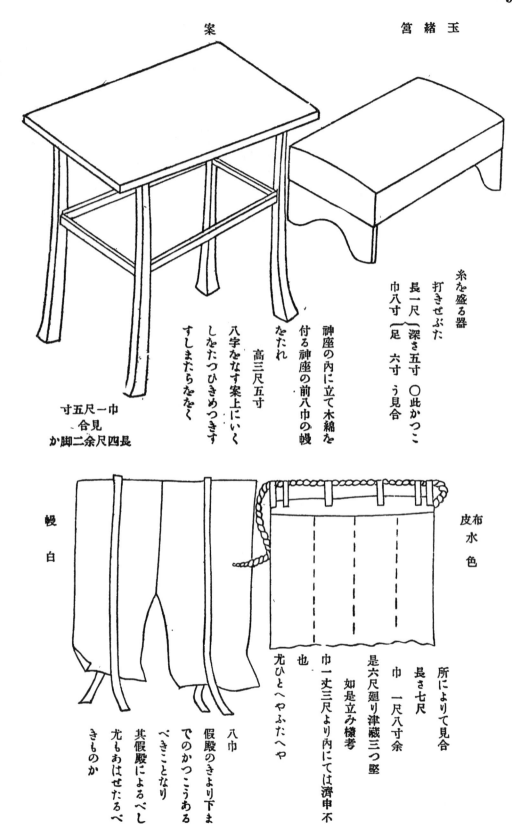

葛宮　水口ごりのこと也

伯家御本短女坏はま
けものに器を重れ帋
にてはるとあり

圖如是

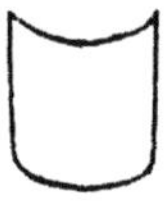

土高坏《たかつき》

凡十を高さ
廻り

紆女坏土《せきめつき》

九つ或十三か高さ
五つにても　周り

帛枕
四つ　長さ
五つ　九つ　廻り

神盾
四枚
五枚　九枚

檜長八寸
巾長さに
かつこうすべし

檀帋八枚或十二枚
五寸四方にたゝみ折る

帖帋
長さ一尺二寸　藤の木串

燈臺二寸　柳長三尺各三本也

鳶羽二羽一本
鏑長さ五寸
周り八寸目八つ
降伏の時は
矢を梟にてはく
岐の矢を用ゆとあり
三本共にふくろか

鷹羽四立三本　鏑きりの木乙周り七寸八分　長四寸二分
目五つ三つ

小羽山鳥

鸛本白二羽一本

鶏のをんとり　一本
羽三立

鶏羽四立　鏑ひゝらき　長さ一寸
目三つ二つ

陣頭鏑火炎の形に作る

比岐女射術口授秘事並に比岐女道具圖

比岐女射術口授秘事並に比岐女道具圖

34

清淨地撰

假殿を設け案を立幔を垂れ八字をなす

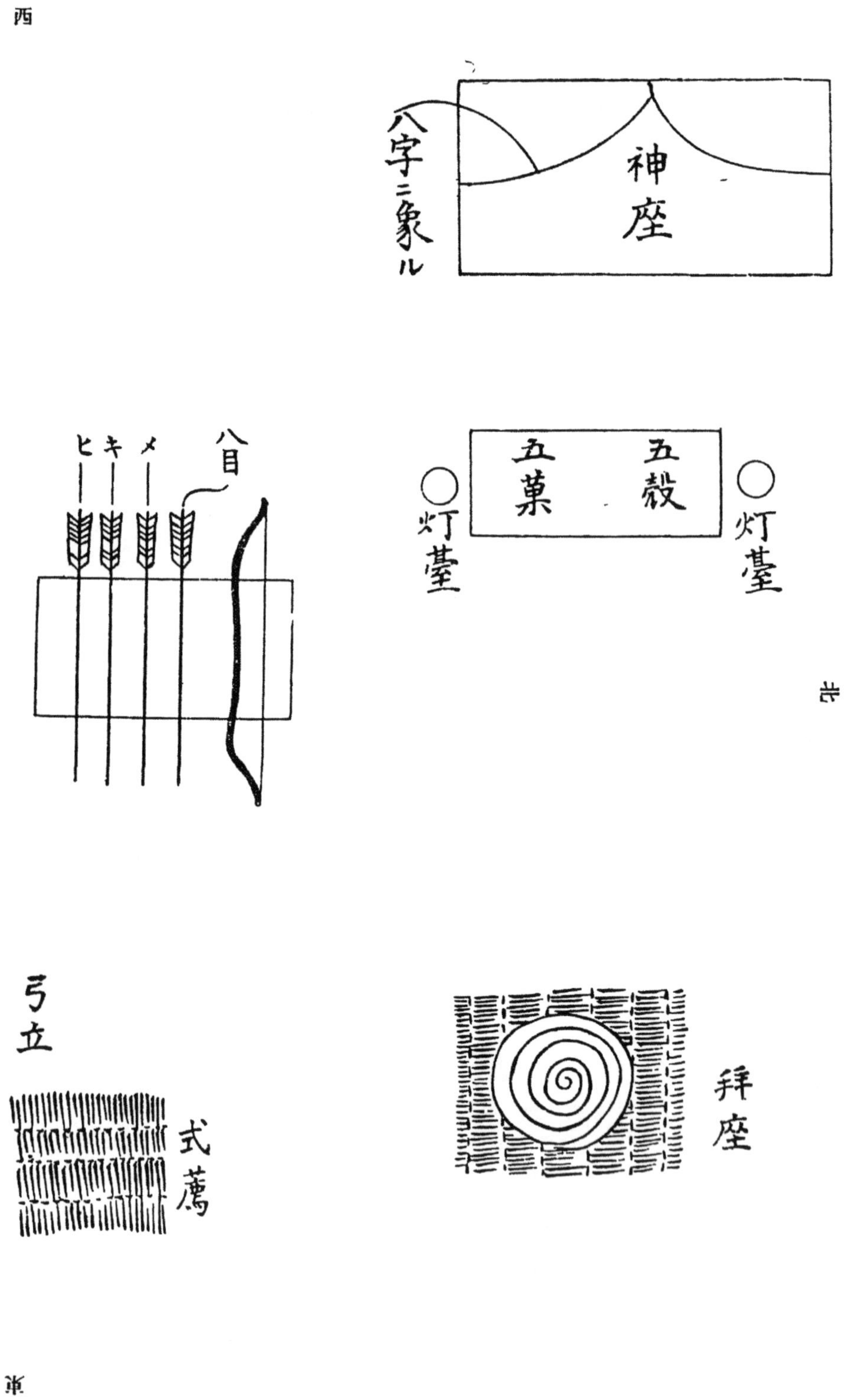

比岐女射術口授秘事並に比岐女道具圖

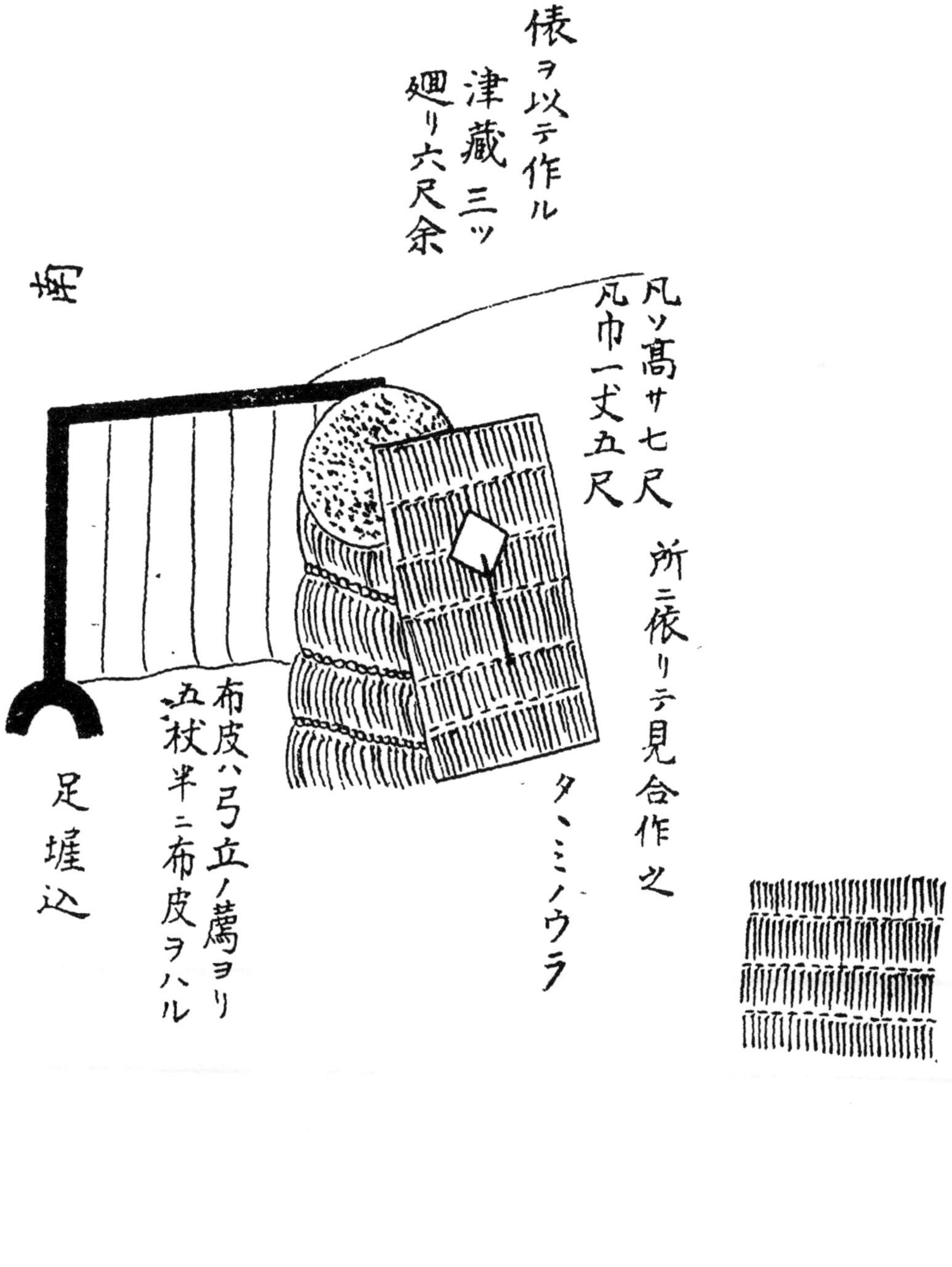

比岐女射術口授秘事並に比岐女道具圖

齋三日　前一日散齋
後一日散齋　中一日致齋
案　一脚　高三尺幅見合
白布幔　八巾　三尺斗
八足　机に紡ひ付る
五穀　(八木)米。麥。稗。五菓　ナシ。タチハナ。
粟。大豆。　伯家御本也。ナツメ。ミカン。
クリ。
むすひ燈臺　高さ三尺の柳を三本あはせてむすび其上に土器をすゆ
藁藍　ワラノエンザ
布皮　所に依りて大小異なり
挾む事　名を畳いれるなり常にはいらず
直垂　布也下に白衣下にはあさきさしぬき
帖帋　うすべに
未彌　きつとをさゆる
埋む事　口傳　乾の角也
矢三本共に挾物射貫く其根はうごかす事を忌根は其儘をき
矢はかりをぬきて其矢え外の根をしかとさしてをさめまつ
る
別の矢尉を道てはやくかゆるなり

腹帶　のちにはすつるもよし
軍中ひきめ　今は拍木なれともあし、めひけんよし
箙筈《やふ》　すくほりこんたる也
伯家傳庭上の時は糸鞋《しあい》《いさがら》を着くと有　二枚とは弓にて二はいの事
とあり
髗の矢長二尺七寸余　鏑目五つ長さ一寸三分周り三寸五分
皮付白箆續筈也　きりを以作之也
軍陣矢入鏑　ひゝらきを以て作る
矢長さ一寸三分目二つ或三つ　周り三寸七分
小羽山鳥なり
鷹か
四つ目廻り八寸長さ五寸
ひきめ鏑四寸二分周り七寸三分
八つ目五寸　周り七寸五分
長さ一寸五分
周り三寸

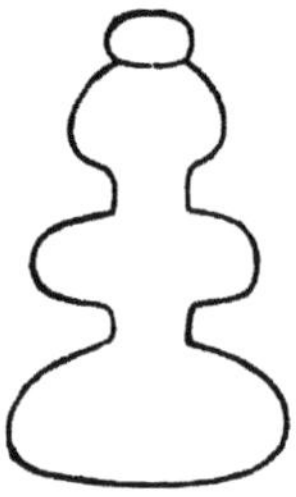

中村浩枝採集

寄合咄

アイヌのポトラッチ

「民俗學」二卷二號紙上問答に中村康隆君がアイヌの熊祭の信仰が、モース氏の贈與論に指摘したポトラッチの一形式「神と人との間の相互的契約」の部類に入れらるべきことを述べられたが、之は非常に注意すべきことであり、自分もまへ〳〵からアイヌの宗教その他をシベリア、アメリカの諸民族のそれと比較する必要を感じ、金田一先生の研究は非常な興味をもつて閲讀してゐるものである。薄命な知里幸惠孃の遺された「アイヌ神謠集」（爐邊叢書）もかういふ研究に多大の資料を呈供してくれる。御承知の諸君が多からうが、此小冊子の卷頭を飾る「梟の神の自ら歌つた謠」は、川上から人間の村の上を通りながら梟の神が、昔の貧乏人が今の金持になり、昔の金持が今の貧乏人になつてゐることを注意する。そして海邊で弓をもつて遊んでゐる子供等の上に飛びゆき、その中にまざつてゐる貧乏人の子供に射あてられる。彼が昔えらい人の子孫らしく、昔貧乏人で今金持の子供等にいじめられてゐるのに同情したからである。貧乏人の子供は、射落した梟の神をしつかりもつて金持の子の圍みを脱し、自分の小屋に歸り、親なる老夫婦は東の窓の下に敷物をしいて之を安置する。その夜の中に梟の神は、寶物でこの小い家を一杯にし、その家も大きなかれの家に作りかへてしまふ。翌日一同は目覺めて、之を知り、大いに悦び、老人はイナホをもつて神をまつり、母は酒をつくり、小い子は村にいつて昔貧乏人で今金持の人々を招待する。その人々は、嘲笑するつもりでやつてきて子供の家の立派になつたのに喫驚仰天し、老人に罪を謝し、仲よく酒宴をなし、その後子供は、成長して村の頭目となる。梟の神は、自分の家にかへり、人間の國からとゞくたくさんの御幣と美酒で神々をまねき、委細を物語つて神々にほめられるといふ筋である。いかにも筋のおだやかなキリスト教の精神をおもひおこさしめる興味ある詩篇である。此歌の中には「神と人との間の相互契約」の部類にぞくする信仰の外に「人の間における競爭的全體給付」すなはち普通のポトラッチの觀念の潛在してゐるのに氣がつく。昔金持で今貧乏な人間が、酒宴を開き、村人を招くことによつて古への勢力をとりかへす。嘲笑するつもりでやつてきた村人は子供の家の立派になつたのをみて、大いに恐縮し、之に服從してしまふ。酒宴が、彼等の間に上下の差別をつくる。えものが多く他人に食物を充分にあたへうるものがえらくなり、その御返しの充分ならざるものが、支配下にたつ。この詩篇の生成したアイヌの社會は丁度こういふ競爭的給付の行はれてゐた、そしてそれにより個人權力が漸く伸長してゐた時代のものであることが推察される。此點においてアイヌの社會は、北西アメリカ印度人の社會と非常に酷似してゐる。

ボゴラスが、チンシャン部族の神話をあつめてゐるがその中に次の如きものがある。

「父母を失へる貧しい子供が、祖母に養はれてゐる。その母の兄弟が一人あり、これが村の酋長である。或時酋長は、天から落ちて家後の木の枝にかゝつた銅片を若者たちに射落さしめ、成功したものに娘を與へんと約束する。貧乏な孤兒は、見知らぬ人から貰つた小石の靈力で金持の息子達の邪魔にかゝはらず首尾よく之を枝から落す。金持たちは最初にその銅片を奪ひ取り、酋長の家に持つてゆく。酋長は更に白熊を射せしものに娘を與へんと約す。白熊が出現するや孤兒は、蠅となつて先頭し、首尾よく之を殺す。金持の子等もその矢を熊の血で塗り、何れも我手柄なりといつはる。然し娘の父は矢

寄合咄

を検して孤兒が眞正の勝者なるを知り、娘をその子にあたへ、自分の娘が貧しい家に嫁いだことを恥ぢて、全村を率ゐて移住し去る。あとにのこつた若者と酋長の娘と若者の祖母は餓死にひんしたが、若者は、夜ひそかに或湖水のみぎはに至り、その主なる大蛙を殺し、その皮をつけて、水の底にもぐり、毎晩魚を家にもちかへる。ついに非常な金持となり、家は鯨や鮭や海驢などで一杯になる。數年を經て、娘の父なる酋長及びその村民は、食物がなくなり、饑して元の村に歸つてくる。そして婿にたくさんの食物をめぐまれ、大いによろこぶ。息子は或一日盛大なポトラッチを行ひ、貯藏食物で買ひ求めた鹿皮と奴隷を叔父によつて客人に分配せしめ、その際叔父から「名」を貰ふ。後一日彼はついに蛙の皮が身體に密着してしまひ、人界に歸れなくなり、永く水界にとゞまることとなる。然しそれでも魚や鯨やその他の水産物を妻とその子孫のために岸にうちあげてやり、村人にまで恩惠を及ぼす」といふ筋である。

(Franz Boas, Tsimshiau texts, p. 137—168, Bureau ap American Ethnolagy. Bulletin 27)

この話がアイヌのそれと似てゐるのは、同じく貧しい主人公が、動物の靈力により、食物に惠まれ、盛大なポトラッチをやつてえらくなるといふ點である。ツンシャンにあつてはそのポトラッチは、命名式のポトラッチである。卽ち財物を客人にわけ、祝宴を開くことによつて主人公は、『名』を得、部族の中の有資格者となり得たのである。アイヌの神謠の主人公が村の頭目となり得たのも矢張りこういふ饗宴で隣人を自分の眷屬となし得たからである。こういふ未開社會では饗應と財產の分配が階級制を生ずるので武力關係で酋長が生ずると考へるのはそも〳〵末である。（松本信廣）

コンジン樣

次のやうな話を聞いた。方言で傳へることが出來たら面白いと思ふが、何分にも生れ故鄕以外の言葉はうまく書けないし、不正確を、免れないから、鵜言葉だが仕方がない。「この間名越のおとっつあんが奇態な病氣にとりつかれて、大變な熱でしたが、熱が出て來るとお尻をまくり、お尻をひつぱたき乍ら狂ひ廻るので手がつけられなかつたのですよ、それを止めやうとして家中大騷ぎになつて困つちまいました。仕方がないのでお山（法性寺）に行つて、伺ひを立てましたら、何でも先月の廿二日とかに、おとっつあんが井戸ばたで仕事をしてゐたさうですが、丁度物干棹を掛ける棒を立てやうと思つて、杙を土にさす時、そこにコンジン樣の遊んでゐるのも知らずに、その肩先に杙をぶつこんだので、コンジン樣はお怒りになつて崇つたのだと云つたさうです。それでお山から歸つて、よくしらべて見ると成る程その通りで、熱の出たのが丁度その晩からだつたので、びつくりして急いでその杙を拔いて、お山に行き御祈禱をして貰つたら、直ぐに熱が引込んで病氣が癒つてしまつたのですが、これにはほんとに驚きましたよ。ほんとにお山はよくいろ〳〵の事が當るので、うちでもいつもいろ〳〵伺つてはやつております。今日もれ、うちの借屋の長山さんの所へ行きますと子供がこの二三日病氣でれ、何だか醫者に見せてもわけのわからない熱を出してゐるんですよ。長山さんから仰言つたもんですから女中部屋と湯殿を建增しやうと思つて、丁度數日前から大工さんに賴んで仕事を始めてゐたのですが、それが惡かつたかも知れんと實は心配で心配で仕方がないので、お山に聞きに行かなければいけないと思つてゐるんですがれ。でも建增するにだつてお山とよく相談して見ましたし、仕事はじめの日も決めてもらつたんですから間違ひはあるまいと思つてゐたんですが、こんなことになりてほんとに困っちまいますよ……」（相州逗子の話）（有賀）

資料・報告

備中小田郡の嶋々

嶋村知章

私は昨夏舊盆をねらつて、笠岡町の南に連る神嶋、白石嶋、北木嶋、眞鍋嶋等の嶋々を歴訪した。目差した目的は、私の現在最も興味を抱いてゐる縣下の方言について、嶋々の間の相違、就中香川縣下の管轄に屬する嶋々との異同をたしかめるためで、眞鍋嶋と佐柳嶋《さなぎ》との比較、小田郡諸嶋と鹽飽《しわく》諸嶋との比較、また、かねて聞き知つてゐた、一嶋内で別な言葉の行はれてゐるといふ飛嶋《ひしま》（大飛嶋、小飛嶋）の調査であつたが、いざ乘出してみると、何や彼と齟齬を生じた。第一に一年一度のお盆は嶋を擧げての休息日であり、多くの航行業者が皆休航したゝめ、豫定の日程を根底から覆されて了つた。殘された唯一の交通機關である別仕立のボン〳〵船（漁船に發動機を設へつけたもの）も、生憎吹きまくつたヤマジのために、私の依賴をすげなく拒絶して了つた。眞鍋の嶋から、飛嶋、六《む》嶋を眼下にみ下しながら、採集に禁物のまたの日まで待たねばならぬことは、忍び難い苦痛であつた。之は、ここから定期航路のない鹽飽の嶋々へも同樣であつた。かくて肝腎な目的は達し得なかつたが、副産物は可成り豐富であつたことは、せめてもの慰めであつた。以下、白石嶋、北木嶋、眞鍋嶋での見聞を記述する。神嶋《かうのしま》については、別の機會に讓ることにする。

沖の白石　神嶋外浦を發した船が、高嶋の東鼻をすれすれに心持ち曲ると、小高嶋、コゴチ嶋の無人嶋の次に、海中に浮んだ巖をみることが出來る。沖の白石である。今では本航路は六嶋よりも更に南になつてゐるが、昔の航路はこの邊りを過ぎたもので、今では忘れられたこの石も、以前は可なり重要な目標であつたらしい。西國大名の船は、多くは白石嶋に水を求めたらしく、今も尙ほここには四つの井戸が殘存して居る。時には、幾日かここの湊で風待ちをしたこともあつたらう。白石の湊は今でも風波を避けるには以つて來いの陰れ場である。

嶋の女　昔その儘の波止場をあがると、宿屋、飲食店なども有り、小さい漁師街をなして居る。元來この嶋の住民の大部分は漁師であり、之に次ぐは、御影石を採掘する石屋である。無論嶋にも耕地はあるが、殆んど全部が畑で、之等は家を守る婦人の手で耕作されてゐる。嶋を巡つて驚くことは、婦人の勞働が、陸の者が想像も出來ない程はげしいことである。そして有

備中小田郡の嶋々（嶋村）

ゆる荒蕪地が限界を越えて開拓され、極度な集約的耕作の行はれてゐる點である。この生活の土臺から嶋々の社會相が反影されてくるやうである。この邊一帶に、嶋では婦人が一家の經營を司つてゐる。これは男が出漁したり、出稼に行つて不在勝ちな關係もあらうが、婦人の働きも度外視出來ぬやうに思はれる。

嶋人の生活　斯樣な過勞にも拘らず、一二の嶋を除いては、嶋民の生活は至つて惠まれてゐない。食物としては手作の薩摩薯と粟が兎角主食物に成り勝ちである。衣服は男女の區別がない。私の同宿した一商人などは、嶋の男女は髮による外標準がないと極言してゐた。若い婦にしても白粉などをつけ出したのは、最近のことだともきいた。それにも拘らず家屋は比較的整うて居る。尤も白石では藁葺の至つて粗末な民家も澤山存在してゐる。代表的な民家の間取は次圖の如きもので、オエの表に風呂場雪隱を設けた家も見受けた。

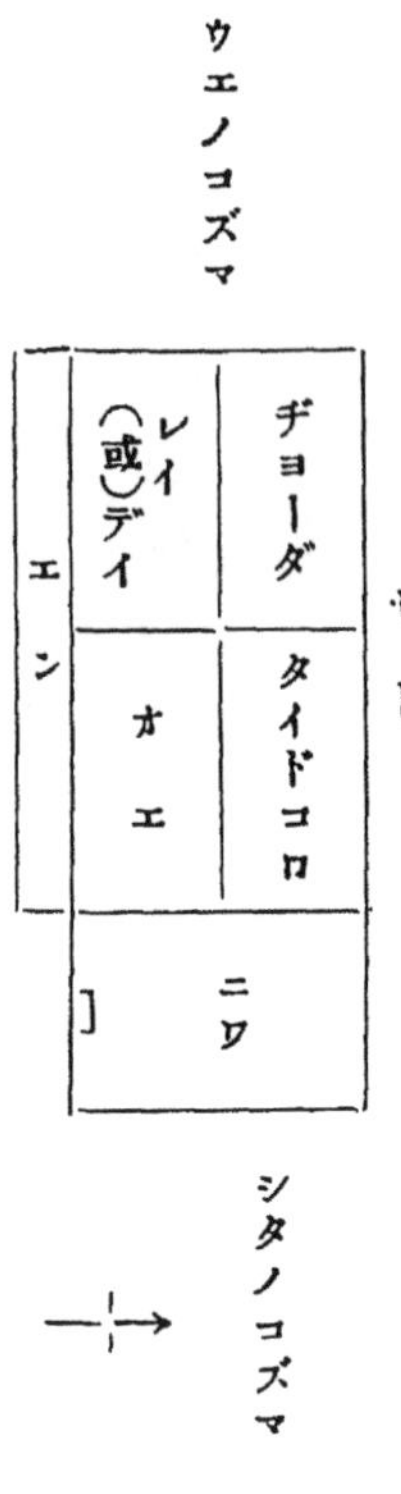

白石の婚俗　嶋が經濟の上で自立出來ないことは確かであるが、社會としては孤立を守つてゐるやうである。結婚は殆んど

嶋人の間を出でない。結婚が媒酌人に委せられるやうなことは殆どなく、本人同志の約束に基いて決定するのださうである。無論結婚の式を擧げることは云ふ迄もなく、この時は見物人は新夫婦に墨をつける習慣が今でも行はれて居る。其墨と云ふのが油墨で、一旦ついたら洗うても落ちないものではあるが、澤山つけられる程名譽とされてゐる。舊い風俗畫報に報告されてゐるカタゲ(掠奪)の習慣については充分確めることを得なかつた。云ひおくれたが、結婚しても決して直ちに夫婦同居せず、男が女の家に通ひ、子供でも出來ると家をもつのが普通である。

大師の信仰　奇態なのは、嶋民が神社を殆ど無視して居ることである。秋の祭ですら氏神へ參ることはなく寺參りである。弘法大師の信仰が嶋の人々の頭を支配してゐることは非常なもので、有ゆる物が大師化されてゐる。道端に大師の石像が亂立してゐるのは云ふ迄もない。開龍寺はこの嶋にはふさはしからぬ佛刹である。白石の弘法樣といへば近郷に響き渡つて居る。

傳說も亦すべて大師の息がかかつて居る。丁度白石公園の向ひの山頂に巨巖が累積してゐる。俚人はこの邊りを鬼ケ城と呼んで居る。昔ここに鬼が棲んでゐた。そこへ弘法大師は巡錫の途上立寄られた。弘通を了へていざ立去らうとされると、鬼がきいて退去を拒んで去らせない。仕方がないので小さい木像を與へて納得させた。だが鬼には木像などの有難味は分らないのでその邊に轉がしてゐるのをこつそり盜んだ者があつた。舟に乘つて去らうとするや不思議にも磐石の如くに重さ加はり少しも動かない。とうとう之を海中に投げこんで其場を去つた。後に鬼がこの話をきいて今更木像の尊さを知り、海底から拾ひ上げて祀つたといふ。

他に弘法の清水、弘法の硯水などと呼ばれてゐる泉もある。

草分の口碑　口碑によると、この嶋の草分は源平の水嶋合戰の落武者であると云はれて居る。にも拘らず塚がある。又畑を拓いてゐると灰色の硬い壺や甕が出る。何處でも同じく塚の遺物などを持つて居ると病氣するとか何とか云ふので保存されてゐるものは一つもなく、多くは手當り次第打割られたが、ある時たま〳〵掘り當てた甕を海中に投じたことがあつた。するとたちまち海面が眞紅に光り、人々は血が浮んだものと考へ、ひどく畏怖したさうである。今から考へるとどうやら朱らしく實見した人達も現在では之を肯定して居る。

白石と北木の連絡は鳥《さん》の口《くち》と豐浦との間の渡し舟によつて行はれて居る。白石について語ることは多いが、北木を中心にして述べよう。

北木の外觀　豐浦に上つて白石との相違を感じたのは民家が實によく整うてゐることである。一軒の藁葺もなく、すべて瓦屋根で餘り舊い家が見當らない。私はこの嶋は金風呂を除いて、他の部落は盡く歴訪したが、どこでも家屋の外觀が立派である。それ程生活が豐かと云へばさうでもないらしい。道連れになつた備中寄嶋町の醬油屋の談にも、掛金がとんと集らず、懐が貧いらしいとのことである。おかしな所で、一番に住處に金をかけるらしい。

備中小田郡の嶋々（嶋村）

豐浦から大浦へ越す人は、あの急勾配の山が、頂まで雛段式に見事に拓かれてゐるのに驚くであらう。これ程の坂で、土が流れ落ちないのも不思議なら、これ程の坂を自在に働き得るのも不思議、更に今年のやうな旱魃の年に、青々繁つてゐる薩摩薯の耐久力も不思議であつた。黍は全く枯死して居り、粟が半死のまゝ熟して居る。嶋を通じて水田は皆無で、やはり婦人によつて耕作されてゐる。其故ばかりでもないが家畜といふ者が使役されない。牛や馬を知らぬ者さへある。之は方言を採集してゐて、嶋から外へ出たことのない婦から知ることが出來た。事實かやうな急勾配では牛馬を使役する餘地もない。だからマングワと云うても人がひくのだし、運搬は朝鮮のチゲそつくりの負臺によつて居る。いたけない女の兒が負臺にコクバ（松の落葉）を積んで急坂を辿つてゐるのを見受けたが、之も女の修業の一つかと首肯された。

私が大浦にとまつたのは舊盆の十五日で、浦人が多勢ごろごろしてゐたので採集は面白く捗つた。私が一つ質問を發するとあちらからも、こちらからも答が出て、場合によつては隨分都合がよかつた。この嶋でも白石同様石屋も多いが大部分は漁師である。この漁人の生活を知ることに無い知慧を絞つた。

漁人の生活　漁師にとつて何より肝腎なことは其の日の天候を見定めることである。彼等は朝起きると東の空をみる。

日の出の太陽がいつもより大きく、赤く見えると雨の兆。

日の出の太陽が、普通の大きさで稍白く見えると風。

黎明の東天に細い横雲が棚曳いて居れば平穏。

併し天氣定めは朝に限つては居ない。

日沒の折、高入り（上の方から雲にかくれる）すれば明日雨

日沒の折、太陽に足が生へる（光線が條にみえる）と風の兆

日中、暈をかぶると雨の兆。

朝虹は、二十日の旱。

夕虹は、三日のうちに雨。

タタエ（滿潮）の雨は、降り續く。

七つ晴れに傘をゆるすな。

之だけでも大體天氣をみきめることが出來る。さてこの嶋の書入時はやはり春の鯛鰆のとれる季節である。魚を獲る方法は種々あるが、大別すると、地曳、沖どり、しばりの孰れかによる。沖どりなどと云つても深い處でとるのではなく、深い處に居る魚を淺い處に追ひつめて、袋の鼠にして了ふのだが、之が仲々

むつかしい。第一海の深淺を見きめることだが、其都度底を測るわけではなく、老錬な者がクイヤワセと云ふことをやる。向ふの嶋の出鼻とこちらの岩の條、何處の松と何處の出鼻といふ様な見通しの二條の交叉點を求め、多年の經驗から淺い所を覺えて居るのである。そしてその日の潮流によつて作戰計畫を立てる。

シオツクリの俗　だが之よりも肝腎なのが網をおろす時間である。うまく潮のトロミに網を曳き終る様におろさねばならない。之には濱邊で老練家がシオツクリと云ふことをしてヒコスリ(干)をきめる。之は濱邊の砂を握つて水が湧いてくると、中に棒をたてゝ、潮の變化をみるので、一旦減じてから再び心持ち増し、更にへつて落ちつく所がヒスコリださうである。尤も此外複雜な現象が起り、とても素人には珍紛漢で、殊にむつかしいのは、其日の潮流の食ひちがひまで見定めることが出來るのださうである。處で之をしてゐる間沖では網を準備して待つて居り、いよ／＼判ると濱からウオー／＼と叫ぶのを合圖に網を卸すのださうだ。夜中だと燈火信號をやる場合もある。何にしても沖の漁撈には陸の人にわからぬ熟練や苦心が要るわけである。

近頃北木では鯛網といふのは廢めて了うたさうである。其代りマスアミといふのを初めた。鯛網だと鯛ばかりで、他の魚は何も獲れないが、マスアミだと鰆もかゝるさうだ。又、巾着《きんちやく》網といふのが行はれてゐる。

處で網を入れるのに廣い海だから勝手にどこでも差支へない様なものゝ、事實はそんなものではなく、アジロ(漁場)は抽籤で決めるので、盆の十六日にそれを行ふのだときいた。

北木のお產と命名　以上は漁の話ばかりで餘り面白くもなかつたらうから、少し一般土俗の方面に移ると、仲々得難いものがある。先づお產のことから始めるが、赤坊を產むのは必ず神を祀つてない室で、けがれは淨めなければならない。嬰兒をとりあげた者は水を汲むことを許されない。水神様の罰が當るのださうだ。產婦はいか程輕くても七夜中は外出を許されない。お日様の罰が當るからださうな。赤坊は三十三日迄外へ出さぬ。此日シマイ餅といふのをついて氏神様へお參りする。命名には別に之ときまつた定りもないが、親が先祖の名前をとつてつけるのが普通である。

北木の婚俗　次は結婚についてみると、白石嶋程でもないらしいが、媒酌人などを立てずに、盆踊などで本人同志が約束して了ふ。さうすると双方の親はそれを異議なく認める。夜這ひも未だ／＼行はれるさうで、この本人同志の結合をカカリヤウと呼んで居るが、別に輕蔑の意味はなく、女がハツコ（處女）で、男の方も責任を感じてゐるなら正當な方法として認める。

さて正式に結婚がすんでも女は自宅にとどまつて家業の手傳をし、男の方から時折通ふ場合もあるが、大浦などでは之は寧ろ例外で、直ちに同棲するのが常例になつてゐるさうだ。

備中小田郡の嶋々（嶋村）

棄老傳說　葬法についても何か古俗を暗示する様なものがありはしないかといろ／＼きいてみた。傳說によると、昔は五十歲に達すると下浦のドージリ鼻へ棄てたさうだ。嶋人はこの邊に對しては恐怖とまでは云へないが、禁忌程度の感情を抱いて居るらしい。今そこには火葬場が設けられてゐる。柳田先生の葬地と祭地の區別といふ様なものは一向認められず、墓は死者を埋めた上にたてることになつて居る。墓をたてる時期は普通二三年目で、一般には土葬であるから、棺が朽ちて盛土が落ちついてから建てるべきものと考へられてゐるらしい。

年中行事　年中行事などは笠岡地方と大した相違はない。唯稻を作らないので之に關する行事が全く行はれぬ。ここには多少相違したものを二三擧げてみるにトンドは正月の十三日に注連飾を卸し、十四日に之を集めて燒き、其場で餅を燒いて神にも供へ、人も食べる。盆では何と云つても盆踊である。北木では各字で別々にやる。私の觀た大浦のは、氏神の狹い境內で老若男女入亂れて踊る。いづれも右手に團扇をもち、之を上下し、廻轉し乍ら唄拍子に合せて進む至つて簡單なもので、十分も觀て居れば眞似の出來る程度のもので、白石嶋の複雜な振りと比べて、著しい對照をなしてゐる。之は宵の間で、十時頃からロ說きが始まり、一時頃までも續くやうである。他に二十一日には荒神の境內でも踊りが行はれる。まづこの月一杯每夜繰返されるさうだ。次に十月の亥の子が盛んに行はれる。亥の子の日は十月の亥の日で、三日ある年は第一と第二の亥の日で、第三はエツタの亥の子と呼び祝はぬ。この日子供は十人宛位一組になり、荒神石と呼ぶ石に胴繩を入れて、これに綱をつけたものを亥の子唄をうたひ乍らついて廻り、別にボテレンをもつて各戶の門をたたき

「一に俵ふまへて
二ににつくり笑うて

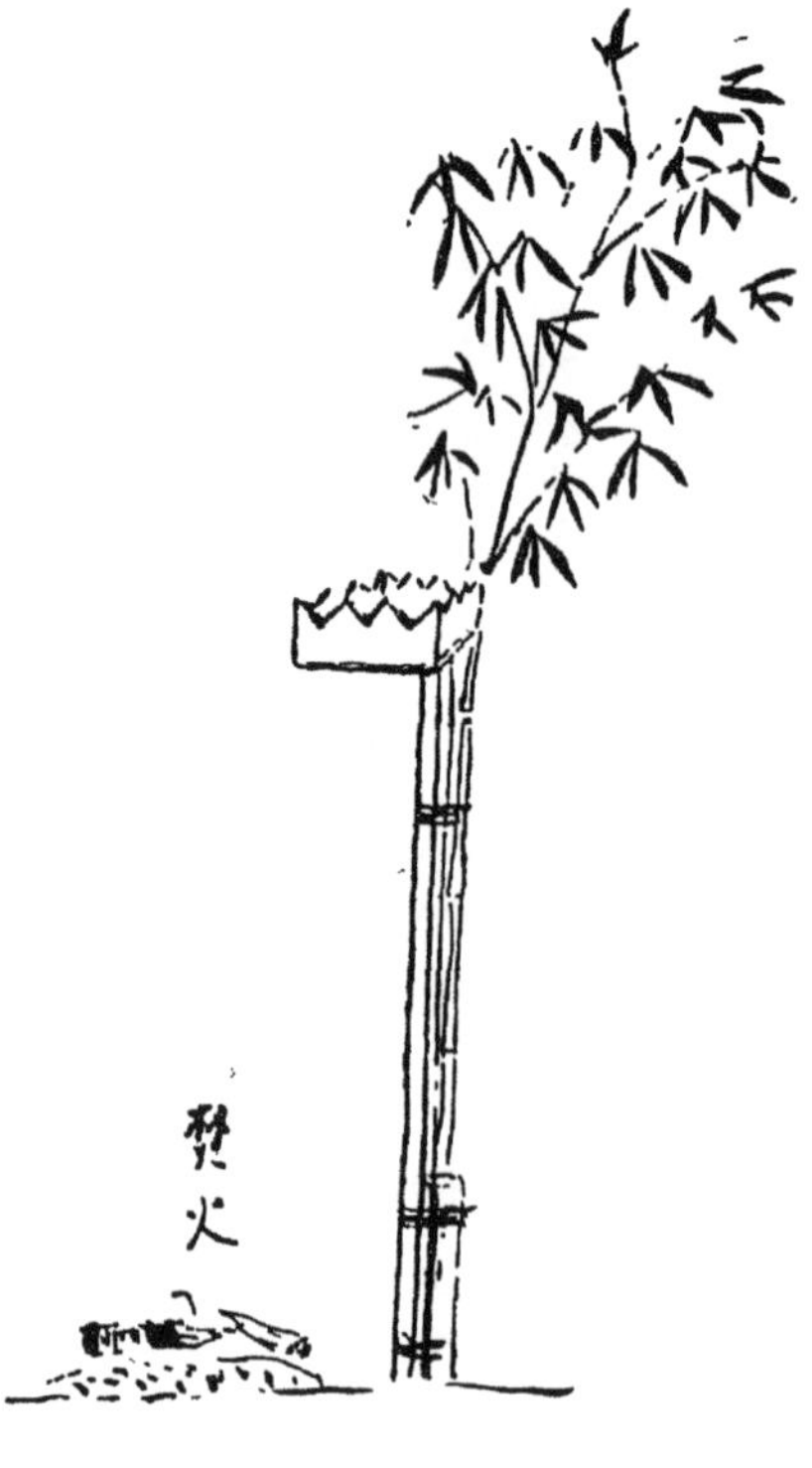

北木の水棚さま（大浦）

三に酒を造つて
四つ世の中ええやうに
五ついつもの如くなり
六つ棟をそろへて
七つ何事無いやうに
八つ屋敷をひろめたて
九つ此處へ倉を建て
十でとつくりおさめた。」

をうたひ乍ら祝ふと、其家では菓子を出して與へる。すると子

北木のマングワ（長湯にて）

供達は、「繁昌せ々々々錢も金《かね》も湧いてきた」と云ひ、何もくれないと「貧乏せ々々々」を繰返す。

草分爭ひ　今、北木の嶋の土著の人の姓をみると奥野、川田、山本、牧野などである。口碑によると、昔奥野の先祖が備後の福山から土地を搜して此嶋につき、ここを見立てて一旦歸り、再び出かけてみると、其留守に川田の先祖が來て住んでゐた。そこで最初の居住者は川田の先祖であるが、草分は奥野の先祖であるといふことになつて居る。之が何んでも三百五六十年前のことなのださうな。さうかと思ふと、水嶋合戰の落武者の子孫だといふ様なことも云ふ。また秀吉が大阪築城の砌、この嶋の石を採つたといふ傳へもある。

この嶋にはエツタと呼ばれてゐるものはないが、番太が二軒ある。以前はどこの番太も同じで、警吏の仕事に當り、船のしらべをしたものであつた。別に竹細工もしてゐた。又屍體を火葬にする場合には彼等の手によつた。隱坊でもあつたわけである。

墓所の蓮臺　北木は先づ之位にして眞鍋嶋に渡ることにしよう。定期船の著くのは本浦である。船著のすぐ傍に墓地がある。眞中に石の大きな蓮臺があり、その周りに石塔が亂立してゐる。古いのは豐嶋《てしま》石だが、明治になつてからは御影石になつて居る。型は陸と大した相違はない。今であつたら墓地は山腹ときまつてゐるが、昔は海岸の平地が選ばれてゐる。之はここばかりでなく、所々で出會すところで、墓制に興味をもつものの一考すべき點であらう。

山神へおこぜ　白石や北木では影をひそめた山の神も此處では嚴存して居る。山中の杜の下にささやかな瓦厨子が置かれてゐるに過ぎないが、嶋民から漁業の神として尊崇されて居る。

備中小田郡の嶋々（嶋村）

いづこも同じで、ここでもおこぜを供へることになつて居る。

サイの神　本浦から海岸の道を辿つて岩坪へ向ふと、岩坪の少し手前の、八幡様の東の登口の所に、卵塔型の小さい祠がある。之がサイの神である。通りがかりの者にきいたが、何をする神とも一向に知らぬと、きく私の顔を不思議さうに眺めて行過ぎたが、之が信仰されてゐる證據には、新らしい小兒の草履が片方供へてあつた。子供の神樣で咳の神樣であらう。

盆に門松　岩坪のとりつきに若宮神社といふのが、大きな松の根元に祀られて居る。千二百年紀念碑と云ふのがある。どんな根據で決めたのだときいてみたら笑つてゐた。この部落は急勾配の斜面に人家が櫛比して居るので、海上からみるとまことに賑かさうであるが、來てみると道は狹し、空地は皆無だし、妙な感じのする所である。甚しい所になると家が一軒毎に二間位も地盤が高まつて行く。尾の道の千光寺をひどくしたやうだ。危險でもあり、窮屈でもあらうが慣れてみれば平氣とみえる。家毎に門松をさして居る。門松といへば正月のものときまつたやうに思つて居ると、此嶋では正月の外に、節供と盆にもたてる慣しださうだ。

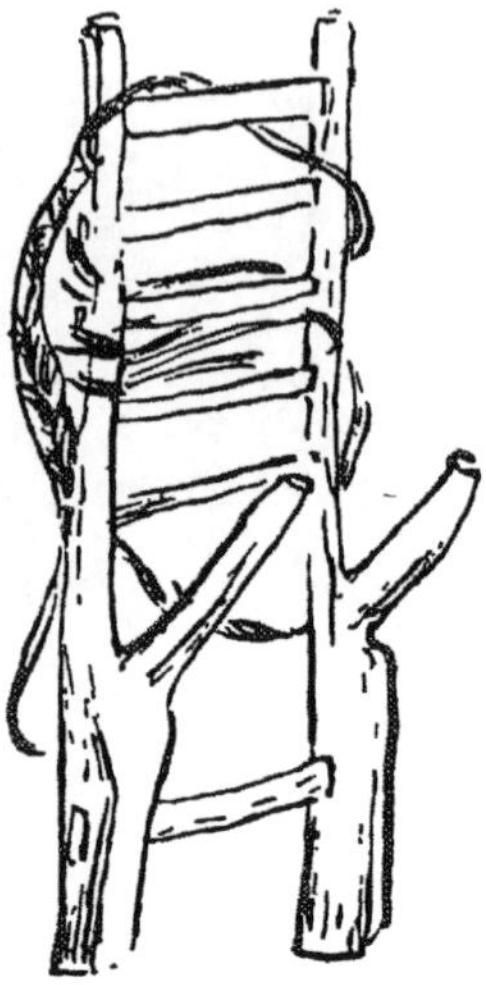

北木の背負ひ臺（長湯にて）

他屋の土俗　ここで特記せねばならないのは、この嶋の山上《やまあが》りの慣しである。婦人が毎月のやくに入ると、山中の他屋に赴き、家族と火を別にした。漁師は殊に月水を忌み、之にあふと怪我があるとか、不漁にあふとか信ぜられ、山に追ひ上げたのであつた。普通の人なら三日、長い人だと廿日も居た。お產の時は三十三日迄居たさうである。途中で何かのやむを得ない用事で下りなければならぬことがある場合には、上から「おりるぞー」と大聲で叫ぶと、下では船を沖に出して避けて居たともいふ。この習慣がやんでからもうかれこれ二十年にもなるので、其家をみることは出來ないが、其位置だけは容易にしることが出來る。岩坪では少し東上の山である。

白石小學校の佐藤訓導の談によると、飛嶋では最近まで他屋入りをしてゐたさうである。同氏は嶋の出身ではないが、半生を嶋々で送られ、飛嶋の小學校へも數年間在職せられてゐたのだから、充分信憑される次第である。北木嶋では一向にきくことを得なかつたが、それでも之を忌むことは昔同樣で、其の間は決して神棚へ燈明をあげさせない。

婚俗と棄老譚　眞鍋嶋でも結婚は本人同志の選擇によるさうで、決して間違は起らないさうだ。結婚後も女は自宅に停り男の方から通ふ。之は赤坊が出來た後迄も續けられる場合が多いさうである。

棄老傳說はこの嶋にも行はれて居る。併し北木のやうに何處そこへ棄てたといふ樣に、其場所は云ひ傳へられて居ない。

大黑樣の御祝儀その他

別所梅之助

大黑樣の耳あけ

舊十二月八日の夜、米澤やその近在では、大黑樣の耳あけといふ事を致します。その邊では上段の間（床のついてをるお坐敷）に神棚があり、茶の間（膳部と違つて懇意なお客に食事を出したりする間）に、惠比壽棚があり、惠比須樣と大黑樣とを祭つてあります。

まづ二俣大根をえらび、柏餅に使ふやうな柏の葉一二枚をあてがひ、藁でちよつとそれを結へます。二俣大根は大黑樣のお嫁なので、それに著物をきせ、帶をしめてあげるのださうです。その大根を大黑樣にそなへます。もとよりお燈明もあげ、お神酒をもそなへます。それから大豆を入れてたいた御飯をもあげ、家の者もたべます。食事の後に大豆を炒つて、升の中に入れ、それをがら〳〵動かしながら、

お大黑さま〳〵、耳をあけて居りまうすから、いゝ事きかせておくやい（下さい）

と、唱へながら、三度惠比須棚めがけて豆をなげあげます。家によつては尙、升を動かして、

ぜにかねゝざつくもつく（澤山）はいるやうしておくやいともとなへます。これを大黑樣の御祝儀ともいひます。大黑樣の御婚禮といふ事でせう。

この話をしてくれたのは、舊米澤藩士の家の者と、在方の娘とですが、藩士の家の者は「錢金」云々の唱へ言を知りませぬ。それで後のは、町方か、農家だけの唱へ言かとも思はれます。何せよ、道祖神と緣のありさうなお祭です。

土龍打

舊正月十五日の朝、二時か三時ごろ子どもだけが起きて、藁を打つ槌に長い繩をつけて、屋敷の內の畑の上をぐる〳〵引つ張り廻りながら、

モグラモチうちにか、ナマコ殿のお通りだ

と、幾度も唱へます。土龍打は俳諧の季にも入つて珍らしからぬ事ですが、そこでは雪の五六尺も積つてをる上を、さうして步くのださうです。聞き質しても「モグラ打ち」といはず、「モグラモチ」とのみ言つてゐました。

但馬高橋村採訪錄（鷲尾）

サイトウ燒き

舊正月十五日の夕、神棚や、惠比壽棚にあげた松を、近所、五六軒の人々が持ちより、戸外、いふまでもなく雪の上で、藁と一緒に立てゝ焚きます。家中總出で、火を取り卷きながら種々雜多な事をいひはやします。

眼くそ、鼻くそ、飛んでんげ(飛んでゆけ)、
アハヽハイロウ、
貧乏の神、飛んでんげ、福の神、飛んでこい、
アハヽハイロウ、

だの、

風の神、飛んでんげ、
アハヽハイロウ、

だの、年よりなら、

せんき、すんぼこ(疝氣寸白)、飛んでんげ、
アハヽハイロウ、

と　そのたび毎に笑ひます。火の燃えてゐる間、そんなに興じてゐます。斯うして燃す藁が、あきの方に倒れゝば吉いといひます。その殘り火で餅を燒きます。それは一軒の者が一本づつ二尺ばかりの捧のさきに餅をつけて、火の上にさし出すのです。その餅を共の家〳〵で少しづつ分けて食べます。たべればその年中、風を引かないさうです。

私の今住んでをる東京世田谷では、今年など新正月十五日に、中原といふ字でセノカミヤキをしたら、下北澤の消防自動車が驅けつけたといふほど、かうした事も忘れられてゆくのに、米澤在ではまだ土龍打も、サイトウヤキも毎年行はれてをるとの事です。

但馬高橋村採訪錄（二）

鷲尾三郎

山の神の祭

天田郡雲原村佛谷では舊正月九日十五歳以下の男子集り、「山の神のかんじじや」と唱へ、米、藁、錢等を集め歩き、宿は女氣のない様にして淨める。その夜更けて子供等は宿より四つ這ひになるものと、立つて歩くものと交互に列をなし氏神の境内にある山の神まで行く。途々『牛糞ですべつて、馬糞で鼻でぐな』と唱へる。立つてゐるものと這ふものとは、早稻と晩稻にたとへたのだと云ふ。道でこの列に出合ふと死ぬと云つて、その夜はどこも戸を堅くとざして出ない。山の神に供物をしてからはあとを見ずに走せ歸る。

出石郡合橋村小谷にても舊正月九日の夜に行ふ。その日十五歳以下の男子は宿に集まり女氣を退け、米、木、小豆等を集め

準備にとりかゝる。その子供の中に『トトン』『カヽン』と呼ばれる者がある。トトンは指圖役で川にてコリをとり川底の砂をとつて來て三寶に敷く、又カヽンは水を浴び身體を淨めて後飯をたき炊事の方を司る。そして藁を四ケ所くゝりつなぎ合したるものゝ中へカヽンはたいた飯を「一《ヒト》かへり」と唱へて入れる。平年の時は十二遍、閏年の時は十三度繰り返す。夜になつてそれらの供物を持つて山の神の處へ行く。山の神は大抵自然石が御神體である、そして女神で背が非常に高いといふので祠がない。供物を供へてからトトンは後の木へ登つて音頭をとり

ナーム、山シシ猿の荒れざらん樣に、稻かづのあるように、枡數のある樣に、大根の根の入る樣に、ごんぼの根の入る樣に、にんじんの根の入る樣に、一かへり、

と唱へ、これを二かり、三かへりと十二度繰返す。（但閏年は十三度繰返す）そして村でよく世話をする家は「そくさいの樣に、榮えます樣に」など譽め、評判の惡い家は「欠けます樣に、牛のなくなります樣に」などと惡口を云ふ。これを唱へ終ると後を見ずに一齊に走せ歸る。翌朝早く又山の神へ參つて昨日の供物をみに行く。女氣なくけがれのない時は、全部供物が綺麗に食べられてあり、反對にけがれのあつた時は、そのまゝ殘してあると云ふ。

トンド

正月十四日のトンドには竹のはぜる音によつて、老人などはほつこくぢやとか、鶴龜ぢやとか、いろ〱の稻の豐凶を占ふ。又トンドの木の炭が殘ると、村に借金が出來ると云つていやがる。灰は家の周りにまけば蛇が入らぬ。（高橋村）

狐狩り

合橋村小谷の狐狩は正月十四日の夜行ふ。鐘と太皷に合せ十五歲以下の男子が「狐狩り候」と唱へ、村を廻り村境まで歩く。狐の荒れぬ樣にするのである。

コト

高橋村ではコトは三月十一日にする。米をついてコトノモチを作り栗の箸で食ふ。十七歲になつたものが頭男をつとめる。

頭男は徑一寸もある一番大きい箸で食べる。食し終ると神樣の箸は紙で包み、他のものはそのまま何れも繩に通し、柿の樹につり下げておく。

蟲送り

但馬高橋村採訪錄（鷲居）

夏に蟲送りをする。藁で馬を作り蟲の食つた稻をくゝりつけ

丹後の川田へいね〳〵（合橋村小谷）

稻の虫送つた京の町へ送つた（高橋村）

と唱へ、村境へ持つて行き、そこで馬の前につけた鍵を、他村の馬の鍵に引かけ引き合ひをする。負けた方は惡いと云ふ。

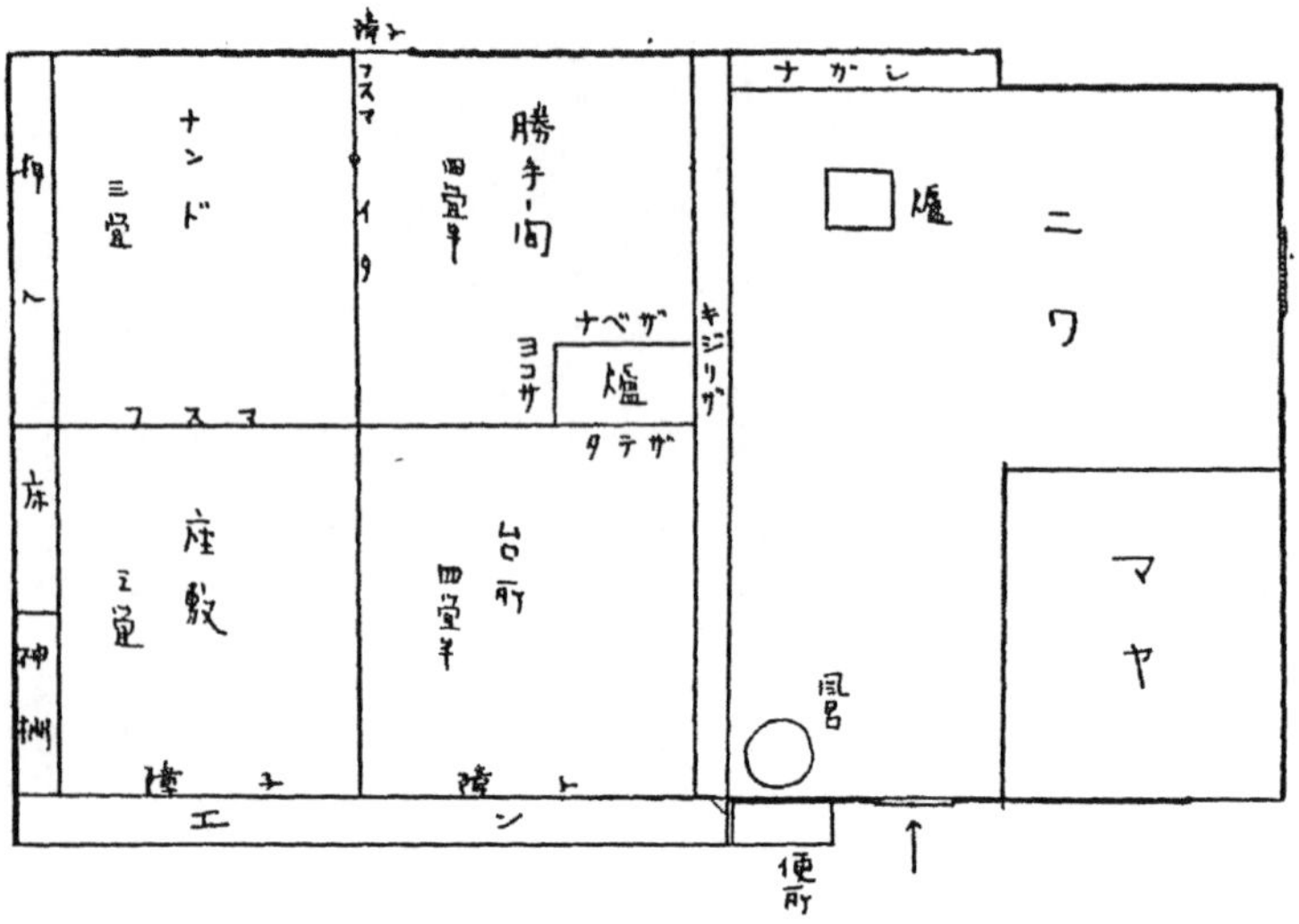

七夕

舊七月七日の晩、ナス、キウリ、カキを供へて七夕をまつる。そしてイモの葉の露をとつて來て墨をすり

朝とる露や七夕の朝の手向の香なりけり

と書く、八日の朝川へ流す。

高橋村藥王寺の民家

圖にかいた家は村では小さい方に屬する。座敷と臺所は疊をしてゐたが他の二間は筵敷で、ナンドなどは窓もなく眞暗であつた。流しへは筧で山の水を引いてゐたが水量も少なく且質もよくなかつた。村人は狹い谷間に田を作つてゐる。隣村の雲原に反してこゝは蠶を飼つてゐる家が少ない。炭燒に出るものが多く、冬は酒造りと寒天製造に出稼する。中年以上の人は字を知らぬものが多い。墓地は山腹に家々によつて點在してゐる。墓石は何れも皆自然石で名も月日も刻んでゐなかつた。

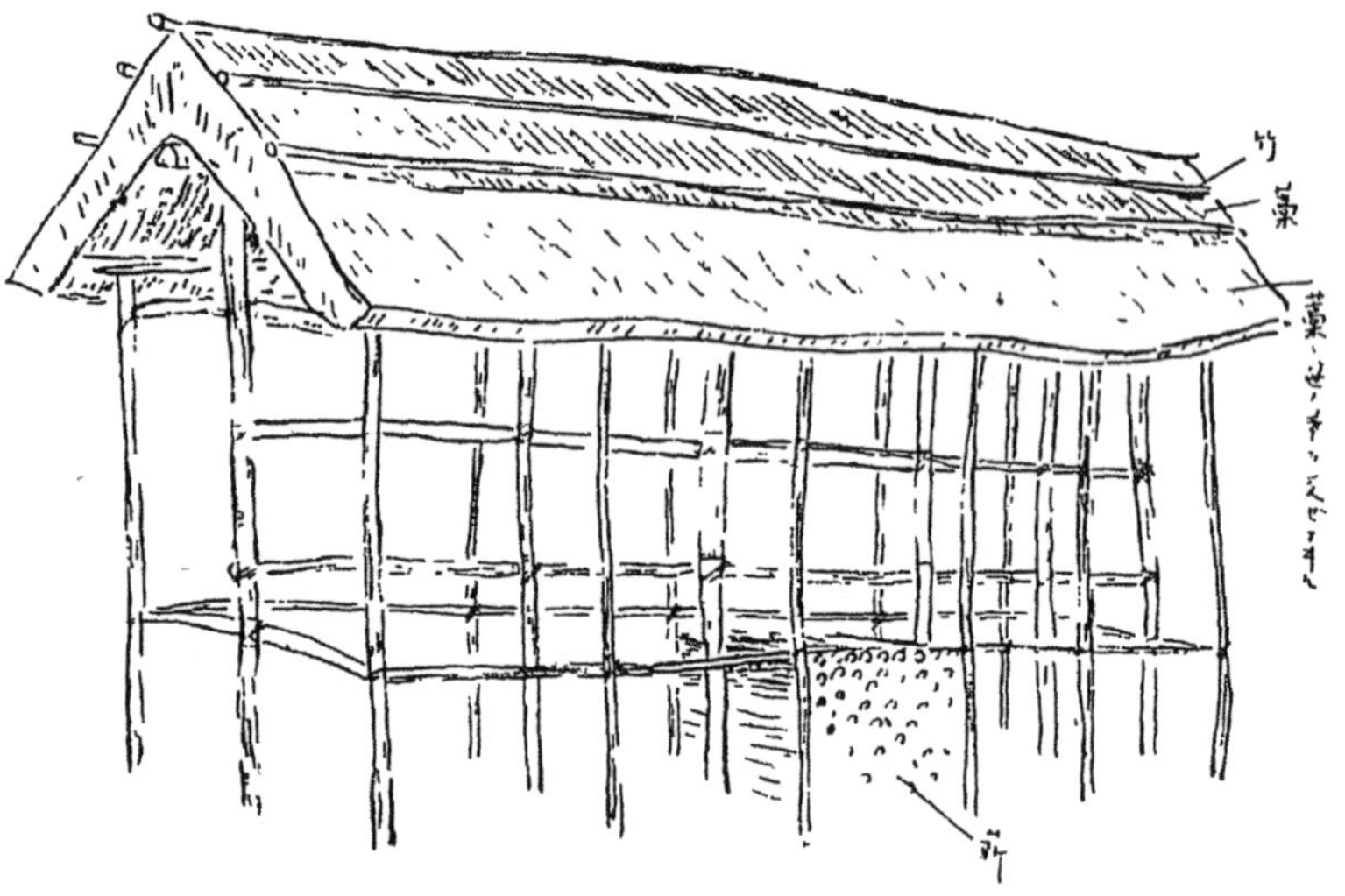

カキヤ

村には柿の樹が非常に多い。秋に柿をつるしておくカキヤが畦道や民家の傍などに澤山立つてゐる。夏のカキヤは薪や稻木の棒などが置かれて

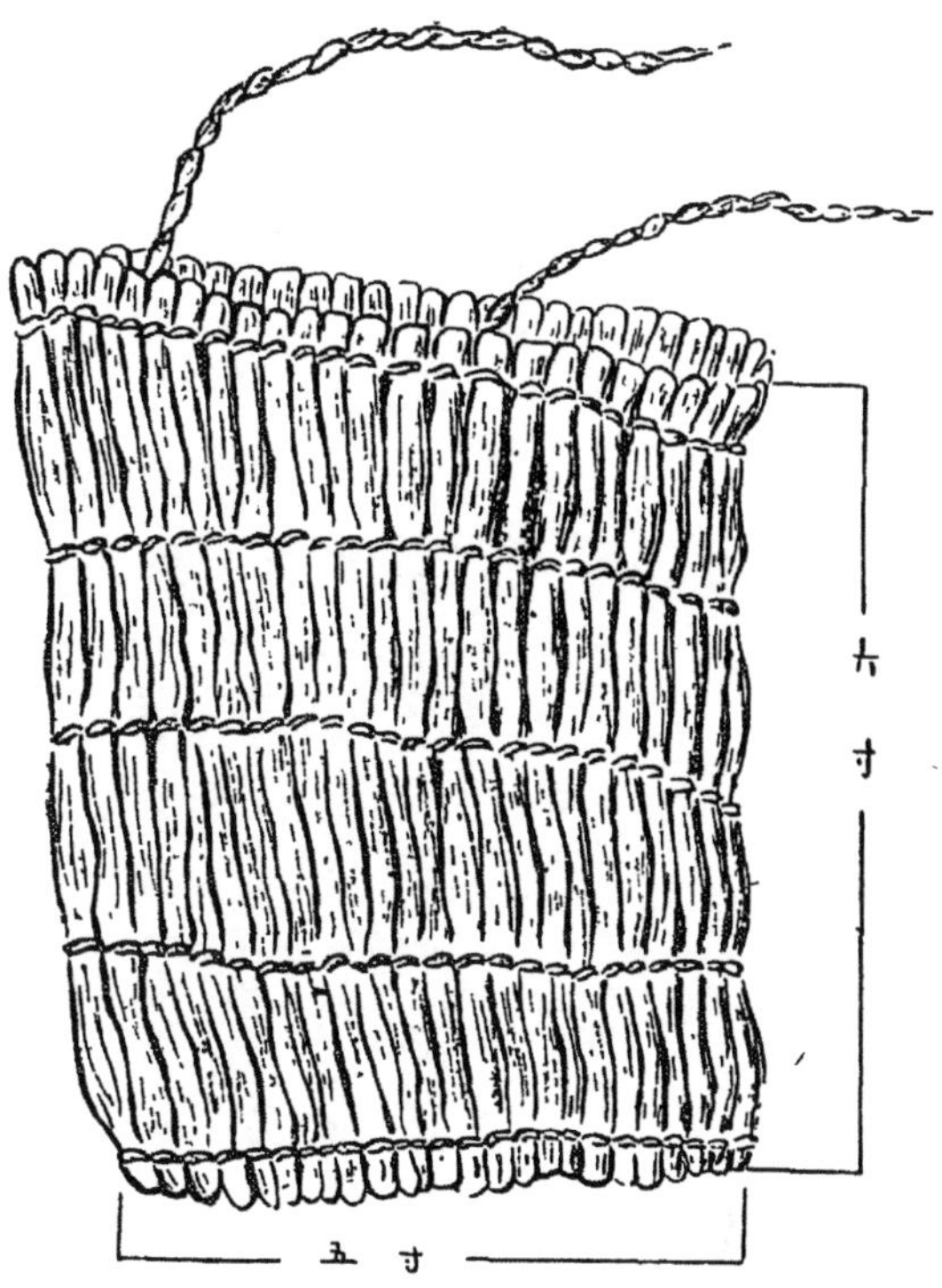

物置の代りになつてゐた。柿の實は干してお正月の飾物用に皆京都方面へ送り出される。その爲福知山あたりから柿商人が入り込んで來るさうだ。百個の柿を一れん、一れんの十集つたものが一そくと呼ばれてゐる。

東三河の狐の嫁入

白井一二

一　日が照りながら煙るやうな細雨の降る時がある。子供の自分たちはそんな時雨手を天に向けて『狐の嫁入――狐の嫁入』と言ひながら、その雨の中を走り廻つた。何處かに狐の嫁入があるとは思つて居たが、明らかにこんな方法をとつてその狐の嫁入を見るなどといふことはなかつた。自分は生れてからずつと豐橋の町の中にゐる。

二　民俗學の第一卷第六號に南方先生が『狐と雨』と題されて、狐の嫁入のことを書かれてゐる中に「本と豐川本祠邊で行はれた傳說が移つたのかと想ふ。三遠地方にそんな傳說ありや」とあつたので、それ以前から採集してあつたのと、新に東三河（豐橋市、渥美《あつみ》郡、八名《やな》郡、南設樂《みなみしたら》郡、北設樂《きたしたら》郡、寶飯《はい》郡）一圓に涉つて問ひ合したのと、特に豐川閣のうちに知人があつたので、そこで聞いたりしたが「緣下を火吹筒で覗く」方法や、それに近い方法なども見つからなかつた。

各所からの返事をもらつて驚いたことには、その方法が殆んど全部異つてゐることだつた。ただ比較的「井戸を覗く」と謂ふのはたくさんあつたが、それもその方法に至つては異つたのが多かつた。十里以內の地方で、こんなにもまとまりがないとは思つてゐなかつた。一人嫁入れば、もうその村の說話や俗信は他村に移される――無理もあるまい。

三　單に狐の嫁入と謂つた場合は

（一）日が照りながら雨の降る時、井戸の中や松林の中を行くといふ狐の嫁入行列を指す。

東三河の狐の嫁入　（白井）

（二）夜、道や田の中で增減する火、所謂狐火を指す。
の二つの場合がある。この兩者を分類して例擧してみる。

尙民俗學第二卷第一號（四五頁）で、細井一六氏が東三河地方の狐の嫁入について指の組合せ方の圖を書かれてゐる。あの指の組合せを、名を呼ばない所もあるが「狐の窓」又「狐の穴」と呼んでゐる所もある。それで以下指を組合せと謂つた場合、「狐の窓」式に組合せると記憶していたゞきたい。

細井氏の書かれた圖だけでは不明の方があるかも知れないので、組合方を書いてみる。

先づ兩手各〻中指と藥指を曲げて拇指につけると狐の形になる。今度は兩手を互違にひつくり返して耳にあたる人差指と小指を互に組み合せ、前に輪にして口を作つた三本の指を右手の中指と藥指は左上へ、左手の中指と藥指は右下へ、各〻の拇指はそれと反對の方向へ延ばし、各〻の中指と藥指を相手の拇指で支へるやうに組合せると、同圖の如く出來る。（同圖は外側から見た場合だので、自分で作つてみるとあの裏側から見たところが見える。）

斯の如く「狐の窓」式の組合せ方は、狐をシンボライズしたものだ。

四　最初、日が照つてゐながら雨の降る場合を擧げる。

1　豐橋市船町

石ころの下を覗くと狐の嫁入が見える。

2　豐橋市花田町

釜を被つて井戸を覗くと見える。

井戸の底を鏡で照らすと見える。

3　豐橋市旭町

土に穴を掘つて、その中を覗くと見える。

4　渥美郡牟呂《ムロ》吉田《ヨシダ》村中村

みしろ(筵)や着てゐるはんてん(羽織)をそのまゝ捲り上げ井戸の蓋にして覗くと見える。覗いてゐる子供に何が見えるといふと「白いものが動く」と異口同音に答へる。嫁入る時狐は化けて顏が二つになる、その顏を見るために覗くのだといふ。

5　渥美郡高師村福岡字山田

擂鉢を被つて井戸を覗くと見える。

6　渥美郡二川町

日が照りながら雨の降るときは、その雨雲の上に狐がゐるといふ。

7　渥美郡福江町

指を組合せ遠くの山を見ると見える。

擂鉢を被つて井戸を覗くと見える。

8　八名郡下川村牛川

井戸へ唾を吐いて指を組合せ、その穴から井戸を覗くと見える。

9 八名郡一鍬田《ひとくはだ》

井戸を覗くと見える。

10 八名郡大和村

村山(大和村の東端に二三町歩の山林があつた)の松林の中を狐の嫁入行列が行く。

又、麥の穗の出る頃の夕方、麥畑に青い狐がゐて化すからその頃外で遊んではならないといふ。

11 南設樂郡新城町《しんしろ》

擂鉢を被つて井戸をのぞくと見える。

指を組合せるのを「狐の穴」といふ。それを作つてその穴から雨の中を覗くと見える。

12 南設樂郡東郷村

鏡を濡らして疊の上に伏せ、その上に障子紙をあてるとそこに寫る。

井戸の底を鏡で照らすと見える。

13 寶飯郡下地町

井戸の蓋の節穴から中を覗くと見える。

14 寶飯郡牛久保《うしくぼ》町

指を組合せたのを「狐の窓」と呼ぶ。その窓から雨の中を見ると見える。

15 寶飯郡三谷《みや》町

いかけ(笊)を被つて井戸を覗くと見える。

16 寶飯郡御津《みさ》村

擂鉢を被つて井戸を覗くと見える。

17 寶飯郡御油町

土に小さい穴を掘つて赤い小石を二つ三つ入れその中を覗くと見える。

18 額田《ぬかた》郡本宿《もとじゆく》（西三河）

高下駄を履いて傘をさして井戸を覗くと見える。

五

次に狐火について擧げる。

1 渥美郡二川町大岩

夜、香奠を持つて歩けば狐に化される。さうすると狐の嫁入行列を見ることが出來る。

二三十年前まではよく山の方に狐火がみえた。

2 渥美郡伊良胡《いらこ》小鹽津《こしほづ》

狐の火を見た時には指を組合せ

「ソーコーヤ　アサダガハラニ　モンタッテ　トーヤ

ヒガシヤ　ランヤ　アラランし」

と唱へ、その窓へ息を吹き込むと狐の火が消える。

3 八名郡下川村牛川

チラチラと火が飛ぶやうに移つて行つて多くなつたり少なくなつたりする狐火といふものがよく出た。

4　八名郡大野町

日が照りながら雨の降つた晩には山に狐の嫁入があつて、火がたくさん見える。

5　寶飯郡御津村西方《にしがた》

狐の火を見た時は指を組合せて

「ソーコーヨ　ソーコーヨ　アタチガハラニ　モンカケテ　ニシモ　ヒガシモ　アララン　プップップ」

と三度唱へ、その窓へ息を吹きこむと狐の火が消える。

6　寶飯郡豐川町

少し以前までは、時々道もない田の中にたくさんの火が連らなつて行くのを見た。その火は知らぬ間に増したり消えて行つたりした。（昭和五、二、一六）

琉球の厠

金城朝永

一　琉球本島に於ては厠の事をフル（Furu）又はフール（Fūru）と稱するのが普通で、別にニシ（Nishi 北の意。民家は一般に

南向に建られるのが本體なので、厠が裏の方即ち北に在る爲の名稱）、或はヤーヌクシィー（Yā nu kushī 家の後方の意）とも呼ばれる。

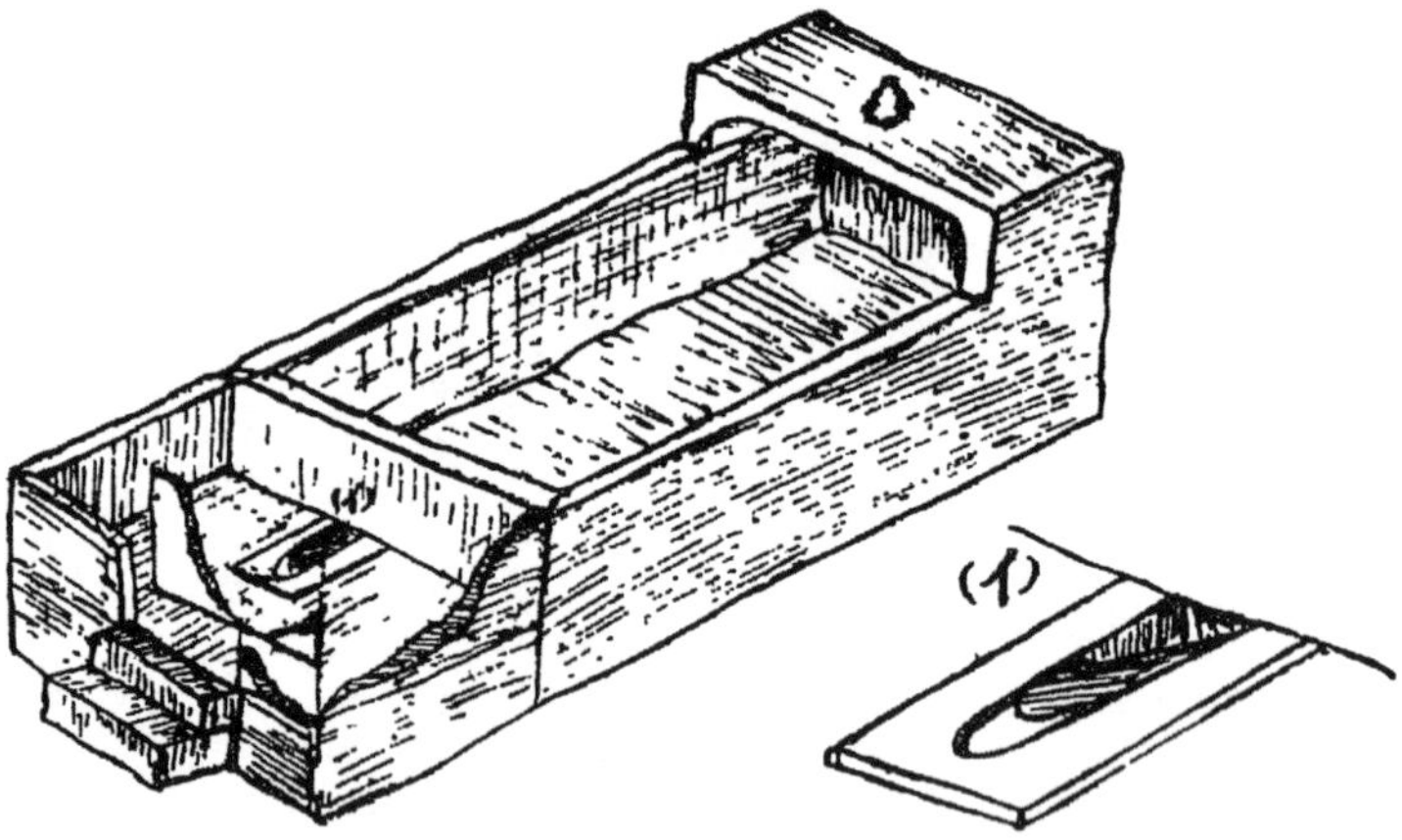

二　厠は圖の樣な石造りで、アワイシ（Awaishi 粟石。粟粒の固つた樣な砂岩）が重寶がられたが、通常の石を漆喰付けにしたり現在ではコンクリート造りもある。琉球では屋敷の境を大抵六七尺の高さの石垣で築くので、フールは此の石垣に後方を著けて造られ五六箇並べられる場合もある。勿論露天のまゝで、其の中には通常豚を一匹、小豚なら二三匹飼つてある。後方の屋根の下は豚の雨露を凌ぐ寢床になり、前方は用便する人の蹈む所でトゥーシヌミー（Tūshi nu mī 穴）は內部に通じ、人糞を豚に食はせる仕掛になつてゐる。糞の出方がおそいと、

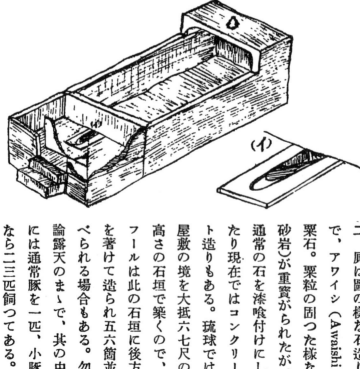

穴から豚が鼻先を出して、尻を銜かれる虞れがあるので、穴に五寸程の棒を二本位横に渡してある所もある。此のフールの滿員になつた時には、子供であると、上の隅の直角になつた所で用を便ずる事もある。糞尿は大方豚が始末して呉れるが、其の殘部を溜める爲に横に穴をあけ、是を側の地下四五尺に掘り下げたクェー・チブ（Kwē-chibu 肥え壺。）に流れ込む樣にしてある。フールの内部も矢張り石で疊んであり、豚には人糞以外にウムガー（'Mugā 芋の皮）をやるので石造又は木造の食器（長さ一尺四五寸、横七八寸の松の木を刳つて造る）を置てある。――現今でも田舍の小學生の辨當は芋であつて其の皮は馬穴に集め、希望の民家に年幾ら（大正十年頃居た中頭郡・仲西小學校では近所の郵便局長に年十二圓であつた）で請負はせ、その金を奬學資金に當てた。又那覇の遊廓でも、現在の日本便所に變る以前、大正六七年頃までは、矢張り琉球式のフールで豚を飼ひ、未だ遊女にならない十二三の女兒はウムガー・コーヤー（'Mugā-kōyā 芋皮買ひ）と稱し、知り合ひの民家の芋皮を貰はせてゐた。――此の琉球式厠は、那覇市に於ては、大正六七年頃（正確な年月は思ひ出せないが）、時の警察署長の意見で、都市衞生上遺憾の點があると稱し、民家に於ては成可く（遊廓に於ては强制的一定の年限内に）日本便所に代へる樣にとの内命で、屋敷内に別に日本便所を立てさせられ新規に造る事は禁止せられたので自然其の使用が減少して來たが、田舍では現在でも其儘である。但し、那覇市又は田舍の相當の民家には其以前にも日本便所を造る風があつたが、是を琉球式厠と區別して、ヤーブール（Yābūru 屋プール、卽ち屋根付き便所）と稱してゐる。

三 糞尿の汲取人をクェークマー（Kwēkumā 肥え汲み）と稱し、クェーヲゥーキ（Kwēwūki 肥え槽）に汲み取つた。那覇市には一里近郊の農夫が買ひに來て、大抵擔いで歸つたが、それ以上遠方から來る者は、別に小舟に移して水路を利用する者も居た。一回の汲み賃は大正中期頃の相場が五錢位で、中には現金にしないで、野菜類を置いて行く事もあり、大抵顧客先は決つてゐた。筆者の所に來た農夫は鏡水《カヾンヂ》（那覇市の南方一里程の地）の者で、季節々々の野菜を持つて來るし、大掃除の日や、折々の人手の必要な時には手傳ひにも來て呉れた。後には娘を紹介に連れて來て、以後はその持つて來る野菜類を近所の者には特に安く賣つた。都市と農村との交渉が一方では、汲取りを通して以上の樣な手續きで段々と開展して行つた譯で、是は現今でも矢張り同樣である。

四 尻を拭く事をチビヌグユン（Chibi nuguyun つべぬぐふ）と言ひ、十數年前は、紙を使ふ代りに、都會地でも、ユーナギー（Yūnāgi しまはまぼう）の葉や、ヤンバルダキ（Yanbaru daki 山原竹）を割つて拭ふ者もゐた。前者は痔によろしいと云ふ俗信がある。現今でも那覇市の五十代の婦人は大抵、糞尿後共に水で洗ふ風があり、フールの左手の方には徑一尺高さ四五寸のミヂクブサー（Mizi kubusā 水こぼし、素燒のどんぶり）の中に水を入れて木椀が浮べてあつた。男の老人には此の風は無いが、痔を病つた或老人が水を使ひ出して、以後その方が氣持がよいと云つて續けてゐたのを聞いた事がなる。（伊波普猷先生談）以前は紙でも字の書いたのは用ひなかつた。（良家の庭には爐があつて字の書かれた紙は燒き、田舍には辻に此の爐があつた。）田舍では、籠を拵へた竹の殘り、ダキヌワタ（Daki nu wata 竹の腹、卽ち竹の裏皮）を卷いて取つて置き、之を三四寸づゝ折つて用便時に使ふ事もあつたし、（中頭郡西原村出身比嘉春潮氏談）或は甘蔗の搾りかすを乾燥させて矢張四五寸に切つて用ひた。（之は燃料としても使ふ）後者は最近でも使用してゐるのを見た事がある。又野糞の場合に、芋の葉を五六枚で、拭ふ事もあつた。（中頭郡仲西村所見。大正十二年頃）

五　フールは屋外にあるので、夜半、又は冬期中の用便時に用ひる爲めに、首里、那覇の一般の民家には、前述と同樣なミヂクブサーの一箇位は必ず備へ付けてあつた。尿のはねないのと又捨てる時の便利を計つて二三分程水を入れてウシムトゥー（Ushimutū 臺所）の板の間に置き、翌朝、フールに持つて行くのは勿論主婦（又は女中）の仕事の一つであつた。此の便器は、日本內地の虎子《おまる》の樣に、病人の排便時にも使用され、又婦人の用便時に水を入れて厠に持つて行かれる事もあつた。

六　特に厠神の信仰は無い樣であるが、圖の樣に、厠の屋根上に石を据え、ヤシチヌウグヮン（Yashichi nu ugwan 屋敷の御願）の時に之をトゥーシヌミー（Tūshi nu mi 便を垂れる穴）と共に拜する事はある。是をフールヌウグヮン（Fūru nu ngwan 厠の御願）と稱して、決して忘れずにやつた。

又琉球では、子供にマブイ（Mabui 魂）を籠《こ》める風（佐喜眞興英氏『シマの話』八四―八五頁參照）があるが、フールマブイ（Fūru mabui）と言ふのも重要なるもので、其の時は必ずフールに行つて禮拜を行ふ事になつてゐる。外に、夜半マジムン（Mazimun まじもの、妖怪）に會つた時には、厠の中の豚を三度蹴つて鳴かせると魔除けになると云ふ俗信がある。豚に就いてであるが、田舍に於ては、特に正月豚と云ふものを飼つて、舊正月に之を屠つて食ひ、殘部は鹽漬にして置く風がある。（他の豚は市に出して賣るのは勿論である。）

七　琉球の婦人は便所以外で放尿するのは割合平氣で、現在は少くなつたが以前は石垣に向ひ又は屋敷の片隅に踞んでゐるのが度々見受けられた。之を視るとミーハガー（mīhagā 一種の眼病）になると云ふ俗信がある。

八　フールでお産した場合には、生れた兒が男女に拘らず、必ず最初にンター(Ntā 武太)と名付けて置いて、後に童名《わらべな》を改めて附け變へねばならないと言つてゐる。

九　大便、小便をする事を各〻クスマユン(Kusu mayun くそまる)、シィーバイマユン(Shībai mayun いばりまる)と言ひ、小便の時だけマユンの代りにスン(sun する)と言ふ場合もある。

一〇　野糞をして、糞の歩いたと言ふ歌が、日本各地にあり、大抵西行法師が引き合ひに出されてゐるそうであるが(宮武省三氏『習俗雜記』八九―九〇頁參照)是に似た次の樣な歌が琉球にも殘つてゐる。

山原《ヤンバル》ヌ旅《タビ》ヤ　幾度《イクタビ》ンサシガ
糞《クス》ヌ歩《アッ》チュシヤ　今度《タンドゥ》初《ハツ》ミ

山原(國頭郡の山地)は山龜の多い所なので其の上に垂れた事になつてゐる。

一一　明治四十年頃の八重山島の海村には、便所の設備が無く、土地の人は海邊の砂を掘つて穴を作り、用便後砂を被せて歸ると、潮の干滿によつて海水で立派に洗ひ流される仕掛になつてゐた。(伊波先生談)(一九三〇、二、一四)

死亡の通知

―西三河下市場地方の話―

矢頭和一

此地方へ未だ電報の設備が無かつた頃迄の事です。人が死亡すると附近の親類や平素心安く交際して居る者の中で成るべく足の達者な若い者が大抵二人が一組と成つて遠近の各方面に散在する死者の知己緣邊へ死亡通知の役にたちます。之れを此地方でシニビンギと云ひます。

シニビンギは其死亡と同時に死者の家人から指圖された方面へ出發する。夫れが朝で在らうが眞夜中で在らうが、雨の中でも風の中でも一切頓着なく、空腹の時でも一度食事を濟してと云ふ猶豫も無く、其撰ばれたが最後で其場から走り出すと云ふのが一般の義務で在り又自然の法則の樣に成つて居ました。從てシニビンギに撰ばれた者の家人達は夫れを知らずに居ると云ふ樣な事は別段に珍しくは無いが大抵平素の關係から今度はシニビンギに撰ばれるだらう位の想像は附けて居る風です。

シニビンギは、假令夫れが日の中で在つても必ず各自に弓張提灯を持つて居る事が其印に成つて居り、此のシニビンギは急ぐものと一般の人達が同樣に認める爲めに摺り違ふ事に難儀な細い道などで他の人が出會すると、自分から道を讓つてシニビンギを通らすると云ふ美しい風も在つた位です、又夜など向ふの方を急がしい様な二個の提灯の火影を見受けると、何所かでシニビンギが立つたと云つて老人達は唱名すると云ふ風でした。

シニビンギを受けた方では、夫れが日中なら勿論の事眞夜中で在つても其姿を見ると直ちに夫れと了解して漬け物でも生味噌でも何でも構はず其時其場に在り合はする物を副へて膳部を作り先づ上り框にならべる一方では冷へた番茶の用意にかゝる、シニビンギの方は其所に腰を掛けて先づ茶碗や箸を取りながら「何所其所の何々さんがよう無かつた」と云ふ風に自分達の役向を物語る、受けた方の人達は其前に座つて相手に成ると云ふ事は無くて立つたり歩行いたりして、シニビンギの人達に飯を食べさせる事、或は其時の都合で直ちに死者の方へ出向く場合は其仕度を急ぎながらシニビンギの人と應答すると云ふ風で、來客とか云ふ意味の形式的の挨拶は双方共に一切なしに、云はゞ腹が空いて居るからいゝだけ勝手に食べよ、よし、いゝだけ食べると云ふのと同様な風です、其時は假令、更に空腹を覺へぬ場合でも必ず一碗は無理にも食べる事に成つて居ました（此時は只一碗だけで盛り替へたりせぬものだと云ふ様な事も聞くが夫は確と考へるだけの材料が無い、參考として申て置きます、尤も其時の茶碗は必ず大きな物を用ひて居た事は事實だと云ひます）從つて此地

方では何時何所からシニビンギを受けるかも知れぬ、其時の用意で在り大きな恥晒しだと云つて飯の食べ拂を固く忌みます、尤も其家々の生計に應じたもので四分六の麥飯でも粥や雜炊でも夫れは決して恥でないと云ひました、しかし農村としては夕食を新しく炊く事に成つて居た爲めに大抵は夫れ位の餘裕はあります。

死者の家との關係上、其受けた方の家人がシニビンギの人達と同伴して出掛けると云ふ様な時に、夫れが眞夜中で在つて出發には尙ほ早い、夜が明けてからとする時に其所で待ち合はせる時間内で、更に改めて別な御馳走をする事も在るが夫れはシニビンギの本來の性質では無い、又シニビンギは通知は急くが通知をすれば其歸りは急ぐもので無かつた様です。

シニビンギの都合で二ケ所か三ケ所を一組で引受ける様な時は、初めの家では表口に立つたまゝ簡單に何所其所の何々がよう無かつたと述べて次ぎに急ぐ事に成つて居た爲めに、食事をするのは只一ケ所だけの時か又最後の家で在ると云ふ事になります。

此風習は下市場から七里計りの遠方に迄行はれた事を記憶しますが、相當に廣い地的に同様に認められて居た様です、今日でも尙電報の不便な地方や、又比較的近い所へはシニビンギが行はれて居るが、其形式は全く變つて居ります。

壹岐民間傳承採訪記 其の六

折口信夫

◇斬罪人

斬罪になるのは、つけ火・碇盗み・稻盗み・牛盗人・藏きり・人殺しなどである。

しおき場は、勝本線の百間馬場である。七十二になる老人が、覺えてから百間馬場の使はれたのは、二度しかない。一度は、平戸で斬られた熊治《クマジン》右衛門が、獄門になつた。今一度は、喜兵衛が此處で斬られた。うち首の現物を見たのは、此が見はじめの見收めだというた。

喜兵衛は、諸吉妙光寺の藏をきつた爲に、斬罪になつた。其孫《ウマゴ》は、現に、島に居る。

◇行きだふれ

行き仆れの死んだのは、引きうけてのあることもあるが、ない時には、ごくりゆう地に埋める。

◇目と耳と

いめの字を澤山書いた繪馬が、よく地藏樣にあげてある。目の願である。

穴の澤山あいた石のあげてあるのは、耳をよくして頂く爲である。

◇よりねきねん

今日は禁ぜられてゐるが、よりねきねんと言ふものがあつた。今も密々には、行はれてゐるかも知れぬ。其を行ふ事を、とるともつかふとも言ふ。又、動作をかりしばとる、人をかりしばとりと言ふ事もある。元、二竈あつたが、今はない。其中一軒は、神職になつてゐる。山伏の樣に火渡りなどもした樣であるが、主に加持祈禱の崩れた形を行うたり、占ひなどをして、人を惑してゐた。

此外に、弘法念じ・稻荷念じなど言ふ法人《ホオニン》があつて、警察の目を潜つては、祈禱などをしてゐる。

◇憑き物

やこお（野狐？）と言ふのは、鼬の樣な姿をしたもので、人の脇の下に潜《カヾ》む。すると、其人はやこぉづきになる。こいつは、鹽辛類が嫌ひだから、やこお憑きも、鹽辛を喰べなくなると言ふ。

◇ほたあし

初山村の坪觸には、ほたあしが多い、と鄕野浦のれふしが話した。此をつぼたし、又はつぼだたと言うて名高いのだと言ふ。さうして、其石の上に乘ると、足がはれて、ほたあしになると言ふ石もある。こんな話を聞いて、象皮病は珍しくないに、しても、さうした石までと信じてゐる事が、南島とよく似てゐる、と興味を起した。壹岐を退く其日、初山の家へ歸省せられる郡長と同道して、坪の現任初山村長の家を問うて見たが、そんな話は聞いた事もなし、石などは勿論あらうはずもない、と一笑に附せられた。けれども、坪の觸境を越えて人に問ふと、やはりそんな話はある。但、石の方はどんな石とも知れないが、其も聞いてゐる、との事であつた。此は變な事であるが、二様の想像が出來る。よい方の考へでは、外側の噂で、そんな話を作り出しただけで、内側では何も知らないのかも其は知れない。

◇田と畑と

稲荷さまは田を守り、やを(ぼ)さは畑を守る。田には又、田《タン》の天神《テンジン》と言うて、田を守る神がある。印通寺《インドウジ》の酒やさいだあを賣る店の表に、三四尺位の小さな幟が立てゝあつた。其文句に、

> **天満宮日參**
> **田天神**　家名

霜月十五日には、田の天神田から上《アガ》つて、畑にお出でになる。畑の神はやぼさ神又はどおろ神《ジン》である(やぼさ神參照)。祠はない。師の房が、土用に來て、畑の脇で、土用經を彈いて祭る。

右の日には、米團子のまゝの粢の煮ないのを作つて、田畑並びに神々を祭る。此はきまつた休み日ではないが、社にこもる人もあるから、實際は休み日になる。併し休まぬ人もあると言ふが、休む・休まぬ、どちらが古いかは、訣らぬ様である。

此霜月十五日となごしとは、百姓の祭りだ、と信じてゐる。なごしと言ふのは、六月廿九日の行事である。此日濱に行つて、汐を浴み、汐湯(なみの汐水)を家に持つて戻つて撒く。又、まさごをば茅萱に包んで歸つて、田・畑の神にあげる。此日は、海に這入つても、があらつぱにとられる案じはない。あちこちあるくと、田のあぜに供へてある麥稈《ムギワラ》のつとを見る。此も此日小麥團子を拵へて、田の神さまにあげたものである。田・畑の神には、別に祠も、御神體もない。唯あぜでお祀りするのである。

田の頭をそね尻をあぜ、畑の頭もそねで、尻はこじりと言ふ。鄕野浦　　に、敷秭(?)は、畠の首なり。敷小尻は、畠の尻なり。…そねは、さし出たる地なり。…くろは、田畠の端のめぐりなりとある。敷は想像は出來るが、秭は、讀む事も出來ぬ。そねと讀むのであらうか。

田植ゑには、飯時々々にお供へをする。朝もあげ、晝もあげる。田植ゑのはじめに、されい(さでとも)かんら(莖)と言ふかづらのうれを二本とつて、梅干しと、和布の葉と、御神酒と

をあぜにあげる。だから腹がへると、「腹がへつたの。天神さまへあげる」など言うて、飯にする。天神さまのおさがりは、其日の代をやつた(掻いた)男(をっと)が頂く。

以前は、泥かけを盛んにした。海道をかよふ人に、「靑苗をあげろ」と言うて、投げる事もした。はれ著に苗をかけられたのでおこつて、手傳はうと言うて來て、田をむちやくちやにした。あるじがあやまつてやめて貰つたと言ふ話もある。おたちと言うて城代の居た處、或は郡代の居た處へまで投げかけて、咎められた事があつた程である。

◇舟

舟の名どころ。底の方から勘定して、

かわら　かぢき　うわだな　だい

と言ふ順序である。

舳に近い箱見た樣な處が

かんばん

同じ樣で、艫によつてあるのが、

ひやま

火を焚く處だからであらう、と言ふ。

舟の忌み。

舟に載せてゐるいのは畜類である、殊に、牛馬は、船中で噂するさへ嫌ふ。梅干も、舟に入れぬ。梅の話をするのも、よくない。鳥類は、船に積んでもさしつかへはないのである。

◇名言はず島

東の海中にあるおろが島には、人居はあるが、名言はず島には、社があつて、神主が一人ゐるきりである。此は、筒城八幡社の下で、社掌も右の社から遣るのである。

蜜柑のよく出來る島なのだが、すべてなり物類は、向うで喰べるのは、いくら喰べてもよいが、一個でも持つて出る事は、禁じられてゐる。持ち出す事を神樣が、お嫌ひになるからである。お社は、通りざまに漁師などが、參るだけである。

◇渡良三島

渡良三島は、單に渡良島とも言ふ。大島が、中で大きく、原《ハル》島が一番小い。壹州から更に移される流人は、大島にあがる。そこでもわるい事をやめぬと長島、長島でもこたへぬと、原島へおこしたのである。

原島は西瓜などは立派なのを作つて居るが、さびしい島である。姫大明神と言ふ社が、それでも地形の一等よい兩方に海の見える岩陰の樣な處に、祀つてある。こゝでも、流人の後の立派な家の、如何にもおだやかな老翁から、其父なる流され人(ひと、淸音)の話を聞いた。此島に牛は居ることは居るが、喰ふ事はせぬ。

人が死ぬと、夜になつてからは、家前《マヘ》の物盗《ト》りに、人が來ても出ぬ。小便も、桶を家の中にとり入れて置いて、それにする。島のはづれのある家に行つた處、あるじは洋服姿の私が、島ひとにとつては、格別興味もないはずと思はれる家の間どりを見て廻り、家常茶飯事を尋ねたりするので、非常に不安に覺えたらしく、私の後に殘つた案内の船方が、懇切に説明したにも拘らず、「あの人は何か、おれの惡事を調べに來たのだらう。前にちよつとした惡が事をした事はあるが、其後は、何もせぬのに」と顏色を變へて、根掘り葉掘りをした相である。さうした人たちも、なる程居さうな島である。

此島の眞北の鼻の鋒《ホコ》崎は、ずつと海につき出た低い崎であるが、其處の石をとつて、海に入れると、風があれると言ふ。

天滿宮が一つ、長島にある。御神體じやんこ石の樣なものだと言ふ。其が、崎の濱に流れよりじやりん〳〵と不思議な音を立てゝ毫光がさした。「神なら、佛なら、復よるであらう」と海へ投げると、復もや、じやりん〳〵と岸による。其處で、其を齋うたのが、此社だと言ふ。

より神では、八幡田河の長者原の崎にある寄八幡宮が、名高い。御神體の巨大な石であることは、續風土記にも見えて居る。此も、流れ寄られたのである。

長嶋の西北の端は、くらの口と言ふ、此島の崖と、小島との間に出來た、細い水道があつて、見おろすと土地の人には、もの凄い感じが起るらしい。こゝに大蛸と、があたろとが棲んでゐると恐れて近よらぬ。又、青びき・百間びきなど言うて、大きながくどおが居るとも言うてゐる。

大島は、村らしい家並みが整うて見える島である。こゝでは、しけの日には、どうぶるひで物を搗く音をさせるものがあると言うてゐる。其は、以前、對州の人が伊勢參宮の戾りに、此沖あひで大西風《オホニシ》に遭うて死んでからの事である。常娥島では、雨の日は、海の中に機を織る音が聞えると言ふ。

◇山伏塚

やんぼし塚は、壹州一圓に分布してゐる。箱崎には殊に多い。齒の痛む時に參るのである。

鯨伏の住吉神社の軍越《クサゴエ》の神事にも、此塚が絡んでゐる。深江の山伏塚は、今の松島禰宜の何代か前に、くさごえ神として此神事に出た人があつた。山伏三人行き會うたのが、深江に來た時である。あちらから、後へ寄れと言ふ。さがらぬ、とこちらでは答へた。其では、彥山に祈ると言うて、いら高珠數をもんで祈つた。此方でも唱へ言をして、鉾を振つた。とう〳〵松島氏の祖先も、馬から祈り落されたが、向うは三人ながら落馬して、其場に死んで了うた。其を道ばたに葬つた跡だ、と言ふ。

此話には必、ある錯誤がまじつてゐる。之を事實とするには、壹州中の山伏塚が擧つて、反證をあげてゐる樣に見える。國中、幾つとも知れぬ山伏塚を築いた樣な彥山修驗と、神主との間に、かうした鬪爭の痕跡とも見るべき唯一つの話を生んだものと見る方が、正しいらしく思はれる。

山伏塚は、修驗者が、村々に來て築いた祭壇に過ぎまい。信ぜられた山伏が、死んで葬られた墓を見るにも、あまり言ひ合せた樣な特別待遇である。

山伏が替れば、前修驗の築いた壇によつて、法を修するを快しとしなかつた者もあらう。其で、幾つもの山伏塚が、一村にも現れたものであらう。

◇風の名

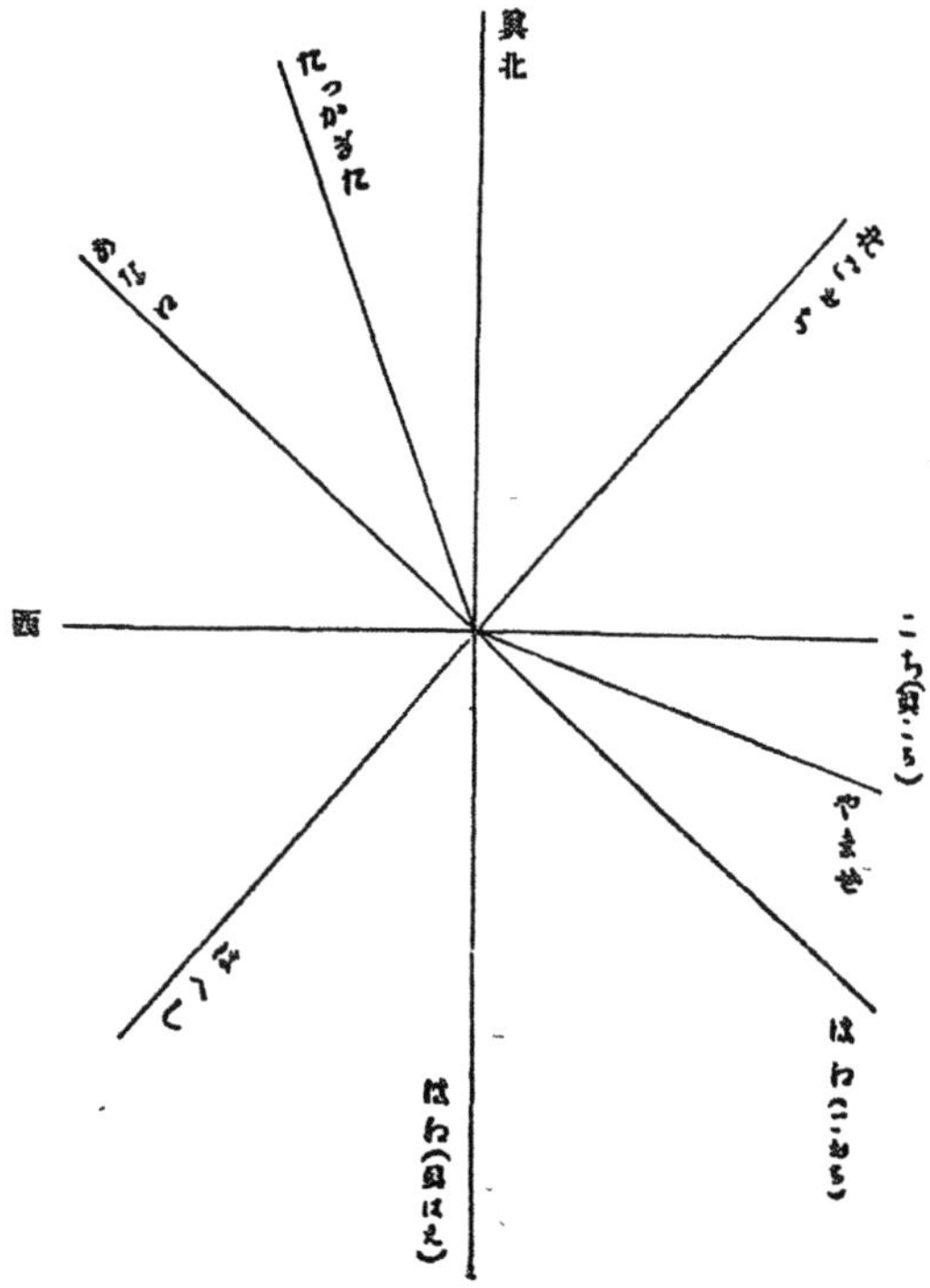

◇物ぐひのよい人

住吉に、善二郎と言ふ人がゐた。確か家名は、「たるもと」と言うたかと思ふ。五十年もあとの實際見た事である、と鄕の浦の老漁夫が話した。

一度、鄕の浦の日高某に賴まれて、勝本《カザモト》から鰤の荷を、十五錢貰うて持つて來た。住吉に來た處、善二郎さんが呼ぶから行くと、鰤を喰はせいと言うて、一斤八錢のわりで、九斤の鰤をとつて、頭からかぶつた。骨でも何でも、ばり〳〵とやるのである。頭から尾の端まで、何一つ殘さずに喰べた。にがみも、わたも、血も骨も鱗も、すつかりとおなかに收めた。又ある時、六斤の鯛の魚を貰ひ込んで、卽座に喰べて了うた事がある。此時も勿論、堅い脊鰭すら、殘さなかつた。

◇耶蘇教の今昔

島人の自慢の一つは、耶蘇教は昔は、此島に這入つて來なかつた。今に措き、一人の信者もない、と言ふ事である。なる程、平戶侯の異宗門調べは、嚴重でもあつたらうが、つひ鼻の先の馬《マ》渡《ダラ》島まで來てゐて、此島に渡らなかつた事はあるまい、と思うて心掛けて探つて見たが、滯在中には、とう〳〵何の手がゝりも得なかつた。年に一度位は、長崎の敎會から、福音丸と言ふ船が傳敎に渡つて來る。村役場の近所の家に、福音丸傳道所の木札がさがつて居る。此は、たゞの家を、其をりにだけ借るの

- 總0859頁 -

で、其家の軒先に魔よけの水字貝の殼が吊してあるのも、おもしろい姿である。島外に住んで居る島出身の人は知らぬ事、島の内に居る者では、一人も信者がないと言ふのも、いつの調べか知れぬが、教會の信徒名簿すらない島であるから、やはり程度問題であらう。

◇海の棺

聖母様の祉の横の濱邊一體に、少し掘り下げると、三方を薄い板石で横に人丈程に圍んだ、抽き出し風になつた處に、幾らでも行き當る。其中には人骨が這入つてゐる。濱を石で築き上げた時にも、澤山出て來た。其を元通りにして置いた相である。太閤朝鮮征伐の時に持つて還つた敵の死骸を埋めたのだらうと言うてゐる。

併し或は、もつとずつと近世まで、波うち際に屍を埋めて、自然の洗骨に任せる様な風が、此島にも行はれてゐたのではあるまいか。琉球から渡つて來た私の心には、そんな風な考へが浮んだ。對馬にも、唐津の神集島にも、一種の殯塋があつた。

天草と肥後

天草郡は現在は行政上、熊本縣の管轄になつてゐるが昔から、北の唐津、島原、長崎の支配を受け、風俗人情等その影響が大きく從つて氣持の上にも親近の度が強いが、熊本とは甚だ緣が薄い、隨つて今でもまだ、肥後人には同縣人でありながら天草を輕蔑する氣持が強い。故に天草人も絶えず感情の融和が出來ず、些細なことでいがみ合ふことがある。こゝに兩者の反目を反照する話を紹介しよう。

天草人が肥後人を罵る歌を作つた。曰く

盆正月、馬つくれしのその外は
あはでこの世のすごしてよとや

すると肥後人もまけては居ない得意の肥後狂句で一本酬いた、曰く

目白でん　からいもくちやー　よーさえん

他國人には多少解說を要しよう。肥後人は天草人を常に甘藷と鰯のみで生活してゐると貶してゐる。天草人は又肥後の田舍人が粟の飯を常食とするを罵つてゐる。天草人の歌は、「肥後の人間は、盆と正月と馬つくろひの日米の飯を食ふ外は、粟ばかりで葬すぢやないか」といふのであり、肥後人のは「いくら好い音を有つた目白でも、唐芋ばかり食つて居ては良く囀れない」といふのである。

（濱田隆一）

紙上問答

○たとへ一言一句でもお思ひよりの事は、直に答をしたためて頂きたい。

○一度出した問題は、永久に答へを歡んでお受けする。

○どの問題の組　にも、もあひの番號をつけておくことにする。

問(一二)　二巻二號九七頁に書た拙方の下女直枝話しに、幼時紀州新宮町の明神山や坊主山に春日遊ぶと、福壽草に似た矮い草あり、其花内は紫色、外は紫だが白毛を被る、花後長き果毛多きを試みに唾で沾し、叩けば分れて鬘とタボと前髮の如くなる、之を括つて女の頭と見立て戯れとした、其名を知ず、假に「髮ゆふ草」と呼だ、多からぬ者ゆへ、一本見當ると爭ふて採た、其後武州秩父えゆくと此草多くあり、土俗オチゴ花と名け、唾で其果毛を沾し、ピンダボ分れといひ乍ら叩けば、分れて上述の狀をなす、其を括つて樂しんだと。本草啓蒙を按ずるに白頭翁(チキナグサ)の方言を列れた中に、チゴバナ(加州播州)チンゴバナ(信州)チ、コ(野州)カハラチゴ(同上)チンゴ(但州)チゴノマヒ(越中)オチゴバナ(水戸)カツチキ(飛州)とある。カツチキは喝食で、一話一言八に、或書〔嬉遊笑覽より推するに、片言といふ物らしい〕より「聖道にては兒といひ、禪律の兩宗にては喝食といふべしと也、昔し僧にも非ず、俗にもあらぬ人が、寺院へ立入て佛道を修行し侍るが、齋非時杯の折節、食物を呼つぎ侍るより事起れりと云り、喝食の二字は食を呼はる心也とかや、然るをいつの程にや、僧の慰さみ物に成侍りしと、或る禪僧の語られし儘知ぬ事乍ら書つく」と引た。爰に所謂僧の慰さみ物に成た男兒に就ては、雍州府志七に、曾て後白河院甚だ男色を重んず、故に堂上の男子十六七歲に及び眉毛を剃り、別に竈突の墨を以て双眉を造り、白粉を以て面顏を粧ひ、鐵漿もて齒牙を染め、臙脂を爪端に傅け、專ら婦人の粧をなす、玆より流例たり、云々、爾後寺院の喝食小兒亦之に倣ひ、頭髮を背後に垂れ、又前髮少許、其末を截り垂下し、油を以て之を額上に黏す、其垂髮の形ち鴨脚葉の如し、而して白粉を面顏に傅け、突墨を眉毛に刷く云々、凡そ喝食の體に於るや、元と今畫く所の寒山拾得の貌の如く然り、室町家甚だ禪の宗旨に歸依し、時々五山の寺院に來臨す、時に僧徒喝食の中より其容貌の美なる者を擇び、白粉を傅け臙脂を粧ひ、斑紋の衣を著け、黑衣を服し、内に紅色の絹を緣とらし、膳を供え茶を獻ぜしむ、是より流風となり、粗ぼ婦人の粧ひの如し、公方家亦間ま之を寵し、僧徒之が爲に執著甚しく戒法に違ふ、誠に歎息に堪たり、云々と記す。上に引た一話一言と嬉遊笑覽一下。守貞漫稿八杯を合せ考ふるに、本と聖道の侍童は髮を長く背に垂れ、入れ元結で結び、稚兒姿と名け、禪律二宗の侍童は、髮を平元結で結ふて後へ垂れ、其先を肩の邊で切て喝食姿と稱へた。松屋筆記百五に「正月御事始記に喝食云々、兒よりは少しおとなしくなれる者の事とみゆ」と出づ。果して然らば、男色を女色に比べて、稚兒は娘、喝食は中元服に相當した時代も有た者か。兎に角本邦諸州で白頭翁を稚兒や喝食で名けた例多きをみて、古希臘と等しく、日本にも昔し男童が女子よりも珍重された時代が有たと知る。白頭翁は近出宇井縫藏氏の紀州植物誌に産地七所を擧れど新宮を列せず。それを拙方の下女が幼時偶然見出し、其痩果の尾が白熊に似たるより、毎度玩そぶヒイナ草(骨董集上編下之五最末に圖あり)から思ひ付て、女の髮に結び作り、他の兒女に傳習せしめて遊んだ。後ち秩父え徃くに及び彼地の子供等盛んに右同樣の遊戯をなし居たといふ。これでこんな較や簡單な遊戯杯は、必しも一方

紙上問答

より他方え傳ふるを俟たず。物と能力さえ有ば別箇に發生するを得ると判る。それに就て、新宮と秩父の外の地方にも、白頭翁の果毛をぬらし、結て女の髮容を模すを子供の遊戯とする事ありや。讀者諸君の教えを仰ぐ。（南方熊楠）

問（二三）　本誌二ノ二南方先生の「鳥の金玉」の中に「スンバクは寸白也。今昔物語、本草綱目等にみえ、人體内に寄生する虫のび」と申されてゐますが、東京近郊では、寸白は、婦人病の一種です。男の疝氣、女の寸白と申します。南方先生のお説と婦人病の名とする寸白との關係をお知らせ下さい。（白根喜四郎）

問（二四）　次の方言を敎へていたゞきたい。一、鳥居の副柱、二、門松の支柱、三、どうづきの重り、四、其重りを吊す三叉、五、橋の袂の袖垣、六、橋の中央の突出部、七、神泉に立てる棚。（橘正一）

問（二五）　折口先生の「古代人の思考の基礎」を面白く讀んでゐる。それについて前號の「商返」の樣な習俗が、古代の民族の中にどの位廣く行はれてゐたかを知りたい。かういふことは昔の習慣を知るばかりでなく、現代の經濟問題や、道德問題の上にも何かの示唆を與へるものがあると思ふ。舊約聖書レビ記の中に記されたるヨベルの年（The Year of Jubilee）は、一種の德政、商返であると思ふが、外の國にも斯ういふ例ありや否や、諸先生の示教を受けたい。

（蘆谷重常）

答（四）　人糞を肥料に用る風が日本以外にも盛んなるは、只今ホンの座右に有合せた書籍を、手當り次第に繙といてもすぐ分る。例せば元の成宗の時カムボヂアえ徃た周達觀は、彼國で田を肥し又菜を種るに皆な穢（人屎人尿）を用ひず、其不潔を嫌ふのだ、支那人彼地に到る者、皆な土人と語るに、中國糞肥の事に及ぼさず、鄙しまるゝを恐ると書き、次に土人と支那人の便所行きの仕方の差異を說た。古い所では禮記月令季夏に、是月也、土潤溽暑、大雨時行、可三以糞二田疇一、可三以美二土疆一。糞は肥料をやるの意だが、本と肥料の大部分を糞が占るから出た詞だ。糞は穢也とあれは主として人糞の事だ。詩經說約に鱗士魚曰、詩世學袁氏曰、古人祭禮に園蔬を用ひず、其穢れて褻《なれ》ん事を惧るれば也、故に荇蘋（水中に自生した草）を采て菹とし、藉田にも亦糞を用ひず、唯だ香水燔柴を以て其灰を取り麻豆に襍えて之を壅ふのみとあり。李笠翁は圃に種た菜に穢物が附て乾くと一と通りで淨め難いから刷毛で精細に淨むべしと說た。又孔子家語に果屬六あり、桃を下となし、祭祀に用ひず、郊廟に登さずとある。桃は人の糞穢を得てよく實のるからと何かで讀だと思へど不確かだ。其から稗史に、魯智深六相國寺の菜園を管する處え、過街老鼠張三と青草蛇李四が二三十箇の破落戸を率ゐ挨拶に來り、智深を深い糞窖え突落さんとし、逆さまに突落された話あり。此糞窖は無論菜園の糞肥を溜置た物だ。近古歐人が筆した一例は「支那農民は主として稲作に氣を使ひ、極めてよく田地を肥し、非常に注意して人と畜生の凡ての不淨を集め又木や菜や亞麻油を不淨と交換する。是等不淨は、他處では植物を焦すが、支那人は之を用る前に水でよく緩和する術を心得おるので、よく其土に適する、彼等は不淨を桶に集め入れ蓋《ふた》して肩に擔ひ、毎日運び去る故　甚だ市街を清淨にす」と云のだ。十七世紀に波斯え徃た人が書たは、此國の土乾き又瘠せ且つ硝石を含む、故に農家の心配一方ならず、多くの肥料を要す、隨つて糞を用るに人と畜生を別たず、殊に人糞を重んずるより、糞を汲で賃を取り處ろか、汲せやった家僕が汲み手よりボロイ肥代を貰ふとある。印度ではファルラクハバッドの土人は久しく人糞を肥料としトウモロコシ、ジャガ芋と煙草の收穫他に三倍す。チナプールで不淨を農事に用ひた人は共同姓より五ルピーの罰金を課せられた

由。此序でに珍件を述よう。

袁宏道の姑蘇游記に、漢中百花洲在胥盤二門之間、余一夕從盤門出、道逢江淮之間百花洲花盛開否、盍往視之、余曰、無他物、惟有二三十糞艘、鱗次綺錯氤氛數里而已矣、進之大咲而別。差當り「肥汲みに一と杓たのむ花畑」の句を想ひ出す。所ろが似た事もある物で、十八世紀の末年近い爪哇記行にバタギアの蘭人は、こんな暑い處え雪隱を建ると熱病をはやらすの、バンヂクート鼠に珍棒を咬るゝのと言て、之を設けず。口狹く低くて腹の膨れた壺を廿四時間家の一隅におき用便する。午後九時に一同解散して自宅え歸る。其時支那人糞舟を漕ぎ市中の溝渠を呼び廻ると、家々の奴隷かの壺を持出し舟中えあける。支那人之を集めて此邊で農作を專占する同胞共に賣り、之を金庫と名ける。其舟の芳香を徐かに吹送る風を聞く蘭人が、從容としてサア九時の花が咲たわいとながめた由。(眞臘風土記、耕種の條。康熙字典、糞字。大和本草一。水滸傳五—六回。Astley, 'A New General Collection of Voyages and Travels, 1747, vol. iv. p. 121; Pietro della Valle, 'Viaggi,' Brighton, 1843, pt. ii. lettera iii; Balfour, 'Cyclopaedia of India' 3rd ed., vol. ii. p. 859, 1885; 類聚名物考二四一。Barrow, 'A Voyage to Cochinchina, 1806, pp. 213—214.)

答(一五) 二卷二號一四六頁、一段、伊藤君が報ぜられたオビーに就て申す。古今夷曲集九に「剃落しかしら虱はなき迚も、臍より下はいかにお比丘尼」。紀州諸處で今日尼をオビク又オビクサマてと云ふはオ比丘尼に本づく。作者板行年月共に知れない八文字屋風の戯作、傾城風流杉盃、江戸之卷三に、蘆浦雁介てふ中小姓が、清林てふ艷尼にもてなされ、管をまくとて彼尼をオビン樣と呼ぶ。元祿十六年板、傾城仕送大臣五の二にも、歌比丘尼祐古、濱邊を下へさがれば、阿波船の水主船ばりに立上りオビン〳〵と呼掛け肩一つ借らふと[illegible]ふとある。同書三の四に坊主をオボンと呼ると好一對の語だ。明和八年板操草紙三に「比丘尼はビクニンとはれる奴が買ひ、蹴轉かしはケコロとしやれる人が買ふ也」とあるを參照するに、オ比丘尼からオビクニン共よりオビンときた者だろう。之と等しくオ比丘尼、オビクと約め終にオビーと成たと想はる。又伊藤君が報ぜられたオビーの住家をリヨーと呼だは寮で、正字通に、寮は小窻也、楊愼曰く、古人同官を謂て寮となす、亦齋署同窻を指して義となす。だから尼の合宿所を寮と言たのだ。其から轉じて尼の頭領をお寮。狂言記拾遺三、比丘貞に、「身共に御目を掛らるゝお寮樣に、目出たい富貴なお方がござる、是へつれて參り、名を付て貰はうと存ずる」とあるのがそれだ。一代男輪講三に林若吉君が言た通り、風俗文選四、許六の師說に「山伏の師を先達といひ、其弟子を強力と名け、比丘尼の師たる者をお寮と云て、其弟子を米かみとは云ふ也。」江戸杯ではお寮は賣色比丘尼の頭分と成了つたらしいが、伊藤君が名ざした村には近頃迄尼の住所の稱呼として本義を存したとみえる。

(以上二項、南方熊楠)

答(一一) 葬儀のことを岩代國岩代郡郡山地方では土着の人が、ザザンボ、又はザランベエ、略してベエノ〳〵とも云ひます(郡山市淸水鑿、橋本保太郎)

答(一一) 葬式の事を、盛岡でガンコと云ひ、紫波郡飯岡村ではソーレンと云ふ。たゞシガンコは葬式の行列を云ふらしい。「がんこア來た」等と云ふ。(橘正一)

答(一一) 葬儀の事を「ジャンボン」と云へば、その時鳴らす鉦太鼓の音からでも生じた名稱の樣にもとれるが、甲斐上九一色村邊では葬儀のことを子供等が「ザーンボ」と云ふ。これは當地の風習として、死者の棺をかついで寺迄到る道々、かつぎ人夫共が大聲に「ナァンマイダーンボ」と稱へながら行く。蓋ふにこれは「南無阿彌陀佛」の訛りであらうし、その語尾「ダーンボ」から更に「ザーンボ」と化したのである。

(土橋里木)

學界消息

○東京帝國大學史學會講演會　は三月十五日帝大山上御殿に於て開催され、中山久四郎氏の「文學上より觀たる古代支那民族の生活狀態」坪井九馬三氏の「虛無黨に就いて」と云ふ講演があつた。

○明治聖德紀念學會講演會　は三月廿一日帝大佛敎靑年會館に於て開催され、北里闌氏の「日本民族と日本語源の根本的硏究」と題する講演があつた。尙同氏は三月廿二日同所に於て催されたる慈雲尊者鑽仰講演會にて「悉曇と五十音の組織に就て」といふ講演をなした。

○四月中三田綱町澁澤氏邸に於て三州本鄕町中在家の花祭の實演が行はれる由。

○第五回全國鄕土舞踊民謠大會　は四月十九・廿日の晝夜日本靑年館に於て開催され一般に公開される。今年紹介される種目は次の通りである。秋田縣仙北郡角館町の飾山囃、栃木縣河內郡篠井地方の草刈唄。新潟縣佐渡の鬼太鼓、靜岡縣周智郡水窪町西浦の田樂、岡山縣白石島白石島踊、和歌山縣東牟婁郡四村地方の四村民謠、長崎縣の白安和樂・なほ本年は會場整理のため卅錢を徵し希望者には前賣をするさうである。

○民俗藝術の會四月例會　は四月廿二日に開催され、遠州西浦の田樂の實演が行はれる筈、會場は多分國學院大學講堂になるであらう。

○五月中に國學院大學鄕土會例會に於て信州新野の雪祭の實演が催される由。

○伊波普猷氏　旅と傳說四月號に「八重山島マクタ遊び」を寄稿した。

○石田幹之助氏　佛敎美術のため「長安汲古」の續篇を執筆した。其第一篇は同誌正月號に揭載されてゐる。なほ史林四月號に唐代の舞踊に關する論文を寄稿する筈である。

○松村武雄氏　「小人起原考」の稿をすゝめ、「アポロン・サウロクトノス（Apollon Sauroktonos の硏究」の英文梗概を草して居る。

○會津八一氏　東洋美術のため「興福寺華原磬考」を執筆

○金田一京助氏　人類學雜誌のため「アイヌのイトゥパに就て」を、詩歌のため「平取のフユが山小屋で歌つて居た歌」を執筆した。

○早川孝太郞氏　「花祭の硏究」が近刊される。

○今和次郞氏　二月廿三日に東京驛を發し渡歐す。

○折口信夫氏　「古代硏究」民俗學篇の第二册が近々出版される。

○小泉鐵氏　「土地共有より私有への一つの揚合」を東京朝日學藝餘談へ寄稿。

○土田杏村氏の編輯にかゝる雜誌「國文學硏究」は年四回の割合にて第一書房より發行される。其第一輯は、「上代文學硏究」特輯號に宛てられて、五月頃出版の運に至る由。

○愛媛縣々立周桑高等女學校の杉山正世氏編纂の「周桑郡丹原言語集」が出た。これは個人の謄寫版出版物としては近年に一寸類のないといはれる程立派なもので、語彙編の外、音韻、アクセント、方言の分布關係等の硏究・旣刊の同地方方言資料に對する詳しい紹介を載せて、凡百五十頁のものである。

○熊本縣下益城郡縣立松橋高等女學校の田中正行氏は同郡松橋町と其附近の方言を集錄せる「方言集」を出版した。從來採集の試みられたことの少かつた同地方の方言資料として貴いものである。

○「南方土俗」臺北に於ける移川子之藏氏を中心として此の四月末から發刊せらるゝ筈。

◇前號目次

民俗學談話會

四月京都にて大會を開く豫定でしたが、都合により五月に延ばすことになりました。そして四月は東京にて例會を開きます。

會場(本鄉御茶の水、文化アパートメント社交室)

時日(四月二十六日午後六時半)

尙當日は講師を囑托せず、座談會にいたします。

△原稿、寄贈及交換雜誌類の御送附、入會退會の御申込、會費の御拂込等は總て左記學會宛に御願ひしたし。
△會費の御拂込には振替口座を御利用ありたし。
△會員御轉居の節は新舊御住所を御通知相成たし。
△御照會は通信料御添付ありたし。
△領收證の御請求に對しても同樣の事。

昭和五年四月一日印刷
昭和五年四月十日發行

定價金八拾錢

編輯兼發行者 東京市神田區表猿樂町二番地 岡村千秋
印刷者 東京市神田區表猿樂町二番地 中村修二
印刷所 東京市神田區表猿樂町二番地 株式會社 開明堂支店

發行所 東京市神田區北甲賀町四番地 民俗學會 振替東京七二九九〇番 電話神田二七七五番

取扱所 東京市神田區北甲賀町四番地 岡書院 振替東京六七六一九番

MINZOKUGAKU

THE JAPANESE JOURNAL OF FOLKLORE

Published by the

MINZOKU-GAKKAI

Volume II April 1930 Number 4

Page

Articles:

Short Notes:

Folkloristic Notices:

MINZOKU-GAKKAI

4, Kita-Kôga-chô, Kanda, Tokyo, Japan.

民俗學

第貳卷　第五號

昭和五年五月

民俗學會發行

第二回民俗學會大會

時日　五月十七日（土曜日）午後一時半

場所　京都市吉田町近衞通り
樂《ラク》友《ユウ》會館
（市電近衛停留所傍）

講演

◇開會の辭　石田幹之助氏

◇年中行事と民俗學研究　西田直二郎氏

◇民間傳承と社會學的領域　小泉鐵氏

◇門　折口信夫氏

民俗學會

民俗學會會則

第一條　本會を民俗學會と名つく

第二條　本會は民俗學に關する知識の普及並に研究者の交詢を目的とす

第三條　本會の目的を達成する爲めに左の事業を行ふ

イ　毎月一回雜誌「民俗學」を發行す

ロ　毎月一回例會として民俗學談話會を開催す

但春秋二回を例會とす

ハ　隨時講演會を開催することあるへし

第四條　本會の會員は本會の趣旨目的を賛成し會費（半年分參圓　壹年分六圓）を前納するものとす

第五條　本會會員は雜誌「民俗學」の配布を受け例會並に大會に出席することを得るものとす　講演會に就いても亦同じ

第六條　本會の會務を遂行する爲めに會員中より委員若干名を互選す

第七條　委員中より常務委員三名を互選し編輯庶務會計の事務を負擔せしむ

第八條　本會の事務所を東京市神田區北甲賀町四番地に置く

附則

第一條　大會の決議によりて本會則を變更することを得

昭和五年五月發行

民俗學

第貳卷　第五號

目次

江陵端午祭

秋葉隆

南孝溫秋江冷話に、「嶺東民俗、毎於三四五月中、擇日迎巫以祭山神、富者駄載貧者負戴、陳於鬼席吹笙皷瑟、連三日醉飽然後下家、始與人買賣、不祭則尺席不得與人」とあるが、朝鮮に於ける山神の信仰は可成り古く、今尙民心に深く喰入つて居るやうに思はれる。私は一昨年（昭和三年）の夏休みに、金剛山夏季大學の序を利用して、此の嶺東山神祭の名殘を探るべく江原道の所々を歩いて見た。就中私の目ざした點は、祭らざれば則ち尺席も人に與ふるを得ずといふ氣持が、今尙いづくにか殘つて居るのではないかといふことであつたが、不幸にして其の的確な資料を捉へることは出來なかつた。

然るに江陵に滯在すること一週日の中に、その地の古老李根周氏に依つて與へられた、端午祭その他の資料は意外に貴重なるものであつて、恐らくは今日嶺東第一と稱せられた江陵の端午祭に就て、之程の精密な記憶を有つて居る人は他にあるまいと思はれる。今當時の聞書をたどつて其叙述だけを試みたい。

1

祭は端午祭《タノクツ》と稱し、毎年陰の三月二十日から祭酒を釀すに始まつて、四月一日及び八日に獻酒巫樂のことがあり、十四日の夕方から十五日の夜にかけて、大關嶺の山神を迎へて邑內の城隍堂に祀り、二十七日の鳴金賽神を

江陵端午祭（秋葉）

2

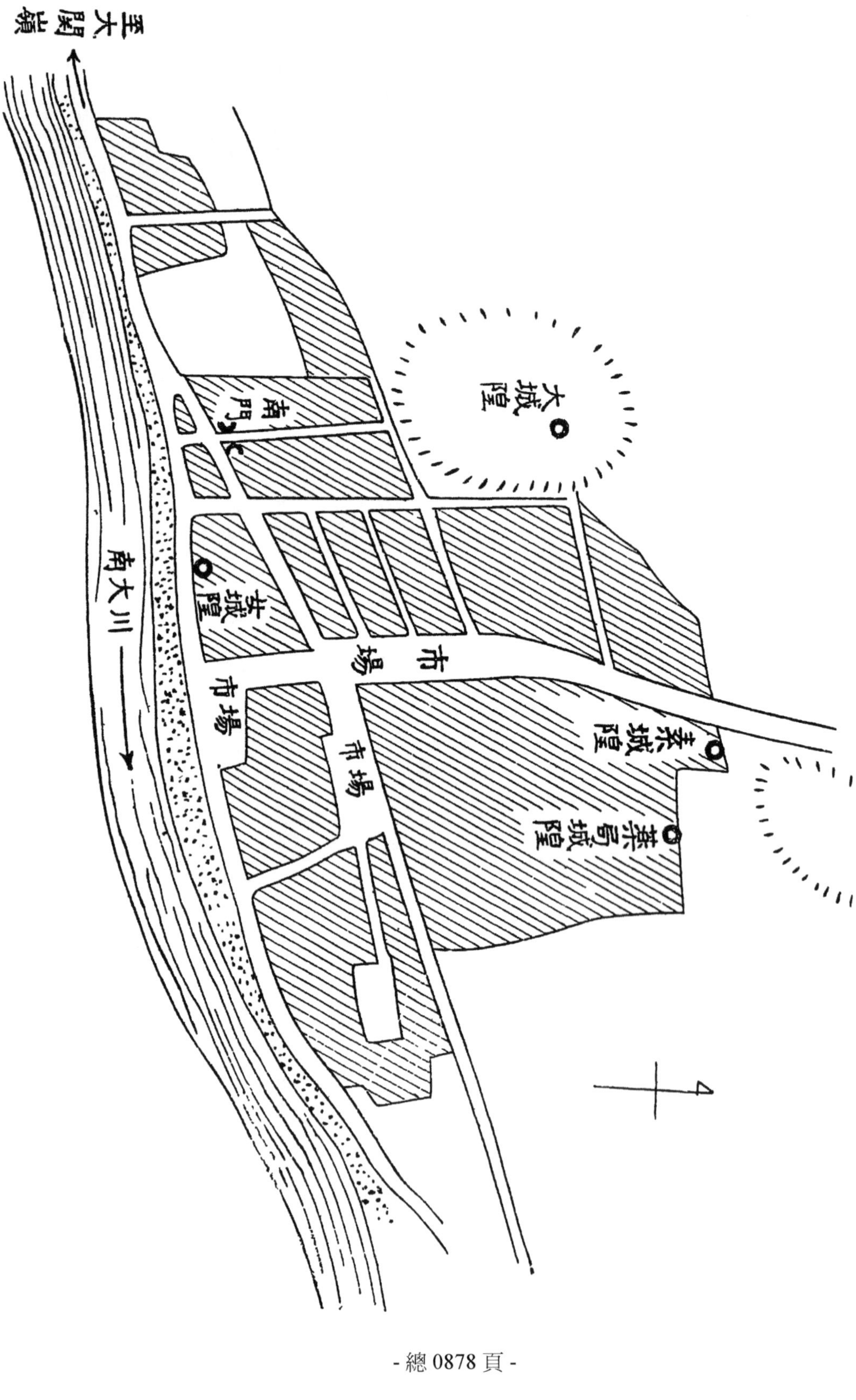

經て、五月一日から花蓋を樹て假面劇を演じ、五日に至つてクライマックスに達し、六日の火散に終る迄、前後實に三ヶ月に亘る大神事であつたが、朝鮮の維新と稱せられる甲午の革新（明治二十七年）以來絶えて見ることが出來なくなつたものである。

以上の四月一日、八日、十五日、二十七日、五月一日、四日、五日、六日は所謂八端午であつて、四月一日に獻ずる祭酒は、三月二十日から戶長・府司色・首奴・城隍直・內巫女が沐浴齋戒して封入し、之を戶長廳の下房に置くのであるが、之に用ふる米一斗と麯子とは官廳で進排することになつて居た。

越えて四月一日初端午には、巳の刻から邑內大城隍堂《クンソナンダン》に祭酒及び白餅を供へて祈禱する。初獻官は戶長、亞獻官は府司色、三獻官は首奴、終獻官は城隍直の定で、酌獻の禮が畢つた後に男女巫覡五六十名が山遊歌を唱へて皷を擊ち金を鳴らしながら賽神を行ふ。又官奴の吹手は太平簫を吹いて歡遊し、未の刻に及んで解散する。四月八日再端午も亦之と同樣の行事がある。

次に四月十四日夕食後戌の刻、いよ〳〵大關嶺の山神を奉迎すべく出發する。初吹・二吹・三吹の後に、戶長は大昌驛の驛馬に跨り、府司色・首奴・都使令・男女巫覡五六十名凡べて騎馬なるを領率して、太平簫・喇叭の吹手各二人、六角の細樂手六人を前にして進行する。喇叭は長さ六尺許り、太平簫と共に吹奏によつて道を淨める意味を持つ。六角とは杖皷・皷・笛・胡琴及び篳篥二の謂である。男女巫覡の長はそれぞれ官から命ぜられたもので、女巫の長を內巫女と謂ひ、男覡の長を城隍直と謂ふ。

さて此の百人ばかりの乘馬の行列の後からは、數百の老若男女が所謂負戴駄載して從ふ。卽ち富者は平常自家に出入する所謂丹骨巫黨《タンゴルムウダン》に、新調の衣裝を與へ、馬に乘せ、酒米の供物を積んで馬夫を從へて行くといふ有樣である。江陵を去る二里餘、邱山の驛に達すると、土地の人々から夕食の接待を受ける。出發の際既に食事を濟まして居るので二度目の夕食になる訣である。それから大關嶺の山下、松亭と稱する形勢の地に至つて休息し、溪流に米を洗つて翌朝の飯を炊ぎ、其夜は山下に野宿するのであるが、人馬雜踏して眠を成さず、十五日の夜が明ける。

江陵端午祭（秋葉）

十五日は曉頭雞鳴の頃再び出發して、大關嶺初八（虛空橋）岩石上に到著し、各持參の朝飯を食ひ、巳の刻に嶺上城隍堂の前に到つて、巫覡は祈禱依賴者から與へられた齋米を以て飯を炊ぎ、之を神前に供へ、祭酒を獻じ、人人は晝食を分食して、巫覡を始め見ず知らずの者にも之を與へ、下山の時は一物も持ち歸らぬやうにする。そこに神と人と共に食ふ信仰と共に、原始消費經濟に於ける社會的正義の閃めきを見ることが出る。換言すれば祭らざれば則ち尺席も人に與ふるを得ざる者の祭に於て如何に惜しみ無く與ふるかを見ることが出來る。

そこで神祠の近く、生木の前で賽神の鳴金を行ふと、生木の枝葉が動き始めると考へられ、之を斧で伐り取つて、之に願者の依賴による白紙・本綿絲・乾大口魚・衣服等の厄防《アンメギ》を結び、盛んなる巫祭を行ふ。大關嶺を越える旅人は、通常乾明太魚と白紙とを用意して行つて、之を神木に結び厄防をするといふことであるが、之は朝鮮到る所の城隍木《ソナンナム》に見る風である。

巫祭に依つて生木の枝が動き始めるのは、勿論降神の意味と解せられるが、此の城隍神竿《ソナンシンテエ》に盛に厄防を結ぶために、神竿は漸次太く重くなり、その中に自ら動き始めると、之を以て山神が江陵の邑內に降らむとするものと考へ、男覡の一人は長帶を腰に結んで、之に神竿を支へ、江陵に向つて山を降る。時に神竿を奉じた覡は、女巫男覡の殿に居る城隍直・內巫女と戶長の間に位置する。歸路吹手・細樂手は路軍樂《キルクナ》を吹打し、女巫男覡馬上に互に唱歌袖舞して、濟民院城隍・屈面里城隍を歴て、邱山驛城隍堂前に到著すると、洞人各致誠祭需を捧入して、一時間許り賽神休息し、祭物の餕餘を陪來の諸人に施した後、日暮れて出發する際、江陵邑内六洞の炬火軍三四百名が手に手に松明を持つて之を迎へ、前後左右から神竿を擁護して行く。松明を持つて神の案内をすれば、其年は凶事が無く豐年であるといふ信仰が伴つて居るのである。

いよ／＼江陵に近づくと府中六班の官屬が出で迎へるが、當に邑内に入らむとする所、現今の大正町の直ぐ上にある某家の前を通る時に、同家から必ず祭餅を供へることになつて居た。それは昔この家に虎が現はれて、一人娘を奪つて行つたといふことで、つまり山神が怒つて虎を遣はしたものと信ぜられて居る訣である。今でも虎を以て山神又は其の使臣となす傳承は殆んど全鮮的に存在する。

斯くて邑内に到着すると、先づ南門外の女城隍《ヨッナン》に立寄つて賽神する。其際洞内の人々が致誠祭需を供獻した後、巫覡合同して搖鈴舞戯して南門を入り、騎兵廳に寄り、市街に出で、府司・田税・大同・司倉の諸廳を歴訪して、大城隍堂に到り、鳴金賽神して神竿を堂内に奉安するのが、十五日夜半子の刻である。

私は江陵滯在の雨の一日、李老を煩はして同行の加藤氏と共に此の神道を歩いて見たが、女城隍堂は南大川のほとりに今尚廢殘の小祠を存して、入口に「靈神堂、庚寅四月上澣、月坡」の額を掲げ、中に「土地之神位」と墨色新たなる白木の神位があり、若干の祭器にも未だ信仰の滅び盡くさゞる跡を見たが、大城隍堂即ち江陵の邑《ウプ》城隍堂《ソナンダン》に至つては、今は全く其の面影を止めず、邑の西部小高い丘の上に僅に在りし昔の位置だけを示されたに過ぎない。當地の普通學校に保存する「濟衆靈祠」と篆刻せる木額は、大城隍のものであつたといふことである。

さて神竿は大城隍堂の十二神位の中央に立てられて、盛んなる巫祭が行はれ、四月十六日より五月六日に至る迄、二十一日間毎日未明に戸長・府司色・首奴・城隍・直内巫女が神前に拜禮し、人々は各丹骨巫黨に依つて祈禱を行ひ祭物を供へるが、斯かる巫女を持たぬ者は所謂内巫女《ネエムウニョ》に依賴する。内巫女及城隍直には、巫覡の家々より金穀を給し、其勢力は仲々侮るべからざるもので、此間彼等の所得は勿論、通常の巫女の收入も決して少くなかつたと考へられる。大城隍堂に祀つてあつたといふ十二神位は、例の甲午の革新に悉く土中に埋められてしまつたとのことで、李老の記憶にはその中の主神たる興武王金庾信と松嶽山神・江門夫人・艸堂夫人・蓮花夫人・西山松桂夫人・泛日國師及異斯夫の八つだけが浮ぶに過ぎなかつた。老は私が滯陵中此の十二神の名稱を調べ上げようとして、當時の巫覡中、江陵唯一の殘存者覡趙介不《チョウケブリ》を訪うて尋ねて呉れられたが、矢張り全部は分らなかつた。私も一日この覡の家を訪うたら、彼は洋服を着けた人を以て恐るべき壓迫者と考へたらしく、周章狼狽して氣の毒な程であつた。

次いで四月二十七日に鳴金賽神があつて、五月一日からいよ〳〵本祭に入る。卽ち此日始めて華蓋を飾り、假面劇を演ずるのであるが、先づ蓋《ケエ》のことから述べると、府司の所で太竹を以て直經六尺位の輪を作り、之に樹皮を捲付け、輪を横ぎつて十字に經木を交叉し、その交叉點に長さ三十尺許の檀木《パクタル》の木竿を差込み、頂に金屬の重いものを付けて、輪の周圍には長さ二十尺許の五色の紬・綾・白木綿等を連ね懸け、竿も亦赤・黑・青等の色布で捲いたもので、頭だけでも四十貫もしたといふ代物である。又妓生が其の色布の縫付に當つたといふことでもあるから仲々派手な行事であつたことが窺はれる。そこで裝飾を畢つた蓋は府司の前場に擔ぎ出して、軒端に立てかけ、巫覡が會立歌舞した後、市街に擔曳し大城隍に向ふ途中、力自慢の者が雲集して之を捧げ歩むことを競ふ。例の喧噪限り無き巫樂と狂踏亂舞の最中に之を樹てる人々の昂奮はさこそと思はれるが、官奴の中には、代々之を樹てる樣な人が生れると云はれ、それは全く神助に依るものと信ぜられて居る。

所が蓋に關する傳承には色々あつて、或は異斯夫が于山國を攻めた時に、重い棒を海岸に置いて敵に見せ、自分は船中でパカチ製の輕いのを振り廻して敵を驚かした故事に由來すると云ひ、或は又金庾信が剛勇な劇を演じて賊を走らせたその時の差懸けの傘であるなどとも云はれ、更に蓋の頭部につける金屬の裝飾は、泛日國師の錫杖の頭を模したものとも稱せられる。國師は江陵眞福里の眞福寺に居たが、壬辰の亂に大關嶺に登つて祈ると、山河草木悉く軍勢の姿に見えたので日本軍が攻め寄せなかつたと傳へられた程の傑僧であるから、此等の傳承は何れも山神の信仰が英雄の崇拜に變形し行く過程のくづれと見ることが出來よう。從つて此の神聖なる蓋を持ち上げることは神助によつてのみ爲し能ふ所で、之を少しでも捧げ運んだものは其年中無病幸福であると信ぜられ、祭の衣裝を泥まみれにして吾勝にと試みる若者達の心裡も了解せられるであらう。惺所覆瓿藁の著者許筠も癸卯の夏溟州（江陵の舊名）に行つて親しく端午祭の盛大を目擊し、「神喜則終日蓋不俄仆、歲輒登、怒則蓋仆、必有風水之災」と聞いて、自ら蓋を肩にした所が、果して仆れなかつたと云つて喜んで居るから面白い。形式儒教に囚はれて民俗を迷信と心得てる人々とは選を異にする。因に蓋を立てた時は必ず之を上下に振ることになつて居たといふから、之も降神の震動と思はれる。

次に假面劇は大城隍の前場で午後一時頃から四時頃迄行はれ、演者は七人の官奴であるが、演出に就いては後に述べることゝして、只此の山臺《サンデ》戯《ノリ》（假面劇）の壯遊や、華蓋の棒立やの主體と考へられる巫覡の神事が當日に限り百名近くの巫覡の集合を見ることは、此の日がいよ〳〵本祭に入つたことを思はしめる。假面劇は四日にも亦大城隍の前場で巳の刻から未の刻迄行はれ、翌くれば五日のクライマックスである。

卽ち五月五日辰の刻から大城隍の前で假面劇を演じ、神竿及華蓋を奉じて藥局城《ヤククソ》隍《ナン》に到る途中市街年少膂力の者會集して、蓋を捧げんとして爭賭すること一時間許り、巫覡がそこに唱歌謎立する。藥局城隍で祈禱演劇してから、素城《ソウソ》隍《ナン》に行つて亦之を行ひ、それから往路を還つて城內市場（祐倚賓樓跡）に演戲、田稅・大同兩廳の前、司倉の前場でも壯に演じて、日暮るゝ頃神竿華蓋を奉じて女城隍に至り、そこでも假面戲を演じた後、神竿を大城隍堂內に奉安する。藥局城隍及素城隍には今尙老大なる城隍木がある。

行列は先頭に太平簫の吹手が立つて道を淨め、次に巫覡數十人徒步で從ひ、續いて長大なる蓋を擔ひ曳く後に覡一人神竿を奉じ、戶長以下之に隨ふのであるが、當日は各地に端午祭があるので、巫覡は所謂八津の地に分散して其數却つて一日の如く多くはない。神道は凡べて黃土《ファント》を點じ、大道は三筋、小徑は兩側に之を撒く。神祠には禁繩《インチユル》を張り、祠の無い所は神木に之を捲く。民家でも之を張るものがあるが、禁繩は日本の注連繩と同じく、左綯の尻くめ繩で所々に藁の端が下り、紙片を着けたものである。因に此の黃土禁繩のことは四月十六日山神降邑の日も同樣であることを忘れてはならぬ。

そこで五月一日、四日及五日に行はれる山臺戲（假面劇）に就いて簡單に述べたいと思ふが、生憎李老の此の點に關する記憶が甚だ覺束無げで、頗る要領を得ないものになることを恐れる。一日と四日に行はれるのは演者が七人、五日のは九人といふことであるが、聞書には六人の登場だけが記されて居る。先づ初めにチャンジャマルと云つて、角のある笠を冠り、腰に竹の輪を廻らして、之に方言マルチといふ一種の海草を懸け、又色紙や色布を盛んに吊つて、肩から襷のやうな布で此輪を吊つた男が素顏で登場する。次にタルシンサラムといふ者が二人出て舞ふが、タルとは布や紙を無數に垂れて顏面を蔽ふ長衣であるといふから、北方シャマンの假面衣の一種を聯想させられる。それから兩班廣大《ヤンバンクワンデエ》と、少巫《ソウメ》閣氏《カクン》が出る。兩班廣大は虎髯の假面に長い角の樣なものを頂き、直領といふ寬濶な靑衣を着け、少巫閣氏は黃衣靑裳結髮して、白粉を粧うた假面を被り、扇を以て舞うたといふ。兩班廣大の舞は異斯夫が木造の獅子を作つて、于山國を討伐した樣を模したものとも傳へられて居るが、角のある所を見るといづれ只の獅子ではあるまい。私も京城へ族興行に來た山臺戲の兩班廣大なるものを一見したが、之は全く虎の如く恐れられたといふ老兩班が八道の山河を周遊して、久方振りに故鄕に歸ると昔の下僕に飜弄されるといふ極めて道化た筋のものであつた。併し其の老兩班の歌聲の驚くべく美しかつたのにも拘はらず、面相だけはどうも虎の樣でもあるし獅子の樣でもあつた。さて最後にシシッタクテギと稱する者が出て、二人の舞つて居る中に割つて入る。之は例の方相氏の面の樣な醜惡な木製の假面を着けて出たといふことである。私は此の貧弱な資料を楊州山臺戲の比較的精細な手記と比較して、之も矢張り山神巫女神婚の表現ではなからうかといふ臆說を持つて居るが今は述べない。

終りに五月六日火散《フアサン》の行事があつて祭を終るのであるが、それは大城隍の後庭で巳の刻から午の刻にかけて、巫覡が合同して鳴金を以て、神竿・華蓋の幅を初め、大祭の爲めに臨時に作つたものを盡く燒火することである。朝鮮巫覡の神事は常に不精祭節《ブジヨンフリ》に始まつて後解《ソイプリ》に終つて居るが、火散は全く此の後解そのものに他ならぬと考へられる。

序に實は私が眼目の問題として行つた祭と市との關係に就いては、李老すら官設の祭に見物人が殺到するから商人や藝人が入込んで、自然市が立つだけだと考へて居る程、古き神は死んでしまつて居る。併し今でも五月の一日から七日迄市が立つて片隅に巫女の歌舞でも無ければ氣が濟まぬ傾があるといふことであるから、時代は移つて當年の江陵端午祭は所謂端午の運動會になつてしまつても、尙未だ昔ながらの信仰の一端が曉の星の如く殘つて居るものと思はれる。そこで之を許筠の文に見る當年の民信の耀かしさと比較することも强ちに徒らなる業ではあるまい。

江陵端午祭（秋葉）

歲癸卯夏、余在溟州、州人將以五月吉迓大嶺神、問之首吏、吏曰、神卽新羅大將軍金庾信也、公少時、游學于州、山神敎而劍術、鑄劍於州南禪智寺、九十日而出諸爐、光耀奪月、公佩之、怒則躍出鞘中、以之滅麗平濟、死而爲嶺之神、至今有靈異、故州人祀之、每年五月初吉、具幡蓋香花、奉迎于府司、至五日、陳雜戲以娛之、神喜則終日蓋不俄仆、歲輒登、怒則蓋仆、必有風水之災、余異之、及期往看之、果不俄仆、州人父老悉驩呼謳歌、相慶以抃舞、余惟公生而立功於王室、成統三之業、死後千年、猶能禍福於人、以現其神、是可記也已。

（昭和五・三・二〇。夜於京城）

千疋狼

南方熊楠

幼時和歌山市の小學校で、休憩時間に數しば、同級生共から千疋狼の譚を聽た。何時の事とも何地の事とも分らず。たゞ狼は事あるに臨み夥しく集團する者で、人が懼れて高木に登ると、群狼其木の根本を取圍み、丈夫な奴等が根に取付くと、他の狼共が木に倚て其肩に立つ。其輩の肩に亦他の奴輩が立つ。斯て遞次人が梯に登る樣に、狼共が木の幹を攀ぢて追ひ〳〵樹上の人に近づき、終に之を咬み傷つけ、其人落るを俟て群狼之を頒ち食ふのだ相な。其頃珍談ずきの老少、殆んど此話を知ぬ者は無つたに由て、定めて隨分廣く世に知れ渡つた事だつたろうと、近日思ひ立て他府縣の諸友へ聞合せた處ろ、多くは返信に接し無つたが、宮武省三君からいの一番に來示あり。是は都合で跡廻しと致し、二番に寺石正路君の芳翰が著いた。御申越しの、群狼梯をなし木を攀ぢ人を襲ふ話は、當國安藝郡野根山と申す大山中に其傳説あり。別紙に書立て申し候と云ふ事で、別紙全文左の如し。

土佐野根山狼の話。土佐國安藝郡野根山と云るは、昇り降り十里の深山にして、昔より人跡少なくいと寂しき所也。或時飛脚一人御用をもて此山をこすに、山上にて一人の產婦、數十匹の狼に吼立られ、已に危き所を援け、幸ひに隣にある大杉の枝に上らせ、其危難をさけしめたり。

然るに狼群は之に屈せず、狼同志肩梯子をかけ、順々せりあげて杉の枝に達し、其中巨大の大狼は、此狼の背を踏で來り逼るにぞ、飛脚は一刀拔放し、之を滅多切りに切しかば、一狼轉び落れば他狼又入代り、續々と攀ぢ來るにぞ、刀を流水の如く振舞し、之を斫り付たり。其時狼も叶はずとや思ひけん、「此上は崎濱の鍛冶が母を喚び來るべし」といひ、一匹も殘らず迯散りしが、頓て又狼元の如く集まり、再び肩梯子をかくれば、一匹の大白毛の狼、悠々と肩梯子を攀登り來りぬ。飛脚は己れ崎濱の鍛冶が母、御參なれと、一刀斬付しに、カンといふ音す。みれば頭に鍋を被れり。飛脚は氣を勵まし、無茶苦茶に斫り下しに鍋破れ、さすがの巨狼も頭に傷を負ひ、流血眼に入り働きもできず、どうと地におち、是より皆何所ともなく迯散て影を留めず成ぬ。

飛脚は夫より産婦を助け下し、自分も山をこえ、野根村に著し用件を濟し、崎濱(野根山下より四里)に參り、鍛冶を尋ねしに一軒之あり。知ぬ振して其家に至り、休息すれば奥の間に病人のうなる聲す。之を問ば、老母昨夜便用に起しに、誤り躓づき、石にて額を打てりと、飛脚は成程と合點し、矢庭に入て其老母を斬殺す。家人打驚けば、取敢ず昨夜の事を物語り、野根山中に崎濱鍛冶母とよぶ巨狼あり。旅人を惱ます事甚し、此家の老母も狼の取殺して化たる者にて、實の人間に非ずと、床下をみれば人骨餘多あり。又時をへて老母の正體も漸次大白毛の狼と化したり云々。

參考。今崎濱に、鍛冶が母屋敷といふ跡あり。又野根山上には、産婦が此木上にて安産せしといふ産杉《さん》といふ物あり。今は枯て空株を存す。(以上別紙寫し)

寺石君は此別紙を何の書より寫せしと明言せざれど、多分熊楠未見の書南路志より寫せし者か。昭和三年高知市日新館發行、同君の土佐郷土民俗譚に、南路志の摘要文を出す。多少件の別紙寫しと損益する所ろあれば、重複に拂はず之をも寫し出そう、云く、昔し安藝郡奈半利の女、野根へ行く道半にて產せし時、飛脚行き掛りて、產婦を杉の大木の安全なる上に置あげしに、間もなく狼夥しく慕ひ來りしが、飛脚は狼を大半切伏ければ、殘りの狼が人語していふには、最早崎濱の鍛冶が婆を呼來れと云しより、須臾すると、果して白毛の大狼、頭に鍋を冠り、悠然濶步し來り、飛脚は已れ崎濱の鍛冶が婆かと、勇を皷し刀を舞し、大狼を亂斫しければ、鍋われ面傷つきはう〳〵の體にて迯散た。

翌曉飛脚は山を下り、崎濱の民家を尋るに、一軒の老婆昨夜躓づきて頭を傷つけ、休みおるときゝ、間違ひもなき化生の者也と、矢庭に立入り切殺すや否や、其老婆は狼の姿に變ず。邸内をみれば、今迄取殺せし人骨床下に堆たかゝつたといふ。今に野根山上に產の杉とて古き杉株がある。又崎濱の鍛冶の居宅の跡、村落中に田となり現存し、傍らに石壠を殘す。今鍛冶の子孫は絕て無れども、其血脈の者、男女とも一體の毛逆に生ると云り。手の毛を下へ撫れば、逆立ち上り、上へ撫れば順なると、半狼半人の鍛冶が母の血脈のしるし也と言傳へらる。(南路志)　昭和三年著者崎濱に遊び、其傳說遺跡を實見す。

寺石君より先に來示の宮武君の狀には、先づ千疋狼ちふ語は御來示に由て始めて承はるが、人が狼を樹上に避たるに、夥しき同類集まり來り、肩馬して其人を襲はんとした話は新著聞集にあり迚、暗記の儘概要を書れた。座右に此書あるから就て寫し出そう。その卷十に云く、「越前國大野郡菖蒲池の畔りに、或時狼群出て、日暮れては人の通ひ絕侍りし。或僧菖蒲池の孫右衞門が方を志してゆくに、思ひの外に狼早く出て、行事叶ひ難かりしかば高く大なる木に登りて、一夜を明さんとしけるに、狼共木の下に集まりて、面打上て守り居けるが、一の狼が言く、菖蒲池の孫右衞門がかゝを呼なん。此儀尤も也迚行し。程なく大なる狼來りてつく〴〵と見あげ、我を肩車に揚よと云ば、コソあれと、我も〳〵と股に首をさし入れ、次第に擧ける。既に僧の側近く成しかば、身も縮まり、心も消入る餘りに、さすが小刀を拔き、狼の正中を突ければ、同時に崩れ落て、皆々歸りにけり、夜も漸く明て、彼僧孫右衛門が許にゆくに、妻昨夜死ける迚騷ぎあへる、死骸をみれば大なる狼にてぞ有ける。其狼が子孫に至る迄、背筋に狼の毛ひしと生て有しとなり。又土佐岡崎が濱の鍛冶がかゝ迚、是に露違はざる事あり」と。

宮武君言く、この最後に引合に出されたる鍛冶がかゝの話はいかなる書に載せられ有や知ざるも、十五年前友人小野檮次（高知出身にて坐談に富む人なりしが、十年前病死）より聞しときは、之を「鍛冶がかゝ」と云ず、「鍛冶がたゞ」と呼び、「たゞ」の義不明と語りたる事有之候。

熊楠謂く香西成資の南海通紀二一に、元龜二年生れ、將軍八代を歷て百六歲迄は覺え、其後は幾歲過ても百六と答へた三谷彥兵衛の夜話に、惣て四國は、上世より他國と交らざる國なれば、諸將兵卒凡民の分定まりて、其禮義を紊さず、法令嚴重也、人倫部類は田夫の婦を田佗といひ其夫を農夫といひ、百姓の婦を阿女《アニヤウ》といひ、副といひ、其夫を阿長といふ、名主の婦を家阿といひ、其夫を亭長《テウチヤウ》といふ云々。然らば婦女の最下等の稱が田佗だつたので、鍛冶も卑職故其妻をタヾと言たゞろう。

咄の筋は、高知より甲浦《かんのうら》へ出るに、野根山越といふ七里の山道あり。參勤交代の時は必ず玆處を通路としたる由にて、地名辭書、阿波部にも、「野根山、阿土の州界、劍山梁瀨山、家峰の餘脈にして、室戶崎の脊梁をなす云々」とみえ居り候が、此山道に一本の大杉、其幹屈曲し、地上二間許り離れた處に、疊をしき得る程廣さの者有しとの事。（杉には往々斯樣な變態に成育したる者あり。十八年前、肥後阿蘇の宮地より噴火口へ上る道筋、天狗を祠る附近に、矢張り幹の彎曲し、自由に登り得る杉をみたる事有之候。）扨說此野根山の大杉附近を、昔し產婦通過中俄かに產氣付たれば、迷惑の果て、杉の木に上り、幹上で分娩せんとせしに、折よく飛脚通り合せ、色々世話して無事安産するを得たり。然るに人間の臭氣を嗅附し物か、無數の狼樹下に現はれ、肩馬して飛懸らんとするにより、飛脚は樹上より、腰の刀を以て切倒すに辟易して、「鍛冶がたゞ」を呼で來やうと言つゝ、一目散に狼連は逃失しが、間もなく一疋の怪獸多くの眷屬を具して再び樹下に現はれ、例の手段にて上に登らんとするより飛脚も勇を皷して切付しに、流石は怪獸、頭に鉢を冠りおり、手答へ無れば其横腹を突しに、之には閉口せしとみえ子分を連て潰走した。斯て一同難を免れたれば、飛脚は山を下り、直に佐喜濱村に至り（新著聞集には岡崎が濱とした）鍛冶が家と云を訪ねみしに、此家の老婆昨夜負傷し臥床中と云を耳にしたれば、扨は怪しと擧動を伺ひしに、老婆の方でも感付き、遁れんとせしを退治せしに、是は此家の老婆を食殺して、其儘老婆に化て居た怪獸で有たとの事也。「民族と歴史」七卷五號並に十卷二號に、刀禰の婆々といふ譚あり。其他諸國に此類話多く候が、右の孫右衛門がかゝ又鍛冶がたゞにて、貴示の千疋狼といふ題材ともなる樣に存じ候云々。追記、右に申す小野氏若年、山林役人勤めし時、野根山を通り、件の大杉を見しに、昔しの面影なく、株斗り殘り、然も安產の禁厭にとて、產婦にかきとられ、見る形も無りしとの事に有之候。（以上宮武君通信）

宮武君が此類話諸國に多いと言はれたを力に、自ら捜索すると、石井民司氏の日本全國々民童話に土佐の千疋狼の條あり。話の筋は寺石君が寫し贈られたのと略同じ。だが、野根山を通り掛つた飛脚が、鍋を冠つた狼を傷つけて產婦を救ふたといふ代りに、武士が妻を伴ひ、岩佐山を越え佐貴濱え志す途中で、其妻が出產した。狼は出產を忌むから、大群を成して寄來るを、夫妻杉の木に上りて赤子を守り、夫は肩馬して登り來る狼共を斬散すと、頭分の老狼が釜を冠つて先登するを斬付け、狼群を退走せしめたとある。又故高木敏雄君の日本傳說集一二に據れば、雲州松江の武士小池氏の草履取が新年に歸省を果し、主家へ戻るとて、未明に檜山を越る內、狼群にあひ大木に這登ると、狼共肩車して之に迫る。今一疋有ば人に届き得と云處で、尤も上の奴が小池婆とよぶと、大猫來つて狼の梯子を駈上る。彼男脇差を拔て猫の眉間を斫ると、金物が落た樣な音して、一同散り去る。夜明け木を下つてみると、主家の臺所の茶釜蓋だつた。主家では昨夜、主人の母が厠に行く途で轉がり前額に負傷し又茶釜の蓋見えずと騷ぎ居た。丁度歸つた草履取の話を聽て、主人が老母を刺殺すと大猫だつた。又甲州北都留郡に犬梯てふ所あり。獵師山犬群に追れて木に登るを、山犬相重なり、梯を造つて襲ひかゝるを、獵師は梢より梢に飛移つてやつと遁れ得た故蹟だそうな。

千疋狼（南方）

上出、寺石君の牘末に、「此話は支那宣室記に同樣の記事あり。山西省大原府王含の母の話となす。淵鑑類函に記載すと記憶仕り候。なほ御調査を乞ふ」と見ゆ。その話は太平廣記四四二に宣室志より引きある。太原王含者、爲二振武軍都將一、其母金氏、本胡人女、善二弓馬一、素以二獷悍一聞、常馳二健馬一、臂レ弓腰レ矢、入二深山一、取二熊鹿狐兎一、殺獲甚多、故北人皆憚二其能一而雅二重之一、後年七十餘、以二老病一遂獨止二一室一、辟二侍婢一不レ許三輒近二左右一、至レ夜即扃レ戸而寢、往々發レ怒、過杖二其家人輩一、後一夕既扃二其戸一、家人忽聞二軋然之聲一、遂趨而視レ之、望二見一狼一、見二室内開レ戸而出一、天未レ曉而其狼自レ外還、入レ室又扃二其門一、家人甚懼、且白二于含一、是夕于二隙中一潛窺、如二家人言一、含憂悸不二自安一、至レ曉金氏召レ含、且令三即市二麋鹿一、含熟以献、金氏曰、吾所レ須生者耳、於レ是以二生麋鹿一致二于前一、金氏啖立盡、含益懼、家人輩或竊語二其事一、金氏聞レ之色甚慙、是夕既扃レ門、家人又伺而覘レ之、有レ狼遂破レ戸而出、自レ是竟不レ還といふのだ。狼が婆に化け、若くは婆が狼に化た話が支那にもある證據とはなれど、狼群が肩馬して樹上の人を襲ひに掛つたり、其大將分の奴が鍋を冠つて進撃したり、疵を蒙むり歸つて呻吟したり抔の事がないから、餘り野根山や菖蒲池の狼譚に近似しない。然し廣記同卷に廣異記から引たは、唐永泰末、絳州正平縣、有二村間老翁一、患疾數月、後不レ食十餘日、至レ夜輒失二所在一、人莫レ知二其所由一、他夕村人有レ詣レ田採レ桑者一、爲二牡狼所一レ逐、遑遽上レ樹、々不二甚高一、狼乃立銜二其衣裾一、村人危急、以二桑斧一斫レ之、正中二其額一、狼頓臥、久レ之始去、村人平曙方得レ下レ樹、因尋二狼跡一、至二老翁家一、入二堂中一、遂呼二其子一、説二始末一、子省二父額上斧痕一、恐更傷レ人、因扼二殺之一、成二一老狼一、詣レ縣自理、縣不二之罪一。樹に迯上つた人を樹下に立て襲ひかゝり、傷つけられて家へ迯歸つた丈は、よく土佐と越前の譚に似おる。又酉陽雜俎一六に或は言ふ、狼狽は是れ兩物、狽は前足甚だ短かく、行く毎に常に狼の腿上に駕す、狽が狼を失なへば動き能はず、故に世に事乖《そむ》く者をいつて狼狽と稱ふと。又臨濟郡の西に狼塚あり、近世曾て人有り、野に獨り行て狼數十頭に逢ふ、其人窘急して遂に積だ草の上に登る、兩狼あり、乃ち穴中に入り、一の老狼を負ひ出づ、老狼至つて口を以て、積だ草の內から數莖の草を拔く、群狼之を見まねにみな草を拔く、だから積だ草が崩れかゝり人危ふい處ろを、獵師が來て助けてくれた。其人相率て此狼塚を掘ると、狼數百頭出たので皆殺しとした、其老狼は卽ち狽といふ奴だろうと。肩馬して樹へ上ると、草を拔て積草を崩すとの別あれど、群狼が大將の奴の差圖のままに高く登つた人を落し食はんとした點に於て、此咄が本邦の上出兩譚によく類しおる。一六五八年板、オラウス・マグヌスのゴス人、瑞典人及ヴンダル人史、英譯一九三―一九四頁に、露國クールランドでクリスマスの前夜、人が狼と化し、夥しく一所に聚まり、隊を組み將に率いられて一軒家を圍み、戸を破り入て人畜を鏖ろしにし啖ふ譚あり。一寸件の兩譚に似おるが、是は狼が人に化たで無くて、人が狼に化たであり、「城壁を飛越え得ぬ者は、不合格として仲間の人狼に殺さる」と有て、肩馬して攀登る一條も見えぬ。故に本邦の兩譚とは何の所緣もない者だ。

所ろが、ボルネオ島のヅスン人の口碑に云く、プアカは外貌猪の如く其舌甚だ鋭どし、人之に追れたら川を越て免がる、此獸木の頂の皮を食ひ、之を食はん爲に、各肩馬して一番高く登つた者が木頂の皮を舐り剝ぐとあるから、尤も上に成た奴が、鋭どい舌で木頂の皮を舐り削り落して、下に居る者共に頒ち與ふるのだろう。此物人に逢へば止まり人も止まる、人走り出せば隨つて追ひ走る、人が木に登ればプアカ輩肩馬して人に屆き、最も上の奴が人の肉を舐め落して骨のみ殘す、人が川を越れば、プアカ之を追ふも、人が對岸へ渡り了れば、プアカ止まつて、犬の如く、又婬女がト一八一を行ふ如く、互ひに舐り合ふに、舌がいと鋭利だから、皮肉銷盡して殘るは骨のみと。プアカは左傳に豕人立て啼たとある同様、ポリネシアやボルネオで豕身若くは豕面の精鬼を意味するらしい。幽公や狐魅が川を渡り得ない話は日本支那等にもある。肩馬して樹上の人を害する一事に於ては、このヅスン人の話が一番、本邦の野根山と菖蒲池の狼婆の譚に近い。（一九二三年板、エヴンズの英領北ボルネオ及マレイ半島の宗教俚傳及風習研究、七八及二九三頁。因果物語上七。一夜船二の二。武道眞砂日記三の一。五雜俎一五）。大正十二年四月の太陽に出た拙文「猪に關する民俗傳說」に書た通り、服虔は猪性觸れ突く、人故に猪突豨勇といふと說た。豨は南楚地方の猪の方言の稱へだ。簠簋內傳二に、亥は猪也、此日城攻め合戰剛猛の事によし、惣じて万事大吉也とあるは、その猪突の勇に因んだので、本邦でも野猪の勇あるをいふが、共同力の强きを言ぬは、本邦の野猪に其稟賦なきか、或は古來狩取れて、共同せんにも數が足らぬに由るか、一寸判らない。一八九五—一九〇一年板カウルの英譯佛本生譚卷二と四に、大工が拾ひ育てた野猪の子、長じて野に還り、諸猪に共同勇戰の力大なるを說て敎練し、鬪ふて猛虎を殺し、又每々其虎に野猪を取來らしめて食ふた仙人をも害した物語を載す。一七七一年パリ板、ツルパンの暹羅史、十章に、野生と成た豕森中で極めて蕃殖し、日出日沒每に森より群れ出て野に遊ぶ、一群每に二三の先達有り、之を狩るは危險で、手負た者は必ず敵を殺す決心で突進すると出で、ボルネオの獵師が野猪に逢て木に登り、やつと命拾ひをする事實譚もあり。南米には野猪の代りに臍猪（ペッカリー）有り。吾輩お江戸で書生だつた時、奥州仙臺節が大流行で、正岡子規や秋山眞之が必死に之を習ひ「上野で山下、芝では愛宕下、内のおかめは椽の下、ざら／＼するのは猫の舌、皆様すくのは、コレナンダイ、臍の下」と謳ひ居た。其臍が人間に唯一つだが、この臍猪には腹なる正眞の臍の外に、腰の上に又臍と見まがふ特異の腺あり。又猪と異つて尾が外え露はれず。胃が複數で羊や鹿に近い等の點から動物學上、猪と別屬たり。だが性質は畧ぼ野猪と同じく、身長三呎程の小獸乍ら、上齶から下に向て生た短小な牙が至つて尖り、且つ兩及有て怖ろしい傷を付る。五十乃至數百疋一群をなし、晝は木洞内に退いて押合ひおり、最後に入た者が番兵たり。夜分行くに、堅陣を作り、牡は先立ち牝は子を伴ふて隨ふ。敵に遇ば共同して突貫する。其猛勢に獵師は愚か、勇猛に誇る米虎（ジャグアル）さえも木に上つて之を避る由。佛經に猪を愚痴の表徴とし、西遊記に猪悟能獃子として著はる。西洋でも古來猪を諸動物中尤も馬鹿な者とし、其肉を腐らざらしめんとてのみに、鹽の代りに生命を賦與されたと說く人さえ有た。（一八六三年板、セント、ジョンの東洋林中生活、二巻二五〇頁。一九二〇年板、劍橋動物學、十巻二七九頁。大英百科全書、十一板、二一巻三二頁。フムボルトの旅行自談、ボーンス文庫本、二巻二六九頁。ウッドの動物圖譜一。根本說一切有部毘奈耶三四。プリニウスの博物志、ボーンス文庫本、二巻三四三頁註四）。蓋し、家猪野猪共に、好んで泥中に身を轉がし汚し、家猪は糞穢を常食する者多き故、諸宗旨之を忌む事多き等より、野猪は手負ば命知ずに荒廻るより、二つ乍ら卑蔑され惡名を立られた。然し靜かに其動靜を觀察して、家猪野猪共に世評に反し、其智慧著しく、最も智慧深き食肉獸のみに較や及ばざるを覺ゆと言た人が一二に止まらず。和漢共に猪が變化して人を魅した譚あり。其他諸民亦之を靈異視する者多きも、幾分其智慧の他獸に挺特たるに因た者だろう。(一八九二年、五板、ロメーンズの動物の智慧。三三九頁以下。一九〇八年板、ペッチグリウの自然の意匠、二巻九六九頁。今昔物語、二〇巻一三語。二七巻、三四―三六語。情史二一。夜譚隨錄五。一八七二年板、グベルナチスの動物譚原、二巻七頁以下。一九〇〇年板、スキートのマレイ方術篇一八八頁以下)。

千疋狼（南方）

アリストテレスの動物志一巻一章に、諸動物の氣質を說て、獅の如きは寬濶高潔且つ義俠あり、狼の如きは勇猛兇暴で機智あり、前者はその貴種の出身たるを示し、後者は自我を脱し難きを暴露すと云た。「太陽」二九巻四號一二七頁に予が引たアラビア人の諺に、信を守る義士は、牡鷄の勇、牝鷄の察、獅の心、狐の狡、猬の愼、狼の捷、犬の諦らめ、ナグイルの貌と野猪の奮迅を兼ね持ねばならぬと有る。狼の機智に富るは上に引たロメーンズ、一五章や、ペッチグリウ、二巻九七八頁已下に出づ。ペッチグリウ說に、餓に逼られた狼の寒心すべき話多し。狼は個別には引込思案で臆病だが、隊を組むと極めて怖るべく危險だ、露國等で嚴冬食乏しき時は、狼が團結して群畜や人家や人身を襲ふに無差別也、其數の多大に其攻擊の兇暴なる、何物かよく之に當らん、狼餓に狂へば物を犯すに畏るゝ所なく、團員の討死にいかに多きも、少しも屈せず、敵を僵し餓を療ずるに至つて初めて止む、討死した狼の屍は、團友之を啖ひ盡す、僅數の狼が結束して牛馬を狩り殺し、又多數の綿羊を取去る事珍らしからず、狼群の行動は夥しき智慧を顯はすと。又云く、狼群と野干(ジャッカル)群が一致した働らきをみると、狼も野干も確かに推理力を有すと知ると。狼の爪は樹の皮や木にかゝり得る物でない。然るにロメーンズは、狼二疋が家猪群の進擊にあひ、一は遁れ得ずして木の幹に飛上つた所を、家猪に取圍まれ、幹上から猪群を飛越る所を、猪共に突落されて矢庭に殺された例を擧げある(三三九頁)だから九死一生の場合には、狼が樹幹に暫時取付き得る事もあるとみえる。

それから大和本草一六に、射干、陳藏器曰、佛經射干貂獄、此是惡獸、似ニ靑黄狗一食レ人能緣レ木、詩經大全安成劉氏曰、犴一作レ豻、胡地犬也、字彙、豻同ニ野犬一、似レ狐而小、出ニ胡地一、今按國俗狐を野干とす、本草に狐之別名無ニ此稱一、然れば射干と狐とは異也。熊楠按ずるに、翻譯名義集二五に、悉伽羅（スリガーラ）此云野干、似レ狐而小、形色靑黄如レ狗、群行夜鳴如レ狼、郭璞云、射干能緣レ木、中略、輔行記云、狐是獸一名野干、多疑善聽、云々、然法華云ニ狐狼野干一、似レ如ニ三別一、祖庭事苑云、野干形小尾大、狐卽形大、禪經云、見ニ一野狐一、又見ニ野干一、故知レ異也。東京人類學會雜誌、二九一號三二五頁に述べ置た如く、狼の貪戾に狐の狡猾を兼備した樣な、英語でジャッカルてふ獸だ。アッヂソンは、是は狼を父、狐を母とした間の子だと述た。ヘブリウ名シュアル。アラブ名シャガール。波斯名シガル。是等が胡地で何とか少しく訛つたのを射干と漢譯し、其射の字時として野と同音なるより、野干と書くに及んだのだ。佛語と露語でシャカルと云のが尤も射干に近い。正字通に云く、豻胡犬、似レ狐而黑、身長七尺、頭生ニ一角一、老則有レ鱗、能食ニ虎豹一、獵人畏レ之。以前似レ狐而小 と有たのが身長七尺と廓大され、形色靑黄が黑と言れおり、支那にない物ゆえ種々誤傳を生じたのだ。ジャッカルが虎豹に隨行先驅して其殘食を覗ふより、ジャッカル鳴く所ろ屢ば虎豹ありと知た獵師が之を追て虎豹を殺す事あるを、能食ニ虎豹一、獵人畏レ之 と謬つたのだ。凡て啖肉獸には角なきに、ジャッカルに限り、稀に頭後に一小角ある者あり。得て之を持ば百事意の如く、殊に訴訟に必勝といふ。此類の獸に角あるは椿事ゆえ、特に支那迄も語り傳はり、正字通に記されたのである。（一八一四年板、ピンカートンの水陸記行全集、一五卷、四〇七頁。ウッドの動物圖譜一。大正三年五月出、太陽、廿卷五號、拙文「虎に關する信念と民俗」。一六〇頁以下）。

千疋狼　（南方）

21 廿五六年前より此拙宅に四五十疋の龜を飼た。毎度觀察するに、大龜が池の緣に前足を懸おると、一と廻り小さな者が其甲に登る。暫くして一層小さなが、其背を踐で上陸する。其後ち他の二つが順次上陸して何れも遊び歩く。大抵の大小龜は此作法を自得しおる如きも、三疋以上重なつたをみず。輟耕錄二二に、著者杭州で龜使ひを見た、大小凡て七等の龜を几上におき、皷を擊つと一番大きな奴が几の眞中に至りすはる、それより二等三等と、大きい者程先に來て、自分よりも大きな者の背に登る、第七等の小さい者は第六等の龜の背に登り、身を竪て、尾を伸べ上げて小塔の狀をなし、之を名けて烏龜疊塔と謂たと記す。それは人が敎え習はせた者だが、拙宅の龜共の上陸法は、龜共自身に會得して、申し合せた樣に協同實踐するのだ。斯の如く單獨では何をも仕出かし能はざる動物が、二つ三つと棒組が多くなるに隨ひ、誰に命ぜられもせぬに、部署を受持ち、力を戮せ相應じて全團の仕事をし遂げ、各自の所願をも叶へる。之をロメーンズは其動物の合成本能（コルレクチヴ、インスチンクト）と名けた。然し予の考えには、合成本能にも高下の差異種々ある。龜抔は低能な物で、大きな龜が陸上に擲られた握り飯を食んと、池の緣に前足を懸るも、身が重くて容易に上り得ず、空しく氣をあせる內、一ト廻り小さい龜が、是亦池の緣に前足を懸ては落ち、懸ては落た後ち、偶然大龜の甲を踏臺として上陸し得、握り飯を銜えて池え還り水中で食ふ。所ろを大龜小龜を追散して全部又幾部の握り飯を奪ふ。其から味を占て自然と小龜上陸の踏臺となり甘んずる癖が付くらしい。無論小龜が飯を銜えて池に歸らぬ內にも盡力して、上陸し得る丈は大龜も上陸して自ら飯を取り池に還り食ふ。小龜の踏臺となる大龜、大龜を踐で上る小龜、孰れも種々やり試みて、偶たま中つた通りを漠然記臆して每度一樣に實行するに過ず。この龜池は長方形で、其二邊の緣は、池底に直角に石を積累ねて成るから上り難きも、他の一邊は石を積ず。池の底に續いて斜めに漆喰を敲き揚た者ゆえ、悠々這て上陸し得べきに、每日經驗し乍ら此差別に氣付ず。只管握り飯に近い處より上らんとあせり、少しく遠廻りして、容易に上り得る方より上陸した事一度もない。何の考へなき者が集まつて、偶然やりあてた事を、多少記臆し、繰返し行ふて奏功する迄で、合成本能とはよく名けたと惟ふ。二年前迄拙宅に飼た牝犬は、外出して歸り來れば、必ず戸外で吠た。乃ち戸を開いて入れやつた。今ある其子の牡犬は鈍物で、歸り來ても少しも吠ず。前足で戸を掻き續く。久しく掻くと、戸のサルが漸次動いて終に戸が開く。開かぬ時は戸外に臥して人が起出る迄まつ。こんな愚犬が二疋以上寄ると龜程度の合成本能が出るだろう。之に反し優種の犬や、狐、野干、狼等が多數同類を團結して發する合成本能に至ては、人間も後へに瞠若たらざる可らざる者が多い。狼群が其動員を交代補充して敵を攻擊包圍し、其任に堪えざる者を嚴罰し、野干が、水に飽た鹿の池より林に還らんとするを、哨兵線を張て遮斷し、一度吼て鹿を走らした者は、他の哨兵を驅け拔て、新たな地點に哨兵と成て其鹿到るをまち、遂に鹿をして走るに疲れ仆れしむる抔、其例少なからず。上に引たロメーンズ等の書や、大英百科全書等に就て見るべし。曾てシベリアの狼は、行軍前に會議を開く由、一八八七年頃の米國の一科學雜誌で讀だ事あり。明治卅二年清朗たる秋日、予龍動の小公園で樹下に五六の猫聚まり、なにかさゝやいた後ち、順次地を轉げ廻り抔種々珍藝を演ずるを、息を潛めて睹た事あり。ロメーンズ四三六頁に、異種の犬が主人に隱して、暗號で申し合せ、一は兎を逐出し、他は之を捉えた記事あり。類推するに、言語こそ人と異なれ、狼群が命がけの進軍前に、軍令を約束しおく程の事は有そうに想ふ。秦大津父が狼を貴神と稱え、白石先生がヲホカミを大神と釋き、今も熊野の二川村抔で山の神と呼び、コリャク人が狼を苔原の豪主、强勢なシャマンと崇め、羅馬のマルス神、北歐のトール神、又基督敎の上帝も狼を神使とした譚あるは、其力量と勇猛の外に、智謀の非常なるを讃ての事と知る（日本書紀一九。東雅一八。一九一四年板チャプリカの原住民のシベリア、二九六頁。一八七二年板、グベルナチスの動物譚原、二卷一四五ー六頁）。

千疋狼（南方）

壯年米國に遊學した折り、學校の圖書館で山獺（ビーヴー）に關する記事論説を多く讀み、日曜毎に河畔に往て實物を觀察しに掛つたが、何の面白さも感ぜず。書籍に說た樣な共同生活抔一切見無つた。學友だつた佛人と印甸女の間の子に問ふと、自分の村の湖邊では、今も盛んに共同生活の山獺をみれど、此河畔の者は多年の濫獵に逼て、僅數より成る家族が散在するのみ、家族共が聚團せぬから、共同生活も忘失されたものだと答へた。予廿七年前、紀州那智より高田え越る途中で狼の糞を見出し、驚いて引還した。又廿年前、坂泰《さかたい》官林より丹生川へ下る路上、狼糞にベオミケス屬の地衣が生たのを拾ひ、今に保存しある。其頃予が泊つた山小屋え、狼に送られて迯入た樵夫二人有た。又廿三年前、大和玉置山より紀州切畑へ下る、半途で日暮れ、露宿し、翌曉起てみると、少し下なる山畑を數疋の野猪が荒した跡有た。何れも單獨又は少數の一族がつれ歩くらしく、山に居慣た多くの紀州人に尋ねても、本邦の狼や野猪は昨今多數で群行はせぬ樣だ。然し所により、昔は四五十頭の野猪を一疋の大猪が率ゐた事もあつたらしい。（早川君の猪鹿狸六九頁）狼も千疋狼の話の通り、古人は多數群行したかも知れぬ。兎に角本邦に云傳ふる千疋狼と、ボルネヲ島の口碑なるブアカ（野猪精）が、等しく肩馬して樹上の人を襲ふと云は妙な偶合だ。前述の如く、狼や野干の爪は木にかゝり得ぬ。然しレームスは、ラプランドの狼が、毎々前足で馴鹿の喉を扼し、之をしめ殺すに疵少しも付ずと述た（一八〇八年板、ピンカートンの水陸紀行全集一卷四〇三頁）其がなる程なら、狼も野干も樹幹に抱付て立ち、肩馬して高さに達し得る事も有う。狼が家猪群に追れて樹幹に飛上つた例は、上にロメーンズより引き、野干よく木に緣ると晉唐人の語も上に引た。猪の智慧が、最も智慧深い食肉獸に次ぐ程、著しい事も上に述た。隨つて昔し、是等の獸が多勢團結し得た所では、所謂合成本能を發揮し、肩馬して木に緣り登り、其上に遁れた人を襲ふた事も有たが、鐵砲の發明以來猪狼の頭數太く減じ、予が目擊した山獺同樣、復た昔日通りの働らきを現じ得ず。そんな働らきを忘れ果たので、大將が鍋を冠つて先登するの、野猪精が相舐つて骨のみ殘るのと、種々怪説を加えた譚斗りが、日本とボルネオに殘つたとみえる。所謂合成本能てふ稱呼其宜しきを得ず。合成智慧とでも稱したら適當てふ事は、前に引たペッチグリウの説を讀めば分る。以上は單に動物心理の上から、予が千人狼と野猪精の譚の起りを推論し試みたのだ。

幼時和歌浦の東照宮四月十七日の祭禮行列中に、鬼面を冒り撮棒を持ち、又百面とて異樣の假面を被つた者數十人歩み來るを眞の妖怪と心得迯歸つた事あり。戸隱山の鬼女、大江山の酒顚童子は事ふりたり。後世に及んでも足利將軍の末頃、太郎次てふ力士鬼裝して、鳥羽街道で强盜を行ひ、慶長元年近江膽吹山の群盜、鬼裝して近郷を刼かし、其樣子を聞く者さえ忽ち發熱震慄したが、松重岩之丞が前者を、加賀江重望が後者を平らげ、化の皮を露はした。支那でも明季、身に驢皮を蒙り、面を黑く爪を利くして鬼形を擬し、旅人を嚇し財を奪ふた者あり。世に有う筈なき鬼をまねてさえ、小兒同然に之を怖れた者多かつた。まして世に少なからぬ禽獸を旨くまねると忽ち驚き入り、人化動物、動物化人の實在を信ずる輩が多かつたは察するに餘りあり。去ばこそ歐洲の化狗人、化狼人、狼化人、化熊人、アフリカの化獅人、化豹人、化ヒエナ人、化鱷人、化蛇人。支那、前印度、後印度、馬來半島及群島の貙人貙虎(乃ち化虎人、化人虎)ボルネオの化野猪人。ブラジルの馬、山羊、米虎、猪に化る人等の迷信が輩出したるなれ。本邦の鬼同丸が、牛の腹中に潛んで賴光を覘ふた抔、シュー印甸人が狼皮を蒙つて獅牛を射、アフリカ沙漠住民が駝鳥に近づかん爲駝鳥皮を被る程の趣向で、其事怪異に涉らぬ。が鬼同丸より五百餘年前、播磨の賊文石小麻呂が、大白狗に化して官軍と鬪かひ、斬殺されて人形に復したは、佛國ニオールの狗に化た妖巫に似おり、隨分古くより本邦に人が動物に化るてふ迷信有しを證す。(義殘後覺七。石田軍記三、野史一九八。)

日下舊聞、三八補遺。一八八八年紐育板、タイラーの原始人文篇、二卷三〇八頁以下。一九一五年板、ヘーメルの人化動物、九と十章。一八九七年板、キングスレイの西非行記、五三七頁。一八二三年板、パーキンスのアビシニア住記、二卷三三章。一九〇六年板、レオナードの下ナイジャーと其蠻族、一九五頁。廣博物志四六。一八九八年板、クルックの北印度之俗敎俚俗、二卷二一六頁以下。一九〇〇年板、スキートの馬來方術篇、一六〇頁以下。一九〇六年板、スキート及ブラグデンの馬來半島異敎種民、二卷二二七頁以下。大英百科全書、一一板一七卷一五〇頁。古今著聞集一二。一九一二年ライプチヒ及キーン板、オイルの人種誌入門、四〇版二圖。博物新編、駝鳥の圖。日本書紀一四)。凡て人化動物に、精神病より起ると詐謀より出るとあり。詐謀より出るは或は單身、或は集團して人が動物を擬す。本篇の題目たる千疋狼が差當り人か狼かの外に出來そうもなき肩馬を組み、又某の婆をよび來るべしと人語したといふ。前に引たボルネオのプアカや甲州の犬梯の故事の如き、山犬群が梯を造つて襲ひかゝつたと斗り有て、人語したとは無いから、動物心理學の所謂合成本能で釋き得るとするも、土佐や越前の化人狼、雲州松江の化人猫の如きは人語したとあり。殊に日本傳説集一四六頁なる、越後の彌三郎婆に至つては、惡婆が狼化せず、惡婆の姿の儘、豺狼を率ひて、行人を苦しめ人肉を喫ふたといへば、是等は兇人が秘密に結黨して巧みに獸裝し、惡事を遂行したと釋ねばならぬ。昔し羅馬のネロ帝は有ゆる淫行をし盡してなほ足るを覺えず。諸神が禽獸に化て人を犯した舊傳を襲ひ、自ら獸皮を被り男女を婬虐して樂んだ。支那の五通神は猪馬等の畜生で、結黨して丈夫に化け、人の美妻を擇んで、悉く家人を外に避しめ、ゆつくりと之を姦するも抵抗する者がないらしい。アフリカのホイダー人が娘共を大蛇神に嫁すると、窖内で大蛇神の名代の蛇二三疋が待受けおり、倶に留まる事一時間して娘共窖より出る。扨月が重なりやお中が膨れ、頓て生だは人間で蛇體で無つた。伊豫の河野新大夫親經男子を持ず。源義家の四男三島四郎親清を其獨り娘の聟に取たが又男子なし。親清の妻家の絕なん事を悲しみ、氏神三島宮の祈りに詣でた。「其頃迄は家督たる人社參には、丑時諸社燈明悉く消して參り玉へば、明神三階迄御出有て御對談有し事也」。親清の妻長子無て家を誰に嗣すべきと問ふと、明神の聲で、汝が夫は異姓の他人故世嗣はできぬと答ふ。然らば子孫を絶す積りかと言ふと、一七日此社に籠れと命じた。籠つて六日めの夜半に、長十六丈餘の大蛇と現じ、明神自ら親清の妻の枕本に寄る、「本より大剛なる女中なれば少しも騒がず、其時より御懷姙有て男子一人出來玉ふ」。蛇神の子だから身長八尺、面の兩側に鱗樣の物あり、小踻て脊溝なく、面前異なるを耻て、常に手を頭にかざす。因て河野の物耻と稱せらる。伊與權介通淸てふ名は明神一夜其母に密通の義に基づくと云ふ。承久の役に勤王して奧州え流された四郎通信は其子だ。通淸は源氏に與して平家に背き、奴可入道西寂に攻殺された。まこと蛇神の子ならばこうした難儀に逢ふまい物、實はホイダーの大蛇神の名代蛇同樣、三島社の祝が蛇躰を粧ふて親清の夫人の面前に現じ、扨火を消して闇中明神に代つて之を孕ませたのだ。姦に强和の別こそあれ、支那の五通神も、希臘のゼウス神が鵠に化てレーダを孕ませ、印度の無量淨王の夫人やカンヂア王妃パシファエが、驢や牛の子を產だといふも、皆こんな事だつたらう。是等は一人又一夥が身を畜生に裝ふて性慾を遂た者だが、外にアフリカのブーフイマ秘宗徒や、メラネシアのヅクヅク等の諸秘團に至ては、或は豹鱷等に、或は怪鬼に身を作つて暗殺、掠奪、脅迫、押領等の諸惡を做す。本邦諸方に傳はつた千人狼と其類話も、昔し獸裝して兇行する多少の團體が有た痕跡が殘つた者だ。千人狼の內に人語したり、人家え迯歸つた者ありといふ以上は動物の合成本能、合成智慧位ゐでは之を釋くに足ずと。是は予が動物心理以外、人間世態の諸點から千人狼話の根源を推論したのだ。（スエトニウスの羅馬十二帝紀、六の二九。聊齋志異四。一七四六年板、アストレイの水陸紀行新全集三卷三六頁。豫章記。一八四六年板、スミスの希羅人傳神誌辭彙、二卷七二頁。三卷一〇九一頁。大方等大集經三〇。一八九七年板、キングスレイ、西非行記、五三七頁。一九一〇年板、ブラウンのメラネシア人及ポリネシア人、六〇頁以下）。

又考ふるに、こんな話は必しも多少實在した事蹟に基つくを要せず。こんな事がありそうなといふ想像のみに據ても成立し得る。女と一言交へた事ない少年が、年頃に成ば之に會ふと夢み、橋から落た覺えなき兒童が橋から落る咄しを思ひ付く如し。予自ら一度も經驗しないが、山村の故老より屢ば、其邊の古人が野猪や猿に追れて木え迯上り、命を全うした事を聞た。外國の書物にも其記錄乏しからず。手近い所で猿を木に登つて避た例は、サウゼイの隨得手錄（一八七六年板、四輯五四三頁）に、野猪と臍猪の例はセント・ジョンの東洋林中生活と大英百科全書に出づ（上出）。去ばこんな咄しを聞て、其時自分が猿たり野猪だつたら、どうして木の上の人を捉え得べきやと考へると、人と同じく肩馬して掛るが最良策と氣付き、復た猿や野猪が果して肩馬し能ふか否を問ふを須たず、見てきた樣な想像譚を作り、種々損益してでき上つたのが、千疋猿と野猪精の話で、本邦とボルネオに保留されたとも說き得る。

二卷三號一八二頁に有賀氏は「物の學び方はどうしても事實から入て行なくては駄目だ、所が實際には是が中中むづかしいので困る」と言れた。この千疋猿の話如きは、學ぶ手懸りとすべき事實が少しも見えぬ。強て言ば本邦諸處に此話及び其類話があり、近年迄風馬牛相及ばなんだボルネオ島にも同趣向の野猪精プアカの話を傳ふる丈が事實だが、何れも其誕荒唐にして一つの確たる事實を存せず。殊に本邦の猿は群團を成さず。昔しは成ただろうとはほんの想像で事實に非ず。本來猿は樹を攀るに適せず、肩馬抔できそうもなく、人語を發する筈もなし、執ふべき事實が一つもなきを執ふるは、中々むづかしい所でなくて、初めから絕望放棄するの外なし。と云て打ちやつた日には、今日捉ふべき事實なき民俗（昔物語、童話、笑談、寓話、神誌、地方緣起、譬喩、古諺、古謎、俚諺、子守唄等）の大部分は民俗學外の物となる。幽靈や幻想如き事實と遠ざかつた者すら、多方に推理じて研究を怠らぬ世の中に、捉ふべ事實無れば迚、異つた所で多くの人が傳襲しおる者を、度外におくべきでないと惟ふ。由て動物心理の上よりと、人間世態の上よりと、箇人想像の上よりと三樣に、自分も、又多分は現存する何人も、少しも事實を捉え得ざる千疋狼の話の起源を考察して上の如く述た。この三樣の考察の孰れが果して其起源を言ひあてておるか、三樣に考えた熊楠自身も判斷し能はず。人間此世界に創生されてより、今迄五百万年の千万年のといふ。是亦想像過半で、據るべき事實頗る乏しければこそ定說がない。兎に角五百万年千万年の永い間には、今と成ては全たく蹤を絕ち、復た收拾す可らざる事實又諸事實が有て、其末終に千人狼の話を留めたかも知れず。知れぬ事は何とも致し方がないから、自分の知り得る限り右三樣の起源を想立しおく。而してこの三樣の起源は必しも孤立單行したと考ふるを要せず。狼、野猪等の動物が、所謂合成本能に富たるより、俺が狼や野猪だつたら肩馬して木上の人を追究する筈と考え付た人有り、秘密に其黨を集め、狼猪に身を扮し、肩馬し人語して、所在黨外の人を苦しめたのが、千人狼や野猪精ブアカの話の根源とも推測し得る。推測はどこ迄も推測で事實を突留るに足らねど、捉ふべき事實なしとて丸で棄權するよりは、推測丈でも廻らす方が優れりと惟ふ。

和漢三才圖會四一に日本紀、諾冊二尊の時、鶺鴒あり、飛來りて其首尾を搖かす、神之を見て交道を學び得たり「逢ふ事を稻負せ鳥の敎えずは、人を戀路に惑はましやは」。廿年許り前、故角田浩々歌客、大每紙に寄書して、此傳說は本邦特有の者と說た。予は外國にも同樣の舊說あるを粗知り居たが、正確な記憶が無つたので延引數年、後ち和歌山に往て藏書を閱し、手近いヂユフールの賣婬史一の初章に希臘グブリズ島のアマトスに齋いだ半男女相のアスタルテ神の秘密儀は、其堂を圍んだ神林中で行はれ、其林木みな常綠で、每も此神に捧げたユンクス島

千疋猿（南方）

の呻吟を聽た、術士其肉を媚藥に用ひたが、實は鶺鴒の事だつたとあるを見あて、角田氏に知せんと思ふた時、氏は既に物故したと聞て止めた。其他例の蛙鳴ぬ池や白米城の傳說如き、本邦に限つてある如く心得、言詞の謬まりより起つたとして釋明せんとした人もあつたが、予は外國亦同樣の傳說あるを見出し、其都度內外で發表した。既に外國にも同例あると知たら、日本の例だけ日本の言詞の謬まりに基つくと解ても、外國の諸例をも諸外國の言詞の謬まりよりすとして解ねばならぬ。是は實際有り得ない事だ。然らば日本の傳說を釋く前に、及ぶ限り外國にも同樣、又は類似の例の有無を調べおくは、無用の辯を省く爲に緊要と考ふ。一事出來る每に倉皇取懸つても及ばぬ事故、平生暇さえ有ば、徐かに力を致しおきて然るべしと惟ふ。この千疋猿の話の如きも、本邦諸國に數例の記載ある丈では、誰かの戲作が擴まつた樣に言ふて已み得るかも知ねど、隨分距たつたボルネオ島に、太く酷似した野猪精ブアカの話ありと知得た上は、何か出たらめの戲作の偶合以上に深い根本が有べく惟はれる。予は千疋猿の話から思ひ立て、ボルネオにブアカの話あるを知得たるを、愚者の一得と私かに大悅する。人心は人面の如く異りも似もする。予と思惑を異にする人もあるべきと同時に、少なくとも多年趣舍を同しくせる寺石宮武氏等は、予と大悅を共にさるゝを疑はない。

末筆にいふ。土佐野根山の千疋猿の頭領は鍛工の母で、鍋又は釜を冠つて先登した由。鍛工が妖術や變化に關係厚き由は、外國でも數しばきく。アビシニアの鍛工よくヒエナ等の獸に化身すてふは、最も土佐譚に近い。（一八二三年板パーキンスのアビシニア住記、二卷三三章。一九一四年板チャプリカの原住民のシベリア、一九九頁、二一一頁等。一九一八年板、フレザーの舊約全書民俗學、二卷二〇頁。一九二〇年板、グレゴリーの西愛爾蘭の幻想と信念。二輯二三九頁）。其から本朝若風俗、三の一に、若い娘が大鍋七つ重ね戴いて、筑摩祭りの行列に先登する圖を出し、烹雜記、下の五に、後妻打の勇女が、頭上に擂鉢を捧げて、打下し來る擂木を受留る畫あれど、事情は鍛工の老母が鍋や釜を冠つたと異なり。昔し那智山を侵掠した妖賊一ツタヽラが、鐘を冠つて矢を禦ぎ鬪ふたと言傳え、戲作乍らも國花諸士鑑三の一、播磨の武士轟平次右衞門が、宿意ある家老を討ち損ねて燒糞になり、寺へ亂入して佛前の鈴を兜にかぶり、百人斬りをやり初めた趣は、大分崎濱の婆猿や松江の婆猫に近い。（四月六日午後十一時稿成）（完）

南方先生の「狐と雨」を讀んで

歌謠集成、卷九、江戸端歌集の、改正哇《ハウタ》袖鏡〔安政六己未年の序があります。〕を讀んでゐて。

紀伊の國はおとなし川の水上に立せ給ふは船玉山《センギョクザン》船玉十二社大明神さて東國にいたりては玉姫稻荷が三めぐりへ狐の嫁入おにもつを合かつぐは合りき稻荷さまたのめば田町のそでずりもさしづめ今宵のまち女郎合仲人は眞さきまつくろな黑助いなりにつまれて子までなしたる信田づま。

に出遇いました。手もとにある三四の類書を搜してみましたが、この謠は哇袖鏡以外では見あたりませんでした。

本誌二卷二號一一五頁、南方先生の「狐と雨」に「狐の嫁入お荷物を、かつぐは剛力稻荷さん」と同じ謠でせう。「維新の頃云云」とありますが、時代は安政以前にのぼれるわけです。祖母は、その謠なら誰れでも知つてゐるだらうし、自分にも舞へると云つてゐます。敢て高野山の姣童をまたずとも、誰にでも舞へる程ポピュラアなものらしいです。

昨年の秋、友人二人と、言問でだんごを食つて墨堤を歩き、三圍神社の繪馬堂で狐の嫁入の繪馬をみました。「玉姫稻荷が三めぐりへ狐の嫁入」の文句と、あの繪馬とは何にか關りがありさうに思はれます。繪馬の筆者も年代も見落してきました。繪馬の由來も知りません。繪馬に就て、博雅の御高教を得たいものです。

私の子供の頃、陽がてつて雨が降れば狐の嫁入だと云つてゐました。水たまりに紙を浮すと嫁入の行列が寫つる、と云つてよくさうしてきました。母の郷里、東播では、雨だれへ唾液をはいて、車前《オバコ》の葉に穴をあけてのぞけば水たまりへ行列が寫る、と云つてゐたさうです。

本誌二卷一號四五頁の指の組方は、私達もしてきましたが、嫁入ぢやなく、狐火がみえるのだ、と云つてゐました。

〔昭和五年四月十一日　河本正義〕

霜及び霜月

折口信夫

花祭りに關する諸問題は、各徹底せぬ乍ら、ある光明は見てゐる。唯、其が霜月に行はれたといふ大事の點が、解決しきつた顔では、すませないで殘つてゐる。

勿論、神遊・神樂は霜月のものであり、霜月の最果《サイハ》ての日が「しはす」であつた事は別に說いたから、冬祭りと言へば、霜月に行ふはずと言うて、さしつかへはないと思ふ。けれども、尙多少心殘りがある。京都の御火焚き神事だけを中心として見ると、その外來要素を除外して考へると、霜月祭りが、春を待つものだといふ事が知れるし、追つては、地方の山祭り・山の神講・夷講・市神祭りなどが、十一月から「おとりこし」風に、十月にも行はれた事も合點せられる。

だが、言語の上ばかりから考へると、霜のはじめて降る月だからと言ふ樣な、妥當らしい考へは、一度離れて見ねばならぬと思ふ。しも月のある特徴なる故に、しも（霜）と固定した語が出來たものかも知れぬのであるから。神無月が、出雲神行の月だからと考へてゐたのと、同じ程度の信用かも知れない。

かむな月に一應、對照させて見ねばならぬのは、みな月である。これも水無月ではあるまい。でも、今日でわかる限りは、つきを接尾語とした月の名が、必しも古くなく、「きさらぎ」・「やよひ」などの外に、「むつき」・「うつき」なども、「むつ」「うつ」までが語根らしい事である。私などの、今唆られて感じる假說は、みなは卷貝の名で、にな・みなの一種に固定した元の語がある事、此貝の出現や、殼の形によつて、年の占をすることが、一產業年の終りであつたのではあるまいか、といふ事である。

さうして、後代の考への一年が、二度に岐れて、みな月と今一度のかみな月との考へが、出來たのではなからうか。かみなは、その一種やどかりの名となつて了うた。同時に此が、上のみな月である。下のみな月が、あをみな月などいふ過程を經て、みな月に固定したのではないか。一年は、六月の方が上と見えるが、古くは、年末に近いみな月を上としたので、其後に寒い春から起つて、暑い最中に終るみな月を考へたのであらう。「みなそゝぐ」「みなそこふ」「みなのわた」など、枕詞の成立には、此習俗が含まれて居さうな根據がある。「みなみ」といふ方位にも、尚、考へ替への必要がありさうだ。

霜及び霜月（折口）

かみな月は、貝の名から出て、二つのみな月を區劃するので、上の義が考へられ、更に六月との關係は固より、語原すらも忘れられて行つたのであらう。さうして、直に別に、下《シモ》みな月を考へて、其と連續する事になつたらしい。其が、しも月である。だから、かみな月・しも(みな)月・(あを)みな月、此だけの對立がある訣でないかと思ふ。

だが一方、「なつき」といふ語を考へて見る必要がある。「なつき」は、狩獵時代の食用のなごりで、腦味噌の名として殘つてゐる。「かみなつき」に對してゐ、「しもなつき」が略せられてしも月となり、みなつきも、かうしてなり立つたといふ考へも出來る。すると、なつきは、收穫前に、神の爲に山幸を獻る式及び占ひともとれる。神に供へる爲の山獸の頭がなつきで、その時期が、なつきからなつとなつたとすれば、五月の獵の原義も辿れる。「なつきの田のいなからに……」の大歌を見ても、さうした式場が、田であつた事が思はれよう。第一回のなつき祭り、卽御頭《トウ》祭りが十月頃で、第二回の分が、後專ら行はれたさつきに近いみなつきで、みは敬語、なつがなつき祭りの略だ、と知れる。

なつといふ時は、よいあきを控へての名で、祈年祭の祝詞の、夏田の模樣を言ふ理由も知れる。かみなつきの祭り月を二分して、しもなつきを考へ、此月を秋と見る樣になつて來た。而も「しも」といふ日本語には、古い別義があつた。仁徳紀の菟餓野の鹿の身に霜のおいた夢語り、風俗歌の「大鳥の羽ねに霜ふれり」の歌など、皆一種の前兆を意味するものである。霜の到らぬ先に「つゆじも」を言ふのも、萬葉では、一種の景物とせられてゐるが實はわからない。「犬じもの」・「馬じもの」・「鳥じもの」などの「しも」も、實は此らしい。前兆として現れるものと言ふ義から、「如く」の用語例を生じたらしく、其前型として、「男じもの負けてあるべしや」などいふ類があつたのだらう。「しも」は、最近の成果を示すものらしく、多く凶兆らしい。此を遮へ逸す爲に、霜を露と見、雪と稱へ、霜祓への行事をしたのであらう。火焚きの行事も、此を防ぐ爲である。阿蘇の霜野宮の火焚きも、此である。

土地を溫めて、よい春を來させるよりも、まづ秋をよくする爲の呪法が、火祭りである。鹿の子の霜ふり皮を云々するのも、此印象からである。神遊び神樂に、燎火を巨大《トホシロ》くするのも、其處を中心とした地方に來る霜を逐ふ爲であつた。自他の身や髮に、霜のおく事を厭ふ歌の多いのも、此爲である。霜月は、下《シモ》みな月或は、「しもなつき」から出て、更に、霜を除ける祭り月と言ふ義にも轉じたらしい。

早川さんの註文で、はじめて興味を起した花祭り・神樂の村村の禰宜屋敷の名の「しもや」の語原は、こゝまで來て、更にも一度後戾りをして見ねばならぬのかも知れぬ。部落中の一等後部に位する爲の名とするには、何の爲にさうした家筋の屋敷を、さう言ふ位置に据ゑたかといふ事からきめてかゝらねばならぬ。思ふに、かうした山村の通路は、下方へ向ふのが普通だつたから、村口の屋敷は、下家になるわけだ。又、目に見える精靈たちは、上の山から來り臨むと考へられて、念佛踊りにも、神送りにも、下の村々へ送り出される事になつてゐた。さすれば、こゝに有力な法術の傳統の家が控へなければならぬはずだ。山の奧へ〳〵と這入つた昔から見れば、上からおりて來る村といふ考へはなかつた。其風習が、村落の形の變つた後までも、繼がれて行つたのである。下屋敷は、村の中の重要な家筋の住居となる訣であらう。山中の部落では、新しく屋敷を開く者ほど、奧に入る。澤を隔てゝ山の背部《アチラ》に伸びて行く。上方《ウレ》・彼方《ヲチ》・彼《フチ》(モチ)方《カタ》・彼方《アチラ》などは、二軒以上新百姓が出來た時の名である。一つの部落でも、屋敷の移動のない限りは、下方の屋敷ほど、由緒あるものゝはずだ。

今日に於いては、下屋に對して、上手屋敷《ワデ》なるものを配置し、通例村の最上位にあるを原則とする様に考へてゐる。だが、考へて見ると、上手なるものは、神事座《ザ》の位置からの名で、多くは、神人以外土地の後入所領主の家柄である。元々神事座の屋敷には、起原を殘してゐる樣だ。この事は、南信、北三を通じて言へる事である。かう言ふ視點から見ると、しもやとわび屋敷とは對立させて見る事の出來無いものである。

しもやのしもが、霜及び霜月と、どう言ふ關係にあるか。早川さんの設問には、まだ此返答では、要領を盡してゐない事を恥ぢとする。

寄合咄

お願ひ

門のことを、沖繩諸島では大方ぢやうと云ひ、奄美大島諸島では大方ぢやうぐちと云つてゐるが、前者の中の石垣・黑島の二島と後者の中の鬼界島とで、ぢやうが門前の通りの義になつてゐるのにヒントを得て、南島の各方言を比較研究した結果、ぢやうはもと原野の義を有つてゐたのが、漸次道路→門前の通り→門の義に縮用されたことがわかつた。(第一書房發行雜誌「國文學研究」創刊號所載、拙稿「フカダチ考」參照)。其後、仙臺稅務監督局編纂の「東北方言集」を繙いて、岩手縣の中通地方——東・西磐井・膽澤・江刺・和賀・稗貫・岩手・紫波・二戶の諸郡及び盛岡市——と靑森縣の南部地方——上・下北・三戶の三郡——とで、門口のことをぢやうぐちといつてゐることを知つた。同方言集には、ぢやうが單獨に用ゐられてゐる例があげでないから、これらの地方でぢやうを何と解してゐるかは判然しないが、南島語の例から類推すると、これがかつて原野→道路の義に用ゐられた事は、いふまでもない。これまで、ぢやうを南島獨特の語であるとのみ思つてゐた私が、それが本洲の尖端にあることを聞いて驚いた樣に、東北の人たちも、こんな語が南島などにあらうとは、夢想だもしなかつたであらう。私は早速大橋圖書館の大藤時彥君に御依賴して、ぢやうぐち又はさういつたやうな方言の分布を調べて貰つたら、右に擧げた地方以外にも、所々に散布してゐることを知つた。卽ち、靜岡縣方言辭典及び同縣安倍郡誌には、「じよーぐち、門口」、山梨縣の中巨摩及び北巨摩の二郡誌には、「じようぐち門先。」千葉縣の香取郡誌には「ぢやうぼう、宅地へ出入する路」、同縣夷隅郡誌には、じようぼ、門口」と見えてゐる。序でに、宇治山田市史には、「かど、庭」、三重鄉土誌には、「かど、家の表」、「旅と傳說」四月號所載大田榮太郎氏の岐阜方言には、「○カド、宅の前。嚴美村=」、東白川では庭」といふのがあることを、附記して置く。繙つて南島の方を見ると、かどは沖繩語では、とうの昔死語となり、俚諺及び童謠中にのみ遺つて、門前の義に解されてゐるが、鬼界及び德之島の方言では、今尙生きてゐて、門の義で使はれてゐる。念の爲に、言海を引いて見たら、「かど(名)門〔外戶《ホカト》ノ上略カ〕(一)家、屋敷ノ外構ニ、柱扉アリテ、路ニ出入スベク設ケタル處。門《モン》。(二)門《カト》の外。―○ニ出ヅ、―田。門前、云々」とあつて、かどの意味が、方言と略同樣である。古代に於ては、住居に外構といつては無く、從つて門などは無かつた筈だから、家の外を、ヂョー若しくはカド(屋外)といつてゐたのが、後世外構を設けて、門を造つた時、これらの語が門の義に縮用されたことが、原野を意味したヂョーが、門の義に縮用されたと略同樣であることが知れる。私の知つてゐるだけの材料によつて判斷して見ると、內地では、かどが勢力を有して、ヂョーは特別の地方にのみ殘留してゐるに反し、南島では、ヂョーが勢力を有して、かどは僅に奄美大島の一部に餘喘を保つてゐるやうに思はれる。この二語は國語と南島語が分立した當時、お互に所謂祖語から受繼いだ遺物に違ひないから、ヂョーは右に擧げた地方以外にも、遺つてゐさうなものである。たとひ單獨には用ゐられてゐないとしても、複合語若しくは地名などには遺つてゐるやうな氣がする。御承知の方々に敎へて頂きたいものである。(小石川區戶崎町十二、伊波普猷)

早川君の「花祭」

早川君の「花祭」が出たので、ボツ〳〵讀んでゐます。あの大きな本の中には勿論いろ〳〵な澤山の問題が殘されてゐます。其のすべてに亘つて研究の對象とせられる人もありませうし、又其の中の特殊の問題を突込んでゆく人もありませう。そして早川君の本は其の何れの側の人達にも貴重な資料を與へ、研究への立派な踏石を與へてくれるでせう。花祭り・其他田樂・御神樂については早川君の採訪せられたもの及び地方に於ては殆んど完全に近いものと——早川君自身は書落しがあるといつてゐられるが——いつてよいでせう。それは一局部に限られた資料ではあるが、充分にイニシアティーヴを有つものであることは誰にも否定出來ないことです。

私はかうした資料の堆積が、然かも立派なものの破片やボロはあるとは思はれても、それが唯昔の姿を偲ぶことさへも骨が折れるやうな雜然とした紙屑やの店先きに置かれた幾つもの屑籠の陳列ではなしに、破片を集め、ボロを拾つて破片は破片で再び縫ひ合され、ボロはボロで洗ひきよめられて、其れを順序正しく積み重ねられてゐるところに、私は最近に於ける日本民俗學での誰のにも劣らぬ一大科學的業績といつても過言でないものがあると信じてゐます。採集か立派な學問であることを私は思ひます。

それに私にとつて此の本が非常に難有いことは、私は決して此の本に盛られた全般の研究者ではないのですから、私には他の人達の研究によつていろ／＼教へて貰はうと思つてゐるものの方が多いのですが、然し其の中で祭に與る者、殊に禰宜及びみやうどの制度に就いては自分でも手をつけてみたいと思つてゐることです。昨夜の談話會でも早川君に對して有賀君や私から質問が出たのですが、そしてそれに對する早川君の說明から私は多くのサヂエストされるものを與へられたのです。そしてこの制度の研究は一箇の特殊團體の成立及び存在といふことばかりでなく、日本に於ける部落——大字なり小字なりの——の成立と其の發達の過程を明にする一の型と、そして少なくもその一の場合を示してくれるやうに思はれます。勿論それが日本に於ける凡ての部落發生の過程とは見做すことは出來なくとも、さうした場合があつたといふ例證を事實に見ることが出來るのです。

それは此處では小字なるものの發生が、初めにみやうど屋敷なるものの定住に始まり、次いでブラッドにしろフィクシャスにしろ緣につらなるものがみやうど屋敷の持ち分である土地の中にひろまつて行つた、其の場合に其の持ち分の土地が必ずしも接續してゐるとは限らず飛び地にもそれがのびてゆき、地域的には必ずしも同一ではないが團體としては同一のものに屬してゐた社會形態が發達してゐたといふことになるのです。そしてみやうど屋敷は其の代表者たる地位を占めてゐるのです。つまり其の團體はみやうどによつて統一され、一つの信仰と同じ神事を有つてゐたのです。これで見ると日本の部落なるものには立派にコンサンギニティーのグループがあつたといふことが明かにされる譯です。私はさうした社會集團に於ける所有、財產、分配、婚姻等の問題に入つて行つたら面白い結果をひき出すことは出來はしないか、又其の祭祀團とは何かといふことの究局のものをも更に見別け出すことは出來ないかと非常に樂しみにしてゐます（四月二十七日、小泉）

京都大會のこと

昨年からの豫定通り民俗學會第二回大會を京都で開くことになりました。具體的なことは卷頭の廣告で見ていたゞきます。

東京からは石田君と折口君とが行つてくれる筈です。私もゆきます。講演は京都では西田君にお願ひしました。東京からは折口君と私とです。實は他に委員の中を種々勸誘したのですけれども誰も彼も皆いろ／＼と差閊ひがあつて行つてくれないので、仕方なく私までが出娑婆ることになつて當人としては甚だ恐縮してゐるところです。

然し私はもと〳〵フォークローリストではないのですから、フォークロアプロパーな話などは出來ようもありません。それでとどのつまりは私の畑の話をすることになるのですが、全然フォークロアを抜きにしたものはどうかと思つて民間傳承の發生が社會生活の表現としてどんな意義を有つてゐるかといふことを話してみようと思つてゐるところです。民間傳承といふものを全然社會現象として取扱ひ、其の傳承を再び社會生活に還元して考ふることによつて社會形態學的な考察が生れて來る、そして其の社會形態がどんなものであつたかを究めることが出來れば、民間傳承が社會學の領域内に完全に取扱ひ得るといふことを述べたいのです。(小泉)

鷸蚌の故事を讀みて

或る朝祖父が苗代田を見廻りに行くと、向側で頻りに苗が動くので若しや鰻なら捕らえやうと急ぎ行き見ると、二尺餘の赤棟蛇か小芋程の田螺を目蒐けて鎌を上げつ下げつして居た。折柄苗代の水は少なく田螺の貝殼は半分以上も水から出て居て蓋を一ぱいに開いて居た。不審しながら熟視する中、蛇の首が伸びるかと見るや否や田螺を銜へて高く空中に指し上げて直進し、苗代の畔へ出て叢を右往し又左往し果は反轉して苦痛に堪へ得ぬ樣子、其の内だん〳〵赤棟蛇は疲勞して遂に落命したので檢視すると、其の舌頭を堅く田螺の蓋で挾まれてゐたのであると、南方先生の書かれた標記の記事を讀み曾て聽いた祖父の實見談を其のまゝ。(村田鈴城)

一本杉と山神祠

會津西街道に沿うて走る鬼怒川の岸に、瀧《たき》(下野國鹽谷郡藤原村)と云ふ溫泉がある。此處の部落の裏山を超えて、小徑が一條、逆川《さかせ》側へ通じて居る。徑が尾根を超える附近一帶(此の峠には名前がない)へ、瀧の某家の者と言つても今より五代許り前の其家の先代が、杉を植林したことがあつた。其後峠の附近は山火事に襲はれて、植林も殆ど燒けてしまつたが、その中偶然にも三本殘つた。併し間も無く二本は枯れ、唯一本が不思議にも殘つて枝葉を茂らせて今日に及んで居る。土地の者達は何時の間にか此を一本杉と呼ぶ樣になり、矢張り同地の或人が其樹の下に山神祠を安置した。毎年正月には、山で働く農人、多く炭燒などが、此祠に參詣して、山の仕事に災厄が無い樣に祈願すると云ふ。此杉の殘つた地點は峠の頂上で、遠く瀧の村からも、獨り聳えた樹の姿は望まれる。昭和三年二月訪れた時には、峠の北側に殘る雪も未だ多く、刻字も見えぬ其石祠の中には消え殘りの蠟燭があつた。そして祠を蔽ふ樣に垂れ下つた其樹の枝には、昭和三年一月吉日奉納大山大明神願主藤原村瀧佐藤氏と記した白布の旗が吊してあつた。

前記逆川側の谷にも、根元に山神を祀つた一本檜があると云ふ。(高橋文太郎)

女のホド(陰戶)をあをぐ

中里某氏が東京で商賣をして居るとき知人が敎へたのに、商家の内儀又は娘が朝早く、人に見られない樣に店先の敷居内に立つて、外方に向つて前衣を開け陰部を出して、お玉杓子で向ふのものを此方へ掻き寄せる樣に、杓子を下向けにして、三度ホドへあをぎ込めば其の日は商賣繁昌するといふ。(杓子は古きものでも新しきものでもよし)

水占について

本誌第二卷第二號增田德二氏の御話を讀んで思ひ出しました、私共が尋常小學に通つて居る時分、溜り水(道路の凹に出來た溜り水でもなんでも)へ唾《ツバキ》を吐いて、それが自然に擴がれば晴天になり、ひろがらずに居れば雨であるといひました。(以上二項後藤圭司)

資料・報告

ソウゼン・サマの小報告

板橋　源

東北で、三春駒に並んで名聲の高いのは南部馬である。それで南部の地（岩手縣の大部と青森縣の下北半島）は馬に關した風俗の數々を有つ。

盛岡で馬市場の立つ附近の町名が馬町、新馬町、馬喰町であることは珍らしくないとしても牛馬御宿所と書いた看板を架けてゐる古い宿屋、駒形神社、田舍路の交叉點や村の境界に立てられた馬頭觀音に小さい馬草鞋や枝豆が供へられてること、「チオグチヤグ馬コ」等がそれである。

今では、舊暦端午の節句が「チヤグチヤグ馬コ」の祭日で、馬の安息日とされてゐる。この日丈は馬に鈴を付け美しく着飾ざらして早朝からソウゼン・サマに參詣する。斯くすることに依り馬を慰め、健康をソウゼン・サマに祈願したこととなる。昔は六月一日（ムケノツイタチ）、八朔、九月十五日にも行なはれた。

盛岡邊では、市の西郊鬼越山《オニゴリ》のソウゼン・サマに詣る。この行事が「チヤグチヤグ馬コ」と云はれるのは早朝から響く鈴の音によるのだと云ふ。

◇

ソウゼン・サマは此の地方に廣く見られる馬の神でオ・ソウゼン・サマと呼ばれソウゼンとも呼ばれる。蒼然様と當て字をするのが普通のやうであるが村によつては、宗善、相繕、惣仙とも書かれてゐる。

◇

蒼前様の傳唱はかなり多岐であるらしい。今年の夏採集した分を報告したい。

（イ）　盛岡市

桓武帝の御世だといふ、伊勢國鈴鹿山に惡鬼が居つて行人を惱ました。それで帝は將軍坂上田村麻呂に討たせる。將軍は命を奉じて、京都岩淸水觀世音菩薩に祈りそう馬（あしげ馬）を授かる。將軍は兵を率ひて山に行くが惡鬼は居ない、却つて立烏帽子といふ神姫が現れて奧州の岩手山（岩手縣）に棲む大竹《オホタケ》丸（大瀧丸とも又は大高丸とも云ふ。皆訛言であるらしい）が姫を戀し、日々通つて來て求婚するが、從はぬので怒つて行く人を害するのだと告げる。

將軍は岩手山に惡鬼大竹丸を討つたが、そう馬は御堂村（岩手郡）で斃れて御堂の馬頭觀音となり、神姫は化して瀧氏村（岩手郡）の姫神山となつた。

（ロ）　澁民村《シブタミ》

同村字蒼前にある。義經が蝦夷へ渡る時、この土地（當時假杉）に差掛り、乘馬は病死した。その馬を祠つたのが、蒼前大明神だつた。明治三年、村社とした時、今の駒形神社に改めたといふ。

（ハ）　鬼越《オニゴリ》

この駒形神社は田村麻呂のあしげ馬を埋めた地だとか。蒼前といふのはそう馬の鞍前だといふ附會說すら、今では行なはれてゐる。

舊曆の五月五日を祭日としたのは、端午卽ち端（ハジメ）の午（ウマ）の日だから。

（ニ）　澤內村（和賀郡）

田掻きをしてゐた南部馬が突然、南昌山《ナンシヨウ》（紫波郡と岩手郡の境）を越して姫神山の駒形神社を目掛けて走つたが、途中鬼古里で斃れ鬼古里蒼前に祀られた。

（ホ）　篠木村（岩手郡）

承應・萬治（?）の頃、綾織蒼前といふ人が、この村を開墾する爲に、越前堰を掘る難工事に當つて成功した。後、罪を得て死んでから、村民はその德を慕つて祀つたが、罪を憚り馬に替へた。明治當初までは綾織蒼前と白松蒼前との二つがあつた。

祭日は三月十八日。綾織蒼前を祠つたのであるが矢張り馬の神さまだと信じてゐる。

◇

以上取るに足らない附會說ばかりであるが、忠實に記錄して見た。これ等の間から、蒼前に對する何等かのヒントを得られるなら幸と思ふ。（昭和四・十・十六）

本渡町の「ごーしもん」

濱田隆一

肥後天草郡本渡町では、每年四月五日、六日の兩日に、郡主催の聯合招魂祭が行はれる。この時の呼物の「とーしもん」が各區に一ケ所づゝしつらへられる、本年の各區のを列記すれば、

上町區　曾我兄弟

下町區　淺野家一大事不破數右衛門

船の尾區　譽の日章旗

加藤清正虎退治

濱田區　近江源氏盛綱館（二等賞）
土手區　小碓尊川上梟を討給ふ
濱津區　笹野權三郎兄妹と關口八郎との結交
上南區　加藤清正虎退治（一等賞）
中南區　伊井直弼の最後
下南區　宮本武藏實父の仇岸柳を討つ

と言ふのであり、これは毎年奬勵の意味があり、審査の結果等級を定めて、賞することになつてゐ、今年の一等は上南區の虎退治でしかも五年連續一等であるさうだ。この前には終日人が黑山の如く集つてゐた。二等は盛綱館であつた。かういふ風で招魂祭が近くなると、町では「とーしもん」の話があちこちに起り、各區の技術の批評やら、今度のものについての想像話が盛である。

41

近江源氏盛綱館

天草では、この名稱を「とーしもん」と呼び「やま」とは稀にしか呼ばない。この名稱について、古老に聞いて見たが確答は得られなかつた。たゞ以前は、この「とーしもん」を牽いて町を通つたからそれ位の簡單な考へから言ひ出したのではないかといふのに殆ど一致してゐた。私は自分の力で及ぶかぎり色色と調べて見たが、どうもそんな名稱に行き當らなかつた。たゞ一つ俚言集覽の增補のところに「とほし――遐も遠も曠も洞も、とほききなり遐ははつきりとせぬ程なり遠は側になきなり曠は向に物のなきなり洞は向ふの見えぬなり」といふとほし（洞）の意味にものが着いたのではないかと思つた。この名稱一名「山（やま）」そして、この「とーしもん」の製作の一規定である背景の重疊たる岩山（小碓尊のでも淸正のでもそれに立派な洞穴がある）は山の名稱と同種の感を起させたのである。この名稱の意義について誰か敎示をたまわれば幸である。

私は又この招魂祭の呼物である「とーしもん」が何時頃から初つて現在まで如何に變遷して來たかを調査して見ようと思つて、土地の物識りと思はれる古老にあたつて見た。その結果知り得たことは左記の通りである。

「とーしもん」は現在では招魂祭に作られてゐるが、今の本渡町がまだ町制を布かず、（町制を布いたのは明治三十一年）元の町山口村と稱し、特に海岸のこの聚落を町と稱へてゐた頃は、半農半商で、現今の如き都市的色彩はなかつた――その頃は町山口村の田植がすんだ後の蟲追ひの行事の時に作られたもので

本渡町のとーしもん　（濱田）

あつた。それが追々と發展し、交通政治通信文化の中心となり愈々都市的色彩を帶びて來、遂に町制を布き、農業的行事と段段疎遠になり、隨つて以前の虫追ひの行事等も次第に廢れ同時に「とーしもん」も廢絶の姿となつた。それが日露戰爭以後、招魂祭が毎年行はれることになり、この時の裝飾に「とーしもん」が引き直されたのである。

そして、この虫追ひ當時の「とーしもん」は、今のやうに一定の場所に固定したものでなく、區々の人々が牽いて廻つたのである。當時は他の地方に於ける山車の如く、やはりその高いのを競爭したといふ。そして皆が擔いで行く「とーしもん」の後から虫追踊の群と見物の群とが續いた。當時は區の數も六區（上・下・船之尾・土手・濱津・南）でこれが競爭して技を練り、當日は南區の廣場に集り、審査の結果一等から順々に町を通り町山口川に沿うて上り、河原の天神樣まで續いた。見物はそれを向岸からながめた。

今、六十七十以上の老人の知つてゐる、昔の「とーしもん」作りの名人は、誰も五十年位前に南區（この區は傳統的に優れて居る）に有馬萬四郎といふ繪かきであつたといふ。この人は創作的の繪の出來る人ではなかつたが中々器用で、描寫など今でもあちこちにあるだらうといふ話である。この人が又一方「とーしもん」作りの名人で特に馬が上手であつたといふ。佐

久間玄蕃が馬に乘つて鐵棒を振廻してゐるのが、馬が後脚で立上つてゐて倒れず、動かして見ればゆらり〳〵と動くのがどういふ仕掛であらうと子供心に感心してゐたものだと語つてきかせられた。この人は生人形芝居の首を一組そつくり揃えて持つてゐたのを、後零落して家財道具を人手に渡すとき、この首も各區の人達が押し寄せて、後日の「とーしもん」の材料に分けて取つてしまつた、その首は今でも多少殘つてゐる筈だといふ話である。

それから山（背景の岩山）作りは、向へ（土手區）が毎年昔から一番上手であるといふ事をきいた。

私の宿の爺さんは嘉永生れで、八十何才になるのだが、この爺さんの子供の時から「とーしもん」があつたのかときいたら、小さな時から知つてゐる、餘程古くからあつたのであらう、しかし誰が何處から習つて來たのかは到底わかるまいといふ話であつた。

かッたい塚

橘　正一

かッたい塚の事は、「江戸名所圖會」卷の三、醫王山國分寺の條にも見えてゐるが、それは早く言ひ傳へを失ッたらしい。然るに、岩手縣紫波郡飯岡《ヨーカ》村字フヂシマ村の入口、道路に面した所に、一つの石塚があッて、ドス（癩病患者）を葬ッた塚であると言ひ傳へられてゐる。墓じるしに植ゑたといふ二た抱へばかりのサイカチの大木が一本あつたが、今は切られてしまッた。上飯岡の人から聞く所によれば、昔は、ドスが死んだ時は、畜生が死んだと言ッて、早桶に馬の沓と馬の鳴り輪（形◎かくの如し）とをつるして、墓地ならぬ野原に葬ッたさうだ。さうすれば、同じ村から再びドスが出る事がないと云ふ。又、父から聞く所によれば、昔は、ドスになッた人は、法華坊主になつて、ウチワダイコを叩きながら、行脚に出かけたさうだ。又、四國のコンピラさんは、ドスにかかッつて、島流しになッた神樣であると言ッて、ドスは四國へコンピラ參をしたものなさうだ。かう云ふ信心者が、途中で行き倒れになッたとしたら、信仰の厚い時代の事だから、村境に葬ッて、塚を築く位の事はしたであらう。それが今日見るかッたい塚ではあるまいか。

早桶に馬の沓や鳴り輪をつけるのも、もとの趣旨は、神に仕へる者を葬る神聖な儀式であッたのが、信仰を失ひ、ドスが忌まれる樣になッて、その説明が嘲笑的に變ッたのだらう。長崎などでは、ドスをナリヒラと言ふ。各地に多い業平の遺跡も、或は、こんな所から解釋ができるかもしれない。

おこり塚

青地竹次

府下豐多摩郡井荻村、荻窪驛に近く、おこり塚といふのがある。人家に近い畠の中に小高く、何もない。土地の老人の話に、昔この地に戰があつた時、死者を此處に埋めた。ところが其後この塚の上に上つた者は、かならずおこりをふるふ。其でさう言うてゐる。もと狐が住んでゐた程、木が茂つてゐたが、今は伐り墾いて、上つてもおこりをふるふことはないといふ話であつた。今、塚の上の雜草の中に板碑らしいものが二枚あつて、たしかに讀める文字は、文和九年といふ四字である。

年中行事

秋田縣鹿角郡宮川村地方

內田武志

四月八日　字小豆澤の藥師の祭禮で、前晩は藥師堂にお籠りをする。

五月五日　この朝、筍とそでこ（一種の蔓草の幼芽）の成るべく大きいのを二本づゝ選み、御神酒を添へ神棚に供へて拜み、次にこれを下げて家中の者が順次に一種づゝ代る代る兩手に持つて、その尖端《サキ》で耳の穴を穿じる眞似をして「善い事を聞く樣に、惡い事を聞かぬ樣に」、と唱へる。

節句餅《ヤソクノモチ》　笹餅《ササモチ》（米の粉で平たい餅を作り、竹串にさして、それを笹の葉で包み藁で結んだもの）と菖蒲、蓬を神棚に供へる。

軒先には菖蒲と蓬を挿す。

繪馬奉納　宗善樣に馬を連れて拜みに行き繪馬を奉納す。

端午禮《タンゴレ》と云つて婿と嫁とが鏡餅三つ、酒二升、頭付の魚を持つて嫁の實家を訪れる。

上州綿打村地方

福島憲太郎

四　月

春祭り　三日、田中村鎭守八幡神社の祭禮の日で有る。各家で赤飯を拵へて早朝午前三時頃同神社へ供へに行く。此の供へ物は、時刻の早き程良いと言はれてゐる。

灌佛會　八日、各家仕事を休み、牧丹餅を拵へ佛前に供へる。寺では甘茶を參詣に來た人に出す。

庚申樣緣日　十六日、近村九合《クアヒ》村米澤の庚申樣へ參詣して、繭玉〔米粉の團子〕をそこより借りて來て、家內中の者が之を喰べる。若し五十貫の繭をとりたい時は、五十粒の繭を借りて來る。そして翌年に其の二倍の百粒を庚申樣へ返納する。

五　月

八十八夜　霜が降りず耕作物に害の無き樣に祈る。そして醬油團子〔米の粉を挽いて丸めて茹で醬油を附けた物〕を拵へて各家神佛に之を上げる。

端午節句　五日。一日頃より鯉幟を立てるが、此の日は仕事を休み、餅を搗いて柏餅を拵へる。神棚へはお造酒を上げる。そして各家菖蒲の束を、家の入口の軒へぶら下げる。

遊び上げ　十日頃、遊び上げと云つて二日間遊んで、これから農事が忙しくなるので、後は仕事を休まぬと言ふ。

種蒔き　九十九夜　此の日は種蒔きをするのに良い日で有る。牡丹餅を拵へて神棚へ供へ、又皆も之を喰べる。

モミフリ　此の日頃モミフリを行ひ苗代を作り、田の水口へ一尺四方位のクレ〔芝草を土ごと切り取つた物〕を切つて、正月に用ひたハナカキを三本挿す。

▽此の日の都々逸に「九十九夜迄待つてもみたが解かじゃなるまい桑の帶」

初眠休み　十五日頃、蠶の初眠休みとて、此の日頃餅又は赤飯を拵へて御馳走をする。

四眠起き　廿五日頃、此の日頃蠶の四眠起きとて、餅或は赤飯を拵へて、繭の揺り高の多き様祈る。

沖繩の年中行事

牛島軍平

四月

十五日　ウマツィー。一般に爲事を休んで遊ぶこと。二月の時と同じである。

五月

四日　折目、又、爬龍船競漕がある。ハーリーと云つてゐる。只今、泊で行ふやうである。泊・那覇・垣花の三ケ處から選手が出て龍の形した船に乘つて、この三つの船が競漕をする。一つの船に、漕ぐもの數人に、旗を振るもの、鉦を敲くもの、舵取りが乘つてゐて、まづ唄を謠ひ、終ると、旗を振り、鉦を鳴らし、かけ聲勇ましく漕ぐ。見てゐて一寸愉快なものである。糸滿のハーリーは特に、有名なやうであつた。

この日、子どもたちに、おもちやを買つてやつたりする。

五日　アマガシと言つて、麥・小豆を煮て、ぜんざいを作り佛前に供へる。その時菖蒲の葉を箸の代りにする。

壹岐國テエモン集

山口麻太郎

△賣り物に花咲かせろ。
△雨《あま》やヌ日照り。
△負けてム花。
△兩手に花。
△たしなみやタニの食ふ。
註。タニは虫の名か。何虫なるか實物を知らず。
△一日の遲れは十日の遲れ。
△腹うみのつび。
△長いものはつきあたる。
△一人大工の雪隱《せつちん》作事。
△借る時の佛面、戻す時の閻魔面。
△牛賣つて牛にならず。
△學者褌《へこ》かかず。かけば必ず高褌なり。
△水の中の土佛。
△ゐ口にも物著せろ。
△うまカ物ア手の先イ。
△火起し竹かル天見る。
△湯ぼぼ酒《さか》まら。
△ちんぢゅのたこぼぼ。
△天神樣のかたな。又天神樣。
註。ソリアガリ(おだてに乘り易き者)の意。
△ハンドガメが動けば雨が降る。
△うどの大木。
△風本狂言日がない日がない。
註。風本《かざもと》は勝本(地名)の別名。
△肥え馬難無し。
△屁ひつチ尻すぼめ。
△フナトーヌのぞき商賣《あきねー》。
註。フナトーは海上生活者の意。
△四五蚤六七蚊八九蠅《へー》十虱。
註。數字は月を表す。
△やせ犬の糞ガクメ。
註。カクムルは慾ばり蓄ふ意の下二段活用動詞。
△木を買はうば道を買へ。
△隣家《となり》の牛蒡で法事をする。
△鵜匠鷹匠御口上も役のうち。
△十方曇つて雨降らず。
△親の羽織で手が出ぬ。

△みつ味噌たいら酒。
註。味噌、酒作り込みの吉日。
△負うた兒よりや抱《うで》エた兒。
△四十暮れ。五十明き。
註。人間の人生に就ていふ。
△作事もクジのうち。
註。クジは言ひ爭の意。
△在る事《ごつ》しチ無カトが金、無カ事《ごつ》しチ在るトが借金。
△馬鹿と剃刀は使ひ樣。
△ふぐりに金箔。
△漁士の一《いづ》クヮさばき。
註。不漁の折は食ふ米に困る身でありながら少し漁が良いと飲食に費ひはたしてしまふ。
△三月の中の十日は叔父《おぢき》の面《つら》も見忘るる。
註。日の永き事に言ふ。
△叔父《おぢき》嫁に養《か》はるるよりや春の燒野に行け。
△叔父《おぢき》嫁にかからうよりや榎の木にかかれ。
△虱の親も親。
△兄弟は道づれ。
△三刀武士《みつきざむらい》。
註。綜組のハザシの生活をいふ。

壹岐國テエモン集（山口）

△色せば顔せろ。
△阿房鳥飼ウ馬鹿植木。
△三造が仲直り。
註。仲直りして前より惡くなる事。
△鼻まら口ぼぼ。
△養エ佛主イ似る。
△肥まぜボクトーで取直しが出來《でけ》ぬ。
註。ボクトーは棒の意。
△ゴーに入つてはゴーに從へ。
△自分の物《もん》と下り坂はいつまででム。
△立つチョローば親を使へ。
△鬪の小刀《こがたん》。
△女《おなご》ヌ横坐ア百イなつてム無カ。
△義理立つりや損する。
△一升徳利の中ヌ暗カうちイ。
△一升徳利ア唐まヂ行てム一升ホケチ入らぬ。
△十日の月の入らすまヂ。廿日の月の出さすまヂ。
註。勤勉の標準に言ふ。
△ぢつとモシャぐゎっとモス。
註。モスの義知らず。溢れぬ樣注意してつげばぐゎっと出てこぼれる事に云ふ。

薩摩の俗信（楢木）

△馬鹿ヌシャンス待ち。
　註。シャンスは情人の意。
△鳩ヌ早合點。
△餓鬼も人數。
△蔦のすがってん。
△夏の雨は片袖ぬるる。
△夜聲八丁。
△牡牛《こってーねうし》でうせ込まうよりや口一つ取つちのけろ。
△孫養《うまごか》はうよりや他家《よ》の子養《か》へ。
△秋日イ照らすりや犬も食はぬ。
△食《じき》より口。
△片口聞いちクジ捌くな。
△秋茄子《あきなすび》ア嫁にも食はするな。
△宵の蜘蛛《こぶ》ア親ヱ似チョツてム殺せ。
△宮よりやトンビョシ。
　註。トンビョシの意不明。實體より附屬品裝飾品の良過るに云ふ。
△他人の食イ寄り、親類の泣寄り。
△一度見た鬼が良カ。
　註。一度は初度の意。
△醫者の不養生。
△紺屋《くしや》ヌ白袴。
△手杵ヌ取直し。
△四十女にまら見するな。
△飲み得ん者《もん》の酒うら。
△兄弟《きょーでー》は他人のはじまり。
△味噌桶が動けば雨が降る。

――民族第三卷第四號の續稿――

薩摩の俗信

楢木範行

△遠足などに行く時、握飯を奇數持つて行くと品物を失つたり、危險に出逢ふ。必ず偶數持つて行く。
△白い馬の居る處を通る場合は口を結んで通らぬと病氣になる。
△旅立つ時表玄關から出ると惡い。表玄關からは死んだ時出るから。
△柿の木から落ちると馬鹿になる。
△犬や豚などがその家の子供と同じ年ならばどつちか一方死ぬ。
△猫の死體を埋めて其の上に木を植ゑるな。
△一家の者の生年が、ウマ｜ウサギ｜トラ｜イヌの年の者があ

ればその日は著物を裁つのはいけない。
△盛飯に箸を二本立てるといけない。
△トカゲの尾を切ると金を拾ふ。
△蛇を見た日は緣起が善い。
△逆むけば印肉をつけると治る。又逆むけが出來るのは便所に唾を吐い時であるから、便を出す穴の所に手を三度入れる眞似をすればよくなる。
△蛇の穴（谷山町慈眼寺の近く）にある小石を持つて歸ると腹痛を催す。（我が名と同じ字の石ともいふ）
△鼠が天井を駈廻る時は吉、居なくなると火事になる。
△箸から箸に食物を渡すものではない。火葬の時骨を斯くするものであるから。
△百足蟲を取つたら逃がさないで袋に入れて掛けて置けば金が殖える。
△猫を捨てる時目隱しして三回廻して捨てると歸つて來ない。
△初めて見たものを殺すと禍が身にふりかゝる。
△夜新しい著物を著る時は衣食住に乏しい。
△白い紙や白い布を被るな。死んだ時するものであるから。
△嫁入りする 時は 必ず 緣の方から出る。もう一度 歸らぬやうに。出た後では家中を全部掃き出す。嫁と一緒に向ふに行つたら必ず鹽で身を淸める。

薩摩の俗信（楢木）

△暗くなつて鬼ごつこをすると鬼が連れて行く。
△溺死者があつた時は上流から鷄を流してやると溺死者の上に來たら渦形に廻轉する。
△猫などが行方不明になつた時は虎と書いてそれを反對にしてかまどの上に貼つて置くとすぐかへる。
△ざる等の如く目の多くあるものをかぶると男ならば其の數だけの妻を迎へ、女ならば子供を生む。
△火を吹き起す時二人一緒に吹けば一緒に死ぬ。
△人の立つてゐる周りを何遍も廻るとその人は早く死ぬ。
△眉毛を皆抜くとその人は死ぬ。
△蛇の夢は運がよい。
△潮の夢は何處からか手紙が來る。
△潮の滿ちる時の火事は先がよい。その反對は惡い。
△筍を取る夢は不吉。
△雪や火事の夢はよくない。
△犬が木に登る時には變事がある。
△四十雀を殺すと家が貧しくなる。
△紫色のトカゲを殺すと神の祟りがある。
△脛毛を剃ると夜恐ろしいものと出逢ふ。
△白い動物を飼ふと其の家の人が一人乃至二人死ぬ。
△蟹の螯を取るか、乃至は殺すと齒が痛くなる。

薩摩の俗信（楢木）

△かまきりに小便をかけると變事がある。
△虹を人差指で指すと手がくさる。
△雌の鶏が鳴くとその家には凶事がある。
△電燈の笠に花が咲くと吉事がある。この花は或蟲の卵である。
△角力取になると金うつぼ（金打坊？）（乞食）になる。
△猫が顔を洗つたら翌日は天氣になる。
△蛇の死んだのを指すと指がくさる。
△鳩が家の屋根の上を飛んだ時は外國から便りがある。
△夜庭や座敷を掃くと悪い。
△琉球鼠が床の後で鳴くと其の家に吉事がある。
△夕方爪を切ると悪い。棺の中に爪を切つて入れて送るから。
△夜爪を切ると馬鹿になる。
△夜爪を切つて火に入れると爪が二つに割れる。
△爪を切つて火に入れると癲癇になる。
△夜爪を切ると親の死に合はぬ。
△旅立つ時に爪を切ると旅行中に凶事がある。
△火事と魚を取る夢は吉。
△噓を言ふと閻魔に舌を拔かれる。
△新しい下駄を夜はく時は、釜へグロ（煤煙、鍋墨）をつけて下す。
△夜新しい下駄を履く時は齒を少し燒けばよい。
△新しい下駄を履いたまゝ座敷から庭に降りてはいけない。葬式の時にやるものだから。
△人が家を出た直後座敷を掃くことは悪い。その人が一つ橋を渡つてから掃く。
△星が澤山輝いてゐる夜流星を見た時は必ず凶事がある。
△流星の消えない間に一、二、三、と數へ終ると金が落ちてゐる。
△墓場で怪我すれば凶事がある。
△疱瘡が流行する時は、「さゝらんさんぱつ」としやもじに書いて逆さに門に立てゝ置くとかゝらぬ。
△疱瘡が流行する時は、しやもじに「さゝらんさんぱちお宿はこゝぢや」と人の門に釘つけにして行くとかゝらぬ。
△疱瘡が流行する時は疱瘡踊が來るとかゝらぬ。
△門に南天と八手を植ゑると病神が這入つて來ない。「ナンデ」も「ヤツケル」と云ふので。「八つ手をはたげて何でも通さぬ」。
△疱瘡が流行する時は「石油鑵」を叩く。又八手と、しやもじを門に立てゝゐる。
△濡手で柏手を打つな。
△屋敷の周圍に梅檀を植ゑると、年中病人が絶えぬ。この木は人の呻き聲で繁つて行くと云はれてゐるから。

△釣竿を跨ぐと魚が釣れない。
△蜜柑の二袋一緒になつてゐるもの、卵の二つ一緒に入つてゐるものを食べると雙生兒を生む。
△蜜柑及び手拭を火にあぶるものではない。
△女の子が生れてもう女が欲しくない時にはアグリとつけると女は生れぬ。
△午後七、八時頃地震があると國難がある。
△猫を子供の時いぢめると大人になつて、喘息になる。
△夜就寢の時帶を枕頭に置くと蛇の夢を見る。
△朝黒猫を見ると不吉。
△釜が簞笥の中に入つてゐると吉。
△墓場に使用した道具を戸袋に立てかけて置くといけない。
△釜へグロ(鍋墨)に火がついて輝く時は天氣になる。
△帶が一人でに結ばれたら吉。
△桐下駄の新しいのを便所にはいて行くと早く齒がかける。
△死人に涙をこぼすと、死人は三途川が洪水で淨土に行けぬ。
△葡萄を庭に植ゑると病人が絶えなかつたり、死んだりする。
△枇杷を横座から見える所に植ゑると病人が絶えぬ。
△夜家の中で口笛を吹くと貧しくなる。
△夜家の中で口笛を吹くと蛇が出て來る。
△鑛山では坑道内で口笛を吹くと坑道が崩れる。
△口笛を吹くと大風が吹く。
△夜口笛を吹くと親を吹き殺す。
△著物を乾す場合は襟を北向にして干してはいけない。
△子供が川に小便すれば水神樣に祟り、水泳の時溺死する。それで小便する時は「あたいが《私が》水あびつとかしじんさー《水神樣に》いひつかゝいもはんごつ《こられない樣に》」と言つてすればよい。
△水泳に行く時は神樣の飯を食べて行くと河童が逃げる。
△川や井戸で朝早く又は夕方默つて水を騷がすといけない。必ず咳拂ひでもすること。
△河童の通路に家を建てると、家の中でも通るから、その時は刀の樣な閃光を放つ武器を見せると逃げる。
△河童の結婚式といふのが夏の日一日ある。その日は尻を取られると云ふので水泳しない。この日部落(日置郡串木野村照島)の人は小麥團子を作つて海に投げる。
△河童といふと祟があるので、その時は「おやぢやねかつたど、ちやんこぶしぢやつたど」と云うて唾を二度吐くとよい。
△川に石を投げる時は「ごめんなさい」と云うて投げると河童の頭の皿を割らない。
△舊曆一月十六日八月十六日は山や川に行くと水神や山の神の祟を受けてその人は家にかへれない。
△河童を見た人はすぐ死ぬ。

薩摩の俗信（楢木）

△雙生兒の其の一人が死んだ時その棺の中に人形を入れて葬らぬと他の一人も死ぬ。

△家の一人が死んだらわら人形を入れて葬らぬと又死ぬ。

△犬もれ(物もらひ)が出來た時、は涙穴に女の髮毛又は馬の尾の毛を入れると治る。又朝早く誰も起きない內に井戸に行つて目を半分見せて、自分は井戸に向つて「私の目を治して下されば此の目を全部見せます」と云ふ。又、柘櫛を疊の緣にこすりつけて「犬もれ〳〵」と云へば治る。

又四十八度出來ると治る。

△盆には死人が來るから農村では、圍爐裡の灰を倚麗にして主人が一人番をしてゐる。死人が來た時には灰に足跡が付く。又みゝずを串にさして黑燒して掌に乘せて反對の方から見ると死人が見える。しかし、斯くすると二度と盆に來られないから見る人は滅多に居ない。(種子島)

△まむしに噛まれたら殺さぬ中は治らぬ。

△辰年の者がまむしにかまれたら死ぬ。

△狐にだまされた時は地にかゞんで棒で薙ぎ拂へばよい。

△狐にだまされた時は手を輪形にして其の中から見ればよい。

△おなり樣(いなり樣)の宮を三度廻れば狐が出て來る。

△蝦蟇を殺すと夜寢てゐる時おさへられる。

△食鹽は夕方買ふといけない。

△土龍を殺せば手が後にまはつて不具になる。

△舊の十六日に海水浴すると河童につれて行かれる。

△舊の十六日に砂取りに行くと穴が崩れる。

△犬のくそを踏めば犬もれ(ものもらひ)になる。

△家の者の命日に味噌をつく(作る)のはいけない。

△手をあごに當てゝ肱をつくと兩親とも早死する。

△百足蟲からさゝれた時は鷄のくそをつけるとよい。

△鷄から蹴られた時は百足虫油をつけるとよい。

△夜額に「瘤」の出來た時は喜びがある。

△ふくろふが鳴く時は死人がある。

△朝家にくもが下つて來つた時、それを「ほんげ〳〵」と云つて元の巢に戻つた時は運がよい。

△夜くもが巢を張ると訪れ人がある。

△くもが巢を張ると天氣がよい。

△牛の夢を見た時は「もうわい」(賴母子講)に當る。

△朝ザツツ(男の盲)が來るとその日はよい。

夕方ゴゼ(女の盲)が來ると惡い。

△夜干のものを著るとその人は早く死ぬ。

△竈に女が臀を向けてあたるとかまど神が怒る。男が斯くすると喜ぶ。かまど神は女神だから。

△眞白の紙人形を南天の枝に結びつけ、その頭に酒をかけて禮

拜すると天氣になる。

△船の中で猿と蛇の話をせぬ。二つとも「エテモン」と云つて嫌つてゐる。之は舟魂の好きな動物だからと云ふ。

大和宇陀郡地方俗信

伊達市太郎

△蛇が樹の上に這ひ上ると雨が降る。

△狐が叫聲（キャンキャン）で啼いて通ると、其の附近に何か災禍が起る。

△太陽が照つて居るのに雨が降る時は狐が嫁入をする。

△狐は七化け、狸は八化けと言つて狐はよく人を誑かすが狸は自分が化けて人をおどかす。

△田植の夢を見ると親類に死人が出來る。

△天火（火の玉）が飛ぶと旱天がつづく。

△蚯蚓に小便をかけると陰莖が腫れる。

△陰莖の腫れた時は蚯蚓を捕へ水にて洗ひ放ちやれば治する。

△蛇の在所を他人に指示すると指が腐る、唾を三度其の指に吐きかけると腐らない。

△死んだ人の靈魂は四十九日の間其の家の屋根の上に居る。

△梟の啼聲がノリスロケと聞えると天氣が良い。

△梟の啼聲がコロツトコケと聞える時は翌日は雨が降る。

△寒の間（小寒から節分まで）に雨が降るとヤマメ（妻に死なれた獨身夫）が倉を建てる。

△道を行くとき鼬が前途を横切ると其の人の身邊に凶事がある。

△オバコと言ふ草の葉柄部から出る纖維を乾かして燈心にして燈火を點じ肺病人の熟睡を夜間丑滿時に覗くと肺病神が、人間と枕をならべて寢てゐるのが見えると。

△肺病神は其の病人が死ぬと其の家の水甕の中に隱れるものだ、それで病人が死ぬと早速炊事場の水甕を野原に持ち出して破壞する。

△ひだる神（餓鬼とも言ふ）につかれた時は掌中に指頭で米の字を書いて嘗めるとはなれると言ふ。

△柳の木は焚くと屍臭があるとて薪にせない。

△柚樹は植た當人が代を讓るか死後でないと結實しないと言つて、家の近くに植ゑることを忌む。

△舊正月朔日の朝雀の初聲を聞くと米豐年、烏の初聲を聞くと畑作物が豐年の前兆だと。

△寒の間に雷鳴すれば上つ方に（貴顯の方）祟り事がある。

△天神様は鷄を忌まれる、それで氏神様が天神様を祭つてゐる地方は鷄の飼育を遠慮する。

大和宇陀郡地方俗信　（伊達）

△頭と頭と不意にうち合せた時其のままにして置くと濕疹が出來る、更に故意にうち合せる眞似をして置けば出來ない。
△鷄が宵鳴をすると不吉の事がある。
△猫が耳を洗ふ(前肢で撫でる)と雨が降る、肢が耳朶を越さなければ降らない。
△火を焚く時ブーブーと燃火が音をたてる(火が吹くと言ふ)と來客がある。
△鍋尻の煤が提灯行列の樣に焚火から離した後燒ける（鍋の尻の嶽登りと言ふ）と近い中に雨が降る。
△青蛙(雨蛙とも云ふ)が頻りになくと雨が降る。
△卯の日には餅を搗くことを避ける。
△卯の日の葬式は遲くなる。
△稻種を苗代に蒔いてから四十九日目を苗厄と稱へて田植は勿論苗を手にしない。
△鳥の啼聲が變調を帶びると近くで死人がある。
△夕方隱れんぼ（兒童の遊戲）をすると魔にかくされる。
△夜太皷を叩くと天狗がよつて來る。
△夜の蜘蛛は親の姿に似て居てもうち殺せ。
△箸の燒き焦げたので飯を食ふとカク病になる。
△柿の樹の薪で煮た物を食ふとカク病になるとて薪にせぬ。
△耳殼が痒くなると良い話を聞く。

△燕が家宅の中に巢喰ふと不慮の災厄に遇ふ。
△節分の晩の煎り豆を保存して其の年の初雷鳴の時に食へば震死の厄をまぬがれる。
△正月十四日爆竹(とんど)の灰を田畑の一部に一握宛程施せば作物の害虫を除く効があるとて十五日の早朝に之を行ふ。
△獨り道を行く時不圖誰かが後をつけて來る人がある如く足音を覺えることがある。此の樣な時は、自分が路の側に立つて「ベトベトさん先にお越し」と詞をかけて步けば其の足音は聞えなくなる。
△便所を常に清潔にする人の子供は美人が出來ると云ふ。
△白子と呼ぶ腹や尾に白い綿の如きものの附著した小蟲が飛び廻ると必ず雨が降る。
△他出する時朝日に向つて小便をすると途中で雨に遭ふ。
△神佛に供へた立花の古いのを踏むといぎれ（足の裏足趾の裏の部分が切れて痛む）がする。
△雪隱で唾を吐くと鼻くさ(鼻孔内の濕疹)が出來る。
△子供が百日咳にかかると鷄の繪を半紙に書いて臺所の壁に貼ると早く治る。
△新調された石碑の角を缺いて破片を持つてゐると勝負事に負けない。
△賴母子講に行く時鏾子(茶釜)の手を縛つて行くと當籤する。

△旅に出た時辨當の飯は少し殘すものだ、ひだる神につかれない爲めだ。

△賴母子講に行く時、鍋取（鍋の耳をつかむ藁製のもの）を他家の家人の氣附かぬ樣に借りて行くと當り籤をとる。

△二人共に同時に火を吹きおこすと火事をすると言ふ。

△食事の際箸で挾んで物を請け渡すると二人の仲が惡くなる。

△子供が火もんぢやく（火を弄ぶこと）をすると寢小便をする。

△泥棒の足跡に灸を据えると遠くへ逃げられなくなると。

△放火した者は其の家の棟の燒け落ちる頃になると腰が拔けて歩けなくなるものだと言ふ。

△子供の體にクサ（腫物、濕疹）が出來た時は、馬と言ふ字を墨書して置くとよい。

△霜折れ（夜間の結霜が日の出頃に急に露になつて消えること）の時は其の午後に必ず雨が降る。

△目ぼ（眼瞼に出來る小腫物）が出來ると小豆三粒で其の上を撫でて其れを煎つて井戸の中に投げ込めば治る。

△柿の結實の夢を見ると葬式の知せがある。

△寒の入り（小寒の日）に油揚を食ふと冷込みにより病氣にならぬとて必ず食す。

△小豆飯や小豆粥は凶事災難を除くものとして見逃がしてはならぬと信ぜられてゐる。

△飯を食うてすぐ寢轉ぶと牛になると言ふ。

△墓參の路で轉ぶと猫になるとて甚だしく忌む。

△赤ン坊が産れて十一日目を産屋明け（オビヤケと言ふ）とて懇意の子供や産婆を招いて氏神に參詣し饗應するが赤ン坊の膳には拳大の石を燒物魚と共に載せる風がある。

△半夏生の日には柿餅や餅を焙り又は豆などを煎ると作物の出來が惡いとて一切せぬ。

△三りんぼう（亥寅午の日）に建物をすると、皆倒れると信ぜられてゐる。

（昭和五年一月十五日記）

播磨の俗信

河本正義

△咽喉に魚の骨がたつたら象牙の箸で咽喉を撫でるととれる。また、背に手で「月」と書けばとれる。「孫太夫」と書けばとれる。「鵜の咽喉《のど》」と云つて逆に撫でるととれる。などと云つてゐる。私の家にゐます女中は紀州日高郡のものですが、咽喉にたつた骨と同じ魚の骨を頭の上に置くととれる。雞魚《いさぎ》だけはどうしてもとれない、と云つてゐます。

△雨降りに北を向いて吃の眞似をすると吃になる。

△敷居に釘をうつと母が頭痛を病む。

△柱に釘をうつのは父の頭に釘をうつのだ。

播磨の俗信 (河本)

△亥の日に新しい著物を裁つと自分の所有物にならない。
亥を往ぬ(去る)に懸けたものと思はれます。これは花街に育つた人から聞いた俗信です、花街では多くの俗信が行はれてゐる樣です。

△庚申の日に出來た子は盜人になる。
また、庚申の日に出來た子は大成功か、大失敗かする。とも云ひます。當地方では、出來た子といふのは、庚申に胎つた子の意ではなく、出產した子を云ふらしいです。巢林子の大職冠にも、この俗信はみえますが、「庚申人腹中有三尸爲人大害……犄庚申立夜不寐云云」庚申經から起つたものかと考へます。

△庚申のある月は風邪が流行る。
俚言集覽にも「よくかかり易きものなり」とある樣に、とく一般化されてゐたものでせう。

△齒が拔けると、「鼠の齒とかえてくれ」と云つて、上齒は便所の雨垂れに埋め、下齒は便所の屋根へ投げ上げる。
私も少年時代に斯うして來ました。

△まむし指で腹をおさへると腹痛がなほる。

△家に鼠がをらぬ樣になると火事がある。
また、不事が入る、とも云ふ。

△鼠が雨傘を齧ると家が繁昌する。

△櫛の齒を數へると早く折れる。

△二月に午の日が三度あるとその年は火事が多い。
東京では、酉の市(舊十一月の酉の日)が三度ある年は火事が多いと云つてゐます。

△櫛を拾ふと緣喜が惡い。
一度下駄でふひて拾へばいい、と云ふ。

△味噌樽の味噌の味が變つたら不幸がある。

△鼬が道きりをすると緣喜が惡い。

△雞が宵鳴きすると不吉がある。

△烏が三聲なくと身內に死人がある。

△烏が月夜に鳴くと火事がある。

△烏が闇夜に鳴くと盜人がはいる。

△晚に口笛をふくと盜人が來る。

△盜人が大便をして盥でふせておくと、盜みに入つても見附からない。だから、盥は外におくものではない。

△手拭を落すと苦をまぬがれる。

△手拭を拾ふと苦が出來る。

△月が笠をきたら雨が近い。

△味噌樽を出すと雨になる。

△蛇が木にのぼると雨になる。

△杓をかたげると雨になる。

△夜に爪をきると親の死目にあへない。
△足袋をはいて寐ると親の死目にあへない。
△白い石を家へ拾うて歸ると親が早く死ぬ。
△人の周りを三度廻るとその人が死ぬ。
△嫁入りの道で葬式に遇ふとよくおさまる。
△僧侶の喰べ殘しのものを食べると苦しんで死ぬ。
△さるのこしかけを門口にかけておくと流行病が入らない。
さるのこしかけは胡孫眼、大きさ二三寸、灰色の菌類。
△痲疹の流行してゐるとき「はしかすみました」と書いた紙片を逆に門口にはると痲疹にかからない。
また、「お菊さん留守」と書いて貼る。これを讀むと、讀んだものが病氣になると云ふ。
△痺《しびれ》のきれた時に額に唾液《つばき》を三度つけると癒る。
また、額に塵をつけると癒る。とも云ふ。
△伯母に嫌はれると指に逆剝《さかむけ》が出來る。
△藥指の中指より長い人は器用だ。
△まむし指の人は器用だ。
△足の拇指より第二指の方が長い人は親より出世する。
第二指と云ふのは手の指で云ふと人差指のことです。足の指は拇指と小指の外の名稱はないんだと云ふことで、私は知りませんが、地方の方言などで足指の名稱をお教示下さい。

△爪が火にくばつて燒けると狂人になる。
また、癲病になる、とも云ひます。
△蛇や蜥蜴《とかげ》を指ざすとその指が腐る。
若し指したらその指を、人差指と中指とで、鋏で切る眞似をしておけば腐らない、と云ひます。
△髮毛が火にくばつて燒けると狂人になる。
△新しい風呂に入ると中風にならない。
△藜《あかざ》の杖をつくと中風にならない。
△鐵瓶の口を北むけて置とお金が出來ない。
また、病人が出來る、とも云ひます。鐵瓶の口は東向に置くといいと云ひます。
△流星を見たら「夜這ひ星、金くれ」と三度云ふと金持になる。
△昆布を燒いて喰べると七代貧乏する。
△柿の木を薪にもやすと七代貧乏する。

（一九二九・十・五）

長岡地方の俗信

桑原岩雄

△夜口笛を吹くと、ねてから蚯蚓が口をなめる。
△鉢巻石（石の周圍を、白や黑のすじが、一周してゐるもの）を家におくと、病人が絶えない。

△鬼灯を屋敷に植ゑると、病人が絶えない。

△梟とかけあひをして、負ければ人が死ぬ。勝てば翌朝家の前、に梟が死んでゐる。

△口をあいてねると、鶏が灸をすゑる。

△朝蜘蛛は縁起がよい。夜蜘蛛は縁起がわるい。夜蜘蛛がくると「夜蜘蛛よう來た一昨日《おとゝひ》來い。」と云つて追ひ出す。

△鼠は、火事を三日前に豫知して、その家を去る。

△けじ〳〵がなめると、禿になる。

△女が、土瓶に口をつけて水をのむと、三つ口の子を生む。兎を喰べても同樣。

△葬式の時、鴉がゐないと、その家に、また近く葬式がある。

△艮の日に葬式をすると、また近く、葬式がある。

△元日の朝、家の中を掃くと、福が逃げる。

△元日のお雜煮を煑るのに、豆のからを焚くと、その年中、家人がまめ(健康のこと)になる。

△子供が、箒やざるをかむると、脊がのびなくなる。

△子供が火を弄ぶと、小便をする。

△夜爪を切ると、狂人になる。

△切つた爪を燒くと、狂人になる。

△「ものもらひ」が出來たら、ざる、鍋釜の蓋などを、半分井戸にのぞかせ、井戸の神樣に、治して下さつたらみんなお目にかける、と云つて祈る。治つたらお禮に全部のぞかせる。

△帶がひとりでに、むすばれると、いゝことがある。

△耳がかゆいと、いゝことをきく。

△鍋の尻が燒けると、雨がふる。

△食事の時、茶碗の音をたてると、餓鬼が家の周圍を、狂亂してゐるから、音をたてゝはいけない。

△落ちてゐた櫛を拾ふと、人の苦を拾ふ。三度蹴てひろへばよい。

羽後雄勝郡の俗信

高橋友鳳子

ぽち〳〵當地の俗信を調べてみた。村によつては多少相違する處もあるが(例へば、夜中に鶏が鳴けば、火災がある、不思議な事がある、惡るい事がある、)それ等は著しく違つたものでない限り最も多く言ひ傳へらるゝものを一つ又は二つ記した。

△脛に紙を卷くのは人の死んだ時ばかり。

△一杯飯を食ふのは人の死んだ時ばかり。

△門送りせぬのは人の死んだ時ばかり。

△餅を四十八にとるのは人の死んだ時ばかり。

△夜爪をきるのは人の死んだ時ばかり。

△左手で物を汲むのは人の死んだ時ばかり。
△牛戸前口より新らしい履物をはいて出るのは人の死んだ時ばかり。
△菊を盜んで植ゑるとよく育つ（盜まれた方でも）
△山百合を屋敷に植ゑると病人が絶えない。
△桐を屋敷に植ゑると病人が絶えない。
△桑で造つた摺小木を使ふと中風にかゝらぬ。
△辛夷の花が上を向いて咲けば日照りに、下向けば雨、横に向けば風が多い。
△あけびの多くなつた年は秋揚が惡い。
△葭の葉に節が三つあれば大雨がある。
△柿の木から落ちると大怪我をする。
△桑の木から落ちると大怪我をする。
△梯子の三段目から落ちると大怪我をする。
△夜中に鳥の巣をとると夜盲になる。
△穀物を粗末にすれば盲になる。
△夜中に鷄が鳴くと火災がある又は不思議事がある。
△火事の時腰卷を張れば火が來ない。
△妊娠中に火事を見ると赤痣のある兒を産む。
△目の下にある痣は泣痣と云うて惡るい。
△額の眞中に痣があれば立身する。
△賤しい身分の人が額の眞中に痣があれば位負けする。
△どんな人にも痣が四十八以上ある。
△痣のない者は癩病である。
△虹の下に行けば寶物が落ちてある。
△光りもの（火の玉）の落ちた處には金山がある。
△火柱の倒れた方には不思議事がある。
△箒星が出ると戰爭が起る、又は惡病が流行る。
△朝虹聟泣かせ（後に雨が降るから）
△朝虹に川越えな、夕虹日見な。
△鴉が高い處に巣をつくれば風が多く、低い處につくれば風が少ない。
△鴉の巣をとると屋根茅を拔いて復讐する。
△狐は人を騙しても家に歸す。
△狢は人を騙しても家に歸す事を知らない。
△噓をつくと鬼に舌を拔かれる。
△雷樣は子供の臍をとる。
△旱魃にけかづ（饑饉）なし。
△大雪にけかづ（饑饉）なし。
△蛙又は蜥蜴等を殺して腹を上に向けて置くと雨が降る。
△五月の節句に鍬を使ふと旱魃となる。
△七月七日に雨が降れば栗に虫がつく。

羽後雄勝郡の俗信　(高橋)

△七月七日には七度强飯を食うて七度水を浴びる。
△前齒の間の透いた人は親に早く別れる。
△上齒のかけた時は屋根の上になげ、下齒のかけた時は土台の下に埋めるとよい齒が生へる。
△月のさわりある女が梅を漬けると赤くならぬ。
△朝に梅漬を食ふと其日の災難をのがれる。
△初物を食ふと七十五日長生きをする。
△茗荷を食ふと物忘れをする。
△コビ(焦飯)を食ふと聟になる時犬に吠えられる。
△一服茶を飲んで坊主に遇ふと凶。
△茶柱が立てばよい事がある。
△茶を飲むと色が黒くなる。
△夏の餅は犬も食はない。
△座して膝を搖すれば貧乏神が喜ぶ。
△耳がほとるのは誰か憎んで居る人がある。
△眉が痒いと久しぶりの人に會ふ。
△釜に口をつけて湯水を飲むと湯口になる。
△釜の湯が沸騰すれば隣のかゝ(妻)の腹が大きくなる。
△箒を逆に立てると客が早く歸る。
△下駄にあく(灰)をかけると客が早く歸る。
△臼の中に入ると尻が臼の樣になる又は丈がのびぬ。

△寢て居る時他人にまたがれると丈がのびぬ(但しまたぎ返せば何んでもない)
△鶏が遲くまで餌をあされば明日は雨。
△蜘蛛が夕方巣を張れば明日は天氣。
△從弟の端を捨てるとも繩の端は捨てるな。
△藥九層倍醫者百層倍坊主丸儲け。
△火を弄ぶと寢小便をする。
△女の出齒は買つても求めろ。
△何事三度(二度ある事は三度ある)
△葬式が二つ續けば三つ續く(但し二つ目の葬式の時横槌を代りに出せば三つ續かぬ)
△友引に葬式を出せば又葬式がある。
△葬式の時轉ぶと死ぬ。
△小指と人差指の先で粟三粒つかむ人は親孝行。
△はかをり(朝戸出)に履物の緒が切れると不吉。
△ウドンゲの花が咲けば不吉な事がある。
△藁細工の上手な人はよいかゝ(妻)を持つ。
△大風の時竿の先に鎌をつけて立てると風が落付く。
△寒中の雨に雨返し(雨の後につく吹雪)がない。
△夜の蜘蛛は盜人の先達。
△盜人が忍んだ家の屋敷内に脱糞し、白紙でぬぐい、ハンゾー

(木に掘つた盥)を蓋にすればその糞が冷えるまで家人が月をさまさぬ。

△晝日中昔を語れば鼠に小便をされる。

△針を粗末にすれば死んでから針山に逐はれる。

△梟がノリツケホーセ(糊付け干せ)と鳴けば天氣となる。

△梟がノロスケホーホと鳴けば雨となる。

△西風で降り始めた雨は東風になれば晴れる。

△東風で降り始めた雨は西風になれば晴れる。

△櫛を拾ふは苦を拾ふに通ふから凶。

△扇を拾ふは吉(但し拾ふ時は必ず末廣に拾ふ)

△臍の垢をとると腹痛を起す。

△生栗一つ屁八十。

△人のうはさも七十五日。

△來年の事をいふと鬼が笑ふ。

△春の社日には山に行かれぬ。

△小人の大金玉。

△大根を蒔く時ふんどしを外して蒔くとこのましく(大きく)なる。

△猫に死人を見せると猫の魂が死人にのりうつる。

△屁ひりの早言葉。

△酒を少しつげば目くされになる。

△ものを少しくれゝば目くされになる。

△夜かくれんぼうをすればかくれぢよつこにさらはれる。

△山に行つてマオ鳥の鳴く音を聞けば死ぬ。

△鑛山の坑内でオツ笛(口笛)を吹くと山神がおこる。

疣を癒す俗信

——信州上伊那地方——

小松三郎

△長藤村的場小字新館には藤澤川の淵にのぞんで疣石と云ふ岩がある。岩の上には長さ二尺余もある大きな人足形の窪みがあつて常に水が溜つてゐる。この水を疣につけると疣が取れる。癒つた時にはその水を増しておく。此所から二丁ばかり山手にある興福寺の境内に足跡のある岩がもう一つあるが、昔辨慶が此所から疣石まで一またぎにした足跡だと土地の人は言うてゐる。

△伊那富村神戸には疣澤と云ふ澤があつて、その澤口に石で造つた小さい疣神樣の祠がある。祠の前にある石の窪みにある水も汲んで疣につけると疣は取れる。御禮には石の窪みに水を増して進ぜる。

△疣の出來た時には山椒の木の下へ行つて、

いぼいぼわたれ
さんしよのきへわたれ
いつぽんばしよわたれ

と唱へて、疣から山椒の木へ棒切れを一本渡し、疣と山椒の木とをかはりばんこで指でつくとよい。疣は忽ち木へ移つてそのため山椒の木は疣だらけになつてゐる。

△ねなしかつらといふ蔓草の水をしぼつて疣につけると取れてしまふ。

△蜘蛛の糸で疣の根元を卷いておけば、知らぬまに疣は取れてしまふ。

△疣を取るには母親のあつこ(踵)で摺つて貰ふとよい。

△隣近所のながしもとへこつそり行つて、たわしで疣を摺ると取れる。

△川の中の石を拾つてよく洗ひ、疣を摺つておぶすなさま（氏神様）へ上げて、

　小豆の初成りのできるまでこの石を預つておいておくんな

と云つて拜む。疣が取れたら新小豆を持つて行つて神様に進ぜる。

△盆の時にこしらへる茄子か胡瓜かの馬で疣を摺り疣を脊負つて行つておくれと言つておくと、その後疣は取れてしまふ。

△同じく盆の時の茄子で疣をこすり流しの下の土の中へ埋めて

おけば、それの腐る頃疣は癒る。

△たけにぐさと云ふ毒草の黄汁を疣につけると取れる。

△すべらひやうと云つてゐる草の汁で疣を摺り、その草を土中に埋めておけばそれの腐る頃疣は癒る。

續佐渡小木港附近の俗信

青柳秀夫

△一杓御飯は食べるものでない
△魚の目玉を食べると魚の目が出來る
△姙娠の時蛇のぬけがらを腹にまいてると難産しない
△はとを捕まへると字が下手になる天神さんのお使だから
△火事の夢を見るといい事がある
△タムシの上に墨で鬼の字を二つ書くとなほる
△土用の竹の子はふとらぬ
△三日月が立てば米價が上り横にたをれれば下る
△矢の根石をタノモシに持つて行くとあたる
△汁かけ御飯を食べる者は出世しない
△鍋ぶたで物を切ると氣狂になる
△モズに指をさすと指がくさる
△同年のものと結婚するな
△石の鳥居を三つくぐると病氣にかからぬ
△寅の日に葬式をするものでない

紙上問答

問(二六) 死んだ人と、平常親しい者程、死顔がおそろしく見える。こんな俗信がどこかにありますか。「日比の強き死顔見てぞつと我から心もおくれ。」（女殺油地獄下の卷）はこの俗信がきかせてあるとの事ですが、これらに就てお教へ下さい。（河本正義）

答(一) 結婚の翌日頃、「櫓入れ」を受けると稱し、同部落の若衆《わかいし》を招き酒宴をなす。然る後は、青年としての義務を免ぜられ、大人の仲間入りをする―併し、現今では二十五才迄は道義上やはり若衆としての務をなす。

（高知、澤田廣茂）

答(五) 土佐長岡郡田井村地方では、しゃくなげ。もくせい。びは。を屋敷内に植えることを忌む（其等は位高き木なりと言ふ）。又、ふぢ、等枝の下るものを植ゑることを忌む。又、一家に不幸（人が死ぬこと）があれば、その家には葱類の種を絶やし、改めて他家から貰ひ受けて作る。（澤田廣茂）

答(八) 土佐長岡郡田井村地方では、蝶　チョーコ。親類　ルイ。ルイゾク。本家　オモ。ホンケ。分家　ヘヤ、シンタク（分家が二つある場合は後者をシンヤ）獨身者　ヒトリモノ。末子　オトゴ。私生子　テ、ナシゴ。月經　メグリ等。中間の食事　オヒル。二合五勺　二合半又は二合半。神官　シンカン。タユウサン。出額　デボチン。眉下り　ハチマイ。片目　カンチ。片足　チンバ。などと云ふ。（高知、澤田廣茂）

答(八) 蝶の方言に就いては島根縣美濃郡、鹿足郡地方では「テフテフ」、又廣島縣下では「チコーチョ」と云つてゐるところがある。島根縣美濃郡方面では親類は「ミウチ」次男坊は「ヒヤメシクヒ」又は「ヒヤメシ」、獨身者は「ヒトリモノ」末子は「オトンボ」、私生兒は「テ、ナシゴ」中間の食事は「チヤビル」（茶晝）神官は「タユーサン」、禿頭は「ハゲ」、片目は「ガンチ」、手の不具は「テナエ」、足の不具で跛行するものを「チンバ」と稱する、又末子のことを廣島縣比婆郡田森村では「オトボー」と云ふ、月經は島根縣美濃、鹿足郡では「ツキヤク」又は「ツキノモノ」と云つてゐるが廣島縣下では「サワリ」「ビヨーキ」「オキヤク」「ヒノマル」「ヤミ」「ウメボシ」といつてゐる以上は私が直接耳にしたことだが、人から傳へ聞きしたことには陸奥國では「八左右門」、美濃、尾張、伊勢國では「タヤ」といつてゐるそうです。（川崎甫）

答(一四) 島根縣美濃郡、鹿足郡では「トン〳〵ムカシモアツタゲナー」で始まり「モースベッタリカマノフタ」で結ぶ。廣島縣山縣郡、高田郡あたりでは「ムカシアルトコロニ」又は「マエニモノー」で始まり「トーカッチリ」で結ぶ（川崎甫）

答(二一) 島根縣美濃郡では「ソーシキ」と云ひ、岡山市や、廣島縣下の地方では「ソーレン」と云つてゐる。（川崎甫）

答(二二) 南方先生の興味を持たれたる白頭翁（實はこれまでその名を知らざりし）の果毛を弄ぶ兒戲は、小生の鄕里上州利根郡須川地方にて幼時實見したり、あの邊にては、カアラチゴ（川原稚子？）と呼べり、主として川畔などの草地に咲けばなるべし。然るにこの兒戲は嘗て當地（高崎市）にても盛に行はれ、山妻の子供時代にはこれを玩具屋にて商ひ、一束若干にて購ひては、友達同士が口中にて嘗め筆の穗の如くしたる各一本を兩掌にて挾み『カハラのチバサン、ビンタボお出し、一―二―三』と掛聲しつゝ、兩掌にて撚りを呉れ、その首尾よくビン、タボ、前髮に三分せるを勝として競爭したるものなりしといふ、高崎附近にては「川原の小母さん」と呼べり、然れども現時にてはこの草を見掛くること稀なり（本多夏彦）

學會消息

○民俗藝術の會三月例會　は同月廿九日四谷西念寺に於て開かれ、二代目玉川文樂のうつし繪の實演があつた。當日の上演種目を擧れば次の如くである。御祝儀四季の花もの式三番叟、一谷嫩軍記、由良港千軒長者、日高川入相花王、竹澤一流獨樂の曲、小栗判官照手姫

○奥淨瑠璃演奏會　は、又四月八日午後六時半より同會の主催によつて前所に於て開かれ、折から上京の奥淨瑠璃かほ一節の正系を受繼ぐ宮城縣石卷町の鈴木幸龍師の演奏と中道等氏の解說とがあつた。當夜の番組は次の如くである。

牛若東下り三段目、尼公物語二、三段目、早物語り餅合戰

○佐渡のノロマ人形公演　も亦同會の主催によつて四月十九日午後六時より矢張り前所に於て行はれ、町田嘉章氏の解說と文彌節の太夫中川閑樂氏外三人のノロマ人形師による次の如き番組の所演があつた。御祝儀式三番叟、烏帽子折、天神記、傾城孕常盤、夜討曾我

○西浦田樂の實演　遠州水窪町西浦の田樂は民俗藝術の會と國學院大學鄉土研究會との主催にて四月廿二日午後五時より同大學講堂に於て行はれ、折口信夫氏の解說と西浦田樂の次第全部の實演があつた。

○信州新野の雪祭りの實演　が五月三日午後一時より、國學院大學に於て同大學鄉土研究會によつて催された。

○三河國北設樂郡本鄉町中在家の花祭り　が四月十三日三田綱町澁澤邸に於て、同家新築落成に際して、其室鎭めの爲に行はれた。

○東京人類學會四月例會　は四月十九日午後一時半より東京帝大人類學教室に於て開催され柳田國男氏の「社會人類學の方法と分類」と題する講演があつた。

○宗教學大會　は五月十、十一日の兩日東京帝國大學に於て開催される。

○伊波普猷氏「國文學研究」に「フカダチ考――下痢に關する琉球語の研究」を寄稿した。

○デュミエヴイル氏　日佛會館にあつて、佛教辭林の編纂を擔當して居た氏は近く歸國し、同氏に代つてハノイの極東佛蘭西學園に居る支那學者ガスパードン氏が來朝する筈。

○天津博物館々長にして支那舊石器學の泰斗たるエミイル　リサン博士（Docteur es Science Emile Licent）は多分本年末頃來朝の筈

○パリス大學實驗心理學及病的心理學教授ジョヂユ　デユマ氏（M. George Dumas）が近く來朝する。

○柳田國男氏　四月二十五・六・七日の三日間約十時間に亘り信州洗馬村の眞澄遊覽記刊行記念會に於て「民間傳承論大意」と題する講演をなし講演後附近に於ける眞澄の遺蹟を聽講者と共に探訪した。

民俗學關係文献要目

○民俗藝術第三卷第四號四月號

琉球の舞踊　小寺融吉
琉球舞踊を見る　中野桃男
仙臺さんさ時雨　湯朝竹山人
奥淨瑠璃と琵琶　佐藤敏
陸前鹽釜神社の帆手祭　北上石城
岩代安達の里に傳はる太々神樂　本田安次
白石島の盆踊　嶋村知章
白石島などりと盆會　川口宗一　小林久磨雄
南蠻唄（樂譜と解說）　藤井清水
下野間々田町の『蛇がまいた』　瀨沼寛二
尾張犬山祭　鈴木敏也
伊豆大瀨の馬鹿踊　春照夫
諸國祭祀曆

○旅と傳說第三卷第四號四月號

昔話新釋　柳田國男

洗足池考　中山太郎
八重山島のマクタ遊び　伊波普猷
都市と森林　大槻憲三
鹿兒島縣大島郡惡石島の玩具と土佐玩具
亂波と風呂寺　田村榮太郎
鳥蟲木石傳　佐々木喜善
豆狸の話　鷲尾三郎
備前大島傳說　木村岩治
周防大島　宮本常一
西出雲雜筆　小林力藏
雨乞の傳說　中里龍雄
道南木傳說　深瀨春一
紀州傳說　塚本篤夫
五郎松の話　高橋文太郎
伊波氏の「那覇の讀み方」を讀みて
　納富重雄
岐阜方言　太田榮太郎
仁王の伸縮　日暮旅人
心月庵紅蓮尼物語　丹野寅之助
既刊郡誌書目解題　大藤時彥
○心理學研究第五輯第二號四月
言語歌謠等に於けるアクセント又は語調を研究する實驗的一方法　小幡重一
○佛教思想第七卷七二號四月號
臨終佛頬燒阿彌陀像と顯罪觀　津田敬武

駒止め藥師　中山太郎
デュルカイムの宗教社會學說　淺野研眞
○芳賀郡土俗研究會報第六號
一目の虫　南方熊楠
にゝくとうふに就いて　中山太郎
俚諺　高橋勝利
拭ふ風俗について　金城朝永
年中行事表　高橋勝利
實話か傳說か　橘正一
○人類學雜誌第四五卷第四號四月號
アイヌのイトッパの問題　金田一京助

民俗學關係書目

○日本昔話集(上)アルス兒童文庫　柳田國男著　アルス
○花祭り　早川孝太郎著　岡書院
○先靈觀原始の超自然觀　野村了本譯　同
○日本巫女史　中山太郎著　大岡山書店
○廣島嚴島關係文獻展觀目錄　廣島史學研究會　中國好書會

第十一回民俗學談話會記事

今回は第二土曜日が差閊えがあつたので、第四土曜日の四月二十六日に本鄉、お茶之水文化アパートメント社交室にて開らきました。そして今度は特別の講演を除いたので座談會にしました。そして幸ひこの十三日澁澤氏邸で花祭りの實演があり、ついで十九、二十の兩日青年館で鄉土舞踊があり、二十二日は國學院大學にて遠州西浦の田樂があつたりしたので、花祭を中心とした座談を取交はしました。

然し話は早川君を中心として松村武雄、有賀喜左衛門、西角井正慶、小泉鐵の諸氏からの質問でした。松村氏のは霜月の杖と花祭りの鎚とどんな關係にあるかといふことで、後で同氏からヘラクレスの杖について希臘神話から見た山人國體とヘラクレスの杖について面白い話がありました。有賀氏及び小泉氏のは主として花祭の祭事に與る禰宜及みやうどについてのことで、あの本の中にまだ採錄されてゐないいろ〳〵な事實も出て來て面白いものでした。

集りとして非常に面白いものであつたので、今後も時々豫め題目を設けてかうした座談會を談話會の一つとして催さうと思つてゐます。

それから五月には大會を京都で開きますから、例會の談話會は休みます。そして六月東京で第十二回談話會をひらきます。日取りは出來るだけ第二土曜にしたいと思ひますが、會場はアパートメント以外に變へるかも知れません。

花祭

柳田國男序　折口信夫跋　早川孝太郎著

花祭の伎樂は、嘗ては全國的に交渉と脈絡とを有つて居たものらしいとは識者の想像するところであるが、今や其の花祭の伎樂は僅かに天龍流域地帶數十方里の峽谷に秘鎖されて仕舞つたのである。然るに篤學早川孝太郎氏によつて此の祭事の存在が注意せられ、實査研究は積まれ、遂に千七百頁の厚冊を世に贈る事となつたのである。我文化の結晶であり、縮圖とも云ふべき此の花祭が、極めて忠實に正確に世に展示せられたと云ふ事は、眞に我が學界の慶事と云はねばならぬ。諸家の御繙續を冀ふ。

柳田國男先生序文の一節

早川君のこの書物には、題目の新奇さ搜査の周到、觀測の精確と記述の丁寧、其他推賞せられてよい多くの特徵を具へて居るやうだが、取分けて自分としては懷かしく思ふことは、全篇がたとへば一本の大木の如くさながら一つの研究の成長過程を示して居ることである。さうして又永い將來に向つて更に此上にも大きくなつて行かうといふ勢ひを含んで居ることである。我々の仲間のたつた一つの約束は、當世風の語を假りて言へば、學問の目錄化であつた。今までに得たものは惜み無く之を人に與へ、自他共にそれを足場に踏んでもう一つ前へ進んで行かう

といふに在つた。其方法は往々にして心無き者を速斷に誘ひ、又は自分の見損ひを暴露するの憂ひを伴なふが、奈何せん開けた國々の民間傳承は、斯うして片端から公表して行く以外に、其保存の道は無いのである。獨り三河の花祭のみと言はず古い慣習と其背後に潛んで居る心意の動きとはそれを究めようとする學問の進歩と反比例以上の速度を以て消えて行くのである。それ故に私は既に何度と無くもういい加減にして一且纒めて置くことを早川君に向つても勸說したのであつた。此書の刊行は自分たちの希望より遙かに時おくれたけれども兎に角に是だけ豊富なる資料がその未だ亡失消

散せざるに先だつて能く一卷の書册に結集せられたのは大幸であつた。是にまだ何等の結論の附いて居ないことは寧ろ我々の本意とする所である。自分は何人よりも切實にこの採集者の深き用意に感謝し且つ早川君志す所の學問の前途の爲改めて多くの期待を抱き得るに至つたことを欣ぶ者である。

單なるうろ覺え又聽きの程度を以て止めて置くことの出來ない性質を早川君といふ人は持つて居る。さうして見に行つた結果が終に斯ういふ大變な事になつてしまつた。學界を驚倒せしむる千六百頁の大著は出現し、苟くも民間藝術を談ずるの士は之を知らなければ恥といふまでになつた。

前編要目

後編要目

限定三百部

定價二十五圓

送料東京市內十二錢　內地六十三錢　其他九十錢

兩編を通じて菊判一六五〇頁挿畫二四〇　地圖四色版等五十餘圖版　特織紬天金特裝

【內容見本進呈】

東京神田區北甲賀町四　岡書院　電話神田二七七五番　振替東京六七六一九番

◇前號目次

△原稿、寄贈及交換雜誌類の御送附、入會退會の御申込、會費の御拂込等は總て左記學會宛に御願ひしたし。
△會費の御拂込には振替口座を御利用ありたし。
△會員御轉居の節は新舊御住所を御通知相成たし。
△御照會は通信料御添付ありたし。
△領收證の御請求に對しても同樣の事。

昭和五年五月一日印刷
昭和五年五月十日發行

定價金八拾錢

編輯
發行者　岡村千秋
東京市神田區表猿樂町二番地

印刷者　中村修二
東京市神田區表猿樂町二番地

印刷所　株式會社　開明堂支店

發行所　民俗學會
東京市神田區北甲賀町四番地
振替東京七二九九〇番
電話神田二七七五番

取扱所　岡書院
東京市神田區北甲賀町四番地
振替東京六七六一九番

MINZOKUGAKU

THE JAPANESE JOURNAL OF FOLKLORE

Published by the

MINZOKU-GAKKAI

Volume II May 1930 Number 5

Page

Articles:

Short Notes:

Folkloristic Notices:

MINZOKU-GAKKAI

4, Kita-Kôga-chô, Kanda, Tokyo, Japan.

民俗學

第貳卷　第六號

昭和五年六月

民俗學會發行

民俗學會會則

第一條　本會を民俗學會と名づく

第二條　本會は民俗學に關する知識の普及並に研究者の交詢を目的とす

第三條　本會の目的を達成する爲めに左の事業を行ふ

イ　毎月一回雜誌「民俗學」を發行す

ロ　毎月一回例會として民俗學談話會を開催す

　但春秋二回を例會とす

ハ　隨時講演會を開催することあるべし

第四條　本會の會員は本會の趣旨目的を賛成し會費（半年分參圓　壹年分六圓）を前納するものとす

第五條　本會會員は雜誌「民俗學」の配布を受け例會並に大會に出席することを得るものとす　講演會に就いても亦同じ

第六條　本會の會務を遂行する爲めに會員中より委員若干名を互選す

第七條　委員中より常務委員三名を互選し編輯庶務會計の事務を負擔せしむ

第八條　本會の事務所を東京市神田區北甲賀町四番地に置く

附　則

第一條　大會の決議によりて本會則を變更することを得

私達が集つて此度上記のやうな趣意で民俗學會を起すことになりました。

考へて見ますと學問が大學とか研究室とかに閉ぢこめられてゐた時代は如何時まで何時までつゞくものではないといふことが云はれますが、然し大學とか研究室とかいふものを必要としなければならない學問のあることも確かに事實です。然し民俗學といふやうな民間傳承を研究の對象とする學問こそは眞に大學も研究室も之を獨占することの出來ない學問であります。然しされぱといつてそれは又一人一人の篤志家や學究が個々別々にやつてゐたのでは決してものになる學問ではありません。出來るだけ多くの、出來るだけ廣い範圍の協力に待つしかないものと思ひます。日本に於て決して民間傳承の資料の蒐集なり研究なりが閑却されてゐたとはいへません。然しそれがまだ眞にまとまるところにまとまつてゐるとはいはれないのが事實であります。かう云ふ事情の下にある民俗學の現狀をもつと開拓發展せしめたいがために、民俗學會といふものを發起することになつた次第です。そして同樣の趣旨のもとに民間傳承の研究解說及び資料の蒐集を目的として、會員を募集し、會員諸君の御助力を待つてこれらを發表する機關として「民俗學」と題する雜誌を發行することになりました。どうかこの一般國民生活の中に深く生きてゐる事實の意義及び傳承を生かす爲めに、そして民間の學問としての學的性質を達成せしむる爲に、本會の趣旨を御諒解の上御入會御援助を賜りたく御願ひ申します。

委　員

會津八一　秋葉隆　有賀喜左衛門
伊波普猷　石田幹之助　移川子之藏
宇野圓空　岡正雄　折口信夫
金田一京助　小泉鐵　今和次郎
中山太郎　西田直二郎　早川孝太郎
松村武雄　松本信廣　宮本勢助

昭和五年六月發行

民俗學

第貳卷 第六號

目次

生杖と占杖（上）

——一つの覺書——

松村武雄

一

『古事記』に、伊邪那岐命が伊邪那美命を黄泉國に訪づれたのち、穢土に行つてゐたから、身を潔めようと言つて、筑紫の日向の橘小門で禊祓をした。そのとき投げ棄てた杖から衝立船戸神が化生したとある。また『日本書紀』一書によると、伊弉諾尊が黄泉國から逃げ出すとき、桃の實を投げて、伊弉冉尊に遣はされた八色雷公《ヤクサノイカツチ》を追ひ返したあと、おのれの杖を投げて、

『自レ此以還雷不ニ敢來一。』

と云はれたとあり、而してその杖は

『是謂ニ岐神《フナドノカミ》一。此本號曰ニ來名戸之大神一焉。』

とある。更に他の『一書曰』によると、杖を投げ棄てたのは、伊弉諾尊が伊弉冉尊に夫婦絶緣のことどを渡した後となつてゐる。しかし主旨は同じで、

『自レ此莫過。卽投ニ其杖一。是謂ニ岐神《フナドノカミ》一也。』

とある。

どうして杖がかうした神とされたか。松岡靜雄氏は、これを解して、

『杖は岐路に立てて、其倒れる方向によつて、進路を定めたので、岐神とせられたのであらう。』

となし、(1) 次田潤氏も
『これは物品の形態又は用途より連想して、それぞれの神の化生を物語つたもので……』

と説明して居られる。(2) 或はさうであらう。しかし自分の考ふる處では、かうした解釋以外にも、或る見方のある樣な氣がする。

杖は旅行く者に附き物である。だから旅行を管掌する神は、よく杖を携へて居る。かう云つてしまへば、至極事理明白のやうであるが、實際の民俗から見ると、その奥に何ものかが潛んでゐるのではなからうか。メキシコのヤカテクトリ（Yacatecutli）は旅行の神、旅行者を保護する神であつた。ヤカテクトリと云ふ語辭そのものが、『主なる案内者』を意味してゐる。そして大切な持物として、曲つた柄のついた杖が、いつもこの神の手にあつた。ヤカテクトリを崇拜するものは、主としてメキシコの行商人たち――最も屢々旅をする階級であつた。彼等は旅に出かけるとき、必ず一本の杖を携へた。そしてヤカテクトリ神を象徵するものとして、これを非常に大切にした。彼等は日暮になつて、野山に宿をきめると、携へて來た杖を集めて、堆く積み上げる。そして各々鼻と耳から幾滴かの血をとつて、それを杖に灌ぎ、その前に花を捧げ香を焚いて、熱心に祈りの詞を唱へる。今までの旅の安穩を感謝し、併せて今後の無事を祈願するのである。(3) 問題はこの杖である。レウイス・スペンス氏（Lewis Spence）の『非古典的神話辭典』（Dictionary of Non-classical Mythology）によると、それは旅行神としてのヤカテ

クトリの象徴である。旅行神たるが故に、旅の要具として杖をその依代とするといふのである。しかし發生的に考へて、初めからさうであつたかは頗る疑問である。なぜなら他の記録の敎ふるところに從へば、メキシコに於ては、商人だけではなく、すべての民衆が旅に出るときに、一本の杖を携へ、夕方になつてその日の旅程が終ると、それを地に突き立てて、恭々しく祈をさゝげるのであり、そしてその杖は、ヤカテクトリ神とは、別段の關係もなかつたらしいからである。(4)

そこで少くとも自分だけには、

(1)或る旅行神が持つ杖は、本原的には、旅行と云ふ事に關係がない場合があり得るではないか。

(2)杖そのものに力が潜んでゐるではないか。

(3)從つて杖が之を持つ神の標徴であるといふ事の意味は、杖が旅行に縁があるからといふのであるよりも、寧ろ杖にこもる力が、その神の力と離るべからざる關係を持つからではないか。

といふ樣な疑問が起つて來る。

かうした疑問が、民間信仰の實際からかけ離れた單なる推測でないことは、有名なヘルメス（Hermes）の杖が、これを證示してくれる。この希臘の青年神が、蛇を纏はせた杖を手にしてゐることは、何人も熟知してゐるところであらう。そしてその杖に關する普通の解釋は、

(1)ヘルメスは、オリムポス諸神の使節であり、從つて問題の杖は、使節を表示するところの持物である。

(2)ヘルメスは、旅行を管掌する神としてよく知られてゐる。この神の手に杖が握られてゐるのは、これがた

めである。

4

といふことである。一應尤もである。しかし發生的に考へて、果してさうであるかは、頗る疑はしい。ヘルメスは、その後期的な表象に於てこそ頭に兜若しくは帽子を戴き、足に鳥の羽根をつけ、手に蛇を絡ませた杖を持つ立派な人態神を爲してゐるが、發生の源頭に遡ると、單なる一個の柱であり、更に少し進歩した處でも、頂が人頭になつてゐる一本の柱に過ぎなかつた。希臘では古くかうした柱を『ヘルム』(Herm, Herma)と呼んだ。『ヘルメス』(Hermes)と云ふ稱呼は、この『ヘルム』と云ふ語辭から抽き出されたものに外ならない。紀元二世紀頃の希臘の大旅行家パウサニアス（Pausanias）の『希臘記』(Hellados Periegesis)を繙くものは、かうした柱としてのヘルメスが、ヘラスの土地の諸所で崇拜せられてゐたことを知るであらう。[6]希臘の古藝術も亦屢々これに觸れてゐる。コンチェ氏（Conze）の『英雄及び神々の形態』(Heroen und Göttergestalten）に戴せた一個の甕の面に現はれた繪畫の如き、その尤なるものである。自分たちは、そこに明にヘルメスと認知することのできる神の頭を戴いた一個の角柱――ヘルム型のヘルメスを見る。そしてその角柱には、二匹の蛇を戴せた杖が描かれ、更に柱の後に一本の樹が生えてゐる。這般の杖と樹とが、甕面にヘルム型のヘルメスを描いた無名の畫家によつて勝手に附加せられたものでないことは、さま〴〵の古文獻が、ヘルメスと杖、ヘルメスと樹木の關係を架説してゐる事實に徴して明である。それ等の間には、有機的な發展成長の關係が存してゐる。卽ち角柱の後に添へた一本の樹木こそ、最も原始的なヘルメスの觀念を表はすものである。ヘルメスは本原的には、一個の生成豐饒の靈《ダイモン》(fertility-daimon)であつた。そしてダイモンは、人態神と異つて、固有の名を持たないのが普通である。この時代にはヘルメスはまだヘルメスと呼ばれない單なる一個のダイモンであつた。それから少し時代がたつと、生成豐饒の力としての樹木の樣式化として、角柱が現れ、そして同じく生成豐饒の勢能としての陽物崇拜と合流した。自分達は、この角柱が ithypallic な意味を持つてゐたことを確知し得る多くの文獻に惠まれてゐる。それから二匹の蛇（恐らく雌雄であつたらう）を戴せた杖は、第一次的には、生成豐饒の力としての樹木の、第二次的には、同樣の力としての角柱の簡易化であり樣式化である。そして宗教的表象の最後として、その名を『ヘルム』に因ませたヘルメスが、立流な人態神になり了したとき、さうした由緒の深い杖が、その手に握られるやうになつて、節杖とか旅行杖とか考へられるやうになつた。本來から云へば、ヘルメスが杖を握つてゐるのは、ヘルメスが『もう一つのヘルメス』若くは『より舊いヘルメス』と握手してゐるに過ぎないのである。

かう考へて來ると、旅行神としてのヘルメスが手にしてゐる杖は、單に旅には杖が附き物であるといふ觀念から生れたのではなくて、それ自身に或る勢能が潛んでゐたのである。そしてそは勢能であり、而してそれは本原的にダイモンとしてのヘルメスに內在したが故に、またそれが陽物崇拜と結びついたが故に、ヘルメスが、或は杖として、或は柱として、或はまた人態神として、岐路に立つことによつて、岐神若くは塞神の役目を詭すやうになり、再轉して旅行を管掌する神となつたのである。なぜなら生成豐饒の力は、わけて地堺や岐路に低迷することの屢々であると信ぜられた邪氣や惡靈に對する强い壓勝力であつたからである。

伊邪那岐命に投げ出された杖は、衢立船戸神《ツキタツフナドノカミ》と呼ばれ、來名戸之大神《クナドノオホカミ》と呼ばれ、また岐神《フナトノカミ》と呼ばれる。而してこれ等の神は、みな同一の人物であるとせられ、（眞淵、宣長等）また岐神はフナトノカミではなくして、チマタノカミであるとも云はれる。（松岡氏）しかしどちらにしても、これ等の存在態は邪氣惡靈から人の子を擁護することを、その主要な職能としてゐる。ところで同一の職能を持つた杖若くは柱としてのヘルメスの存在と、その杖若くは柱の本原的意義が、上に說いたやうであるとすると、我が國に於て杖が一種の岐神、塞神となつたとされる傳承も、强ち岐路と杖の用途とに聯想を持つた心持の產物とのみ考へなくともよささうに思はれる。正面から云へば『生杖』の觀念信仰も、この場合に働いたかも知れぬ。希臘であつたことが必ず日本でも起らなくてはならぬといふ筋合は無いから、これを確說とする氣はさらさら無いが、少くともかうした見方も採られ得るといふことだけは、考慮の中に入れて置いてもよからう。

二

生杖に對して死杖とでも呼び得ることの出來るものがある。生杖が、多くの善きもの願はしきものを惠むに對して、死杖は、多くの惡しきもの厭はしきものを斥ける。一は積極的な力であり、他は消極的な力である。しかしこれ等の二つは、互に對立して、一の antithesis を形づくるものではなくて、實は共に同根から生れ出たものである。生杖であるが故に一轉すれば死杖となるといふ關係に立つものである。切言すれば、死杖は生杖の或る場合に於ける metamorphosis である。

自分たちは、かうした變化過程の最もいゝ例證を、ヘラクレス（Herakles）の有名な棍棒に見出す。この棍棒の力は、眞に恐る可きものであつた。多くの有害な怪物は、これによつて除かれてゐる。そしてその持主であるヘラクレスは、希臘の最も偉大な英雄として艷賞せられた。しかし自分達は、かうした傳奇的なロマンスに目を眩まされてはならぬ。ヘラクレスの棒は、決してベオウルフ（Beowulf）やアーサー王（Arthur）などの寶劍と架を同じうするものではない。英雄をして英雄たらしめる單なる表道具ではなかつた。それは呪術宗敎的な意味を持つ聖物であつた。

ヘラクレスは本來から典型的な英雄兒であつたのでは決してない。その發生原體は、ヘルメス神の場合に於けると同じやうに、一つの『豐饒の靈《ダイモン》』であつた。そして這般のダイモンとして、曾てのヘルメスの如く、一個の『ヘルム』――人頭を戴せた角柱であつた。その角柱がやゝ進展したとき、柱に二本の腕が生えて、左の手にコルヌコピア(Cornucopia)を持ち、右の手に大きな棒を持つ姿となつた。(6)コルヌコピアは、その語が明に示してゐるやうに、『豐饒の角器』である。その中から無限に善きもの願はしきものの溢れ出る角器である。それと同樣に右手の棒も、本來は決して猛獸怪蛇を叩き潰すための武器ではなかつた。それは一個のクラドス(Klados)――生きた樹から裂き取つた一の呪術的な枝條であつた。そしてそれには、コルヌコピアと同じ勢能が潜んでゐた。ヘルメスの杖が、本來生成豐饒の靈《ダイモン》としてのヘルメスを具象するものであつたやうに、ヘラクレスの棒も、發生的にはコルヌコピアと相並んで、豐饒多産の靈《ダイモン》としてのヘラクレスの力を詮表するものであつた。

コルヌコピアと棒とは、かうして同一性質のものである。しかし前者がどこまでも積極的に善きもの願はしきものの賦與者たるに當つたに反して、棒は一轉して、消極的に惡しきもの厭はしきものを押へつけ若くは追ひ拂ふものとなつた。生杖から死杖へと、價値の中心が轉移した。『オルフィック讃歌』(Orphic Hymn)が、ヘラクレスに話しかけて、

惠まれたる者よ、ありとある病の呪解を齎らし、惡運を驅逐し、汝《な》が手に汝が樹枝を振り動かし、呪力ある
棒もて騷がしきケレスを追ひ拂へかし。(7)

と歌つてゐるのを知つてゐるものは、ヘラクレスの棒が、一種の有力なる死杖であることを首肯せざるを得ない

であらう。それは邪靈を驅り、魂を鎭める呪具の代表的なものであつた。ヘラクレスが『アレクシカコス』(Alexi-kakos)といふ稱呼を有してゐるのも、これがためである。『アレクシカコス』は、『邪靈からの防禦者』の義に外ならぬ。

考へてこゝに至ると、自分の眼前に、我が國の山人が持つ杖が髣髴として浮び出てくる。日本民俗學の一權威折口信夫氏の敎ふるところに從へば、鎭魂《タマフリ》をするために、山から里に下つてくる山人の杖は、これで地面を搗くと、土地の精靈を押へることが出來ると信ぜられたさうである。この杖が卯杖、卯槌と深い關係があつた。これ等は、本來地面を叩いて、土地の精靈を押へて廻る儀式としての霜月玄猪の行事に用られたうつぎの變化したものであるさうである。またこの杖の形があとで次第に變化して、正銘の杖であることもあり、ほこであることもあり、或は御竈木《ミカマギ》にもなり、更に先の割れたものを主とした、削りかけ、削りばなのやうなものにもなり、その極端に短くなつたのが、削りかけの鷽であるさうである。(8)

さうすると、我が國の山人の杖とヘラクレスの棒とは、魂を鎭め精靈を押へつける力を持つ點で、太だ相似たるものであると言へる。そしてこの同似は、偶然以上の或るものを示唆してゐると思ふ。なぜなら、これ等の二物の作用は、單にこの點で平行してゐるだけでなく、その他にも相通ふ事象を伴うてゐるからである。折口氏は言ふ。

『此杖は、根のあるままのものを持つて來て、地面に突き挿して行く事もあります。根が生えて繁ることを待つたのです。』(9)

と。然るにヘラクレスの棒も、生木の枝を裂き取つたものであり、そしてそれを地面に突き刺して、年の豊凶をトするに用ひられた。パウサニアスの『希臘記』に、ヘラクレスの棒が野生の橄欖樹であつたこと、そしてそれが大地に根を生やして芽を出したことを說いてゐる如きは、(10)この民俗の片鱗を示すものでなくてはならぬ。

山人とヘラクレスとの間には、もつと根本的な同似性が存してゐる。自分は先にヘラクレスの本然の相が『豊饒の靈《ダイモン》』であつたと言つたが、實をいふと、これもまだ窮竟の姿ではない。

開化したヘラスの人々の目からは鬼が住むとも考へられた僻地のフリギアにイダといふ山があつて、そこにダクチル（Daktuloi）と呼ばれる山人が住んでゐた。里の人たちは、彼等を一種の超自然的な存在と信じてゐたが、實は人里をよそに奧山家に自分たちに特有な生活をしてゐる神人團體であつた。彼等は太鼓や鐃鈸《ネウハチ》の音に合せて踊る呪術宗敎的な舞樂を持つてゐた。(11)そして時に山を降つて、さうした舞樂を里人の間で行うこと、猶ほ我が國の山人が、冬祭の日に里に降つて、山人が山の神に扮して舞ひ、山女が山姥の舞を舞うが如くであつた。ダクチルを超自然的な存在と信じてゐた里の人たちは、それによつて村々から邪靈が退散し、穀作が豊かにされるとして有り難がつた。

ヘラクレスは、實にこのイダ山のダクチルの一人であつた。そしてその意味で『豊饒の靈』であつた。彼は、ヘラスの地を巡遊して、偉大な棍棒で猛獸怪蛇を叩きのめす英雄兒となる前に、橄欖樹の枝をそのまゝに杖として、村里に現はれては、植物と人間とに豊饒を惠み邪氣を鎭める『アレクシカコス』卽ち『邪靈からの防禦者』であつた。かうした意味の山人としてのヘラクレスが、ヘラスの地に於てオリンピック・ゲームの創始者と傳へられるやうになつたのは、頗る自然な道程でなくてはならぬ。

生杖と占杖（松村）

豐饒の靈《ダイモン》として人里に降るヘラクレスは、その杖若くは棒を地面に突き刺して行く。それが根を出し芽を出すと、村人たちは豐作の兆として相慶したらしいことは、パウサニアスの記述によつて略々窺ひ知られる。ところで、我が國の山人の持つて來る杖も、一方に於て占杖であつたらしい。杖の先の割れ方、裂けた狀で、來年の豐凶を占ふといふ意が含まれて、それをはなと言つた由。

『はなと言へば、後には木や草の花だけに觀念が固定してしまひましたが、ついで起るべき事を、豫め假りに示すのがはなです。で、此杖は、根のあるまゝのものを持つて來て、地面に突き揷して行く事もあります。根が生えて繁ることを待つたのです。……一夜竹、一夜松の傳說は、此から起つてゐます。』(12)

と折口氏が言つてゐられる。

かうした杖を持つた一人のダクチルが、あとでアトラス（Atlas）に代つて地球を背負ふやうな巨人となり、そしてその杖が惡獸を叩き潰す武器となつた過程は、村里の人たちの彼に對する觀念信仰の變化の中に、求めることが出來るであらう。折口氏の記述によれば、信・遠・三の奥山家に殘つてゐる山人の杖も、おにぎと呼ばれて、山から來る不思議な巨人が持つて來ると考へた印象を閃めかしてゐる。(13)

三

婚姻と杖とには、一方ならぬ關係があるらしい。墺太利の田舍では、結婚の行はれる家で、人を雇つてそれを觸れ廻らせる。婚姻報告者は、花やリボンで美々しく帽子と杖とを飾り立てて、親戚知人の家を一々廻つて步く。そして氣取つた態度で長々しい形式的な招待の辭を述べるのであつた。これだけでは、杖の役目がはつきりしないが、匈牙利に行はれた同似な民俗に眼を向けると、或る意味が表面に浮かび出てくる。匈牙利にも、同じく婚姻報知者が居る。彼が人々を招待に出かける時には、眞赤な林檎とマンルサウといふ植物の一莖とを、結びつけた杖を携へるのが、必ず守らなくてはならぬ不文の掟であつた。林檎を結びつけるのは、この樹が多産であるところから、感應呪術的に新嫁が子寶に惠まれることを希求したものであり、マンルサウが顔を出すのも、同じ意味合である。我が國でもいはひ木、御祝棒、枚《バイ》の木、荷花蘭密杖《コハラミヅエ》などとして知られ、また粥杖、粥の木と密接な關係を持つてゐる嫁叩きの杖が、それで叩かれた女性に子を產ませると信ぜられ、古くからこの行事が行はれたことは、源氏、狹衣、枕草子などの記述によつても窺ひ知られる。(14)

これ等の民俗は、杖に生成豐饒の力が内在してゐるといふ觀念信仰を基礎にして成り立つてゐる。いふところの生杖である。それならどうして杖にさうした勢能が潜んでゐるとされたであらうか。それを知るには、自分の他の一つの考察對象である占杖のことを考へるのが、より便利である。

生杖と占杖とは、決してお互ひに縁なき衆生ではない。基督教的傳承に從へば、ヨセフが特に處女マリアの夫に選ばれたのは、彼が持つてゐた杖に花が咲いて、その先に一羽の鴿がとまつたからである。(15) ここでは、生杖から占杖への一線が、ほのかに描き出されてゐる。自分は、ヨセフの杖に導かれて、芽を出したり花を咲かせたりすることによつて、あることを豫め知らせる杖の問題に移つて行かう。ヨセフの杖は、基督教的信仰の產物であるから、移つて行くところも、この教若くはその源流としてのヘブライの信仰であることを大切とするのは、言ふまでもない。即ち同じ流れを酌みつゞけようといふのである。

タンホイゼルに關する中世紀の傳說――ツリンギアのヘルゼルベルグにある魔女ヴェヌスの洞穴に淫蕩な日を

送つたタンホイゼルが、おのれの汚れ爛れた生活を悔い、一氣に羅馬法王の館に驅け込んで、哀れな魂の救を求めたとき、『わしの持つてゐるこの杖に芽が出て花が咲いたら知らぬこと、さうでなければ、とてもそなたの魂は救はれぬぞ』といふ法王の冷かな言葉を聞かされて、絶望のあまり再び魔女の洞穴さして出かけると、そのあとで法王の杖に芽が出て花が咲いたので、法王がその奇蹟に驚いて、慌てて彼の行方を求めたといふ傳說は、歌劇にも採り込まれて、普く人に知られてゐる。

杖に芽が出て花が咲くといふ事は、降れる世には大きな奇蹟であつたらうが、古くは不思議でも何でもなかつた。それは杖占の動かぬ觀念信仰であつた。奇蹟に驚いた法王に因んで、特に『舊約全書』から一つの例を採るなら、『民數紀略』第十七章に、

『エホバ、モーゼに告げて云ひ給はく、汝イスラエルの子孫に語り、これが中よりその各々の父祖の家にしたがひて杖一本づゝを取れ。卽ちその一切の牧伯等よりその父祖の家に循ひて杖合せて十二本を取り、その人等の名を各々その杖に記せ。レビの杖には、汝アロンの名を記せ、そはその父祖の家の長たる者、各々杖一本を出すべければなり。而して集會の幕屋の中、わが汝等に會ふところなる律法の櫃の前に汝之を置くべし。わが選める人の杖は芽ざさん。……モーゼかくイスラエルの子孫に語りければ、その牧伯等各々杖一本づゝを之に渡せり。卽ち牧伯等各々その父祖の家に循ひて一本づゝを出したれば、その杖合せて十二本。アロンの杖もその杖の中にあり。モーゼその杖をみな律法の幕屋の中にてエホバの前に置けり。かくしてその翌日モーゼ律法の幕屋に入りて視るに、レビの家のために出せるアロンの杖、芽をふき蕾をなし、花咲きて巴且杏の實を結べり。』[16]

とある。しかしこの場合にも、杖のうしろにエホバが控えてゐると云ふ意味に於て、言葉を換えて云へば、神の意志が働きかけることを豫定してゐるといふ意味に於て、原始的な杖占とは、いくらかの隔りがある。本來は神を問題にしなくとも、杖占は成り立つた筈である。そして自分達は、確かに同じヘブライ人の間に於て、さうしたより古い形相の杖占にまで遡行することが出來る。『何西阿書』第四章に、

『わが民木に向ひて事を問ふ。その杖彼等に事を示す。これ彼等淫行の靈に迷はされ、その神の下を離れて、淫行を爲すなり。彼等は山々の頂にて犧牲をさゝげ、岡の上にて香を焚き、橡樹、楊樹、栗樹の下にて、このことを行ふ。こはその樹陰の美しきによりてなり』。(17)

とあるが如きは、これである。『わが民木に向ひて事を問ふ。その杖彼等に事を示す』といふ言葉は、深く味はれなくてはならぬ。それは、

(1)杖占が神と關係なしに行はれたこと。

(2)杖の占ふ力は、實はその杖の作られた木の力であるとされたこと。

を明に示してゐるからである。更に『以賽亞書』第十七章に、

『そは、汝おのが救ひの神を忘れ、おのが力となるべき磐を心にとめざりしによる。この故に、汝美はしき植物を栽ゑ、異やうの枝をさし、かつ栽ゑたる日に籬をまはし、朝に芽を出さしむれども、患難の日と痛ましき憂の日と來りて、收穫の實は飛び去らん。』(18)

とあるは、『アドニスの杖』による卜占の風習に觸れたものであらうと思はれるが、(19)そして杖占にアドニスを引合に出してゐるところに、神の意志の働きによりかゝつてゐる心持が含まれてゐるが、その實際の方法は、單に

樹の枝を大地に刺して、それが芽を出して、成長するか、若くはそのまゝ枯れ凋むかによつて、事の吉凶を占ふのであつた。アドニス神の名は、この素朴な卜占法の變遷の或る時期に誘導せられたものに過ぎないのである。かう考へて來ると、占杖の力は、實は生きた樹の力に還元せられさうである。この『さうである』が果して確かな『である』になり得るかどうか。自分はその點を改めて考へて見たい。

四

杖占（Rhabdomancy）の歷史は極めて古い。悠久の太古から今日まで引きつゞいて行はれてゐる。フランシス・ルノルマン氏（Francis Lenormant）は、その著『カルデア人の呪術』(La Magie chez les Chaldeens)に於て、波斯の呪術師（Magus, pl. Magi）が檉柳《ギヨリウ》の樹で造つた小さな棒を投げて未來を豫言したと記して居り、(20)ディノンも、彼等が呪文を唱へる時には、いつも占杖を手にしてゐたと斷言してゐる。(21) マッダ神崇拜に於ける司祭たちの標章《インシグニア》の本質的部分を形づくつてゐたバレクマ（Barecma）の如きも、發生的に云へば、這般の棒若くは杖の束にほかならなかつた。(22) 棒によつての卜占は、古くバビロニアにも行はれた。そしてこの習俗は遠くアッカディア人の文化に遡ることが出來る。印度にあつては、吠陀時代にその姿を現してゐる。支那に於ては桃の樹で拵へた棒が、同じ役割をつとめてゐる。英國では、ゴール、ブリトンのケルト族の間に於ける呪卜者團としてのドルイドが、林檎の樹から切り取つた棒によつて、卜占豫言をなした。ウェールスの古い歌謠に、

Yssid rin Y sydd mwy, gwawr gwyr Gorouwy, Odid a'i gwypwy; hudlath Vathonwy,
Ynghoed pan dywy frwythau mwy Cymrwy, Ar lan Gwyllionwy: Kynan a'i cafwy

Pryd pan wledychwy.
(There is a greater secret, the dawn of the men of Goronwy, though known to few—the magic wand of Mathonwy, which grows in the wood, with more exuberant fruit, on the bank of the river of spectres: Kynan shall obtain it at the time when he governs.)

とあるは、その片鱗を閃すものでなくてはならぬ。(23) 昔の羅馬人が棒による卜占を持つてゐたことは、キケロやタキツスの記述によつて明である。彼等が棒占に二つの種類を認めたことは、ヴィルギュラ・ディヴィナ（Virgula divina）とヴィルギュラ・フュルカタ（Virgula furcata）との二語を持つてゐた事實に徵して窺ひ知られる。

キケロはその著『卜占に就きて』(De Divinatione）の中で、この事實に觸れて、

『この卜占法は蠻民の間にすら閑却せられざりき。そはゴールにドルイド共あり、われ、その一人卽ちディヴィチアクス・アエヅウスと相知れり。彼は、希臘人が呼んで生理學となす自然組織に關して眞の智識を有するのみならず、猶また半は徵兆により、半は呪測によりて、未來の出來事を豫言せり。』(24)

と言つてゐる。

ヴィルギュラ・ディヴィナは、古い卜占法で、幾本かの棒を投げて、吉凶の前兆を卜するものであり、ヴィルギュラ・フュルカタは、新しい卜占法で叉になつた木の杖の自動的な運動によつて、大地の中に隱れてゐる金屬とか水とかを見出すものである。歐羅巴に於て中世紀から近世まで盛んに流行した杖占は、一種のヴィルギュラ・フュルカタである。これはいはゆる占杖(Divining rod）を使つて、主として潛める水を見出すもので、dowsing（water-divining）として普く知られてゐる。これにつきては、あとで委しく考察するつもりである。(25)

生杖と占杖（松村）

棒占、杖占は、自然民族の間に、今日でも行はれてゐる。オーストラリアの蠻族の間では、人を呪ひ殺した呪術師を見つけるために、よく用られる。(26) 馬來半島の土人も、その卜占法の一つとして、これを持つてゐる。呪術師パーワング（Pāwang）が、一本の杖を手にして、盗まれた物、罪を犯した人を探り出すべく歩き廻つてゐる中に、さうした物や人の側に辿りつくと、杖が自ら著しく搖れ動くので、すぐに見つかつてしまふと信ぜられてゐる。(27)

棒や杖が、かやうに多くの民族に於て卜占に使はれるのは、何故であらうか。一體卜占法は、あとになるほどやゝこしくなつてゐる。複雜化と精細化《エラボレーション》とが、つぎからつぎへと行はれる。本來は竹を折つたり草を結んだりするだけで占つたのが、(28) あとではさまざまの條件や方法が持ち出されて、

著一千歲而三百莖其本以老故知吉凶筮必沐浴齋潔燒香每月朔望浴著必五浴之浴龜亦然。(29)

となり、

蓍末大於本爲上吉蒿末大於本次吉荊末大於本次吉箭末大於本次吉竹末大於本次吉蓍一五神蒿二四神荊三三神箭四二神竹五一神筮五紀皆藏五筮之神明皆聚焉。(30)

となり、

呉楚之地村巫野叟及婦人女子輩多能卜九姑課其法折草九莖屈之爲十八握作一束祝而呵之兩兩相結止留兩端已而抖開以占休咎若續成一條者名曰黃龍儻仙又穿一圈者名曰仙人上馬圈不穿者名曰蟢窠落地皆吉兆也或紛錯無緒不可分理則凶矣又一法曰九天元女課其法折草一把不記莖數多寡苟用算籌亦可兩手隨意分之左手在上豎放

右手在下横放以三除之不及者爲卦一豎一横曰太陽二豎一横曰靈通二豎二横曰老君二豎三横曰太吳三豎一横曰洪石三豎三横曰祥雲皆吉兆也一豎二横曰太陰一豎三横曰懸崖三豎三横曰陰中皆凶也。(31)

となるといふやうなものである。卜杖に關しても、事情は同一である。後になるほど面倒な條件や方法や原則めいたものが添加せられて行く。杖を作る樹は何の樹でなくてはならぬとか、その樹はどれだけの樹齡を經たものでなくてはならぬとか、之れを切る時刻はかくかくの時刻に、かくかくの儀式を行はねばならぬとかいふことになる。人烟未到の山から切り出すこと、百歳を經たる樹木の梢枝であること、未だ鳥畜の宿巣とならざること、伐り出しを他人に見出されざること、長さは持主の頭を拔く六寸六分のこと、皮附丸木にして絶對に金具をつけざること、色は黑に限ること、作つて三年人手に觸れしめざることを條件とする遠霞山人の指揮杖などはそれで、かうなると、その杖が持つ讀心、透觀などの力は、一體どこから起つてゐるか、それをつきとめるのは容易なことではなからう。

そこで占杖の研究は、どうしてもその簡單な形式に於てなされなくてはならぬ。

自分が今比較的素樸な占杖を選んで擧示したのは、これがためである。これ等の占杖にあつては、何等の面倒な條件、方法、技術、原則などが必要とせられてゐないのであるから、棒や杖そのものが占ふ力と關係してゐると考へざるを得ない。それならば棒や杖そのものに、或る神祕的な勢能が存してゐると信ぜられたであらうか。自分たちは、或る條件の下には、然りと答へることが出來る。

卜占に用られる杖若くは棒は、いづれの場合にあつても、木や竹——要するに植物である。本原的には、決して金や石で出來てゐるものではない。そこに或る意味が含まれてゐるとしなくてはならない。ことに根のついたままの樹が、杖として用られたこと、我が國の山人の里降りの折の杖の如きが、多くの民族の間に見出されるに於てをやである。或る條件といつたのは、卽ちこれである。杖や棒に占ふ力があるとされるのは、單にそれが杖であり棒であるがためではなくて、それが本來木や竹や――植物の一部から出來てゐるからである。卜占に關する言語そのものの意義が、この推定を裏書する。羅典語の Virga（小枝）は、『占杖』『魔杖』の意味を有する。アングロ・サクソン時代に於ては、卜師は、Tán-hlyta の名によつて知られてゐた。hlyta と言ふ語辭は、hlot から出てゐる。そして hlot は、今日の英語に於ける lot や lottery の語祖である。それから tán は『小枝』を意味する古語である。卽ち小枝で占をするものが卜師であつたのである。瑞典語に於ても、『卜占する』を意味する語辭 Spå の原義は『木の枝』であり、卜師は Spåman と呼ばれる。丁抹語は、卜占に關する語辭として、Spaae, spaamand, spaakonst 等を有してゐるが、これ等は盡く『木の小枝』を意味する spö から抽き出されたものである。[32] 英語のスラングでも、twig（小枝）が『卜占する』の意味に用ひられる。

かうした言語學的事實は、杖や棒によつての卜占の本然の姿が、木の枝によつての卜占であつた事を示唆してゐる。生きた植物と云ふ觀念が、本來はこの種の卜占に大切な要素であつたことを語つてゐる。そしてこのことは、多くの民俗が力強くこれを裏書してゐる。

自分は先に、ケルト族間に於ける呪卜者團としてのドルイドたちが、棒によつて卜占する由を述べたが、彼等の間に行はれるより原始的な卜占法にあつては、筮木は決して固定的な杖や棒ではなくして、必要に應じて生きた樹から折り取られる枝條であつた。ウェールスの古い歌謠は明に這般の消息を傳へる。

『斑の指は、何者が征服せられ、何者が征服し、何者が放逐せられ、何者が勝利を得るかを占ひ知るために、幾本かの小枝を折り取れり』。

と、その一つは歌つてゐる。(33) 更に他の一つは、ドルイド入會式の内容に觸れてゐるが、それによると、ドルイド團の一員となるものは、樹齡と高さと大きさとを同じうする百四十七本の林檎の樹（百四十七は、ブリトン人の間にあつて聖數と信ぜられた）の傍で、さまざまの秘法を傳授せられる。そしてその秘法の一つは、多くの小枝を切り取つてする鬮占であつた。(34)

ドルイドたちは、何故に豫め筮木を用意して置かないで、卜占を試みる都度に新に細枝を折り取る面倒を敢てしたのであらうか。自分たちは、そこに大切な意味を讀みとらなくてはならぬ。樹木には豫言の力が、生きた勢能として內存してゐると信ぜられた。さうすれば、新に折り取つた枝ほど、その勢能が潑溂としてゐると考へられるのは、まことに自然な心理的歸結でなくてはならぬ。

かうした行き方は、決してケルト人の間だけではない。他にいくらも實例が存してゐる。

サルアチアに於ては、女たちが一定の期間に秘密な呪法によつて切り取つた眞直な樹の枝を使つて、未來を豫言する。(35) スキチア人の間では、或る數の柳の枝を大地に並べて、それを一つ宛拾ひ上げながら、豫言の詞を發するのが常であつた。(36) 殊に自分たちの注意を牽くのは、古代日耳曼人の卜占法である。

タキツスがゲルマニア（Germania）に記すところによると、古代の日耳曼人は、他の民族以上に鬮占に耽つた。『彼等の鬮占の方法は極めて簡單なり。果實を結べる樹より、一本の小枝を切り、それを二個の小片に分ちて、おのおの多くの異れる標を附し、白衣の上に秩序なく投げ出す。』

而して公事を卜する場合には、社會集團の司祭が、私事を卜する場合には、家族の父が、各々の小片を二三度取り上げて、それに附せられた標のいかんによつて、判斷を下すのであつた。(37) 鬮をつくるために、特に果實を結んだ樹の小片を選んだところに、かうした卜占法の本然の姿が明に窺はれる。枯れた枝や棒よりも生きた樹が、そしてたゞの生きた樹よりも、實を生らせてゐる樹が、或る活力、勢能の存在をより強く示唆するのは、固より當然のことであり、そして古代の日耳曼人が、心してさうした樹に目をつけたところに、鬮占の原義が那邊にあつたかを語る或るものが浮び出してゐるではないか。

今の世の文明國の人たちは、彼等の祖先が、卜占をするのに、わざわざ樹から枝を折り取つた意味を忘れてしまつた。しかしその方法だけは、多くの地方にさまざまの姿で生き殘つてゐる。英國のケントやサセックスの忽《ポツ》布《プ》草採集者たちの間に行はれる鬮引の如きは、その一つである。彼等は、榛の樹の小枝を切り取つて、そのうちの一本に刻目をつける。そして刻目のついた小枝を抽き當てたものが、いゝ持場を得ることとなる。何故にこの場合に特に生樹の枝を用ひなくてはならぬか。彼等にその理由を尋ねても、一人としてこれに答へることは出來ない。彼等は、さうした疑問を起すことなしに、古くから生き殘つてゐる卜占法の型を無心に墨守してゐるだけである。(38)

五

多くの民族が樹木に託宣を求めたことは、人のよく知るところである。ジェー・エッチ・フィルポット女史（J. H. Philpot）の『聖樹』（The Sacred Tree）などを見ると、夥しい實例が擧げられてゐる。

樹木が託宣豫言の力を持つといふことは、タイラー流に云へば、樹木に內在する精靈の致すところであり、ロバートソン・スミス流に解すれば、"animated demoniac beings" の聲である。なるほど多くの民族は、確かにさうした考方をしてゐるに違ひはない。しかし這般の宗教的階層を、も一つ下の面層まで掘り下げると、より原始的な、より素朴な宗教的觀念に逢着する。その階段にあつては、託宣豫言の力は、樹木に內住する或る靈物から出るのではなくて、樹木そのものに內在すると信ぜられた。

ドドナ地方に於ける槲樹を通しての託宣が、ゼウス神の託宣にほかならぬと信ぜられたことは、古典的に有名であるが、發生史的に云へば、決してさうではなかつた。それは、ゼウスの宗教がドドナ地方に勢力を得るに至つてからの後期的現象であつて、本來は、槲樹の葉づれの囁きそのものに、託宣の聲を讀んだのであつた。女司祭デボラは、ベテルの地に近いところにある一樹の下で託宣を與へるのを常としたと云はれる。『創生記』第三十五章は、この樹を呼んでアローン（Allōn）となしてゐる。[39] そしてステード氏（Stade）は、アローンの語辭をエール（el ――『神』の義）と關係させて、デボラの託宣が神の言葉であることを示唆してゐるが、[40] 自分には首肯し難い。アローンは普通槲樹と譯せられてゐるが、更に正しくは、ēlāh 及び ēlōn と同じやうに、あらゆる聖樹、いな恐らくはあらゆる大木を呼ぶのに用ひられる名であつたらしい。[41]

かうして樹木を通しての託宣を注意深くその根源に遡つて行くと、それが樹木そのものに內存する或る勢能に關係してゐることが判つて來る。

『古いもの』は、『多くのことを知るもの』である。古老が物知りであるといふ原則は、人間界だけを支配するものではない。多くの民族はこの原則を自然界にまで擴充した。ホメロスの詩篇を繙いたものは、大洋オケアノス（Okeanos）が、萬物の始祖として、すべてのものを知つてゐるといふ觀想の希臘人の間に存したことに氣がつくであらう。樹木と人間との何れがより古い存在であるかの問題が、自然科學的にどう解釋せられてゐようと、民族の心では、斷然前者は後者より古いものと觀ぜられた。大地がいはゆる Mother-earth であり、從つて『多くのことを知るもの』として、よく託宣を發することは、多くの民族にその例證を見出すところである。そしてこの關係は樹木に於ても看取せられる。

多くの民族は、人類の始祖が樹や竹で造られ、若くはそれから生れ出たと說く說話を持つてゐる。自然民族は、おのれの直觀するところに從つて、樹木を目しておのれ等よりも極めて古い存在――しかもより大きな勢能を具へた存在となした。樹木が偉大な物知りであり、從つて託宣豫言の力に富むといふ觀念信仰は、一つにはかうしたところから來るとされる。

それからまた樹木は、深く土に喰ひ込んだ根によつて下界に通じてゐると考へられた。そして下界は、フィルポット女史が、その著『聖樹』中で云つてゐるやうに、

"The mysterious abode of departed spirits, in whom wisdom and knowledge of the future were supposed to be vested."(42)

である。かくて樹木は、下界に於ける託宣豫言の力との接觸冥通によつて、おのれのうちに這般の力を充してゐると考へられた。スカンディナヴィアの宗敎、神話に於ける世界樹イグドラジル（Igdrasil）は、上つ枝は天界に至り、下つ根は死界にわだかまつてゐた。そして根の下にミミル（Mimir）の泉があつて、智慮と智識とに滿ちてゐた。イグドラジルはそれをおのれの中に吸ひ込んでゐた。かくて神々の王者オーディン（Odin）は、託宣豫言を

傳へる呪術的文字なるルーン（Runes）を學び知るために、その大樹に晝を九日夜を九夜逆しまに懸る苦行を敢でしなくてはならなかつた。(43) 希臘のドドナに生えてゐた一種の槲樹（Quercus esculus）は、古くからその託宣豫言の力で名高かつたが、ヴィルギリウスやセルヴィウスの記すところによると、その根は大地を貫いて、死界タルタロス（Tartaros）に達してゐた。(44) そして樹木そのものに內存する託宣豫言の力が、宗教觀念の發展につれて、神若くは精靈へと遷移する姿を示唆するものとして、バビロニアの古牌札の若干の記述――卜師にならんとする者が、その必須的儀式として、豫め設けられた模造の死界に下り、そこで、

"The altars amidst the waters, the treasures of Anu, Bel, and Ea, the tablets of the gods, the delivering of the oracle of heaven and earth, and the cedar-tree, the beloved of the great gods."(45)

を視るといふ記述や、

"the cedar-tree, the tree that shatters the power of the incubus, upon whose core is recorded the name of Ea."(46)

といふ記述がある。これ等の記述のうちで、前者では、託宣を出す樹が、アヌ・ベル・エアの如き神々と關係づけられてゐるが、本來は死界に生えた樹として、それ自身に託宣の力を持ち、卜師たらんとするものは、これからその力を攝取したものであり、後者に於ては、靈木に知識と智慮との神エアの名が記されてゐるが、本來は、エアの力を借るまでもなく、樹それ自らに託宣豫言の力が具つてゐたのである。

杖による卜占が、かうした樹木觀と密接な關係を有つてゐることは、さまざまの民俗から窺ひ知られる。イスラエル人が卜占に樹木や杖を用ふることのいかに屢々であつたかは、『舊約全書』を繙くものの直ちに看取すると

ころであらう。而して兩者の間をつなぐものとして、自分たちの注意を牽くものにアシェラ（Ashera）がある。『列王紀略』上第十八章に、

『されば、人を遣りて、イスラエルのすべての人及びバアルの豫言者四百五十人、並びにアシェラの豫言者四百人イゼベルの席に食ふ者を、カルメル山に集めて、われに詣らしめよ。』(47)

とある。アシェラは、人工的に造り出した樹若くは柱である。そしてさうした樹若くは柱によつて吉凶を卜するものとして、『アシェラの豫言者』があつた。アシェラは、一面に於て造られた樹として、生きた立木の形式化であり、他面に於て柱として、やがては棒や杖にまで簡易化せらるべき運命を指示してゐる。ロバートソン・スミス氏が、『セム族の宗教』に於て、杖は、畢竟するに『より小なるアシェラ』であるに過ぎぬと云つてゐるのは、確かに卓見である。(48)

更にまた樹木による卜占が死界と密接な關係を有してゐる事實に平行して、杖もまた冥府と緊密な交渉を持つことによつて、樹木と杖との間のつながりを示唆してゐる。ズル族は、卜占を行ふとき、杖で大地を擊つて死靈に呼びかける。アルカディアに於けるデメテルの神殿に奉仕した司祭も、杖で大地を叩いて、地下の亡靈を呼んだ。死人を冥府に導く神としてのヘルメスも、冥界から死人を呼び出すことの出來る杖を持つてゐた。アッシリアの冥府の女王アラット（Allat）は、かの女自身で一本の卜占用の杖を持つてゐた。(49)

尤も自分は、占杖がいかなる場合にも或る勢能を持つものとしての樹木をその母胎として生れたと言ひ切る者ではない。神の依代としての杖、特別な demonology から出た杖、呪術信仰と密接な關係を持つ杖、民間信仰か

ら離れた特殊な思想から生れた杖、或る生業に缺くべからざるものであるために重要な意味を持つやうになつた杖―かうした杖のうちには、卜占に關係を持つてゐながら、樹木の勢能からの直接の産物ではない場合があり得るであらう。フェネキア人が、柱、棒、杖を神聖視して、年毎の祭禮によつてこれを崇拜した如き、[50]支那の仙人の手に握られた不思議な杖の如き、[51]それで指すと、鳥が立處《たちどころ》に落つるとされた風狸杖の如き、[52]羅馬人が神として崇拜した Pilled rods の如き、[53]妖巫が大切にしてゐる魔杖、たとへば、

……Without the rod reversed, And backward mutters of dissevering power, We cannot free the lady that sits here, Bound in strong fetters fixed and motionless.[53]

の如きは、或ひは、いろんな觀念信仰の重なり合ひ、もつれ合つた上の産物であるかも知れぬ。そしてそのもつれを解くのは、容易な業ではあるまい。ロバートソン・スミス氏のやうに、

『疑ひもなく占杖は……聖樹信仰と同源同質の迷信である。』[54]

と言ひ切るほどの勇氣は、決して自分の持ち合せるところではない。占杖は、或る一つの路によつて樹木勢能の信仰に通じてゐるといふことだけを指斥するに止める。(未完)

註

（1）松岡靜雄氏『日本古語大辭典』、チマタの神の項
（2）次田潤氏『祝詞新講』第三五七頁
（3）L. Spence, A Dictionary of Non-classical Mythology, P. 189.
（4）H. H. Bancroft, Native Races of the Pacific States of North America, vol III.
（5）Pausanias, Hellados Periegesis. IV. 33. 4; VIII. 48. 6.
（6）（イ）W. H. Roscher, Ausführliches Lexikon der griechischen und römischen Mythologie, S. V. Herakles.

（ロ）Overbeck, Griechishe Plastik, vol. II. P. 25.

（7）Orphic Hymn, XII. 14.

（8）民俗藝術第三卷第三號折口信夫氏『山の霜月舞』第一四一一六頁

（9）民俗藝術第三卷第三號第一六頁

（10）Pausanias, Op. Cit. II. 31. 10.

（11）W. Smith, A Classical Dictionary of Biography, Mythology, and Geography, S .V. Dactyli ; Daremberg et Saglio, Dictionnaire des Antiquites grecques et romaines, II. 1. partie, S. V. Dactyli.

（12）民俗藝術第三卷第三號第一六頁

（13）民俗藝術第三卷第三號第一七頁

（14）倭訓栞、古今要覽等參照

（15）T. F. T. Dyer, The Folk-lore of plants, P. 249.

（16）Numbers, XVII. 1—8.

（17）Hosea, IV. 12, 13.

（18）I saiah, XVII. 10—11.

（19）Robertson Smith, The Religion of the Semites, P. 197, Note 5.

（20）F. Lenormant, La Magie chez les Chaldeens, P. 238.

（21）（22）Lenormant, Op. Cit, P. 238.

（23）E. Davies, The Mythology and Rites of the British Druids, P. 41.

（24）Cicero, De Divinatione, L. 1.

（25）Baring-Gould, Curious Myths of the Middle Ages, chap. III.

（26）Encycl. Brit, vol. XVIII. Divination.

（27）W. W. Skeat, Malay Magic, P. 542.

（28）荊楚歲時記、卜記等參照

（29）博物志

（30）太平御覽

（31）輟耕錄

(32) H. Friend, Flowers and Flower Lore, PP. 266, 267.
(33) Davies, Op. Cit; p. 339.
(34) Davies Op. Cit, p. 483.
(35) J. H. Philpot, The Sacred Tree, p. 102.
(36) Herodotos, IV. 67.
(37) Tacitus, Germania.
小枝の小片を取り上げるとき、嚴肅に神々に呼びかけ、眼を天空に向けたさうであるが、さうしたことは、疑もなく比較的に後期的な實修である。
(38) Friend, Op. Cit., p. 268.
(39) Genesis, XXXV
(40) Stade, Gesch. Is. Vol. i. P. 455.
(41) Robertson Smith, Op. Cit., p. 196, Note 4.
(42) Philpot, Op. Cit., p. 93.
(43) Sæmund, Elder Edda.
(44) (イ) Vergil, Georgica, 11. 291
(ロ) Servius ad Virgil. Aeneid, IV. 446
(45) A. H. Sayce, Religion of the Ancient Babylonians, p. 241
(46) Sayce, Op. Cit., p. 240
(47) I Kings, XVIII. 19.
(48) Robertson Smith, Op. Cit., p. 196, Note 4.
(49) M. R. Cox, An Introduction to Folk-lore, p. 29.
(50) Philo Byblius ap. Eus. Pr. Ev. i. 10. 11.
(51) 列仙傳等參照
(52) 酉陽雜俎
(53) Festus, Note on delubrum.
(54) Milton, Comus, II.
(55) Robertson Smith, Op. Cit., p. 196. Note.

狐憑き

本誌第二卷第四號二七五頁に、折口先生「壹岐民間傳承採訪記」の中、「憑き物」に就いて思ひ出を書く。拙者幼少時、隣村より女性的半男女の狂人が每日の如く私の町へ來た。手には稻懸木を携へて何處をそれとなくブラ〳〵と歩いてゐるのである。惡戯盛りの子供達はその見事なナスビ(睾丸の如く大陰核が下つてゐる。)を見んものと、種々駄菓子でタラしてまくつて見せさしたが、又この女は狐憑きであつて、兩脇の下から狐の足が見えると云ふので、皆がそれを見たいものだから、種々と工夫をしたものだつた。勿論そんなものはある筈がなかつたが、子供達は「今はヒッ込んでゐるのだ、こんど來たら見よう」と云つてあきらめてゐた。折口先生の御採集により、壹岐にてもそんなことが言はれるのを大變面白く思つてゐる。一體これは各地で云ふことだらうか、又それは何を意味するのか、脇から這入ると云ふが、私の町へ來るのは這入りそこれたのか、博雅の御教示を仰ぐ。(鐵　重　孝)

芋掘長者の話

松本信廣

柳田國男先生が、大正十年正月一、二、三、四日の「朝日新聞」に連載され、ついで「海南小記」に「炭焼小五郎が事」といふ題で發表された炭焼長者傳説の研究は、民間傳承學最近の逃作中傑出した名篇であり、アンリ・マスペロ氏の懇望によりその梗概を日佛會館發行の佛文雜誌に掲載することになつてをる。

此炭焼長者譚に似た話は、朝鮮にもある。三國遺事卷二によると「第三十武王名璋、母寡居、築室於京師南池邊、池龍文通而生、小名薯童、器量難測、常掘薯蕷、賣爲活業、國人因以爲名、聞新羅眞平王第三公主善花美艶無雙、剃髮來京師、以薯蕷餉閭里群童、群童親附之、乃作謠、誘群童而唱之云、善化公主主隱、他密只嫁良置古、薯童房乙夜矣卯乙抱遣去如、童謠滿京、達於京禁、百官極諫、竄流公主於遠方、將行、王后以純金一斗贈行、公主將至竄所、薯童出拜途中、將欲侍衞而行、公主雖不識其從來、偶爾信悅、因此隨行、潛通焉、然後知薯童名、乃信童謠之驗、同至百濟、出母后所贈金、將謀計活、薯童大笑曰、此何物也、主曰、此是黄金、可致百年之富、薯童曰、吾自小掘薯之地、委積如泥土、主聞大驚曰、此是天下至寶、君今知金之所在、則此寶輸送父母宮殿何如、薯童曰可、於是聚金、積如丘陵、詣龍華山師子寺知命法師所、問輸金之計、師曰、吾以神力可輸、將金來矣、主作書、並金置於師子前、師以神力、一夜輸置新羅宮中、眞平王異其神變、尊敬尤甚、常馳書問安否、薯童由此得人心……。」此話の主人公は芋掘童子であつて、炭焼の童子ではない。然し日本にも芋掘長者譚の存することは、柳田氏が、その「炭焼小五郎がこと」（海南小記二六四―二六六）に數例を擧げられてをる。姫がおしかけ嫁にやつてくるかはりに、童子が、詭計を用ひて、姫の婿となる。此處に他の説話との融合の結果生じたらしい變形があるが、妻たる女子の力で童子の本來有する徳分が顯現する所は兩者同樣である。芋掘り長者の物語は、必ずしも鑄物師《イモジ》といふ語から來たのでなくもつと他の由來があつたらしい。炭焼小五郎の傳説は、宇佐八幡宮の古傳説と關係あるらしいと柳田國男氏は、考證されてをる。そして一方大隅正八幡宮の傳説は、王女が日の光で姙娠し、母子ともに空船に乘せて捨てられ、海上漂流の末海濱に流れつくといふ筋で朝鮮の王樣について、また日本の古傳中にも、新羅から來たといふ王子天の日矛について物語られてをる所傳に一部分似てをる。その上、天の日矛の子孫は、但馬氏であり、その子孫から神功皇后がいで、同皇后は、普通の所傳に從へば、その皇子應神天皇と共に、八幡宮に齋かれてをる。同皇后に神がかつた神は、一説によると天照大神と傳へられ、その皇子は、みやうにより父なし子とも解され得る。なほ又宇佐八幡宮の神を顯したといはれてをる大神比義は、或本はその姓をオーガとよんでをるが、柳田氏はオーミワと讀まれてをる。三輪の傳説は、神が夜女のもとにかよひ、女その衣の裾に針をさして、糸の行方をたづねて山に至るのであるが、此話は、やはり三國遺事卷二、後百濟、甄萱の條に出てくる大蚯蚓の腰に針を刺す話と似てをる。してみると、八幡宮系統の古傳説は、朝鮮と脈絡がかなり深いやうである。柳田氏の推測の如く、八幡宮の古信仰が、金屬工藝の徒と關係深いとすれば、かういふ神話傳説も或ひは大陸の方から渡つてきた工藝と共に日本に流入したと考へられぬこともない。

ハッピ雜記

宮本勢助

僧家の法被　現在のハッピ（法被）と同樣の名稱を有つた服飾は既に室町時代に存在したのであつた。喜多村節信翁は、下學集に法被を打敷と並べて記載した點から推定して「僧家の服と見ゆ」（嬉遊笑覽）と云つてゐるが、神奈川縣橘樹郡生見尾村の總持寺には國寶として刺繡製大法被一枚が現在してゐる。後種々の服飾をハッピと呼びそれを法被と書くことの根元は此僧家のハッピにあるらしく考へられる。併し私は僧家の法被については現在全く何事をも知つてゐない。

半臂をハッピと呼ぶ　林逸節用集（明應五年）に法被と半臂とを並べ出してゐるのや、裝束圖式（元祿二年）に黑半臂に「クロハッピ」と傍訓してゐるのによると、當時或はハンピ（半臂）をハッピと呼んだことがあつたのではなかつたか。殊に運歩色葉集（天文十六年）には法被だけを擧げ、半臂を省いてゐるのでそう考へられる。書言字考節用集（元祿十一年）にも半臂に「ハッピ」

と傍訓してゐる。直接半臂のことではないが、單騎要略（享保十七年）には「ハッピ」を「半被」と書いてゐる事實もある。

猿樂の法被　現在法被（ハッピ）と呼ぶものが、能裝束にあるが、既に戰國時代以前に存在したかと思はれる。貞德文集（松永貞德、元龜二―承應三年）に「御能の裝束法被半切」と見え、大坂の役に杉原常陸（親憲、天文十二―元和元年）が此法被を着たことは有名な話である。「猿樂の半臂（はんぴ）を用意せしが共日物具の上に着て」（常山紀談卷二十）と記された猿樂の半臂は勿論能裝束の法被に他ならない。

半被―胴肩衣　以上二種以外に別にハッピ（半被）一名胴肩衣と呼ぶものがあつて單騎要略に見えてゐる。同書の挿繪によると、是も袖無しの短い衣服である點に於て、半臂・及び能裝束の法被と略同類のものである。此半被の名は戰國時代の戰記に見えた例をまだ知らぬが、一名の胴肩衣の方は、關八州古戰錄・甲陽軍鑑・奧羽永慶軍記・紀伊國物語等にも見えて、袖無しの衣服であつたことが知られる。胴肩衣の名は其名稱から考へて普通の肩衣に對したもので、形態上の特殊な點から肩衣と差別する爲に命名せられたものであつたらう。或は胴肩衣の形態こそ右樣な肩衣の型式を遺したものであつたかも知れない。現在松浦伯爵家の藏品には、著名な「半臂・半切」と呼ぶ衣服がある。〔本邦武裝沿革考〕此半臂・半切の名稱は猿樂裝束の法被半切と異ならぬもので半臂も矢張ハッピと訓ませるものなのであらう。

瓦礫雜考に「ある諸侯の秘藏し給へる古代の上下その形大略かくのごとし、地は金襴にて上下一具なりとぞ、袴は四幅ばかまなり」の解說と共に揭げた袖無しの短い衣服と袴との圖は、前揭の松浦家の半臂・半切であるらしい。雜考にはそれを半臂とは書いて居らぬが、單騎要略の記事を參照すると、それを半臂と呼んだのも瓦礫雜考以後の新らしい命名と考へなくともよいと思ふ。それをハッピだとすれば同時にそれが所謂胴肩衣なのではなかつたらうか。大體に於てそれと同型式の衣服は、牧馬屛風（東京帝室博物館藏）に見え、袖無しの短衣に、四幅袴と一具した點まで、松浦家の半臂・半切と相等しいものであるが、唯胸紐のあるのを異なりとする。

とにかく古くハッピと呼んだのは以上三種の衣服で、皆袖無しのたけの短かいものであつた。

近世風のハッピ　近世風のハッピ、は云ふ迄もなく袖の有るもので、以上三種のハッピとは、形態的には、直接關係が無いと思はれる。然らば近世風のハッピを、ハッピと呼ぶようになつたのは凡そ何年代であつたらう。嬉遊笑覽所引安部泰邦卿東行話說に一種の衣服を「はつひ」と呼んでゐることによると、泰邦卿生榮の寶暦年代には既に其事實の存在したことが明らかにせられる。併しそれが如何なる形態の衣服であつたかはもとより考へ得べくもない。

春波樓筆記によると異本の落穗集には次の樣な記事があると

云つてゐる。

　其頃の風俗……大名の火事羽織は、くすべ皮なり、從者は木綿のハッピ、夫より……從者は皮羽織となる。

　所謂木綿のハッピは略近世風のハッピと解してよいものと考へ、且つ右の記事を確かであるとすれば、近世風のハッピの存在は同前の成つた享保十三年以前から、更に古くは明曆前後にまで溯り得るものであるが、右のハッピの語は流布本の落穗集（史籍集覽本）などからは、全く見出し得ない。其本文は卽ち次の如くである。

　酉の年（明曆三年）大火の節外々の義は不存候へ共淺野內幡守殿には五萬石領地被有大名之儀に候へハ（或は共歟）今時諸家に於て足輕共の着候樣なる茶色にくちへ申たる皮羽織に紋の付きたるを着用あられ家中にて五百石迄より百石程つゝ取りたる騎馬役の侍共迄不殘柿染の木綿羽織に紋所を大きく付け着用仕候、……其後は足輕中間風情の者共迄にも茶色の皮羽織を着せ不申候てハ不叶如く有之を以て……

……〔卷之十、火事羽織の事〕

　異本の木綿のハッピに當る部分は、流布本には木綿羽織となつてゐるのになると、異本の記事を春波樓筆記の記した儘には信じ難い。又明曆前後は勿論享保年代にも近世風のハッピが既にハッピと呼ばれてゐたとは考へ得べくもない。

　以上によつて唯僅に春波樓筆記が文化八年司馬江漢の著である點から當時既に近世風のハッピがハッピとゐたらしいことを知り得るに過ないと思ふ。」當時既に近世風のハッピが存在したことは同年代の當時裝束抄に「法被、木綿にて作る、其品看板に同じ、此品名稱家々により替有へし」と云つてゐるので明瞭である。此法被が羽織の如きものであつたことは、同書看板の條に「看板絹にて羽織のごとく製す、家々の印を付る。〔陸尺看板など木綿にて製する有〕」とあるのによつて徵せられる。

　上引東行話說に「かこの者みな大島のはつぴ」とあるのを解して「水主などの着るかんばんを云なるべし」〔嬉遊笑覽〕と云つてゐる。棠大門屋敷〔寶永二年板〕に「花色にこもち筋付たる水主の揃を一重づゝ懷へおし入れ」とあるのは看板或はハッピの如きものであるが、其名稱が記されてゐない。此一つの記事だけで寶永年代にはまだハッピの名が無かつたとは速斷し得べきではない。近世風のハッピをハッピと呼ぶようになつたのが何年代であらうか、目下の自分にはまだ分らない。

ハッピと印半天　明治中東京で生れた者の日常の知識では、ハッピ（法被）とシルシバンテン（印半天）とは全く別物であつた。是が江戸時代以來のことであつたことは守貞漫稿の記すところによつて極めて明白である。然るに現在ではハッピと印半天とを全く混同してハッピなる名稱のもとに印半天をも包括せしめてゐる。卽ち現在印半天を目してハッピと呼んでゐる人が尠くない。〔昭和五、六、一夜〕

寄合咄

巴里通信

○印度洋を經て無事に巴里まで着、偶然指定された宿はFondation Satsumaと云ふところでしたが、だんだん廊下や食堂で會ふ顏で知人がひろひ出されて、日が立つにつれて、宛然巴里の宿のうちだけで、日本民俗學會巴里支部のかたちにまで成長しさうになりました。事實、今日は、その發會式をやらうぢやないかと云ふので、オルレアン通まで出て、フランス料理を喰べながら、氣焔を吐いたわけです。本部で認めるかどうか知らんけれど、兎に角こつちだけで巴里支部ときめました。支部會員氏名は、井汲清治氏、中谷治宇二郎氏と僕とです。

○井汲氏はフランスの中世言語學特に十三世紀を中心としての研究に沒頭し、その研究から傳說、說話方面に深入して行く傾向と可能性が欝然としてゐて、現に氏の机上は民族關係の書物でうづめられてゐるかたちです。詳細は井汲氏の記で讀んでいたゞきませう。

○中谷氏は既に氏の著作で御存じの事と思ひますが、氏の巴里に於ける活躍振りはすさまじく、歐文でフランスの學界に發表してゐる分及豫定を紹介すれば、左の通りです。

Ducuments vol II No. 1. 1930 Figurines néolithiques au Japon.

Formes IV. 1930. Civilisation néolithique du Japon.

Séance de la société a'Anthropologie à Paris. Ire Mais. Sur les Etudes a'Anthropologie du Japon.

本年中に"Ars Asiatica"の一册 l'Arts néolithiques au Japon を Van Oest より出版の筈です。

目錄を紹介しますとざつとこんな風になつてゐます。明日氏は巴里人類學會での講演をひかへてゐるといふかたちです。

○僕は今のところ(さう巴里にも長く居りませんが)諸方の博物館巡りでくらしてゐます。特にトルカデロの土俗博物館に足茂くし、目下整理中の陳列方法や研究組織などに注意を集注されてゐます。異鄕に來て民俗學的注意が鋭くなるのが、當然でせうが、漸次に巴里支部の發展も豫見出來ます。では、支部會員の各自の手記を御寛頤ふ事としませう。—四月三十日(今和次郎)

○春の巴里から、藤村張りの消息をすべく、多少の感傷調をお許し下さい。去年始めて巴里の土地を踏んだとき、マロニエの花が咲いてゐましたが、光陰矢の如く、されど歸心一向に矢の如くならず、再びマロニエの花を街頭に徒らに眺める頃となつてしまひました。

而も明日は、五月一日と云ふので、鈴蘭の花を賣る女、Marchands des quatres saisons中に多く、民俗學會巴里支部大會の歸途、今氏は、遂に大枚一法を投げ出して、一束の花を買つたのであります。

とにかくも都巴里は今陽光(或は既に夏の日)うらゝに輝いてゐます。

私は專ら本業として佛蘭西文學のうち、中世期を研究しようとして、歷史的文法ばかりをやつて居ります。つまり忠實に中世文學のテキストを讀み、若しくは讀まうとしてをるのです。これだけでしたら民俗學會への入會資格がないのです。ところで國を出るとき、折口さんが、出來る事ならフォーク・ロアの本をなるたけ集めて來いとの事でしたから、その方面にも多少の注意を拂つてをります。そして出來る事なら、この點からだけでも民俗學會の一友たるの資格を得ようとしてをります。次に畏友中谷氏とともに「人種學研究所」にモオス先生の講義を聞きに出かけました。先生の講義に關しては同氏

寄合咄

より必ず報道があるべきと信じます。また同教室のコーエン氏によつて、言語の方面で私は教へられました。と申しますのは、人種學からの言語の研究です。また別の方面から言語地理學に興味を持ちつゝあります。この兩方面から日本の方言を調べて見たら何か出來はしないかと思つてをりますが、まだ其處までは手が廻りかねてをります。その點齋藤吉彦君あたりの努力に俟ちたいと思つてをる次第です。こんなわけで、私も民俗學會巴里支部の一員たる事が出來るかとも存じます。本部の方でも御認め下さらば、幸と存じます。

その次に（私信の形で）折口さんに實に御無沙汰してをりますのを、あやまつて置きたいのです。（井汲清治）

○先史考古學の目的を、物質文化と限定した時、そこに生ずる類緣學科との關係が、以前から私の心を占めてゐた問題だつた。こちらに來て、私の第一に取かゝつたのは土俗學の仕事だつたが、それが今だに引かゝりになつて、私は引續き土俗博物館の內で仕事をしてゐます。偶然今さんにお目にかゝつて、色々日本の民俗學會の御樣子なぞ伺ひ、かうしたお便りをする樣になつた事を喜んでゐます。何れ色々と皆樣からも御指導を頂いて、只今の方向を進めて行き度く思つてゐます。尙少時こちらに居ます、何か御間に合ふ事があれば幸です。

○こちらの土俗博物館は、目下內容更新中で、大部分の室が閉鎖されてゐますが、それらが次第に整理されて、形を執つて行く狀も、他から見て興味のある事です。そこには表面に現れない經營者の配慮や、物が形を執る迄の經過があります。こんな事も一度はお耳に入れる機會もある事と存じます。

○社會學のモース教授が、本年から、記載科學としての社會學並に土俗學と云ふ講義を初めました。そこには色々と心にふれる新鮮なものがあります。私はいゝ師をこの地に得た事を喜んでゐます。（中谷治宇二郎）

京都から

私は京都大會の爲めに十六日に京都へ來た。然し一切のことは京都の民俗學研究會の方々が萬事萬端すつかり準備をして置いて下すつたので、私の用事は何一つなかつた。私はまるで招待されてでも來たやうに何一つせずに十七日の大會にのぞんだ。

會は非常に氣持のよい會であつた。會場も大變に氣に入つたし、聽衆の人達も會場に一杯であつた。講演は豫定の通りであり、又內容は別項大會記事の如きものであつたが、石田君が行かれなくなつたので開會の辭は京都の研究會の森君にお願ひした。講演は筆記にメーキアップした上で八月號あたりから本誌にのせられるだらうと思つてゐる。

講演は五時に終つて、京都の民俗學研究會の方達に招かれて晩飯の御馳走になつた。折口君と僕とが出席した。折口君は慶應の學生を萬葉旅行につれて來た途中なので直ぐ歸られたが、僕は殘つた。

其の席と次いでも一度其の方達と飯を食ふ機會を作つて話がはずんだ。京都の方では八瀬地方のフィールドウォークが計畫されてゐる話が出た。東京の方よりもさうした事に都合がよいといふこともあるが、京都の方がどん／＼仕事をされてゆくのを羨しく感じた。

全く今度の京都來は徹頭徹尾京都の方の御厄介になつた。心から厚く御禮を申上げて歸る。

（小泉）

資料・報告

伊豫越智郡山村の見聞

菅　菊太郎

馬神

越智郡九和《クワ》村桂《カツラ》の釋迦堂の參詣道（二十町の坂）に、馬神と稱する大小二基の墓表がある。多く地方人が、馬の疾患等の平癒を祈願する所となつて居る。今其傳說を聞くに、昔當山（元杉生山法藏寺と云ふ大迦藍）に、湛然上人（僧湛然は性空聖人と共に、同郡大三島社に詣で、鹿、鳥等の生贄を禁じたることある名僧）が在住せる折、牝馬に乘りて、田野を往來せるが、馬に仔あり、常に尾行しけるが、或時歸山の中途に於て、母乳を求めて止まず、湛然愕然として憐憫の情を起し、馬より下り僧庵に歸還し、彼の母仔兩馬をば、山中に放たしめ、自ら敎化して曰く、汝等自今山中に放浪して、生涯を過すべし、在家田作を犯すことなかれ、されば速かに畜報を脫し、來世發菩提を成就せんと。母仔兩馬は隨喜の涙にむせぶの態にて山寺を去り、遂に林野に匿れて出でず。數歲の後にして斃死す。其場所に一小池あり、五色の蓮華發生す、是れ畜生を解脫せる明驗なりけりと。墓表は今其池畔林木の茂みに苔むして居るのである。

同郡大三島社の境內にも馬神と稱する一小祠がある、祭祀の依て來る所は詳かでないが、古來お願がよくきくと云つて、簡單な紙片の幟、馬の小繪馬額、小鳥居、などを奉納する、殊に丑の時參りなどが、敵方を呪ふ時祠前に蠟燭を燃して祈念し、且つは其祠前の大松に五寸釘を打ち込むのである。尙ほ同郡宮窪村の沖合にも馬神と稱する地名があるが、別に祭祀するものは今殘つて居ない。又同郡鴨部《かんべ》村八幡社の境內にも馬神の祠がある、由緖はまだ調べて見ない。

牛馬の神

越智郡楢原《ならばら》山（又奈良原と書く）は、海拔一千〇四十二米突にて、郡內第一の高峰である、其頂上に奈良原神社又藏王權現の堂宇がある。蓋し藏王權現の稱は、例の平安朝時代の習合に依るのであらうと思ふが、古くより牛馬の神として、農民の崇敬を傾くること淺からず、毎年陰曆八月初丑の日には、越智・溫泉二郡より參詣の登山者が市を爲すのであるが、何の故に牛馬神として崇敬するに至つたかが、分らない。若し山頂祭る處、馬頭觀世音であるとか、牛頭天王でもあるなれば、古來牛馬の保護神として知られても居るが、藏王《ざわう》權現では意味を爲さない。

此に奈良原山にからまる傳說としては、『昔（南北朝時代でもあるか）大王様がアベ牛に御乘になつて、奈良原山にお登りになつたが、其儘何れへ行かれたものか、今に其御姿を拜した者が無い』と云ふのが、越智郡鈍川・龍岡の奥二ケ村村民の間に殘つて居る。アベ牛は卽ちアメ牛で、毛色の飴《あめ》色なのを指すのであるが、何れにしても、斯かる牛の傳説から孕まれて、頂上祭祀せる殿堂を以て、牛馬神を祀るものとするのでは無いか。序に云はんが、此傳説中の天王は卽ち長慶天皇であるとして、近來地方史家が證跡を漁つて居る。該山頂より二十町の眞南に寄木《ヨセギ》の森と稱する、御陵墓に擬する古墳型の小山さへある。蓋し長慶天皇は牛馬神に關係なきことは申すまでもない。

サテ奈良原神社の棟札に丹生川上《にぶかはかみ》神社と記されたものがあつて、大和國吉野山の奥に祀られたる同社と、同一祭神の雨師神であるとも判斷せらるゝ。自ら國中大旱の年、雨請の靈驗ありたること、愛媛面影等にも出て居るから此には記さないが、是れ正しく農神と云ふのでなければならない。農神が牛馬神となつたとすれば、大した方角違ひでも無い。

産兒の神

前記越智郡九和村桂釋迦堂の側に今村社桂木神社がある。之は昔釋迦堂が杉生山法藏寺として榮えた時の守護神として、平安朝以來の形式通り、神佛並祭せられたものであることは勿論であるが、里人は今日も桂木神社とは云はずして、鬼子母神さまとして崇敬して居る。其拜殿には、數條の細引が張つてあつて、それに無數の雛人形の衣裳ソツクリの物が吊されてある、是等は七八枚十枚づゝは、揃ひの衣裳である。

近里に於ける新婚の花嫁御は、必ず當社に賽詣して、以前から奉納してある拜殿の、人形衣裳の何れかを一枚（一着）頂戴して歸るのである。やがて出産の後に及びて、兼て願立ての通り、其衣裳を五倍十倍の數にして返納奉獻するのである。

當地釋迦堂の側に鬼子母神を祭ること、後者の失ふたる愛兒を與ふる爲に、前者の佛が三歸五戒を授けて、正道に入らしめたる阿婆縛抄所傳の因緣に依るか。又鬼子母神に産兒を請ふは、此神五百子・千子・一萬子を有したりと云ふ傳説に原づき、生兒多産にあやかると云ふ意味なのであらうか。夫れにしても願立者が一着の衣裳を戴き歸る所以は、鬼子母神が一人の愛兒を失うて懊惱哀傷し、佛に縋つて之を得たる傳説と通ふ點あるや、諸國此類の土俗あれば知りたし。

舊盆の迎へ火

越智郡鈍川村にては、各部落毎に陰暦七月十四日の午後より、兒童が河原又は路傍に集り、舊盆迎へ火の準備をする。麥稈一束を兒童の家々より持ち寄り、之を徑三四寸長さ二三尺の麥たばに束ね、之を更に長一間餘の青竹の先端に結束すること圖の如く竹箒狀に作り、日沒時を待つて火を點じ、兒童各自は一本づ

つ擔ぎ村の小路を走り廻るのである、最後に一つ場所にて燒き盡す。同村の鬼が原部落にては、青年が多量の麥稈を持出し、

山の麓邊、人家なき所に、高く麥稈塔を作りて、天も焦げんばかりに燃やす。

同郡鴨部村別所《べっしょ》には萬燈山の名さへあり、舊來盆火を燃やす場所と定めて居る。尙ほ伊豫松山市地方にては、苧殼《オガラ》を二三本宛束ねて焚くのが現今の慣習であり、苧殼賣女が舊盆前には意氣な風俗をして、三々五々山分より出て來る。舊來は澤山な苧殼を焚いたが、今は告朔の餼羊たるに止つて居る。同じ伊豫の南部地方では、薪材（割木《ワリキ》と稱す）を家每の門邊にて燃すのである。以上序に附記す。（完）

機織り女と道具及び遺風（一）

田中喜多美

機道具一式

チギリに關する資料は『民族』誌上に幾度となく報告せられてあつた。岩手縣に於ても機織の舊風を保つてゐるのは、雫石盆地地方の一區劃がその代表的のものであるから、是を報告しよう。

此地方ではチギリとは言はない、「オマギ」と稱して大體圖の如きもので、寄細工ではなしに一本の木を材料としてゐる爲頗る重いので婦人も亦、「懐にヲサを入れ手にはチギリを持ち」と言ふ習俗は全くなかつた。

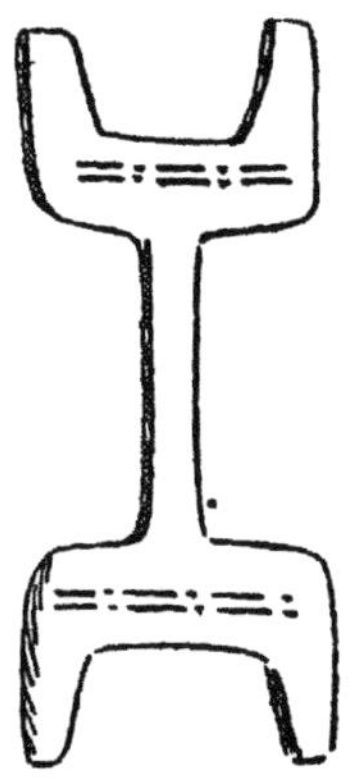

「オマキ」の語義は糸卷《オマキ》であるらしい。「オガラ」（麻殼の方言）「オヅボ」（麻畑の方言也）など皆此地方の方言である。（拙文（麻と女）を參照ありたし）オはヲと區別してゐない。（オマキの目的尺度は省畧する）。

其他の道具を揭げて見ると(イ)ハダス、是は織臺で機織機械全稱ともなつてゐる、「ス」の語義は判らない。(ロ)マネギ、是はアヤをばたん〳〵と上下する器具、手招《てまねく》から思ひ付かれた動作の名義であらう。アヤは此地方で糸の交叉を表現した言葉である。(ハ)筬。(ニ)カギ板、是はヲサを上下より挾む板で、カギは此地方で兩方から引掛る、若しくは單に引掛る道具などを指し、鍋を火の上にかざす「カギ」や小兒等が小さい板で作つた1形を手に持ち互に引缺く事を「カギビキ」、いさば屋の持つカギなど其例である。(ホ)梭《ヒ》、是はクダを入れ緯を通す器具で、クダは横糸を圍めたもの。(ヘ)ツヅ坂、是はアヤを維持するもの。(ト)スス、

是は布の幅を狭めぬ様に突張つてゐる弓形の竹である。補助道具としてはアヤ持竹、ヘ持竹、鶯竹、くさ、などがある、うぐひす竹は布を捲取るトヨ（樋狀の木具）に副ふもので、くさとは所謂オマキ（チギリ）に機糸を捲く際、その縺《もつ》れを防ぐ爲間に挾み置く細長く薄い良質の木具である。クサビ竹、クサビ板などのクサビ板（楔）が省畧されたものらしい。

女は機織りが出來なければ一人前と見做されてゐない。普通十四五歳になれば此機織りを敎へ込むのである、母から敎示されるのは一般である。此年頃になれば、女は麻糸を獨立して配當され（麻を煮て干燥すれば、家内に分配し、女は配偶者及びその系累だけのものを受持つて、それだけの人數の衣服を製す）それに依て以來は一年中の衣服用に當てなければならないのである。卽ち是迄は母から衣服の支給を受けてゐた娘が、麻を與へられて（一人分だけ）糸を取り麻布を製して自分の衣服を支辨すべく全く母から分離されるのである。是を方言で「センダグ」と唱へ「娘にセンダグを渡した」「センダグを行《や》らせる」等と言つてゐる。センダグは洗濯で洗ひすすぎや縫ひ針の仕事を自分でやる様に訓練する意味なのである。故に女の機織は一の嫁入の標準ででもあつた、機織りは上手であれば其他の縫針や作仕事も巧いものと相場が決つてゐたので、母達は充分意を盡して娘達を仕込んでゐたのであつた。されば娘達には一番つらがつてゐたのも事實であつた。春雪解け頃織上げられた麻布は、一方は商品として賣却又は木綿と交換され一方は紺染として紺屋若しくは自宅で染め揚げ新調の衣服として作業（農業仕事）に出るのであつた。而して人目に觸るる娘達の新調の衣服は忽ち評判となつて樣々に評價され噂に上るのである。

嫁が里歸をして機織る風習

娘が嫁入をして後三年の内は、其實家に歸つて機を織るのは此地方の例である、時季は恰度二月下りで雪解け頃である、一般には三十日位を里に歸つて其間に自分が嫁入つた家から配當された麻糸を織つて歸るのである。三年であるから三度實家に歸ることになる、故に此の三年間は夫の衣服に關與すること無く、姑が自分の夫のセンダグを悉くする定律であつて（註勿論新調物を夫に給與しないだけのこと）四年目から始めて自分の夫の衣服の世話をする事になつてゐる。四年目には夫との二人分の麻を配當される、勿論早く子供等が出來れば姑は嫁に三年のそれより早く衣服の世話を見ることを一任する場合がある。三年間夫の衣服の世話を見ないと見つても、只麻の配當を自分の分だけで、夫の分は姑が持つと言ふのみで謂はば大きな衣服調度は妻でなく母がすると言ふ譯で、妻は夫に衣服の給與をしないのみなのである、隨つて夫への縫針仕事は最初より妻の持分である。妻が最初三年の間夫に衣服を給與しない爲には、姑が、自分の麻糸製造に嫁を手傳はせる事になつて、事實嫁が自己の仕事（卽ち方言で言ふイトォミのこと）をする暇が少ないのである。

　されば里歸りの三十日は、嫁に取つて專念糸の製造や布織りに從事せしむる期間で、里の母親を對手に充分手藝技能を練磨する事になるのである。

舊い風俗の名殘りか

「懷にヲサを入れ手にはチギリを持ち」歩くのは蓋し斯の如き場合に『先《さき》より里へ、里より先へ』嫁の機織りの爲往來した姿を描き寫した事であらう。雫石地方ではオマキ（卽チギリならん）は重くもあるし、且つ持歩きもしなければ、それ程重要視されては居ないらしい。ヲサ（筬）と梭《ひ》は機織りの重器として取扱はれ、是などは各自に自分のものを所有してゐる狀態で、嫁入に際し一般に父親――母の場合もあるらしいが多く實品であるから父が買つて呉れるのだ――が新調して遣し、常に自分の住地に保存されてある故、機織りに出る場合は里歸りにも又婚家へ戾るにも持參して歩くのである。そして筬と梭とは婦人の純所有品である。機織道具一式を父より與へる場合も三年過ぎであつた、併し是などは富裕な人のすることで且つ稀な事であつた。何故なれば必ず一臺や二臺は各自の家に機織臺があるので、嫁入つて來ても眞の小道具だけで事足るからである。されば「ヲサ」と「ヒ」のみが女に取つて一番重要であつた。オマキ（チギリ）の如きは機臺に副はれてある道具で、此地方では持運びはしないのである。是に反してオサの如きは、女は非常に大事にしてゐるので、通常は簞笥や長持に入れて保存してゐる程である。

　嫁は三十日間の休暇《ヒマ》を戴いて貰つてあつた麻糸や製糸を背負ひ、ヲサやヒを持つて里へと歸るのである、姑は嫁に着《つき》添ひとなつて嫁の實家迄送り屆けて歸る、手には酒樽と土産物を持ち背には鏡餅や肴を負つて嫁の家へ嫁を送り屆けるのは此地方の姑の姿である。

　里からも又、娘を斯く言ふ樣な仕度をして婚家へと母が送り屆けるのであつた、嫁はまたヲサやヒを持ち麻布其他のものを持つて夫の家へと歸つて行く、是が新嫁の三年間三度の禮式とざれて嚴守されて來てゐた。二月下りから里歸りは行はれ、春の雪消への頃戾つて行く往來上の姿は、今も猶ほ雪國の山間に相應しい情景として見られる習俗の一つである。

羽後土崎の子供遊び

本鄕　淸

さばぐち

確か九月から十月にかけてのことゝ思ふ。薄暮から初更にわ

羽後土崎の子供遊び（本鄉）

たつて、さばぐちをする。さばぐちは一口に云へば綱引である。

學校から引けると、町内の子供等がさばぐちの綱を絢ふ爲の縄を長短取り交ぜて一軒毎に貰ひ歩く、貰ひためては太い綱を絢ふ。漁師等が使ふ縄絢ひ機を借り得た時などは非常な悦びである。借り得なければ、各自機械の代用を務める。圖の様な三つ

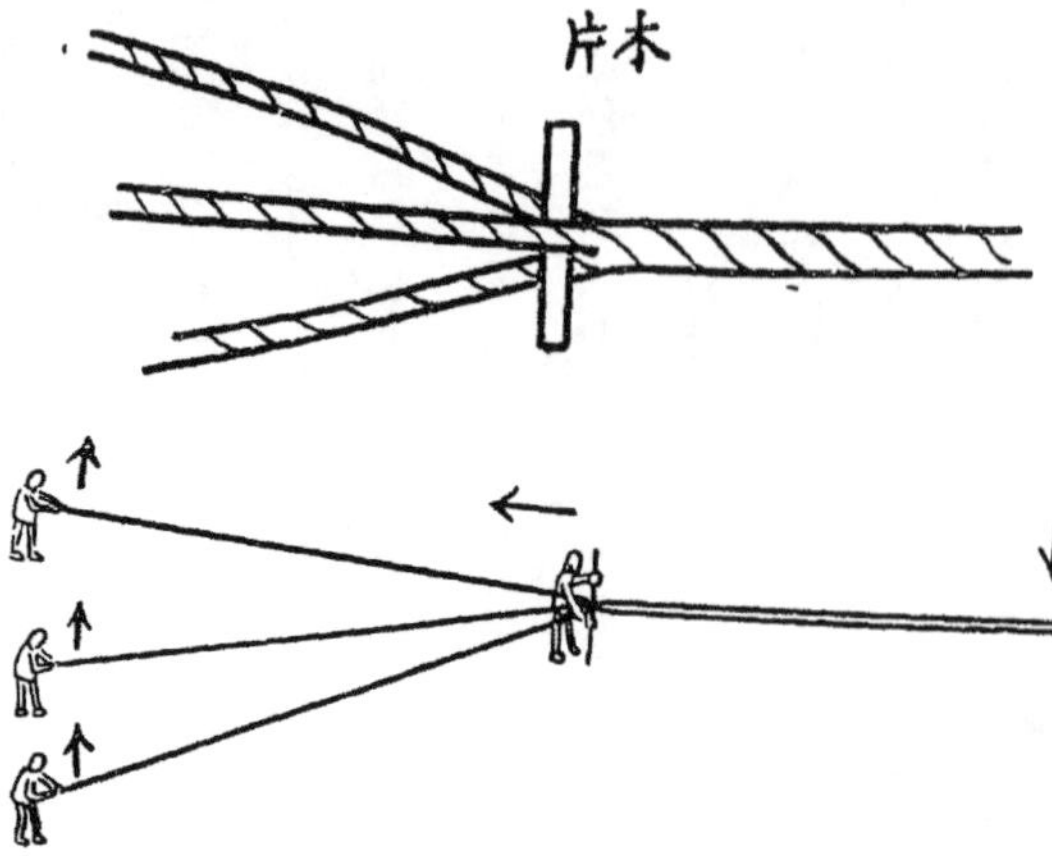

縒の方法で、蛇口の方が徑三寸位、次第に細くなつて末の方が一寸五分か二寸位の太さの、長さ七八間のものを數本作る、其準備が十日位續く。船で使ひ古したロープを貰ひ得た時は、非常に力强さを覺えて無精に嬉しかつた。綱が切れない様に、十二番位の針金や或は藤蔓を心に入れたものも二三本は必ず作つた。然しさう云ふ心を入れたことは仲間以外には秘密にしてゐた。

準備が整ふと子供頭が組内にさばぐちを出すことを宣告すると、夕飯を早めに濟まして一定の場所に集合する。力の强い年

かさの者から順に綱に取り附く。さうすると、

「さばぐちだア、ぢっちやも、ばっちやも、おども、おがも、皆出はれエー」

と町中を子供頭が觸れる。（おどは父、おがは母の方言）さうしてさばぐちの歌を歌ひながら町中を練つて、隣りの町との境まで進出する。

さばぐちだツしやがれ
だしエだが、だしエだが、だしエだがよ、
下《シモ》の方のちやん〳〵ぼ
だしエだら、さつさと、だツしやがれ、
おら方のさばぐち、ロープだよ
あねこのかんざしぶつとほして

此歌はもつと長く續くのであるが、山形に移り住む前の子供の頃の記憶が薄らいで、こんな斷篇しか掲げられない。此地方出身の會員の方々に御報告、願ひ得ると思ふ。兎に角、自分の方のさばぐちの强いことと、敵方を罵倒した内容の歌である。「下の方のちやん〳〵ぼ」と云ふのは、同じ町内でも上、下に分れてゐる際で其他敵方の町名を自由に取り代へて入れる。

さうすると家々からも、此聲を聞いて、ぞろ〳〵出て來る。大人達は應援並に監視の役につく。一本のさばぐちに附き切れない時は、それから幾本も枝を出して、末廣がりに附く。

戰を挑まれた敵方でも、やはり、此歌を歌ひながら町境にのり出して來る。さうして、兩方のさばぐちの蛇口を組み合せ、あねこのかんざしと稱する二尺位の棒を通して引き合ふ。

勝つた方は、敵のさばぐちをぶんどる。引いてゐる內に切れゝば自然負けることになるが、敵方に引きづられただけがぶんどられる。お互に勝ちたいものであるから時を見はからつて間者を放す。間者は、さばぐちの眞中あたり小さい子供等のついてゐる處に行つて、こつそり、「そら、うんと引つぱれ」などと、味方をよそほひながら、其中にまじり、懷中してゐたマキリ(小刀)で切り傷をつける。其要心に針金や藤蔓などを豫め綯ひ込むのである。若しそれが見つかつて、「間者だ」などと叫び出されるものなら、大喧嘩が始まる。何しろマキリを持つてゐるので血を流すことが常であつた。

二三回勝負を決めるが、それに勝つた町は、勢に乘じて、遠征に出かける。其時は、喧嘩は當然な附きもので、三年以下の小さい子供等は皆返される。さうしてぶんどりの多いほど誇りであつた。さうしたことが每晩續いて、勝ち續けると、何處のさばぐちは强いと云ふ評判が立つて遠征ばかりが續く。遠征の時には、負けた町では應援するが、特に意趣のある町では、却つて敵方に應援する場合もある。自分が子供の時分强い町は、穀保町(俗にしんまちと云ふ)濱、相染《サウゼン》、の三つであつた。

寶取り

羽後土崎の子供遊び (本鄕)

さばぐちは外でやるのに反し、これは學校內でやる。別に季節にはよらないが主に冬だ。やはり各町每に一團をなしてゐて、體操場の隅、廊下の隅と云つた樣に、凡そ隅と云ふ隅は皆團で占領してゐる。寶は五寸位の棒である。其寶を隅に置いて一人が足下に固く踏み付けてゐる。さうすると、皆、その一人を中心にして、「よいしよ〱」と掛け聲を揃へながら背を押しつけて守る。力の强い主だつた者七八人が敵の陣地に向つて、寶を取りに行く、途中には遊軍が十人許り居て、敵からの進軍を喰ひ止めようとする。敵の陣地に突入すれば守つてゐる者の頭の上に猛烈な勢で飛び乘る。乘つては落され、落されては又乘る。さうした激しい接戰を交へて運よく守勢の中心に割り込むで、其寶を取れば、驀地に自分の陣地に向つて走り歸る。取られた方では奪ひ返さうと、守勢も遊軍も皆跡を追つて格鬪を演ずる。首尾よく奪ひ返せば又元の如く戰が續けられるが、さうでなければ取つた方では、其寶を味方の陣地の奧の柱にぴたりと附けると、それで勝負が決する。其寶は勝つてもぶんどるのではない。さうして何回でも繰り返される。朝禮の時など皆、頭から湯氣を立てゝ、はあ〱呼吸してゐるのがあつちにもこつちにも見える。

若し陣地が不利の位置にある組では、此勝負に勝てば、陣地を交換する約束でやる場合もある。陣地は、寶取りに限らず、角力でも、何でも共處でするので、大切な場所である。

若し他の組の者が、少しでも其領域を侵せば、忽ちひどい制裁を食ふ。自分も一度、濱の組の陣を侵したので、寄つてたかつて、散々なぐられ、蹴られたことがある。自分の組では、此次に、濱で侵した時は、もつとひどくやつつけることに申合せたことがあつた。

訂正「民俗學」第二卷第一號の「土崎のやま」の中、神明社の祭禮は、八月中旬頃と書いたが、其後通知によつて、新曆の七月二十日、二十一日、であることを知つたので、こゝに訂正致します。

祭文及びいちこの調べ

高瀨源一

下野國佐野町南在植野村臺小路に岡田と云ふ豆腐屋がある。丁度、近所に私の母方の實家があつて、豆腐屋の老人はよくそこへ湯をもらひに來、そしては祭文を語つてきかせたのを、幼心に憶へてゐる。で、女祭文語りについてもなにか聞けるかも知れないと思つて、訪ねてみた。老人はもう今、中風で病床にあつたが、口は滿足に話せるので、色んなことをしやべつてくれた。が、結局女祭文、市子祭文については何等得る所がなかつたことは殘念でならない。

そも〱、祭文――老人はこれをせえもんと云ふ――の初まりは、えんのおしようと云ふ人で、この人がある山で路に迷ひ、やつと一つの小屋にたどりついた。其の晩、一宿一飯のふるまひに對するお禮として、ちようなの柄を八寸位の長さに切り、これを振り鳴らして、卽興にご經(?)を歌にして歌つた。そして其の木びきに、こんな山奧に住はなくとも、これを以て里に下れば十分に生計を立てられることを敎へて、此の小屋を去つた。祭文讀みはそれから方々に生れたのである。しやくじようの形は胎內にある子供の月月の形をあらはしたものである。老人の言葉にしたがふと、つまり十月《トツキ》のかいばらを形取《カタドツ》たもので、一名きんぎようとも云うた。きんぎようは鈴がついてゐると、でれんれんれんりーんと何とも云へない妙音を出し、心をこめて巧みに鳴らすと「實際にしやくじようも口をきく」とこの人のつれあいの老母も云うてゐた。「惡狐傳三國誌」全五冊と云ふ臺本らしいものも見せてもらつたが、これは師匠からゆづられたものださうで、此の外にも臺本は澤山あるとのこと、及び自分の目についたいゝ講談本などは、美聲にまかせて、自分で節を勝手につけて讀むだのだと云ふ。

當時、男でも女でも兎も角、祭文よみと名のつく者は澤山居て、鉢合せする程であつた。老人の師匠などは三百人もの弟子を持つてゐた。其の師匠と云ふのは群馬縣館村在坂倉――有名な坂倉の雷電さまのある所――の雷山の弟子のきようぜんと云ふ人である。きようぜん師匠はよく名前の變つた人で、きようぜんからたにもと、よしもと、と變り、最後には八代目きよもととなつた。此の外界村高山から出た美男辰もとは男もよく、聲もたつた人で惚れ付きたい様だつた。其の弟子のいびやたつもとの牛右エ門、政などゝいふのが堀米に居た。

犬伏にはよねもとと云ふのが、群馬縣女沼――老人はめくらと云つたがそんな地名は佐野附近にはないさうである――にはとみもとと云ふのが居た。女の祭文は佐野在富岡に居たが、今は死亡してゐない。

又、その嫁さんに聞いたことだけれども、其の人の郷里、足利郡吾妻村へ、五六年さきまで、物日と云ふと女のさいもんが來た。佐野のこや町の者だと云うて居たさうである。佐野は古く三分されて、天明、小屋町、新町と云ふ風になつて居た。小屋町は今の高砂町、相生町、及び万町の一部を含むで居る。

要するに、調べようとしたことは一つもつかめなかつたことになる。

老人のつかつたほら貝は見せてもらつたが、しやくじようは人にくれてしまつたさうでなかつた、因に、見せてもらつた臺本は元治某年に出たものを、嘉永六年に寫したものであつた。

（五、五、六）

○

これは主として私の叔母からきいた話で、その叔母は數年前に、私の家で市子を呼び込んで見てもらつたことがある。私の母も、其の外私の家に出入る人たちも市子をイチコとあたりまへに發音してゐるが、叔母はイチノコと發音した。埼玉縣の方に暫く住むで居たことがあるから、或はその地方の訛かも知れぬ。丁度、髪結さんに行つてゐると、そこの前を通りすぎたので、呼んで家に來てもらつたのだ。誰にきいてみても、佐野にはそんな者はゐることをきかないと云ふし、叔母も恐らくよそから來たんだらう、春になつて日が長くなると、此處でも街をぶら〳〵通るのが見受けられると云うてゐる。紺の小風呂敷を肩からだらんと背の眞中へぶらさげてゐるので、別に呪文のやうなものを唱へてる譯ではないが、直ぐに市子と解るのださうだ。持つてゐる風呂敷包は、中に小さな柳行李が入つてゐて、悪口にか、人はよくその中には墓場の土が入つてるのであるといふけれども、私も叔母もあけて見たわけではない。兎も角、その行李の中は決して人に見せるやうなことはしなくて、口よせする時には、其の上に兩臂をついて、兩手で顏を隠してやる。上にあがると、直ぐに生口か死口かを訊ね、その何れかによつて幾らと値をきめてしまひ、他の祈禱者のやうに、おこころざしで等とは云つたことがない。其の時は確か死口が廿五錢、生口が卅錢だつたと憶へてゐると叔母は話してくれた。水をかき廻すには、死口はミゴ（稻の穗をとつちまつたもの）、生口には青茱（なるべくは南天の葉がいゝさうである）を使ふのである。水は汲みたてがよく、中には何も入れない。

又佐藤啓一郎さんの話してくれたところによると、足利在挾《ハサ》間《マ》に市子が一人ゐたが、今は死亡して居らないとの事で、その女《ヒト》は手の指が小指一本よけいにあつたさうである。佐野の北隣の犬伏町字富士には市子の眞似事位はやる桑田と云ふ男の人が現存してゐる。常陸では小箱の中に弓、信州では土人形を入れてゐて、又すべて市子の信心するのは、名は知らないが、三匹猿の神さんださうである、と云ふことも敎へてくれた。

（五、五、一）

河童に引かれた話

筑前植木。嘉永二年生れの彌六爺さんに聞いた話。

高崎英雄

大よそ天保頃のこと、六月廿八日に今の水天宮のある邊り、大川（犬鳴川）で、大人《オセ》が一人ひかれた。同じ所で廿年ばかり前、伊豫の者で中ノ江の某家にをとこし（下男）に來て居た者がひかれた。それから三年ばかりあと又一人ひかれた。いつでも、五六人水浴《ミツアベ》してゐる中、一人だけ引かれる。これは餌食に一人がなるのだ。そして引かれたものは、河底につくばうて居るのを常として居る。河童がそぼつてむ時、肝を取つて了ふからだ。

水天宮が出來てから後は引かれない樣になつた。上津役《カウジャク》の沼《ツヽミ》で十七八の前髪の者が引かれた事があつたが、水天宮のお札を板にはつて投げこむと、死體の沈んで居る上までぎりぎり舞ひながら行つたので、すぐ分つた。引かれた所から十四五間先の方であつた。今は水天宮のお祭りの時、この札をうけて小さな竹筒に入れて、首に卷いて置くと、引かれないと言うて、皆さうして居る。

河童と角力を取ると馬鹿になる。横町の甚五郎といふ船頭が、濱で取つて二日三日寐ついて、とう〳〵馬鹿になつた。

河童の事は、がつぱ、又、かわんとんと言ふ。そして決して人目にはかゝらないとも言うて居る。

猿供養寺

長嶺文省

新潟縣中頸城郡寺野村に山寺と云ふ處がある。昔から山寺三千坊として傳へられてゐるもの丶、奥院の所在地だつたと云ふ。

當地方に於て其の末社だとし、或は第一の門だとか稱へてゐるにすり頭りもない。唯「山寺三角宮四角」と云ふ子守唄があるだけで、是は山寺から他所へ通ずる要路が三つもあり、其の寺院（幾棟かある建物）又、各四角を成してゐて、其の中に山寺と云ふ部落があつた故だと、土地の古老が說明してくれた。

此の山寺は少し高い山であつて、今は其所に藥師の古びた堂がある、そして今も尚山寺藥師として當地方信仰の對象となつてゐる。其の昔、古老の傳ふる所に依れば、後一條院の御世、所謂山寺三千坊として盛であつた時、其の寺院の一に貴福院と云ふのがあつて、此の貴福院に生れた子供が、成長するにつれて血を好み、遂に酒呑童子となつて其の界隈を荒した、そして遂に此の三千坊を燒き拂つて了つた。此の山腹に童子が窪と云ふ所があるが、是は酒呑童子が人を喰つた殘りの骨を投げ捨てた所だと云つてゐる。此の三千坊が酒呑童子の爲め燒打ちされた時に、尙ほ一僧が漸く其の難を免れて聖坊《ヒヂリボウ》の穴と云ふ所に入つて、なき寺の跡を慕つて讀經三昧に耽つてゐた。丁度此の時猿又と云ふ所に夫婦の猿がゐて、每日僧の所へ遊に來てゐた、そして遂には楮の皮を持つて來ては法華經を書いて下れと賴んだ。そこで僧は畜生とは言へ、奇特な事として御經の書き下しを始めた。猿も仲々熱心に通つて來た、そしてもう最後の一卷で完成する事になつた。すると急に猿が來なくなつて了つた。每日藷等を掘つては賴みに來てゐた猿が、而も殘一卷で完成する御經をも取りに來ないのを不審に思つて僧はあたりへ探しに出掛けて見た。すると雪の下に藷を掘り乍ら夫婦の猿が死んでゐた。僧は可愛相に思つて此の哀れな猿の爲めに堂を立て、供養を怠らなかつた。此の寺をば淨樂山佛性院猿供養寺と稱した。依つて此の地名も其れに因んで猿供養寺と云ふのである。と。

後四十年を經て此の猿が再生して、紀躬《キノミ》高朝臣《タカアソン》と名乘つて、而も當國の守となつて京から下つて來た。此の朝臣が或る時佛性院猿供養寺を訪ねて「此の寺に若し法華經の最後の一卷だけ足りない御經が殘つてゐないか」と尋ねた、時に八十の老僧が出て來て其の御經を書いたのは私であると云つた。との事である。

鳥の金玉について

當地（秋田縣雄勝郡西成瀨村）では、鳥のキェッペ（キェッペは金玉の方言）と云ひます。鳥の金玉と云ふ人もありますがまれです、其のキェッペを裂いて涎を流す兒に嘗めさすとなほると云うて居ります、又鳥のキェッペを蟷螂の卵だと云ふ事を知つて居る人は殆んど有りません。蟷螂の事はヘェットリ（蝿捕り）とばかり云ひます。（高橋友鳳子）

三州設樂郡三澤庄粟世熊谷家文書

一、元和年中三州設樂郡粟世村熊谷九郎五郎本願を起し始め兩宮兩堂建立北南惣氏子寄進之十二尊神云

一ノ宮
- 天照大神
- 日月神
- 正八幡　是ハ九郎五郎守神ト白
- 八劔神

大宮
- 熊野權現　是は九郎五郎守神ト云傳フ則神田有り
- 諏訪大明神
- 牛頭天王　是ハ樒谷下夏目氏守神ト云
- 清水觀音
- 住吉神　是ハ云バカリ宮ナシ

阿彌陀堂
- 阿彌陀如來　是ハ佛供田新井下田有公田ニチチ
- 藥師如來
- 釋迦如來　正月四日祭リ大餅御供三寸
- 愛岩地藏
- 延命地藏
- 鎭守有　是ハ南方地内ニ在リ　正月十四日祭リ佛供田アリ白餅御供也允公田ニチチ
- 勝軍地藏　ミーシ
- 不動尊

其後折々修復あり大形願主九郎五郎
神主家代々樒谷下夏目氏なり
下司　太夫　山内宮ノ太夫　尾論平
方利　山ノ内若太夫　門　原

延享四卯年一ノ宮鳥居大宮六本鳥居粟世熊谷八郎兵衛宣實（或ハ十右門トモ云）願主夏目神主北南惣氏子寄進建立仕る尤往古より鳥居跡有り絕て久しくなし爰に前方享保年中夏目孫太夫兩宮鳥居願主建立並兩村總氏子古くなれるに付重て宣實建立子孫繁榮のためなり

明和五戊子年大宮鳥居破損に付造營修復總氏子入用寄進願主世話人宣實

寶曆元年辛未熊谷八郎兵衛宣實願主となり十二尊神長屋神樂殿建立す其外樒谷下夏目神主四郎右門北南惣氏子寄進なり尤從昔大宮辰巳向拜殿長屋跡ありと傳ふれども此頃鳥居の本詳ならず依て新規神樂殿右宣實建立せしむるものなり

元和年中熊谷九郎五郎世話人にて朝草九郎次と申す者施主仕間黑山堂の入より樂の堂取張るそれより次第に張替古く成に付寶乃三ヨ女郎鳥居巳中右門矢立山より新堂くり立山内鍵取狀張に仕宣實施主上塗之

寶曆十三癸未五月大森社木檜一本九尺廻り無地京都禁裡樣御財木に代金十兩に賣代なし大宮普請仕直し並に一宮の本社古宮の

通新規造立仕此願主熊谷宣實世話致し同八月彼岸より十二月八日九日迄に成就御遷宮相濟す遷宮入用五貫余兩村惣氏子寄進す再阿彌陀鎮守宮立峠山神ほこら此次之を建立す神主夏目藤三郎幣取藤次郎鍵取若太夫願主熊谷宣實
徃古棟札に云南贍部州大日本東海道三川國賀茂郡粟世樫谷下之里と有
明和四年丁亥 四月大神宮御鍬祭禮津具より迎へ坂場始川宇連粟世樫谷下間黒荒井牧野朝草小田溝淵小造中久名兎鹿嶋老平近越津川大澤迄宣實大澤權十願主になり祭り祝ひ候
粟世樫谷下兩村氏子祭り酒大盃に吞次第子幡登三十本余御輿藝はやつこ子告ほろせい春駒獅子舞殊の外賑ひ申候
明和五年戊子 三月十六日大神宮御鍬祭禮一ノ宮末社に新規の宮建立す村中の練祭あり幡登モミ白木綿小紋サラサ赤根ドン金色色万端去年四月の通なり
尤舟の澤源兵衞親子兩年に壹兩余寄進す其外兩村惣氏子入用寄進す
尤十二尊彩色享保年中粟世宣實の兄熊谷武右門直春小判二枚也施主其外總氏子寄進にて神佛殘らず再興彩色せり
末々御鍬祭の事物氏子或は若者世話致し練供養仕ことは其時々一に相談による又年々三月十六日禰宜一兩人頼み御供白餅三寸以て祭るべきこと此三寸米代として或は鳥目壹〆五百文此利足壹割半なり粟世本鄕北南頭中にて當時身體宜き者にまはさせ宿本願主御鍬宮神主宣實屋敷にて祭るべく若し差合ある時節は兩方本江頭の中にて相濟じ祭懈怠なく勤むべきなり此御鍬神寄特に奥村中金銀の砂を振る又宣實孫十藏金壹分地下五郎右門子共金壹分もらい宣實宅にて鹽貳升斗俵にあるに此鹽貳ケ月斗給ることは不思議寄妙なり
總鄕大社諏訪大明神金の幣のこと
元和の比小粒つなにして一手隨分飾能拵る幣なりしでをば盗人むしり取り失ひ其後寶永の頃粟世本江より奥四拾軒内にて迎納め享保年中乞食山伏盗み信州邊にあると云同享保の内樫谷下夏目孫太夫願主にて氏子中催合金の幣迎へし所大宮鞘不足に付斬神主夏目方に有之處享保十年巳九月神主屋燒失故金幣燒失
明和四丁亥 四月に至り八十八夜前後大悪霜夜毎降り平地嶋通大麥小麥霜に相たをれ白くなる所に御鍬祭の寄特不思議に直り實成ること寄妙なり殘らず穗に出實に成る
明和五年戊子 三月十六日御鍬祭りねり有りやつこまんさいほろせいはたのぼり
明和六巳丑 八月東より西南の間へ白き彗星出る初め五六間に見へ後は二三十尋に見ゆ光り甚し
近年近江上津具に九月廿四日狂言祭り有
賣木に七月十七日狂言有新野に地操三月十五日おくわ祭り有共

三州設楽郡三澤庄粟世熊谷家文書

外上津具古戸に地操芝居有
享保九辰當村不殘傷巳に大時行人大勢死す
同十年巳九月擬谷下夏目大屋敷煙焼直に屋普請九間半に六間半立る
元文五庚申正月宣實八人疱瘡迎ふ村方時行
寛保二酉秋痢病時行惠春痢にて逝去
寶曆五亥年九月廿一夜宣實宅煙焼諸財不殘馬三疋焼失帳箇一出し仙ノ助火取逝去八才冬中馬屋造立
寶曆六子年正月より四月八日本屋普請九間半六間半大工新野彌源次古戸傳次其外弟子十人斗
寶曆十三未三月當所小貝登屋敷不殘煙焼併し塗り藏あるに依り寶物穀物殘り秋屋普請成就九間に五間半

當村氏神棟札ノ寫

奉新立大一ノ宮二ノ宮本社二所大本願　粟世村名主　熊谷九郎五郎清長
天正十二年甲申十一月十四日
禰宜　三郎右門
　　　九郎右門
同南方名主　夏目又五郎
方利　喜七
太夫　宮ノ太夫

奉造營本社
慶長十三戊申極月吉日　熊谷權左工門尉
奉新立娑婆世界大日本國東海道三河國賀茂郡阿助庄名倉鄕奥村內粟世樫谷下里
熊野權現
諏訪大明神　寛永廿一年甲申極月吉日　夏目四郎右門盛長
清水　樫谷下名主
牛頭天皇　粟世　熊谷九郎右門守長
大夫　孫拾郎
方利　六郎兵工

日月神
一ノ宮　天照大神　堂　阿彌陀　脇立
八幡
八劍
奉再宮修覆
熊野
二ノ宮　諏訪　堂　愛宕地藏　脇立
牛頭天皇
清水
享保六年巳七月吉日
願主　夏目四郎右門
幣取　孫三郎

鍵取　作ノ右門
樫谷下粟世村産宮永々及大破候に付夏目四郎右門大願を起し粟世山内出入之　木賣代成氏子不殘令奉加尊躰再宮并一ノ宮修覆大宮拜殿舞殿建立仕條氏子繁昌たるべき者也

二本　六本
一ノ宮　大宮
奉新立鳥居
延享三年丙寅十月吉日

願主　熊谷八郎兵衛宣實
神主　夏目四郎右門
太夫　尾論平久作
方利　門原若太夫

寶暦元年辛未十一月吉日
奉新立御神樂殿拜殿也　願主　熊谷八郎兵工宣實

三州加茂郡粟世村に移り民家を守護し代々仕來者也尤生國先祖の守護神なれば熊野權現諏訪大明神正八幡此三社を奉勸請當家之奉崇鎭護と其外先祖之由來中々以筆紙難盡委く者本家傳記を披き可知祥成所依後鑑本家之由來九牛が一毛大略し今記之者也
天正五丁丑年閏七月五日封　貳百九十八年

三州設樂郡三澤庄粟世熊谷家文書

天文四乙未年法號　元年ゟ三百三十九年
元和七辛酉年五月十三日封　元年ゟ貳百五十六年
同斷

娑婆世界大日本東道三河國設樂郡
足助庄名倉郷
粟世村樫谷下村
惣氏子

熊野權現　神主　夏目丈右工門
諏方大明神　大市　熊谷八郎清宣實
奉納金幣新求大宮　幣取　山内宮太夫
牛頭天王　鍵取　山内若太夫
清水　願主世話人小貝分　夏目千造
同斷上津具　佐々木藤次郎
各想氏子

右今度兩宮金幣奉加新求奉納總氏子且那子孫繁昌富貴延命奉仰處仍而如件

先年兩度金幣献納候處二回盗失す仍て當時兩宮鞘造月造作屋鋒かため戸前等入念の上分て修覆奉納の者也仍て旨趣如件

三州設楽郡三澤庄粟世熊谷家文書

50

維時明和六巳丑九月吉日迁宮

南閻波提大日本東海道
足助庄名倉郷
樫谷下觸下粟世村
施主
夏目想右エ門
同悴　千藏

熊野權現
想鄉大社諏方大明神
奉納貳尺壹寸大刀　壹振
牛頭天王
清　水
天照大神　日月神　八幡　八釼
右十二尊神佛奉納子孫繁榮息災延命五穀成就奉祈處仍如件
大刀預り　宮太夫
若太夫

于時明和六巳丑九月吉日

安永元辰十一月ヨリ
同弐年巳閏三月入佛迄テ
入佛ハ四月八日ナリ

阿彌陀堂入用

一、米貳石九斗五升
代貳兩壹分百四文
初より入佛迄
一、酒四斗五升
代壹分壹〆貳百文
一、餅　米
代三百文
一、とうふ代
百四文
一、金壹分三百六十文　釘代
一、百四拾八文　紙代
百貳拾四文
一、錢三拾貳文　ろうそく代
一、貳拾四文　油代
一、貳拾四文　こんふ代
一、三百文
一、百文
一、金貳兩壹分六百六拾八文
大工　傳之助作領
外貳百文　棟上祝ひ
杣木挽作領
一、金三分壹〆百五拾八文　前方木取
子手初メ
一、金壹兩貳朱　夫持作領
一、五百文　せるい板代
一、金貳分　稗麥代
雚人足扶持前
一、八百文　御布施

僧三人
金八兩貳分四百拾貳文
內　四兩壹分　奉加
壹兩貳分　拾代
壹〆八拾三文　入佛見舞請
貳百文余　さんせん
四口〆六兩也引
殘貳兩貳分四百拾貳文
不足願主奉納
外三百文　たばこ代

阿彌陀堂開眼棟札之寫

奉造立阿彌陀如來幷
釋迦如來
藥師如來
地藏菩薩
無尼地藏
三川國賀茂郡奥村內粟世江是及叓
寬永十五寅年極月吉日
右意儀者一切諸願成就所
願主　熊谷亦兵衛

51

享保六辛年七月二十九日

三州設樂郡三澤庄粟世熊谷家文書

本尊　五妙朱彩色
施主　夏月四郎右門
熊谷八郎兵工
同　氏子
佛師　京都　德平次
久兵工
月明ヶ八仁親寺　月寒和尚
文化元甲子八月
不動明王　新作　右米兩に壹石貳斗
三尊者　錢兩に六貫六百文
御光蓮座新作　作方何茂見事に御座候

安永元年辰十一月
阿彌陀堂再興新規建立

萱

粟世樫谷下兩村觸下十二尊惣氏子不殘庄屋太夫方利不出候
壹軒分萱三締宛當候へ共何分集り兼願主にて結局都合造營仕舞申候

繩

繩は總氏子一軒に付三把宛當候へ共粟世觸下中本村牧野嶋舟澤

樫谷下明金出し申候淺草山內は出し不申候
道繩北方より四背負出し澤山に御座候

人　足

堂近は二日道具出し本村一日出し古堂こぼしは本村牧野嶋にて致し候
石掘は本村中不殘堂起は山內太夫方利を除き殘り二十壹人屋根は牧野嶋舟澤道請は樫谷下北方明金道造は本村中牧野嶋舟澤兩日出夫致し候

雜　事

道具出し食酒飲ませ石掘酒振舞其外晦日晝食稗飯給させ申候道木は本村貳本出し山內賴み起の節壹本宛持參致候たる木牧野嶋舟澤三本出し候
繩不足に付三束余願主にて綯はせ候
材木不殘願主林にて伐らせ候
安永二年癸巳二月二十四日造り仕舞同月二十五日造作

寶曆十二壬午十月二日より三日迄

阿彌陀堂造替雜記

粟世村
八郎太夫扣

粟世牧野嶋舟澤萱貳締づゝ
山內樫谷下淺草は壹せいづゝ
前宮普請殘り拾貳締あり
徙是漸く萱あり
前方造り替の節は淺草新右門組頭の節のさばり出し不申
此度は悴了右門らく／＼左の通り淺草氏子不殘萱出し申候
繩は山內樫谷下淺草明金一圓出し不申當村は牧野嶋舟澤一人前三把宛出し申候是にても不足仕候故八郎兵工方へ村中荒井の衆夜打寄り綯ひ申候
此節はやぬい直し拵候三日に出來申候ふくには當村より牧野嶋舟澤迄出申候
道藤輕く三背負なろほ也三かつぎたるき五かつぎ二日は晝粥を振舞三日目に酒汁椀に壹杯づゝ振舞申候此の施主は八郎兵衛宣實

紙上問答

○たとへ一言一句でもお思ひよりの事は、直に答をしたためて頂きたい。
○一度出した問題は、永久に答へを歡んでお受けする。
○どの問題の組みにも、もあひの番號をつけておくことにする。

答(五) 當地（羽後國雄勝郡西成瀨村）にも屋敷に植ゑる事を忌む草木は可成たくさんある、山百合、桔梗、ざくろ、まるめろ、桐等を植ゑると病人が絕えないと云ふし、藤や枇杷は病人のウナリ聲をきいて育つと云うて植ゑる事を忌みます。又妻の實家（雄勝郡元西馬音內）では芋の子を植ゑられぬと云うて居ります。それは若し植ゑた芋の子に花が咲くと惡るい事があると云ふのです。これも妻の實家及平鹿郡十文字町での話ですが屋敷に柳を植ゑてその柳が枯れれば竈が返る（財產がなくなる）と云うて植ゑる事を忌むと云ふ事です。（高橋友鳳子）

答(八) 羽後國雄勝郡西成瀨村では蝶をベット、又はベッチョと云ひます、分家の事はセヤモヂ（世話持？）次男坊、尤も次男に限つた譯ではなく長男以下は全てオヂ、オンヂ、オンツア、オンコ、等と云ひ、末子の事はバッチ、私生子はテテナシゴ、ホッタムシコ、酌婦の事はアネコ、ナンコ等と云ひます。又南秋田郡船川町ではヤギと云うて居ります。月經の事はヒノマル、オキャクサン、體がヨゴレタとも云ひ、中間の食事はタバゴメシ、コビリ、神官の事はホーエンサン、ネギ、市子の事はノリギ、ゴゼ、ホッケ、肥滿者をデブ、ブタ、出額をガケ、デコ、ゲホ又はゲホナヅキ、デンナヅキ禿頭の事はヤカン、ツル、ハゲ、眉下りをスベサガリ片目をメッコ手足の不具者をカタワと云ひ足だけの不具者はイジャレ、ビッコ、手の不具をテッケエ、又はテンボ等と云ひます。（高橋友鳳子）

答(九)「勝つてかち栗よろこんぶ」と云ひます。よろこぶのこぶに通ずる昆布、瘤を福のものとするのではないでせうか。——忌言葉と對照して考へられます。（高知縣長岡郡田井村三島、澤田廣茂）

答(一〇) 第一卷六號へ答報後、更に八王子附近では烏の唾《つばき》又烏の涎《よだれ》とも呼んでゐる事が知れ、尙茨城縣稻敷郡地方では、一般に烏のきん玉と云つてゐると、同地の友から聽いたから追報する。（村田鈴城）

答(一一) 干物竿をかける支柱として、三本の竹を括り合せ（稍部一尺位の所）基部を開き三脚として用ふる。これをサギッチョーと云ふ。（高知縣長岡郡田井村三島澤田廣茂）

答(一四) 羽後雄勝郡西成瀨村では昔話の語り始めに、アッタヅォ又はアッタヅォナーと云ひます。然し終りに使ふ言葉としては別にない樣であります。（高橋友鳳子）

答(一四)「昔あつたげな」で始まり「昔まつこうたきまつこう、猿のつっぴャー（註、つべはの意）ぎんがり」で終る。（高知縣長岡郡田井村澤田廣茂）

答(一七)「風送り」とて、毎年節分の夜、手足の爪、その時着てゐる着物の襟先、びんの毛（女）ゐろりの四隅の灰少量宛等を、紙に包み神社へ持寄り、神職を招き祈禱の上、藁にて船形を作りそれに全部を積み、川に持ち行き流す。これは單に風邪のみのためではないが、風送りと云ひ、總べての病氣を風と云ふ言葉で象徵したと考へるが正しいだらう。又、庚申時には風を引くと云ふ俚諺の如きもある。（高知縣長岡郡田井村澤田廣茂）

答(二) 葬式又は埋葬と云ふが、棺をかつぐ人々を、そうれん組と云ふ。（高知縣長岡郡田井村澤田廣茂）

答(二一) 自分か出した問に自分が答ふ。鈴木重光君の相州内鄕村話八五頁に云く『翁草の花が散て、間もなく實に著ておる織毛を婦人の頭髪に擬らへ、髪結のまねをして遊ぶ、是を甞めて片手にもち片手をうつと、鬢や髱に別れるので、子供等はピンタボといふ、此時は次の樣にいふ「ピンタボ別れ、前髪別れ」』と。序でにいふ。寶永七年板、增補地錦抄六に此草をチゴバナとしてある。當時江戸でも專ら此名で呼だのだ。(南方熊楠)

答(二二)　信州北安曇郡大町附近ではチキナグサをチゴチゴといひ、子供達はその長い果毛を少し唾でぬらし「チゴチゴやびんつとどれ」と唱へながら、花の軸を兩手にはさんで廻します。又以前は果毛を種子のついたまゝ澤山に集めて堅くまるめ、まりを作つて遊んだものださうです。(南浩)

答(二二)　多摩陵北、元八王子村邊では白頭翁の果毛長くなりたるものを採り、口中に含み潤ほして鬢髱《びんたぼ》分れ前髪《まへかみ》分れと唱へつつ、左掌を叩きて四分せるを糸にて結びて髪の形とし、玩弄すること女兒の間に行はる。此の草白頭翁と呼びては知る者少なく、方言にてカツチキジヨウロ又はピンタボと云ひ、今は年々濫採する結果野生の數を滅じて、遠からず此の遊戲も忘れ去らるる事と思ふ。(村田鈴城)

答(二二)　盛岡でツボケ、岩手郡太田村でツボケァ又はツボロケァといふのが、南方先生の所謂「髪ゆふ草」に當るらしい。故佐々木喜吉君は之を翁草としてゐる。但し福壽草に似た所はない。高さ五六寸、莖にも、葉にも、花にも、外側に白い毛をかぶり、花は六瓣で、赤紫色、雌蘂は先端だけ紫色で、針を束ねた樣に叢生し、その周を黃色い雄蘂が取りまいてゐる。花が落ちれば、雌蘂は白髪の樣になる。これを「うばになツた」と云ひ、その物を、盛岡でウパツボケ、紫波郡飯岡村ではシラガツボカェと云ふ。子供等は之にチョンマゲを結つて遊ぶ。ウバツボケの雌蘂の一本を拔き取ツて見ると、長さ八九分、一端は尖り、一端は子房でふくれて居る。この子房を爪でつぶせば、かちツと音がする。之をシラミツブシと云ふ。このめしべを澤山集めて、

ケーヤ　ケーヤ
シラミア　下ニ　ナレ
ムシノコア　上ニ　ナレ
ケーヤ　ケーヤ

と云ひながら、兩手の間で、ダンゴを丸める樣にすれば、子房は皆外側に向き、全體は堅い毬になる。これを投げて遊ぶ。ムシノコとは虱の卵の事である。今日は四月廿四日であるが、今頃山に行けば、いくらも咲いてゐる。ウバになつた穗を集めて、モグサの代りにもする。(橘正一)

答(二二)　オキナグサは當地(秋田縣雄勝郡成瀬村)ではゴゴヒメゴと云ひ女子供等が、髪になる部分をぺちやぺちや甞めてぬらし髪を結ひます、それに似た遊びは稻株です、秋水田の刈跡から稻株を引拔いてよく根の土を洗ひ、それで盛んに髪を結ふて遊びます、結髪の種類は多く桃割り、銀杏返し等です、子供達が自分の髪の長いのを喜ぶが如くその稻株の根の長い事を非常に喜びます。若し近所に良いのがなければ、隨分遠くまで取りに行つて、その長いのを自慢し相ひます。(高橋友鳳子)

答(二三)　寸白てふ名は何の書に初めて見えるか知られど、梁の陶弘景の名醫別錄に、貫衆去ニ寸白一、橘皮去ニ寸白蟲一抔いでおるから、其頃支那で通用された名と知る。李時珍曰く、巢元方の病源に云く、人腹有ニ九虫一中略、白虫長一寸、色白頭小、生育轉多、令ニ人精氣損弱腰脚疼一、長一尺亦能殺レ人。予未見の書奇効良方には白蟲生ニ子孫一多、其母轉大、至ニ四五丈一、亦能殺レ人とある由。狩谷掖齋說に、病源候論〔李氏が引た巢元方の病源で有う〕に、寸白蟲は長一寸で白く、形ち小さくて扁たし、或はいふ、白酒を飲

め、桑の枝で牛肉を炙り食ひ、並びに生粟を食へば此蟲ができるとある由。小野蘭山曰く、寸白蟲長き者は四五丈、濶さ半寸許りにして白色也云々。

按齊說に、日本で古く西宮記、榮花物語、今昔物語に寸白の事出づと。前二書は只今座右にないから、今昔物語だけをみるに、典藥頭何某が諸醫を集め宴遊する處え、顏は靑鈍なる練衣に水を包んだ樣に、一身ユブ〳〵と腫た五十許りの女が來て、療治を望んだ。典藥頭心當りの醫師にみせると、定めて寸白だらうと言て、處方すると「拔くに隨ふて、白き麥の樣なる物差し出たり、其を取て引ば綿々と延れば長く出來ぬ、出るに隨ふて臆の柱に卷く、卷くに隨ふて此女の腫れ減じ、色も直りもてゆく、柱に七尋八尋許りまく程に出來果て殘り出來ず成ぬ、時に女の目鼻直り畢りて、例の人の色付に成ぬ、中畧、其のち女の云く、然て次には何か可レ治と、醫師只薏苡湯を以てゆづべき也、今は其より外の治不レ可レ有と云て返し遣てけり云々」とある。是で寸白とは今いふ條蟲と判る。然るに佐藤成裕は「長虫を下す人希にあり、西土には少なし、奥州の人にはまゝ有レ之、好んで河魚を食すればこの長虫を生ずといふ、其長さに至ては數丈に及ぶ、厠に登て細き竹にまき、氣長に引出し、其了りの處は細く、色異りて頭の如き也、此處を此處を取出す時は再び此患なし、半より切ば復た生じ、生涯其根をたつ事なし、或醫是を寸白虫といふ、此說心得難し、鯉魚に黑糖を加えて煮食ふ時は、一寸許りの細白虫を下す事數合に至る。是を寸白虫と云て其說に當れり」と述た（本草綱目は一二下。三〇。四二。古名錄四九。箋注和名類聚鈔二。重訂本草啓蒙三八。今昔物語二四卷七語。中陵漫錄二）。

熊楠謂ふ、寸白蟲長さ一寸と病源候論に云たは、條蟲が時々切れて下る老熟片節を指たので、其が扁たしといひ、其母（片筋を子と見て云ふ）轉た大に、四五丈に至れば人を殺すと云た寸白蟲は條蟲に外ならぬ。和歌山縣では五十年程前迄條蟲を專ら疝氣の蟲と呼だ。江戶亦然りとみえて、津村正恭の說に「大便へ長き蟲下る事あり、形ち細く溫飩を引伸したる如く、至つて長き物也、これ疝氣の蟲なり、此蟲下る時は、其人生涯疝氣をやむ事なし、此蟲を黑燒にして貯へ置べし、疝氣煩ふ人の大妙藥也、氣短かく引出せば切る也、竹箆抔に卷付て靜かにいきみ出すべし、下る事甚だ稀なる事也」とあり。其引出し樣古今變らざるを見るに足る。條蟲を除くに條蟲の黑燒を內服とは、賊を使ふて冠を平らぐで、支那で狂犬咬を治するに犬の心や腎を用ひ、蘇格蘭では狂犬の心臟の粉を、英蘭では其狂犬の毛を使ふたと同軌だ。舊友大坪權六氏談に、日向肥後の間だの山村で、條蟲を珍饌として賞味する處ありと。ヱ、きたな。寸白蟲を疝氣の起因とした譯に就き、富士川游上言く「すばく、寸白蟲の事にして、條蟲、俗にサナダ蟲と名くる者、其形寸々節有て白きが故に名く、我國の俗に、婦人の疝痛をスバクと名くるは誤れり、本間玄調の說に、婦人疝を患ふる者、偶たま此蟲を下せるにより、俗醫目して疝の原因となし、スバクを婦人疝痛の通稱とせる者ならんと」と。想ふに巢元方特に、令二人精氣損弱腰脚疼一と言たのみでみると、初め支那で寸白蟲と名付た條蟲は、多く患者の腰脚を痛ましめたので、本邦でも條蟲を疝氣の蟲と呼だり、婦人の疝痛をスバクと稱へたで有う。（譚海一三。本草綱目四〇上。一八八三年板、ブラッ〃の俗醫方、五〇―五一頁。日本百科大辭典、五卷一二〇四頁。慶長四年刊行、延壽撮要に、雉と蕎麥を同食すれば寸白虫を生ず。慶安元年板、千句獨吟之俳諧「冷こしと鳴るや書齋の腹こゝろ」「おこるべきかよ例の寸白」抔あり。特に婦女に限つた病らしく書きおらぬ。それが若し本邦で婦人の疝痛に條蟲寄生を併發する例が多かつたから、婦人の疝痛をスバクで通稱と成たとみえる。

今昔物語から上に引た話しの外にも、女が寸白蟲を持た譚が卷二八に出づ。寸白を腹に持た女が人妻となり、生だ子が成人して信濃守となり赴任した。歡迎會の馳走に滿目夥しく胡桃を盛り出し有た。信濃守は之をみて殊の外困苦する樣子。信濃守は年老ひ諸事心得た者で、是は寸白が人に生れたのだらうと推し、此國の慣例と稱し、酒の色白く濁る迄胡桃を摺込で強て進めると「實には寸白男更に堪可らずと云て、颯と水に成て流れ、其體もなく成」たと記す。女の體内に在た條蟲が其女の子と生れて信濃守と成たが、胡桃酒に逢て溶け去たと云のだ。本草綱目に油胡桃有レ毒殺レ蟲。油胡桃の解說がないから何とも分らぬが、多分胡桃油の誤刊かと考ふ。西洋の舊說にも、多く胡桃を食へば條蟲を除くと言た（プリニウスの博物誌、二三卷七七章）一九〇九年板、ボムパスのサンタル、パルガナス俚傳、七五章に、稻の害蟲が人に成て王女を妻つた話あれど、女人が之を產だとない故、今昔物語の譚とちがふ。二月號九六頁に引た虫歌合に、蟷蜋と足まとひ蟲を父子と見立たのが、一番この條蟲もちの女が信濃守を產だ話に近い。和漢三才圖會五二にも、小兒が熱灰や鹽で蟷蜋をまぶせば、苦んで黑く細長い糸樣の物を出すを、子をうむのだといふが、實は小腸だとか腸とか迹ある。其頃迄足マトヒを蟷蜋の子とか腸とか思ふて、特種の動物と氣付ぬ人が多かつたので、今日迄も、蟷螂の腸（四月號二三六頁）蟷螂の寸白乃ち條蟲（二月號一〇六頁）と相異なる名を傳へ呼ぶ地方があるのだ。（南方熊楠）

ボン〱山

本誌第二卷第一號「寄合話」の中に、松村先生の壺の話に就いて思ひ出した事を左に申上げる。松村先生は、堺定めに壺を持出した事に就いて問題を提出せられたが、私宅より眞北一里半ばかりの處、細しく言へば大阪府三島郡と、京都府乙訓郡との境に標高六七九米突のボン／＼山と云ふのがある。このボン〱に就いては、古來よりシコを踏めばボン〱と鳴るからと云はれてゐる。拙者十年ばかり前に登つた事があつたが、最近學生遠足について行くに當つて、一つの附會說を作した。それはボン／＼は音でなくて、根本（コンボン）から音轉したのだ。そはこの山の西方に根本山神峯山寺と稱する天臺宗延暦寺の末寺がある。役小角作る所の毘沙門天總て四體、其の內最初のものを玆に安置したから根本山と云ふと。又この寺とボン／＼山との間に、神峯山寺の奥院、鷄雲院本山寺がある。（但今は獨立してゐる。）私の說はこの根本山を捕へて來たのであつた。然し乍ら不安であつたので、歸つて故老に聞いて見ると、あの山は昔から踏むとボン／＼と言ふて、地中に甕が埋んであるのだと云ふ話があると云つた。成程さう云へば、萬更音もせぬこともない。而もあの山は附近での最も高山であつて、又攝津と山城と丹波との三國の境をしてゐる。これ等から見て、播磨風土記の記事に類似したものではないかと云ふ疑問が湧いて來る。山頂の型も、如何にも後から土を堆く盛り上げた跡が歷然で、自然に生成したものとは思へない。因に頂上は疊二十疊敷位なものである。以來拙者は記錄上で見出したいと思つてゐるが、未だ手を付けて居らぬ。他日確かな根據あらば再錐することゝして、思ひ出すまゝを記して置く。

（昭和、五、五、二〇記、藪重孝）

學界消息

○東洋美術史學會第三回例會　は五月十日早大建築學科教室に於て開催され出石誠彦氏の「畫像石に現れたる馬に就て」會津八一氏の「興福寺華嚴器」と題する講演があつた。

○宗教學講座創設廿五年記念宗教學文献展覽會　は東大文學部二號館に於て、五月十、十一日に開かれた。

○東洋文庫第十三回東洋學講座　は五月廿二日(木)より同文庫に於て毎週木曜日午後六時より同八時まで六回連續の豫定にて開講され、演題は白鳥庫吉氏の「支那古代史の批判」(一、序説二、三皇五帝三、堯舜禹四、三代五、春秋六、結語)である。

○音聲學協會の熊本市方言聽取の會　は五月廿二日東京府下杉並町阿佐ヶ谷山田隆衞氏宅に於て開かれた。

○立大史學會講演會　は五月廿二日同大校友會館に於て開かれ、羽仁五郎氏の講演があつた。

○日本地理學會　は五月廿四、五の兩日東京帝大大講堂に於て故山崎直方氏收集の內外古地圖並に錦繪を展覽した。

○東洋古錢展覽會　は五月廿五日まで荏原町戸越二九一錢幣館に於て開かれた。

○學術講話會　は五月廿六日日本工業クラブに於て開催されて、田邊尚雄氏の「三韓時代の音樂と古佛教樂について」と題する講演と朝鮮正樂團一行の實演とがあつた。

○美濃學界報告　岐阜高等農林學校山岳部より『霄島』と題する第二號を發行せり二百七十四頁ある書籍にして美濃飛驒兩國に於ける山岳に關係したる高等農林學校職員及生徒其他の論文報告を集めたるものなれど左の記事は民俗學に關係あるを以て報告する事とせり。(林魁一)

峠の社會的重要性と美濃飛驒の峠　鈴木榮太郎

美濃國各地に於ける山の神祭及び其の風習に付　林魁一

夜叉ケ池の傳說を探ねて　田母神利衞

美濃飛驒の山の傳說　古田喜久生

美濃飛驒の山村の民謠　後藤弘之

○石田幹之助氏　東亞五月號に「長安の春」を史林七月號に「胡旋舞小考」を執筆

○折口信夫氏　五月十二日慶應大學國文科學生と共に萬葉旅行のため西下した。

○早川孝太郎氏　五月中旬より下旬にわたつて信州地方に旅行した。

○小泉鐵氏　社會及國家五月號に「臺灣蕃族の問題」を寄稿した。

民俗學關係文献要目

○旅と傳說第三年第五號五月號

トントコ祭り　村松百兎庵

武藏野小祠小社記　高橋文太郎

雫石川の神女と雫石道成寺塚　田中喜多美

高陽民話　柳木敏

肱川の神供所　横田傳松

山口縣大島郡の傳說と方言　山崎善圀

神戸の楠公祭り　塚田喜太郎

西鶴の書いた山彌長者が事　市場直次郎

京丸と京丸牡丹　納富重雄

風神としての天狗　杉谷流翠

東京郊外の傳說めぐり　矢野弦

岐阜方言　大田榮太郎

市兵衞噺　中田千畝

牒面、手板、菅帳　田村榮太郎

牡鹿半島の昔話　中道等

學會消息

刺のないイバラ　南方熊楠
密告傳說　中山太郎
既刊郡誌書目解題　大藤時彦
瓜子姫說話　柳田國男

○民俗藝術第三卷第五號五月號
越後小谷の「みこ・ちさ踊」（口繪）
同解說　青池竹次
實演會記錄　民俗藝術の會
古淨瑠璃雜感記　中道等
佐渡の人形見取圖　尾形迪吉　岡師嘉彥
佐渡の人形芝居　小田內通久
賣り物に出た人形　河本正義
天龍峽の操り人形　熊谷勝
濃州惠那郡の操り人形　中津校調査　小田內通久
內宮附近の人形座後日譚　鷲尾正久
遠州富士郡淺間神社の流鏑馬　社務所
陸前石卷町牧山榮存神社祭典　北上生
陸中盛岡在馬頭觀音詣り　川村五六
武州日進村上加の餅搗き踊り　北澤怡佐雄
武州北足立郡青木村の「まんごり」　直林豐司
岩代安達の里の太々神樂　本田安次

信州下伊那郡民俗藝術に就て　中島繁男
信州新野の雪祭り　折口信夫
がいづに就いて　伊波普猷

○史苑第四卷第一號
古代日本の神判に就いて（二）　白鳥・清
中央亞米利加の奴隸制度　岡田太郎

○文學時代第四卷第五號
桃太郎根原記　柳田國男

○藝文第廿一年第五號
現代英語と歐洲古代民族　瀧川規一
クキトウス　ゲルムーニア（二、完）　泉井久之助

○史學第八卷第四號
鄉土史誌目錄稿　國分剛二

○現代佛教第七卷七三號五月號
ヒンツー爪哇文學（一）　竹井十郎
デユルカイムの宗教社會學說（二）　淺野研眞

○早稻田大學新聞三十三號（五月廿二日）
言語と土俗　金田一京助

○朝日新聞（五月廿二日）
土地共有より私有への一つの場合　小泉鐵

民俗學關係書目

○宗教學論集　東京帝國大學宗教學講座創設廿五年記念會編　同文館
○パラウ語の研究　松岡靜雄　鄉土研究社
○八重山古謠第二輯　宮良當壯解說　宮良長包採譜　同
○北安曇郡鄉土誌稿第一輯　口碑傳說篇　信濃教育會北安曇部會編　同

民俗學會京都大會

既報の如く本年度の民俗學會の大會は京都に於て十七日午後一時から樂友會館講堂に開かれた。定刻前より聽衆は續々つめかけ近頃珍らしい入りであつた。定刻京都民俗學研究會の森鹿三氏立つて近來の民俗學界の進展を述べ開會の辭に代へ、次いで西田直二郎博士の講演「年中行事と民俗學的研究」に移つた。

年中行事の成立及びそれに對する人々の關心は、吾々の生活及び吾々の感知する自然界に於ける規矩の存在することに基礎をもつ、現存の年中行事の中には古代人の精神生活を窺

はしめるものが多い、葵祭の葵や伊勢齋宮のカザシに見られる交感呪術の如きがそれであり、夏祭に不可分の神輿の渡御にも看過すべからざるものがある。神輿の渡御は恐らくは古代民族制度的社會に於ける支配者の地方巡遊の變形と見らるべきである。

と深い暗示を聽衆になげかけつゝ年中行事の民俗學的意義をとき、續いて臺灣生蕃の間に幾年の研究を續けた小泉鐵氏は「民間傳承と社會學的領域」と云ふ題目の下に、

三河遠江信濃三國に現存せる花祭やお得意の生蕃の生活を材料として、社會はその組織や行政機關に統制力があるのではなくそれ自身に統制力を持つものである

とふ氏の社會學的理論を展開し社會形態と民間傳承が如何に結合するかを說いた、最後に折口信夫氏が「門」と題し

「もの、ふの、とものをひろきおほともに、くにさかえんと月は照るらし」と云ふ萬葉不知高人を、氏特有の民俗學的解釋により說明し、門が如何に解せらるべきかを示し小泉氏の閉會の辭あつて意義深き大會を閉ぢた。

學會消息

海龜の話

紀州田邊　雜賀貞次郎

紀州の漁人間に龜の廻し棒——海龜が弄ふ木片を手に入れたら大漁を續け得られると信ぜられてゐるが、大正十五年五月二十七日有田郡湯淺町栩野五郎兵衛の漁船が湯淺沖に出漁中大きさ二疊敷もあらうかと思はれるほどの大龜が長さ二間許の木片を足と首とで巧みに廻轉せしめつゝ泳いでゐるを見付けアレこそ龜の廻し棒であるとてこれに近付いて棒を奪ひ取つたところ龜は船の後を追つかけて來るので廻し棒の替りに帆柱を海に投じ與へて歸つた。栩野の船は此の棒を得てから不思議にも大漁續きで湯淺浦の他の漁夫全體の漁獲と栩野の船のそれと同じ位である。栩野方では龜の廻し棒を神棚にまつり朝夕禮拜してゐるとの話が翌昭和二年五月和歌山縣下の各新聞に報ぜられた。

田邊では廻し棒と言はず、「龜の浮木」といふ、海龜が漂流する木片によつて浮いてゐることがある。その木片をいふのである、この浮木を拾へば漁ありといひ發見すれば代りの木片を與へて浮木を拾ひ歸り之れを祀つて大いに祝ふを例とするが、これは十年に一度も發見しないものだ。中道等氏の津輕舊事談には龜から靈木を貰つた話を載す、それは小さな靈木となつてゐて浮木とは違ふが聯想される話だ。海龜は浮游の際漂流木に據る習性があるらしい。

田邊藩では海龜を四靈の一として捕獲を禁じこれを犯すものは追籠又は罰金の刑に處したかしかも田邊の江川浦は紀州沿岸で唯一の海龜を捕獲する浦だつた。紀州沿岸だけで足れりとせず土佐、讃岐の海岸にまで出漁し同地方の漁夫に追はれて逃げ歸ることなどあり、而して龜の肉を鯨肉と稱して賣つた。世人之れを江川鯨といふ。藩末の紀州の儒者野呂松廬に江川鯨歌の長詩がある。明治四十年前後に至り牛肉鷄肉を盛んに用ひらるゝに至り龜肉の需用減じ自然捕獲もしないやうになつた。江川浦の漁夫が眼病の者多いのは海龜を捕殺する罰だと言はれたがこれはトラホームの蔓延で町で治療所を設け絶滅を期しつゝある。

海龜は夏期産卵のため田邊附近の沙濱に夜間上陸するは毎年屢ば見る所であるが所の人々はそれを見付けても其まゝに放置するを例とする又たまく晝間上陸することあれば好事者は清酒を飮ませて海に放つがそれらの事は殆んど毎年の例で地方人は珍らしいとせぬ。

漁夫は海龜の肉を食ふて出漁すれば漁獲がないと言ひ死龜が舟に當る(衝突)と祟りありとする。

◇前號目次

第十二回民俗學談話會

六月十四日(第二土曜)、青山北町、明治神宮外苑、日本青年館二階會議室に於て談話會例會を開きます。當日の題目は本號の松村武雄氏の論文「生杖と占杖」を中心とし、同氏の講演をきゝ、それについて座談をしようと思ひます。御出席を願ひます。

△原稿・寄贈及交換雜誌類の御送附、入會退會の御申込會費の御拂込、等は總て左記學會宛に御願ひしたし。

△會費の御拂込には振替口座を御利用ありたし。

△會員御轉居の節は新舊御住所を御通知相成たし。

△御照會は通信料御添付ありたし。

△領收證の御請求に對しても同樣の事。

昭和五年六月一日印刷
昭和五年六月十日發行

定價金八拾錢

編輯 發行者　岡村千秋
東京市神田區表猿樂町二番地

印刷者　中村修二
東京市神田區表猿樂町二番地

印刷所　株式會社　開明堂支店
東京市神田區表猿樂町二番地

發行所　民俗學會
東京市神田區北甲賀町四番地
振替東京七二九九〇番
電話神田二七七五番

取扱所　岡書院
東京市神田區北甲賀町四番地
振替東京六七六一九番

MINZOKUGAKU

THE JAPANESE JOURNAL OF FOLKLORE

Published by the

MINZOKU-GAKKAI

Volume II June 1930 Number 6

Page

Articles :

Short Notes :

Folkloristic Notices :

MINZOKU-GAKKAI

4, Kita-Kôga-chô, Kanda, Tokyo, Japan.